世界災害史事典

1945-2009

日外アソシエーツ

A Cyclopedic Chronological Table of Disaster in the World

1945-2009

Compiled by
Nichigai Associates, Inc.

©2009 by Nichigai Associates, Inc.
Printed in Japan

本書はディジタルデータでご利用いただくことができます。詳細はお問い合わせください。

●編集担当● 松本 千晶
装 丁：浅海 亜矢子

刊行にあたって

　本書は、1945年から現在までの65年間に世界各地で発生した大災害について、発生年月日順に掲載した記録事典である。地震・台風・干ばつ・異常気象・伝染病などの自然災害および火災・産業災害・航空機事故などの社会的災害を計3,229件収録している。

　戦後、科学技術の進歩によって社会は急速に発展し、様々なことが可能になったが、それでも自然災害は常に人類にとって克服不可能な脅威として立ちはだかってきた。記憶に新しい四川大地震（2008年）やピナトゥボ火山の噴火（1991年）などに代表される地変災害に加え、80年代のアフリカや中国での大規模な干ばつや、南アジアのサイクロンなどの気象災害は各国で甚大な被害をもたらした。また人類は感染症と長らく闘ってきたが、特にここ数年、世界規模で拡大している新型インフルエンザなどの未知のウイルスの出現や撲滅したはずの伝染病の復活など、新たな危機に直面している。

　こうした自然災害ばかりではなく、社会的災害が人間にもたらす被害も無視できない。科学技術の発展によって交通機関が充実してくるとともに、航空機や列車の事故は世界のあらゆる地域で今も発生しているし、原子力発電所の深刻な事故や工場・鉱山での災害ではおびただしい数の犠牲者が出る。建設時の不備不正による建物崩壊などは以前から多発しており、安全性を無視して作られた製品による健康被害なども近年特に問題となっている。

　これらの天災・人災について、世界各国が情報と経験を共有することは、被害を最小限にくい止めるために、極めて有効な対策となり得る。世界の大災害の記録を集大成した本書が、災害・防災への関心を深めるための一助として幅広く活用されることを心から願っている。

2009年9月

日外アソシエーツ

世界災害史事典　目次

1945 ·· 1
　　洪水（アメリカ）
1946 ·· 1
　　アリューシャン地震（アメリカ）／ホテル火災（アメリカ）
1947 ·· 1
　　貨物船爆発・化学工場に引火（アメリカ）
1948 ·· 2
　　豪雨（ヨーロッパ）
1949 ·· 2
　　グロリア台風（中国）／地震（エクアドル）／船舶火災（カナダ）／鉱山で爆発（東ドイツ）
1950 ·· 3
　　飛行機墜落（イギリス）／暴風雪（アメリカ）
1951 ·· 4
　　ラミントン火山噴火（パプア・ニューギニア）／急行電車脱線（アメリカ）／台風「アミー」（フィリピン）／飛行機建物に激突（アメリカ）
1952 ·· 5
　　3列車衝突（イギリス）／竜巻・高潮（インド）／軍輸送機墜落（アメリカ）
1953 ·· 7
　　市街火災（韓国）／地震（ギリシャ）／クラカトア島火山噴火（インドネシア）
1954 ·· 9
　　旅客機と軍練習機空中衝突（カナダ）／空母「ベニントン」爆発（アメリカ）／地震（アルジェリア）
1955 ··· 13
　　セーヌ川氾濫（フランス）／旅客機航路外れ誤射される（ブルガリア）／台風「ヒルダ」（メキシコ）
1956 ··· 15
　　飛行機海に墜落（アメリカ）／炭鉱で火災（ベルギー）／飛行機炎上・民家に墜落（フランス）

(4)

1957 ･･17
　　インフルエンザ（アジアかぜ）（世界）／満員の列車追突（イギリス）／
　　地震（イラン）／飢饉（中国）

1958 ･･22
　　天然痘（東パキスタン）／日射病（インド）／デパートで火災（コロンビ
　　ア）

1959 ･･25
　　豪雨（香港）／台風「サラ」（台風１４号）（韓国）／大雨でダムが決壊
　　（フランス）

1960 ･･28
　　炭鉱で落盤（南アフリカ連邦）／チリ地震（チリ）／津波（アメリカ）／
　　ロケット爆発（ソ連）

1961 ･･32
　　空母「サラトガ」火災（地中海）／貨客船火災（中東）／急行列車脱線
　　（フランス）／豪雨（韓国）

1962 ･･37
　　地震（コロンビア）／台風「ワンダ」（香港）／スモッグ（イギリス）

1963 ･･42
　　サイクロン（東パキスタン）／ハリケーン「フローラ」（ハイチ／キュー
　　バ）／公演中に爆発（アメリカ）

1964 ･･48
　　スラム街で大火（南ベトナム）／アラスカ地震（アメリカ）／サッカーの
　　試合で観客死傷（ペルー）

1965 ･･55
　　はしか（トルコ）／集中豪雨（韓国）／ミサイル発射台で火災（アメリ
　　カ）

1966 ･･61
　　軍爆撃機墜落・原爆行方不明（スペイン）／記録的寒波（ヨーロッパ）／
　　地震（トルコ）

1967 ･･68
　　アポロ宇宙船で火災（アメリカ）／タンカー座礁し原油流出（イギリス）
　　／ソユーズ１号事故（ソ連）／口蹄疫（イギリス）

1968 ･･76
　　原潜「スコーピオン」が遭難（アメリカ）／インフルエンザ（香港かぜ）
　　（香港）／イラン大地震（イラン／トルコ）

1969 ･･82
　　原子力空母「エンタープライズ」火災（アメリカ）／旅客機住宅街に墜落

(5)

（ベネズエラ）／レストランの屋根崩落（スペイン）／インフルエンザ（ヨーロッパ）

1970 ··· 87
地震（トルコ）／アンカシュ地震（ペルー）／台風（東パキスタン）／連絡船沈没（韓国）

1971 ··· 93
地震（アメリカ）／ソユーズ１１号事故（ソ連）／サイクロン（インド）／ホテル火災（韓国）

1972 ··· 99
日航機墜落（インド）／ウルグアイ空軍機５７１便遭難（チリ）／百貨店でガス爆発（香港）／ニカラグア・マナグア地震（ニカラグア）／干ばつで飢饉（インド）

1973 ··· 106
ヘルガフェル火山爆発（アイスランド）／旅客機墜落（インド）／航空ショーで超音速旅客機墜落（フランス）／地震（メキシコ）／干ばつで飢饉（アフリカ）

1974 ··· 114
銀行ビル火災（ブラジル）／旅客機森に墜落（フランス）／旅客機林に墜落（インドネシア）／化学工場で爆発（イギリス）／洪水（バングラデシュ）／ハリケーン「フィフィ」（ホンジュラス）／地震（パキスタン）

1975 ··· 123
地下鉄衝突・脱線（イギリス）／航空機墜落（南ベトナム）／地震（トルコ）

1976 ··· 128
グアテマラ大地震（グアテマラ）／ロープウェー墜落（イタリア）／イタリア・フリウリ地震（イタリア）／唐山地震（中国）／ミンダナオ地震（フィリピン）／地震（トルコ）／旅客機墜落・工場爆発（タイ）／エボラ出血熱（ザイール）

1977 ··· 135
満員列車に陸橋が落下（オーストラリア）／ルーマニア大地震（ルーマニア）／ボーイング７４７機同士衝突（スペイン）／油田で原油流出（ノルウェー）／ジャワ東方地震（インドネシア）／貨車爆発（韓国）／サイクロン（インド）

1978 ··· 141
原子炉衛星墜落（カナダ）／タンカー座礁（フランス）／地震（ギリシャ）／地震（イラン）／旅客機とセスナ機衝突・民家に墜落（アメリカ）

1979 ·· 150
　スリーマイル島原発事故（アメリカ）／ＤＣ１０墜落（アメリカ）／ハリケーン「デービッド」（カリブ海）／イラン地震（イラン）／南極ツアー機遭難（南極）／コロンビア大地震（コロンビア）

1980 ·· 158
　油田海上宿舎崩れる（ノルウェー）／セントヘレンズ山爆発（アメリカ）／炭鉱で山崩れ（中国）／ハリケーン「アレン」（ジャマイカ／アメリカ）／地震（アルジェリア）

1981 ·· 163
　ディスコで火災（アイルランド）／急行列車とタンク車衝突（アルゼンチン）／地震（イラン）／豪雨（中国）／遠東航空１０３便墜落事故（台湾）

1982 ·· 169
　旅客機橋に衝突・車両巻き添え（アメリカ）／チンチョナル火山爆発（メキシコ）／グレース王妃事故死（モナコ）

1983 ·· 174
　山林火災（オーストラリア）／洪水（インド）／タンカー爆発・原油流出（南アフリカ共和国）／地震（ギニア）／大雨（アルゼンチン／パラグアイ／ブラジル）

1984 ·· 181
　赤痢（インド）／エレバス火山噴火（南極）／ガスタンク群爆発（メキシコ）／干ばつ（モザンビーク／エチオピア）

1985 ·· 185
　寒波（ヨーロッパ）／地震（チリ）／地滑りでダム決壊（イタリア）／メキシコ地震（メキシコ）／ネバドデルルイス山噴火（コロンビア）

1986 ·· 192
　チャレンジャー爆発（アメリカ）／チェルノブイリ原発事故（ソ連）／火口湖から有毒ガス（カメルーン）／原潜「Ｋ－２１９」火災（北アメリカ）／ホテル火災（プエルトリコ）／ＢＳＥ発見（イギリス）

1987 ·· 199
　森林火災（中国）／台風５号と集中豪雨（韓国）／大雨で洪水（バングラデシュ）／地下鉄駅火災（イギリス）／フェリー沈没（フィリピン）

1988 ·· 206
　熱波（中国）／油田爆発（イギリス）／豪雨（バングラデシュ）／航空ショーで接触・墜落（西ドイツ）／ハリケーン「ギルバート」（アメリカ／メキシコ／ジャマイカ）／アルメニア地震（ソ連）

1989 ·· 215
　サッカー場で圧死（イギリス）／洪水と土砂崩れ（中国）／ロマプリータ

地震（アメリカ）／タンカー爆発・原油流出（モロッコ）

1990 223
フェリー火災（ノルウェー）／地震（イラン）／バギオ大地震（フィリピン）／旅客機墜落（スイス）

1991 231
原油炎上（クウェート）／コレラ（ペルー）／洪水（中国）／ピナトゥボ山噴火（フィリピン）／洪水（ルーマニア）／台風「テルマ」（台風２５号）（フィリピン）

1992 239
市街下水道で爆発（メキシコ）／ハリケーン「アンドリュー」（アメリカ）／ニカラグア大地震（ニカラグア）／エアバス墜落（ネパール）／ウィンザー城で火災（イギリス）

1993 245
ウラン貯蔵器が爆発（ロシア）／洪水（アメリカ）／列車内でパニック（インド）

1994 254
台風で洪水（中国）／ペスト（インド）／集中豪雨（イタリア／フランス）／人食いバクテリア（イギリス）

1995 263
豪雨（ヨーロッパ）／地震（ロシア）／デパート崩壊（韓国）

1996 269
９６豪雪（アメリカ）／貨物機市場に墜落・市民巻き添え（ザイール）／エボラ出血熱（ガボン）／ディスコで火災（フィリピン）／ＢＳＥ人間にも感染（イギリス）／デング熱（インド）

1997 277
地震（イラン）／森林火災で煙霧被害（インドネシア）／ダイアナ妃事故死（フランス）／タンカー同士が衝突（シンガポール）／鳥インフルエンザ（香港）

1998 284
熱波（インド）／超特急列車が脱線（ドイツ）／ケネディＪｒ．墜落死（アメリカ）／ハリケーン「ミッチ」（ホンジュラス／ニカラグア）／石油パイプライン炎上（ナイジェリア）

1999 292
ロープウェーが転落（フランス）／原潜「クルスク」沈没（ロシア）／９２１大地震（台湾）／地震（トルコ）

2000 299
炭鉱でガス爆発（ウクライナ）／ごみの山が崩落（フィリピン）／コンコルド墜落（フランス）／エボラ出血熱（ウガンダ）

2001 ··· 306
　インド西部地震（インド）／ペルー地震（ペルー）／集中豪雨（韓国）／炭疽菌（アメリカ）

2002 ··· 314
　旅客列車火災（エジプト）／地震（アフガニスタン）／旅客機墜落（台湾）／西ナイルウイルス（アメリカ）

2003 ··· 322
　山林火災（オーストラリア）／スペースシャトル「コロンビア」空中分解（アメリカ）／潜水艦爆発で窒息死（中国）／熱波（ヨーロッパ）／大停電（アメリカ／カナダ）／アメリカで初のＢＳＥ牛（アメリカ）／新型肺炎ＳＡＲＳ（世界）

2004 ··· 331
　貨物列車同士衝突・爆発（北朝鮮）／スーパーで火災（パラグアイ）／ハリケーン「ジーン」（ハイチ）／スマトラ沖地震（インドネシア／スリランカ／インド／タイ）／鳥インフルエンザ（ベトナム／タイ）

2005 ··· 338
　大雨でダム崩壊（パキスタン）／マールブルグ出血熱（アンゴラ）／ハリケーン「カトリーナ」（アメリカ）／巡礼者橋から転落（イラク）／パキスタン地震（インド／パキスタン）

2006 ··· 346
　積雪で展示施設の屋根崩落（ポーランド）／ジャワ島中部地震（インドネシア）／旅客機農場に墜落・炎上（アメリカ）

2007 ··· 355
　中国製品安全性に問題（アメリカ／オーストラリア／ニュージーランド）／旅客機着陸失敗（ブラジル）／サイクロン「シドル」（バングラデシュ）／エボラ出血熱（ウガンダ）

2008 ··· 362
　サイクロン「ナルギス」（ミャンマー）／四川大地震（中国）／学校倒壊（ハイチ）／原潜「ネルパ」艦内でフロン中毒（アジア）／地震（インドネシア）／コレラ（ジンバブエ）／粉ミルク汚染（中国）

2009 ··· 369
　ラクイラ地震（イタリア）／新型インフルエンザ（世界）

災害別一覧 ··· 373

国・地域別一覧 ··· 429

凡　　例

1．編集方針
  (1) 1945年から2009年6月までに海外で発生し、日本国内で報道された大規模災害を収録対象とした。
  (2) 収録の対象となる災害は、台風、豪雨、豪雪、地震、噴火、地滑り、雪崩などの自然災害（天災）、および火災、工場災害、各種交通機関の事故、公害・被曝、伝染病、食中毒、製品事故などの社会的災害（人災）とした。
  (3) 9.11アメリカ同時多発テロ事件などのテロ被害や、抗争、戦闘、暴動、強盗、殺人などの事件・犯罪による被害は収録しなかった。故意か過失か不明のもの、動物から受けた被害は収録した。
  (4) 農作物の受けた被害、害虫などの異常発生、家畜の伝染病などは自然災害として扱った。

2．発生日
  (1) 発生日は原則として現地時間の月日で示した。ただし、一部は災害が発生した日ではなく災害が発表された日を示した。
  (2) 2日以上にわたる災害は、最初の発生日の後に「−」を付けて示した。
  (3) 月日が不明または確定できないものは「この年」と表示し、12月の後に置いた。

3．災害名
  (1) 災害名は太字で示した。
  (2) 災害名には原則として国名、地名を含めなかった。

4．記載内容
(1) 被災地（災害発生地）は、災害名の後に丸括弧で示した。
(2) 被災地の表記には、国名と行政区分名、または地域名、海峡・海洋名などを使用した。
(3) 国名・地域名は、原則として災害発生当時のものを使用した。
(4) 現在の国名がわかるものについては、丸括弧で補記した。
(5) 日時は、原則として現地時間を示した。
(6) 金額は、原則として当時の為替での換算額を示した。

5．災害別一覧
(1) 災害を見出しとし、被災地を丸括弧で示した。
(2) 災害の分類順→発生日の順に排列した。

6．国・地域別一覧
(1) 災害を見出しとし、被災地を丸括弧で示した。
(2) 被災地の国・地域順→発生日の順に排列した。

7．出　典
本書の編集に際し、主に以下の資料を参考にした。
　　　朝日新聞、毎日新聞、読売新聞
　　　「読売年鑑」　読売新聞社
　　　「朝日年鑑」　朝日新聞社
　　　「imidas」　集英社
　　　「現代用語の基礎知識」自由国民社
　　　「知恵蔵―朝日現代用語」　朝日新聞社
　　　「20世紀全記録―Chronik 1900-1986」講談社

⟨ 1945 ⟩

3月 洪水(アメリカ ミシシッピ川) 1945年3月、アメリカ中部ミシシッピ河流域一帯は1927年以来の大洪水に見舞われた。アイオワ州からメキシコ湾に至る諸州は被害甚大で軍需工場多数が操業を停止。赤十字社では被災民2万5000人を収容したとみられる。

⟨ 1946 ⟩

4.1 アリューシャン地震(アメリカ アラスカ州,ハワイ州,カリフォルニア州) 4月1日、アメリカのアラスカ北端沖合に海底地震が起こり、大津波が発生。北部太平洋岸からアリューシャン群島、さらにハワイ群島、中部カリフォルニア州まで被害が及んだ。大津波の波高は100フィート余りで、津波の伝播推定速度は時速300マイルに達した。ホノルルだけでも数百人が溺死、住居喪失は1万余に上るとみられる。最も大きな被害を受けたのはハワイ群島で、ヒロ市は全滅した。震央はパサデナ北方2700マイルのアラスカ、ダッチハーバー付近とみられる。

7.4 地震(ドミニカ共和国/カリブ海沿岸) 7月4日、ドミニカ・カリブ海地域で地震が発生した。ドミニカ共和国の北岸一帯は荒廃に帰し、かなりの奥地まで大津波に見舞われた。プエルト・プラタ、サンフランシスコ、マコリア、モカ等の諸都市が被害の中心となったとみられる。モカでは教会、市公会堂その他多くの人家が潰滅した。

9.21 台風(アメリカ グアム島、サイパン島) 9月21日から22日にかけて、クリエーダ台風がグアム、サイパンを襲った。ことにグアム島では建物全壊24%、半壊74%、人員その他多数が負傷したと伝えられ、両島間の連絡も途絶した。この台風は1週間前にマーシャル群島方面に発生したもの。

10.29 寒波(中国 上海) 10月29日、中国の上海市に猛烈な寒波が襲来し、50人の凍死者を出した。一夜間に凍死した人数としては新記録である。

12.7 ホテル火災(アメリカ アトランタ) 12月7日、アメリカ・ジョージア州アトランタの15階建のワインコフ・ホテルで火災が発生、死者117人、負傷者100人を出す惨事となった。ホテル史上最悪の被害。

⟨ 1947 ⟩

4.17 貨物船爆発・化学工場に引火(アメリカ テキサス州) 4月17日午前9時12分、アメ

リカ・テキサス州テキサスシティの港に停まっていたフランスの貨物船グランカン号が、火災を起こして爆発した。火は同港のガソリンのパイプラインに引火し、付近の化学工場が大爆発を起こした。あたりは火の海となり、1000人以上が死亡、約3万5000人が負傷した。

〈 1948 〉

- 1.14- **台風**（ミクロネシア連邦 ヤップ） 1月14日、カロリン群島ヤップ島は時速100マイルの猛烈な台風に襲われ、同月16日、さらに大津波に襲われて農作物、住宅などのほとんどが全壊した。同島は少なくとも今後6ヶ月間、住民に食糧を補給する必要があるとみられる。
- 5.25 **地震**（中国 西康省） 5月25日、中国の西康省方面に大地震が起こり同省東部の理化は全滅、死者800以上を出した。
- 6.1 **洪水**（アメリカ オレゴン州） 6月1日、アメリカ西北部太平洋岸のコロンビア河が氾濫し、オレゴン州一帯を襲った。この出水は同地方の史上最大のものだといわれる。氾濫した水の流れは上流山谷地帯を荒らし、下流低地帯の人口密集地に浸水したが、このため通信、交通は破壊混乱し、発電所も危険にひんしている。被災家屋1万、被災者4万5000人といわれるが、死者数は不明。大統領は同日被災地方に非常事態宣言を発した。
- 7.16 **飛行艇墜落**（中国 マカオ） 7月16日、キャセイ航空所属の飛行艇がマカオから香港に向かう途中、マカオ東方4キロの地点で墜落した。乗組員、乗客合わせて26人のうち25人が死亡した。
- 8.14 **豪雨**（ヨーロッパ） 8月14日、欧州各地はこの夏季中の最もひどい豪雨に襲われ、農作物その他が損害をこうむった。スコットランドと北イングランドではこの日の豪雨で1000平方マイルの土地に浸水し家屋、農作物、家畜その他が損害を受け、被害額は約400万ドルに上った。暴風雷雨に襲われた北イングランドのポルツァーノ付近では川が増水。ベルリンでも2時間余りしのつく雨がつづいて市中に出水した。フランスの気象台は、8月の上旬は10年来最も雨の多い10日間だったと報じた。

〈 1949 〉

- 4.13 **地震**（アメリカ 太平洋岸北西部） 4月13日午前8時56分、アメリカの太平洋岸北西部一帯は強度の地震に襲われた。死者5人以上、負傷者49人以上を出した。
- 7.12 **旅客機墜落**（インド ボンベイ（現・ムンバイ）） 7月12日、KLMオランダ航空所属の旅客機が、インドのボンベイ市の郊外で墜落した。米人記者13人を含む47人が乗っていたが、全員死亡したとみられる。

7.26　グロリア台風（中国　上海）　7月26日朝、グロリア台風が猛威をふるい、中国の上海市では死者19人を出し、20万人以上が家を失った。

8.5　地震（エクアドル　アンバト）　8月5日午後6時（グリニッジ標準時）、南米エクアドル第3番目の工業都市アンバト一帯は猛烈な地震に襲われた。人口5万人のアンバト市だけでも死者500人が確認されており、同市の建物の7割が倒壊したとみられる。7日までに死者の総数は4600人に達した。

8.18　地震（トルコ　エルズルム）　8月18日にトルコ東部のエルズルム地方で強震があり、付近の45ヶ村は完全に破壊され、死者256人、重傷者145人、倒壊家屋1100戸の被害を出した。

9.17　船舶火災（カナダ　トロント）　9月17日夜明け前、カナダ大湖汽船会社の遊覧船ノロニック号（6905トン）が、カナダのオンタリオ湖にのぞむトロント港の岸壁に停泊中、突如船体後部から出火、火はたちまち同船をなめ尽くした。乗客550人中、死者197人を出した。

10.19　豪雨（グアテマラ　グアテマラ市）　10月19日までに、グアテマラは連日の大雨のため首都グアテマラ市を中心に大水となった。この洪水で死者4000人、家を失った者7万人、損害額5000万ドルに達した。

11.24　鉱山で爆発（東ドイツ（現・ドイツ）ザクセン州）　11月24日、東ドイツのヨハンゲオルゲンシュタットのウラニウム鉱山で大爆発があり、2300〜2900人の鉱夫が死亡したとみられる。同地はチェコ国境、ザクセン州ケムニツの南方約5000キロにある。

〈 1950 〉

3.8　原子爆弾組立基地爆発（アメリカ　ニューメキシコ州）　3月8日夜、アメリカのニューメキシコ州サンディアにある原子爆弾組立基地で爆発が起こり、14人の死者を出した。基地所属の刑務所で火事が起こり、それが爆発を誘発したものとみられる。

3.12　飛行機墜落（イギリス　ウェールズ州）　3月12日午後3時すぎ、イギリスのウェールズ州ブリッジエンドに近いランドウ空港に着陸しようとした4発大型旅客機1機が突然墜落、83人が乗っていたが生存者はわずか2人だった。

8.14　アッサム地震（インド　ベンガル州）　8月14日午後2時15分、東部インドを大地震が襲った。ベンガル州のシリグリは甚大な被害を受けたとみられる。この地震の震動は非常に強く、その中心は約1300キロ離れたアッサム地方と推定される。

8.27　地震（インド　アッサム地方）　8月27日、インドのアッサム地方の各都市に新たな地震が起こった。この地震は揺れ方が激しく、この地震のために起こった出水は5000平方マイルにおよんだとみられる。

11.21　旅客列車同士衝突（アメリカ　ニューヨーク市）　11月21日夜、アメリカのニューヨーク市郊外のクイーンズボローで、感謝祭を次の日にひかえての人出で超満員の旅客列車2本が激突した。死者数は77人以上に上るとみられる。

11.25 暴風雪(アメリカ 東部) 11月25、26の両日、アメリカ東部諸州を中心に荒れ狂った大暴風雪は27日ようやくおさまった。同日朝までに判明した死者は168人、物的損害は1億ドル以上に上るとみられている。

< 1951 >

1.21 雪崩(スイス/オーストリア/イタリア) 1月、アルプス連峰では雨まじりの大雪があったため各所に大雪崩を生じ、スイス、オーストリア、イタリア3国の死者は1月21日夜までに108人以上に達した。

1.22 ラミントン火山噴火(パプア・ニューギニア) 1月22日、ニューギニア島のポート・モレスビー東北方160キロのラミントン火山が爆発し、多くの被害が出た。同山は18日から噴火し、その流出した溶岩で4000人の死傷者を出したとみられ、続く25日にも再び爆発したと伝えられた。

1.29 寒波(アメリカ 東北部) 1月29日、アメリカ東北部は零下50数度というここ数年の記録を破る猛寒波に襲われ、インディアナ州から大西洋岸のニューイングランド地方一帯は氷に包まれた。この寒さでスリップなどの自動車事故により54人、ストーブの過熱による火事で18人、飛行機事故で8人、凍死2人、その他3人の計85人の死者を出した。

2.6 急行電車脱線(アメリカ ニュージャージー州) 2月6日夜、アメリカのニュージャージー州ウッドブリッジ付近で、ペンシルヴァニア鉄道の急行電車が、650人の乗客を乗せたまま陸橋の外へ脱線、大破し多数の死傷者を出した。これは交通機関で起きたものとしては1951年における最大の事故で、被害者数は死者81人以上、重軽傷者約500人に達した。

5.6 地震(エルサルバドル) 5月6日午後9時(グリニッジ標準時)、エルサルバドル東部の重要都市チナメカとジュクアバは地震に襲われ、同都市のほとんど全部が壊滅、死者推計200人、負傷者多数を出した。7日までに、死者はフクアバ州だけで10人に達した。

6.30 旅客機山脈に衝突(アメリカ) 6月30日、アメリカのシカゴに向けサンフランシスコ出発をしたユナイテッド航空の旅客機が、アメリカのロッキー山脈に衝突、死者50人を出した。生存者はいないとみられる。

7.14 豪雨(アメリカ カンザスシティー) 7月14日、アメリカのカンザス州を流れるカンザス河が豪雨であふれたため、カンザスシティーを中心とする工業地帯は空前の大水に見舞われた。この大水の中に流れ出たガソリンに引火し、さらに火が大きなアルコール工場に燃え移ったため、工場一帯は火の海と化した。

12.4 ヒボック・ヒボック火山噴火(フィリピン) 12月4日早朝、フィリピンのミンダナオ島北方にあるカミグイン島のヒボック・ヒボック火山が大噴火を起こした。同日夜までに死者は141人にも達した。同火山は4日夕刻再び爆発。これらの噴火による死者は2000人に上るものとみられる。同火山は10日までに6回爆発をくり返しカミ

グイン島住民に避難命令が発せられた。

12.10 台風「アミー」（フィリピン　セブ島）　12月10日朝、台風「アミー」がフィリピンのセブ島を襲い、死者、行方不明者100人以上を出した。家屋の倒壊などによる損害額は2000万ペソにおよび、約5万の島民が被害を受けた。「アミー」は支那海から反転してルソン島の西海岸もおびやかした。続く12日、フィリピン中部諸島を襲った別の台風「バブス」のため、死者223人、被災者15万人の被害が出た。

12.16 寒波（アメリカ　東部）　12月16日までの48時間に、アメリカのロッキー山脈以東大西洋岸一帯は寒波に襲われ、89人の凍死者を出した。ミネソタでは零下32度、シカゴでは同24度、ニューヨークでは同10度にまで気温が下がった。

12.16 飛行機建物に激突（アメリカ）　12月16日、マイアミ航空のフロリダ行き旅客機が、アメリカのニューヨーク空港を離陸して7分後にエリザベス河岸の水道会社の建物に激突、全乗客53人が死亡した。これはアメリカの商業航空史上3回目の大惨事となった。

12.22 炭鉱爆発相次ぐ（アメリカ　ウェスト・フランクフォート）　12月22日、アメリカのウェスト・フランクフォートのニュー・オリエント炭鉱で爆発事故が起こり、100人近くの鉱夫が生き埋めとなった。23日朝までに35の焼死体が発見されたが、残りの5、60人は生存が絶望視された。24日には、死者119人、生存わずか1人と発表があった。この事故はここ42年間にアメリカで起こったこの種の事件中最悪のもの。

12.23 公会堂火災（メキシコ　ティファーナ）　12月23日、メキシコのティファーナ町の公会堂で、孤児たちのクリスマス・パーティ開催中に出火、死者41人、負傷者70人の被害を出した。死者の中には多くの子供が含まれている。事故当時、ロウソクのついたクリスマス・ツリーの周りに約300人が集まっていたが突然それが倒れ、火が燃え移ったもので、混乱のため避難が巧くいかなかった。

12.23 飛行機墜落（イラン　テヘラン）　12月23日、エジプトのMISR航空の旅客機が、イランのテヘラン北方で猛吹雪のため墜落、死者21人を出した。犠牲者の中にはアメリカの後進地域開発中東担当官ヘンリー・G・ベネット氏夫妻も含まれていた。

12.29 暴風で海難事故多発（ヨーロッパ）　12月29日、スペインからスカンジナヴィア半島にいたる大西洋東岸地帯は時速140キロ以上に達する猛烈な暴風に見舞われ、各地に被害が続出した。この暴風により、7隻以上の大型船舶がSOS信号を発し、英仏海岸では数百隻の小型船舶が沈没した。欧州各都市を結ぶ航空路も運行を停止し、河川の下流では高潮の被害が出た。チャーチル英首相一行をアメリカに運ぶはずのクィーンメリー号は難航ののち予定より72時間も遅れてサザンプトン港に入港した。

〈 1952 〉

2月　吹雪（ヨーロッパ）　2月4日以来、西ヨーロッパ一帯に大吹雪が荒れ狂った。12日にもなお勢いが衰えず、特にスイス、イタリア、ドイツなどアルプスを中心とする地域で雪害がひどく、この吹雪と雪崩による死者は12日までに68人に達した。

1952

- 6.28 猛暑（アメリカ）　6月28日、アメリカの東南部一帯の各市はいずれも100度（摂氏38度）を超える猛暑に襲われた。この猛暑により、ニュージャージー州では死者53人を数え、各地域で160余人が暑気あたりで死亡。南部地方の水田は渇水状態となり、作物は枯れ家畜も死亡した。

- 7.21 地震（アメリカ　カリフォルニア州）　7月21日午前10時52分、アメリカのカリフォルニア州一円で地震が起こった。ベーカーズフィールド南方のテハチャビでは死者5人を出し、被害多大とみられる。

- 8.6 ヘビに襲われバス転落（インド　ハイデラバード）　8月6日、インドのハイデラバードでバスが転落し、死者24人が出た。このバスは、ナグパンチャビのヒンズー教の祭りに行く巡礼客を乗せていたが、乗客の中にはヘビ使い数人がまじっていた。そのコブラがはい出して運転手にまきついたため、運転手が思わずハンドルを放し、バスは崖下に転落、24人が死亡した。運転手は助かった。

- 8.22 地震（アメリカ　カリフォルニア州）　8月22日、アメリカのカリフォルニアに激震があり、死者2人、負傷者32人を出した。損害は数百ドルに上るとみられる。

- 9.6 公開飛行で墜落（イギリス　ファーンバラ）　9月6日、イギリスのファーンバラの航空ショーで、イギリス空軍最新型双発ジェット戦闘機デ・ハヴィランド110が墜落した。同機の操縦士のほかに観衆12人が死亡、65人以上が負傷した。同機は4万フィートの上空から急降下したさい、会場上空1000フィートで突然空中分解した。片側のジェット機関が観客の上に落下し、機体の別の破片は近くの丘で見ていた観衆の中に墜落した。

- 9.17 レール切断で列車脱線（韓国　ソウル）　9月17日、韓国の仁川発氷登浦行き列車の客車3両が脱線、死者11人以上、負傷者200人以上を出した。負傷者のうち200人は軽傷だった。事故現場はソウル南方の仁川、氷登浦の間にある梧柳洞に近い鉄橋の東側から45フィートの地点で、レールが10ケ所にわたって切断されていた。

- 10.8 3列車衝突（イギリス　ロンドン）　10月8日、イギリスのロンドンの西北16キロにあるハロー駅で、3本の列車が衝突した。同日午前中までに死者50人以上、負傷者100人以上が出た。死者は100人に達する可能性もある。朝のラッシュアワー時に、同駅構内に停車中の近郊列車にスコットランド発ロンドン行の急行列車が背後から衝突し、さらにロンドン発マンチェスター行の急行列車が突っ込んできたため起こった。

- 10.22 台風（ベトナム　ファンティエト）　10月22日、サイゴン東方海岸都市のファンティエトを台風が襲い、約200人の死者が出た。同市ではこの台風のため河水が氾濫し、ワラ小屋の密集した地域はほとんど全滅したとみられる。

- 10.22 台風（フィリピン　ルソン島）　10月22日、マニラをふくむフィリピン・ルソン島の南東海岸地区は猛烈な台風に見舞われ、24日までに、443人以上が死亡、219人以上が行方不明となったほか、倒壊家屋多数の被害を出した。損害額は50万ドルに上るとみられる。台風はとくに南部ルソンで猛威をふるい、人口8万のレガビス港はほとんど全滅した。

- 11.30 竜巻・高潮（インド）　11月30日、インドの東南海岸を竜巻と高潮が襲い、マドラス州のタンジョール地方では12月10日までに死者349人、家畜損失2万6000頭、家屋倒壊20万戸の損害を出した。

12.10　大雪（韓国）　12月10日、韓国各地は17年ぶりの大雪に見舞われ、交通事故や家屋倒壊などが続出し、34人が死亡、6人が重傷。釜山だけで少なくとも9校舎が倒壊し、10日夜は雪による停電も起こった。

12.20　軍輸送機墜落（アメリカ）　12月20日早朝、アメリカ最大の軍用輸送機C124が、クリスマス休暇に向かう兵士を乗せラーソン空軍基地から離陸した直後に墜落し、ガソリンに引火したため乗員115人中83人が死亡した。これは航空史上最大の事故となった。

〈 1953 〉

1.9　暴風で定期船沈没（韓国　釜山沖）　1月9日夜、韓国の釜山・麗水間定期船昌景号が、釜山港西方10マイルの海上で遭難し沈没した。遭難者256人のうち船長を含む7人は救助された。事故当時は暴風で、救助作業も暴風と荒波のため困難を極めた。

1.30　市街地火災（韓国　釜山）　1月30日夜、韓国の釜山市の町の一角から出火、中心部約1マイル四方にわたり500戸以上の家屋、店舗を焼失した。アメリカ、韓軍の破壊消防によりアメリカ大使館、電話局などは危うく焼失をまぬがれた。この火災は同市初めてといわれる大火災となり、家を失ったもの6万5000人、損害額は約100万ドルと推定される。火元は飲食店とみられ、折からの零度以下の寒風にさらされながら、被災者は戸外に一夜を明かした。

1.31-　暴風雨（イギリス/オランダ）　1月31日から2月1日にかけて、北海方面一帯を猛烈な暴風雨が襲った。このためイギリスとオランダの多数の海岸都市は大きな被害をうけ、1日正午までに142人が死亡した。イギリス・ロンドン地区ではテームズ河口一帯が最も大きな被害を受け、7隻以上の船が海岸に打ちつけられ大破した。このほか、31日にはアイルランド海で連絡船プリンセス・ヴィクトリア号が沈没し、乗員177人のうち133人が死亡したとみられる。オランダでは、南部で防潮堤が決壊し、1835人の死者が出た。

2.12　地震（イラン　トルード）　2月12日、イランのトルードで地震が起こった。3月14日に出た最終的な公式発表では、死者はトルードで531人、その周辺の村で25人に上った。

3.3　旅客機墜落・炎上（西パキスタン（現・パキスタン）　カラチ）　3月3日早朝、カナディアン・パシフィック航空のコメット型ジェット旅客機「ハワイの女王」が、オーストラリアに空輸のためカラチ飛行場を離陸した際、地面に激突、炎上、カナダ人乗員5人と同乗の英人技師6人の全員が死亡した。コメット機の初の墜落事故となった。

3.18　地震（トルコ）　3月18日午後7時（グリニッジ標準時）すぎ、トルコの中部および西部地方で強震があり、大きな被害と死者が出た。死者は300～500人とみられる。震源地はバリケシール市付近。

3.29　療養所で火災（アメリカ　フロリダ州）　3月29日早朝、アメリカのフロリダ州ラーゴー近くにある療養所が火災で焼失、患者約50人が焼死した。

4.6　弾薬集積所で爆発（台湾　台北）　4月6日朝8時半ごろ、台湾の台北郊外の弾薬集積所

で爆発事故が起こった。約100人が死亡したものと推測されている。

4.21　**急行列車脱線・火災**（アメリカ　ディロン）　4月21日早朝、アメリカのフロリダ―ニューヨーク間を走る急行列車が、ディロンで脱線し火災を起こした。12人以上が死亡、約100人が負傷した。同列車には乗客300人が乗っていた。

5.2　**旅客機墜落**（インド　西ベンガル州）　5月2日午後4時30分、シンガポールからロンドンに向かうBOAC（英国海外航空）所属のコメット旅客機は荒天を冒してインドのカルカッタのダム・ダム空港からニューデリーに向けて飛び立ったが、6分後に定時連絡を行ったのち消息を絶った。同機には乗務員6人を含む43人が乗っていた。3日、同機はカルカッタ西北48キロの、西ベンガル州ジャンギバラに墜落していることがわかった。2日夜カルカッタを襲った暴風のため航路から吹き飛ばされたものとみられる。尾翼の一部はエンジンから6.4キロも離れたところに飛んでいた。

6.16　**旅客機ジャングルに墜落**（ラオス）　6月16日、ラオスの民間航空会社のダコタ旅客機がラオスのジャングルに墜落、旅客27人は死亡した。同機は暴風のため墜落したものとみられる。

8.10-　**地震**（ギリシャ）　8月10日から12日にかけて、ギリシャは近年最大の地震に見舞われ大きな被害を出した。9日以来あいついで地震が起こっていたが、11日夜には新たに3回にわたる余震が起きた。最大の破壊を受けたのはケファロニア諸島、イツハカならびにザンテで、ルスカ島とペロポネス西方地区でも被害が出た。イオニア諸島では余震が13日になっても依然止まず、死者は少なくとも1000人に達したとみられる。ケファロニア島では海岸の崖が長い距離にわたって海中に崩れ落ち、同島の主要港である人口約1万のアーゴストリオンは壊滅の危機にさらされた。

8.13　**豪雨**（韓国　ソウル）　8月13日、韓国のソウルとその周辺は豪雨に見舞われ死者1人を出したほか、1万人が家屋を失ったものとみられる。家屋の流出はソウルで2000戸、仁川では250戸。これによって国連軍通信基地を含む通信網が途絶えた。

9.1　**旅客機山に激突**（フランス　バルセロネット）　9月1日夜、パリ―サイゴン間の定期旅客機がフランス東南部の、イタリアとの国境に位置する下アルプスのバルセロネット近くで、モン・スニ山頂に激突した。乗務員及び乗客は計43人で、乗客中には世界的に有名なフランスのバイオリニスト、ジャック・ティボー氏とその令嬢も含まれていた。機体は直径500ヤード四方四散、乗客と乗員は全員死亡した。

9.10　**地震**（キプロス）　9月10日朝、地中海のキプロス島中西部に激震があり、死者20人以上、負傷者100人以上の被害が出た。

9.25　**台風**（ベトナム）　9月25日、インドシナの中部方面を襲った台風はこの地域に大きな被害を与えた。ベトナムのフエ方面を襲った高潮のため、1000人近くの死者が出たとみられる。

9.29　**飛行機着陸失敗**（アメリカ　ケンタッキー州）　9月29日、アメリカのニュージャジー州のキャンプ・キルマーからケンタッキー州のフォート・ノックスに新兵を輸送中の米機1機が、ルイスヴィル付近で着陸を誤って墜落、死者21人以上、負傷者21人以上を出した。

10.25　**クラカトア島火山噴火**（インドネシア）　10月25日、ジャワとスマトラの間のスンダ

海峡中にあるクラカトア島火山が爆発し、この日以来100回以上にわたって爆発を起こした。同島は70年前に大爆発して頂上を吹き飛ばし、3万6000の人命を津波で奪った。インドネシアには火山が149カ所あるが、この週に入ってクラカトア山のほか小スンダ列島のリンジャニ火山、ロンボック島のロンボック火山、中部ジャワのスラメット火山もそれぞれ爆発を起こしている。

10.29 旅客機山に激突（アメリカ　サンフランシスコ）　10月29日、ホノルルからサンフランシスコに向け飛行中だった英連邦太平洋航空の旅客機（4発、DC6）が、アメリカのサンフランシスコ到着2分前に、霧に包まれ山腹に激突、11人の乗客と8人の乗員は全員死亡した。同機にはオーストラリアの演奏旅行から帰国の途中だった有名なピアニスト、ウィリアム・カペル氏（31）も乗っていた。

10.31 洪水（インド　ビハール州）　10月31日、インドのビハール州に近代史上最悪といわれる出水が起こり、200万人に上る人々が家を失った。作物の損害は1億2000万ドルに上るとみられる。

12.25 市街火災（香港）　12月25日夜、香港の九電地区に大火があり、約1万戸を焼失した。被災者は2万人以上とみられる。

12.25 急行列車川に転落（ニュージーランド）　12月25日未明、クリスマス休暇の乗客を乗せたニュージーランドのウェリントン発オークランド行急行列車が河中に転落、164人が死亡したとみられる。

⟨ 1954 ⟩

1.4 旅客列車脱線・転覆（インド　ブハチンダ）　1月4日早朝、インドのニューデリー行き旅客列車が同市西北240キロのブハチンダに近い鉄橋に差し掛った際脱線し、客車数両が折り重なって転覆した。死者15人以上、負傷者40人を出したが、うち10人は重傷。

1.10 旅客機遭難（イタリア　エルバ海）　1月10日、イタリア領エルバ海沖に英国のコメット・ジェット旅客機の大破した残片が発見され、その付近に死体が浮いているのが目撃された。同機は10日午前9時半にローマを出発、ロンドンへ向かったもので、乗客30人と乗員6人を乗せていたが、全員死亡したとみられる。14日の報告では、この事故の原因が破壊行為によるものかどうかは不明とされた。

1.14 雪崩（オーストリア）　1月14日までに、アルプス地方を襲った雪崩の死者は合計110人に達した。オーストリア、グレーブミンク付近でグローセ・ゼールクの谷になだれこんだ大雪崩のため同谷間の各村約1000人が孤立したといわれる。この雪崩は北スチリアでこの40年来の大きなもの。外部との連絡をたたれたグローセ・ゼールクの谷の村人たちは食糧その他の補給を必要としており、また大水の危険にさらされた。

1.14 旅客機墜落（イタリア　ローマ）　1月14日、フィリピン航空の旅客機4発DC6がマニラからロンドンへ向かう途中、イタリアのローマ近辺で墜落、7人の乗客と9人の乗組員が死亡した。

1954

- **1.18** メラビ火山噴火（インドネシア）　1月18日朝、ジャワ島メラビ噴火山が突如噴火し、死者25人、負傷者66人を出したとみられる。付近の住民約2000人が避難した。その後死者は37人以上、負傷者79人以上に達し、同山腹の12ヵ村1万8000の村民が軍隊および警察の手で避難を強いられた。

- **1.21** 列車同士衝突（インド）　1月21日早朝、インドのカラチの北方約150キロの地点で、パキスタン旅客列車が石油貨車と衝突した。この列車事故による死傷者の数は100人以上に上るとみられる。

- **1.21** 上陸用舟艇が転覆（韓国　仁川）　1月21日午前9時57分、韓国の仁川で米軍の小型上陸用舟艇が、日本人操業のLST（上陸用舟艇）と衝突転覆し、海兵隊員28人が死亡または行方不明となった。このうち6人が遺体で発見されたが、その他22人は行方不明で、死亡したものとみられる。

- **1.29** 市街火災（韓国　釜山）　1月29日午前2時ごろ、韓国の釜山で大火事が発生した。同地域に燃え広がり、2000人の被災者を出した。

- **2月-** 寒波（ヨーロッパ）　この冬、欧州全体を7年ぶりの寒波が襲い、各地に凍死事故その他の被害が拡大。ドイツ、オランダ両国沿岸沖の諸島では6000人以上の島民が氷にとざされて孤立化した。寒波はノルウェーから北アフリカ、ポルトガルからシベリアに至っており、推定300人の凍死者を出している。

- **2.3** 巡礼者殺到で圧死（インド　アラハバトゥ）　2月3日朝、インドのアラハバトゥのガンジス河とジャムナ河の合流点の「聖なる水」に約300万人の巡礼者が殺到し、ヒンズー教徒の巡礼者200人が圧死し、1000人以上の負傷者が出た。原因は仮橋がくずれたためで、その後被害は死者350人、負傷者1000人と目されたが、結局死者は1000人に上る見込みでその多くは押し流されたとみられる。

- **2.5** 地震（メキシコ　チアパス州）　2月5日、南部メキシコのコーヒー産地チアパス州に強震があり、死者多数と多くの被害を出した。

- **3.1** 第5福竜丸被曝（マーシャル諸島　ビキニ環礁）　3月1日午前4時12分ごろ、マーシャル諸島北端のビキニ環礁の東北東約148キロの海上で、日本の静岡県焼津市の中型マグロ漁船第5福竜丸（156トン）が、アメリカの水爆実験による放射性物質を含む死の灰を浴び、乗組員23人の全員が被曝した。このうち無線長1人が血清肝炎で半年後に死亡した。同船が帰港後、漁獲物のマグロやサンマなどからも強い放射能が検出され、埋め立て廃棄処分とされた。その後も、同海域付近で漁獲した放射能汚染魚の廃棄処分が長期にわたって続いた。

- **3.9** ガス貯蔵所爆発（台湾　台中）　3月9日、台湾の台中で圧縮ガス貯蔵所が爆発し、171人の火傷者を出した。爆発は付近に停車していたトラックが燃え出して引火したためとみられる。

- **3.13** 旅客機着陸失敗・炎上（シンガポール）　3月13日、ロンドン行のBOAC（英国海外航空）のコンステレーション旅客機がシンガポールのカラン飛行場に着陸の際炎上し、乗客32人が死亡した。乗務員8人は救出され、病院に収容された。同機はシドニーからジャカルタ、シンガポールを経由してロンドンに向かう4発の定期旅客機で、飛行場に進入の際屋根をかすって滑走路の端に墜落し、1時間以上も燃え続けた。

1954

4.3 航空機爆発・墜落(トルコ)　4月3日、アダナ—アンカラ間のトルコ航空機が、アダナを出発してから15分後に爆発事故のため墜落、25人の死者を出した。

4.8 旅客機と軍練習機空中衝突(カナダ　ムース・ジョー)　4月8日、カナダの航空会社の旅客機ノース・スター号がモントリオールからバンクーバーに向けて飛行中、ムース・ジョー上空でカナダ空軍練習機と空中衝突し、31人の旅客と4人の乗組員、練習機の操縦士1人、地上にいた婦人1人の計37人全員が死亡した。この事故はカナダはじまって以来の大惨事といえる。

4.30 地震(ギリシャ)　4月30日、ギリシャ中部に地震が起きた。5月1日午後までに死者20人以上、負傷者130人、家を失った者2万5000人の被害が出た。同地方は前年も大地震に襲われた。

5.22 市街火災(韓国　春川)　5月22日夜、韓国の38度線南方に位置する春川に大火が起こった。同市は朝鮮戦乱中しばしば激戦が行われた中部の要衝だが、戦後に建てられた家屋500戸が焼失、3000人が焼出された。火災による死者はいなかったが、同市の大半は壊滅した。

5.26 空母「ベニントン」爆発(アメリカ)　5月26日午前6時20分ごろ、アメリカのニューイングランド沿岸沖合75マイルの穏やかな海上を航行中の米空母ベニントン(3万6000トン)で突如大爆発が起こり、死者89人以上、負傷者201人以上を出した。この事故は平時における米海軍史上最大の惨事の1つ。同船の前部の第2甲板か第3甲板あたりで大爆発が起こったとみられる。

5.31 キラウエア火山噴火(アメリカ　ハワイ州)　5月31日夜明け前、ハワイのキラウエア火山が噴火を起こした。同山が1827年に噴火して以来初めての噴火とみられる。噴火はハワイ時間31日午前4時4分にハレマウマウ火口の先端で始まり、その際起きた猛火は同火口から東北数百mに及んだ。

6.23 市街火災(韓国　ソウル)　6月23日夜、韓国のソウル市内に火災が起こり、2時間半燃えて鎮火した。京城の中心部の住宅と商店1000戸以上が焼けたものとみられる。

7.2 地震(フィリピン)　7月2日、中部フィリピンを襲った強震のため、死者22人以上、負傷者10人以上の被害が出た。マニラの東南400キロにあるソルソゴン州都ソルゴンが被害の中心とみられる。

7.16 洪水(中国)　7月16日、中国の揚子江は中国史上最大の氾濫に見まわれた。湖南省で数千エーカーの水田が冠水し、漢口、武昌、江陵など主要都市が被害を受けた。洪水の水量は史上空前と報じられ、この被害は3万4000エーカーの耕地が冠水した1931年の洪水よりも大きいと伝えられた。

7.16 花火工場で爆発(アメリカ　チェスタータウン)　7月16日午前10時半ごろ、アメリカのメリーランド州チェスタータウンの西端にある火薬工場で大爆発が起こり、10人の死者と5、60人の負傷者を出した。

7.30 洪水(イラン)　7月30日、テヘランの西北方約160キロ(カーズヴィン市西北)の13ヵ村が大水に襲われ、250人が死亡したとみられる。荒れ狂う水は橋や道路を流し、テヘランとの通信施設を切断した。

7.30 洪水(インド　ビハール州)　7月30日、インドのビハール州の土地6000平方マイル以

11

1954

上が洪水のため水浸しとなった。この洪水で12人が死亡、農民25万人が土地を失い、家屋5000戸が押し流されたが、洪水の被害者は全体で150万人に上るとみられる。

8.8 　旅客機墜落（ポルトガル　大西洋アゾレス諸島）　8月8日夜、南米コロンビアの航空会社アヴィアンサの旅客機1機（ボゴタ島行）がアゾレス諸島の飛行場を離陸後、墜落した。30人の乗客と乗員全員が死亡したものとみられる。

8.17 　洪水（イラン）　8月17日朝、イランのテヘラン北西方50キロの峡谷中にあるイマム・ザデー・ダヴド寺院で3000人の回教徒が祈りの最中に、深さ27mほどの洪水が襲いかかり、2000人ほどが水死したとみられる。22日までに寺院内で1000人の死体が発見されたといわれている。

8.23 　旅客機海に墜落（オランダ）　8月23日、KLMオランダ航空の大西洋定期旅客機が、ニューヨークを出発した後オランダ海岸沖合の北海上で墜落した。乗客12人、乗務員9人は死亡したものとみられる。

9.5 　旅客機川に墜落（アイルランド）　9月5日午後、KLMオランダ航空会社の旅客機がアイルランドのシャノン河に墜落した。乗組員、乗客合わせて56人のうち27人が行方不明、29人が救出され入院した。同機はスーパー・コンステレーション型同旅客機で、4日夜ニューヨークへ向けアムステルダムを出発、途中シャノンに寄港したが、同地出発直後墜落した。

9.9 　地震（アルジェリア）　9月9日午前1時ごろ、北アフリカの仏領アルジェリアの首都アルジェ付近で激震があった。震源地はアトラス山脈と地中海との間にあるオルレアンスヴィル地区とみられる。震源地に近い人口3万2500の北部オルレアンスヴィルはほとんど完全に崩壊した。死者800人以上といわれるが、この町では寺院、政府および個人所有の主な大建築物はほとんどすべて全壊または半壊したと報じられ、監獄、病院、警察、郵便局、ホテルなどが全壊したものの中に挙げられている。

9.28 　列車川に転落（インド　ハイデラバード）　9月28日早朝、ハイデラバード南方約80キロの鉄橋を通過中の列車が増水した河中に転落し57人の死者を出した。事故原因は、長雨で橋脚がゆるんでいたためとみられる。

10.7 　台風「ナンシー」（フィリピン　イサベラ州）　10月7日、フィリピンの北部ルソン、イサベラ州の7町村2700戸近くの家屋は、同州を襲った台風「ナンシー」のため破壊された。バラナン町は住居の95％が崩壊したとみられる。

11.26 　ガソリン貯蔵所で火災（韓国　釜山）　11月26日夜、韓国の釜山にある米軍最大の物資集積所およびガソリン貯蔵所に大火災が起こった。3分の2平方マイルにわたる地域の倉庫およびドラム缶が燃えたとみられる。

12.10 　洪水（マラヤ（現・マレーシア））　12月10日、南部マレーの240キロにわたる地域の道路と鉄道線が1926年以来の大出水に見舞われ、町や村落が孤立したほかゴム園や鉱山が作業停止した。一部地域では住民全員に避難命令が出た。

12.25 　旅客機着陸時に転覆（イギリス　スコットランド）　12月25日午前3時半、ニューヨークに向けロンドン空港を出発したBOAC（英国海外航空）旅客機ストラトクルーザーが、スコットランドのプレストウィック空港に着陸の際、転覆事故を起こした。同旅客機の乗客は25人で、うち1人は病院に収容されたが、他の乗客は死亡したものと

12

みられる。乗務員は11人中、7人が助かった。

12.26 　市街火災（韓国　釜山）　12月26日午前1時20分ごろ、韓国の釜山市の龍頭地区で火災が起こり、米韓両国消防隊の活動で2時間後に鎮火したが800戸を焼失し少なくとも4000人が被災したとみられる。出火原因は難民小屋に住む老婆がろうそくを消し忘れ、それが床に燃え移ったものらしい。

〈 1955 〉

1.22 　セーヌ川氾濫（フランス　パリ）　1月22日朝、雨と雪解けでこの半月ほど増水を続けていたセーヌ川の水があふれだし、パリ郊外の数万の人が避難を始めた。24日ごろには、セーヌ川は史上3番目という10年前の増水の記録を破るとみられる。

2.2 　旅客機墜落（インド）　2月2日朝、ナグプール—ニューデリー間の定期旅客機がナグプール飛行場を離陸数分後に墜落、乗組員4人を含む10人の死者を出した。

4.1 　地震（フィリピン）　4月1日午前2時20分、フィリピン南部のミンダナオ、ネグロス、パネー島方面に強震が起こり、数百人が負傷し、数千人が家を失った。死者は2日までに330人に上ることが判明した。フィリピンにおける今世紀最大の被害を与えたこの地震は、通信網を破壊したため死傷者数や損害の集計が遅れているが、家を失ったものは1万人に達するとみられる。

4.3 　旅客列車脱線・転落（メキシコ　コリマ州）　4月3日夜、メキシコのコリマ州のキャニオン・オブ・デス（死の谷）で旅客列車9両が脱線、崖下に転落した。死者9人、負傷者78人（うち8人重体）出したほか、行方不明者がいるとみられる。

5.9 　建設中のビル崩壊（アメリカ　ニューヨーク市）　5月9日、アメリカのニューヨーク・ブロードウェイ59丁目に建築中だったコリシウム・ビルが、中央部の3階から突然崩れ落ちた。なだれおちる鉄材、コンクリート、木材のため、約40人の労働者が下敷きになったとみられる。

5.26 　暴風（アメリカ）　5月26日、アメリカの中部地方一帯を猛烈な旋風が襲い、24時間足らずの間にカンサス、オクラホマ、テキサス、ミズーリ4州の総被害は死者97人、負傷者700人以上、財産の総被害数100万ドルに達した。被害の大部分は25日の夜発生したものである。

6.16 　潜水艦「シドン」爆発（イギリス　ドーセット州）　6月16日朝、英海軍の潜水艦シドン号がイギリスのドーセット州ポートランド軍港内で爆発事故を起こして沈没した。行方不明者13人、負傷者7人の被害が出た。

7.27 　旅客機航路外れ誤射される（ブルガリア）　7月27日、イスラエルのエル・アル航空所属の旅客機がギリシャ・ブルガリア国境上空でブルガリア高射砲に射撃されブルガリア領に墜落した。乗客、乗組員58人は全員死亡した。同機は航路を離れて飛んだといわれ、ブルガリア側は事件につき陳謝の意を表した。

8.2 　豪雨（インド　ウッタルプラデシュ州）　8月2日の発表によると、1871年以来の最悪

の豪雨に見舞われたインドのウッタルプラデシュ州の洪水で、17人が死亡、1万の村落が水につかり、数十万の人々が家を失った。

8.11 軍輸送機火災・墜落（西ドイツ（現・ドイツ））　8月11日、米軍空輸訓練中の米空軍輸送機C119S2機がドイツ西南部の森林地帯で翼をこすって火災を起こし、当地付近に墜落、乗っていた66人の米兵全員が死亡した。戦後欧州大陸で起こった最大の飛行機事故で、また世界4番目の飛行機事故となった。

9.20 台風「ヒルダ」（メキシコ　タンピコ市）　9月20日、台風「ヒルダ」のためメキシコ湾タンピコ港で12人が死亡、350人が負傷した。人口11万のタンピコ市は市の9割が被害をうけ、1万5000人が家を失った。

10.5 飛行機山に衝突（アメリカ　メディシン・バウ山）　10月5日、ユナイテッド航空の飛行機1機がアメリカのメディシン・バウ山頂に衝突、乗員65人の救助は絶望とみられる。

11.6 市街火災（韓国　釜山）　11月6日早朝、韓国の釜山で大火災が起こり、消防車32台が出動、これを消し止めたが、約2時間の間に2人が死亡、家屋700戸が焼失した。出火原因は炭火の不始末からで、損害は約4万米ドルに上るとみられる。

11.18 飛行機民家に墜落・炎上（アメリカ）　11月18日早朝、極東からの66人の帰還兵を含めて合計73人を乗せた不定期米機がボーイング・フィールド（キング郡国際空港）を離陸直後、民家に墜落、機体は爆破炎上した。27人が死亡、46人が負傷したとみられる。

12.13 放射能汚染（マーシャル諸島）　1954年に太平洋で実験された核爆発による放射能が原因で、約64のマーシャル群島住民の90％が一時的な発疹と頭髪脱毛を起こしていたことが、12月13日、北米放射能線学会第11同年次会議で発表された。

12.18 豪雨（シリア）　12月18日夜までに、シリア北部で起きた大洪水で死者110人、行方不明者100人の被害が出た。洪水の原因は9時間降り続いた豪雨でアブナ・アリ河が氾濫したためである。

12.24 豪雨（アメリカ　ネバダ州,カリフォルニア州,オレゴン州）　12月24日、アメリカのネバダ、カリフォルニア、オレゴン3州を洪水が襲った。ネバダ州リーノウ市は100年ぶりといわれる豪雨で堤防が決壊して市が2つに分かれ、カリフォルニア州のサンタ・クルーズとクラマスの2つの町は完全に浸水。この豪雨は特に地方農村に猛威をふるい、各地に無残な水害の跡を残した。27日朝までに死者35人、行方不明者20人に達した。損害は最低1億5000万ドルと推定される。

12.29- 台風（フィリピン）　12月末、2つの台風がフィリピンを襲った。1つは29日、フィリピン南部のザンボアンガを通過し、もう1つは30日早朝マニラ郊外を襲った。これらの台風によって死者33人以上、その他多数の行方不明者を出した。

〈 1956 〉

- **1.12** 船舶火災（韓国 釜山） 1月12日早朝、韓国の釜山西南方約90キロの海上で沿岸連絡船タイシンポ号に火災が起こり、乗客64人が焼死した。同船は韓国海運会社所属の100トンほどの小舟で、6時15分まで燃え続けた。

- **1.22** ディーゼル列車脱線（アメリカ ロサンゼルス） 1月22日夜、アメリカのカリフォルニア州ロサンゼルス市東南部でサンタフェ鉄道のディーゼル列車が脱線、死者47人、負傷者35～40人を出した。

- **2.17** 飛行機とヘリコプター衝突（アメリカ オークランド） 2月17日、米海兵隊輸送機1機がアメリカのオークランド東南方でヘリに衝突、乗っていた38人全員が死亡した。

- **2.17** 空軍ジェット機空中爆発（アメリカ トレーシー） 2月16日、米空軍の超大型ジェット爆撃機B52がトレーシーの近くで墜落、乗員4人はパラシュートで逃れたが、他の4人は行方不明となった。空中爆発を起こしたものとみられる。

- **2.18** 軍チャーター機炎上（マルタ） 2月18日、エジプトから故国に帰る英兵をのせた4発の英軍チャーター機がマルタ島の飛行場を飛立った直後炎上し、乗っていた51人全員が死亡した。

- **2.20** 飛行機砂漠に墜落（エジプト） 2月20日、フランスの国際空輸会社所属の旅客機がカイロから出発して数分後、同飛行場から約30キロ離れた砂漠に墜落した。乗っていた64人のうち12人が救出され、52人が死亡した。

- **3.2** 雪崩（韓国） 3月2日、朝鮮半島の山岳地帯で起こった雪崩のため多数の兵舎が倒壊し、韓国兵54人が死亡、52人が負傷したほか、19人が行方不明となった。行方不明者は倒壊家屋の下敷きになったものとみられる。

- **5月** 大雨（アメリカ カリフォルニア州） アメリカ北部および中部カリフォルニア州は天候異変がつづき、5月に入ってから季節はずれの大雨がしばしば地方農園を見舞った。この雨で日本人がほとんど独占的に栽培しているイチゴ園は打撃を被り、損害は200万ドルに達すると見積もられている。

- **6.20** 飛行機海に墜落（アメリカ ニュージャージー州） 6月20日午前1時32分、ベネズエラの航空会社のスーパー・コンステレーション機が、アメリカのニュージャージー州沖の大西洋に墜落、乗客64人と乗組員10人の全員が死亡した。同機は19日午後11時18分ニューヨークのアイドルワイド飛行場から出てベネズエラのカラカスに向かったが、エンジン故障を起こし、アイドルワイド飛行場に引返す途中、アズベリー・パークの東方約51キロの海中に墜落したもの。この事故は定期旅客機の事故としては世界最大のものとなった。

- **6.30** 旅客機荒野に墜落（アメリカ アリゾナ州） 6月30日午後、アメリカの大型旅客機2機が旅客と乗務員計127人を乗せたまま行方不明となり、アリゾナ州北部の荒野地帯で墜落しているのが発見された。1機はトランスワールド航空のスーパーコンステ

レーション機、他の1機はユナイテッド航空のDC7型機で、3分間隔でともに同日朝ロサンゼルスを出発、コンステレーション機はカンサス市、DC7型機はワシントンに向かったが、空中衝突したとみられる。生存者は1人も発見されなかった。

7.13　軍輸送機林に墜落（アメリカ）　7月13日、アメリカのトレントン南方48キロのマガイア米軍基地を離陸した米軍輸送機1機が松林に墜落した。子ども2人を含む45人以上が死亡、21人が負傷した。

7.17　飛行機事故相次ぐ（アルゼンチン　リオ・カルト）　7月17日、アルゼンチンで相次いで2つの航空事故が起こり、計23人が死亡、10人が重傷を負った。1つはアルゼンチン航空の定期旅客機DC3がアルゼンチンの中北部のリオ・カルト付近の畑に墜落し、乗っていた18人全員が死んだもの。もう1つはアルゼンチン空軍のジェット機2機がブエノスアイレス郊外の上空で衝突、1機は病院に落ちて患者4人が死亡し、もう1機は小屋に落ちて幼児1人が死亡したが、パイロットは両機とも無事だった。

7.21　地震（インド　ボンベイ（現・ムンバイ））　7月21日夜、インドのボンベイ北西のカティク・アワル半島地区で地震が起こり、200人以上が死亡、60人が重傷、200人が軽傷を負った。

8.8　炭鉱で火災（ベルギー）　8月8日、ベルギーのカシール石炭鉱山で火災が発生、エレベーター鉄線が焼けただれ、25人が地上に運び出されたが、299人が地下830mの所で取り残された。14日の時点で炭鉱夫251人が生埋めになったが、全員が事故発生の当日に死亡したものとみられる。

8.29　飛行機墜落（アメリカ　ウニマク島）　8月29日夜、22人を乗せてバンクーバーから東京へ向かうカナダ航空の飛行機（ダグラスDC6B）が、アラスカ半島先端のウニマク島で墜落、9人以上が死亡した。7人が生存しているが、6人が行方不明となった。

8.31　空軍B501機墜落（アメリカ　アラスカ州）　8月31日、11人を乗せた米空軍のB501機がアメリカのアンカレッジ北西で墜落した。生存者の有無は不明。同機はフェアバンクス付近のエイエルソン空軍基地から飛び立った第58気象観測中隊所属のものとみられる。

9.2　旅客列車川に転落（インド　ハイデラバード）　9月2日未明、インドのハイデラバードから100キロの地点にある鉄橋から旅客列車が河中に突込み、81人が死亡、22人が負傷した。その後の救助作業の結果、122人が遺体で収容された。事故原因はジャドチェルラ、マーブブナガル両駅間の鉄橋が列車の機関車通過と同時に崩壊したため。

10.10　空軍偵察機墜落・炎上（イギリス　スコットランド）　10月10日夜、英空軍の偵察機ネプチューンがイギリスのスコットランド高原で墜落、炎上した。同機には9人が乗っていたが、4人の死体が現場近くで発見され、他の5人は行方不明だが生存は絶望とみられる。

11.1　炭鉱で爆発（カナダ　スプリングヒル）　11月1日、カナダのノヴァスコティア州スプリングヒルの炭鉱で大爆発が起こり、鉱夫100人以上が生埋めにされた。

11.5　地震（イラン　バスタク）　11月5日、イランのバスタク地区で地震があり、410人が死亡した。バスタクはペルシャ湾のランゲの近くにある。

11.6　地震（イラン）　11月6日の発表によると、イランの東ペルシャ湾北岸から少し内陸

に入ったファルス地方で、3日の間に相次いで地震が起こり、268人の死者を出した。

11.15 **航空機墜落（ニカラグア プェルト・ソモサ）** 11月15日午後、ニカラグアのマナグア北東約57キロのプェルト・ソモサの近くで、23人乗りのエアロヴィアス・ゲスト航空機が墜落した。生存者は1人だけとみられる。

11.16 **客船沈没（台湾）** 11月16日、台湾の高雄から澎湖島へ向かう客船が座礁して沈没、乗客、船員102人全員が死亡した。

11.18 **飛行機墜落・炎上（コロンビア）** 11月18日、コロンビアのアエロリナス・デル・パシフィコ航空のDC-3機が、同国のカリと太平洋岸間の山岳地帯で炎に包まれて墜落、29人の死者を出したとみられる。

11.23 **豪雨で列車が川に転落（インド）** 11月23日早朝、インドのマドラス―トゥティリコン間を走る急行列車がマドラスから約400キロにあるアリヤルール村付近のマルダヤル河鉄橋にさしかかった際、豪雨のため鉄橋が押し流され、機関車と客車7両が河中に転落、少なくとも死者102人、重傷者60人を出した。

11.24 **飛行機炎上・民家に墜落（フランス パリ）** 11月24日早朝、ローマ発ニューヨーク行きのアリタリア航空4発旅客機がパリ飛行場を離陸後間もなく火だるまとなり、民家の上に墜落した。同機に乗っていた34人のうち33人が死亡、墜落機の下敷きとなった民家の少年1人が死んだ。

11.24 **飛行機爆発（スイス）** 11月24日午後5時20分、チェコ航空の双発旅客機がチューリッヒからプラハに向かう途中スイス、ドイツ国境上空で炎上、スイス領内に落ちるとともに大爆発を起こし、乗員5人と乗客18人が死亡した。

11.27 **飛行機山に衝突（ベネズエラ カラカス）** 11月27日、ニューヨークからカラカスに向かったベネズエラ航空所属機が、カラカス付近の山頂に衝突して焼け、乗っていた25人全員が死亡した。

12.8 **飛行機墜落（コロンビア ボゴタ）** 12月8日、コロンビアのカタリナ旅客機1機がボゴタ飛行場を離陸直後に墜落、17人の乗員、乗客のうち15人が死亡した。死者の中には4人の子どもが含まれていた。ほかに乗客1人、乗員1人が重体。

12.22 **旅客機行方不明（イタリア）** 12月22日、イタリア旅客機が行方不明となり、24日になって北イタリアのドロミテ山中で破片が発見された。乗っていた21人全員の死亡が確認された。

〈 1957 〉

1.22 **穀物倉庫火災（アメリカ シカゴ）** 1月22日朝、アメリカ・イリノイ州シカゴの10階建て穀物倉庫で火災が発生し、300万ブッシェルの穀物を収容した同倉庫を全焼した。消火には400人の消防夫が動員された。損害は数百万ドルに上る。

2.1 **旅客機海に墜落（アメリカ ニューヨーク市）** 2月1日午後6時1分、ノースイースト航空の4発旅客機DC6が、アメリカのニューヨークのラガーディア飛行場からフロリ

ダに向かって離陸した直後、イースト・リヴァーのリカーズ島近くの海上に墜落した。少なくとも乗員25人が死亡し、37人が重軽傷を負ったとみられる。

3.14 旅客機墜落・火災（イギリス　マンチェスター）　3月14日、オランダのアムステルダムから飛び立った英国欧州航空の4発ターボプロップ定期旅客機ヴァイカウントが、イギリスのマンチェスター近くで墜落、火災を起こし、乗客15人と乗組員5人が死亡した。

4.1 軍機墜落（アメリカ　テネシー州）　4月1日、アメリカのヴァージニア州ラングレー空軍基地からテネシー州のメンフィスに向かった米軍機が、ディクソン付近で墜落し、9人が死亡、2人が重傷を負った。この生存者は弾道兵器関係の技術者で、うち1人は意識を回復後、同機は重要な軍事指導者と秘密文書を運ぶ途中であったと述べた。

4.7 旅客機墜落（ウルグアイ　リヴェラ）　4月7日、ブラジルの旅客機がウルグアイのリヴェラ飛行場を離陸の際、墜落し、40人が死亡した。同機はアルゼンチンのポルト・アレグレに向かう途中であった。

4.30 雹（西パキスタン（現・パキスタン））　4月30日、約200グラムの重さのある大きな雹が西パキスタンのグジラト地方に降り32人が死亡、約200人が負傷した。

5月- インフルエンザ（アジアかぜ）（世界）　5月、タイのバンコク市内でインフルエンザが猛威をふるい、バンコク全市の学校は30日から1週間休校にされた。29日の登校生徒は約半数で、同日中に流感による死者4人が出たとみられる。また、フィリピンでも流感が流行し、同国全土の私立学校の授業開始が6月3日から同月10日まで延期された。公立学校はもともと10日から授業を開始することになっていた。5月はじめからはじまったインフルエンザのため、フィリピンでは約300人が死亡したとみられる。このインフルエンザは4月ごろから香港を中心に流行が始まり、やがて世界各地に広がって約200万人が死亡したとされる。

5.1 飛行機墜落・炎上（イギリス）　5月1日、イギリスのブラックブッシュ飛行場から飛び立った双発ヴァイキング輸送機が、墜落炎上し、乗客33人が死亡した。

5.22 竜巻（アメリカ　カンザスシティー）　5月22日夜、竜巻がカンザスシティーの南端を横切り、大きな被害が出た。32人が遺体で収容され、負傷者は200人を越えた。カンザス・シティー南方の住宅地ラスキン・ハイツでは、住宅5、60戸が破壊され、15階建てのショッピング・センターも破壊された。

6.9 インフルエンザ（インド　ニューデリー）　6月9日、ニューデリーのインフルエンザ患者は1万500人に達した。全市の映画館、劇場、学校、水泳場などは6日から閉鎖されている。患者は市職員や政府機関、銀行、商社に多く、9日デリー市の機能は一部マヒ状態に陥った。

6.14 旅客機墜落（ソ連（現・ロシア）　モスクワ）　6月14日夜、LOTポーランド航空の定期旅客機が乗客13人を乗せてワルシャワへ向かう途中、モスクワ付近で墜落し、乗組員4人を含む9人が死亡した。

6.22 市街火災（韓国　釜山）　6月22日深夜、韓国の釜山の港湾地区にある米軍送油管から大火が起こり、2時間にわたって燃え続けたが、23日午前零時10分ようやく鎮火し

た。損害は韓国人民家焼失300戸、死者12人、負傷者36人、うち重傷者8人に達し、2000人の市民が焼け出された。

6.23 飛行機墜落（カナダ ブリティッシュコロンビア州） 6月23日午後、カナダのパシフィック・ウエスタン航空の旅客機DC3型が同国ブリティッシュコロンビア州ポート・ハーディ空港を離陸直後に墜落、乗組員、乗客合計18人のうち13人が死亡した。

7月 豪雨（フィリピン） 7月、マニラ北方パンガシナン地方マビニ町は出水に見舞われ、16日までに230人が遺体で発見された。出水で約1000戸が押し流され、1000余人が行方不明となったが、死亡したものとみられる。このルソン島北部の水害は台風がもたらしたもので、数十年来最悪のものとみられる。

7.2 地震（イラン） 7月2日朝、イランの首都テヘランの北東方、デマベンド、フィルズク、プラの諸地方に激震があり、60人の死者と約1000人の負傷者を出した。イランのチグバンドとサンチャル両村では3日までに約400人の犠牲者が発見され、地震による死者は総計750人に上り、およそ3000人がこの両村で行方不明とみられる。

7.14 暴風雨で漁船遭難（イラン カスビ海） 7月14日、ソ連漁船エシュガバッド号がカスピ海のバクーへ向かう途中、激しい暴風雨にあい、バクーとサリアン間で岩に衝突して遭難、全乗組員270人がおぼれ死んだとみられる。

7.15 飛行機炎上・墜落（インドネシア ニューギニア島） 7月15日午前3時40分ごろ、KLMオランダ航空のロッキード・コンステレーション旅客機がニューギニアのビアク飛行場から8キロほどの海中に火をふいて墜落した。同機には乗客59人、乗員9人が乗っていた。オランダ人の乗客11人、乗員1人が助かったが他は行方不明。同機はシドニーからオランダに向かう定期航空便で、中継地のビアク飛行場出発直後の事故であった。

7.18- 洪水（中国 山東省） 中国の山東省を襲った洪水のため、7月22日までの4日間に1000人近くが死亡、さらに3000人が負傷したといわれ、同省では過去50年間の最悪の災害となった。黄河の出水によるものだが、黄河の洪水は数週間の後に揚子江流域の出水をともなうのが普通であるため、北京では揚子江の模様も懸念される。

7.28 地震（メキシコ メキシコシティ） 7月28日朝、メキシコのメキシコシティ付近で起こった地震によって、41人が死亡、172人が負傷した。一部非公式報道では死者は100人以上ともいわれる。ティピック川の堤防が切れて72人が流されたほか、農村地帯は大洪水の脅威にさらされ、メキシコ史上最大の地震となった。

8.11 飛行機墜落・炎上（カナダ ケベック） 8月11日、イギリスからカナダに向かったマリタイム・セントラル・エアウェーズの旅客機DC-4型機が、ケベック西南24キロで墜落炎上した。乗客73人、乗員6人の全員が死亡した。カナダにおける最大の飛行機事故となった。

8.11 山岳で遭難（スイス アイガー峰） 8月11日、アルプスのアイガー峰（3965m）の大北壁の途中で身動きできなくなり、転落死の一歩手前にあったドイツ人2人、イタリア人2人、計4人の登山者のうち最初の1人が救助された。続いて残りの3人の救助に懸命の努力が払われたが、3人がなお生きているとの希望が12日ついに捨てられ、救助隊は吹雪の山頂から下ってきた。救援隊はスイス、フランス、イタリア、ドイツ、ポーランドの5カ国60人で組織された。

1957

8.15 濃霧で飛行機墜落（デンマーク　コペンハーゲン）　8月15日午前6時20分ごろ、ラトビアのリガを離陸したイリューシン14型ソ連製双発旅客機はデンマークのコペンハーゲン港南方で、濃霧のため発電所の煙突に激突、大破して7mの海中に墜落した。女、子どもを含む23人全員が死亡したとみられる。

8.19 吹雪で山岳遭難（イタリア　アルプス・マルモラダ峰）　8月19日、イタリアのアルプス中のマルモラダ峰（3342m）で7人の登山家が遭難、いずれも死亡したものとみられる。これらのアルピニストは猛烈な吹雪に襲われたもので、吹雪は救出作業をも阻んでいる。遭難者にはドイツ人1人とオーストリア人かスイス人1人が混じっているとみられ、この2人とは別の登山隊の5人はイタリア人といわれる。

8.20 油送船が爆発炎上（地中海）　8月20日、ギリシャの油送船ワールド・スグレンダー号（6万t）が地中海航行中2回にわたり爆発事故を起こし、火災のため、損害を生じた。爆発事故はジブラルタル対岸のモロッコのセウタ港東方80キロの海上で起きたものとみられる。乗組員は87人。このうち30人が救助された。またソ連船1隻も直ちに救助にかけつけた。

8.27 汽船と貨物船衝突（ウルグアイ）　8月27日深夜、アルゼンチンの汽船シウダド・デ・ブエノスアイレス号（3754トン）がウルグアイの川を航行中、雨と霧のためアメリカの貨物船モーマックサーフ号（7890トン）と衝突して沈没した。乗客、乗組員約220人中94人が行方不明となったとみられる。米船は損傷したが、自力航行が可能。

9.2 遊覧列車脱線（ジャマイカ　ケンダル）　9月2日、ジャマイカのキングストンから90キロ離れたケンダルで2台のディーゼル機関車に引かれた12両編成の遊覧列車が脱線、死者150人を出した。

9.2 帆船転覆（インドネシア　ボルネオ）　9月2日、インドネシアの東ボルネオのタラカンから英領ボルネオのタワオに向け航行中の帆船隻が転覆し、97人が行方不明となった。

9.7 急行列車脱線（フランス　ニームズ）　9月7日、パリ―ニームズ間の急行列車がニームズ近くのジエール・ブリニョン駅を通過したところで脱線し、死者24人、負傷30人を出した。

9.9 コレラ（インド　ビハール州）　9月9日にニューデリーで明らかにされた公式統計によると、インド北部のビハール州ではこの夏、4000人近い人がコレラで死亡した。

9.11 洪水（トルコ）　9月11日、トルコの首都アンカラに隣接している7つの村が出水に見舞われた。死者は300人を超えるとみられる。

10.20 急行列車と旅客列車衝突（トルコ　イスタンブール）　10月20日夜、トルコのイスタンブール北西約30キロの地点でイスタンブール発欧州行急行列車と国境方面からイスタンブールに向かう旅客列車が衝突、21日までに死者75人、負傷者100人以上を出した。

11.6 旅客機墜落・炎上（イギリス　ブリストル）　11月6日、英ブリストル航空のブリタニア型ターボ・プロップ長距離旅客機1機が、イギリスのブリストル付近の森に墜落して炎上、乗っていた15人全員が死亡した。定期的なテスト飛行中にエンジンの1つから発火し墜落したものとみられる。

20

1957

11.9 旅客機墜落（太平洋） 11月9日、サンフランシスコからホノルルに向けて出発したパンアメリカン航空の旅客機（4発ストラトクルーザー）が太平洋上で墜落した。同機は乗客36人、乗組員8人を乗せて前日午前11時半ごろ出発していた。14日には17人の遺体が、16日さらに2人の遺体が発見された。

11.12 旅客機丘に衝突・炎上（イギリス ニューポート） 11月15日夜、イギリスのサウサンプトンからリスボンへ向かったソレント旅客機（4発サンダーランド飛行艇改良型）が離陸直後、英仏海峡にあるワイト島ニューポート近くの丘に衝突し、炎上した。同機には乗客50人、乗組員8人が乗っていたが、そのうち43人の生存は絶望とみられる。救出された者の中には数人の重傷者もいた。

12.4 満員の列車追突（イギリス ロンドン） 12月4日午後6時10分ごろ、イギリスのロンドン東南郊外で満員の列車の追突事故が起こり、多数の死傷者を出した。深い霧の中をルイシャム方面から進行してきた急行列車が、セントジョンズ駅の手前約200mに停車していた列車に追突したもの。急行列車は追突の際、勢いあまってその数両が棒立ちとなって陸橋に激突、このため崩れ落ちた陸橋の上にダートフォード行列車が乗りあげ脱線、ロンドン―ケント間の列車交通は途絶した。濃い霧のため救出作業は難航したが、5日夜までに破壊された列車の中から89人の遺体が収容され、負傷者177人のうち110人は重傷。1952年のハローの列車事故による死者112人に次ぐ惨事となった。

12.8 暴風で旅客機墜落・炎上（アルゼンチン） 12月8日、アルゼンチン航空の旅客機DC4がブエノスアイレスを出発しサン・カルロス・デ・バリロチェに向かう途中で墜落、乗っていた62人全員が死亡した。同機はブエノスアイレス西南284キロの地点で暴風のため墜落、炎上して全員が焼死したものとみられる。

12.9 旅客列車転覆（台湾 台北） 12月9日、台湾の台北の南方で旅客列車が転覆し、100人近くの死者と40人の負傷者を出した。

12.13 地震（イラン） 12月13日、イラン西部を襲った地震で、非公式推計によると300人が死亡、500人が負傷した。14日までに犠牲者の数は増え、死者は1287人に達した。15日また新たな地震が同国の17地方を襲い、この地震は前回のものより激しく、被害も大きいものとみられる。テヘランの南西240マイル（380キロ）にあるファーサング村は一面の墓場のようになったともいわれている。28日までに、これらの地震で165の村落が破壊され、死者の総計は1392人に上った。

12.13 地震（モンゴル） 12月13日、外モンゴルのウラン西北地区に近年まれな大地震が起こり、1200人以上が死亡した。アレブサンデという1村だけでも死者は200人以上にも上った。被災地域は大部分雪におおわれているため、被害程度や正確な死者数は不明。

12.22 貨物船沈没（北欧 北海） 12月22日、スウェーデンからスコットランドのアバディーンへ航行中の英貨物船ナーバ号（1991トン）は、北海でしけにあい沈没した。38人の乗組員は絶望とみられる。

この年 飢饉（中国） 中共南部の広東、広西両省では、飢饉で1200万人が災害を受けたとみられる。この年の飢饉は特にひどく、今春広東省では水害が発生し、一方広西省の多くの地区は干害を受けた。また6月までに、河北省でも被災民1500万人が出る飢饉

21

が起きたとされる。

⟨ 1958 ⟩

2.1 　旅客機海に墜落（ブラジル　サントス）　2月1日夜、ブラジルのサントス市デュモント空港を離陸しそこなった4発旅客機が火に包まれてファナバラ湾の海中に墜落した。同機には乗客62人と乗務員5人が乗っていたが、このうち7人以上が死亡した。

2.1 　輸送機としょう戒爆撃機衝突・墜落（アメリカ　カリフォルニア州）　2月1日夜、アメリカのカリフォルニア州上空で大型空軍輸送機（4発）と中型海軍しょう戒爆撃機（双発）とが空中衝突、ロサンゼルス郊外の住宅密集地帯に墜落した。乗っていた47人が即死、物音に驚いて自宅から走り出した1人の主婦は飛行機の破片で死亡した。

2.6 　飛行機墜落（ドイツ　ミュンヘン）　2月6日、英国BEA航空のエリザベサン号は、ミュンヘン飛行場で離陸直後に墜落した。この飛行機には、ベオグラードから帰国中のフットボールクラブチーム「マンチェスター・ユナイテッド」の17人を含む乗客38人、乗組員6人の44人が乗っていた。このうち生存者はマンチェスター・ユナイテッドの選手4人をふくむ16人であると発表された。

2.19 　炭鉱で爆発（インド　カルカッタ）　2月19日、インドのカルカッタ付近のチュマクール炭鉱で爆発が起こり、約180人が行方不明になった。その付近の炭鉱では出水のため20人が死亡。20日までに、死者は214人以上に上るとみられる。

3.1 　連絡船遭難（トルコ）　3月1日、乗客を満載したイスタンブール行きのトルコ連絡船がマルマラ海で暴風雨のため遭難、非公式報道によると死者は約200人に達するものとみられる。同船は1日正午過ぎにイズミットを出発してイスタンブールへ向かう途中だった。

3.19 　ビル火災（アメリカ　ニューヨーク市）　3月19日夕刻、アメリカのニューヨーク、ブロードウェイの被服工場街にある5階建てガーメント・ビルから出火があり、焼死者23人、負傷者12人を出した。午後4時ごろにビル3階から火が出始めると、ビルは脱出しようとする人々の悲鳴に包まれたという。

4月- 　天然痘（東パキスタン（現・バングラデシュ）　カラチ）　4月22日までの3週間で、東パキスタンでは天然痘のために1万人以上の人が死亡したとみられる。カラチ州では日々数千人が死亡し、数千人が発病しているとされる。この天然痘は4月1日から始まりいまでは東パキスタン全州に及び、カラチ州には非常事態が宣言されている。

4.6 　市街火災（ビルマ（現・ミャンマー）　パコック）　4月6日、ビルマのマンダレー西方400キロのパコック町で大火があり、6000戸が焼け住民2万5000人が家を失った。この火事で同町の3分の2が破壊された。

4.6 　旅客機墜落（アメリカ　ミッドランド）　4月6日夜、ニューヨークからシカゴへ向かうキャピタル航空の旅客機（英国製のバイカウント機）がミッドランド南東約16キロのトライシティー飛行場付近で墜落し、乗客44人、乗員3人の計47人全員が死亡した。

4.7 放射能汚染（インド）　インドの放射能による大気汚染が最大限まで増大していることが、4月7日のインド政府原子力委員会の報告で明らかにされた。バンガロール、ボンベイ、ニューデリー、カルカッタなど7か所の観測所で、ストロンチウム90、セシウム137、ヨウ素131などが一部食物中にも含まれていることが発見された。相次ぐ原水爆実験によるものとみられる。

4.21 旅客機と戦闘機衝突（アメリカ　ラスベガス）　4月21日午前8時半ごろ、ユナイテッド航空の大型旅客機（4発DC7）と超音速ジェット戦闘機（F100F）がアメリカのラスベガス付近の砂漠上空4000mで衝突し、両機とも爆発を起こして墜落した。旅客機の乗客37人、航空会社員5人、ジェット機の乗員2人が即死した。

4.29 劇場で火災（フランス　ブザンソン）　4月29日、東フランスのブザンソンにある歴史的な市立劇場が原因不明の火事で全焼した。このため9月に開かれるブザンソン年次国際音楽会は取り止めとなった。この建物は1772年エミール・ルドーによって建てられ、2年前に修復されたばかりで、2億フラン（約1億8000万円）の保険がかけられていた。

5月 日射病（インド）　北部インドは30年来の暑さといわれ、6月20日までの6週間に日射病で660余人の死者を出した。これは病院に運ばれて死亡した公式の確認数で、これ以外に相当の未確認犠牲者が見込まれ、全インドでは1000人を超すものとみられる。

5.15 飛行機墜落・炎上（インド　ニューデリー）　5月15日、パキスタン国際航空のコンベアー機がインドのニューデリー空港を離陸直後、空港から3.2キロ付近で墜落し、炎上した。乗客32人のうち14人か15人が生き残ったとみられる。乗組員6人は全員が死亡した。

5.18 旅客機不時着に失敗・炎上（モロッコ　カサブランカ）　5月18日朝、ブリュッセルとベルギー領コンゴの定期航空便であるベルギーのサベナ航空の旅客機がエンジン故障のためカサブランカ飛行場に不時着した際、滑走路から外れて軍用建物に突込み炎上した。乗員9人、乗客60人のうち65人が死亡、乗客4人が火傷を負った。

5.27 ボート転覆（韓国　ソウル）　5月27日、韓国のソウル郊外のかんがい用水池で少女32人がおぼれ死んだ。定員を越えて人を乗せていたボートが転覆したもので、7人だけが救助された。

5.31 仏軍ダコタ型旅客機墜落（アルジェリア）　5月31日、アルジェリアでフランス航空からチャーターした仏軍のダコタ型旅客機が墜落した。乗員14人の生命は絶望とみられる。原因は不明。

6.4 竜巻（アメリカ　ウィスコンシン州）　6月4日夜、アメリカのウィスコンシン州一帯で大竜巻が起こり、各市で少なくとも死者19人、負傷者100人の被害が出た。この竜巻に見舞われた地域の各病院は負傷者たちで大混乱し、廊下は手当てをうける人たちで埋まった。

6.23 花火爆発事故相次ぐ（ブラジル　サント・アマロ，フェイラ・デ・サンタナ）　6月23日、ブラジルの2カ所で同時に花火の爆発が起こり死者100人以上、負傷者1340人を出す惨事となった。1つはサント・アマロの共進会で花火発射台が爆発、これを囲んでいた群衆のうち約100人が即死、300人が負傷したもの。もう1つはフェイラ・デ・サンタナの花火工場が爆発し、死者7人、負傷40人を出した。

1958

- 8.9 旅客機墜落（リビア　ベンガジ）　8月9日、中央アフリカ航空所属のバイカウント旅客機がリビア北岸ベンガジ付近で墜落、乗客47人のうち31人、乗務員7人のうち3人が死亡した。

- 8.15 旅客機墜落（アメリカ　ナンタケット）　8月15日夜、米ノースイースト航空旅客機がアメリカのナンタケット空港に着陸寸前で墜落した。同機には30人が乗っていたとみられる。

- 8.21 脳炎（韓国）　8月21日、韓国で2週間前から発生した脳炎でこれまでに死者112人が出ていると発表された。21日までに報告された患者の総数は537人、このうち回復したのは8人のみである。さらに9月5日には4911人の脳炎患者が発生、うち1087人が死亡、このうち310人の患者（うち死亡者68人）は9月4日から5日までの間に発症したと発表があった。

- 8.28 バス谷に転落（コロンビア）　8月28日、乗客58人を乗せたバスがベネズエラ国境に近いコロンビア北東部の深さ1000フィートの谷に転落し、死者31人、負傷者20人以上を出した。

- 10.1 炭鉱で爆発（ユーゴスラビア　セルビア（現・セルビア））　10月1日、ブルガリア国境に近いユーゴの東部セルビアのクニャゼバッツ付近ボドビス炭鉱で爆発が起こり、坑夫10人が死亡、さらに約100人が行方不明となったと伝えられる。これらの行方不明は爆発と同時に生埋めとなったものでその生死は明らかではない。惨事の原因は高圧器の爆発によるものであるといわれる。

- 10.14 旅客機墜落（ベネズエラ）　10月14日夜、スーパー・コンステレーション旅客機1機が西ベネズエラで墜落し、乗客19人と乗組員7人の全員が死亡した。

- 10.22 旅客機と戦闘機衝突（イタリア　アンツィオ）　10月22日、英国欧州航空（BEA）のロンドン―マルタ島間バイカウント旅客機が、イタリアのアンツィオ東方9.6キロの上空でイタリアのジェット戦闘機と空中衝突し、旅客26人、乗組員5人の計31人全員が死亡した。ジェット機の操縦士はパラシュートで無事地上に降りた。

- 11.3 旅客機山に衝突・炎上（イタリア）　11月3日夜、イエメン航空の双発旅客機と思われる飛行機がローマ東北およそ104キロのマギオ山に衝突、炎上した。同DC-3型旅客機はイエメン外務省の高官が乗っていたと発表したが警察では8人の焼死体を発見、そのうちの1人は服装から推して女性と思われる、と発表した。

- 12.1 小学校で火災（アメリカ　シカゴ）　12月1日、アメリカ・イリノイ州シカゴのカトリック系小学校で爆発につづき火災が起こった。死者は尼僧3人、学童87人、計90人と確認され、70人ほどが負傷して入院した。原因は放火か過失とみられる。

- 12.16 デパートで火災（コロンビア　ボゴタ）　12月16日、南米コロンビアの首都ボゴタのビダ・デパートで火事が発生、クリスマスの買い物をしていた婦人、子どもら82人が焼け死に、10人以上が負傷した。損害は25万ドル以上とみられる。

〈 1959 〉

1.11 旅客機墜落・炎上（ブラジル　リオデジャネイロ）　1月11日、ブラジルのリオデジャネイロ空港に着陸しようとした西独のルフトハンザ航空旅客機が墜落して炎上した。20人が死亡したとみられる。同機はダカールから来たもので、旅客33人を乗せていた。事故当時、リオデジャネイロは雨が降り天候が悪かった。

1.16 旅客機海に墜落（アルゼンチン）　1月16日夜、アルゼンチンのマルデルプラタ飛行場で、オーストラル航空旅客機（双発）が嵐をついて着陸を試み、誤って海中に墜落、乗客と乗員52人のうち、乗客1人を残して全員が死亡した。

2.10 竜巻（アメリカ　セントルイス）　2月10日午前2時20分ごろ、アメリカのセントルイスの中心部を竜巻が襲い、4階建てのビルの上2階が吹き折られたり、大テレビ塔が吹き倒された。この竜巻で死者31人、負傷者400人が出た。

2.25 舞台崩壊（メキシコ　ゴーフイラ）　2月25日、メキシコのゴーフイラ駅付近にある劇場の舞台上で、小学生たちがメキシコの国歌を斉唱していた際、舞台がくずれ、12人が死亡、30人が負傷した。

2.28- 暴風で小舟転覆（バーレーン）　2月28日から3月1日にかけての夜、ペルシャ湾内のバーレーン島一帯を暴風が襲った。このため、15隻の小舟にのった約200人が水死したのではないかとみられる。

3.3 バスとトラック衝突・炎上（メキシコ　メキシコシティ）　3月2日、メキシコのメキシコシティ西北約250キロのパンアメリカンハイウェイで、乗客31人を乗せたバスと、トラックが衝突した。同トラックが運んでいたアルコール性飲料に引火し、27人が死亡した。

3.5 少年訓練学校で火事（アメリカ　ライツビル）　3月5日朝、アメリカのライツビルにある州立少年訓練学校の寄宿舎から出火、同主屋を全焼し、収容されていた少年68人のうち少なくとも21人が焼死した。建物の入口にはカギがかけられたままだったので少年たちは窓の金網をけ破って脱出した。

3.29 旅客機墜落（インド　アッサム州）　3月29日、アッサム州ハイラカンジ付近で、インド航空所属ダコタ型旅客機が墜落、乗っていた乗客20人、乗員4人の計24人全員が死亡した。

4.25 地震（トルコ）　4月25日、エーゲ海沿岸のトルコ、ムグラ地方を中心に地震が起こった。トルコ南部の倒壊家屋は1000戸に達したとみられる。

4.29 旅客機墜落（スペイン）　4月29日、スペインのイベリア航空のDC3型旅客機がバルセロナからマドリードに向かう途中、マドリード南西約160キロのバルデメーカ付近で墜落、乗客25人、乗員3人の全員が死亡した。旅客の中にはスペインの欧州体操選手権保持者ホアキン・ブメール夫妻も乗っていたとみられる。

1959

5.8　遊覧船沈没（エジプト　カイロ）　5月8日、ピクニック客を乗せ、エジプトのカイロ北方約13キロのデルタ地帯に向けてナイル川を航行していた遊覧船ダンダラ号が沈没し、約200人が水死した。大部分は女性やこどもで、急に沈没したため乗客の多くは避難できなかったとみられる。

5.12　航空事故相次ぐ（アメリカ）　5月12日、メリーランド州バルチモアの近くで、乗客27人乗員4人を乗せてニューヨークからジョージア州のアトランタへ向かったバイカウント旅客機1機が、空中爆発を起こして墜落した。生存者はない模様。空中爆発の原因は落雷とみられる。また同日午後4時半ごろ、その事故現場から720キロ離れたウェストバージニア州チャールストン飛行場に着陸しようとしたコンステレーション旅客機が、雨天のため地上で転覆炎上した。死者2人、負傷者13人が出た。

5.12－　豪雨（香港）　5月12日から香港を襲った大雨は、15日夜中におさまった。12日から15日まで4昼夜の雨量は614ミリで、香港では42年ぶりの記録となった。地くずれや家屋倒壊が続出し、4日間に死者46人、負傷者66人、行方不明者14人を出した。1000戸以上の木造家屋が倒れ、家を失った人は1万1700人に達した。中国側の深圳、広州間の列車は16日から不通となり、香港側の九龍、羅湖間も2カ所で徒歩連絡をしている。

5.18　列車同士衝突（アメリカ　シカゴ）　5月18日、アメリカ・イリノイ州シカゴの高速鉄道で、朝のラッシュアワー時に2本の列車が衝突、少なくとも119人が負傷した。

6月－　洪水（中国　広東省）　6月中旬、中国の広東省の東江、増江、流溪河などの流域で大規模な洪水があった。同月18日までに、全省で倒壊家屋20万戸以上、被災人口200万前後、死者187人、行方不明29人、負傷者204人の被害が出ている。当時の記録に残っている水害の中で最大の規模。

6.26　落雷で旅客機墜落（イタリア　ミラノ）　6月26日、米トランスワールド航空の4発旅客機が、イタリアのミラノの北方24キロのブスト・アルシチオ付近で暴風と落雷にあい、火災をおこして墜落した。乗客は59人、乗員は9人だが生存者はない模様。同機は、雷に打たれたときはまだ高度を保ち、約500mの高さに達していたが、こわれた機体は燃えながら3つに割れて地上に落ちたとみられている。

6.28　貨車転落・ガス爆発（アメリカ　ジョージア州）　6月28日、アメリカ、ジョージア州のオギーチ川のハイキング地ハーベーズ・フィシング・キャンプで、ブタンガスを詰めた貨車が木橋から川に転落し、2両以上が爆発した。ガスの火炎はあたり一面を包み、近くの森までとどいた。付近にいた子どもづれのハイキング客が多数死傷。死亡者は39人、負傷者は75人とみられる。

7.8　湖上で遊覧船爆発（デンマーク　ハーデルスレフ湖）　7月8日、南デンマークのハーデルスレフ湖で観光客を乗せた遊覧船が機関部の爆発から火災をおこした。沈没は免れたが、44人以上が爆死、または水死した。乗客は75人以上で、爆発の原因はエンジンのガス・パイプがつまったためとみられる。

8月　豪雨（台湾）　8月初旬から中旬にかけ、台湾の中部、南部は60年来の豪雨に見舞われた。政府は洪水対策に緊急命令を発した。20日の時点で、洪水による死者は669人、負傷者852人、行方不明347人、家屋流失者18万4249人で被害総額は約7600万ドルに上った。

1959

8.14 　台風（ブラジル）　8月14日、ブラジル南部一帯は台風に襲われ、同月15日までに、死者53人、負傷者250人の被害が出た。

8.17 　地震（アメリカ）　8月17日夜から18日朝にかけて、アメリカ北西部に一連の強い地震が起こった。イエローストーン公園の北西32キロにあるヘブゲン・ダムが決壊の危険にさらされ、モンタナ州当局はヘブゲン・ダム下流の住民に対し避難の準備をするよう警告を発した。モンタナ州で6人以上の死者が出たとみられる。

8.19 　旅客機山に衝突（スペイン　バルセロナ）　8月19日夜、バルセロナからロンドンに向かった英国の航空会社のダコタ旅客機が、バルセロナ西北40キロの山に衝突、乗っていた旅客29人と乗員4人の全員が死亡した。バルセロナを離陸して10分後に起きた事故で、原因は濃霧のためとみられる。

8.30- 　豪雨（韓国）　8月30日から3日間降りつづいた豪雨のため、韓国の南部をはじめとする全国各地は大規模な水害を被った。9月3日までに、被災者数9537人、死者行方不明者19人、負傷者22人、家屋被害4159戸、道路破壊219カ所の被害が出た。

9.16 　アパート倒壊（イタリア　パルレッタ）　9月16日朝、イタリアのパルレッタ市内の5階建アパートが倒壊、100人以上が死亡した。17日までに、くずれた建物の下敷となった遺体35体がひき出されたが、行方不明の68人も絶望とみられる。このほか15人が負傷。

9.17 　洪水（インド　ボンベイ（現・ムンバイ））　9月17日、インドのボンベイから約256キロ離れたスラト市で、洪水が起こり数百人がおぼれた。同市を防ぐ古い外壁がこわれ、タヒチ川の水が市の主要地域にうずまいて流れ込んだという。

9.17 　台風「サラ」（台風14号）（韓国）　9月17日、朝鮮半島南部を台風サラ（14号）が襲い、死者64人、行方不明22人、負傷者195人を出し、約2万5000人が家屋を失った。また同国の木浦沖では2隻の大型漁船が沈み、このほか沿岸警備艇（250トン）を含む360隻が沈没した。

9.20 　祈祷会で圧死（インド　ボンベイ（現・ムンバイ））　9月20日、インドのボンベイ州アムレリ県ジナカ村で、ヒンズー教の祈りの会が開かれており、付近の村から約5万人の信徒が押しかけ、人波に押されて49人が圧死、29人が負傷した。うち3人は重傷。別の非公式情報では信徒の数は約10万人で、死者は75人、負傷者は100人と報じられた。

9.24 　旅客機墜落（フランス　ボルドー）　9月24日、フランスの航空会社のアフリカ行きDC7旅客機がボルドー飛行場を離陸した直後に墜落し、48人が死亡した。生存者6人は救出された。

9.29 　旅客機炎上・墜落（アメリカ　バッファロー）　9月29日夜、ヒューストンからニューヨークに向かった旅客機が、空中で火を吹き、ウェイコの南東約122キロのバッファローから約8キロ離れた農場に墜落した。乗っていた旅客27人、乗員6人の、計33人全員が死亡した。

10.8 　石油車とバス衝突（アメリカ　ニュージャージー州）　10月8日夜、アメリカのニュージャージー州ノース・ブランスウィックの近くで、石油タンク・トラックがバスに衝突して爆発、バスに乗っていた女子大学生9人と先生1人が死亡、12人が負傷した。

バスは女子学生40人を乗せてニューヨークからニュージャージー州のトレント大学へ向かう途中、交通信号で停止していた。事故原因は雨と霧で視界が悪かったためとみられる。

11.7 **軍輸送機墜落**（台湾　台南）　11月7日、アメリカ空軍輸送機のC47一機が、台湾南部の台南付近で墜落し、乗客11人と乗組員4人の15人全員が死亡した。

11.8 **油送船で火災**（アメリカ　ヒューストン）　11月8日午前0時半ごろ、アメリカのヒューストン港に停泊中の油送船アモコ・バージニア号（1万2000トン）の積荷のガソリンに火がつき、午前7時45分までの間に4回にわたり大爆発を起こした。乗組員42人のうち22人が死亡したとみられている。

12.2 **大雨でダムが決壊**（フランス　フレジェス）　12月2日夜、大雨のため満水となったフランスのマルパッセ・ダムが突如決壊し、南仏のフレジェスの町の大部分が押し流された。前日の大雨でダムの水量が急に増加、突如大音響とともに高さ100mのダムがくずれ、わずか15分の間に海岸の町フレジェスのおよそ500人の人が泥に埋まり、または海に流されたものとみられる。このダムは水量に対してセメントの使用率が少なく、"経済ダム"といわれていた。1000km^{3}の水量に対しセメント1km^{3}という比率に無理があったともみられる。近年のフランス最大の災害となった。

12.9 **旅客機墜落**（パナマ　サンブラス）　12月8日、乗客46人を乗せたパナマ旅客機が行方不明になった。翌9日、同機の残がいがパナマのサンブラス山中で発見された。生存者はいない模様。同機はカリブ海のサンアンドレス群島からコロンビアへ向かっていた。

12.13 **アパート爆発**（西ドイツ（現・ドイツ）ドルトムント）　12月13日早朝、西ドイツのドルトムントで、2軒のアパートが大爆発を起こして倒壊、燃え上がった。40人以上が焼死した模様。爆発の原因は、2軒のアパートのうちの1軒のガス管がもれたためとみられる。

12.18 **台風でモーター船遭難**（フィリピン　サマール島）　12月18日夜、台風22号のため海が荒れ、中部フィリピンのサマール島沖で教員約100人を乗せたモーター船が行方不明となった。

12.22 **旅客機と空軍練習機空中衝突**（ブラジル　リオデジャネイロ）　12月22日、ブラジルのリオデジャネイロで、サンパウロ行きのバイカウント型旅客機とブラジル空軍練習機が空中衝突、旅客機の乗客25人と乗組員6人の全員が死亡した。練習機の操縦士はパラシュートで脱出に成功。旅客機の残骸は少なくとも7軒の家屋上に落下し、相当の損害を出した。

〈 1960 〉

1.5 **濃霧で列車脱線**（イタリア　モンザ）　1月5日朝、北イタリアのミラノ東北16キロにあるモンザ近くで、列車が脱線し、乗客約1000人のうち25人が死亡、約100人が負傷した。この朝は霧が深く、カーブを高速で走ったことが原因とみられる。

1960

1.6 旅客機空中分解(アメリカ)　1月6日未明、アメリカのナショナル航空の旅客機DC6-Bが、ニューヨークからマイアミへ向かう途中空中分解を起こし、乗っていた34人全員が死亡した。事故の原因は不明。

1.19 旅客機墜落(トルコ　アンカラ)　1月19日、デンマークのコペンハーゲンからトルコのアンカラに向けて飛んでいたスカンジナビア航空のキャラベル型ジェット旅客機が、アンカラ空港の手前10キロの地点に墜落、乗客35人と乗組員5人の全員が死亡した。

1.21 炭鉱で落盤(南アフリカ連邦(現・南アフリカ共和国)　トランスバール州)　1月21日夜、南アフリカ連邦トランスバール州フェレニキング近郊の炭鉱で2度にわたる落盤が起こり、約400人の坑夫が地下300mの坑内に生き埋めとなった。2月1日には、坑夫435人は全員死亡したものと伝えられた。

1.21 旅客機火災(ジャマイカ)　1月21日、ニューヨークからコロンビアのボゴタに向かったコロンビアの航空会社の旅客機スーパー・コンステレーション機がジャマイカで着陸の際火災を起こし、乗客41人のうち37人と、乗員7人のうち2人が死亡した。

1.26 駅で圧死(韓国　ソウル)　1月26日夜、韓国のソウル停車場で汽車を待つ約4000人の大群衆が午後10時50分発の列車に殺到、大混乱を起こし、このため31人が圧死、約38人が負傷した。停車場は旧暦の正月を家族連れで田舎ですごすために列車を待つ人で混雑していた。

2.5 旅客機沼に墜落(ボリビア)　2月5日、ボリビアの旅客機1機が同国ラパスからコチャバンバ間を飛行中、沼地に墜落し、乗客乗員合わせて60人が死亡した。生存者はなかった。

2.25 海軍機と旅客機衝突(ブラジル　リオデジャネイロ)　2月25日、合計64人をのせた米海軍機とブラジルの旅客機がリオデジャネイロのグアナバラ湾上空で空中衝突し、両機ともこなごなになって海面に墜落した。ブラジル訪問中のアイゼンハワー米大統領のために当地で演奏することになっていた米海軍軍楽隊の20人のメンバーが死亡。生存者はわずか3人で、61人が死んだものとみられる。

2.26 旅客機墜落(アイルランド　シャノン)　2月26日早朝、アリタリア航空の旅客機がニューヨークに向けてアイルランドのシャノン空港を離陸した際に墜落炎上し、乗っていた52人のうち32人以上が死亡した。同機は空港近くの共同墓地の壁にぶつかり、猛烈な爆発が起こったとみられる。

2.29 地震(モロッコ　アガジール)　2月29日午後11時39分、モロッコの港町アガジールを大きな地震が襲い、数千の死傷者が出た。壊滅状態のアガジールにある"ニュー・タウン"として知られる近代地区では建物の約70％が、また町の周辺では約90％が倒壊したとみられる。アガジール飛行場に急ごしらえされた負傷者救護所には数百人の負傷者が集まっていると伝えられた。3月3日には、死傷者は5000〜7000人とされ、非公式の情報では1万人に上るともいわれる。

3.1 列車と石油トラック衝突(アメリカ　ベーカーズフィールド)　3月1日夜、アメリカのベーカーズフィールドの鉄道踏切でサンタフェ鉄道会社の旅客列車が石油トラックと衝突した。死者は25人から30人とみられている。

1960

3.17 旅客機墜落（アメリカ　インディアナ州）　3月17日、アメリカのノースウエスト航空のターボ・ジェット旅客機が6人の乗務員と57人の客を乗せて、南部インディアナ州の岩だらけの丘に墜落、乗員全員が死亡した。同機はミネアポリスからマイアミに向かうノースウエスト航空のロッキード・エレクトラ機とみられる。

4.24 台風「カーレン」（台風1号）（フィリピン）　4月24日、台風第1号「カーレン」は中部フィリピンを通過し、死者23人、行方不明者39人を出した。「カーレン」台風は21日夜に発生し、ビサヤン諸島に推定約200万ドルの大被害を与えている。

4.24 地震（イラン　ラル市）　4月24日、人口4万のイラン南部の都市ラルは地震のため完全に破壊され、死傷者は数千人に上るとみられる。ラル市はペルシャ湾近くにあるが、約10年前にも地震のため町の大半が破壊された。25日の非公式集計によると、死者、負傷者ともに約3000人ずつと推定される。

4.28 旅客機爆破（ベネズエラ　カラボゾ）　4月28日、ベネズエラのカラカスから同国南部のプエルト・アヤクーチョに向かったベネズエラ航空のDC-3旅客機上で、1人のロシア人が手りゅう弾を投げ、同機を墜落させた。同機はカラカス東南方160キロのカラボゾ付近に墜落、10人の死者を出した。ロシア人は突然立ち上がり「オレは宇宙飛行家だ」と口走りながら乗客の止めるのを振り切ってポケットから手りゅう弾をとりだし、投げつけた。

5.5 竜巻（アメリカ　オクラホマ州, アーカンソー州）　5月5日夜、アメリカのオクラホマ、アーカンソー両州は一連の大竜巻に襲われ、建物住宅多数が破壊され、死者25人以上、重軽傷者220人以上を出した。

5.15 列車同士衝突（東ドイツ（現・ドイツ）ライプチヒ）　5月15日夜、東ドイツのライプチヒ近くで列車が衝突し、乗客59人が死亡した。

5.21 チリ地震（チリ　コンセプシオン）　5月21日夜明けごろ、チリのコンセプシオン地域で地震が起こり、これによる死者は同日中に143人に上った。このほかに負傷者は150人に上るとみられる。翌22日、チリ南部のアンクド港を津波が襲い、130人が行方不明になった。チリ南部と中部ではその後も激震が続き、25日には新たに地震、津波、火山爆発、地滑りが発生。オソルノで地滑りのため100人が死亡したほか、コウチン、バルジビア、ランキウエ地区などで被害が出ている。公式発表では25日までに死者1206人、行方不明812人、負傷者2000人と伝えられ、家を失った者の数は200万と推定された。28日夜から29日朝にかけてはコンセプション地方を9回もの強震が襲った。

5.23 津波（アメリカ　ハワイ州ヒロ市）　5月23日午前0時50分、ハワイ島最大のヒロ市を高さ1.8mの津波が襲った。ホノルルのあるオアフ島では22日の午後8時半に警報が出され、ワイキキ浜地区やその他海岸地帯の居住者や観光客は高台へ避難、ヒロ市をはじめ海岸地帯の避難は同夜10時までに完了していた。午前1時5分第3波がヒロ市を襲い、0.45mの高潮がカウアイ島を襲ったという。ヒロ市の津波による被害は予想外に大きく、23日までに死者26人以上、行方不明25人、負傷者57人が出た。

5.28 豪雨（フィリピン　マニラ）　5月28日、フィリピンのマニラ地区を襲った豪雨のためマニラ市の半分が浸水し、同日午後遅くまでに71人が死亡。マニラとその近くのケソン市での死者はそれぞれ22人、その他のマニラ近郊で27人だが、その大部分は水

死した。このほか家をなくした者が数千人とみられる。その後マニラと周辺5都市での死者は150人に達した。

6.10- **猛暑・異常乾燥**（インド）　6月10日ごろ、インド大陸の中央部は猛暑と空気の乾燥に見舞われ、各地で日射病による死者が続出している。13日までの3日間で、ウタル・プラデシ州のカンプール、ラクノウ、アラハバド、ベナーレスの4都市とマジャ・プラデシ州のグワリオールだけで71人が日射病で死亡した。気温は最高摂氏41.6〜46.1度というところだが、インドで最も暑いといわれるビハール州のガヤでは数日前に華氏87.7度を記録。首都ニューデリーも13日は日中の最高気温42.2度、夜分の最低気温33.8度で、例年の平均よりも高い。午前8時半の湿度は38%で例年より8%、午後5時半で20%で19%も低かった。

6.24　**台風5号**（フィリピン　マニラ）　6月24日以来、フィリピン沖にあった台風5号は27日夜、ルソン島を襲い、全島で死者約100人、行方不明者数百人を出したとみられる。マニラでは26日夜から27日にかけ風速32mの暴風雨に見舞われ、全市はマヒ状態となった。

6.24　**旅客機墜落**（ブラジル　リオデジャネイロ）　6月24日夜、51人を乗せた旅客機がリオデジャネイロ付近で墜落し、乗員、乗客全員が死亡した。飛行機の破片は25日朝、リオ湾岸近くで発見された。同機にはブラジルの議員数人が乗っていたとみられる。

7.6　**海軍小型飛行船墜落**（アメリカ　ニュージャージー州）　7月6日、アメリカの中部ニュージャージー州沿いの大西洋沖約24キロの海上に、米海軍の小型飛行船（乗員21人）が墜落した。近くにいた空母エセックスと漁船数隻が6、7人の生存者を救出した。

7.13　**病院で火災**（グアテマラ）　7月13日夜、グアテマラの精神病院で火災が発生した。この火災で200人以上が焼死した。

7.25　**気象観測機墜落**（アメリカ　アラスカ州）　7月25日、操縦士以下6人を乗せた双発の米気象観測機が、アラスカのアンカレッジから西部のノームに向け880キロの距離を飛び立ったが、予定の4時間がたっても姿を見せず、恐らく墜落したものとみられる。同機はアンカレッジ北方約160キロのスクウェットナ上空で消息を絶ったが、燃料は6時間分しか積んでいなかった。

8.13　**地震**（チリ）　8月13日午前10時20分、5月に大地震のあったチリ南部でまた震度6の地震があった。地震はサンチアゴ南方480キロのバルデビア、アンゴル、オソルノ地方で起こり、5月21日、22日のチリ地震に次ぐ大きなものであったが、損害は少ないとみられる。

8.24　**バス川に転落**（ブラジル　サンホセドレプレト）　8月24日夕、ブラジルのサンパウロ市から480キロ離れたサンホセドレプレトで63人を乗せたバスがタルボ川の橋から川の中に落ちた。生存者はわずか3人だった。犠牲となったのは15〜20歳の学生で、川からは約40人の死体が発見された。

8.29　**飛行機海に墜落**（大西洋）　8月29日朝、フランスのパリからセネガルのダカールへ向かったエールフランスのスーパー・コンステレーション機が北アフリカの西方海上で墜落した。乗っていた乗員8人と乗客55人の計63人は死亡した。

9.19　**軍輸送機爆発・墜落**（アメリカ　グアム島）　9月19日、米軍人86人と乗組員8人を乗

せた4発輸送機がグアム島の基地を離陸した直後、空中爆発を起こして墜落した。77人が死亡し、17人が助け出された。墜落場所はバーリガダ山（203m）の山腹。

10月- **ロケット爆発**（ソ連　カザフ共和国バイコヌール（現・カザフスタン））　10月、ソ連のバイコヌール宇宙基地で、新型軍事ロケットL16が打ち上げ直前に、発射台上で爆発炎上し、作業員ら少なくとも91人が死亡する事故があった。この事故は1993年5月まで明らかにされなかった。

10.4 **旅客機炎上・墜落**（アメリカ　ボストン）　10月4日、イースタン航空の旅客機が、アメリカのローガン国際空港を離陸直後に空中で炎上、ボストン港に墜落した。72人が乗っていたが、10人の生存者を収容。62人が死亡した。

10.10 **サイクロン**（東パキスタン（現・バングラデシュ））　10月10日、東パキスタンでベンガル湾から同国本土を襲った台風と、これに伴った高潮のため3000人が死亡した。この台風は時速102キロ（秒速31m）にも達しており、6時間にわたって荒れ狂った。

12.22 **旅客機墜落・炎上**（フィリピン　セブ）　12月22日午前3時半ごろ、フィリピン中部のセブ市で乗客、乗務員計37人を乗せたフィリピン航空のDC-3型機が墜落、炎上した。死亡者は、クリスマス休暇で帰省中の大学生など28人。生存した9人は、いずれも火傷や切り傷、打撲傷を受けている。墜落は離陸の3分後だった。

12.25 **炭鉱で爆発**（イラン　テヘラン）　12月24日夜、イランのテヘラン北方のシェムシャーク炭鉱で爆発事故があり、約70人が生き埋めになった。非公式な報告によると、37人が死亡したとみられる。

⟨ 1961 ⟩

1.3 **旅客機森に墜落**（フィンランド）　1月3日朝、22人の乗客と3人の乗務員を乗せたフィンランド航空旅客機が、バルト海のボスニア湾西海岸の森林に墜落、全員が死亡した。

1.9 **急行列車と貨物列車衝突**（スペイン　バルセロナ）　1月9日、バルセロナ発バレンシア行きの急行列車がスペインのバルセロナ郊外で貨物列車と正面衝突し、子供を含む計23人が死亡した。

1.22 **空母「サラトガ」火災**（地中海）　1月22日、ギリシャのアテネへ向け航海中の米空母サラトガが海上で機関室から出火、火災を起こし、将校など7人の乗組員が死亡、23人が負傷した。うち1人は重体である。同空母は東地中海で米第6艦隊の演習に参加し、パトロール航海終了後アテネへ向かっていた。

1.28 **インフルエンザ**（イギリス）　1960年11月1日から1961年1月28日までに、イギリスでインフルエンザのため935人の死者が出た。このうち764人は1月に入ってからの死者で、大部分が北部イングランド、ウエールズ両地方で流行している"アジア・カゼ"によるもの。当局はロンドン市の300の病院に対しインフルエンザ患者の入院に対応できるよう、普通の患者の入院を最小限に制限するよう指令した。

2月- **寒波**（インド）　この冬、インドでは異常寒波のため6人の凍死者が出た。このうち

4人はニューデリーの北にある高地シマル、2人はパキスタンのラホールに近いアムリッツァーで死亡。この時の最低気温は2月6日夜のシマルで零下7度。その北のカシミールは1月半ばからの3週間で16年振りという大雪が降りつづき、列車の遅延が続出、電話も自動車もストップ、飛行機便も5、6、7日と3日間停止した。首都ニューデリーの8日の最低気温は摂氏4.4度で例年の気温を5度も下回った。

2.15 **旅客機墜落（ベルギー　ブリュッセル）**　2月15日午前10時5分、ベルギーのサベナ航空のボーイング707ジェット旅客機がブリュッセル北郊のベルグ村付近に墜落し炎上、乗客61人、乗員11人の全員が死亡した。墜落現場付近にいたベルギー人農夫の1人も即死、1人が片脚を失う重傷。同機はニューヨークから飛来、ブリュッセル空港着陸直前にこの事故を起こした。乗客にはプラハで開かれるフィギュア・スケートの世界選手権に出場するアメリカ・チーム18人が乗っており、1960年度全米、北アメリカ選手権優勝のローレンス・オーウェンもいた。同機は着陸前に空港上空を2、3度旋回し、通信の途切れたまま高度200mくらいから突然墜落し始めたという。

2.16 **クレーンが爆発（アメリカ　ロスウェル）**　2月16日、アメリカのロスウェルのアトラス・ミサイル基地建設現場で重さ20トンの起重機が作業中の穴に落ち、引火して爆発した。25人が生き埋めになったが、このうち6人の遺体が搬出された。

3.16 **地震（インドネシア）**　3月16日夜、インドネシア東部のフロレス島は強震に見舞われ、同島のエンデ市は大被害をうけた。地震は約3時間に3回起こり、エンデ市の建物の80%以上が崩壊したとみられる。

3.21 **竜巻（東パキスタン（現・バングラデシュ））**　3月19日、東パキスタンを襲った竜巻のため、22日までに226人が死亡、約200人が負傷した。この竜巻の被害は300キロに及び、数カ村にわたって1000戸以上が倒壊した。

3.28 **旅客機森に墜落（西ドイツ（現・ドイツ）　ホルシュハイム）**　3月28日夜9時半ごろ、ニュルンベルク北方50キロのホルシュハイム付近の森にチェコ国営航空のソ連製イリューシン18型ターボプロップ旅客機が墜落し、乗っていた52人全員が死亡した。死者の中には小さな子どもも含まれている。プラハ発チューリヒ経由でマリ共和国・バマコへ向かう予定だったが、同機は空中で火をふいており、墜落と同時に機体は爆発、ガソリンに引火して一面火の海となった。

4.4 **旅客機墜落（チリ　サンチアゴ）**　4月4日、チリの旅客機がサンチアゴから約240キロ南の上空で消息を断った。乗客にはチリのプロサッカー選手ら24人のほか、同国サッカー協会の会長ら12人のサッカー関係者が含まれている。同機の残がいがサンチアゴ南方約200キロの山中に発見され、生存者はいないとみられる。

4.8 **貨客船火災（中東　ペルシャ湾）**　4月8日午前6時ごろ、ブリティッシュ・インディア・スチーム・ナビゲーション社のボンベイ―バスラ間定期貨客船ダラ号（5030トン）が、ペルシャ湾で火災を起こした。同船の乗組員、乗客752人のうち約563人が救助されたが、189人が行方不明となった。同船はイラクのバスラ港からインドのボンベイに向かう途中ペルシャ湾のジバイ港に立ち寄ったが、8日早朝の嵐で浅瀬に乗り上げることを危惧して出港し沖合へ出たところ、港から約80キロのところで機関室が爆発し、火災が起きた。出港後24時間を経過した9日早朝も船首から船尾にかけて燃えつづけ、10日午前、バーレーンに引き船中に沈没した。

1961

5.10 旅客機砂漠に墜落（アルジェリア　サハラ）　5月10日未明、エール・フランスのスーパーコンステレーション機がサハラ砂漠北部で墜落、乗客69人と乗員10人の全員が死亡した。同機は9日に旧フランス領コンゴのブラザビルを出発してパリに向かい、チャド共和国のフォール・ラミーに立ち寄った後、マルセイュに10日午前6時に到着予定だったが、リビア・アルジェリア国境にあるエジュレ油田の上空から同日午前1時10分、異常なしとの連絡を送ったまま消息を断った。事故現場はエジュレ油田の北方約120キロ、東部アルジェリアの砂漠。機体は無人の砂丘に激突して大破していた。

5.24 軍用機森に墜落・炎上（アメリカ　ワシントン州）　5月24日未明、アメリカのワシントン州マクホード米空軍基地から飛び立った米空軍輸送機グローブマスターC124一機が離陸直後、近くの森林地帯に突っこんで大破、炎上した。乗員22人のうち、13人は即死、5人は行方不明となり、4人が重傷を負った。

5.30 旅客機海に墜落（大西洋）　5月30日、ポルトガルのリスボンを飛び立ってベネズエラのカラカスに向けて出発したベネズエラ所属の旅客機が、離陸後4分で大西洋に墜落した。旅客47人、乗員14人が乗っていたが、全員死亡したとみられる。

6.12 旅客機墜落（エジプト　カイロ）　6月12日早朝、KLMオランダ航空の旅客機ロッキード・エレクトラ（4発の中距離ターボプロップ機）が、カイロ国際空港に着陸直前に墜落し、乗客29人、乗組員7人のうち17人の生存者があったと発表した。残りの19人は死亡したとみられる。

6.18 急行列車脱線（フランス　ビトリフランソワ）　6月18日午後、東フランスのビトリルフランソワ付近で急行列車が脱線し、少なくとも153人が負傷、19日までに23人の遺体が収容されたが、列車内にかなりの乗客がいるとみられる。この列車は時速130キロで走っていたが脱線、機関車と列車の前部はレールに乗っていたが、10両は道端に投げ出されていた。最近のフランスでは最大の鉄道事故となった。

7.7 炭鉱で火災（チェコスロバキア　オストラバ・カルビナ）　7月7日夜、チェコのカルパチア山脈中の炭鉱で火事が起き、死者108人を出した。火元はオストラバ・カルビナ炭鉱のダルカ鉱山であるが、火の手は周辺まで広がり、8日早朝まで消火活動が行われた。発火の原因は不明。

7.8 急行列車脱線・転覆（タイ　バンコク）　7月8日夜、タイのバンコク北方約600キロの地点で急行列車が脱線転覆し、200余人の乗客と乗務員のうち24人が死亡、60余人が重傷を負った。

7.9 急行列車とバス衝突（台湾　民雄）　7月9日、台湾南部民雄町の無人踏切で急行列車とバスが衝突、10日正午までに52人が死亡し、14人が重傷を負った。

7.9 船が座礁し爆発（モザンビーク　ベイラ）　7月9日、ベイラ北方のリンデ河口のケリマネ付近でポルトガルの沿岸航行船サベ号が座礁して爆発、215人が死亡した。サベ号は爆薬を積み、200人のポルトガル兵と南アフリカ共和国から帰国する坑夫など350人のアフリカ人を乗せていた。爆発は座礁後数時間して起こったもので、船側に穴の開いた同船は火につつまれた。

7.11 旅客機横転（アメリカ　デンバー）　7月11日、デンバーのステープルトン空港で、米ユナイテッド航空DC8ジェット旅客機が着陸姿勢で接地した瞬間、鋭くカーブを切っ

て滑走路の上に横転、炎上した。同機には乗客、乗務員計120人が乗っていたが、17人が死亡、44人が病院に収容された。同機はフィラデルフィアからシカゴ、オマハ経由でデンバーまで運航されていた。

7.12 旅客機墜落（モロッコ　カサブランカ）　7月12日午前1時30分ごろ、チェコスロバキアのイリューシン18型旅客機がカサブランカから10キロ離れた地点に墜落した。乗客73人のうち1人だけ生存者があったと伝えられている。同機はプラハからギニアのコナクリーに向かう途中だった。

7.13 豪雨（韓国）　7月13日までの数日で、梅雨前線の停滞のため韓国各地に豪雨が続き、特に南部、東部で大きい被害が出た。14日の政府発表では韓国全土で死者232人、行方不明122人以上、負傷者115人以上、被災者総計2万1293人以上となっている。西南部の南原市に近い村ヒョキリでは、付近の灌漑用ダムの堤防崩壊で洪水が発生し、155人が死亡した。このダムは韓国最大の灌漑用ダムの1つで、長雨のため崩壊したとみられる。

7.19 航空機墜落（アルゼンチン　ブエノスアイレス州）　7月19日、アルゼンチン航空機がアルゼンチンのブエノスアイレス州アスール市付近で墜落、乗員6人を含む67人全員が死亡したとみられる。

8.29 ロープウェー落下・宙づり（フランス　バレ・ブランシュ）　8月29日、フランス、イタリア国境のバレ・ブランシュ（白い谷）で、谷を渡っているロープウェーの索条を低空飛行のジェット機が切断する事故が起こり、このため4人乗りのゴンドラ3台が180m下の谷底に落下、6人が死亡した。同じ索条につり下げられていた他のゴンドラは、急に索条が緩んだためにグロ・ロニヨン（大きなジン臓）と呼ばれる巨大な岩壁に叩きつけられたが、索条を支える塔を越えた位置につり下げられていたゴンドラは落下せず宙づりになった。これらの箱に乗った約80人の乗客は、ワイヤーやウインチを用いて救助された。索条を切ったジェット機はフランス東南オートソーヌ地区の基地のフランス第4戦闘機中隊の飛行機で、こちらは何事もなく帰着した。このロープウェーはフランス側のシャモニーから高さ3840mのエギュー・デュ・ミジ（南仏のハリ）と呼ばれる峰を越え、イタリア側アルプスに至る"世界最高"の観光施設だった。

9.1 旅客機墜落・炎上（アメリカ　シカゴ）　9月1日午前2時すぎ、ボストン―サンフランシスコ間を結ぶ米国トランスワールド航空のコンステレーション旅客機が、アメリカのラスベガスに向けイリノイ州シカゴのミッドウェー空港を離陸して3分後に墜落、炎上した。乗客72人と乗員5人計77人の全員が死亡した。同機は飛行中に爆発したとみられる。この事故は、アメリカの民間航空史上3番目の規模である。

9.10 チャーター機川に墜落（アイルランド　シャノン）　9月10日朝、西ドイツからアメリカへ向かうプレジデント航空のチャーター機DC6がアイルランドのシャノン空港で給油して離陸後、約半時間でシャノン川に墜落した。乗客と乗員83人全員が死亡した。同機はデュッセルドルフからシカゴに向かう途中だった。

9.11 ハリケーン（アメリカ　テキサス州）　9月11日から12日にかけて、メキシコ湾を風速（時速）276キロの大ハリケーンが襲った。コーパスクリスチ港に停泊中の数十隻の船舶が沈没した。アメリカのテキサス、ルイジアナ両州で50万人以上の住民が避難した。11日にテキサス州沿岸を襲ったハリケーンは豪雨を伴って内陸へ進み、12

日ガルベストンで2回にわたり竜巻を起こした。テキサス州では3人が死亡、ルイジアナ州では1人が死亡、50人の負傷者が出たほか、150戸の家屋が倒壊した。両州の被害は数千万ドルに達するとみられる。

9.12 **台風20号（台湾）** 9月12日、台風20号が台湾に上陸し、金門島付近から中国大陸に抜けたが、台湾は大きな被害を受けた。台北だけでも1万3415人が家を失った。被害状況は死者27人、行方不明者19人、重傷42人、軽傷133人、全壊家屋1273戸、大破した家屋2547戸。

9.17 **航空機墜落（アメリカ　シカゴ）** 9月17日午前、乗客、乗組員36人をのせた米ノースウェスト機がアメリカのイリノイ州シカゴの国際空港から離陸直後墜落、炎上した。全員が死亡したとみられる。

9.23 **キラウエア火山噴火（アメリカ　ハワイ州）** 9月23日、ハワイ諸島東部のキラウェア地帯で噴火が起こり、オピヒカウ、カラパナ、カウエレアウ3村の住民1400人に避難命令が出た。幅450mにわたって溶岩が流れ出し、岩石が30mの高さに吹き飛ばされた。今世紀、同地域は23回も噴火に見舞われている。

9.24 **軍輸送機墜落・炎上（アメリカ　ウィルミントン）** 9月24日、アメリカのウィンミルトンで催された空中ショーで、パラシュート降下チームなど12人以上を乗せた米空軍輸送機が離陸直後に墜落、2つに割れ炎上して乗員3人が死亡した。この事故は10万人以上の見物人が見ている前で起こり、テレビでも惨事が放映された。

10.5 **修理車に衝突（西ドイツ（現・ドイツ）　ハンブルク）** 10月5日夜11時前、西ドイツのハンブルク郊外で満員の郊外列車が鉄橋用鋼材を積んで停車していた修理車に衝突し、約25人の死者、100人以上の負傷者を出した。

10.6 **旅客機山に墜落（フランス　ピレネー）** 10月6日夜、ロンドンと南フランスのペルピニャン間を定期に飛んでいる英国ダービー航空の旅客機DC3がロンドンを出発したまま行方不明になった。同機はピレネー山脈中に墜落、乗組員3人と31人の乗客計34人の全員が死亡した。

10.8 **洪水（インド　ビハール州）** インド東北部を襲った洪水のため、ビハール州では10月8日までに700人以上の死者を出した。特にモンギール地方での死者の数は581人に上った。被災者は100万人を上回るとみられる。

10.31 **ハリケーン（英領ホンジュラス（現・ベリーズ））** 10月31日朝、激しいハリケーン（台風）に襲われた英領ホンジュラスでは、出水のため500人以上が行方不明になった。首都ベリス市では80％近い建物が、また近くの町でも約2万5000戸が破壊された。

11.6 **市街火災（アメリカ　ハリウッド）** 11月6日、アメリカのハリウッドの住宅地帯で火災が発生し、この地域史上最大の火事になった。有名映画人の住むベルエア地区では450戸以上が焼失、30km^{2}以上の地域が焼け野原となった。7日早朝までに約50人が負傷、ニクソン前副大統領を含む3000人が避難し、9日に鎮火するまでに被害総額は2400万ドルに達したものとみられる。

11.23 **コメット機墜落（ブラジル　サンパウロ）** 11月23日朝、アルゼンチン航空のコメット4型ジェット旅客機が、ブラジルのサンパウロの北東110キロのビラコボス空港から離陸直後に炎上、墜落し、旅客40人、乗組員12人の全員が死亡した。同機はブエ

ノスアイレスからニューヨークに向かう途中だった。

11.29 　擬似コレラ（フィリピン　サマール州）　フィリピンのサマール州で擬似コレラが猛威をふるい、11月29日までに176人が死亡、さらに389人の重症患者が出た。

12.17 　サーカスで火事（ブラジル　リオデジャネイロ）　12月17日、ブラジルのリオデジャネイロ郊外のニテロイで興行中の満員のサーカス小屋から出火、323人の観客が死亡、600人が負傷した。出火当時は2500人の観客を前に興行の最中だった。総立ちになった観客がいっせいに出口に殺到したため、犠牲者は折重なって倒れ焼死したが、死傷者の多くは子どもだった。サーカス小屋は巨大なナイロンのテント張り。サーカス団の被害は5000万クルゼイロ（約4500万円）で、動物には被害はなく、逃出しもしなかった。

12.19 　小型機着陸失敗（スペイン　セビリア）　12月19日、マドリードを出発したセビリア航空クラブ所属の小型機がセビリアに着陸する際、出迎えの群集の中へ突っこみ、飛行士2人を含む30人が死亡、100人以上が負傷した。同機はセビリアを襲った洪水の被災者のために被服や食糧などの慰問品を積んでいた。

12.20 　地震（コロンビア）　12月20日、コロンビアのアンデス山脈地帯は強い地震に見舞われ、死者16人以上、負傷者100人以上に達した。人口の多い地帯が被災し、少なくとも12の都市や大村落が大きな被害を受けたとみられる。

12.22 　旅客機爆発（トルコ　アンカラ）　12月22日、英国欧州航空会社（BEA）のコメット機がトルコのアンカラ空港離陸直後、空中で爆発、死者28人、負傷者8人を出した。同機はロンドン―テルアビブ間の定期旅客機で、ロンドン、ニコシアを経てアンカラに到着後、テルアビブに向けて飛び立ったばかりだった。

12.23 　客車が転覆（イタリア　カタンザロ）　12月23日、イタリアのカタンザロ近くで列車から1台の客車がはずれ、30mの高さから崖下に落下、乗客など69人が死亡、そのほか31人が負傷した。3両連結の最後部の車両が落ちたもので、同列車はディーゼル・カーでイタリア南部のソビエリア・マネリからカタンザロの町へクリスマスの買い物に行く村民などが乗っていた。

12.26 　寒波（インド　ウッタル・プラデシュ州, ビハール州）　この冬、インド北部のウッタル・プラデシュ、ビハール両州は寒波に見舞われ258人が凍死した。カンプール、アラハバッドなどでは12月26日、史上初めて気温が零度以下に下がり、家畜が死んだといわれる。

＜ 1962 ＞

1.1 　吹雪で漁船遭難（韓国）　1月1日、韓国東岸を襲った激しい吹雪のため、漁夫105人が行方不明になった。1日に黒湖港から出漁した漁船250隻のうち25隻が戻らず漁師24人が死亡。25隻のうち6隻、85人は5日になっても行方がわからず、生存が絶望視された。

1.8 　列車同士衝突（オランダ　ウルデン）　1月8日、ユトレヒトからロッテルダムへ向か

う列車が、ロッテルダムからアムステルダムへ向かう列車と衝突、死者81人負傷者75人をだした。事故はユトレヒトに近いウルデン付近のポイント切替点で発生しており、事故当時は濃霧で視界が悪かった。

1.10 　雪崩（ペルー）　1月10日、ペルーの最高峰ワスラマカン山（6768m）で雪解けのため雪と氷の大規模な雪崩が発生した。麓の4つの村が全滅し、3500人が死亡。

2.7 　炭坑で爆発（西ドイツ（現・ドイツ）　ザール州）　2月7日、西ドイツのルイゼンタール炭坑が爆発とともに陥没した。ガス爆発が起きたもので、坑内には当時480人の労働者がいたとみられ、8日までに279人が死亡した。

2.16- 　暴風（ヨーロッパ）　2月16日から17日にかけて、ヨーロッパ北部を襲った暴風のため、スカンジナビア半島からイギリスにかけての全海岸が高潮に見舞われた。スコットランドと英国北部で死者11人、特に被害の大きかったハンブルクでは死者107人を出した。

2.22 　客車と貨物列車衝突（コロンビア）　2月22日、カリとブエナベンツラとの間で客車と貨車が衝突し、26人が死亡、100人以上が負傷した。

2.25 　旅客機山に墜落（ベネズエラ　マルガリータ島）　2月25日、ベネズエラの旅客機が悪天候のためマルガリータ島の山に激突、機体を全焼、乗客19人と乗員3人が死亡。

2.27 　鉱山でガス爆発（ユーゴスラビア　ボスニア地方（現・ボスニア・ヘルツェゴビナ））　2月27日午後4時、パノビチにある鉱山でメタンガスの爆発事故が起こり、28人が死亡、72人が行方不明。

2.28- 　雪崩（ペルー）　2月28日、アンデス山脈中のウアンクコル山斜面で雪崩がありリマ北方4キロのコンチュコス市で死者60人を出した。3月14日にも雪崩が発生し飯場がつぶれて33人が死亡した。

3.1 　旅客機沼地に墜落（アメリカ　ニューヨーク市）　3月1日、アメリカ・ニューヨークのアイドルワイルド空港からロサンゼルスに向けて離陸したボーイング707型機が、離陸直後にニューヨーク市クイーンズランド地区の沼地に墜落、日本人3人を含む乗客乗員95人が死亡した。

3.5 　旅客機墜落（カメルーン　ドゥアラ）　3月5日、モザンビークからルクセンブルクへ飛行中だったDC7型旅客機がカメルーンで墜落し、乗客乗員111人全員が死亡した。

3.8 　急行列車脱線（イタリア　カステルボロネーゼ）　3月8日、イタリア南部のレーチェから北部のミラノに向かう10両連結の国鉄急行列車が中部ボローニャ東南方50キロのカステルボロネーゼ駅付近で脱線した。乗客200人のうち11人が死亡、多数が負傷した。

3.9 　炭鉱で爆発（西ドイツ（現・ドイツ）　ノルトライン・ヴェストファーレン州）　3月9日、西ドイツのルール工業地帯のヘッセンにある政府所有のザクセン炭鉱で爆発事故が起こり、20人が死亡した。

3.27 　旅客機墜落（キューバ　サンチアゴ）　3月27日夜、キューバの旅客機が同国のサンチアゴ沖合で墜落、乗っていた乗客乗員22人が死亡。サンチアゴからハバナへ向かったもので、離陸直後に墜落した。

1962

3.31　ハリケーン（アメリカ　フロリダ州）　3月31日、アメリカのフロリダ州を襲ったハリケーンで、15人が死亡、200人以上が負傷、50戸以上が倒壊した。

4.9　兵器工場で爆発（フランス　ボン・サンテスプリ）　4月9日、南フランス、ローヌ川岸のボン・サンテスプリ近くの陸軍兵器庫で原因不明の爆発が起こり、工員20人が死亡、工場数カ所が破壊された。

5.9　旅客機炎上・墜落（ブラジル　エスピリト・サント州）　5月9日、ブラジルの旅客機が、エスピリト・サント州のビクトリア空港で火を噴いて墜落した。乗客乗員27人が死亡。

5.9　軍用機墜落（ビルマ（現・ミャンマー）　モンパリアオ）　5月9日、ビルマのモンパリアオ空軍基地を出発してマンダレーに向かったビルマ軍用機が、モンパリアオ最北10キロの地点で墜落し、軍人とその家族を含む31人全員が死亡した。

5.12　水陸両用機墜落（デンマーク　グリーンランド）　5月12日、デンマークのグリーンランド民間航空がチャーターした水陸両用機がグリーンランド西部のゴットホブ空港に着陸寸前で墜落、15人が死亡した。

5.22　旅客機墜落（アメリカ　ミズーリ州）　5月22日、アメリカのシカゴ市からカンザス市に向かっていたボーイング707型機が遭難し、23日早朝ミズーリ州ユニオンビル付近で機体が発見された。日本人1人を含む乗客乗員45人全員が死亡。28日、後部右側の便所にダイナマイトが仕掛けられ、これが爆発し機体が空中分解したものと断定された。

5.22　軍用機墜落（西ドイツ（現・ドイツ）　マルクト・シュワーベ）　5月22日、スペインのロタ米軍基地から飛び立った米海軍機が、西ドイツのミュンヘン東方12キロのマルクト・シュワーベで墜落し、乗員26人全員が死亡した。

5.30　バス橋から転落（インド　カパドワンジ）　5月30日、インドのアーメダバドから100キロ離れたカパドワンジ付近で、マホール川に架かる橋からバスが転落、子ども5人を含む69人が死亡した。

5.31　貨物列車が旅客列車に衝突（イタリア　ボゲイラ）　5月31日早朝、イタリアのミラノ南方50キロのボゲイラで貨物列車がミラノ発ジェノバ行きの旅客列車に追突、死傷者が多数出た。

6.3　旅客機民家に墜落（フランス　パリ）　6月3日、アメリカ・ジョージア州アトランタ芸術協会がチャーターしたボーイング707型機がフランスのパリ郊外のオルリ空港を離陸直後、滑走路近くの民家の庭に墜落して炎上、乗客全員と乗員7人と航空会社社員1人の計131人が死亡した。

6.11　旅客列車とバス衝突（インド　ジャイプール）　6月11日、インドのジャイプール近くの路上交差点で旅客列車1両が1台のバスとぶつかり、死者18人負傷者22人を出した。

6.11　バスと列車衝突（アルゼンチン　ブエノスアイレス）　6月11日朝、アルゼンチンのブエノスアイレスで100人以上の幼稚園児を乗せたバスがもやのため列車と衝突、42人が死亡し、60人を超える負傷者がでた。

6.22　ボーイング707型機墜落（フランス　カリブ海グアドループ島）　6月22日、パリから

39

1962

サンチアゴに向かっていたボーイング707型機が、カリブ海のグアドループ島で墜落、乗客乗員112人全員が死亡した。事故機は同島のポワント・ア・ビドル着陸場の西方28キロの丘に突っ込んでおり、着陸ギアの不調の報告があったことが明らかになった。

7.7　旅客機墜落（インド　ジュナール）　7月7日、イタリアの航空会社のシドニー発シンガポール・バンコク・ボンベイ経由ローマ行き旅客機がインドで行方不明になった。ボンベイ北東80キロのジュナールで墜落しているのが発見され、日本人2人を含む乗客乗員94人全員が死亡した。

7.14-　コレラ（台湾）　7月14日、台湾でパラコレラ患者が発生し、30日までに137人が感染、7人が死亡した。

7.20　旅客機墜落（タイ）　7月20日、東京からエジプトのカイロへ向かうアラブの航空会社のジェット旅客機が、香港・バンコク間を飛行中消息を絶った。旅客機はバンコク北東約80キロのジャングルに墜落しているのが発見され、日本人1人を含む乗客乗員26人全員が死亡した。

7.22　旅客機墜落・炎上（アメリカ　ホノルル）　7月22日、カナダの航空会社のブリタニア型旅客機がハワイのホノルル空港着陸直前に墜落、爆発炎上して死者27人を出した。

7.23　急行列車脱線・転覆（フランス　ディジョン）　7月23日、パリ発マルセイユ行き急行列車がフランスのディジョンから約11キロの地点で脱線、客車1両が高さ50mの陸橋から転落、約30人が死亡、100人以上が負傷した。

7.30　地震（コロンビア）　7月30日、コロンビアで広範囲にわたり大地震が発生、首都ボゴタでは震動が5分以上続いた。死者20人、負傷者200人が確認された。震源地は中部コロンビアのカルザス州で、同州のペレイラ市では工場が倒壊して40人が死亡した。

7.30　肺ペスト（イギリス　ボートン）　イギリスの細菌戦対策を研究中の科学者が肺ペストにかかり、発病後3日目の8月1日に死亡した。研究員は戦争に利用されそうなあらゆる伝染病に対抗できるワクチンの研究に従事していた。

8.15　台風10号（韓国　仁川）　8月15日、韓国の仁川を台風10号が襲い、漁夫22人が死亡したほか、100人以上が行方不明になった。

8.20　旅客機墜落（ブラジル　リオデジャネイロ）　8月20日、ブラジル発リスボン行きDC8ジェット旅客機がブラジルのリオデジャネイロ空港を離陸後間もなく爆発、グアナバラ湾へ墜落した。乗客乗員105人のうち14人が死亡、9人が行方不明。

8.21　地震（イタリア　ナポリ）　8月21日夜7時ごろ、イタリアのナポリとイタリア南部地域一帯にわたって強い地震があった。死者14人、負傷者200人、3000戸以上の家屋に損壊が出た。

9.1　台風「ワンダ」（香港）　9月1日、香港は過去25年で最大の台風「ワンダ」に直撃された。最大風速約72m、平均風速38mを記録、死者51人、負傷者397人、行方不明者13人を出し、2万7089人が家を失った。

9.1　地震（イラン　タジキスタン地方）　9月1日午後10時22分、イラン西北部のタジキスタン地方で大地震が起こった。イラン西北部約2万km^{2}にわたって数十の町村で建物

が倒壊し、被災地中心のダレスファハンで3000人、アバスで1000人の死亡が2日の段階で確認された。1万1300人が死亡。

9.5 地震（トルコ）　9月5日、ソ連国境に近いトルコ東部の街イージルで地震が発生し、住民約100人が負傷したほか、役場や消防署などが倒壊した。

10.5 地震（イラン　アハメダバッド）　10月5日夜、イランのテヘラン東方720キロのアハメダバッドの村落が地震のため全壊し、多数の死者と建物などの損害を出した。

10.11- 暴風雨（アメリカ　北カリフォルニア州、オレゴン州、ワシントン州）　10月11日夕刻から13日にかけて、アメリカの北カリフォルニア州からオレゴン、ワシントン各州にわたって太平洋沿岸はものすごい暴風雨に襲われ、交通事故、樹木倒れ、高圧線破損などで38人の死者を出した。

10.16 天然痘（インドネシア　ジャワ島）　10月16日の発表によると、ジャワ島の数地区で天然痘が発生、ジャカルタ周辺で数人、バンドンで7人が死亡したほか、300人以上の患者を出した。

10.25 暴風雨（タイ）　10月25日、タイ南部は暴風雨に襲われ、死者行方不明者1000人を超すタイ近世史上最大の災害となった。ナコンスリタマラト州で4万戸が破壊され、ソンクラ湖でランチが沈み乗客30人が死亡した。

11.5 炭坑で爆発（ノルウェー　スピッツベルゲン島）　11月5日夜、北極海にあるノルウェーのスピッツベルゲン島のニューアルスーンの炭坑で爆発事故が起き、18～20人の死者が出た。

11.23 飛行機墜落（フランス　パリ）　11月23日、パリのルブールジェ空港でハンガリーのイリューシン18型旅客機が着陸直前に濃霧のため墜落した。乗客乗員21人全員が死亡した。

11.23 旅客機農場に墜落（アメリカ　メリーランド州）　11月23日、アメリカの航空会社のバイカウント型旅客機が同国ボルチモア西方16キロの農場に墜落、乗っていた17人全員が死亡した。同機はニュージャージー州ニューワークからワシントンに向かう途中だった。

11.23 軍用機墜落（アメリカ　大西洋セントトーマス島）　11月23日朝、ポルトガルの軍用機が大西洋上のセントトーマス島を出発した直後に火を噴いて墜落、乗っていた32人のうち18人が死亡した。

11.26 飛行機衝突（ブラジル）　11月26日、ブラジル航空の旅客機と自家用軽飛行機が衝突、サンパウロの北104キロの地点に墜落した。旅客機の乗客乗員23人、自家用機の4人がいずれも死亡。

11.27 旅客機墜落（ペルー）　11月27日、ブラジルの航空会社のボーイング707型ジェット旅客機が80人の乗客と19人の乗員を乗せてリオデジャネイロからロサンゼルスへ向かう途中、ペルー上空で消息を絶った。同機は墜落しており、キューバ国立銀行総裁ら政府高官を含む乗客乗員全員の死亡が確認された。

11.30 旅客機着陸失敗（アメリカ　ニューヨーク市）　11月30日、アメリカの航空会社のDC-7B型プロペラ機が濃霧のニューヨークのアイドルワイルド国際空港に着陸しようと

して滑走路にぶつかり炎上、乗客乗員51人のうち25人が死亡した。滑走路にぶつかった衝撃で機体が半分に折れ、残された後半に乗っていた26人が無事、横滑りしたあと爆発炎上した前半部分に乗っていた25人が死亡したもの。

12.3- **スモッグ**（イギリス）　12月3日から、ロンドンを中心としたイギリス南部にスモッグが覆いかぶさり、6日には濃さを増したが7日になって晴れた。二酸化硫黄を含む霧で7日朝までに呼吸器を冒された死者はロンドン地区だけで106人に達し、空港・港とも3日から7日午後1時までほとんどの便が欠航した。

12.6　**旅客機墜落**（コロンビア）　12月6日、北部コロンビアの山中で25人を乗せた旅客機が悪天候のため墜落し、22人が死亡した。

12.8　**吹雪**（アメリカ）　12月8日、アメリカ北西部5州が今冬初の大吹雪に見舞われ、通信、交通は不能となって、死者43人を出した。

12.14　**炭坑で爆発**（西ドイツ（現・ドイツ）　メルクシュタイン）　12月14日、西ドイツのアーヘンに近いメルクシュタインのアドルフ炭坑の地下約600mのシャフトで原因不明の爆発が起こり、約40人が生き埋めになり、大部分は脱出に成功したが、7人が死亡、7人が負傷した。

12.19　**旅客機墜落**（ポーランド　ワルシャワ）　12月19日夜、ポーランドの航空会社のバイカウント旅客機が、ベルギーのブリュッセルからポーランドのワルシャワ空港に到着、着陸しようとした際に墜落、爆発し、乗客28人と乗員5人全員が死亡した。

12.29　**旅客機山に墜落**（フランス　コルシカ島）　12月29日、フランスのコルシカ島の山中で仏旅客機が墜落し、乗客乗員24人が死亡したとみられる。同機はコルシカ島バスチアからアジャクシオに向かう途中、島中央部の山岳に墜落したもの。

⟨ 1963 ⟩

1月-　**寒波**（ヨーロッパ）　この年の北半球は猛寒波に襲われ、吹雪が荒れ狂った。自動車や飛行機事故、凍死、ガス中毒などで12月31日〜1月3日にはフランスで242人、イギリスで168人などヨーロッパで855人が死亡。24日にはイタリアで20人、ユーゴで25人、ギリシャで3人の死者が出た。アメリカでも150人を超える死者を出した。

1.14　**観光船沈没**（インドネシア　スマトラ島）　1月14日、インドネシアの北スマトラのトバ湖で観光船が火災を起こして沈没、乗っていた250人のうち105人の死亡が確認された。

1.15　**工場で爆発**（インド　オリッサ州）　1月15日、インドのオリッサ州のナラジで工場の爆発事故があり、労働者47人が死亡、62人が負傷した。

1.18　**連絡船沈没**（韓国）　1月18日、韓国南西部木浦港の南西約7キロの海上で、連絡船が嵐のため沈没、乗客1人が救助されたが80人が遭難した。

2.1　**航空機と空軍機空中衝突・墜落**（トルコ　アンカラ）　2月1日、乗員乗客14人を乗せたレバノンの航空会社のバイカウント型旅客機とトルコ空軍のO47ダコタ機が、ト

ルコのアンカラ上空で衝突し、市の中央部に墜落した。この事故で、日本人乗客1人を含む79人が死亡した。死者の多くは落下した破片や燃料による火災などに巻き込まれた市民だった。

2.1 ミサ中に天井崩壊（エクアドル）　2月1日、エクアドル南部アンデス山中の修道院付属女学校で、約450人の女学生と8人の修道尼がミサをしている最中天井が落ちて、少なくとも死者103人を出した。

2.3- インフルエンザ（アメリカ）　アメリカ東部、西部の15週とコロンビア地区で、アジア・カゼと癒え荒れる流感が流行。2月3日から9日までの1週間に、108の都市で、この流感が原因の死亡者は707人に達した。

2.12 旅客機墜落（アメリカ　フロリダ州）　2月12日午後、アメリカのフロリダ州マイアミ上空で43人乗りのジェット旅客機が行方不明となり、機体の一部がマイアミ西方約70キロのエバーグレーズで発見され、後日、43人全員の遺体も発見された。

2.22 地震（リビア）　2月22日、リビアのベンガジ東北96キロのバルチェ一帯で地震が発生、死者300人、負傷者数百人、1万2000人以上が家を失った。

3.1 バス爆発（グアテマラ　テクン・ウマン）　3月1日、グアテマラのメキシコ国境のテクン・ウマン近くでバスが転覆、ガソリンタンクに引火して爆発し、16人の子どもを含む乗客64人が焼死、12人が負傷した。

3.2 航空機墜落（フィリピン　ミンダナオ島）　3月2日、フィリピンのミンダナオ島のコタバトからダバオへ向かった同国の航空会社のDC3型旅客機が行方不明となった。ダバオ南方56キロの地点に機体の残骸が発見され、3日に捜索隊が到着したが乗客乗員27人に生存者はいなかった。

3.11 豪雨と旋風で大洪水（アメリカ　東南部）　3月11日、アメリカ南部地方では、豪雨と旋風に見舞われ、数千人が家を捨てる記録的な大洪水となった。ケンタッキー、バージニア、西バージニア、テネシーの諸州では河川が氾濫。東部地方はオハイオ川の氾濫で4000人が家を失い、20人以上の死者が出た。

3.15 旅客機墜落（ボリビア）　3月15日、乗員乗客41人を乗せてチリ北部のアリカからボリビアのラパスに向かった旅客機が、消息を絶った。17日、ボリビア・チリ間の山地で機体の残骸が発見されたが、生存者はなかった。

3.17 アグン火山爆発（インドネシア　バリ島）　3月17日、インドネシアのバリ島のアグン火山（3092m）が噴火した。23日までに死者は1500人に達し、溶岩の流出で7万7000haが荒廃し、住民3万人が孤立状態になった。5月16日夜にも大規模な噴火が発生、21日までに103人が死亡、200人が負傷した。住民6万7000人が避難した。

4.7 バス川に転落（ケニア）　4月7日夜、ケニアのナイロビから約150キロのチバ川の橋を渡ろうとしたバスが川に落ち、乗客58人が遺体で発見された。

4.10 原潜「スレッシャー」沈没（アメリカ）　4月10日、アメリカのボストンの沖合およそ350キロの深海で潜航演習中の原子力潜水艦スレッシャー号が消息を絶った。11日に沈没したものと断定され、民間人17人を含む乗員129人の死亡が発表された。12日、流出物からの放射能汚染はないと発表。のちの調査報告では、沈没原因は機関室のパイプ系統の故障により海水が流れ込んだものとされた。

1963

4.11 急行列車転落(インドネシア ジャワ)　4月11日夜、インドネシアのバンドン—ジャカルタ間の急行列車が西ジャワのタゲカブ付近で谷に転落、28人が死亡、35人が負傷した。

4.14 旅客機墜落(ノルウェー オスロ)　4月14日午後、アイスランドの航空会社のバイカウント型旅客機が、ノルウェーのオスロのフォールナブー空港の近くで墜落し、乗客7人と乗員5人の全員が死亡した。

4.19 サイクロン(インド 西ベンガル地方)　4月19日夜、インドの西ベンガルのクヒビハールとアッサムのゴアルバラ地区が猛烈なサイクロンに襲われ、21日までに86人が死亡、1000人が負傷した。

4.24- コレラ(ビルマ(現・ミャンマー) アムヘルスト地区/インド カルカッタ/マラヤ(現・マレーシア) マラッカ州)　4月24日以来、ビルマのラングーン対岸のアムヘルスト地区で流行しているコレラの死者は5月16日に70人に達した。また、3日、マラヤ西海岸のマラッカ州でコレラが発生、13日までに患者153人、死者4人を出し、インドのカルカッタでも、5月17日の時点でこの5週間のコレラによる死者は700人に達した。

5.5 旅客機墜落(カメルーン)　5月5日、乗客47人を乗せてカメルーンのドアラからラゴスに向け出発したDC6型旅客機が、出発後間もなく墜落した。カメルーン山中で同機の破片が発見されたが、乗客乗員55人全員が死亡した。

5.12 旅客機墜落(エジプト カイロ)　5月12日、DC3型機がエジプトのカイロ空港を離陸後間もなく、カイロ北方32キロにあるナイル川三角州の村落の上空で火を噴き、付近のレモン畑に墜落、乗客乗員32人が死亡した。

5.28 サイクロン(東パキスタン(現・バングラデシュ) チッタゴン)　5月28日、東パキスタンのチッタゴン沿岸が15時間にわたってサイクロンに襲われた。6月3日までに1万6000人が死亡。

6.3 旅客機墜落(インド パタンコット)　6月3日、カシミールのスリナガルから西北インドのアムリッツァーに向かうダコタ機が、アムリッツァーの東96キロにあるパタンコットで墜落、乗客乗員29人全員が死亡した。

6.3 チャーター機墜落(アメリカ アラスカ州)　6月3日、ノースウエスト航空のチャーター機DC7がアメリカのアラスカで行方不明となった。同機はワシントンのマッコード空軍基地からアンカレッジのエルメンドーフ空軍基地へ向かう途中で、95人の軍人と6人の乗員が乗っていた。4日にアラスカ湾内グレアム島沖合で機体の破片が発見されたが、生存者はいないとみられる。

6.16 旅客機墜落(ハンガリー トロムロス)　6月16日、ルーマニアの航空会社の旅客機が、ミュンヘンからブカレストへ向かう途中、ハンガリーのトロムロス付近に墜落した。17日、乗客乗員34人全員の死亡が確認された。

6.20 台風4号(韓国)　6月20日、台風4号が韓国南岸地方を通過した。20日午前の段階で死者19人、被災者3675人、全壊家屋53戸、浸水家屋1933戸。

6.26 軍用機墜落(西ドイツ(現・ドイツ) デトモルド)　6月26日、乗務員と落下傘兵47人を乗せた降下訓練の双発ベルギー機が、デトモルド市近くに墜落して炎上、38人

が死亡、2人が負傷した。

6.28 高層ビル火災（ブラジル　リオデジャネイロ）　6月28日、ブラジルのリオデジャネイロの20階建て商業ビルから火が出て上層部10階を全焼した。6人が転落して死亡、ビル内からも重体者が出た模様。

7.2 嵐で帆船沈没（ビルマ（現・ミャンマー））　7月2日、ビルマのモールメイン港から1.6キロの水路で、同国内陸水運局所属のスクーナー型帆船が嵐で沈没した。乗っていた213人のうち113人が行方不明となった。

7.3 旅客機墜落（アメリカ　ニューヨーク州）　7月3日、ニューヨーク州モンロー・カウンティー空港で、双発旅客機が墜落、8人が死亡し31人が負傷した。

7.7 戦闘機墜落（アメリカ　ウィローグロヌブ）　7月7日、アメリカのフィラデルフィア北方約29キロのウィローグロヌブで、米海軍のFJ-フェアリー型ジェット戦闘機が行楽キャンプ地に墜落して炎上した。このため遊んでいた子ども4人を含む7人が死亡、17人が重軽傷を負った。パイロットは脱出して無事だった。

7.11 繁華街でガス爆発（イギリス　ヘイスティングス）　7月11日夜、イギリスのヘイスティングスの繁華街でガスが爆発して火災が起こった。このためホテル、レストラン、商店などが爆破、50人が負傷した。

7.11 定期船沈没（アルゼンチン）　7月11日未明、ウルグアイのモンテビデオとアルゼンチンのブエノスアイレスを結ぶ定期船が、ブエノスアイレスの沖合約90キロで炎上して沈没した。乗客358人、乗員60人のうち、33人が死亡、4人が重傷。

7.26 地震（ユーゴスラビア　マケドニア共和国スコピエ（現・マケドニア））　7月26日早朝、ユーゴのマケドニア共和国の首都スコピエが大地震に見舞われた。市内の建造物の8割が破壊され、各所で起こった火災が夜になっても続いた。1005人が死亡、負傷者は3183人。29日に余震が発生し、家屋1戸が倒壊した。

7.28 航空機墜落（インド）　7月28日、日本人2人を含む乗員乗客60人を乗せた東京発カイロ行きのコメット機が行方不明となった。同日、インドのボンベイから4.4キロの海上で機体の残骸が発見され、8月4日までに日本人乗客2人を含む41人もしくは30人の遺体が収容された。

7.29 地震（イラン　ガグム村）　7月29日ペルシャ湾に面するバンダルアバス港に近いガグム村とラグザル村が激震に襲われ、5人が死亡し8人が負傷した。損壊家屋は350戸。

8.2 列車脱線・転覆（ウルグアイ）　8月2日夜、ウルグアイのモンテビデオから11キロ離れた地点で機関車と客車3両からなる列車が側線に突っ込んで脱線転覆し、乗客175人のうち40人が死亡、100人以上が負傷した。現場のポイント安全装置が何者かによって壊されており、ポイント自体にも石が挟んであった。

8.12 旅客機農家に墜落（フランス　リヨン）　8月12日、16人が乗ったフランス国内航空のバイカウント旅客機が、同国リヨン空港近くの農家に墜落、乗客15人と農家にいた1人が死亡、4人が重傷を負った。

8.13 地滑り（ネパール）　8月13日、ネパールのカトマンズの北西約80キロで豪雨のため地滑りが起こり、2つの村の住人約150人が死亡した。

1963

8.14	**警察火薬庫で爆発**（インド　アッサム州）　8月14日、インドのアッサム州警察火薬庫で、トラック3台分のダイナマイトや火薬類が荷下ろし中に爆発、32人が即死した。
8.20	**寺院倒壊**（インド　ヨートマル）　8月20日夜、インドのボンベイ東方約640キロのヨートマルで、回教寺院が倒壊、参拝中の信者110人が死亡、68人が負傷した。死者のほとんどが女性と子どもだった。
8.27	**硫黄鉱山で生き埋め**（アメリカ　モア）　8月27日、アメリカのユタ州モアにある硫黄鉱山で、少なくとも25人の労働者が地下800mで生き埋めになった。現場は高温で、生存者はいないものとみられていたが、3人が救出された。
9月-	**コレラ**（韓国）　9月21日、韓国の釜山でコレラ患者が確認された。23日にはソウルで患者の発生が確認され全国的に蔓延、460人が感染し34人が死亡した。11月3日には患者発生数は600人を突破したが、14日になって下火になり、終息した。
9.2	**地震**（インド　カシミール地方）　9月2日、インドのカシミール地方に地震が起こり、死者約100人、負傷者500人を出した。
9.4	**旅客機山村に墜落**（スイス　アールガウ州）　9月4日午前7時半ごろ、チューリヒ発ジュネーブ経由ローマ行きのカラベルジェット旅客機がスイスのアールガウ州の山村に墜落、乗客乗員80人全員が死亡した。
9.5	**バトル山爆発**（インドネシア　バリ島）　9月5日、インドネシアのバリ島東部のバトル山（1650m）が轟音とともに爆発し、約50人が死亡、100人以上が負傷した。
9.5	**山林火災**（ブラジル　パラナ州）　9月5日、ブラジルのパラナ州で山火事が発生、200人が死亡、重傷者が450人出て、30万人が避難した。被災地はコーヒー、牧畜、木材の産地で損害額は数百万ドルに上る。火事は12日にはサンパウロ州にも広がり、数カ所で火の手が上がった。
9.11	**旅客機墜落**（インド　マニア）　9月11日早朝、インドのナグプールからニューデリーに向かっていた国内線のバイカウント型旅客機が、アグラから約50キロのマニアに墜落した。日本人3人を含む乗客乗員18人全員が死亡した。
9.13	**旅客機山に墜落**（フランス）　9月12日、フランスの双発バイカウント旅客機が墜落し、残骸がフランスのピク・ドラロケットの山中で発見された。英国人観光客36人と乗員4人が乗っていたが、生存者はなかった。
9.17	**貨物列車とバス衝突**（アメリカ　カリフォルニア州）　9月17日午後、アメリカのカリフォルニア州サリナス南方約13キロの鉄道踏切で、バスと貨物列車が衝突、バスの乗客59人のうち26人が死亡、30人以上が負傷した。
10.3	**ハリケーン「フローラ」**（ハイチ/キューバ）　10月3日、ハリケーン「フローラ」に襲われたハイチは諸都市がすべて破壊され、4000人が死亡した。キューバ東部でも死者が1000人を越え、農作物に大きな被害が出た。
10.10	**山崩れでダム崩壊**（イタリア　ベルノ地方）　10月10日午前零時ごろ、イタリアのベルノ地方で3番目に高いバイオント・ダム（高さ約262m）が崩れ落ちた。ダムに面した山が広範囲にわたって崩れたもので、大量の水が溢れて流れ出し、近くの村は完全に水没した。死者・行方不明者は約2000人。

10.14 ヘリコプター墜落（アメリカ　ニューヨーク市）　10月14日、アメリカ・ニューヨーク郊外のアイドルワイルド空港で、大型ヘリコプターが離陸直後に墜落、出火し、乗っていた6人全員が死亡した。

10.19 輸送機墜落（エジプト）　10月19日、ソ連製アントノフ型輸送機がカイロからイエメンに向かう途中、アスワン空港で着陸の際、砂嵐のため墜落し炎上、乗っていたアラブ連合の将校25人と乗員全員が死亡した。

10.23 渡し船転覆（韓国　ソウル）　10月23日午後、韓国のソウル東南約60キロの川で、遠足帰りの国民学校の学童など百数十人を乗せた渡船が転覆した。このため職員12人と、児童37人が死亡。他に不明とされた88人は助かった。

10.24 鉱山で浸水（西ドイツ（現・ドイツ）　ハノーバー）　10月24日、西ドイツのハノーバー近くのレンゲデ鉄鉱山で大規模な浸水があり、坑夫129人が地下に閉じ込められた。最初の24時間に86人が救出され、1週間後に3人、11月7日に11人が救出された。

10.31 公演中に爆発（アメリカ　インディアナポリス）　19月31日夜、アメリカのインディアナポリスのステート・フェアグラウンド・コロシアムで"ホリデー・オン・アイス"スケート・ショーの公演中、突然発電装置が爆発し、死者62人、負傷者385人を出した。爆発は約4500人の観客がショーを見ている最中で、ボックス席を吹き飛ばしたという。爆発の原因はスタンドの下の売店がポップコーンを作るためのブタン・ガスによるとみられる。

11.8 旅客機墜落（フィンランド）　11月8日夜、乗客21人と乗員3人を乗せフィンランドのヘルシンキからアーランド諸島のマリエハムに向かったDC3型旅客機が、マリエハム近くの森林に墜落、乗客19人と乗員2人が死亡した。

11.19 旅客機墜落（カナダ　サント・テレーズ）　11月19日、乗客乗員118人を乗せカナダのモントリオールからトロントに向かっていたDC8型ジェット旅客機が、モントリオール北方約40キロのサント・テレーズ地区に墜落、全員が死亡した。同機は、夕方の豪雨の中を出発して22分後に墜落した。

11.23 老人ホームで火災（アメリカ　フィッチュビル）　11月23日、アメリカのオハイオ州フィッチュビルにある老人ホームから出火、コンクリート立て平屋の施設を全焼し入所者86人と職員数人のうち、60人以上が死亡、21人が救出された。

12.22 客船炎上（大西洋）　12月22日深夜、670人の乗客と365人の乗組員を乗せたギリシャの豪華客船ラコニア号が、アフリカの北西、マデイラ島の北約180キロの大西洋を航行中に突然炎上した。96人が死亡、行方不明者は31人、生存者は901人。同船はジブラルタルに向けて曳航中の29日午後沈没した。

12.24 旅客列車が貨物列車に衝突（ハンガリー　ソルノク）　12月24日朝、中部ハンガリーのソルノク付近で、停車中の貨物列車に旅客列車が衝突し、32人が死亡、36人が負傷した。濃霧のため信号機が見えなかったもの。

12.25 バス火災（フィリピン　南ザンボアンガ州）　12月25日、フィリピンの南ザンボアンガ州のスラバヤ市付近で、バス火災により乗客など30人が焼死した。乗客の大半は女性と子どもだった。

12.27 航空機墜落（タイ）　12月27日、米対外援助当局がチャーターしたC-47型機が、マ

レーシア国境に近いタイ南部で墜落、乗っていた12人全員が死亡した。

12.29　ホテル火災（アメリカ　ジャクソンビル）　12月29日午前7時45分ごろ、アメリカのフロリダ州ジャクソンビルのホテルで火災が発生し、21人が死亡、66人が負傷した。死者の大半は煙に巻かれたもの。

〈 1964 〉

1.4　通勤列車が旅客列車に追突（ユーゴスラビア　ベオグラード（現・セルビア））　1月4日朝、ユーゴスラビアのベオグラード南方14キロのヤンイチ停車場に停車中の旅客列車に、正月休み明けで満員の通勤列車が時速60キロの速度で追突、死者40人以上、負傷者120人を出した。ボザレバッチ発の通勤列車は新年の休日明けのため普通よりずっと混んでおり、衝突で列車8両がつぶれた。発生当時、瀕死の重傷者が多かったためその後死者の数は61人、負傷者は162人に増えた。

1.12　豪雪（アメリカ）　1月12日後半から13日にかけて、アメリカ東部を襲った今季最大の猛ふぶきは14日海上に去ったが、これまでの死者は137人に達した。このふぶきで、各地で交通マヒに陥り、学校は休校となり、多くの勤め人が欠勤した。大西洋岸では飛行機はほとんど欠航した。ニューヨークでは雪が31時間降り続いて32cmも積もり、3年来の大雪となった。

1.18　地震（台湾）　1月18日夜、台湾南部で地震が発生した。20日までに判明した犠牲者は、死者104人、負傷者542人。台南市を中心に1758戸が全壊、2671戸が大きな被害を受けた。当地の気象台によると、地震は18日午前8時6分に起こり、約30分つづき、台南の震度は5、嘉義で124戸が焼け、数千人が焼け出された。これらの地区では鉄道や高速道路がストップした。台北でも家屋は激しく揺れたが、めだった被害は報じられていない。

1.24　洪水（ブラジル　バヒア州）　1月24日、ブラジルのリオデジャネイロから約960キロ北方で大西洋に注ぐジェキティニョニャ川があふれ、バヒア州で約100人が死亡、10万人以上が家を失った。

2.1　貨物列車と急行列車衝突（アルゼンチン　ブエノスアイレス）　2月1日早朝、アルゼンチンのブエノスアイレス東南約50kmにあるアルタマリアで、立ち往生していた貨物列車と、急行列車が正面衝突した。機関車を始め12両の客車中5両が脱線し、先頭の客車が全焼。客車に乗っていた140人の大多数が遭難したとみられる。

2.11　駆逐艦と空母衝突（オーストラリア　ニューサウスウェールズ州沖）　2月11日、オーストラリアの駆逐艦ボイジャー号（2800トン、300人乗組み）が沈没した。同艦はオーストラリアのニューサウスウェールズ州南方沖合で空母メルボルン号（1万9000トン）と演習中、同号に衝突沈没したもの。メルボルン号は艦首に損傷を受けただけだった。ボイジャーの乗組員324人中85人が行方不明となり、その生存は絶望視された。

2.19　地震（ポルトガル　大西洋アゾレス諸島サンジョルジェ島）　2月19日早朝、大西洋にあるポルトガル領アゾレス諸島のサンジョルジェ島で大地震が発生。被害はきわめ

て大きく、同島最大の町ピラダスベラスでは3戸を残して全住居約2000戸が倒壊したとみられる。

2.21 旅客機山に墜落（フィリピン　ミンダナオ島）　2月21日、フィリピン航空のDC-3型旅客機がミンダナオ島ラナオデルスール州の山中に墜落、31人が死亡。同機は乗客29人、乗員3人を乗せて同州マラバンから同島のイリガンに向かう途中だった。

2.25 旅客機湖に墜落（アメリカ　ルイジアナ州）　2月25日、乗客と乗員ら総員58人を乗せた四発ジェット米旅客機が、メキシコシティからニューヨークに向かう途中、アメリカのニューオーリンズを離陸してからまもなく、付近のポンシャートレーン湖に墜落した。その後の捜索で、58人全員の死亡が確認された。

2.29 旅客機墜落（オーストリア　インスブルック）　2月29日、乗客75人、乗員8人を乗せた英国イーグル航空の「ブリタニア」ターボプロップ機が、オーストリアのインスブルック付近に来た午後2時18分以来、消息を断った。3月1日、パチェルコフェル山塊のガムスラーナー山付近で同機の残骸が発見され、乗客乗員計83人は全員死亡と発表された。

3.1 旅客機墜落（アメリカ　カリフォルニア州）　3月1日午前、アメリカのカリフォルニアのサンノゼからネバダのタホ湖に向かった米パラダイス航空の四発コンステレーション機は、離陸から1時間2分後とつぜん無線連絡を断ったまま行方不明となった。同機は81人の乗客と4人の乗員が乗っていた。2日、同機の残骸がタホ湖の東方の山中で発見された。乗客乗員85人は全員死亡。

3.5 スラム街で大火（南ベトナム（現・ベトナム）　カント市）　3月5日夜、ベトナムのサイゴン南西メコンデルタ地帯のカント市のスラム街で火災が発生。50～100人が行方不明となり、被災者は3000人に達した。

3.12 洪水（アメリカ　中西部）　3月12日、アメリカ中西部ペンシルバニア州からイリノイ州に至る各地で悪天候のため河川が氾濫。13日までに4万7000人が家を失い、少なくとも23人が死亡。オハイオ川下流の損害額は2億ドルを見込まれ、被災者は11万人に達した。

3.27 アラスカ地震（アメリカ　アンカレッジ）　3月27日午後5時37分、アラスカ州最大の都市アンカレッジで地震が発生し、同市の大通りは完全に崩壊、通信線も断絶した。震源はプリンス・ウィリアム湾入口の南東部でコードバから数キロの地点とみられる。29日までに判明した死者数は63人、行方不明者数は40人、被害総額は8億5000万ドル。また、西海岸地帯の津波により少なくとも15人が死亡した。アンカレッジの国際空港ではジェット機の燃料が大量に流出したほか、カリフォルニア州クレストン市の中心街で起こった火事のためガソリン工場が爆発するなどの被害があった。

3.28 航空機山に墜落（イタリア）　3月28日夜、乗客40人、乗員5人のローマ発ナポリ行アリタリア航空バイカウント機が豪雨の中をイタリアのベスビアス火山の山中に墜落した。全員が死亡したとみられる。同機はナポリのカポディキーノ空港に到着する直前、連絡を断った。

3.30 地滑り（インドネシア）　3月30日、インドネシアの南スマトラのメガジャジャで地滑りが起こり、64人が死亡、民家29戸と精米工場が倒壊した。

1964

4.5　校舎が崩壊（インド）　4月5日、インドのマドラスから560キロのマドライの女子高校で、約400人の生徒が授業中に、校舎の一部が崩れ落ちた。死者は40人、負傷者100人以上を出した。

4.10　ランチ船で火事（イラン）　4月10日夜、イラン西南海岸にあるコーラムシャールからクウェートに向かったランチ船が火災を起こし沈没、乗っていた113人が死亡した。乗客はクウェートで職を見つけようとする密航者がおもなものでランチの甲板下に隠れていた。乗客のうち7人がイラン海軍の巡視船に救出されたほか、船長と3人の船員が岸にたどりついたとみられる。

4.12　サイクロン（東パキスタン（現・バングラデシュ））　4月12日、東パキスタンのジャソール地方を大型のサイクロンが襲い、同日夜の公式推計では75人が死亡、500人が負傷したとされたが、14日までには、死者317人、負傷者700人と報じられた。ほかに、家屋倒壊、通信線不通など多くの被害が出た。

4.13　地震（ユーゴスラビア　ベオグラード（現・セルビア））　4月13日、ユーゴスラビアを襲った強い地震で、3人が死亡、約100人が負傷し、少なくとも200戸が倒壊した。ユーゴの首都ベオグラードでは、地震は約20分間続き、ビルの中では家具が倒れ、壁にひびがはいったところもあったという。

4.18　旅客機墜落（レバノン）　4月18日、レバノンの中東航空社のジェット旅客機（乗客42人、乗組員7人）が、ベイルートからダーランへ向かう途中、ペルシャ湾の沖合16キロで墜落したと発表された。

4.29　汽船沈没（東パキスタン（現・バングラデシュ））　4月29日、東パキスタンのチャンドプル沖で、ダッカに向けて航行中の汽船が沈没、乗組員、乗客合計250人以上が水死した。

4.30　夜行列車が脱線（インドネシア　西ジャワ州）　4月30日夜、インドネシアの西ジャワのバンドン南方で夜行列車が脱線。峡谷に落ち、21人が死亡、108人が負傷した。

5.2　ビル崩壊（韓国　ソウル）　5月2日夕刻、韓国のソウルにあるスラム街で4階ビルの後部約3分の1が崩れ落ち、付近の小屋11軒を押しつぶした。夜までに約20人が救出され、12人の遺体が収容されたが、さらに10人以上が生き埋めとなっているとみられる。

5.7　航空機墜落（アメリカ　カリフォルニア州）　5月7日、アメリカのネバダ州ルネからサンフランシスコへ向かう途中のパシフィック航空の双発ターボプロップ機がコンコードの東方約16キロで墜落。乗っていた44人全員が死亡したとみられる。のちの捜査で、乗客の1人が同機を操縦中のパイロットを撃ったことが判明した。銃の持主はフィリピンの元オリンピック選手で、多額の航空保険をかけていたという。

5.8　ビル火災（フィリピン　マニラ）　5月8日未明、マニラの中心街で起こった6階建の建物の大火で28日が死に、27人が重傷を負った。この建物には100人以上が寝ていたが、地階で2回の爆発があったのち大火となった。放火の疑いもある。

5.8　空軍輸送機墜落（ペルー）　5月8日夜、アルゼンチン空軍輸送機DC-4型機はリマに近い保養地サンタ・ローザ付近の砂丘に墜落し、4人のペルー高級空軍将校を含む46人が死亡した。同機は全焼したが、2人の子供とおとな1人がやけどを負って生き

残った。

5.10　暴風で船が転覆（東パキスタン（現・バングラデシュ）　チッタゴン地方）　5月10日、東パキスタンのチッタゴン地方に時速約110キロの暴風が吹き、同地方のパドマ川で乗客80人の乗った船が転覆した。17人は救助されたが、残りの63人は生存が絶望視される。この暴風で家屋も多数損壊した。

5.11　軍輸送機墜落（フィリピン　マニラ）　5月11日午後7時15分ごろ、ハワイから飛んできた米軍用ジェット輸送機C135がマニラ近郊のクラーク基地の滑走路から800mほどのところで墜落。乗っていた83人のうち74人が死亡したと発表された。また、墜落機の翼に衝突したタクシー乗客の1人も死亡した。

5.24　サッカーの試合で観客死傷（ペルー　リマ）　5月24日、東京オリンピック予選のペルー、アルゼンチン両国サッカー・チームの対抗試合で観客が騒ぎをおこし、死者が100人以上出た。アルゼンチン・チームの一選手が自軍のゴールに誤ってキックを決めたのに対し、審判が無効を宣したことから満員の観客4万5000人が騒ぎ出し、警察がこれを鎮めるため催涙ガスを使用。場内総崩れとなって逃げ出す際、下敷きとなった観客が圧死したもの。なお、この試合で南アメリカ代表としてオリンピック出場のサッカー・チームが決まることになっていた。15日に発表された死者数は、318人に上った。

6.11-　豪雨（西パキスタン（現・パキスタン））　6月11日ごろ、西パキスタンのハノイデラバッド近郊を襲った暴風雨の死者は266人に上った。この暴風雨で数百の家屋が倒れ、約6万頭の家畜が死んだといわれる。

6.16　地震と洪水（トルコ）　6月16日、トルコ東部地方で地震と洪水が発生。死者21人、負傷者5000人以上が出た。マラトヤ州では地震のため1000戸が倒壊。アナトリア地方は長雨による洪水で大きな被害を出した。

6.20　洪水（ネパール）　6月20日、ネパール東部のポテコシ川沿岸一帯に豪雨による出水があった。死者50人以上が出たとみられる。ほかに家畜数百頭、家屋流失などの損害が出た。

6.20　連絡船転覆（タイ　ナコンシータマラット州）　6月20日、南タイのナコンシータマラット州の川で乗客数百人を乗せた連絡船が転覆し、うち少なくとも42人が遺体で発見された。

6.20　旅客機爆発・墜落（台湾　台中）　6月20日午後5時40分、台中発台北行CATローカル線旅客機が、台湾の台中県太平郷付近上空で爆発、墜落した。同機にはマレーシアのキャセイ映画社長夫妻、台湾省政府新聞処長ら53人が乗っていた。20日夜、乗客と乗員計57人は全員死亡と発表された。

7.6　地震（メキシコ）　7月6日午前2時18分、メキシコシティで地震があった。震源地はメキシコシティから56キロ以内とみられる。メキシコシティの西南約300キロにあるシエラ・デ・ゲレロ地域で被害があり、死者は40人以上に上った。

7.9　旅客機墜落（アメリカ　テネシー州）　7月9日夜、米国ユナイテッド航空旅客機バイカウントがアメリカのテネシー州東部の山岳地帯に墜落した。機体は燃え、乗っていた39人は全員死亡した。同機はフィラデルフィアからアラバマ州ハンツビルに向

かっていたもので、ニューポート北東13キロの地点で墜落した。

7.23 　貨物船爆発（アルジェリア　ボーヌ）　7月23日夜、アルジェリア東部のボーヌ港に停泊中のアラブ連合の貨物船アレキサンドリア号(2738トン)が爆発を起こし炎上、沈没した。この事故で確認された死者24人、負傷者150人を出した。死者の数はふえており40人以上になる見込み。

7.26 　旅客列車脱線・転覆（ポルトガル　オポルト）　7月26日夜、ポルトガルのオポルトから12.8キロのところで旅客列車が衝突、死者103人、負傷者132人を出した。この列車はオポルトから32キロのところにある海水浴場から週末客を満載してオポルトに向かう途中だった。

7.28- 　寒波（ブラジル）　7月28日以降、ブラジルを異常寒波が襲い、温度は最低摂氏4.2度まで下がり、2日間で19人が凍死した。リオデジャネイロでも寒波のため4人が死亡。

7.29 　旅客列車脱線（南アフリカ共和国　ランドフォンテン）　7月29日夜、南アフリカの金鉱都市ランドフォンテンで旅客列車が脱線し、少なくとも21人が死亡。負傷者は数十人に上るとみられる。

7.29 　川で船転覆（東パキスタン（現・バングラデシュ）　ダッカ）　7月29日夜、パキスタンのダッカ北方約60キロのパドマ川を航行中の船(乗客約150人)が転覆し、約90人がおぼれ死んだ。残りの約60人は岸に泳ぎ着き助かった。

8.8- 　豪雨（韓国/香港）　8月8日以降、韓国の南部、中南部にかけて豪雨があり、少なくとも4人が死亡、196戸の家屋が倒壊した。鉄道は釜山・ソウル間で止まっているほか、各地で土砂崩れや河川の氾濫があった。12日までに死者は39人に上った。また、香港でも大きな土砂崩れで4人が死亡し5000人以上が家を失った。海岸でも5人が死亡。

8.22- 　コレラ（フィリピン）　8月22日から29日までの1週間に、フィリピンで627人のエルトール・コレラの疑いがある患者が記録され、そのうち42人が死亡したと9月7日に発表があった。その後、9月11日までにマニラ市で同日5人の死者が出、市内の死者はこの週20人になった。

8.23 　ハリケーン「クレオ」（フランス　カリブ海グアドループ島）　8月23日、西インド諸島グアドループ島をハリケーン「クレオ」が襲った。死者13人、負傷者約40人が出たほか、数百戸が倒壊し、1万戸以上が大損害を受け、損害額は5000万ドルに達するとみられる。

8.24 　花火爆発（メキシコ）　8月24日夜、メキシコシティ南西約56キロにある町アトラトハフカに近い村で、祭りの最中に花火の山が突然爆発、37人以上が死に、40人以上がけがをするという大惨事となった。この爆発で近くにあったメタンガスのタンク2基に引火、爆発した。

8.28- 　ハリケーン（アメリカ　フロリダ州）　カリブ海岸を襲ったハリケーンによる死者は、8月28日までに少なくとも138人、フロリダ州の被害総額は2億ドル以上に達した。

9.2 　モンスーン（インド）　9月2日、インド北部一帯はモンスーンに襲われ、洪水が発生。500万エーカーの耕地が水びたしとなったほか、50万人が家を失った。死者は少なくとも38人に上るとみられる。

1964

9.4 旅客機墜落（ブラジル　ニュー・カレドニア山脈）　9月4日午後4時ごろ、乗客34人と、乗組員5人を乗せたブラジルのバスプ航空のバイカウント旅客機がリオデジャネイロの北方80キロのニュー・カレドニア山脈で墜落した。生存者はいないとみられる。同機は大西洋岸のビクトリアを出発、リオデジャネイロに向かっていた。

9.5 台風17号（香港）　9月5日早朝から、香港を台風17号が襲った。瞬間最大風速71.3mを記録。6日までに死者24人、行方不明者19人を出し、負傷者は300人以上に上った。港に停泊中の船が沈没し、乗員のうち30人は救助されたが27人は行方不明。

9.13 豪雨（韓国　ソウル）　9月13日午前2時から同5時にかけて、韓国のソウル一帯に集中豪雨（165ミリ）があり、そのため市内一帯は水浸しとなった。10時までに56人の死亡が確認された。被害はその後更に増え、14日朝までに、ソウル地域での死者は170人、行方不明212人、負傷260人、家屋倒壊1700戸。また、京畿地域では死者110人、行方不明184人、負傷49人に上った。

9.29 強風で漁船遭難（インド　コロマンデル海岸）　9月29日、強風が吹き、ベンガル湾に面したインドのコロマンデル海岸沖で75隻の船に乗った約450人の漁師が行方不明となった。

10.1 暴風・洪水（インド）　10月1日、インド南部は1日暴風に襲われ、また洪水によって数百人が死に、各地で損害を受け、死者は合計800人近くが出たとみられる。最大の被害は海上で起こったもので、コロマンデル海岸では、3日前に出漁した75隻の漁船の乗組員約500人のうち、無事に帰ってきたのは、わずか1人だった。また、アンドラ州のマチェルラの町（ハイデラバードから約200キロ）で貯水池が壊れて洪水が起こり、町の4分の3が水浸しになった。水の深さは約5mにも達し、約100人が死亡したとみられる。

10.2 旅客機海に墜落（スペイン　マサロン）　10月2日朝、パリをたってモーリタニアの首都ヌアクショットに向かったフランスUTA航空の旅客機が80人を乗せたまま、スペイン沿岸のマサロンの南約70キロの海上に墜落した。乗客、乗員合計80人に生存者はなかった。のちに、同機はシエラネバダ山脈に衝突したことが判明。

10.3 ハリケーン「ヒルダ」（アメリカ　ルイジアナ州）　10月3日、メキシコ湾からアメリカのニューオーリンズ市に向かって進んだハリケーン「ヒルダ」から、大旋風が派生。ルイジアナ州のラローズ町が被害を受けた。15万人以上が避難し、20人以上が死亡、100人以上が負傷したとみられる。

10.6 地震（トルコ）　10月6日午後、トルコ北西部を強い地震が襲い、死者30人、負傷者52人が出た。被害はイスタンブールの南西部のバリケシル、ブルサ両州の村落地帯が大きく、またマルマラ海からダーダネルス海峡に至る地域の村落にも被害があった。

10.12 台風24号（香港）　10月12日夜から13日にかけて台風24号が香港を襲い、死者22人、行方不明者13人、負傷者73人を出した。この台風で激しい雨が降り、香港各地で痴崩れ、家屋倒壊による生埋めなどの被害を出した。

11.1 貨物列車が急行列車に衝突（東ドイツ（現・ドイツ）　ラングハーゲン）　11月1日夜、東ドイツのラングハーゲン付近でベルリン―ロストック間の急行列車に貨物列車が衝突、死者18人、重傷者100人以上を出した。貨物列車が停止信号を無視して客車に突っ込み、客車5両が脱線したもの。死者の数はのちに39人に増えた。

1964

- **11.6** 建設中のビル倒壊（ブラジル　ピラシカバ市）　11月6日、ブラジルのサンパウロ西北160キロの工業都市ピラシカバ市で建設中の13階建ビルが倒壊、工事関係者など28人が死亡、15人がけがをした。

- **11.11** 台風で大洪水（南ベトナム（現・ベトナム））　11月11日、南ベトナム中部海岸一帯が台風による大洪水に襲われ、1000人以上の住人が死亡し、約15万人が家を失ったもよう。洪水に見舞われたのはカンチン州、ビンディン州など10州。この水害での死者は最終的に5000人を越えるとみられる。

- **11.19** 渡し船転覆（インド　カシミール地方）　11月19日、インドのカシミール地方ジャム近くのインダス川支流チェナブ川のアクヌールで渡し舟が転覆。乗っていた約150人のうち125人の生死が危ぶまれる。

- **11.20** 旅客機墜落（スウェーデン　ベイビスラット）　11月20日夜、スウェーデンのアンゲルホルム空港に近いベイビスラットで国内航空の双発旅客機が爆発を起こし、墜落した。同機には乗客39人と乗員4人が乗っていたが、警察の調べでは約30人が死亡したもよう。スチュワーデス1人、乗客1人が救助されている。

- **11.23** 旅客機爆発（イタリア　ローマ）　11月23日、米トランスワールド航空の707型ジェット旅客機がイタリアのローマで、離陸時に爆発した。乗客、TWA関係者、乗務員計72人が乗っており、うち56人が死亡したとされる。

- **11.29** 地雷爆発（ギリシャ　フミア）　11月29日、ギリシャ中部の都市ラミアで新しい橋の開通式中、爆発が起こり、13人が死亡、54人が負傷した。第2次世界大戦当時、地下に埋められていた地雷が、集まった群衆の重みで爆発したとみられる。

- **11.29** 競技場で圧死（メキシコ　ハラパ）　11月29日、メキシコ東南部のハラパ市の競技場で、群集が押し合い24人が圧死、33人が重傷を負った。その日は農民の集会が開かれており、約3000人が集っていたが、群集が移動しようとして入口に殺到したもの。

- **12.2** コレラ（東パキスタン（現・バングラデシュ））　12月2日までの2ヶ月間で、東パキスタンではコレラで少なくとも1000人が死亡した。疫病地区では飲料水、医薬品が極端に不足している。

- **12.10** 輸送機墜落（南ベトナム（現・ベトナム））　12月10日夜、南ベトナム兵36人と米特別部隊の2人を乗せたC123型輸送機がサイゴン東北約600キロのダナン空港を離陸直後、付近の山にぶつかり、全員が死亡した。

- **12.14** 洪水（南ベトナム（現・ベトナム）　ニンツァン州）　南ベトナム中部のニンツァン州を襲った水害により、12月14日までに500人が死亡、または行方不明となった。住居を失った者は約2万人、農作物は全滅のもよう。

- **12.20** 炭坑で爆発（ペルー）　12月20日、ペルーのゴイファリスキエスガ炭坑で、坑内爆発が起こり、死者57人、負傷者35人を出した。原因はメタンガスと炭じんの自然発火とみられる。

- **12.20** 貨物列車が旅客列車に追突（メキシコ　ビヤエルモーサー）　12月20日、メキシコ東南部のビヤエルモーサー市近郊で、列車の衝突事故があり、75人が重軽傷を負った。タコタルバ駅で起きたもので、同駅に停車していた旅客列車に時速80キロで進行してきた貨物列車が追突した。

12.23　台風（インド　ラメシワラム島/セイロン（現・スリランカ））　12月23日、インド南端部とセイロンを襲った台風のため、両国を隔てるほぼ中央にあるラメシワラム島では、旅客列車が150人の乗客もろとも高潮に押し流され、乗客はまだ1人も見つかっていないことが25日判明した。この台風で、東部セイロンでも陸上で10人の死者を出したほか、約350人の漁民が出漁中死亡した模様。27日までに、インド南部ダヌシュコディ村一帯の死者は、漁民500人をふくめて1300人に達した。

〈 1965 〉

1.1-　地震（アルジェリア　ムシラ）　1月1日から2日にかけ、アルジェ東南約145キロにある町ムシラが3回の強い地震に襲われ、4人が死亡、38人が負傷し、1万5000人が被災した。

1.3　教会の屋根崩落（メキシコ）　1月3日、メキシコシティ郊外の村リホで、新築のカトリック教会の献堂式の最中、教会の屋根が崩れ落ち、55人が死亡、35人が負傷した。

1.10-　強風で漁船遭難（韓国）　1月10日から11日にかけて、強風が韓国沿岸を襲い、出漁中の漁船34隻が遭難、乗組員252人が行方不明となった。生存は絶望視されている。

1.23　旅客列車と貨物列車衝突（グアテマラ　アマチトラン市）　1月23日、グアテマラのアマチトラン市西南部の町で、11両編成の旅客列車が貨物列車と衝突、33人が死亡した。旅客列車のブレーキの故障が原因とみられる。

1.31　闘牛場で圧死（メキシコ　グアダラハラ）　1月31日、メキシコ中西部のグアダラハラで、闘牛場で行われた歌謡ショーの群集が、狭い通路で押されてなだれ落ち、子どもを含む約25人が死亡、100人以上が負傷した。

2月　はしか（トルコ　アナトリア地方）　東部アナトリア地方のエルズルム県で、およそ1万5000人の子どもがはしかにかかり、2月28日までに359人が死亡した。

2.6　旅客機墜落・炎上（チリ）　2月6日午前、ブエノスアイレス行きのDC6型旅客機がサンチアゴを離陸後数分でアンデス山中に墜落、炎上した。乗客乗員86人全員が死亡した。

2.10　列車火災（スペイン　サラゴサ）　2月10日早朝、スペインのマドリード発バルセロナ行き列車がサラゴサ付近を進行中、客車から火事が起こった。客車3両が燃え、死者30人、負傷者33人。死者のほとんどは火事に驚いて列車から飛び降りたもの。

2.10　バス湖に転落（エジプト　ゲイザヤ湖）　2月10日、エジプトのカイロ南方5キロのゲイザヤ湖に建設工事の労務者66人を乗せたバスが転落、36人が死亡、30人は救助された。事故当時は濃霧だった。

2.13　地震（イラン　アゼルバイジャン地方）　2月13日、イラン北西部アゼルバイジャン地方で強い地震が起こり、20人が死亡、100人が負傷、家屋数千戸が倒壊した。

2.18-　地震（インドネシア　サナナ島）　2月18日から24日にかけ、インドネシアのマルク州サナナ島で1日平均5回ずつの大きな地震があり、71人が死亡、2800の建物と14の橋

が破壊された。

2.23　炭坑でガス爆発（ルーマニア）　2月23日、ルーマニア西部のワリカニ炭坑でガス爆発があり、従業員41人が死亡、16人が負傷した。

2.26　ダイナマイト倉庫に落雷（ブラジル　リオデジャネイロ）　2月26日午後6時半ごろ、ブラジル・リオデジャネイロのコルコバド丘の麓にあるダイナマイト倉庫に雷が落ちて大爆発が起こり、114人が崩れ落ちた岩や土の下敷きで死亡、30人以上が負傷した。

3.1　アパート爆発（カナダ　モントリオール）　3月1日朝、カナダのモントリオール均衡でアパートが爆発、26人が遺体で発見され、40人が重傷、いずれも崩れたアパートの下敷になったもの。ガス爆発とみられる。

3.2　バスに雪崩（オーストリア）　3月2日、オーストリアのザルツブルグ東南約64キロの山中で、観光客40人を乗せたバスが雪崩に襲われ、14人が死亡、病院に搬送された26人もほとんどが重体。バスは雪崩で約50mの崖下に押し流されていた。

3.4　天然ガス爆発（アメリカ　ルイジアナ州）　3月4日朝、アメリカのルイジアナ州ナキタシ北方の住宅地区で、高圧天然ガスのパイプが破裂、子どもを含む17人が死亡、9人が負傷したほか、パイプの破裂と同時に燃え上がった炎で5戸が焼け、自動車9台が溶けた。

3.19　大雨で船転覆（インド　パクラ・ダム）　3月19日、インドのニューデリー北方約320キロのパクラ・ダム付近で船が転覆し、乗っていた52人が死亡。乗っていたのは巡礼を終えて村に帰る人たちで、転覆の原因は大雨による出水とみられる。

3.19　炭鉱で爆発（トルコ　アマシア）　3月19日、トルコ北部のアマシアの炭鉱でガス爆発が起こり、地下約300mの立坑が崩れた。54人は生きて脱出したが、閉じ込められていた69人は死亡した。

3.20　修学旅行バス転落（台湾　陽明山）　3月20日、台湾の台北市近郊の陽明山のハイウェイで、修学旅行の学童らを乗せたバスが約20m下に転落、31人が死亡、70人が重傷を負った。

3.24　旅客機山に墜落（コロンビア　サンタンデルデルスル州）　3月24日、コロンビアの航空会社の旅客機が、サンタンデルデルスル州の高さ2000mの山に墜落し、乗客乗員29人全員が死亡した。

3.28　地震（チリ）　3月28日午後0時35分、チリ中部一帯で非常に強い地震が発生した。震源地はサンチャゴ北方約120キロのヤイヤイ、キヨタ、サンフェリペ付近で、地震の規模はヤイヤイでリヒター・スケール10。震源付近の諸都市では建物の大部分が破壊された。30日、死者は252人と発表。

3.31　旅客機海に墜落（モロッコ）　3月31日、スペインの航空会社のコンベア双発旅客機がマラガからモロッコのタンジールへ向かう途中、タンジール付近の地中海に墜落、乗客48人乗員5人のうち50人が死亡。

4月-　胃腸の流行病（インド　アッサム州）　4月から6月14日までの2ヶ月間で、インド東部のアッサム州で、胃腸の流行病で少なくとも780人が死亡した。

1965

4月	豪雨(アメリカ 中西部)	ミシシッピ川上流のアイオワ、イリノイなど中西部5州を襲った豪雨のため、4月上旬からアメリカ各地で氾濫が続き、24日までに14人が死亡、3万4000～4万人が家を失った。
4.11	竜巻(アメリカ)	4月11日午後早くから夜に欠けて、アメリカ中西部のアイオワ、イリノイ、ウィスコンシン、インディアナ、ミシガン各州の41郡を竜巻が次々と襲った。翌日までに判明した死者数は53都市で237人、家屋の損壊は1200戸。
4.11	旅客機墜落(シリア)	4月11日、ベイルートからアンマンに向かう途中のヨルダンの航空会社の旅客機が、シリアの首都ダマスカスから西方16キロの地点で墜落、乗員乗客54人全員が死亡した。
4.14	旅客機立木に衝突(イギリス ジャージー島)	4月14日夜、BUA(British United Airways)のDC3型旅客機が、パリからイギリス海峡のチャネル諸島のジャージー空港に到着直前、立木に衝突して墜落し、乗員乗客26人のうち25人が死亡した。霧で視界が悪かったためとみられる。
5.3	地震(エルサルバドル)	5月3日早朝、エルサルバドルでマグニチュード7.7の地震があり、死者約100人、負傷者約300人の被害が出た。震源地はサントトマス、サンマルコスの両町の付近とみられる。
5.5	旅客機炎上(スペイン 大西洋カナリア諸島)	5月5日夜、大西洋上のカナリア諸島サンタクルス・デ・テネリフェ空港で、マドリード発の旅客機が着陸の際、滑走路を約400m横滑りし、機首を前のめりに突っ込んで炎上、乗客30人が死亡、乗員など18人が救出された。
5.6	竜巻(アメリカ ミネソタ州)	5月6日夜、アメリカのミネソタ州ミネアポリス郊外の20数カ所で竜巻が発生、家屋数百戸が破壊され、13人が死亡、300人以上が負傷した。
5.11	台風(東パキスタン(現・バングラデシュ) ダッカ)	5月11日夜、東パキスタンの首府ダッカなど6地方が台風に見舞われた。時速60キロの強風が吹きすさび、被災地は5km^{2}に及び住民100万人が避難した。17日夜までに5531人が死亡と発表されたが、18日には、死者は1万2000人に達すると報じられた。
5.17	炭鉱で爆発(イギリス 南ウェールズ地方)	5月17日正午ごろ、イギリス南ウェールズ地方のカンブリア炭鉱で爆発事故があり、坑夫31人が死亡、13人がけがをした。
5.20	旅客機砂丘に墜落(エジプト)	5月20日午前2時50分、パキスタンの航空会社のボーイング720型ジェット旅客機がカイロ空港に着陸の寸前、空港南方10キロの砂丘に墜落した。乗員乗客127人のうち121人が死亡した。
5.23	船転覆(インド ウッタルプラデシュ州)	5月23日、インドのウッタルプラデシュ州アザムバル付近を流れるガグラヌーラ運河で、船が転覆、乗客34人のうち22人が死亡した。
5.23	渡し船沈没(マラウイ)	5月23日夜、マラウイ中部のシアー川で約200人を乗せた渡し船が沈没した。52人が救助されたが、残りの約150人は死亡したとみられる。
5.27	炭鉱で爆発(インド ダンバド)	5月27日夜、インドのビハール州ダンバドから約

100キロの炭坑で、爆発事故が起こった。死者は375人に達するという。鉱内の一酸化炭素のため、死体の搬出は難航している。

6.1 コレラ（インド　ケララ州/フィリピン　マスバテ州）　6月1日以来、インド・ケララ州トリチュール地区で538人がコレラに感染し、61人が死亡した。フィリピンではマスバテ州の州都マスバテ町でコレラが流行、9人が死亡した。

6.1- 猛暑（インド　ビハール州）　6月上旬、インドのビハール州が摂氏46.1度を超える猛暑に襲われ、6月8日までの1週間で19人が死亡した。

6.5 タンカー火災（イラン）　6月5日、イランの、ペルシャ湾沿岸バンダー・マシュア集油港で、イタリアのタンカー、ルイザ号が火災を起こして沈没した。40人以上が死亡したとみられる。火災の原因は不明。

6.7 炭鉱でガス爆発（ユーゴスラビア　カカンヤ（現・ボスニア・ヘルツェゴビナ））　6月7日、ユーゴスラビア中部サラエボ北西50キロのカカンヤにある炭鉱でガス爆発があり、坑夫114人が死亡した。

6.19 台風9号（台湾）　6月19日午後、台湾東部を襲った台風9号で、死者37人、行方不明者14人、負傷者89人が出た。家屋倒壊は4622、損壊は6060に上った。

6.30 地下鉄追突（西ドイツ（現・ドイツ）　西ベルリン）　6月30日夜、西ベルリンの地下鉄で追突事故があった。死者はなかったが、乗客ら130人が負傷。そのうち、運転士1人を含む20人が重傷とみられる。

6.30 ディーゼルカーとバス衝突（スペイン　エルアラアル）　6月30日夜、スペイン南西部セビリア40キロのエルアラアル付近の踏切で、ディーゼルカーがバスと衝突し、バスの上に乗り上げた。この事故で14人が死亡、36人が重傷。

7月 ドナウ川氾濫（ヨーロッパ）　7月、ドナウ川で洪水が起こった。西ドイツ、オーストリア、チェコ、ハンガリー、ユーゴ各国で広い地域が浸水した。最も被害の大きいチェコの浸水面積は20万ha、5万2000人が避難した。

7.8 旅客機墜落（カナダ　ブリティッシュコロンビア州）　7月8日、カナダ太平洋航空のDC-6旅客機が、カナダのバンクーバー北東270キロのブリティッシュコロンビア州の奥地に墜落した。同機はアルバータ州エドモントンから飛び立ち、空中爆発を起こしたとみられ、乗客、乗組員計40人全員が死亡した。

7.14- 集中豪雨（韓国）　60年ぶりの日照りに苦しめられていた韓国中部地方は、7月14日から700ミリ以上の集中豪雨に見舞われた。とくに被害の大きかったのは江原道、ソウル市、京畿道。死者は235人、行方不明者91人、家屋約6000軒が流失または破壊され32万6486人が被災した。

7.26 バス川に転落（アンゴラ）　7月26日、アンゴラのノバ・リスボン北方約140キロの地点で、54人を乗せたバスがルーブロ川に転落、50人が死亡した。

7.31 バス崖から転落（ペルー）　7月31日深夜、ペルーの中央自動車道路で、ウアンキオからリマへ向かうバスが崖から転落した。乗っていた27人が死亡、29人が負傷した。

8月 日本脳炎（韓国）　8月中に、韓国各地で日本脳炎が流行し、9月5日の段階で384人の患者が出て、うち102人が死亡した。

1965

8.9 ミサイル発射台で火災（アメリカ　アーカンソー州）　8月9日正午ごろ、アメリカのアーカンソー州リトルロック米空軍基地のタイタン2ミサイル地下発射台のサイロで出火、労務者が地下に閉じ込められ、53人が死亡した。

8.11 バスとトラック衝突・硝酸漏出（トルコ）　8月11日、トルコのイスタンブールからアンカラに通じる道路でトラックとバスが衝突。バスが落ち込んだ側道に、トラックが積んでいた硝酸が流れ込み、乗客23人が死亡、17人が重体。

8.16 暴風雨（チリ）　8月、1週間にわたる暴風雨による被害がチリ各地で続出した。16日までに死者100人、数百の村落が孤立した。

8.23 渡し船転覆（フィリピン　サマール島）　8月23日午後、フィリピンのサマール島沖で渡船が転覆、乗客150人のうち45人が死亡、2人が行方不明になった。

8.30 氷塊落下（スイス　ザースフェー）　8月30日午後4時半ごろ、南部スイスアルプス山中のダム建設現場が岩と氷の雪崩に襲われた。氷河が崩れてなだれ落ちてきたもので、死者行方不明者は103人。

9.2 暴風雨（イタリア　シチリア島）　9月2日、イタリアを襲っていた暴風雨がシチリア島に広がり、トラパーニ市で死者10人行方不明者20人を出した。この暴風雨で計32人が死亡、24人が行方不明となった。

9.9 ハリケーン（アメリカ　ニューオーリンズ）　9月9日、アメリカ南部を襲ったハリケーンのため、多数の死傷者と損害が出た。もっとも被害が大きかったのはルイジアナ州で、ニューオーリンズ市だけで150～200人の死者が出たとみられる。被害総額は10億ドルに上ると予想される。

9.17 旅客機山に墜落（カリブ海　英領リーワード諸島）　9月17日、パンナム航空のボーイング707ジェット旅客機が、カリブ海の英領リーワード諸島のモントセラト島の山に墜落した。乗客、乗員30人は全員死亡した。

9.28 タール火山爆発（フィリピン　タール火山）　9月28日早朝、マニラ南方約112キロにあるタール火山が爆発した。麓の5つの村が溶岩と灰におおわれた。9月30日午前7時、再び噴火が起こった。30日までに600人の死亡が確認されたが、灰が厚く降り積もっており、実際の死者数は1000～3000人ともいわれた。

10.4 列車脱線で信号手襲撃（南アフリカ共和国　ダーバン）　10月4日夜、列車が南アフリカのダーバンから16キロの地点で脱線した。脱線した後部3両の客車には約1500人が乗っており、憤激した群衆が2人の信号手を襲い、1人を刺殺、1人に重傷を負わせた。脱線による死者は84人、負傷者130人。

10.20 南極で雪上車墜落（南極）　10月20日、イギリスの南極観測隊員3人が、雪上車のクレバス墜落事故で死亡した。

10.27 旅客機滑走路に墜落（イギリス　ロンドン）　10月27日、イギリスのエジンバラからロンドンに向かっていたイギリスの航空会社のバンガード定期旅客機が、濃霧のロンドン空港の滑走路に墜落して炎上、乗員乗客36人全員が死亡した。

10.30 火薬店爆発（コロンビア　カルタヘナ）　10月30日朝、コロンビアのカルタヘナの市場外にある花火・火薬店で大爆発が起こり、58人が死亡、500人以上の負傷者を出

		した。
11.2	飛行機着陸失敗（ジブチ）	11月2日、フランス領ソマリ（現ジブチ）の北東部にあるオボクに着陸しようとしたCD3型機が墜落し、フランス兵30人が死亡した。
11.8	旅客機墜落（アメリカ　ケンタッキー州）	11月8日夜、アメリカの航空会社のボーイング727型ジェット旅客機が、ケンタッキー州北部のコビントン近くで墜落し、乗員乗客62人のうち56人が死亡した。
11.11	ジェット旅客機炎上（アメリカ　ユタ州）	11月11日夜、アメリカの航空会社のボーイング727ジェット旅客機がソルトレークシティーの空港に着陸しようとした際、全車輪が壊れて機体が炎上した。乗員乗客90人のうち40人が死亡、日本人1人を含む36人が負傷した。
11.20	地滑り（コロンビア）	11月20日、コロンビア首都ボゴタ西方のカルダス地方のチンチナからマニサレスに通じる道路で、豪雨による地滑りでバスが埋まり、乗客20人が死亡、10人が負傷した。27日にはマニサレスで地滑りが起こり、32人が死亡。
12月	猛暑（ブラジル）	ブラジルではこの月連日摂氏38度前後の猛暑が続き、12月28日までの22日間に133人の子どもが死亡した。
12.5	村祭りにトラック突入（トーゴ）	12月5日、トーゴの首都ロメから北に300キロ離れた村で、お祭りの群衆にトラックが2台突っ込み、25人が死亡、100人以上が負傷した。
12.7	旅客機墜落（スペイン　大西洋カナリア諸島）	12月7日、スペインの航空会社のDC-3型航空機が、大西洋のサンタクルス・デ・テネリフェ島のロデオス空港を飛び立った直後墜落、乗っていた乗員乗客32人全員が死亡した。
12.9	列車同士衝突（ビルマ（現・ミャンマー）　トンゴー）	12月9日、ビルマのラングーン（ヤンゴン）北方270キロのトンゴー付近で列車が正面衝突し、76人が死亡、100人以上が負傷した。
12.15	暴風雨（東パキスタン（現・バングラデシュ））	12月15日、東パキスタンのチッタゴンからコックスバザールにかけての東パキスタンのベンガル東部沿岸がサイクロンに襲われた。17日までにコックスバザール付近で6000人が死体で発見され、2万人が行方不明とされた。
12.18	列車同士衝突（スペイン）	12月18日、スペイン・サラマンカの西約25キロで、満員のパリ発リスボン行き急行列車がスペインの列車に衝突した。23人が死亡、54人が重軽傷を負った。
12.22	高地で地滑り（ペルー）	12月22日、ペルーのアンデス山系、アンカッシュ県のアコパラ、ユラチャク、オラヨンの3つの村で大規模な地滑りが発生、村が流され200人が死亡した。
12.30	漁船遭難が続出（韓国　東海岸）	12月30日、韓国東海岸一帯の海上で強風が発生、江原道の三陟沖で韓国漁船4隻が沈没し合計55人が死亡した。それ以後も年始にかけ、東海岸一帯は激しい風波に見舞われ、多数の漁船が遭難した。1月13日までの死者・行方不明者は147人に達した。確認されたものだけでも遭難漁船7隻、死者20人

余を数えた。

〈 1966 〉

- 1月 - **インフルエンザ**(イギリス ロンドン) 1月から2月にかけてイギリスでインフルエンザが大流行し、イングランド・ウェールズだけで515人が死亡した。死者のほとんどは老人だが、2月第1週だけで264人が死亡した。

- 1.1 **旅客機同士衝突**(インドネシア) 1月1日朝、インドネシア南部スマトラ上空でガルーダ航空の旅客機2機が空中衝突して墜落、乗客26人と乗員8人の全員(いずれもインドネシア人)が死亡した。両機はジャカルタからパレンバンへ向かう途中で、1機がパレンバン南方117キロで嵐に遭遇して空中爆発し、下を飛んでいた後続機に衝突したものとみられる。

- 1.4 **石油タンク爆発**(フランス リヨン) 1月4日、フランス・リヨン近郊の精油所で石油貯蔵タンクが爆発炎上し、約30人が行方不明となったほか、少なくとも80人が負傷した。老朽化したパイプからのガス漏れが原因とみられる。

- 1.10 - **豪雨**(ブラジル リオデジャネイロ) 1月10日から12日にかけて、ブラジル・リオデジャネイロとその近郊が過去80年間で最悪の豪雨と洪水に襲われた。降雨量は10日午後から11日午前にかけての18時間で230ミリに達し、その後も降り続いた。地滑り、落石、建物の倒壊などもあり、12日夜までに死者292人、行方不明者430人を出したほか、多数が負傷、数千人が家を失ったとされる。

- 1.14 **旅客機海に墜落**(コロンビア) 1月14日夜、コロンビアでアビアンカ航空のDC4型旅客機が墜落、乗客乗員61人のうち51人が死亡した。同機は北部カタルヘナからバランキヤへ向かおうとして離陸5分後にカリブ海に墜落した。

- 1.17 **軍爆撃機墜落・原爆行方不明**(スペイン パロマレス村) 1月17日、スペイン南東部パロマレス村近くの地中海岸上空で米空軍のB52爆撃機とKC135空中給油機が空中衝突、両機が墜落した。両機合わせて11人の乗員のうち7人が死亡したほか、爆撃機が積載していた原爆4個のうち2個の起爆用通常爆薬の一部が落下の衝撃で爆発し、少量のプルトニウム239とウラン235が飛散した。このため、事故現場の捜索に当たっていた警察官や現場付近の農民の一部が放射能を浴びたが、許容量以下のため健康被害などは発生しなかった。原爆のうち3個は地上に落下して事故後間もなく回収されたが、残る1個は長期間行方不明となり、3月16日に沖合8キロ、深さ750mの海底で発見され、4月7日に回収された。

- 1.18 **住宅火災**(韓国 ソウル) 1月18日夜8時半ごろ、韓国のソウル南山ケーブルカー停留所付近のバラック密集地帯で出火、400棟が全焼、焼死者20余人、被災者3000余人を出した。子どもの失火が原因で、風速7～8mの風のためまたたくまに周囲の民家に延焼した。

- 1.18 **石油精油所爆発**(西ドイツ(現・ドイツ) ラウンハイム) 1月18日午前10時ごろ、西ドイツ・フランクフルトに近いマイン川沿いのラウンハイムの石油精油所で大爆発

61

が発生した。死者3人、負傷者約90人(うち重体約30人)のほか、多数が行方不明となった。

1.19　記録的寒波(ヨーロッパ)　1月19日、モスクワからマドリードに至るヨーロッパ全域を記録的な寒波が襲い、フランスで15人が寒さのため死亡した。最も寒かったのはスカンジナビア半島で、ストックホルムで零下30度、中部スウェーデンで零下40度を記録したほか、パリで1873年の本格的気温測定開始以来の記録となる零下13.2度、ロンドンでも3年ぶりとなる零下6度を記録した。また、西ドイツでは河川が凍結し船による輸送が停止、プラハ、ウィーン、オスロなどでも交通マヒが発生した。

1.21　旅客機墜落(ハイチ　ズチーチ)　1月21日、ハイチのズチーチ付近でハイチ航空のDC3型旅客機が墜落、乗客28人乗員7人のうち28人または30人が死亡した。同機はポルトープランスから西南部のジェレミーへ向かう途中だった。原因は不明だが、同社は資金難のため飛行機の修理部品が不足していたといわれる。

1.24　旅客機墜落(フランス　モンブラン)　1月24日午前8時過ぎ、アルプス山脈のモンブラン山中にインド航空のボーイング707ジェット機カンチェンジュンガ号が墜落、乗客乗員118人全員が死亡した。同機はボンベイからニューデリー・ベイルートを経てジュネーブへ向かう途中だった。現場は山頂付近のシャモニ傾斜面の通称ラ・トゥルネットと呼ばれる地点。

1.28　旅客機墜落(西ドイツ(現・ドイツ)　ブレーメン)　1月28日夜、西ドイツのブレーメン空港でルフトハンザ航空の双発コンベア機が着陸間際に墜落し、乗客42人と乗員4人の全員が死亡した。同機はフランクフルトからブレーメンを経由してハンブルクに向かう国内線だった。

1.29　河川連絡船沈没(東パキスタン(現・バングラデシュ)　チャンドプール)　1月29日夜、東パキスタンのチャンドプール(ダッカ東南方80キロ)付近の2つの川の合流地点で河川連絡船が汽船と衝突して沈没、乗客のうち約50人が救助されたが、女性や子ども100人余りが死亡した。

2.5　地震(ギリシャ)　2月5日早朝、ギリシャ中部で激震が発生、少なくとも死者1人、負傷者50人以上を出した。また、地震による地くずれで3つの村が全滅した。震源地はアテネの北西190キロで、午前0時過ぎに初動があり、明け方にさらに激しい地震があった。

2.17　旅客機墜落(ソ連(現・ロシア)　モスクワ)　2月17日午前1時ごろ、ソ連・モスクワのシェレメチェボ空港でアエロフロート(ソ連国営航空)TU114旅客機が離陸直後に墜落した。この事故で乗客乗員合わせて70人のうち、アエロフロート責任者バシキロフ将軍など48人(ソ連当局発表では24人)が死亡した。当時、空港の視界は悪く、一連の雪の吹きだまりにぶつかったことが墜落の原因とみられる。なお、同機はターボプロップ・エンジン4発の世界最大の飛行機の一つで、コナクリ(ギアナ)、アクラ(ガーナ)を経てブラザビル(コンゴ)を結ぶ定期航路の処女飛行に向かうところだった。

2.18-　豪雨(アルゼンチン　フォルモーサ州)　2月18日から22日にかけて、アルゼンチン北部のパラグアイ国境に近いフォルモーサ州の農耕地域が豪雨に襲われ、洪水により2万5000人が家を失った。同州では非常事態宣言が出され、軍が河川氾濫危険地区か

		らの住民の避難援助に当たった。
3月	豪雨（インドネシア ジャワ島）	3月中旬、インドネシア・ジャワ島中部が数日に渡る豪雨に襲われ、ソロ川で大洪水が発生した。被災者は30万人、損害は10億新ルピアに達した。
3月	豪雨（ブラジル ペトロポリス市）	3月下旬、ブラジル・リオデジャネイロの北方約80キロのペトロポリス市が数日間に渡る豪雨に見舞われ、土砂崩れのため70人が死亡、100人が負傷した。
3.3	竜巻（アメリカ ミシシッピ州）	3月3日、アメリカ・ミシシッピ州中部で竜巻が発生、42人が死亡、数百人が負傷した。死者の半数はジャクソン地区の住民とされる。
3.8-	地震（中国 河北省邢台地区）	3月8日午前5時29分2秒、中国河北省邢台地区で激しい地震が発生した。地震の規模はマグニチュード6.7、最高マグニチュードは9前後。同地区には人民公社が30、生産大隊が350あり、人畜や家屋に被害が出た。19日、中国共産党機関紙「人民日報」が地震で死者が出たことを認めたが、その数は明らかにしなかった。同地区では20日にも2度に渡り大きな地震が発生、22日には午後4時11分と同19分の2度に渡りマグニチュード6.7と同7の地震が発生した。22日の地震は8日の地震より広範囲で、河北省南部と中部の一部地区、北京郊外、河北省と山東省・山西省の省境の一部地区などで多くの家屋が倒壊したが、死傷者は8日の地震より少なかった。中国で連続的に地震が発生するのは稀なことだとされる。
3.11	豪雨（ヨルダン アンマン）	3月11日朝、ヨルダン・アンマン市で豪雨のため洪水が発生、少なくとも57人が死亡した。同市内を取り巻く丘から流れ込んだ洪水で家が押し流され、鉄道線路が寸断されるなど、同市内は局地的に崩壊しており、死者はさらに増加するものとみられる。
3.18	旅客機墜落（エジプト カイロ）	3月18日夜、エジプト・カイロでアラブ連合航空の子会社ミスル航空のターボプロップ双発機アントノフ24B型旅客機が着陸直前に空港から9キロの地点で墜落、乗客25人と乗員5人の全員が死亡した。事故当時は今季最大規模の砂嵐が発生していた。
3.20-	地震（ウガンダ）	3月20日朝、ウガンダの広大な地域で5時間以上に渡る激しい地震が発生した。地震の規模は西部でマグニチュード7～8、首都カンパラで同5程度。22日にも同国で中規模の地震が発生、同国西部では20日の地震以来の死者が少なくとも79人に達した。
4.13	イラク大統領墜落死（イラク バスラ）	4月13日夜、イラク大統領アブドル・サラム・アレフ大統領を乗せた飛行機が同国南部バスラ付近で墜落、大統領が死亡した。同乗していた内相と工業相も死亡した。大統領は12日から同国南部方面を旅行しており、事故はイラン国境のクルナからバスラへ向かう途中で起きたとされるが、一部ではクルド人反政府勢力による撃墜との報道もあった。事故後アブデル・ラーマン・バザズ首相が臨時大統領に就任、16日に前大統領の実兄のアブデル・ラーマン・アレフ参謀長が新大統領に選出された。
4.15	沿岸航路船転覆（インドネシア ジャワ島）	4月15日、インドネシア・ジャワ島西部沖合でスコールのため沿岸航路船が転覆し、32人の死亡が確認され、他に128人が水死したものとみられる。救助された30人もほとんどが重傷を負った。

1966

- 4.22　バス崖から転落（コロンビア　ナリノ州パスト）　4月22日、コロンビア・ナリノ州パスト付近で学童39人らを乗せたバスが崖から転落、少なくとも32人が死亡した。学童らはエクアドルへの遠足旅行から帰る途中だった。

- 4.22　旅客機墜落（アメリカ　オクラホマ州）　4月22日夜、アメリカ・オクラホマ州アードモア空港の東北約8キロのアーバックル山にアメリカン・フライヤーズ社所属のロッキード・エレクトラ・ターボプロップ旅客機が墜落した。乗っていた海兵隊員92人と乗員6人のうち81人が死亡、救助された17人はいずれも重傷を負った。同空港に着陸直前に墜落したもので、事故当時現場では小雨が降り、視界は約3.2キロだった。なお、同型機は過去に数度大事故を起こしており、事故当時は生産が中止され、第一線から退きローカル線専用として運用されていた。

- 4.25-　クルド火山爆発（インドネシア　ジャワ島）　4月25日夜、インドネシア・ジャワ島東部スラバヤ南西80キロのクルド火山（海抜1700m）が大爆発を起こし、火口から約3キロ離れたバンブナン村が壊滅した。26日午後10時過ぎ、2度目の大爆発が起き、溶岩が約20キロ離れたブリタル町などに迫ったほか、周囲20キロ一帯に火山灰が降り注いだ。5月に入っても火山活動は収まらず、150人が溶岩流で生き埋めになるなど約1000人が死亡した。

- 4.26　地震（ソ連　ウズベク共和国（現・ウズベキスタン）タシュケント）　4月26日午前5時23分、ソ連ウズベク共和国タシュケント市で大規模な地震が発生、4人が死亡し約150人が負傷した。また、アジア的な家屋多数が倒壊したほか、病院数ヶ所、学校、公共建物、工場2ヶ所などが大きな被害を受けた。震源地は同市の地下5～10キロ、地震の規模はマグニチュード7.5。同地では5月下旬までに300回以上の地震が続発、同市中心部が完全に破壊され、家を失う家庭が6万7000戸に達した。6月23日の発表では、死者13人、負傷者は1000人以上とされ、タシケント市の人口の25％にあたる25万人が家を失ったという。

- 4.27　旅客機墜落（ペルー　ウアムパラ）　4月27日、ペルー・アンデス山脈でペルー航空のコンステレーション旅客機が墜落、乗客43人乗員6人全員が死亡した。墜落現場はリマ東南方96キロのウアムパラ付近で、同機はリマからクスコへ向かう途中だった。

- 5.1　ダム決壊（ブルガリア　ブラツァ地方ズゴリグラード村）　5月1日、ブルガリア北西部ブラツァ地方ズゴリグラード村付近の鉱石精錬工場でダムが決壊、溢れ出た水が同村に流れ込み、96人が死亡、建物153棟が破壊されたほか、多数の橋が流失した。

- 5.10-　熱波で火災続出（インド　ビジャワダ市）　5月10日から11日の両日、インド東部ビジャワダ市などが摂氏44度の熱波に襲われ、このため火災が連続的に発生、21人が焼死し1000戸を越える家屋などが焼失した。日照りによる水不足も被害拡大の要因で、10日に女子どもを含む8人、11日には13人が焼死した。また、23、24日の両日には同国北部で摂氏44度を記録、熱射病で8人が死亡した。

- 6月　猛暑（インド　ウッタルプラデシュ州、ビハール州）　6月上旬から中旬にかけて、インド北部が猛暑に見舞われ、ウッタルプラデシュ、ビハールの2州で500人が死亡した。この間、両州では2週続けて摂氏45度を記録し、ウッタルプラデシュ州カンプール市では摂氏49度を記録した。

- 6月　ハリケーン（ホンジュラス）　6月、カリブ海沿岸がハリケーン（暴風雨）に襲われ、

ホンジュラスで73人が死亡した。同国西部の町サンラファエルでは760ミリの大雨が降り、同町は壊滅的被害を受けた。

6.12 　豪雨（香港）　6月12日午前7時ごろ、香港が豪雨に襲われ、島全域が泥海と化し、数百ヶ所で地滑りが発生した。同地では10日間以上に渡り雨が降り続いていたが、同日午前7時から8時にかけての1時間の雨量が120ミリ、6月1日から12日午前9時までの総雨量が600ミリに達した。その後も雨は降り続き、15日早朝には再び豪雨となり、午前4時から10分間で25ミリの雨量を記録した。一連の豪雨による死者・行方不明者は外国人記者2人を含む80人以上、家屋多数が倒壊したほか、交通網も完全に麻痺状態となり、発電も停止するなど、被害額は約3000万ドル（約100億円）に達した。

6.13 　列車同士衝突（インド　ボンベイ（現・ムンバイ））　6月13日朝、インド・ボンベイ北部のマツンガ駅付近で郊外線の2列車が衝突、50人以上が死亡し100人以上が負傷した。

6.16 　タンカー衝突（アメリカ　ニューヨーク市）　6月16日午後2時半、ニューヨーク港内で2隻の大型タンカーが衝突し、両船とタグボート数隻が大火災を起こした。死者は少なくとも23人で、救出されたのは71人。衝突したのはアメリカ船籍のタンカー（1万6515トン）とイギリス船籍アルバケープ号（1万1252トン）で、衝突と同時にアルバケープ号から出火したという。

6.27 　地震（ネパール）　6月27日、ネパール北西部山岳地方で大規模な地震が発生、302人が死亡、1200人以上が負傷し、5000人以上が家を失った。犠牲者の多くは山腹からなだれ落ちた岩石に当たったものと伝えられた。7月30日、日本外務省がネパール政府に対し地震被害見舞金3000ドルを贈ると発表した。

7月 　洪水（モンゴル　ウランバートル）　7月中旬、モンゴルの首都ウランバートルが洪水に襲われ、57人が死亡した。また、多くの橋と遊牧民のテントが押し流されたほか、通信網が寸断された。19日に米政府が2万5000ドルの緊急援助提供を発表したが、21日にモンゴル政府がベトナム戦争への抗議から援助を拒否したことを明らかにした。

7月 　熱波（アメリカ）　7月上旬から中旬にかけて、アメリカ中東部が熱波に襲われた。ニューヨーク市では連日摂氏38～40度を記録、過熱状態で故障する自動車が続出して交通マヒが発生した。また、ロッキー山脈東方のミズーリ州セントルイス市では5日連続で摂氏38度以上を記録した。これらの熱波による死者は80人以上、間接的な影響も含めると数百人が死亡したとみられる。また、12日夜以降、イリノイ州シカゴで猛暑にイライラした黒人による暴動が続発、15日には警官隊との撃ち合いの流れ弾に当たった2人が死亡、同日州兵3700人が動員され、16日までに市民の負傷者60人、逮捕者300人を出した。暴動のきっかけは黒人街で住民が暑さしのぎに消火栓から水を撒いていたのを警察官が中止させたことだが、事態が深刻化した背景には日頃から溜まっていた警察への不満があるとみられる。黒人暴動はオハイオ州クリーブランド市、ニューヨーク市、フロリダ州ジャクソンビル市に拡大。クリーブランド市では黒人2人が死亡し、19日夜に非常事態宣言が出された。

7.15- 　豪雨（韓国　ソウル）　7月15日から18日にかけて、ソウルを中心とする韓国中部地区一帯が豪雨に見舞われ、18日午前7時までに死者13人、行方不明者9人、負傷者22人が出た。被災者は2万6200余人、被害額は5億3000万ウォン（約7億4000万円）に達した。

1966

7.22 — 猛暑（メキシコ　モンタレイ市）　7月22日から23日にかけて、メキシコ北部モンタレイ市が猛暑に見舞われ、66人が死亡した。また、病院で日射病の治療を受ける者が数百人に上った。

7.25　バス転落（西ドイツ（現・ドイツ）　リンブルク市）　7月25日午前6時ごろ、西ドイツのケルンとフランクフルトを結ぶアウトバーンのリンブルク市付近で50人近い少年を乗せたバスが18m下の道路に仰向けに転落、少年28人と付き添いの大人3人が即死、少年12人が重体となった。事故の原因は運転ミス。少年たちのほとんどはベルギー人で、夏休みを西ドイツで過ごし、帰宅する途中だった。

8月　干ばつ（インドネシア　ロンボク島）　8月、カトリック系新聞の「コンパス」がインドネシア・バリ島の東方のロンボク島（人口150万人）で干ばつのため飢餓が発生したと伝えた。2万8467体の死体が確認され、餓死者は5万人に達する可能性もあり、天然痘やマラリヤも流行したとのこと。29日、インドネシア赤十字が同紙の報道を否定。また、インドネシア政府の厚生担当官が、約1万人の島民が餓死の危機に直面しており早急の援助が必要だが、現時点では大量の死者は出ていないと発表した。9月17日、同島政庁厚生局長が1965年11月から66年4月までの半年に、同島の150村落のうち35村落（人口27万6000人）だけで1万人が飢餓と病気で死亡しており、島全体では推計3万人が死亡したと発表した。

8月　日本脳炎（韓国/台湾）　8月、韓国南部地方で日本脳炎患者が多発、23日までに患者数は562人となり、94人が死亡した。最も発生率が高いのは全羅北道で、402人が発症、61人が死亡した。その後、日本脳炎は韓国全土に広まり、31日までに349人（一説には367人）が死亡した。また、台湾でもこの年の1月から8月31日までに594人が発症、夏季を中心に69人が死亡した。

8.7　旅客機爆発・墜落（アメリカ　フォールズシティー）　8月7日朝、アメリカ・ネブラスカ州フォールズシティー近くでブライフ航空の国内線ジェット旅客機が火を噴いて爆発、墜落し、乗客乗員41人全員が死亡した。同機はミズーリ州カンザスシティーからネブラスカ州オマハに向けて飛行中だった。

8.12　アウ山噴火（インドネシア　サンギタロード島）　8月12日、インドネシア・スラウェシ島の北160キロのサンギタロード島のアウ山が噴火、39人が死亡、約4000人が負傷、約1万4000人が家を失った。

8.15　地震でビル崩壊（インド　ニューデリー）　8月15日、インドのニューデリー近郊で地震と大雨のため3階建ビルが崩壊した。同日中に14体の遺体と24人の負傷者が確認されたが、死者は総数70人に上るとみられる。

8.19　地震（トルコ）　8月19日午後2時30分ごろ、トルコ東部のエルズルム、ムス、ビンゴル、ビトリスの東部4州で大地震が発生した。震源地は東部最大の都市エルズルム市から約100キロ離れたバルト町の付近で、震度はソ連の12段震度階で震度9、地震の規模はマグニチュード7.5。同日深夜から23日にかけて数十回の余震が発生、最初の地震とほぼ同規模の大きな地震も数回発生した。最も被害の大きいバルト町を中心に2394人が死亡、1747人が負傷した。被災地の多くは山間の村で、少なくとも150の村が完全に破壊され、エルズルム市やムス市などの都市部でも多数の犠牲者が出た。

1966

9月	洪水（南ベトナム（現・ベトナム） メコン・デルタ） 9月、南ベトナムのメコン川が増水、メコン・デルタ地方の4省で大洪水が起こり、45万トン相当の米作被害が発生した。1961年の洪水と並び、前世紀末以来の2大水害といわれ、水田の被害率はキエンツォン省で85〜100％、チャウドク省で75〜85％、キエンフォン省で45〜60％、アンジャン省で45〜50％となった。
9月	ハリケーン（カリブ海） 9月下旬、カリブ海地域がハリケーンに襲われ、ハイチで約1000人、仏領グアドループで33人、ドミニカとキューバで67人が死亡、数千人が負傷、多数が行方不明となった。
9.1	旅客機着陸失敗（ユーゴスラビア リュブリャーナ（現・スロベニア）） 9月1日未明、ユーゴスラビアのリュブリャーナで英国ブリタニア航空の102型ターボプロップ旅客機が着陸に失敗して墜落・炎上、休暇旅行中の乗客110人と乗員7人（全員英国人）のうち少なくとも90人が死亡した。
10.1	サイクロンと高波（東パキスタン（現・バングラデシュ）） 10月1日、東パキスタンの海岸地帯がサイクロンと高波に襲われ、海岸地帯やベンガル湾の島々で少なくとも300人が死亡した。
10.17	地震（ペルー） 10月17日、首都リマを含むペルー中部で激しい地震が起き、19日までにリマなどで合計60人の死亡が確認された。最終的な犠牲者数は数百人に上るとみられる。地震は1分以上続き、強さは12震度階で7を記録した。
10.21	豪雨でボタ山崩壊（イギリス ウェールズ地方アバーファン村） 10月21日午前9時ごろ、英国南ウェールズ・グラモーガンのアバーファン村で高さ180mの巨大なボタ山が崩壊、近くの小学校と民家20棟が押しつぶされた。死者は144人に達し、そのうち116人が学童だった。同村は南ウェールズ峡谷地帯に多い典型的な炭鉱村で、過去1世紀に渡り積み上げられたボタ山が住宅地を脅かしていた。崩壊の直接の原因は2日間に渡る豪雨だが、以前から危険性が指摘されていたにも関わらず管理当局が安全措置を怠っていた人災の側面が強い。
10.22	客船沈没（フィリピン マニラ湾） 10月22日深夜、フィリピンのマニラ湾でローカル客船M.V.パイオニア（500トン）と遠洋貨物船S.S.ゴールデン・ステート（7600トン）が衝突、客船が沈没した。この事故で客船に乗っていた44人が死亡、39人が行方不明となり、172人が救助された。事故の原因は不明で、当時の気象状況は晴れで波は静かだった。
10.24	列車が旅客に突入（インド） 10月24日早朝、インドのカルカッタ北西482キロのラキーサレイ駅で、構内の軌道を横断中の旅客の一群に急行列車が突っ込み、48人が死亡、十数人が負傷した。薄明かりのため、旅客らが接近してくる列車に気付かなかったものとみられる。
10.29	地震（ギリシャ） 10月29日午前4時46分、ギリシャ中部アンブレイシア湖の周辺で激しい地震があり、1人が死亡、20人が負傷した。また、1300戸以上が倒壊または居住不能となり5000人が家を失ったほか、道路・橋・電話線なども各所で寸断された。震源地は同湖近くのカトーナ付近、地震の規模はマグニチュード5.8。
11.4	洪水（イタリア フィレンツェ市） 11月4日、イタリア北部・中部が暴風雨に襲われ、大規模な洪水が発生した。最も被害が大きいフィレンツェ市周辺では水深が2.4

～3.6mと900年ぶりの大洪水となり、96人が死亡、14人が行方不明者となった。また、市内の上下水道・電気・ガスが完全にマヒしたほか、フィレンツェ国立図書館の地下書庫や画廊などに浸水して蔵書数万冊や絵画数百点が破損するなど、1000億リラ（約580億円）におよぶ文化財の被害も生じた。6日にはアルプスのベルノ付近で地滑りが発生、山麓にある複数の村が押しつぶされ、300人以上が死亡した。これらの洪水・地滑りによる死者は約1000人、負傷者は数千人に達した。

11.10 豪雨（インド　マドラス州）　11月10日、インド南部のマドラス州コインバトール地区のナバマライでアリヤール川が豪雨のため増水した。住宅10戸が流され、女性8人、子ども17人を含む28人が死亡した。

11.16 通勤列車と回送列車衝突（ブラジル　リオデジャネイロ）　11月16日朝、ブラジルのリオデジャネイロ郊外で通勤列車と回送列車が正面衝突し、少なくとも40人が死亡、100人以上が負傷した。

11.17 客船転覆（インドネシア　ジャチルフ湖）　11月17日午後4時過ぎ、インドネシア西部ジャワ州バンドンの北約60キロの山岳地帯プルワカルタ近くのジャチルフ湖で、雨と強風のため客船が転覆、一般乗客45人と労務者23人が死亡した。

11.24 旅客機山に墜落・爆発（チェコスロバキア　ブラチスラバ（現・スロバキア））　11月24日午後6時、チェコスロバキアのブラチスラバ空港を離陸して間もないイリューシン18型ターボプロップ四発旅客機がカルパト山に突っ込んで爆発、日本人1人（日本共産党中央委員梶田茂穂）を含む乗客76人と乗員8人の全員が死亡した。同機はブルガリア航空のソフィア発プラハ行き定期便で、悪天候のため同空港に立ち寄った直後だった。

12月 コレラ（西パキスタン（現・パキスタン）　ナワブシャー）　12月、パキスタンのカラチ北方ナワブシャー地方でコレラが発生、107人が死亡した。

12.8 客船沈没（ギリシャ　エーゲ海）　12月8日朝、エーゲ海でギリシャの客船ヘラクリオン号（8900トン）が嵐に遭い沈没した。同船はギリシャ本土とクレタ島を結ぶ連絡船で、確認された乗客乗員226人の他にも乗客名簿に記載のない乗客多数が乗船していた。9日までに47人が救出され、17体の遺体が発見されたが、死者は百数十人に上るとみられる。積載していた冷凍ローリー車が船体の揺れのため積荷口に落下して穴が空き、大波のため浸水して10分程で沈没した模様。

12.18 急行列車と貨物列車衝突（スペイン　テルエル）　12月18日、スペインのマドリード東方約200キロのテルエル付近で急行列車と貨物列車が衝突、乗客乗員50～60人のうち約40人が死亡した。

〈　1967　〉

1月- 天然痘（インド）　1月以降、インドの17州のうち15州で天然痘が流行、同国保健省の発表によると1967年に入ってから4月19日までに4000人近くが死亡した。

1.6 バス谷に転落（フィリピン　マニラ市）　1月6日、フィリピンのマニラ市南部の山道

で巡礼者を乗せたバス2台が衝突して谷に転落、乗客乗員約140人のうち少なくとも83人が死亡、約60人が負傷した。バスのうち1台は谷底に転落したが、1台は衝突現場から100m下の岩に引っかかった。

1.7 　投薬ミス（ベルギー　シャルルロワ）　1月7日、ベルギーのシャルルロワの病院でガン患者に誤って過量のジギタリン（強心剤）を与えたため、死亡者が出たことがわかった。死亡者数は公表されていないが、20人に達するとみられる。

1.9 　ガスタンク爆発（ブラジル　サントス）　1月9日未明、リオデジャネイロ南方の港町サントスでガスタンクが爆発した。負傷者は300人に上るが死者はなかったとみられる。

1.10- 　豪雪（メキシコ）　1月10日から11日にかけて、メキシコが約25年ぶりの大雪に見舞われた。雪は4時間半に渡り振り続き、寒波のため16人が死亡した。

1.14 　軍艦とフェリー衝突（韓国　釜山）　1月14日午後午後10時ごろ、韓国の釜山西方30キロにある鎮海海軍基地の沖合1.5キロ付近で同国駆逐艦とフェリーボート韓1号（140トン）が衝突、フェリーボートが沈没した。16日までに同船の乗客108人と乗員13人のうち14人が救助されたが、100人以上が死亡した。

1.23 　暴風雨（ブラジル　リオデジャネイロ州）　1月23日夜、ブラジルのリオデジャネイロ州で暴風雨により洪水が発生。1500人が死亡、500人が家を失ったほか、リオ—サンパウロ間の道路がほとんど押し流される、同国史上最悪の大洪水となった。

1.27 　アポロ宇宙船で火災（アメリカ　ケープ・ケネディ）　1月27日午後6時31分、アメリカ・フロリダ州ケープ・ケネディのケネディ宇宙センターで、3人乗り宇宙船アポロ1号（AS-204）が打ち上げ予行演習中に火災を起こし、乗り込んでいた宇宙飛行士3人全員が死亡した。電気配線のショートで火花が生じ、室内の空気が加圧された酸素で満たされていたことから急速に燃え広がったものとみられ、3人の死因は煙を吸い込んでの窒息死だった。ロケット基地での宇宙飛行士死亡事故や宇宙飛行経験者の死亡事故はこれが初めて。同宇宙船は2月21日打ち上げ予定だったが、31日にテキサス州サン・アントニオの宇宙医療研究所で電気のショートを原因とする実験用宇宙室爆発事故（死者1人、負傷者1人）が起きた事もあり有人飛行計画に遅延が生じ、1968年10月11日にアポロ7号がアポロ計画での初の有人飛行を行った。

2月 　コレラ（フィリピン　レイテ島）　2月、フィリピンのレイテ島でコレラが大流行、短期間に81人以上が死亡、数百人が入院した。同国でのコレラの大流行は1937年以来のことである。

2.6 　山林火災（オーストラリア　タスマニア島）　2月6日、豪州タスマニア島で大規模な山火事が発生、少なくとも40人が死亡、数百人が負傷、多数が行方不明となった。死者の数は70人に達するとみられる。

2.9 　地震（コロンビア）　2月9日午前10時25分、コロンビアで大規模な地震が発生、少なくとも61人が死亡、200人以上が負傷したほか、首都ボゴタ市を始め同国中部から西部太平洋沿岸の広い範囲でビルや公共施設などが崩壊した。震源地はボゴタの南約200キロのアンデス山脈で、地震の規模はマグニチュード6.7と同国ではここ50年で最大。地震は約2分間続き、6時間後に再び大規模な地震があった。

1967

2.14　連絡船沈没（中東　ペルシャ湾）　2月14日、ペルシャ湾でダウビとバーレーンを結ぶ連絡船が暴風のため沈没、乗客乗員約250人全員が死亡した。

2.16　旅客機空港で炎上（インドネシア　スラウェシ島メナド）　2月16日正午過ぎ、インドネシアのスラウェシ（セレベス）島北部メナドのメナド空港でインドネシア国営ガルーダ航空のエレクトラ中型旅客機が着陸直後に突然炎上、乗客乗員合わせて35人が救助されたが、乗客22人が死亡、17人が行方不明（生存は絶望的）となった。同機はジャカルタ発スラバヤ経由で同地に到着した。

2.20　地震（インドネシア　ジャワ島マラン市）　2月20日朝、インドネシアのジャワ島東部の高原都市マラン市で地震が発生、少なくとも51人が死亡、370人が負傷したほか、2000戸以上が倒壊、5000戸以上が損害を受けた。

3.5-　旅客機墜落相次ぐ（アメリカ　オハイオ州）　3月5日夜、アメリカ・オハイオ州ケントンの東1.5キロ地点で米国内航空のレーク・セントラル航空のコンベア型旅客機が墜落、乗客乗員38人全員が死亡した。9日、ケントンから程近いオハイオ市北西約8キロのメドー湖上空付近でトランスワールド航空のDC9型旅客機が小型自家用機と衝突、両機の乗客乗員26人全員が死亡した。

3.7　貧民街で火災（南ベトナム（現・ベトナム）　サイゴン（現・ホーチミン））　3月7日未明、南ベトナムのサイゴンの海岸沿いの貧民街で大火災が発生、数ブロックが焼き尽くされ、数百家族が焼け出された。

3.18　タンカー座礁し原油流出（イギリス）　3月18日夜、イギリス南西端の沖合40キロの暗礁通称「七つ岩」で、11万8000トンの石油を積んでペルシャ湾から英国へ向かって航行中の米ユニオン石油所有・リベリア船籍のタンカー「トリー・キャニヨン号」（12万3000トン）が座礁、石油が流出し始めた。即日、同国海軍やチャーターされた民間船などによる汚染除去作業が開始されたが、最終的に数万トンの石油が流出、同国海岸線100マイル（約160キロ）以上の広範囲が汚染された。原油流出量は7万トン余りで、当時として世界最悪の規模。この事故を契機として、1969年に「油による汚染損害についての船主の民事責任に関する国際条約」（69CLC）が締結された。

3.19　地滑り（ブラジル　カラグアタツーバ市）　3月19日、ブラジルのリオデジャネイロ西方約350キロの保養都市カラグアタツーバ市が大雨に見舞われて大規模な地滑りが発生、200人が死亡、500人余が負傷したほか、1000世帯が家を失った。大雨は2日間降り続き、リオデジャネイロでも洪水が発生して約100戸が流失した。

4.8　軍用機墜落（韓国　ソウル）　4月8日午前11時45分、韓国ソウル市内金湖洞の住宅地に同空軍第5空輸団所属のC46双発輸送機が墜落、輸送機に乗っていた14人（乗員3人、スチュワーデス1人、軍関係者10人）全員が死亡した。また、多数の家屋が炎上、9日までに住民43人の死亡が確認されたほか、10人が行方不明となり、数十人が負傷した。

4.11　旅客機山に墜落（アルジェリア　タマンラセット）　4月11日夜、アルジェリアの首都アルジェの南方約3200キロに位置するサハラ砂漠の観光地タマンラセットで、アルジェリア航空のDC4型旅客機が墜落、乗客乗員39人のうち35人が死亡した。着陸しようとして空港付近の山に激突したものとみられる。

4.17　暴風（インド　トリプラ）　4月17日、インド東部トリプラで暴風が発生、25人が死

1967

亡、200人以上が負傷、多くの人が家を失った。

4.20 **旅客機着陸失敗**（キプロス　ニコシア）　4月20日未明、キプロスのニコシア空港付近でスイスのグローブエア航空のブリタニア旅客機が墜落、乗客120人と乗員10人のうち6人が救助されたが、124人が死亡した。同空港への着陸に失敗、滑走路上空を通過した後、空港付近の低い丘に激突したものとみられる。

4.21 **竜巻**（アメリカ）　4月21日、アメリカ中西部が相次いで竜巻に襲われ、少なくとも60人が死亡、1000人以上が負傷した。最も被害が大きかったのはミシガンとイリノイの両州で、シカゴ北西104キロのベルビディア市では17人、シカゴ南郊のオークローンでは32人が死亡した。

4.24 **吊橋崩落**（ネパール　シンズー・パランチョク）　4月24日、ネパールの首都カトマンズから約50キロのシンズー・パランチョクで長さ100mの吊橋が崩落、90人が死亡、1人が負傷した。負傷者の話によると、事故当時約125人が吊橋を渡っており、重さに耐えられず切れたらしい。

4.24 **ソユーズ1号事故**（ソ連（現・ロシア））　4月24日、ソ連の宇宙船ソユーズ1号が地表に衝突し、搭乗していた宇宙飛行士1人が事故で死亡した。同宇宙船は23日早朝に打ち上げられたが、その直後から太陽電池パネルや姿勢制御装置などでトラブルが続出、ミッションを中止して大気圏に再突入したが、パラシュートのトラブルのため殆ど減速されずに地表に激突した。この事故によりソユーズ計画に遅延が生じ、1968年10月25日にソユーズ2号が打ち上げられた。なお、飛行中の宇宙船事故で宇宙飛行士が死亡したのはこれが初めて。

5月- **猛暑**（インド　ビハール州,西ベンガル州）　5月下旬から6月上旬にかけて、インド東部ビハール・西ベンガルの両州が1週間に渡る猛暑に襲われ、少なくとも33人が死亡した。特に猛暑の激しいビハール州ガヤでは連日摂氏46度以上を記録した。

5.9 **ウラン鉱山で肺ガン多発**（アメリカ）　5月9日、米国公衆衛生局長代理が米議会の上下両院原子力委員会で証言し、これまでに国内のウラン鉱山で働く労働者98人が肺ガンで死亡、今後20年間に529人が死ぬことが確実と述べた。ウラン鉱山における高度の放射能が原因で、放射性のチリやガスの量を減らすための換気方法の改善など、早急な対策の必要性が訴えられた。12月14日、労働長官が労働者に対する補償法案を下院に提出、これまでに100人以上が死亡したと語った。

5.21 **急行列車脱線**（インド　クッパム）　5月21日夜、インドのマドラス西方270キロのクッパム付近で急行列車が砂に乗り上げて脱線、乗客62人が死亡、少なくとも63人が負傷した。

5.22 **デパートで火災**（ベルギー　ブリュッセル）　5月22日午後1時半ごろ、ベルギーの首都ブリュッセルの中心部にある同市最大のデパートで火災が発生、同ビルが全焼したほか、隣接するスーパーマーケットなどが1街区に延焼し、24日に鎮火された。事故当時、デパートには約2000人の買物客がいたが、客や従業員など61人が死亡、260人が行方不明となった。火元は7階建てビル4階に位置するキャンプ用品売場で、ブタンガス・ボンベが爆発したものとみられる。

6.3 **旅客機山に激突**（フランス　ピレネー山脈カニグー山）　6月3日午後9時10分、フランス南部のスペイン国境に近いピレネー山脈のカニグー山（標高2786m）に英国のエ

ア・フェリー社のDC4型旅客機が激突、乗客83人と乗員5人の全員が死亡した。同機は英国のマンストン空港を出発、南仏のペルピニャン空港に着陸する直前だった。事故当時の天気は晴れで、無線混信による航法上の誤りが事故原因とされる。事故現場の山岳地帯は「カニグーの呪われた三角山」として知られる難所で、第二次世界大戦後に16機の旅客機が墜落している。

6.4 旅客機墜落（イギリス ストックポート） 6月4日午前9時5分、英国マンチェスターに程近いストックポートの中心部に英国のミッドランド航空の旅客機が墜落、乗客78人と乗員5人のうち少なくとも72人が死亡した。地上の市民に死傷者は出なかった。同機はDC4型を改造したもので、カナリア諸島ラスパルマスを出発、マヨルカを経由してマンチェスターのリングウェイ空港に向かう途中だった。

6.23 旅客機墜落（アメリカ ブロスバーグ） 6月23日午後、アメリカ・ペンシルバニア州ブロスバーグ付近で米モホーク航空のBAC111型旅客機が墜落、乗客30人と乗員4人の全員が死亡した。原因は不明だが、何者かが機内に爆弾を仕掛けた可能性があるとみられる。

6.24 住宅火災（インドネシア ジャカルタ） 6月24日、インドネシアのジャカルタ郊外で2度に渡り火災が発生、500戸が全焼、600戸が焼き出された。被害額は推計20万ドル（7200万円）。原因は不明だが、25日に少なくとも2人が放火容疑で逮捕された。

6.30 旅客機着陸失敗（香港） 6月30日午後4時17分ごろ、香港九竜の啓徳飛行場でタイ国際航空のカラベル型双発ジェット旅客機が着陸に失敗、滑走路横の九竜湾海面に転落し、乗客73人乗員7人のうち24人が死亡、13人が負傷した。同機は東京羽田を出発、大阪、台北、香港を経由してバンコクに向かう国際便で、乗客とスチュワーデス合わせて7人の日本人が乗っていたが、うち1人が死亡、3人が負傷した。事故当時は台風の影響で激しい雨が降っており、霧も深く視界が悪かった。

7.16 刑務所で火災（アメリカ ジェイ） 7月16日夜、アメリカ・フロリダ州北西部ジェイの州刑務所で火災が発生、服役者34人が死亡、多数が負傷した。行方不明者も35人おり、うち一部は脱走したものとみられる。火災の原因は不明。

7.19 旅客機墜落（マダガスカル タナナリブ） 7月19日、マダガスカルの首都タナナリブでマダガスカル航空のDC4型旅客機が離陸直後に墜落、同国のアルベール・シラ外相ら乗客乗員55人（一説に69人）全員が死亡した。

7.19 旅客機と小型自家用機衝突（アメリカ ヘンダーソンビル） 7月19日昼前、アメリカ・ノースカロライナ州西部アパラチア山系の山間部にある小都市ヘンダーソンビルで、米国ピードモント航空のボーイング727型旅客機が離陸後間もなく小型自家用機と衝突、両機が墜落した。旅客機には乗客73人と乗員5人、小型機には3人が搭乗していたが、全員が死亡した。

7.22 地震（トルコ） 7月22日グリニッジ標準時午後4時58分、トルコのイスタンブール東南150キロの地域で地震が発生、6時14分に2度目の地震が起き、23日未明にも大規模な地震が発生した。一連の地震でアナトリア地方北西部のアダパザリ市を中心に68人が死亡、193人が負傷したほか、数十の町や村が壊滅、イスタンブールでも数棟が倒壊した。スウェーデンのウプサラ地震研究所の発表によると、最初の地震の震源地はウプサラ東南2100キロ、地震の規模はマグニチュード7.5だった。

1967

7.26 地震(トルコ)　7月26日グリニッジ標準時午後8時50分ごろ、トルコ東部で激しい地震が発生、少なくとも70人が死亡した。地震の中心地はエルジンカン市南方約50キロのバルパヤンで、地震の規模はマグニチュード6.1だった。

7.29 地震(ベネズエラ　カラカス)　7月29日午後8時5分、ベネズエラの首都カラカスで地震が発生、少なくとも41人が死亡、1500人以上が負傷した。同国では今世紀史上最大の地震で、特に被害の激しい同市東部の住宅街では16階建ビルなどが倒壊した。

8.6 遊覧船沈没(ルーマニア　ブカレスト)　8月6日、ルーマニアの首都ブカレスト郊外のデイ湖で乗客を満載した遊覧船が嵐のため沈没、100〜300人が死亡した。犠牲者の大半は女性と子どもだった。

8.10 急行列車同士衝突(デンマーク　オーデンセ)　8月10日、デンマーク第3の都市オーデンセ付近でデンマーク国鉄の急行列車2台が追突、6人が死亡、約100人が負傷した。約10分の間隔を置いて走行していた急行列車2台のうち先行列車が故障で一時停車し、後続列車が追突したもの。

8.13 バス同士衝突(イラン)　8月13日未明、イランの首都テヘラン市の南方610キロの地点でバス同士が正面衝突し、乗客40人が死亡、33人が重傷を負った。

9月 パンに殺虫剤混入(メキシコ　ティファナ)　9月、メキシコの米国国境に近いティファナ市で集団食中毒が発生、子ども14人が死亡、少なくとも30人が重体となったほか、多数が病院に収容された。当初は有毒物質が混入した牛乳が原因と考えられたが、後にパンに混入した液状の農業用殺虫剤パラチオンが原因であることが明らかになった。倉庫に保管中または製パン工場へ輸送中の小麦粉袋にこぼれ落ちて混入したものとみられる。

9.5 銅山で爆発(チリ　チュキカマータ)　9月5日早朝、チリのチュキカマータの銅山で4トンのダイナマイトを積んだトラックが爆発し、17人が死亡した。ほかに、採鉱夫数人が負傷、原材料が多大の損害を受けた。

9.5 旅客機森に接触し爆発(カナダ　ニューファウンドランド島ガンダー)　9月5日午前2時40分、カナダのニューファウンドランド島でチェコのイリューシン18型四発ターボプロップ旅客機がガンダー国際空港を離陸直後に爆発を起こして墜落、乗客乗員69人のうち34人が死亡、35人が負傷した。森に接触して爆発したもので、墜落地点は空港の北東3.2キロ。

10月- 口蹄疫(イギリス)　10月26日、英国シロプッシャーで口蹄疫が発生、これを皮切りにイングランド・ウェールズで大流行、1ヶ月の間に1129の農場で18万2989頭の家畜が処分され、周辺諸国では同国からの家畜・食肉・中古農機具などの輸入が禁止された。政府による補償額は800万ポンド(70億円弱)以上に達したが、補償額は農家の被害額の3分の1に満たないとも言われ、世界の酪農史上で最も大規模な疫病被害の一つとなった。

10月 洪水(アルゼンチン　ブエノスアイレス)　10月、アルゼンチンのブエノスアイレスが同市史上最悪の大洪水に見舞われ、59人が死亡、多数が行方不明となり、7万人が家を失った。

10.11 サイクロン(インド　オリッサ州)　10月11日、インドのオリッサ州東部沿岸一帯が

73

1967

5時間に渡るサイクロンに襲われ、250人以上が死亡、100万人が家を失った。

10.12 旅客機海に墜落（トルコ）　10月12日未明、トルコ沖の地中海に英国ヨーロッパ航空（BEA）のコメット4型旅客機が墜落、乗客59人と乗員7人の全員が死亡した。同機は11日にロンドンを出発、アテネを経由してキプロス島へ向かっていたが、高度8700mを飛行中に故障の報告なども無く突然通信が途絶え、数分後に墜落したとみられる。11月21日、英国商務省が事故は時限爆弾によるものとする報告書を発表した。報告書によると、爆弾は同機に搭乗予定のキプロス軍司令官グリバス将軍を狙ったものだったが、将軍は搭乗を取り止めていたため無事だった。

10.15 山林火災（アメリカ　ロサンゼルス）　10月15日、アメリカ・カリフォルニア州ロサンゼルス市北西郊外のロイ・ロジャース農場付近の藪で出火、時速約130キロの強風に煽られて燃え広がり大規模な山火事となり、9700haが焼失、住宅42戸が失われた。そのほか、同市の少なくとも4ヶ所でも出火、カリフォルニア州南部に非常事態宣言が出されたが、同日中に炎はチャッツワース近くにあるノースアメリカン社のロックダイン宇宙開発センターにまで燃え広がり、同センターの建物数棟が全焼した。これらの火災のため気温は平常より10度高い摂氏38度、湿度は5%以下となった。

10.16 バス崖下に転落（韓国　金泉）　10月16日夕方、韓国ソウル南東160キロの金泉（キムチョン）付近で観光バスが崖下に転落、41人が死亡、12人が重傷を負った。

11月 旅客機墜落（ソ連（現・ロシア）　ウラル地方スベルドロフスク地区）　11月中旬、ソ連のウラル地方スベルドロフスク地区でイリューシン18型ターボプロップ旅客機が墜落、70〜100人が死亡した。

11.4 客船沈没（フィリピン）　11月4日、中部フィリピン海域で台風に巻き込まれた国内航路客船ミンドロ号（573トン）が沈没、乗客乗員215人のうち134人が救助されたが、14人が死亡、67人が行方不明となった。

11.4 旅客機墜落（イギリス　ファーンハースト）　11月4日夜、英国ロンドン南西65キロのファーンハーストでスペインのイベリア航空のカラベル型双発ジェット旅客機が墜落、乗客30人と乗員7人の全員が死亡した。同機はスペイン・マラガからロンドン郊外のヒースロー国際空港に向かっていたが、着陸8分前に突如消息を絶ち、小高い丘に激突した。事故当時は豪雨で視界が悪かったが、パイロットからは特に連絡は無かったとのことで、飛行中に爆発が起きたとの目撃談もある。

11.5 旅客機滑走路から海に転落（香港）　11月5日午前10時35分、香港の啓徳空港でキャセイ航空のコンベア880型四発ジェット旅客機が離陸しようとして滑走路端から海に転落する事故が発生、乗客116人と乗員11人のうち1人が死亡、33人が病院に収容された。同機は香港発サイゴン経由バンコク行きの定期便。事故当時、天気は快晴で波もほとんどなく、パイロットの操縦ミスか車輪の故障により急に右旋回したことが原因とみられる。なお、大型旅客機が海に突っ込んだ事故で乗客のほとんどが救助された例は極めて珍しい。なお、6日にもタイのバンコク空港で同航空の同型旅客機が離陸直後に右側の外部着陸ギアが爆発する事故を起こしたが、乗客乗員に死傷者は出なかった。

11.6 急行列車脱線・転覆（イギリス　ロンドン）　11月6日未明、英国ロンドン市近郊で12両編成の急行列車が脱線転覆、少なくとも51人が死亡、111人以上が負傷した。同列

車はヘイスティングスから同市内チャリング・クロスへ向かう途中、同市内から7キロ地点のグローブ・パークとヒザー・グリーン両駅間で脱線した。同市では2日に渡る豪雨に見舞われており、路線の地盤が緩んでいたものとみられる。同国の列車事故としては、1957年12月にほとんど同じ場所で起こった通勤列車と貨物列車の衝突事故（死者90人、負傷者175人）に次ぎ、戦後2番目の大事故となった。

11.20 旅客機山に墜落（アメリカ　コンスタンス）　11月20日夜、アメリカ・オハイオ州シンシナティ空港近くのケンタッキー州コンスタンスの山腹に米国トランスワールド航空のコンベア880型ジェット旅客機が墜落、乗客75人と乗員7人のうち64人が死亡した。

11.25 豪雨（ポルトガル　リスボン）　11月25日、ポルトガルの首都リスボン周辺が4時間に渡る豪雨に見舞われ洪水となり、約200人が死亡した。降雨量は92ミリと現地では記録的な量に達し、一部では水深4mに達した。このため各所で停電、電話も不通となり、完全に水没する農家も続出した。

11.25 パンに殺虫剤混入（コロンビア　チキンキラ市）　11月25日、コロンビア北部チキンキラ市でパラチオン殺虫剤が混入した小麦粉で作られたパンを食べて児童を中心に約700人が食中毒となり、うち75人が死亡、300人が重体となる事件が起きた。パラチオンが混入した原因は明らかになっていない。

11.27 豪雨でダム決壊（インドネシア　ジャワ島ボムボン町）　11月27日夜、インドネシアのジャワ島が豪雨に襲われ、ボムボン町付近の未完成のダムが決壊、3つの村が濁流に巻き込まれ、100人以上が死亡した。

11.30 地震（ユーゴスラビア　マケドニア地方（現・マケドニア）/アルバニア　ディブラ, リブライド）　11月30日午前8時半、ユーゴスラビア東南部のマケドニア地方で激しい地震が発生、アルバニア国境に近いデバール市で7～9人が死亡、40人が負傷し、市内の建物の8割が倒壊した。また、アルバニアでもディブラとリブライド地区で11人が死亡、134人が負傷し、住宅2600戸以上が倒壊、28の学校が破壊された。震度はメルカリ国際震度階で9（中震に相当）、地震の規模はマグニチュード6.5を記録した。

12月 豪雪（アメリカ）　12月、アメリカ西南部が豪雪に襲われ、20日までに少なくとも62人が死亡した。

12.8 旅客機墜落（ペルー　ワヌーコ）　12月8日、ペルーのリマ北東300キロ地点で同国ファウセット航空のDC6型旅客機が墜落、乗客61人と乗員5人の全員が死亡した。同機はリマへ向かって飛行中、ワヌーコとティンゴマリアの中間地点で緊急事態の信号を発しており、残骸はワヌーコの北31.6キロの山中で発見された。

12.8- 寒波（イギリス）　12月8日から9日にかけて、英国全土が寒波に見舞われ、9人が死亡した。スコットランドのアバディーン地方、北部ウェールズ、イングランド南岸のブライトン地方では特に積雪がひどく、鉄道や航空機などの交通機関も麻痺状態となり、多くの町や村が孤立状態に陥った。

12.11 地震（インド　コイナナガル）　12月11日早朝、インドのボンベイ南東200キロのコイナナガル付近を震源とする地震が発生、14日までに同地を中心に179人の死亡と2000人以上の負傷が確認されたが、1000人近くが死亡したとの推計もある。最も被害の大きかった同地で建物の8割が倒壊したほか、同地の発電所が被害を受けたため

ボンベイへの送電が途絶え、同市一帯が停電、電車などの交通機関も途絶した。

12.15 **吊橋崩落**（アメリカ　オハイオ州、ウェストバージニア州）　12月15日午後4時55分ごろ、アメリカ・オハイオ州とウェストバージニア州を結ぶ吊橋「シルバー・ブリッジ」が崩落、75台の自動車がオハイオ川に落下し、15日夜までに12人の死亡と22人の負傷が確認された。死者数は最終的に60～100人に達するとみられる。この事故はラッシュアワーの混雑時に発生したが、同橋は長さ533mの鉄製で完成から約40年が経過しており、1965年に点検が行われたが、近年の交通ラッシュに耐えられるか不安視されていた。

12.17 **水難事故で豪首相死亡**（オーストラリア　ポートシー）　12月17日午後1時40分ごろ、オーストラリアのホルト首相がポートシーの同首相の別荘から約3キロの沖合でスキンダイビングをしているうちに行方不明となった。大規模な捜索が行われたが、遺体が発見されないまま打ち切られ、12月22日同首相の葬儀が行われた。

12.25 **アパート爆発**（ソ連（現・ロシア）　モスクワ）　12月25日午後9時20分、ソ連のモスクワの中心部、クレムリンから約1.6キロのモスクワ川岸に位置する6階建の新築アパートがガス漏れが原因とみられる爆発を起こして崩落、少なくとも20人が死亡したほか、200人が生き埋めとなった。なお、タス通信の公式発表では死者9人、負傷者数人だが、事故当時アパートに住む24世帯のほとんどに人がいたとみられ、死傷者の数は公式発表を大幅に上回ることが確実とされる。

〈 1968 〉

1.7 **バス崖下に転落**（韓国）　1月7日、韓国・ソウルの南200キロの川の中へ、高さ6mの崖の上から急行バスが落ち、44人が死亡、43人が負傷した。

1.9 **寒波**（アメリカ）　1月9日朝、アメリカやヨーロッパ北部一帯は記録的な寒波に襲われ、アメリカでは35人が死亡した。ニューヨーク市では氷点下16.6度、オハイオ州コロンブスでは氷点下23.3度を記録。

1.13 **原油パイプライン破裂**（アメリカ　ライマ）　1月13日夜、アメリカ、オハイオ州北部のライマ市で原油の油送管が破れ、原油が街路にあふれ出たため、約8000人の市民が避難した。爆発を警戒して同市には非常事態が宣言された。原油が流出し始めた際に小さな爆発が続き、警官1人が負傷。また、下水溝のポンプ上に火災が起こり、油がそのままオタワ川に流れ込んで川は真っ黒になった。

1.15 **地震**（イタリア　シチリア島）　1月15日早朝、イタリア・シチリア島西部の各地で数回の激しい地震があった。同日夜半にも地震があった。15日の時点で少なくとも600人が死亡、1427人が行方不明。モンテバゴ村だけでも約800の家屋が崩壊し、300人の死者が出た。

1.26- **雪崩**（スイス）　1月26日夜～27日朝にかけて、スイス各地で大雪崩が起こり、20人が死亡、10人が行方不明となった。被災地はスキー場で有名なダボスの西85キロのウリを中心に広がった。

1968

2.3　列車とバス衝突（西パキスタン（現・パキスタン）　パンジャブ）　2月3日、パンジャブのライウインド付近の有人踏切で列車とバスが衝突した。29人が死亡し、11人が重傷を負った。原因は踏切番が持ち場を離れたことによるとみられる。

2.10-　豪雪（アメリカ）　11年ぶりの猛吹雪に襲われたニューヨーク州などアメリカ東部、東北部では豪雪による被害が出た。メーン州からニュージャージー州に至る地域では、雪のため少なくとも57人が死亡。除雪作業中の心臓マヒが多かったが、乗っていた車が雪に閉じ込められて窒息死した3人も含まれる。ニューヨーク証券取引所は、開所以来初めて天候が原因で休業した。

2.16　ジェット機墜落（台湾　台北）　2月16日夜、香港から台北に向かったボーイング747型ジェット機が台北松山空港から約20キロの地点で墜落・炎上し、乗員乗客の61人のうち21人が死亡した。悪天候のため不時着しようとしたもの。

2.24　旅客機山に激突・墜落（ラオス）　2月24日、ラオスの航空会社のDC3型旅客機が、ラオスの首都ビエンチャン北方160キロの山麓に激突したあとメコン川に墜落し、乗員乗客31人全員が死亡。

3.2　自動車レースで事故（アメリカ　コビントン）　3月2日、アメリカ、ジョージア州コビントンのイエローリバー・ドラッグ・レーシング・コースでの協議会の最中、ヒューストン・プラット運転のドラッグ・レーシング・カーが観客席に飛び込み、11人が死亡、数十人が重軽傷を負った。

3.5　旅客機墜落（フランス　カリブ海グアドループ島）　3月5日夜9時過ぎ、フランスの航空会社のボーイング型旅客機が、カリブ海にある仏海外県グアドループのサンクロード付近で着陸直前に墜落した。乗員乗客63人全員が死亡。同機は、カラカスからパリへ向かう途中で、グアドループの山岳地帯に墜落したとみられる。

3.12　地滑り（コンゴ民主共和国）　3月12日、コンゴ東部で地滑りが起こり、ブガブ近くの一つの部落全体が土砂に飲まれ、260人が死亡した。

3.18　スクールバス触雷（イスラエル）　3月18日、ネガブ砂漠南部でイスラエルのスクールバスが地雷に触れ、大人2人が死亡、少年28人が重軽傷を負った。

3.19　急行列車と普通列車衝突（インド　マイソール州）　3月19日夜、南部インドのマイソール州で急行列車と普通列車とが衝突した。乗客30人から40人が死亡、負傷者は25人以上出たとみられる。

3.20　雹（インド）　3月20日、インド・モンジール市近くのガンジス川沿いの村々にひょうが降り、20人が死亡、150人が負傷した。多数の牛も死んだほか、藁葺きの泥作りの家が数百戸倒潰、収穫期の田畑も大きな被害を被った。

3.24　旅客機海に墜落（イギリス）　3月24日、アイルランドの航空会社のバイカウント機が、ウェールズのストランブル岬沖のアイリッシュ海に墜落した。乗客乗員61人全員が死亡。

4.4　船が転覆（アラブ首長国連邦　ドバイ）　4月4日夜、メッカ帰りのパキスタン巡礼客444人を乗せたディーゼル船が、ドバイ港沖合で転覆し、75人が死亡、25人が行方不明になった。

77

1968

- 4.8 旅客機山に炎上（チリ）　4月8日夕方、乗員乗客36人の乗ったDC3型旅客機が、チリ南部の山中に墜落・炎上し、乗客乗員36人全員が死亡した。

- 4.10 旋風で大型フェリー沈没（ニュージーランド　ウェリントン）　4月10日、乗員乗客あわせて700人以上を乗せた大型フェリー・ワヒネ号（8944トン）が旋風のためニュージーランド・ウェリントン港内で座礁・転覆し、数分で沈没した。11日までに死者46人、行方不明者6人。旋風は時速160キロ、同地では数十年ぶりの規模のもので、屋根の鉄材を吹き飛ばし、洪水を引き起こした。この強風で他に2人が死亡、70人以上が負傷。

- 4.11 旋風（東パキスタン（現・バングラデシュ）　ファリドプール地方）　4月11日夜、東パキスタン州ファリドプール地方の人口密集地区で旋風が起こり、100人が死亡、1000人が負傷し、数千人が家を失った。

- 4.20 旅客機爆発・墜落（南西アフリカ（現・ナミビア））　4月20日夜、南アフリカの航空会社のボーイング707型旅客機が、南西アフリカの首都ウィントフク付近のストリュドム空港からロンドンに向けて離陸直後にエンジンから出火、爆発して墜落、乗員乗客128人のうち、122人が死亡した。

- 4.21 コレラ（西パキスタン（現・パキスタン）　ムルタン）　ムルタンでコレラにより60人が死亡し、うち11人が4月20日に死亡していることから、地区の学校を休校とした。

- 4.29 地震（イラン　マク）　4月29日、イラン北西のマクで激しい地震があり、30人が死亡した。

- 5月 熱波（インド　ビハール州）　5月、ビハール州南部とチョタナグプル地方が異常な熱波に襲われ、5月末までに100人以上が死亡した。連日45度を超える高温が続き、一部では井戸水や貯水場が枯れた。

- 5.3 旅客機空中爆発（アメリカ　テキサス州）　5月3日、ヒューストンからダラスへ向かっていた四発ターボプロップ旅客機が、テキサス中部のドーソン付近で空中爆発し墜落、乗員乗客84人全員が死亡した。

- 5.10 サイクロン（ビルマ（現・ミャンマー））　5月10日、ビルマの南西海岸沿いにサイクロンが起こり、400人以上が死亡した。

- 5.15 旋風（アメリカ　中西部）　5月15日夜、アメリカ中西部を襲った大旋風のため、アーカンソー・アイオワ・イリノイ・ミズーリ・インディアナ・ネブラスカの6州で74人が死亡、数千人が負傷し家を失った。旋風は一時雨とひょうを伴った。

- 5.24- 猛暑（メキシコ）　5月31日までの1週間、メキシコ北部は猛暑のため、幼児95人が死亡した。ほとんどが2歳以下の幼児で、この他に400人が脱水症状で入院した。

- 5.27 原潜「スコーピオン」が遭難（アメリカ）　5月27日夕方、99人が乗り組み、同日正午にバージニア州ノーフォークに寄港する予定だったアメリカ海軍の原子力潜水艦スコーピオンが行方不明になった。28日、航路に沿った海面に油が浮いているのが発見され、6月5日、沈没と断定し救助不能とされた。

- 5.28 旅客機墜落（インド　ボンベイ（現・ムンバイ））　5月28日早朝、インドネシア国営航空ガルーダのコンベア990A型ジェット旅客機が墜落した。同機はジャカルタとア

ムステルダム間の定期旅客航空便で、27日夕方にジャカルタを出発し、カラチに向かう途中だった。乗っていた29人は全員遺体で発見された。また、この事故で同機の燃料が漏れて燃え広がり、墜落現場の村民17人が負傷、うち2人は重傷を負った。

6月 - **コレラ**（フィリピン ルソン島） ルソン島でコレラが流行、7月6日までに122人が死亡した。今回のコレラは6月に発生し、一時収まりかけたが再び激しい勢いで流行を始めたもの。最も被害の大きいカマリネス・スル州では1日4、5人のペースで死者が出た。

6.19 **地震**（ペルー サン・マルティン州） 6月19日、ペルー北部で激しい地震が起こり、27人が死亡、100人以上が負傷した。震源地はサン・マルティン州モヨバンバの北60キロ。

6.20 - **川に毒物**（オランダ） 6月20日以降、ライン川に殺虫用の神経ガスとみられる毒物が流れ込んでいることがわかり、オランダ政府によりライン川から飲料水を引いている主要都市への給水が止められた。川には死んだ魚4000万匹が浮かんだ。エンドサリバンという強力な殺虫剤が西ドイツから流れ込んだとみられる。

6.22 **サッカー試合後に騒動**（アルゼンチン ブエノスアイレス） 6月22日、ブエノスアイレスのモニュメンタル競技場で、プロサッカーの試合終了後、狭い出口に観客が殺到したため大混乱となり、71人が死亡、130人が負傷した。負傷者のうち40人は重体とみられる。混乱のきっかけは、観客席から外へ通じる幅約2.7mの狭い傾斜通路にファンの1人が火の付いた新聞紙を投げ込んだことだと言われる。

7.1 **熱波**（ヨーロッパ） 7月1日、フランス、イギリス、オランダ、ベルギー、ドイツなど欧州各国は突然の熱波に襲われた。スペイン国境に近いフランス大西洋岸の観光地ビアリッツでは38度を記録。フランスでは、この暑さで交通事故や水難事故が相次ぎ、1日だけで死者95人、負傷者843人を出した。1日午後、パリからの列車がリヨン付近で脱線転覆し、死者7人、負傷者100余人に達した。原因は急激な気温の上昇でレールが曲がったためとみられる。

7.8 **インフルエンザ（香港かぜ）**（香港） 7月8日香港でインフルエンザA2型が発生、400万の人口の1割が罹患し、7月25日までに21人が死亡した。流行は月内にはピークを越えた。8月には台湾やシンガポールなど、東南アジア各地に感染が拡大。9月には日本やオーストラリアにも達した。

7.29 **アレナル火山噴火**（コスタリカ） 7月29日、コスタリカ北東部のアレナル火山が500年ぶりに噴火した。流れ出した溶岩や灰、岩石や熱湯のため、30日夜までに51人が死亡、90人が行方不明になった。

8.2 **地震**（フィリピン マニラ） 8月2日午前4時31分ごろ、マニラで激しい地震があった。マグニチュードは7.0。震源地はマニラの北約200キロのイサベラ省とみられる。市内のほとんど全域が停電し、火災がマニラ・ホテル付近やマニラ湾の海岸地域などで発生。中国人街で崩壊した5階建アパートに300人が閉じ込められた。3日午後9時半までに死者109人、負傷者254人を出し、250人が行方不明。

8.2 **地震**（メキシコ メキシコシティ） 8月2日朝、メキシコシティで大規模な地震があった。この地震で市内の大部分が停電した。震源地はメキシコシティの南東500キロのワハカ付近でマグニチュードは6.0。死者4人、負傷者90人あまりを出した。

1968

8.6 モンスーン（インド　西ベンガル地方）　8月6日西ベンガル地方に50年ぶりの大洪水があり、50万人が被災し、住居約6万戸が流された。この年のインドはモンスーンによる豪雨に襲われ、各地で洪水に見舞われた。グジャラート州では50の村が流され、32キロ四方が湖になった。8日までに各地で255人が死亡、100万人が家を失った。

8.9 旅客機墜落（西ドイツ（現・ドイツ））　8月9日、ロンドンからオーストリアのインスブルックへ向かっていたイギリスの航空会社の旅客機が、ミュンヘン市北方約38キロのアウトバーンに墜落、全壊して炎上し、乗員乗客53人全員が死亡。

8.14 観光ヘリコプター墜落（アメリカ　ロサンゼルス）　8月14日、シコルスキー型ヘリコプターがロサンゼルス南の郊外に墜落した。子どもを含む乗客18人と乗員3人全員が死亡。ヘリコプターはディズニーランドへ向かう観光ヘリだった。

8.15 地震（インドネシア　セレベス島、トガン島）　8月15日、セレベス島中部の西海岸一帯で強い地震があり、約200人が死亡した。地震は大きな津波を伴い、西海岸のタンプ村を水浸しにした。地震は震動を続け、23日にはセレベス島近くのトガン島に大津波を起こし、約500人が行方不明になった。翌日の段階で、少なくとも56人が遺体で発見された。

8.16 工場で爆発（スペイン　アリカンテ）　8月16日夜、アリカンテから50キロ離れたおもちゃのピストル工場で爆発が起きた。労働者28人が死亡、19人がけがをした。

8.26 旅客機着陸失敗・炎上（ソ連（現・ロシア）　モスクワ）　8月26日、モスクワのブヌコボ空港でソ連国営航空のイリューシン18型旅客機が着陸に失敗し炎上した。この事故で16人が死亡。事故原因は、操縦士が車輪を降ろすのを忘れたために胴体着陸し、加熱で炎上したものとみられる。

8.31 イラン大地震（イラン　北東部／トルコ　黒海沿岸地域）　8月31日午前10時47分、イラン北東部で大地震が起こった。震源はテヘランの東南東約628キロの地点でマグニチュードは7.8。9月1日午前にはマグニチュード6.8の地震を観測。死者は1万1000人、負傷者約2万人に達し、10万人以上が被災した。最も被害が大きかったカハク村やダシュトビアーズ村では、人口8000人のうち6000人が死亡した。3日夜にはまたイラン東北部ホラサン地区で地震があり、約2000人が死亡。同日、トルコ中西部の黒海沿岸でもこの地震の余震が発生、24人が死亡、200人が負傷した。

9.3 旅客機墜落（ブルガリア　ブルガス）　9月3日、ブルガリアの航空会社のイリューシン18型機が、ブルガリアの黒海沿岸の都市ブルガスで墜落。乗員乗客89人のうち50人が死亡した。同機は東ドイツ・ドレスデン発ブルガス行で、到着直前の事故だった。

9.11 航空機海に墜落（地中海）　9月11日午前、コルシカ島のアジャクシオからニースに向かったフランスの航空会社のカラベル型ジェット旅客機が地中海に墜落、乗員乗客95人全員が死亡した。

10月 地滑り（ブータン）　10月始めからの大雨のため、ブータンで地滑りが起こり、9日までに200人が死亡した。

10.6 地滑り（インド　ダージリン）　4日間降り続いた豪雨のため、ヒマラヤ山系のダージリン市周辺で大規模な地滑りが発生、6日夜までに310人の死者が出た。

10.10 遊覧船沈没（フィリピン）　10月10日朝、ミンダナオ島のコタバトからモロ湾を横断

し同島のザンボアンガに向かった遊覧船が沈没、乗客約300人のうち280人が行方不明になった。

10.19　教会建築中に生き埋め（メキシコ　モレリア）　10月19日夜、メキシコ・モレリア近郊の村の教会建設工事現場で、18人の少年が生き埋めになって死亡した。少年たちは教会建設用の砂をとるために働いていた。

10.25　旅客機山に墜落（アメリカ　ニューハンプシャー州）　10月25日、乗員乗客39人を乗せたアメリカの航空会社のFH227ターボプロップ機が、ホワイト山脈山中に墜落・炎上した。32人が死亡、2人が重傷を負った。

10.30　バス川に転落（韓国）　10月30日午後、ソウルの南東約248キロの山清付近の山間の道を走っていたバスが川に転落、乗客76人のうち44人が死亡した。

11.2　暴風雨（イタリア）　11月2日夜、イタリア北部が暴風雨に見舞われ、3日夜までに地滑りや洪水などにより81人が死亡した。死者は増え、200人を越えるとみられる。強風はリビエラからベネチアにかけてイタリアを横断。被害の最も大きい地域はトリノの北約60キロの山間部で、洪水による地滑りがいたるところで発生した。

11.10　ガソリンタンク爆発（フィリピン　イロイロ市）　11月10日、フィリピン中央部イロイロ市のラパズ地区でガソリンタンクが爆発した。19人が死亡、57人が負傷したとみられる。死者のほとんどは子どもだった。タンクに繋がるパイプからガソリンが漏れて爆発したもの。

11.16　旅客列車と貨物列車衝突（インド　ビハール州）　11月16日深夜、カルカッタ北西約480キロのビハール州ソネナガール付近で、旅客列車と貨物列車が正面衝突、50人が死亡、100人が負傷した。

11.25　旅客機墜落（ラオス　サバナケット）　11月25日、米国際開発局がチャーターしたC45型機が、サバナケット空港を離陸直後に墜落、乗っていた34人のうち32人が死亡した。

12月　インフルエンザ（香港かぜ）・肺炎（アメリカ）　アメリカで香港かぜが流行、34の州で感染者が確認され、12月13日までに700人が死亡した。16日には全米でほとんどの学校が休校したが、その後感染者は急速に増え、年内に5117人がインフルエンザや肺炎で死亡した。うち3079人が香港かぜが原因という。香港かぜでの世界全体の死者は、100万人を超えた。

12.2　老人ホームで火災（カナダ　ケベック市）　12月2日朝、カナダのケベック市北西約200キロのノートルダム・ド・ラックにある老人ホームで火災が起こり、約50人が死亡した。

12.12　旅客機海に墜落（ベネズエラ　カラカス）　12月12日夜、ニューヨークのケネディ空港からベネズエラのカラカスに向かったアメリカの航空会社のボーイング707型機が、カラカス空港すぐ北のカリブ海に墜落、乗員乗客51人全員が死亡した。

12.18　工事中の寺院崩壊（インド　グジャラート州）　12月18日、グジャラート州バリタナで、補修工事中の寺院が崩壊し、死者25人、負傷者50人以上、行方不明者多数を出した。

12.22　客車と貨物列車衝突（ハンガリー）　12月22日夜、ブダペスト南方のメンデ、タピオ

スエリ駅間で客車と貨物列車の衝突事故が起きた。33人が死亡、57人が負傷した。

12.24 **航空機着陸失敗**（アメリカ　ブラッドフォード）　12月24日夜、ブラッドフォード空港で、アメリカ・アレゲニー航空のコンベア580型機が吹雪のため着陸に失敗、滑走路を飛び出し破損した。47人の乗客、乗員のうち18人が死亡、2人が行方不明となった。

12.25 **弾薬船が爆発**（アメリカ　ミッドウェー島）　12月25日、ミッドウェー東北東のシケの海上で、米空軍用の爆弾を積みシアトルから南ベトナムのダナンに向かっていた海軍チャーターの輸送船バジャー・ステート号が沈没した。積み荷の弾薬が爆発したもの。乗組員は39人で、28日の時点で14人が救助された。

12.27 **旅客機着陸失敗・爆発**（アメリカ　シカゴ）　12月27日夜、アメリカの航空会社のコンベア・ターボプロップ旅客機が、霧と小雨のためシカゴのオヘア空港で着陸に失敗、別の航空会社の格納庫に突っ込んで爆発した。乗客乗員45人のうち27人が死亡、3人が行方不明。格納庫内にいた人も行方不明となった。

12.31 **旅客機墜落**（オーストラリア　ポートヘッドランド）　12月31日、マクロバートソン・ミラー航空のバイカウント旅客機が西オーストラリアのポートヘッドランドの南方で墜落した。乗客21人、乗員5人が死亡。

〈 1969 〉

1.2 **航空機墜落**（台湾　台東）　1月2日午後0時5分、台湾の中華航空C-47型旅客機が墜落した。同機は台東から高雄に向かう途中で、離陸5分後に地上との連絡を絶ったという。3日の午後、高雄の東約60キロにある中央山脈の北大武山の山頂付近で飛行機の残骸が発見されたが、生存者はなく、乗客19人、乗員5人が死亡した。

1.5 **旅客機民家に墜落**（イギリス）　1月5日午前1時40分ごろ、アフガニスタン航空のボーイング727型ジェット旅客機が濃霧の中をイギリス・ロンドンの南40キロのガトウィック空港に着陸しようとして、空港滑走路の東端から2.5キロの農地のなかにある家の上に墜落、家もろとも炎上した。家にいた3人を含め、死者は約50人。家にいたが奇跡的に助かった幼児1人を含む17人が病院に収容された。

1.7 **バス川に転落**（エジプト　カイロ）　1月7日夜、満員のバスがナイル川に転落、運転手と乗客5人は助かったが、30数人は絶望的とみられる。潜水夫ら救助隊は11人の死体を発見、クレーンでバスの引き揚げ作業を行っている。

1.10 **猛暑**（ブラジル　リオデジャネイロ）　リオデジャネイロでは、このところ猛暑に襲われており、1月10日には41度に達した。日陰でも40度前後に上り、元日から10日までに30人が暑さのために死亡した。

1.14 **原子力空母「エンタープライズ」火災**（アメリカ　オアフ島）　1月14日朝、世界最大の原子力空母エンタープライズが、ハワイのオアフ島南西120キロの海上で大火災を起こした。空母に着艦しようとした飛行機から爆弾が落ち、12、13回の爆発が発生、死者26人の大惨事となった。29日、ジェット機発進用の小型ジェット・タービン

の排気熱によって、近くにあったジェット機に積んであった空対地ミサイルが爆発したことが事故原因であると発表された。

1.18 航空機海に墜落（アメリカ）　1月18日午後6時20分ごろ、ロサンゼルス空港からコロラド州デンバーに向かったユナイテッド航空ボーイング727型機が離陸直後、太平洋に墜落した。乗客37人、乗員6人が乗っていたが、事故から3時間半後、3遺体が発見された。他の乗客も絶望的とみられる。

1.31 列車同士衝突（韓国　忠清南道）　1月31日午後0時半ごろ、ソウル南方90キロ、忠清南道の天安駅付近で、ソウル行き急行「青竜号」が別の列車に衝突。死者約50人、負傷者120人以上を出した。

2.4 イヤ山噴火（インドネシア　フロ―レス島）　2月4日、インドネシアのフロ―レス島のイヤ山の激しい噴火のため、約10万の島民が家を失い、農園1600haが被害を受けた。

2.23 地震・津波（インドネシア　セレベス島）　2月23日、セレベス島南西端の地震があり、大津波が発生、セレベス島西岸一帯で少なくとも600人が行方不明になった。3月10日までに、死者70人、負傷者70人に上っている。

3.16 旅客機住宅街に墜落（ベネズエラ　マラカイボ市）　3月16日、カラカス発マラカイボ経由マイアミ行のベネズエラ国際航空のDC9型旅客機がベネズエラのマラカイボ市の空港を離陸直後、同市の住宅街に墜落して爆発、機上と地上あわせて200人以上が死亡、航空史上最大の事故となった。同機には、乗客、乗員あわせて84人が乗っており、これら全員が死亡したほか、地上では住民多数が死亡した。同機は、離陸後、約45mの高さまで上った後、突然失速、墜落したが、タービンの1つが高圧線に触れて爆発を起こしたとみられている。

3.17 豪雨（ブラジル）　ブラジルの東北部が大雨のため大洪水となり、3月17日までに少なくとも212人が死亡、数千人が行方不明となった。この地域の通信、交通網も途絶し、アルゴアス、ペルナンブコ両州では、3万人の人々が家を失ったと推定される。

3.20 旅客機着陸失敗・炎上（エジプト）　3月20日、アラブ連合航空のイリューシン18型旅客機がエジプトのアスワン空港で着陸に失敗して炎上。乗客、乗員あわせて92人が死亡、残りの9人は重傷を負った。同機はメッカへの巡礼客を乗せて帰ってきたところだった。

3.31 炭坑で爆発（メキシコ）　3月31日、モンテレイ市の北約240キロにある「アルトス・オルノス・デ・メヒコ」社の炭坑でガス爆発が起こり、178人が生埋めとなった。

4.2 旅客機墜落（ポーランド　クラクフ市）　4月2日、ポーランド航空のソ連製旅客機アントノフ24型機が南部ポーランドのクラクフ市南部で墜落。乗客、乗員あわせて51人全員が死亡した。

4.3 渡し舟転覆（インド　ビハール州）　4月3日、インド・カルカッタ北西約322キロのビハール州チャプラ付近のガンジス川で、約200人のヒンズー教の巡礼者を乗せた渡し舟が転覆。うち170人以上が溺れ死んだ。船の定員は60人だった。船は巡礼者を対岸の寺へ運ぶ者で、女性、こどもが多かった。

4.14 嵐（東パキスタン（現・バングラデシュ））　4月14日夜、東パキスタンのダッカに大嵐が襲った。時速140キロの強風が吹いたもので、数千の家が破壊され、電気、電話

がズタズタになった。これによる死者は1000人を越えるとみられ、ダッカ地区だけでも負傷者4000人、家屋を失った者は約1万5000人に達した。

4.21 旅客機墜落（東パキスタン（現・バングラデシュ）　クルナ）　4月21日夜、インドのアガルタラからカルカッタに向かう途中のインド航空の旅客機が、東パキスタンのクルナで墜落、乗客40人、乗員4人が死亡した。

4.27 ボリビア大統領墜落死（ボリビア）　4月27日、ボリビアのバリエントス大統領がヘリコプターの墜落事故に遭い死亡した。大統領はこの日、ラパス南方のオルロ地方の政府直轄開発事業を視察していたが、乗っていたヘリコプターが高圧線に接触し、墜落した。同乗していた乗員ら3人全員が死亡した。

5.2 化学工場で爆発（メキシコ　エルモリニト地区）　5月2日、メキシコシティから16キロほど北東にあるエルモリニト地区の化学工場で、爆発事故があり、2日の時点で少なくとも4人が死亡、少しはなれた学校では爆風でガラスが割れ、多数の学童を含め110人が負傷した。

6.2 駆逐艦と空母衝突（アジア　南シナ海）　6月2日、米国海軍駆逐艦フランク・E・エバンス（2200トン）とオーストラリア海軍の空母メルボルン（2万5000トン）が、マニラ南西1170キロの南シナ海で演習中に衝突、米駆逐艦は真っ二つに切断され、艦首部分は沈没した。3日時点で77人が行方不明。

6.4 航空機山に墜落・炎上（メキシコ）　6月4日、メキシコ航空のボーイング727型ジェット旅客機が、メキシコ北部の山岳地帯に墜落、炎上した。乗客、乗員79人の生存は絶望といわれる。日本人2人も同乗していた。

6.8 大雨（チリ）　2年間にわたる激しい干ばつのあと、チリで3日間大雨が降り続き、6月8日までに2万5000人が家を失った。首都サンチアゴでは、マポチュ川が2ケ所で決壊し、住宅街に流れ込んだため、約1万人が家を失った。

6.15 レストランの屋根崩落（スペイン　セゴビア）　6月15日、マドリード北方約100キロのセゴビアで、大レストランの屋根が崩れ、死者56人、負傷者200人という大惨事となった。このレストランでは、ちょうど昼食会が開かれていたが、突然鉄骨でできたアーチ型の屋根がくずれ、人々は屋根とコンクリートの下敷きとなった。

7.7 炭坑で爆発（台湾　台北）　7月7日、台北の西約35キロの炭坑でガス爆発事故があり、坑夫21人が生埋めとなり死亡、59人が負傷した。この爆発事故は台湾の炭坑災害では近年最大規模。

7.26 旅客機火災（アルジェリア）　7月26日、パリからアルジェリア南部のサハラ砂漠にある石油基地、ハシメサウドに向かう途中のアルジェリア航空カラベル・ジェット旅客機が、アルジェ南方300キロで火災を起こし不時着したが、乗客・乗員37人のうち、35人が死亡した。

8月- コレラ（韓国）　8月下旬ごろから、韓国西海岸部を中心にコレラが流行した。10月4日午前の時点で死者113人、患者数は1234人に上った。

8.5 猛暑（メキシコ　メヒカリ）　メキシコのメヒカリ一帯で8月の数週間、酷暑のため94人が死亡、数千人が山岳地帯に非難している。死者はほとんどが子供で、脱水症状が原因。メヒカリの気温は8月5日にも52度を記録している。

1969

8.7 竜巻(アメリカ ミネソタ州) 8月7日早朝、ミネソタ州北部を竜巻が襲い、家屋をこわし、樹木を根こそぎ巻き上げて少なくとも17人が死亡、約100人が負傷、人数不明の行方不明者が出た。竜巻は6つの町を襲い、最悪の被災地はエミリー、アウチング、モトレー地方とみられる。

8.18 ハリケーン(アメリカ ミシシッピ州) 8月18日早朝、メキシコ湾沿いの米東南部各州を襲った大型ハリケーン・カミルは、風速7,80mを記録し、約6mの津波を伴い、アメリカ観測史上最大級の大型ハリケーンとなった。直撃を受けたミシシッピ州では少なくとも20万人が家を失った。20日までに死者は500人～1000人と発表されている。

8.25 豪雨(アメリカ バージニア州) アメリカ東部を襲った台風カミーユのため、バージニア州は集中豪雨に見舞われ、8月25日までに州内の死者は75人、行方不明者は111人に達した。

9.9 旅客機と小型民間機衝突(アメリカ インディアナ州) 9月9日、インディアナポリス近くの空中で、インディアナ空港に着陸しようとしていたアレグニー航空のDC9ジェット旅客機と小型民間機が衝突、ともに墜落した。ジェット旅客機の乗員4人、乗客78人、小型単発機の乗員1人は全員死亡、生存者はいなかった。

9.9 軍輸送機墜落(コロンビア) 9月9日、コロンビア軍輸送機がコロンビア東部の山岳地帯に墜落、乗っていた32人全員が死亡した。

9.11 貨車脱線・ガス爆発(アメリカ ミシシッピ州) 9月11日夜、ミシシッピ州のグレンドラで致死性ガスを運搬中の貨車4両が脱線して爆発した。燃え広がったため事故現場から半径40キロ以内に住むすべての住民約2万5000人が避難する騒ぎとなった。このガスは発火点の低い塩基性ガスで、加熱されると戦時中使用されたホスゲン・ガスに近いガスを発生させるという。

9.14- 豪雨(韓国) 9月14日午後から韓国南部沿岸地区が豪雨に襲われ、17日までに、死者278人、行方不明者112人、負傷者211人、被災者12万7124人に達した。釜山を中心に70キロ一帯に60年ぶりの集中豪雨をもたらし、15日早朝までに釜山市内で約300ミリ、蔚山500ミリ、馬山560ミリを記録。

9.26 コレラ・ジフテリア・胃腸炎(フィリピン マニラ) 9月26日までの3日間で、マニラ市とその郊外に放置されたゴミ、汚物からコレラ、ジフテリア、胃腸炎が発生し、75人が死亡した。死者のほとんどは子供である。

9.28 旅客機山に激突・墜落(ボリビア ラパス) 74人を乗せたボリビア・ロイド航空の旅客機が9月26日から行方を断っていたが、28日ラパス郊外のアンデス山脈に激突、機体がバラバラになっているのが発見された。乗客・乗員74人全員が死亡した。乗客の中には試合を終えて帰る途中のボリビア最強のサッカーチーム一行16人が含まれていた。

9.28 ウイルス伝染病(北ベトナム(現・ベトナム) ハノイ) 9月28日ハノイで、正体不明のウイルスによる伝染病によって児童約1000人が死亡した。特に被害の酷いのは北爆停止後はじめてハノイの家族を訪れた10万人の疎開児童だという。

10.1 豪雨(チュニジア) チュニジアを襲った激しい豪雨のため、10月1日の時点で死者

は352人に達した。また、約10万人が家屋を失った。

- 10.2 **海軍機墜落**（北ベトナム（現・ベトナム）　トンキン湾）　10月2日、米国海軍厚木基地の第50戦術支援中隊所属の輸送機C2グレイハウンド機がベトナム沖のトンキン湾に墜落、乗っていた26人全員が死亡した。同機はフィリピンの基地からトンキン湾上の空母に補給物資を運ぶ途中だった。

- 10.18 **コレラ**（インドネシア　南スマトラ）　10月18日までの1ヶ月間で、南スマトラのジャンビ地方では、コレラにより約600人が死亡した。南スラウェシ島マカッサルの船員から広がったものとみられ、インドネシア保健省は同地区をコレラ汚染地区に指定、予防活動を実施している。

- 10.27 **地震**（ユーゴスラビア　バニャルカ市（現・ボスニア・ヘルツェゴビナ））　10月27日午前10時ごろ、ユーゴスラビア中部の工業都市バニャルカでマグニチュード8の激しい地震が起こり、建物が多数倒壊し、少なくとも市民20人が死亡、300人以上が負傷した。

- 11.20 **旅客機墜落**（ナイジェリア　ラゴス）　11月20日、ロンドンからラゴスに向かう途中のナイジェリア航空バイカウント10型旅客機が、ラゴス付近で墜落し、乗客・乗員85人全員が死亡した。

- 11.21 **孤児院倒壊**（南ベトナム（現・ベトナム）　サイゴン（現・ホーチミン））　11月21日深夜、サイゴンのはずれにある3階建ての新教系孤児院が倒壊、こども11人と先生2人が下敷きとなり死亡した。他にも21人のこどもが負傷した。

- 11.25 **タンカー沈没**（台湾）　11月25日午前19時ごろ、リベリアのタンカー、バックオーシャン号が台湾の南海上で沈没した。同船は船体中央で真っ二つに折れ、船首部がすぐに沈没。乗組員47人のうち、1人が死亡、11人が行方不明となっている。

- 12月 **インフルエンザ**（ヨーロッパ）　12月、オランダを除くすべてのヨーロッパの国がA2香港68型のインフルエンザ・ウイルスに見舞われた。最も被害の大きいのはユーゴスラビアで、首都ベオグラードでは3万5000人が感染、12月中旬は1日あたり約5000人の記録を出した。イギリスでは、12月6日から12日までの1週間に52人が死亡、その後の1週間に10人が死亡した。

- 12.2 **市街火災**（香港）　12月2日、香港の貧民街で2つの火災が発生し、5700人以上が焼け出された。密集したバラック280戸を焼き尽くした。

- 12.8 **旅客機墜落**（ギリシャ　アテネ）　12月8日、クレタ島からアテネに向かっていたギリシャのオリンピック航空のDC6旅客機がアテネ空港近くのケラテア村付近で墜落。同機に乗っていた90人全員が死亡した。

- 12.9 **豪雨**（シンガポール）　12月9日夜からシンガポールは豪雨に見舞われ、10日夜までに3人が死亡、2500人が家を失った。

⟨ 1970 ⟩

1.8 **インフルエンザ**（イギリス）　12月27日から1月2日までの1週間で、英国で猛威を振るっているA2型の香港カゼによる死者が2400人になった。12月以来の死者が総計で4000人を越えていると推計される。2日から9日までの1週間には、イングランドとウェールズだけで死者は2850人となり、5週間の死者総数は7000人に上った。これは1933年と並び、1918年以来最悪の記録となった。

1.9 **寒波**（アメリカ　南部）　1月9日、アメリカでは南部フロリダ州までが寒波に襲われ、住民19人が凍死した。特に南部テネシー州では10人が死亡、フロリダ州中央部では果実や野菜が被害を受けた。この寒波の影響で火災も続出。オハイオ州マリエッタでは養老院が9日午後10時ごろから出火し、深夜までに、住んでいた老人の半数にあたる21人が焼死した。消火栓が凍り付いて使えなかったことも被害を大きくした理由の一つとみられる。

1.11 **列車とバス衝突**（コロンビア）　1月11日、コロンビア・サンタマルタ市郊外のパンアメリカンハイウェイの踏切で満員のバスが列車と衝突する事故が起こり、死者36人、負傷者25人を出した。

1.13 **旅客機沼に墜落**（アメリカ　サモア諸島）　1月13日、ポリネシアン航空の双発旅客機DC3は豪雨の中、西サモアのファレオロ空港からパゴパゴ向けに飛び立った直後、滑走路の端近くの沼に墜落、炎上した。乗員・乗客30人全員が死亡した。

1.24 **軍用トラック爆発**（イスラエル　エイラート）　1月24日、イスラエルの港湾都市エイラートでイスラエル輸送船から積み下ろし作業中の爆発物を満載した軍用トラック1台が大爆発を起こし、18人が死亡し、42人が負傷した。

2.1 **急行列車が普通列車に追突**（アルゼンチン　ブエノスアイレス）　2月1日夜、アルゼンチン・ブエノスアイレスの北30キロの地点で急行列車が満員の乗客を乗せ、赤信号で停車中の普通列車に追突。普通列車の客車2両を押しつぶし、残り3両をはね飛ばした。推定200人が死亡、200～300人が重軽傷を負った。

2.1 **天然痘**（西ドイツ（現・ドイツ）　ザウエルラント）　ルールから約50キロ離れたザウエルラントで、パキスタンから帰国した一青年が天然痘の菌を持ち込み、2月1日までに2人が死亡、3日までに真性患者11人を出したほか、200人が天然痘の疑いで隔離された。

2.10 **雪崩**（フランス　バルディーゼル）　2月10日、イタリア国境に近いスキーの名所バルディーゼルで大雪崩が起きスキー客がのみ込まれ、午後4時までに48人が死亡、60余人が負傷した。人々が食堂で朝食をとっていたところ、50～100mぐらいの幅で峠から雪崩がおき、逃げるひまは全くなかったという。

2.13 **雪崩**（スイス　レッキンゲン/フランス　グルノーブル）　2月13日、スイスのレッキンゲンとフランスのグルノーブル市付近で、アルプスの積雪が大規模な雪崩を起こ

1970

し、双方で少なくとも35人が死亡もしくは行方不明となった。レッキンゲンではスイス軍の兵舎1棟と民家6戸が中で眠っていた兵士・住民29人もろとも厚さ10mの氷雪の下に埋まった。グルノーブル付近のランルピラール村では、6人が生き埋めとなった。

2.15 旅客機海に墜落（カリブ海） 2月15日夜、97人を乗せたドミニカ航空DC9型旅客機が、サントドミンゴ国際空港からプエルトリコのサンファンに向け離陸直後、カリブ海に墜落した。乗客・乗員87人は絶望的という。

3.14 ランチ船沈没（イラン シラズ） 3月14日、ペルシア湾のアブザビ沖でメッカから帰る途中の巡礼者180人ほどを乗せたランチが沈没、105人が死亡した。

3.28 地震（トルコ） 3月28日から、トルコ・イスタンブールの南東216キロのゲジズの町がマグニチュード7.5の大地震に襲われた。29日夜時点で死者583人、負傷者約460人となった。町の8割が壊滅したゲジズでは、地震により発電所でショートし火災が発生、町中が猛火に包まれ、焼死者が多く出た。この地震はこれまでトルコで起きた地震の中でも最大級のものの一つ。クタヤ地方では31日にも再び大きな地震があり、130人が死亡した。非公式情報によると、同地方では28日からの地震による死者は3000人に達する。

4月 コレラ（東パキスタン（現・バングラデシュ）） 4月上旬から13日までの2週間で、東パキスタンのノアカリ、バリサル、ディナジプールの3州でコレラのため、157人が死亡した。

4.1 旅客機墜落（モロッコ） 4月1日、モロッコ航空のキャラベル・ジェット機がカサブランカの南約40キロのヌワスール空港に着陸する直前に墜落して炎上、乗客乗員82人のうち62人が死亡した。救出された20人のうち、10人は重体となった。

4.4 炭鉱でガス爆発（チェコスロバキア） 4月4日早朝、チェコスロバキア北部のパスコフ炭鉱でガス爆発が起こり、坑道内にいた23人が死亡、3人が行方不明となった。

4.16 雪崩（フランス） 4月16日午前0時半ごろ、スイス国境に近いフランス・オートサポア県のダシ高原で雪崩が起こり、結核サナトリウムで療養中の子供と医者を含む68人が生埋めとなった。16日正午の時点で死者9人、行方不明61人、重軽傷者130人となった。

4.21 地滑り（インド） 4月21日、インド・ボンベイの北東約200キロのバニ村で地滑りが起き、住民ら24人が死亡、52人が負傷した。バニ村は近くのバアイラチ川に身体を清めに来る巡礼者の集まる寺院があることで有名で、数百人の巡礼者が来ていた。

5.11 竜巻（アメリカ ラボック） 5月11日、アメリカのテキサス州北部のラボック市で竜巻が発生。その直後に接近中だったハリケーンが襲い、同市では11日までに死者23人、負傷者数百人、その他多数の建物、住宅に大きな損害を出した。

5.14 地震（ソ連（現・ロシア）） 5月14日、北コーカサス地方のソ連ダゲスタン自治共和国で大地震がおきた。震源地は同共和国首都のマハチカラの北西30～35キロで、規模はマグニチュード6.6。被害の程度はわかっていないが、震源地付近では30万人が家を失ったとみられる。

5.15 猛暑（インド） 5月中旬、インドの内陸部一帯は例年にない熱波に襲われ、各地で

88

最高気温を記録。熱波による死者は20日までに約650人に達した。マハラシュトラ州のビドルバでは、20日までの1週間に164人、ビハール州では2週間に220人が死んだ。インド内陸部一帯では、各地とも47.8度という猛暑が津津お手織、グジャラート州では5年ぶりに最高気温49度を記録、首都ニューデリーの都心でも9年ぶりに45度を記録。

5.21 洪水(ルーマニア) ルーマニアの北部と西部を襲った洪水で、5月21日までに114人以上の死者が出た。北西部のサトゥマーレの町では73人が死に、北部、西部一帯で3万6500人が家を失い、2万4500人が避難した。22日までにルーマニアの39地方のうち37地方に被害を与え、死者は200人以上、避難民は25万人に及ぶ同国史上最大の洪水となった。ウクライナでも豪雨のため洪水が起き、北部、西部で13人の死者が出た。

5.21 地雷搭載トラック爆発(西パキスタン(現・パキスタン) デール) 5月21日、パキスタン・ラホールの東方約16キロのデール村にある弾薬集積所で、対戦車用地雷を積んだトラックが爆発。誘爆し多数の死者を出した。政府筋は死者23人としているが、消息筋では死者100人以上に上るという。

5.31 アンカシュ地震(ペルー) 5月31日、ペルー北部アンカシュ県で強い地震があり、強度は8メルカリ・ケールまたは、7.5メルカリ・スケール、被害は首都リマと北部トルヒーヨの間の約960キロにわたった。死者は、ペルー政府の推定では3万人以上、負傷者は60万人を越えるという。国連事務局の推定では死者5万人以上となった。

6.5 地震(ソ連 キルギス地方(現・キルギス共和国)) 6月5日早朝、ソ連キルギス地方ブルジェバルスクシ東方で強い地震が起こった。地震の規模は震源地で震度8。約5000戸の家屋が破壊され、2万人が家を失った。

6.21 サッカー優勝祝賀の惨事(ブラジル) 6月21日、サッカー・ワールドカップで優勝したブラジルで、祝賀騒ぎが続き、死者100人以上の大惨事となった。リオデジャネイロ市内の病院で手当てを受けたのは1800人に上り、そのほとんどは、花火によるやけど、失神、心臓麻痺、発砲によるものだったという。

7.3 旅客機山に墜落(スペイン) 7月3日、乗客・乗員112人を乗せた英コメット4C型ジェット旅客機がスペイン上空で行方不明となり、4日バルセロナの北52キロの山中に墜落しているのが確認された。乗客乗員112人は全員死亡した。同機はバルセロナ北西24キロの地点を最後に連絡を断ち、通常の航空路を離れてモントセニ山脈に墜落したもの。

7.5 旅客機畑に墜落(カナダ オンタリオ州) 7月5日、カナダのオンタリオ州トロントの空港に着陸寸前のカナダ国営航空所属のDC8型ジェット旅客機が、空港から約8キロ離れた畑に炎上しながら墜落した。乗客94人、乗員7人の全員が死亡した。同機はトロントの空港に着陸しようとして滑走路に車輪を付けたところ、エンジンの1基が突然吹き飛んだため、残りの3基のエンジンで上昇し北西方向に向かった。直後に再びエンジン1基が落下して機体の高度は下がり、上昇開始3分後に墜落、機体は大破した。

7.9 アイスランド首相夫妻焼死(アイスランド) 7月9日夜、アイスランドのベネジクトソン首相夫妻が、首都レイキャビクから60キロ離れた別荘に滞在中、別荘が火災で

焼け落ち焼死した。別荘は国の要人が使用する国有のもので、一緒にいた2才の孫も焼死した。出火原因は不明。

7.22 **濁流**（インド　ニューデリー）　7月22日、ニューデリーの北東320キロのアラクナンダ川が氾濫し、バス25台、タクシー5台、軍のジープ1台が濁流に押し流された。バスなどには聖地から帰る途中のヒンズー教徒の巡礼400人を含む約600人が乗っており、死者は数百人に上るとみられる。

7.27- **大気汚染**（アメリカ　ニューヨーク市）　7月27日から29日の3日間、アメリカ、ニューヨーク市では暑さ、光化学スモッグ、電力不足の三重苦となる悪日が続いた。29日は朝からスモッグにおおわれ、空気中の亜硫酸ガスは午前8時の時点で0.19ppm、午前3時までの24時間平均値は0.11ppmとなり、警戒量に達した。

7.30 **地震**（イラン）　7月30日朝、イラン北東部のメシェド市一帯を大地震が襲い、死傷者は数千人に上るという。震源地はラサン州のソ連国境に近いブジヌルド市北方のマラベタペ村付近とみられる。7月31日の時点で死者は175人に達したが、増える見込み。この地震で総計31の村が破壊され、451人が重傷を負ったとされる。

8月- **コレラ**（韓国　慶尚南道）　8月、韓国・慶尚南道で発生した集団食中毒患者3人から真性コレラ菌が検出された。患者は急速に増えており、12日午後4時の時点で7人が死亡、85人が発病。前年流行したコレラ菌が越冬したと考えられる。死者は益々増え、新たに釜山でも疑似コレラが発生した。9月21日には下火となり、この時点で韓国全体で203人が発病、うち12人が死亡したとされた。

8.1 **フェリー沈没**（カリブ海　英領西インド諸島）　8月1日、200人以上の客を乗せたフェリーが東カリブ海で沈没し、約125人が死亡したものとみられる。沈没したフェリー「クリスチナ号」は、セントキッツ島の首都バステアからサンファンの東320キロにあるネブス島の首都チャールストン市に向かう途中で、セントキッツ東南端の岬の約3キロ沖で転覆した。乗客は定員200人を越えていた。

8.9 **旅客列車同士衝突**（スペイン）　8月9日、スペイン北部のブレンシア付近で旅客列車同士の正面衝突事故があり、死者は50人に上り、負傷者は100人を越えた。衝突した列車の一方はブレンシア海岸で週末を過ごした700人の乗客が乗っていたが、もう一方は空車だった。事故原因は乗客を乗せた列車が走行中の線路に、空の列車が誤って誘導されたためとみられる。

8.9 **旅客機墜落**（ペルー）　8月9日、ランサ航空のターボジェット旅客機がペルー南部のクスコ空港を離陸直後墜落した。乗客89人、乗員7人が乗っていたとされるが、副操縦士1人のみ生存が確認された。同機はクスコ空港離陸後エンジンの故障に気づき、同空港へ引き返して着陸地点を見つけようとした時に爆発したとみられる。

8.21 **ハイウェイでバス転落**（韓国　慶尚北道）　8月21日夜8時過ぎ、韓国ソウルと釜山を結ぶハイウェイで高速長距離バスが転落し、乗客乗員計47人が死傷。22日午前10時の時点で、死者25人、負傷者22人。大邱を出て大田に向かっていた大型バスがハイウェイを飛び出し、高さ40m以上の崖を3回転しながら落ち、車体が大破。運転手の不注意によるものとみられる。

8.29 **旅客機墜落**（インド　アッサム州）　8月29日、インドと東パキスタンの国境に近いシルチャールからカルカッタに向かったインド航空国内線のフレンドシップ型旅客機

が離陸後まもなく消息を断った。30日アッサム州カチャール高原地区のジャングルでその破片が見つかり、この近くで墜落したとみられる。生存者はいないものとみられる。

9.3 洪水（フィリピン　マニラ）　9月3日までの3日間で、フィリピンのマニラ市は豪雨による洪水に見舞われ、マニラ北西約90キロの海軍航空基地で地滑りのために死んだ米兵2人を含めて、3日までに死者の数が34人に達した。

9.11 台風「ジョージア」（フィリピン　ケソン州）　9月11日、マニラ東南のケソン州を襲った強力な台風ジョージアにより、死者200人に達した。このうち116人は、ルソン島北部のカシグラン湾で、7隻の小型旅客船が転覆して水死したもの。

9.18 鉛中毒（アメリカ）　9月18日の発表で、アメリカの生後6ヶ月から3歳半の幼児25万人には、塗料の欠片をかじったのが主な原因で血液中に多量の鉛が含まれている、ということが判明した。軽症者は無関心や嘔吐、頭痛などの症状を示し、重症者は発作やひきつけ、脳障害を引き起こし死亡する者もいるという。住宅の内装用塗料などに鉛が含まれており、それを口に入れた幼児が中毒になるとみられる。

9.25 山林火災（アメリカ　カリフォルニア州）　9月25日、カリフォルニア州ロサンゼルス付近で山火事が起こり、火は住宅地にも広がり、27日も燃え続けた。27日午後の時点では死者2人、負傷者500人、全焼または半焼した住宅は367戸に上った。火事は北はベーカーズフィールド・モンタリーから南はメキシコ国境まで広範囲にわたった。

9.30 航空機墜落（南ベトナム（現・ベトナム）　ダナン）　9月30日、ベトナム航空のブレーク発フエ行DC3型旅客機がダナンの北24キロの地点に墜落した。乗客・乗員28人が乗っていたが、30日の時点では全員死亡したとされた。しかし10月2日、生存者20人が救出され、また墜落による死者は乗員2人を含む3人と判った。

10.2 航空機墜落（アメリカ）　10月2日、マーチン404プロペラ機がアメリカのシルバープラム近くのロッキー山脈に墜落し炎上、32人が死亡した。同大フットボールチームはユタ州立大学と試合をするため、ゴールデン航空から飛行機2機をチャーターし、ウイチタからローガンに向かう途中だった。

10.13 台風（フィリピン）　10月13日にフィリピンを襲った大型台風により、少なくとも109人が死亡、123人が行方不明となり、4万5000人が家を失った。最も被害が大きかったのはマニラ南方のビコル地方のアルベイ州だけで、100人の人が死に、隣接のカタンジュアン州では40人が死んだという。

10.14 列車と修学旅行バス衝突（韓国）　10月14日、韓国・忠清南道の牙山郡排芳面の踏切で修学旅行の中学生ら76人を乗せた観光バスが、ソウル発長項普通列車と衝突して炎上。運転手を含めた53人が焼死、車掌を含めた残り全員が重傷を負った。現場はカーブで見通しが悪く、踏切バスが入ったが警報機が壊れており、バスの横腹に列車がぶつかったことが原因。バスはそのまま約100mひきずられて炎上したとみられる。

10.15 建設中の橋が崩壊（オーストラリア　メルボルン）　10月15日、メルボルン西方で建造中の橋の一部が崩壊し、昼食をとっていた作業員のうち23人が死亡、約50人が行方不明となった。この橋はウエストゲイト・ブリッジと呼ばれ、1971年早々にオーストラリア最長の橋（全長3000m）として開通する予定だった。崩壊したのはうち40m。

1970

10.17 修学旅行の列車転覆（韓国　江原道）　10月17日、韓国江原道原州付近の国鉄中央線で、修学旅行中の高校生を満載した列車が転覆。20余人が死亡、約120人が重軽傷を負った。

10.22 豪雨と洪水（南ベトナム（現・ベトナム））　10月22日から同月末まで南ベトナム北部を豪雨と洪水が襲った。これによる被災者は合計30万人で、11月8日の時点で死者及び行方不明になった人数は数万人に達している。

10.23 台風（フィリピン）　10月23日までの2週間で、フィリピンに2つの台風が来襲、死者総数は1209人に達し、300人近くが行方不明となった。

10.31 ダンスホールで火災（フランス）　10月31日、フランス東南部イゼール県のサンローラン・デュポンにあるダンスホール「サンセト」で火災が発生、142人以上が死亡、12人以上が負傷した。電気関係のショートか煙草の不始末のどちらかの火が、ガスに引火し大爆発を起こし、プラスチック製の装置に燃え広がったもよう。

11.5 渡し舟転覆（韓国）　11月5日、韓国・江原道の春城郡西面の急流で約60人と牛3頭を乗せた渡し舟が転覆し、29日が死亡した。船の中で牛がフンをしたため、乗客がそれを避けて片寄り、船のバランスを狂わせたという。

11.12 台風（東パキスタン（現・バングラデシュ））　11月12日、東パキスタンのガンジス河口地帯を時速190キロの猛烈な台風が襲い、時には10mの高潮もみられたという。25日までに死亡が確認されたのは16万8000人。最大の被害をうけたハチア島は島の人口約25万のうち3万5000人が死亡、7万人が負傷した。

11.14 旅客機墜落・炎上（アメリカ　キノバ）　11月14日、乗客68人、乗員5人を乗せたサザン・エアウェーズ航空のDC9チャーター機がウェストバージニア空港西方約3.2キロのキノバに墜落し、爆発して炎上した。生存者はなかった。

11.19 台風（フィリピン　マニラ）　11月19日昼、フィリピンのマニラは88年ぶりという強烈な台風に襲われた。20日夕刻までにわかっただけで損害額約10億ペソ（600億円）と推定される。少なくとも105人が死亡、60人が行方不明、負傷者は1012人に達した。

11.27 軍用機墜落（アメリカ　アラスカ州）　11月27日、アラスカ州アンカレッジ国際空港で、米軍にチャーターされたキャピトル航空のDC8機が離陸直後に墜落、炎上した。乗っていたのは229人で、うち米兵ら46人が死亡、5人が不明となっている。乗客の大半が南ベトナムへ向かう米軍将兵や軍家族だった。同機は滑走の途中でタイヤがパンクし、エンジンの1つが爆発、さらに走るうちに機体が2つに折れ炎上したという。

12月- 寒波（インド　ビハール州）　インド北部のビハール州を襲った厳しい寒波で、1月4日までの2週間に75人が死亡した。

12月- 長雨（マレーシア）　12月から、マレー半島に断続的な長雨が降り、西マレーシア各地で洪水の被害が続出。特に被害の大きかったのは東南部のケランタン、パハン、ネグリセンビラン、ジョホールの各州で、5万人近い住民が避難した。4日からは首都クアラルンプールでも洪水被害が出始めた。水が引き始めた6日までに、29人が死亡。

12.4 高層ビル火災（アメリカ　ニューヨーク市）　12月4日、ニューヨークの中心部マンハッタン区三番街と東55丁目のかどにある50階建ビルで、5階にある絨毯会社から

出火し、約2時間燃え続け、死者3人、68人が負傷した。このビルは全面ガラス窓張りで、火災発生後もガラス窓は密閉状態だったことで被害が大きくなったとみられる。火元は絨毯会社内にあった紙箱で、ここに捨てられたタバコの吸い殻が原因。

12.9 **地震**（ペルー／エクアドル） 12月9日、ペルーとエクアドルの国境地帯でマグニチュード7.0の強い地震があった。11日の時点で死者は両国あわせて52人、負傷者は1000人を越すもよう。5月に5万人が死んだとされるペルーの地震と、ほぼ同規模であった。

12.12 **地滑り**（コロンビア） 12月12日、コロンビアのアンチオキア省を流れるカウカ川のボゴタ北方260キロの渓谷で地滑りが発生。満員のバス3台を含む多くの自動車が土砂もろとも急流に流され、少なくとも約200人が生埋めになったといわれる。

12.15 **連絡船沈没**（韓国） 12月15日、済州島と釜山を結ぶ連絡船南宋（ナムヨン）号が、東経128度、北緯34度の朝鮮海峡で沈没。8人が付近を通りかかった日本船に救助されたが、16日の時点で308人が行方不明となった。事故当時、釜山沖の海上では風速20m以上の突風が吹き荒れていた。上海沖に高気圧、カムチャッカ半島に低気圧という気圧配置で、北西の季節風が朝鮮海峡、対馬海峡を絶えず吹き抜けるという危険な天候だった。翌年1月7日までに、少なくとも326人が死亡したとされた。

12.20 **ホテル火災**（アメリカ ツーソン） 12月20日、アメリカ・アリゾナ州ツーソンのホテルで火事が発生し、少なくとも24人が死亡した。出火当時は同ホテルには112人の客が泊まっていた。同ホテルは11階建で、火元は3階か4階とみられる。

12.31 **旅客列車衝突**（イラン） 12月31日、イラン中部のイスファハンとヤジドの間で、貨物列車と旅客列車が衝突、70人が死亡し130人が負傷した。

⟨ 1971 ⟩

1.2 **旅客機砂漠に墜落**（リビア） 1月2日未明、アラブ連合航空のコメット旅客機が、リビアのトリポリ空港から8キロ離れた砂漠地帯に墜落した。同機はアルジェからカイロに向かう途中でトリポリ着陸5分前に墜落。乗客19人、乗員7人の全員が死亡したとみられる。

1.2 **サッカー場で圧死**（イギリス グラスゴー） 1月2日、スコットランド・グラスゴーのサッカースタジアムで、試合の成り行きに興奮した群衆の圧力で柵が壊れ、観客が折り重なって転落した。66人が死亡、108人が負傷した。

1.3- **寒波**（韓国） 1月3日夜から、韓国全土を襲った寒波と強風のため、漁船員ら28人が死亡、150人が行方不明となった。船舶555隻が沈没または破損し、被災者総数は1190人に達した。

1.4 **寒波**（アメリカ 中部） 1月4日、アメリカ中部は猛烈な暴風雪に見舞われた。ロッキー山脈から五大湖に至る地域に大雪を降らせ、除雪作業の疲れなどにより30人が死亡した。

1.7 **マグロ缶水銀汚染**（アメリカ） 1月7日、アメリカ国内で市販されているマグロの缶

詰の水銀汚染に関する調査の中間報告が発表された。0.5ppm以上の水銀を含んでいるとして日本製27件を含む88件が指摘され、店頭から回収された。

1.18 **旅客機墜落**（スイス　チューリヒ）　1月18日、ブルガリアの航空会社のイリューシン18旅客機が、スイスのチューリヒ空港で離陸に失敗して墜落、乗客乗員37人のうち35人が死亡した。

1.18- **タンカー衝突**（アメリカ　サンフランシスコ,コネチカット州）　1月18日早朝、1万トン級の大型タンカー同士がアメリカのサンフランシスコ湾にかかるゴールデン・ゲートの下で衝突、757万lの燃料用石油が流出し、太平洋岸にまで流れた。サンフランシスコ湾はこのため史上最悪の油汚染に見舞われた。23日にはコネチカット州ニューヘブン港入口で、大型タンカーが座礁し、38万5000ガロンの重油が流出した。

1.21 **タンカー爆発**（イタリア　サルディニア島）　1月21日夜、リベリア船籍のタンカー、ユニバース・パトリオット号（8万3882トン）がサルディニア島南西海岸沖約4キロの地中海で爆発、炎上した。39人の乗組員のうち23人は救助されたが、16人は行方不明となり、のちに死亡とされた。同船はフランスのポール・ド・ブー港で石油を降ろし、トリポリに向かう途中だった。油をおろした後、残留原油から発生したガスが空のタンクにこもり、ガスの濃度が高まったところに静電気など何らかの火源があって爆発したとみられる。

2.3 **軍需工場で爆発**（アメリカ　ブランズウィック）　2月3日、アメリカのブランズウィックの南40キロにある化学会社の工場で爆発が起こった。少なくとも30人が死亡し、負傷者は100人以上に達するとみられる。同工場は米軍のロケット弾を製造している。

2.6 **地震**（イタリア　トスカーナ）　2月6日、イタリア中部一帯にマグニチュード6の地震が発生、16人が死亡し100人以上が負傷した。最も被害がひどかったのはトスカーナで、7割の建物が倒壊した。イタリアの地震としては1968年に186人の死者を出して以来最大の規模。

2.9 **地震**（アメリカ　ロサンゼルス）　2月9日早朝、アメリカのロサンゼルスからサンフェルナンドにかけてマグニチュード6の激しい地震が起きた。震源はサンフェルナンド・バレーかニューホールで、この付近の被害が最も大きく、6階建ての病院が横倒しになったほか、ゴールデンステート高速道路が崩れ落ちた。付近のバンノーマン湖ダムに決壊の恐れがあったため、周辺の住民8万人が13日まで避難した。死者64人、負傷者1000人。全壊1300棟、3000人が家を失った。

2.14 **トンネル内で列車炎上**（ユーゴスラビア　ゼニツァ（現・ボスニア・ヘルツェゴビナ））　2月14日、ユーゴ中部の工業都市ゼニツァ近くのトンネルを通過中の列車が、出口近くで突然火災を起こし、33人が死亡、120人が負傷。ディーゼル機関車と客車が炎上したもので、トンネルの中だったため被災者の大半は一酸化炭素中毒。

2.21 **旋風**（アメリカ　ミシシッピ州,ルイジアナ州）　2月21日、アメリカのミシシッピ州西部とルイジアナ州北東部が旋風に見舞われた。被害の中心はミシシッピ川のデルタ地帯で、ルフロール郡とインバネスの町で最も多くの死者が出た。この旋風はメキシコ湾で暖められた季節外れの異常低気圧が原因。24日の時点で死者97人、負傷者は数百人、被害は12億円を越えるとみられる。

2.25- **豪雨**（ブラジル　リオデジャネイロ,サンパウロ）　2月25日から3日間にわたり、ブラ

ジルのリオデジャネイロとサンパウロを襲った集中豪雨と洪水で、3月1日までに129人が死亡、4万人が家を失った。

3.18 大地滑り(ペルー　チュンガル)　3月18日、ペルーのリマの北約100キロの町チュンガルで弱い地震に伴って地滑りが起こった。地震によって山頂の一部がダムの人造湖に落ち込み、切れた堤防から水が流れ出て地滑りを引き起こしたとみられる。21日の公式発表では259人が死亡、60人が負傷。

3.20 祭りの花火暴発(スペイン　バレンシア)　3月20日夜、スペイン中部の地中海に面した港町バレンシアで、名物の春祭りの催し物の花火が暴発した。広場に集まっていた約20万人の大観衆の中に火の玉が突っ込み、直撃を受けた2人が死亡、群集の混乱でもみくちゃになって176人がけがをした。けが人のうち35人は重傷。

3.27 大型タンカー沈没(アメリカ　ノースカロライナ州)　3月27日、アメリカのノースカロライナ州ハテラス岬沖200キロで、アメリカのタンカーがまっぷたつに折れて沈没、20人が行方不明になったほか、大量の石油が流出した。同船は2万8000klの石油を積んでテキサス州ポートアーサーからボストンへ向かう途中だった。

4.1 市街火災(フィリピン　マニラ)　4月1日夕方から深夜にかけ、フィリピン・マニラ市内の人家密集地帯で火災があった。7時間も燃え続け、7万人近くが焼けだされた。

4.5 軍輸送機墜落(フィリピン　マニラ)　4月5日早朝、フィリピン空軍のC47輸送機が、フィリピンのマニラ北方72キロのバサ空軍基地を飛び立ったあとに墜落、軍関係者と家族37人が死亡、1人が救出されたが重傷。

4.26- 寒波と洪水(ブラジル　バヒア地方,サンパウロ)　ブラジル北部のバヒア地方が大洪水に襲われ、一方南部のサンパウロ地域は寒波に襲われ、4月28日までの3日間で合わせて140人以上が死亡した。

4.28 軍輸送機火災(ブラジル　マナウス)　4月28日、ブラジル空軍のDC6輸送機が、ブラジルのアマゾン川のジャングル地帯の町、マナウスの空港で火災を起こし、乗っていた83人のうち27人が死亡した。同機はリオデジャネイロに向けて同空港を離陸したが、その直後エンジン部分が火を噴き、緊急着陸した。

5.10 ダムにバス転落(韓国)　5月10日朝、韓国・京畿道加平郡の北漢江沿いの道路を走っていたバスが、10m下のダムに転落した。11日昼までに76人が死亡、14人が救助された。

5.12 地震(トルコ　ブルドル)　5月12日午前8時26分、トルコのイスタンブール南東600キロのブルドル地区でマグニチュード8の地震が発生した。100人が遺体で発見された。

5.22 地震(トルコ　ビンゴル)　5月22日夜、トルコのイスタンブール東方1370キロのビンゴル州を中心に、マグニチュード6.7の強い地震があった。震源はイスタンブールの東約1050キロの地点。建物の大部分が破壊され、23日夜までに800人以上が遺体で発見された。

5.23 旅客機墜落・炎上(ユーゴスラビア　リエカ(現・クロアチア))　5月23日、ユーゴスラビアの航空会社のツポレフ134型旅客機が、アドリア海北部沿岸のリエカ空港に着陸しようとした際、失速して墜落、炎上した。乗員乗客84人のうち79人が死亡した。

1971

5.25　群衆にトラック突入（インド　バレム村）　5月25日、インドのハイデラバードから128キロのバレム村で、トラックが、宗教儀式に参加していた300人の群衆に突っ込み、69人が死亡、53人が負傷した。

5.27　旅客列車と貨物列車正面衝突（西ドイツ（現・ドイツ）ルール地方）　5月27日夜、西ドイツのルール地方のブッパータル近郊で、旅客列車と貨物列車が正面衝突し、乗客47人が死亡した。

5.27-　難民キャンプでコレラ（インド　カリンプール）　インドのカリンプールにある東パキスタン難民キャンプでコレラが発生し、5月28日から29日までの間に150人が死亡、30日までには死者300人に達した。西ベンガル州ナディア地区の東パキスタン難民キャンプでも、5月27日から6月1日までの5日間に800人がコレラで死亡した。6月5日には死者8000人に達し、インド政府はナディア州の東パキスタン国境を閉鎖。6月7日にはコルカタに流れ込んだ難民からコレラ患者が発見された。

6月　コレラ（チャド/フィリピン/ケニア）　チャドでコレラが発生し、6月5日までの数日間に400人以上の死者が出た。フィリピンのミンダナオ島南部では、6月19日までの2ヶ月間にコレラで100人以上が死亡した。ケニア北西部のツルカナ地区でもコレラが集団発生し、16人が死亡、212人が治療を受けた。

6.6　旅客機と海軍機空中衝突（アメリカ　ロサンゼルス）　6月6日夕、アメリカのロサンゼルスの東約32キロの山岳帯上空で、48人の乗ったジェット旅客機と米海軍のF4ファントム戦闘爆撃機が空中衝突、両機とも炎上して墜落した。旅客機の48人は全員死亡、海軍機のレーダー手は救出されたがパイロットは行方不明。

6.10　列車脱線（アメリカ　イリノイ州）　6月10日正午過ぎ、アメリカのイリノイ州セーレムの近くで、シカゴ発ニューオーリンズ行きの列車が脱線転覆し、13人が死亡、99人が負傷した。

6.12　フェリー沈没（フィリピン）　6月12日午後、フィリピンのコレヒドール島へ出かける観光客を乗せたフェリーがマニラ湾を航行中、カバリョ島近くで転覆・沈没した。28人が死亡、16人が行方不明となり、84人は救助された。

6.30　ソユーズ11号事故（ソ連（現・ロシア））　6月30日、ソ連の宇宙船ソユーズ11号に乗っていた3人の飛行士が、帰還の途中に事故死した。29日、同宇宙船は史上初の有人宇宙ステーションとして、24日間の飛行計画を全て完了し着陸態勢に入った。予定地点への軟着陸は順調だったが3人は船内で死亡。後日、3人の死亡原因は、宇宙船の密閉の失敗により、降下中の船内で気圧が急速に低下したことであるとされた。

7.8　地震（チリ　サンチアゴ/アルゼンチン）　7月8日午後11時5分、チリのサンチアゴ市で激しい地震があった。地震の規模はマグニチュード7.6で、震源はサンチアゴの北96キロの地点。9日までに、74人が死亡、460人が重軽傷。最も被害の大きかったのは太平洋岸の港湾都市バルパライソ。

7.17　豪雨（韓国　ソウル）　7月17日未明、韓国のソウル市を中心とする中部地方が雷を伴う記録的な集中豪雨に見舞われ、18日までに死者行方不明者が37人、32人が重軽傷を負った。

7.21　国際急行列車脱線・転覆（西ドイツ（現・ドイツ）ラインワイラー）　7月21日、ス

イス国境に近い西ドイツのラインワイラー付近のカーブで、バーゼル発コペンハーゲン行きの国際急行列車が脱線、電気機関車と客車6両が土手下に転落、線路脇の民家1棟を壊した。25人が死亡、約100人が負傷。カーブでスピードを落とさなかったのが原因ともみられる。

7.25- 豪雨（韓国 忠清、全羅） 7月25日から26日にかけ、韓国中西部の忠清、全羅地方が集中豪雨に見舞われ、河川の氾濫や山崩れが続出、27日までに57人が死亡、4人が行方不明、43人が重軽傷を負った。

7.28 原発で火災（スイス ミューレベルク） 7月28日夜、スイスのベルンに近いミューレベルクの原子力発電所で、タービン室に火災が起こり、同発電所は無期限閉鎖となった。タービン潤滑系統で発生した火災は2時間半燃え続けたが、原子炉は火災発生から30秒後に自動的に閉鎖。同発電所は3月に試運転に入り、10月に営業運転に入る予定だった。

7.29 地滑り（アフガニスタン ケンジャン峠） 7月29日、アフガニスタンのヒンズークシ山脈にあるケンジャン峠で地滑りが起こり、貯水池から溢れた水が近くの村を押し流し1000人以上が死亡した。

7.30 軍輸送機墜落（フランス ポー） 7月30日、フランス軍用輸送機が同国のポーで離陸に失敗して墜落・炎上した。乗っていた37人が死亡した。

8月- 豪雨で洪水（インド） インドで10日間続いた豪雨により、ガンジス川が各所で決壊するなどして8月24日までに50人が死亡、200万近くの人が家を失ったほか、23日には救済キャンプに発生したコレラで100人が死亡した。被害はさらに拡大し、9月初めには西ベンガル州では1000万人が家を失い、約70人が死亡。9月3日にあらたにナディア地区が洪水に見舞われた。

8月 台風19号（韓国 三陟） 8月上旬、台風19号によって韓国東海岸部が集中豪雨に見舞われ、6日午後までに21人が死亡、4人が負傷。特に被害の大きかった三陟では雨量が442ミリを記録し、山崩れで9人が死亡、1人が重傷を負った。

8.11 旅客機墜落（ソ連（現・ロシア） イルクーツク） 8月11日、ソ連のオデッサからウラジオストックに向かっていたソ連国内線のジェット旅客機TU104が、シベリアのイルクーツク空港で離陸直後に墜落、乗客乗員97人全員が死亡した。

8.13 卵などにPCB検出（アメリカ） 8月13日、アメリカ食品医薬局が卵PCB汚染の疑いが濃いとして卵6900ダースと、猫の保存飼料約2トンの回収を全米に指示した。許容量0.5ppmに対し、卵は最高1.9ppm、猫の飼料は最高3ppmを検出。

8.16- 台風21号で客船転覆（香港） 8月16日から17日にかけ、香港は台風21号の直撃を受けた。この台風で、避難停泊中の客船の錨が切れて漂流し転覆、乗組員80人が行方不明となった。2000人以上が家を失い、船舶30隻が衝突・沈没などの被害を受けた。17日午前2時前には最大瞬間風速61.7mを記録し、雨量が300ミリを越えた。

8.18 軍用ヘリコプター墜落（西ドイツ（現・ドイツ） ペグニッツ） 8月18日、訓練飛行中の西ドイツ駐留米軍のCH47ヘリコプターがペグニッツの近くで空中爆発を起こして墜落し、乗っていた38人全員が死亡した。

8.28 フェリー火災（イタリア アドリア海） 8月28日早朝、ギリシャのパイリアスから

乗客約1000人を乗せてイタリアのアンコナ港に向けて航行していたギリシャの大型フェリーが、イタリア東南部沖合40キロのアドリア海で火災を起こした。乗客は次々と海に飛び込み、850人が救助され、30人以上が死亡した。火災の原因は、船の調理室の圧縮液体ガスが爆発して全体に延焼したこととみられる。

9.4 旅客機山に墜落（アメリカ　アラスカ州）　9月4日、アラスカ・アンカレッジ発コルドバ、ヤクタト経由ジュノー行きのアメリカの航空会社のボーイング727型機が、ジュノーから約64キロの山中に墜落した。日本人1人を含む乗員乗客111人が死亡。

9.6 ジェット旅客機不時着失敗（西ドイツ（現・ドイツ）　ハンブルク）　9月6日午後、チャーター機BAC111双発ジェット旅客機がスペインのマラガに向けて西ドイツ・ハンブルクのフールスビュテル空港を離陸した直後、近くのアウトバーンに激突して爆発、炎上した。乗員5人、乗客115人が乗っていたが、18人が死亡、42人が重傷を負った。同機は離陸直後に片方のエンジンに故障をおこし、空港から10キロ離れたアウトバーンに不時着を試みたが失敗したとみられる。

9.13 自動車多重衝突（イギリス　セルウォール）　9月13日、イングランド北東のセルウォール付近のハイウェイで、濃霧のため車200台が次々と衝突し、9人が死亡、61人が負傷した。

9.16 航空機墜落（ソ連　ウクライナ共和国（現・ウクライナ）キエフ）　9月16日朝、ハンガリーの民間定期航空機がウクライナのキエフ近郊で墜落し、乗員乗客49人全員が死亡した。TU134型機で、ブダペストからキエフに向かっていた。

9.22- 台風（台湾）　9月22日夜から23日朝にかけ、台湾を襲った台風で、台北、基隆、苗栗など北部の各地が大きな被害を受け、23日朝までに死者11人、負傷者28人。

10.2 旅客機墜落（ベルギー）　10月2日、ロンドン発ザルツブルグ行きのイギリスの航空会社のターボプロップ旅客機が、ベルギーのブリュッセルを離陸後、ゲント西方24キロ付近に墜落し、日本人一家4人を含む乗客乗員63人全員が死亡。

10.13 旅客機墜落（ソ連（現・ロシア）　モスクワ）　10月13日夜、アエロフロートのTU104双発旅客機がキエフに向けてモスクワ空港を離陸直後、墜落した。乗客18人、乗員2人の20人全員が死亡。同機は離陸直後空中で爆発したとみられる。

10.19 老人ホームで火災（アメリカ　ペンシルバニア州）　10月19日夜、ペンシルバニア州ホーンズデールにある老人ホームで火災があり、入居者15人全員が死亡した。火元は洗濯室からとみられる。

10.21 ショッピングセンターでガス爆発（イギリス　グラスゴー）　10月21日午後、スコットランドのグラスゴー市郊外にある高級住宅地のショッピングセンターでガス爆発事故が発生した。ビルが崩れ落ち、死者13人、負傷者100人を出した。

10.24 台風（南ベトナム（現・ベトナム）北部）　10月24日、南ベトナム北部を台風が襲った。これにより、家屋数千が破壊され、3つの米軍基地で125機に損害が出たほか、米兵13人を含む36人が死亡、米兵21人を含む数百人が負傷。

10.29 サイクロン（インド）　10月29日、ベンガル湾を風速40m以上のサイクロンとともに4.5mの高潮が襲い、インドのオリッサ州カタック周辺に大きな被害を与えた。11月1日までに死者は5000人を越えたが、一部では1万人に達するとも予測され、負傷者

や家を失った人も数千人に達した。

10.30 ボタ山崩壊(ルーマニア チェルテジ・サカリム) 10月30日、ルーマニア西北地方にあるチェルテジ・サカリムの炭鉱で、ボタ山が崩れ、事務所や住宅など建物数個が押しつぶされて死者45人と負傷者89人を出した。

11.9 空軍機墜落(地中海 ティレニア海) 11月9日、ピサからサルディニアに向かっていたイギリス空軍の大型輸送機C130型機が、地中海のティレニア海に墜落、52人が死亡。

11.20 高架道路が崩落(ブラジル リオデジャネイロ) 11月20日正午ごろ、リオデジャネイロ市内の立体交差点で建設中の高架自動車道路が突然崩れ落ち、下の道路を走っていたバスや自動車、通行人が下敷きになった。10人が死亡、30人が負傷。

11.21 連絡船沈没(フィリピン) 11月21日夜、フィリピンのレイテ島とセブ島を結ぶ連絡船が荒天のため転覆して沈没、94人は助かり、16人が遺体で見つかったほか、50～90人が行方不明になった。この船は定員11人に対し、約200人を乗せていた。

12.21 アパート爆発(フランス アルジャントゥイユ) 12月21日、パリ西北アルジャントゥイユの13階建アパートでガス爆発があり、消防士1人を含む6人が死亡、45人が負傷した。

12.22 旅客機墜落(ブルガリア ソフィア) 12月22日、ブルガリアの航空会社のイリューシン18型旅客機が、ソフィア空港を離陸直後に墜落、乗員乗客73人のうち28人が死亡した。

12.25 ホテル火災(韓国 ソウル) 12月25日午前10時過ぎ、韓国のソウル市内にある21階建高級ホテル大然閣2階のコーヒーショップから出火、火は階段やエレベーターを伝わって延焼し、全館が炎に包まれた。火は出火から13時間後の25日午後11時ごろに鎮火。日本人10人を含む158人が死亡。ホテル2階にあるコーヒーショップでのガス漏れが原因で、非常階段がないなど、防火設備が法的基準に達していなかったことが判明した。

〈 1972 〉

1月- 油送管壊れ原油流出(中東 ペルシャ湾) 1月初め、イタリアとアメリカの共同経営する石油会社の海底油田の送油管が壊れ、2月1日までの22日間に約1万バレルの原油がペルシャ湾に流れ込み、ペルシャ湾一帯に油膜が広がった。

1.6 弾薬集積所で爆発(バングラデシュ) 1月6日、ダッカの北西でインド国境に近いジナジブル地区にある旧パキスタン軍の弾薬の集積所で連続爆発が起こり、およそ200人が死亡した。

1.7 旅客機山に墜落(スペイン) 1月7日、バレンシアからバレアレス諸島イビサ島に向かったスペインの航空会社のキャラベル旅客機が、イビサ島の飛行場に着陸寸前、同島のアタラヤサ山に墜落した。乗客98人、乗員6人の計104人全員が死亡した。

1972

1.9　元クイーンエリザベス号火災（香港）　1月9日正午前、香港ビクトリア港外に停泊中の元イギリス豪華客船クイーン・エリザベス号の上部甲板付近から出火。改装のため大量の塗料を使用していたことから燃え広がり、一昼夜にわたり燃え続け、10日正午前に沈没した。船上で働いていた200人あまりのうち10人が重軽傷。

1.22　密造酒にメチルアルコール（インド　ニューデリー）　1月22日、ニューデリー市内のスラム街での結婚式の宴会で、密造酒が原因の集団中毒が発生し、23日までに70人が死亡、十数人が重体。メチルアルコールが入っていたとみられる。

2.9　雪崩（イラン　アルダカン）　2月9日夜、イランのエスファハン地方アルダカン近くのアルダ村が雪崩で埋没し、4000人が行方不明となった。同村は8mの雪で覆われ、連絡は途絶した。

2.14　プラスチック工場で爆発（フィリピン　マニラ）　2月14日午後4時ごろ、マニラの人口密集地域にあるパンダカン地区のプラスチック工場で爆発が起こり、工場と付近の小学校、民家約20軒が破壊され、16人が死亡、70人が負傷した。

2.24　ビル火災（ブラジル　サンパウロ）　2月24日午後2時ごろ、サンパウロ市中心街の26階建てビルの6階付近から出火、急速に上層階に広がった。火災発生当時建物内には買い物客ら1500人がいたとみられ、ヘリコプター20機で400人が救出されたほか、約80人が死亡。

2.26　豪雨でダム決壊（アメリカ　ウェストバージニア州）　2月26日、ウェストバージニア州南部で、豪雨によりダム、堤防が決壊してロラードなどの町が押し流され、37人が死亡した。同地方ではそれまでの3日間豪雨が続いており、バッファロー・クリークの支流、エルク・リック川のダム、堤防が決壊して谷間の町に流れ込んだもの。

3月－　天然痘（ユーゴスラビア）　3月初め、ユーゴスラビアで40年ぶりに天然痘患者が発生、4月1日までに21人が死亡、141人が感染しており、感染の疑いがあるとして440人が隔離された。29日、西ドイツのハノーバー市にいたユーゴスラビア人が天然痘患者と判明し、この人物に接触した430人を隔離した。

3月－　密造酒にメチルアルコール（インド　ニューデリー）　3月末、ニューデリー市内でメチルアルコール入りの酒が出回り、4月3日の時点で50人が死亡、29人が入院した。9人が逮捕され、2軒の酒類販売店の販売許可が取り消された。

3月　水銀中毒（イラク）　3月、干ばつで食料不足に見舞われているイラクで、水銀で消毒された種用の小麦を食用や家畜飼料として使用したために水銀中毒が発生。数千人が被害を受け、死者も1000人を超えるとみられる。また、原因が麦と判明したあとそれが川に捨てられたために河川の汚染も発生、イラク政府は家畜と魚の販売と食用を禁止した。

3.8　トラック転落（イラク）　3月8日、イラン東南部のラフサンジャンにあるホールランド川に、80人乗りのトラックが転落、5人は救助されたが75人が行方不明になる事故があった。

4.5　暴風（アメリカ　バンクーバー）　4月5日午後、アメリカ・ワシントン州のバンクーバー市を襲った暴風で、6人が死亡、学校など3戸が倒壊し、約100人が負傷した。他に家屋の被害は約100戸、隣のオレゴン州ポートランド市でも被害が出たとみられる。

1972

4.10 地震(イラン シラズ)　4月10日午前5時38分、イラン南部のザグロス山脈を震源とするマグニチュード7の地震が発生。12日までに1539人が死亡、3530人が行方不明になった。

4.10 雪崩(ネパール)　4月10日、ネパールのマナスル峰の6500m地点で雪崩が発生し、登頂を目指していた日本人カメラマン1人を含む韓国の登山隊5人とシェルパ10人が死亡した。

4.12 旅客機山に墜落(ブラジル サンパウロ)　4月12日夕方、サンパウロ空港に着陸寸前に消息を絶ったYS11型旅客機が、サンパウロの北約80キロの山中に激突しているのが発見され、乗客乗員25人全員の死亡が確認された。

5月- ベビーパウダーに毒(フランス アルデンヌ地方, パリ地区)　フランスのアルデンヌ地方およびパリ地区で、8月29日までに22人の乳幼児がいずれも激しい下痢、神経障害、異常発疹のあげく死亡した。ベビー・パウダーに防腐剤として添加されていたヘキサクロロフェンが原因。

5月 猛暑(インド)　5月、インドは北部、西部、南部の各地で連日40度を超える猛暑が続き、5月22日までに362人が死亡した。もっとも被害が大きかったのはビハール州で、223人が死亡した。摂氏47度を記録したウッタル・プラデシュ州でも111人が死亡。

5.2 銀山で火災(アメリカ ケロッグ)　5月2日、アイダホ州ケロッグにあるアメリカ最大の銀鉱サンシャイン鉱山で火災が発生した。5月10日までに47人が死亡したが、同日、2人の生存者が救出された。

5.5 旅客機墜落(イタリア シチリア島)　5月5日、イタリアの航空会社のDC8型ジェット旅客機が、ローマからシチリア島の首都パレルモへ向かう途中墜落、乗員乗客115人全員が死亡した。

5.24 船舶火災(インドネシア ジャカルタ)　5月24日未明、ジャカルタのタンジュン・プリオク港内で船舶火災が発生、漁船など7隻が燃え、午後2時までに27人が死亡、37人が負傷した。

6.6 炭鉱で爆発(ローデシア(現・ジンバブエ))　6月6日午前10時ごろ、ブルワヨの北320キロにあるウォンキー炭鉱で爆発があり、459人が生埋めになった。7日、救出作業用の換気口内で2度の爆発が起こったため救援作業が断念され、生存の可能性はなくなった。

6.9- 豪雨(アメリカ サウスダコタ州)　6月9日夜から10日朝にかけて、ブラックヒルズを中心に豪雨に見舞われた。ラピッド市周辺が洪水に襲われ、10日の段階で155人が死亡、500人以上が行方不明になった。

6.14 日航機墜落(インド ジャイトゥール)　6月14日午後8時20分、インドのニューデリー・パラム空港の東南東約24キロのジャイトゥールで、バンコク発ロンドン行きの日本航空のDC8型機が着陸直前に墜落、日本人10人を含む乗員乗客89人のうち86人が死亡したほか、墜落現場付近で働いていた地元民4人が巻き添えで死亡。日本の航空会社が国外で起こした最初の墜落事故となった。

6.15 ジェット機空中分解(南ベトナム(現・ベトナム) ブレーク)　6月15日、バンコクから香港に向かっていたキャセイ航空のコンベアジェット機が、南ベトナムのブレー

1972

ク付近で空中分解して墜落した。日本人17人を含む乗員乗客81人全員が死亡した。爆発物によるものとみられる。

6.16 **ディーゼル列車同士衝突**（フランス　ソワッソン）　6月16日夜、フランス・パリ北西96キロのソワッソン近くで、パリ発の6両編成ディーゼル列車とラーン発パリ行2両編成ディーゼル列車がトンネル内で正面衝突した。17日朝までに死者39人、負傷者80人が収容されたが、列車内で20人以上が遺体で発見されており、死者は60人を越えるものと予測される。衝突の原因はトンネル内でくずれた土砂が線路を塞いだためとみられる。

6.16- **豪雨**（香港）　6月16日から香港に大雨が続き、各地で土砂崩れや地滑りなどが発生。18日には官塘で約200人が生埋めとなり、19日までに官塘地区で死者54人、行方不明者50人、負傷者80人。中心部ビクトリア地区では12階建てのアパートが倒壊、12人が死亡し日本人3人を含む64人が下敷きになって行方不明になった。

6.18 **機長心臓発作で旅客機墜落**（イギリス　ロンドン）　6月18日午後5時過ぎ、イギリスの航空会社のトライデント機がロンドンのヒースロー空港からブリュッセルに向かって離陸した数分後に墜落、アイルランドの財界要人らを含む乗員乗客118人全員が死亡した。事故原因については、同機の下げ翼（ウイング・フラップ）が元に戻るのが早すぎ、上昇が妨げられたためとみられていたが、1973年5月9日の調査報告書で、事故原因が機長の心臓病の発作で、副操縦士が直ちに適切な処置を取らなかったために事態が悪化したことが明らかになった。

6.21- **ハリケーン「アグネス」**（アメリカ　東海岸）　6月21日からハリケーン「アグネス」の影響で豪雨が続き、バージニア州からペンシルバニア州、ニューヨーク州にかけて各地で洪水が発生、25日までに約100人が死亡した。とくに被害のひどかったペンシルバニア州では32人が死亡、13人が行方不明となり、25万人が家を失った。被害額は同州だけで10億ドル（約3080億円）。

6.28 **タンカー爆発**（インド　ボンベイ（現・ムンバイ））　6月28日、ボンベイの修理ドックで修理中のタンカーが爆発し、27人が死亡、42人が重傷を負った。溶接作業中にボイラー室から出火したものとみられる。

7月- **豪雨**（フィリピン　ルソン島）　フィリピンのルソン島全域は相次いで台風による豪雨による洪水や地滑りの被害を受けた。台風8号により7月12日までに32人が死亡。17日には台風7号の影響で豪雨に見舞われ、19日朝までに64人が死亡。21日から22日夜にかけてもまた豪雨に見舞われ、12万世帯、70万7000人が家を失った。8月3日までに350人あまりが死亡。

7月- **コレラ**（フィリピン　ルソン島）　モンスーンによる水害に見舞われていたルソン島中央部のパンパンガ州カンタバ町でコレラが発生し、8月3日までに13人が死亡、患者6000人が出た。

7月 **豪雨**（ネパール）　ネパール北西部で豪雨が続き、7月12日までの2週間に、洪水と地滑りのため45人が死亡した。29日までに被害は大きくなり、250人が犠牲となった。

8月 **豪雨**（韓国　ソウル）　8月中旬、ソウル地方が豪雨に見舞われ、19日午前11時にはソウルでの雨量が438.4ミリに達した。ソウル金浦空港では、飛行機の離着陸が不能となり、京釜高速道路も通行止めとなった。20日午前7時の時点で死者276人、行方不

1972

明者68人となり、159人が負傷、約10万人が被災した。

8月 **小麦種モミで水銀中毒**（イラク） この年8月までに、イラクで6500人がメチル水銀中毒で入院した。1973年7月、原因はアメリカで水銀殺菌されたメキシコ産小麦の種モミを誤って食べたことで、患者のうち459人が死亡したことが明らかにされた。

8.3 **フェリー火災**（フィリピン バシラン市沖合） 8月3日、フィリピン南部のバシラン市沖合で乗客約190人を乗せたフェリーボート（70トン）が火災を起こし、80人は救助されたが、少なくとも28人が死亡、80人以上が行方不明になった。

8.11 **竜巻**（オランダ アメランド島） 8月11日朝、オランダ北東の北海の小島アメランド島で竜巻が起こり、2人が死亡、400人が負傷した。同島はキャンプ地として知られ、夏休みのキャンプ客で賑わっていた。

8.14 **旅客機墜落**（東ドイツ（現・ドイツ） ケニヒスウェストルホイゼン） 8月14日夕方、東ドイツの航空会社のイリューシン62旅客機がベルリンのシェーネフェルト空港を離陸直後、ベルリン南西のケニヒスウェストルホイゼン付近に墜落、乗員乗客156人全員が死亡した。貸切でベルリンからブルガリアの避暑地ブルガスに向かう予定だった。

8.27 **砂嵐で自動車衝突**（アメリカ ベーカーズフィールド） 8月27日夕方、ロサンゼルス北方150キロのベーカーズフィールドの南部の国道5号、国道99号が突如土砂嵐に襲われて視界ゼロとなり、合計80台の車が衝突事故に巻き込まれ、7人が死亡、91人が重軽傷を負った。

8.27 **航空機墜落**（ベネズエラ シウダ・ボリバール） 8月27日、ベネズエラ航空のDC3機がシウダ・ボリバールの南で墜落し、24人が死亡した。同機は世界で最も高いサルト・デル・アンヘル大滝の見物飛行からの帰路で、離陸直後2つのエンジンのうち1つが故障し墜落したもの。

9.8 **バス湖に転落**（カンボジア プノンペン） 9月8日、プノンペンから約6キロの湖に満員のバスが転落し、50人以上の乗客が死亡した。対向車線から来た軍用トラックをさけようとして路肩を踏み外したもの。

9.16 **木製の橋崩落**（フィリピン ナガ市） 9月16日午後、マニラ南東260キロのカマリネ地方ナガ市で、川のお祭りのパレードを見物していた群衆数百人の重みで木橋が崩れ落ち、72人が死亡した。木橋は幅6m、長さ40m。

9.29 **列車脱線**（南アフリカ共和国） 9月29日夜、ケープタウン北東約64キロのマルメスベリー付近で、9両編成の列車が脱線、100人が死亡し、80人が負傷した。

10.6 **旅客列車転落**（メキシコ サルティーヨ） 10月6日、巡礼客を乗せてレアルデカトルセからサンルイスポトシに向かっていた旅客列車が、サルティーヨの南約10キロのモレノ橋の上で脱線、転落、炎上し、206人が死亡、約1100人が負傷した。途上で乗務員らが乗車券を持たない女3人を機関室に乗せ、機関室内で女が持参していたテキーラを飲んでいた。

10.13 **ウルグアイ空軍機571便遭難**（チリ） 10月13日、45人を乗せたウルグアイの軍用双発プロペラ機フェアチャイルドFH-227Dがアンデス山脈付近で行方不明になった。同機はアンデス山脈の山の中腹に激突墜落していたが、捜索でも手がかりが見つ

103

からず、全員が絶望視され、10日後に捜索は打ち切られた。しかし12月21日、救助を求めて山を下りてきた2人の生存者が発見された。22日には墜落現場で16人の生存が確認され、23日までに全員が救助された。生存した人たちは、先に死亡した29人のうちの一部の乗客の遺体を食べて生き延びていた。

10.14　百貨店でガス爆発（香港　銅鑼湾）　10月14日午後2時45分ごろ、銅鑼湾パターソン街にある香港大丸百貨店1階の化粧品売り場奥の商品置き場付近で突然大爆発が起きた。消防士ら2人が死亡、200人以上が重軽傷を負った。ガス漏れ修理中に作業員がガス中毒になり、これを救出に入った消防士が電気をつけようとして爆発したものとみられる。

10.14　旅客機墜落（ソ連（現・ロシア））　10月14日午後、レニングラードからモスクワに向かっていたチャーター便のイリューシン62型機が、モスクワのシェレメチェボ空港から約5キロ離れた村付近に墜落、乗員乗客176人が死亡した。事故当時は小雨で視界も悪かったが、爆弾が爆発したとの疑いもある。

10.21　旅客機海に墜落（ギリシャ）　10月21日夜、ギリシャの航空会社のYS11機がアテネ空港着陸寸前に海中に墜落した。16人が救助され、37人が死亡。着陸に失敗したとみられる。

10.27　旅客機墜落（フランス　ノワレターブル）　10月27日夜、フランスのノワレターブルから約5キロの山頂に、フランス国内航空のバイカウント機が墜落した。28日未明までに生存者9人が確認されたが、59人が死亡したとみられる。

10.30　通勤列車衝突（アメリカ　シカゴ）　10月30日朝、通勤列車が衝突し、43人が死亡、300人以上が負傷した。二十七番街駅に方向転換のためバックして入ってきた4両編成の列車に、同じ駅を出発した6両編成の列車が衝突したもので、事故当時は朝のラッシュアワーのピークだった。

11.15　輸送船沈没（ギリシャ　エーゲ海）　11月15日、エーゲ海のエイナ湾で、ギリシャのタンカーが同国の海軍輸送船と衝突、輸送船が沈没し40人が死亡した。

11.29　日航機墜落・炎上（ソ連（現・ロシア）　モスクワ）　11月29日午前1時50分、モスクワのシェレメチェボ空港から東京に向かって離陸した日本航空のDC-8型機が、離陸直後に片方のエンジンから火を噴いて墜落・炎上し、日本人52人を含む乗員乗客76人のうち、日銀理事など62人が死亡した。

12.2　市民会館炎上（韓国　ソウル）　12月2日夜、韓国のソウル市民会館が全焼した。4階建の会館では民間放送主催で歌手歌謡大会が行われていた。4日の時点で死者52人、負傷者67人。出火後、脱出しようとして出口に殺到し、圧死した観客もいたとみられる。出火の原因は、舞台の電気照明飾りの加熱によるものと発表された。

12.3　旅客機墜落（スペイン　大西洋カナリア諸島テネリフェ島）　12月3日、スペインのチャーター専門の航空会社のコンベア990型機が、カナリア諸島のテネリフェ空港から西ドイツのミュンヘンに向けて離陸した直後に墜落、乗員乗客155人全員が死亡した。

12.3-　台風（フィリピン　ミンダナオ島）　12月3日から4日にかけて、ミンダナオ島を襲った台風により、北部の東ミサミス州だけで4日朝までに169人が死亡した。

1972

- **12.8** 旅客機住宅街に墜落(アメリカ　シカゴ)　12月8日午後2時半ごろ、アメリカの航空会社のボーイング737型機が、シカゴのミッドウェー空港に着陸直前に住宅地に墜落、数件の家に突っ込んで大破、さらに爆発して炎上した。同日夕方までに46人の死亡が確認された。

- **12.10** 急行列車が貨物列車に衝突(ブルガリア　バルナ地区)　12月10日、ブルガリアのバルナ地区のベンチャン駅で列車衝突事故が起こり、26人が死亡、10人が負傷した。信号手の操作ミスが原因で、急行列車が貨物列車に衝突したもの。

- **12.16** 市街火災(ビルマ(現・ミャンマー)　メルグイ)　12月16日、ビルマの南部海岸沿いの町メルグイで1民家の台所から火災が発生、海風に煽られて15時間も燃え続け、民家7000戸が焼失、4万人が焼きだされた。消火にあたった消防士5人が死亡。

- **12.23** ニカラグア・マナグア地震(ニカラグア　マナグア)　12月23日午前0時40分ごろ、ニカラグアの首都マナグアでマグニチュード6.25の直下型地震が発生した。建物のほとんどが倒壊し、市内の3分の1が炎に包まれ、火は24日になってもくすぶり続けた。25日にはマグニチュード6の余震が発生。27日にはチフスが発生した。31日、救援物資を積載したDC7プロペラ機がプエルトリコのサンファンを離陸した直後に海上に墜落。同機には同地を拠点に救援活動を指揮していた米大リーグのピッツバーグ・パイレーツ外野手ロベルト・クレメンティなど5人が乗っていた。1973年1月5日、犠牲者約4000人の遺体が埋葬されたが、なお6000～1万人の犠牲者が瓦礫の下敷きになっていると発表された。6日夜、同国駐在米国領事が地震を原因とする神経症のため自殺。8月23日までの同国政府の調査によると、死者1万人、負傷者2万5000～3万人、家屋全半壊5万3000戸、住居喪失者22万～25万人、被害総額は10億ドルとみられる。

- **12.23** 旅客機墜落・炎上(ノルウェー　オスロ)　12月23日、ノルウェー国内線の双発ジェット旅客機が、オスロのホーネブ空港着陸直前に墜落、炎上した。乗員乗客45人のうち39人が死亡、6人が救助された。濃霧のために着陸に失敗したとみられる。

- **12.29** エアバス湿地帯に墜落(アメリカ　エバーグレーズ国立公園)　12月29日夜、ニューヨークからマイアミに向かっていたアメリカ国内線のロッキード1011(エアバス)が、マイアミ国際空港近くのエバーグレーズ国立公園の湿地帯に墜落、大破した。湿地帯だったことが幸いし、乗員176人のうち99人が死亡、77人が救助された。事故当時の飛行条件は良好で、事故原因は不明。

- **この年** 干ばつで飢饉(インド)　この年の雨季、インドが10年に一度ともいわれる記録的な干ばつに見舞われて全国21州のうち14州が被害を受け、1972年から73年にかけて約2億人が飢餓線上にさらされる事態に陥った。また、食糧と職を求める農民が大量に都市部に流入、各地で食糧暴動やデモが続発、ボンベイを中心とするマハラシュトラ州では73年6月までに暴動による死者12人、負傷者は200人以上に達した。慢性的に食糧不足に悩まされるインドでは以前から緑の革命など積極的な食糧増産に取り組んでおり、1970～71年度には食糧生産量が史上最高の1億800万トンを記録してガンジー首相が「食糧自給体制が確立された」と宣言、印パ戦争以来関係が冷却化していたアメリカからの小麦輸入予約を取り消したが、1971～72年度には1億400万トン、72～73年度には9600万トンに減少、深刻な食糧不足に対処するため650万トンの小麦輸入を余儀なくされた。

この年　コレラ（インドネシア　南スラウェシ州）　インドネシア南スラウェシ州で、8月までの6ヶ月間に344人がコレラで死亡した。

< 1973 >

1月 - 天然痘（インド　西ベンガル州/バングラデシュ）　1月から4月にかけて、インドの西ベンガル州とバングラデシュで天然痘が大流行した。西ベンガル州パーガナ地区では1月上旬から4月上旬の3ヶ月間に966人が死亡、ナジア地区では3月から4月上旬の数週間で154人の感染が確認され41人が死亡した。また、バングラデシュでは1月から4月までに少なくとも3000人が死亡した。また、3月から4月にかけて、インド亜大陸からの入国者が多い英国でも4人の患者が発生、1人が死亡した。

1月 - コレラ（インドネシア　ジャワ島）　1月から6月にかけて、インドネシアのジャワ島西部でコレラが流行、459人が感染し、少なくとも120人が死亡した。最も被害が大きいのはジャカルタの西約3000キロに位置するタンゲランで、6月10日から23日にかけて329人が感染、112人が死亡した。

1月　豪雨と豪雪（中東）　1月中旬、レバノン、シリア、ヨルダン、トルコ、イスラエルが数日に渡る豪雨となり、レバノン山岳地帯の複数の村やシリアのアレッポなどが交通が完全に遮断され孤立状態に陥ったほか、ヨルダン北部、キプロスのキレニア地区、エルサレムなどでも交通がマヒ状態となった。中東では近年にない豪雪で、キレニア地区では最近23年で初めての積雪、トルコのチェスマ地区では50年ぶりの降雪、シリアのネベク地区では気温零下11度を記録した。また、この冬は世界的な異常気象となり、インドで2年連続となる多数の凍死者を出し、アメリカ・カリフォルニア州など北米とカスピ海沿岸が寒波に襲われた。

1.10　旋風（アルゼンチン　サンフスト市）　1月10日、アルゼンチンのサンタフェ北方96キロのサンフスト市で最高風速44mに達する強い旋風が起こり、60人が死亡、530人が負傷したほか、住居、貯水タンク、穀物倉庫などが破壊される被害が出た。

1.22　旅客機着陸失敗・墜落（ナイジェリア　カーノ）　1月22日、ナイジェリア北部のカーノ空港でヨルダン航空のボーイング707型旅客機が着陸に失敗して墜落、33人が救出されたが176人が死亡した。同機はサウジアラビアのメッカへの聖地巡礼から帰るイスラム教徒多数を乗せたチャーター機だった。死者176人は1972年10月13日にモスクワ付近で起きたアエロフロート機墜落事故と並び航空機事故史上最悪。

1.23 - ヘルガフェル火山爆発（アイスランド　ヘイマエイ島）　1月23日早朝から24日にかけて、アイスランド南岸ベストマナエアー諸島のヘイマエイ島でヘルガフェル火山が複数回に渡る激しい爆発を起こし、島民約7000人がアイスランド本土へ避難した。火山活動はその後も続き、2.5キロにおよぶ地割れが生じたほか、3月26日までに住宅300戸や発電所1ヶ所が溶岩に飲み込まれた。同火山は864年にバイキングが同島を発見して以来爆発したことがなく、死火山とみられていた。

1.25　連絡船沈没（韓国　全羅南道珍島郡）　1月25日午後2時半、全羅南道珍島郡智山面深

東里の沖合約500mの海上で、韓国西岸の木浦と珍島を結ぶ木浦ハンソン運輸所属の連絡船ハンソン号（98トン）が暗礁にぶつかり沈没、47人が救助されたが、14人が死亡、48人が行方不明となった。

1.29 **旅客機着陸失敗**（キプロス　キレニア山系）　1月29日夜、キプロスのニコシア空港の北約20キロのキレニア山系でエジプト航空のイリューシン18型ジェット旅客機が墜落、乗客30人乗員7人の全員が死亡した。同機はカイロからの定期便で、南側から同空港に着陸しようとして失敗、反転した後に高さ約700mの山腹に墜落した。

2.7 **攻撃機墜落**（アメリカ　アラメダ）　2月7日午後11時25分、アメリカ・カリフォルニア州の港湾都市アラメダで同国海軍のA7ジェット攻撃機がアパートに墜落、アパートが炎上・倒壊したほか、隣接する2棟も延焼や損壊の被害を受けた。アパートは4階建で27世帯約80人が住んでいたが、このうち40人以上が死亡した。攻撃機は約240キロ離れたレムーア基地を発進、事故現場から3キロ地点のアラメダ基地へ向かう途中でエンジン火災を起こし、海上へ脱出しようとしたが操縦不能に陥った。パイロットは行方不明となっており、死亡したものとみられる。

2.10 **ガスタンク爆発**（アメリカ　ニューヨーク市）　2月10日午後1時12分、アメリカ・ニューヨークのスタテン・アイランドにある世界最大の液化天然ガス貯蔵タンクが爆発、タンクの地下で修理・清掃作業をしていた作業員37人と保安職員3人が死亡した。タンクは直径86mで下半分は地下に埋没しており、9ヶ月前にガス漏れを起こしたためガスを抜いて絶縁材の修理や清掃が行われていたが、何らかの理由でガスが完全に抜け切らず、残存していたガスに着火・爆発したものとみられる。

2.19 **旅客機着陸失敗・墜落**（チェコスロバキア（現・チェコ）　プラハ）　2月19日朝、チェコスロバキアのプラハ空港でソ連のアエロフロート航空のTU154型旅客機が着陸に失敗して墜落、乗客乗員99人のうち77人が死亡した。同機はモスクワ発プラハ行きで、着陸後に滑走路を外れて木立に突っ込み炎上した。

2.21 **フェリー沈没**（ビルマ（現・ミャンマー）　ラングーン）　2月21日夜、ビルマの首都ラングーンのラングーン川でフェリーボート（80トン）と大阪商船三井船舶所属の貨物船ぼんべい丸（7009トン）が衝突、フェリーが沈没した。フェリーには事故当時350人以上が乗っており、死者・行方不明者は280人以上に達した。事故原因はフェリー側の操船ミスで、操舵手ら乗員が逮捕された。

2.21 **旅客機撃墜**（イスラエル　シナイ半島）　2月21日、シナイ半島上空でイスラエル空軍機がリビア航空のボーイング727型旅客機を撃墜、旅客機に搭乗していた乗客104人と乗員9人のうち106人が死亡した。シナイ半島はイスラエル占領下にあり、イスラエル側発表によると旅客機が「イスラエル領空」に侵入、迎撃機の強制着陸命令を無視したため発砲、旅客機は着陸態勢に入ったが不時着の後に爆発したとのこと。旅客機はトリポリ発カイロ行きの定期便で砂嵐のため進路を外れたものとみられ、ボイスレコーダーによると旅客機パイロットはシナイ半島上空に入りこんだことに気付かず、迎撃機の着陸命令をエジプト空軍機による歓迎の合図と誤解したらしい。

2.24 **密造酒にメチルアルコール**（インド　スリアペット）　2月24日、インド南部の町スリアペットで密造の地酒を飲んだ地元民400人以上が病院に収容され、うち50人が死亡した。ほとんどがメチルアルコール中毒の症状を示しているという。

1973

2.27　客船沈没（バングラデシュ）　2月27日、バングラデシュのダッカ北方約100キロのキショリンガジで嵐のため河川フェリー2隻が沈没した。犠牲者の数は不明だが、計700人以上が乗船していたとみられる。また、ダッカ北東約70キロのバイラブ付近でもフェリー1隻が沈没、多数が死亡したとみられる。

2.28　有毒ガス流出（ニュージーランド　オークランド市）　2月28日夜、ニュージーランドのオークランド市中心部の倉庫から大量の有毒ガスが流出、350人が病院で手当てを受けたほか、6000人が避難した。流出したのは綿花の落葉に使われるトリブチル・フォスフォロトリケートという薬品で、呼吸器や皮膚から体内に侵入、最悪の場合は死に至る。同国内では使用されておらず、メキシコからオーストラリアへ貨物船で搬送中に悪天候で荷崩れを起こし、オークランド港で荷揚げされたが、荷崩れの際に破損したドラム缶50本がそのままの状態で倉庫に保管されていた。

3.3　旅客機墜落（ソ連（現・ロシア）　モスクワ）　3月3日午後2時過ぎ、ソ連のモスクワの北北西郊外にあるシェレメチェボ第2空港付近にブルガリアのバルカン航空のイリューシン18型旅客機が墜落、日本人1人を含む乗客17人乗員8人全員が死亡した。同機はソフィアとモスクワを結ぶ定期便で、墜落現場は空港の東30〜40キロ地点。

3.5　旅客機同士衝突（フランス　ナント市）　3月5日午後1時ごろ、フランス・パリの南西約400キロの大西洋岸に近いナント市付近上空で旅客機同士の衝突事故が発生した。1機はスペインのイベリア航空のDC9型機でスペインのマヨルカからロンドンへ向かう途中、もう1機はスペインの他の航空会社のコンベア990型機でロンドンへ向かう途中だった。DC9型機はナント市南東35キロ付近に墜落し、乗客乗員68人が死亡、コンベア990型機は右主翼が半分近くもぎとられる損傷を受けてコニャック地方の軍飛行場に緊急着陸し、乗客乗員は全員無事だった。事故原因は航空管制官が誤った指示を出したことだが、事故の2週間前からフランスのオルリとルブルジェ両国際空港で管制官のストが行われており、同国空軍が管制業務を代行していた。5日から6日にかけて、フランス上空で2件のニアミスも発生、各国航空会社が管制業務への不安からフランス上空の飛行を一時休止する事態となった。

3.9　竜巻（アメリカ　テキサス州）　3月9日夜、アメリカ・テキサス州中部が竜巻に襲われ、4人が死亡、約100人が負傷した。特に被害の大きかったのはダラスとオースティンの中間に位置するハバードとバーネットの2つの町で、ハバードでは町の3分の1が破壊され4人が死亡、バーネットでは約300戸が被害を受け15人が病院に搬送された。

3.19　旅客機墜落（南ベトナム（現・ベトナム）　バンメトート）　3月19日午前10時半ごろ、南ベトナム中部高原のバンメトート南方約20キロの山林地帯に南ベトナムのベトナム国営航空のDC4型旅客機が墜落、日本人2人を含む乗客54人乗員5人の全員が死亡した。日本人のうち1人はルポライター、1人は東京外国語大学の学生で、バンメトート周辺の少数山岳民族を調査するため同行していた。同機はサイゴン発バンメトート行きの国内便で、パイロットからバンメトートの空港管制室に「機体が炎上中」との緊急通信があり、その後に緊急着陸を試みたが着陸時に爆発したとみられる。事故原因は不明だが、何者かによる計画的な爆破が疑われている。

4月　豪雨で氾濫（アメリカ　ミシシッピ川）　1973年4月上旬、アメリカ中西部から東部にかけて連日の豪雨となり、ミシシッピ川が各所で氾濫、4日までにミズーリ、イリノイ、ルイジアナ、ミシシッピ、アーカンソー、ケンタッキー、テネシーの7州で約

700万エーカー（2万8000km^2）の農地や住宅が浸水、16人が死亡した。被害額は2500万ドル。水位が129年ぶりの高い危険水位を記録するなど、その後も被害が拡大、一説には1000万エーカーが浸水し2万5000人が家を失い、被害額は2億ドルに迫るともいう。

4.10　旅客機墜落（スイス　ソロツルン州ホッホワルト村）　4月10日午前10時過ぎ、スイス北部バーゼルの南約12キロに位置するソロツルン州ホッホワルト村付近に英国のバンガード型四発ターボプロップ旅客機が墜落、乗客139人乗員7人のうち40人が救助されたが、106人が死亡した。同機はバーゼルで開催中のスイス見本市への見物客を乗せたチャーター機で、英国ブリストルを出発、バーゼル空港への着陸態勢に入った後に翼がモミの木に接触して墜落した。事故当時は風雪のため視界が極めて悪かったが、他空港へ着陸予定を変更する程ではなかったという。

4.14　地震（コスタリカ）　4月14日、コスタリカで強い地震が発生、救援活動に従事する人々の報告によると約50人が死亡した。なお、15日の同国政府公式発表によると、死者は児童数人を含む12人。

4.17　暴風（バングラデシュ）　4月17日夜、バングラデシュ中部が2週間連続となる暴風に襲われ、少なくとも100人が死亡、1000人以上が負傷、15の村が壊滅の被害を受けた。なお、先週の暴風では政府当局発表で40人、非公式推計では200人以上が死亡した。

4.30　航空機墜落（南イエメン（現・イエメン））　4月30日、南イエメン中央部で飛行機が墜落、同国外相モハメド・サレ・オウラキ、駐ソ連・駐英国・駐レバノン大使ら外交官5人、政府関係者18人など乗っていた全員が死亡した。

5月　猛暑（インド）　5月、インド中部および北部が猛暑に襲われ、8日までに31人が死亡、150人が入院した。死者の大多数は同国中部ナグプールで発生しており、同地では摂氏46.6度を記録した。

5月　洪水（バングラデシュ/インド　トリプラ州）　5月上旬から中旬にかけて、バングラデシュのシレト、コミラ、ノアカリ各地方など東部一帯が大洪水に襲われ、14人が死亡、300万人が被災した。国土の4分の1、3万1000km^{2}が浸水、米作の収穫は半減し、農作物の被害額は2億タカ（約65億円）に達した。また、バングラデシュと国境を接するインド北東部トリプラ州も洪水に見舞われ、8日から12日の5日間に少なくとも26人が死亡した。

5.4　戦闘機病院に墜落（カンボジア　プノンペン）　5月4日午後5時半ごろ、プノンペン東12キロのポチェントン飛行場に着陸しようとした米空軍のA7コルセア戦闘機が低空から飛行場の西南にある陸軍病院に墜落した。病院は炎上し、患者ら約60人が死傷。そのうち死者は20人以上とみられる。墜落した飛行機は基地内の飛行場に緊急着陸しようとしたものらしい。パイロットは接地寸前に脱出していた。

5.5　ランチ船衝突（バングラデシュ　シタラカヤ川）　5月5日夜、バングラデシュのシタラカヤ川を航行中のランチ2隻が衝突して1隻が沈没、乗船していた約300人のうち少なくとも250人が死亡した。

5.11　貨物列車が急行列車に衝突（台湾）　5月11日早朝、台湾中部の台中付近で貨物列車が満員の急行列車に衝突、乗客21人が死亡、重傷35人を含む131人が負傷した。

1973

5.11　船転覆（バングラデシュ　タラパサ川）　5月11日、バングラデシュ南東部のタラパサ川でチャンドプール行きの船が転覆、乗客200人が死亡した。

5.26-　竜巻（アメリカ　中西部,南部）　5月26日から28日にかけてのメモリアルデー連休の3日間、アメリカ中西部と南部の各地が大型の竜巻に襲われ、全10州で少なくとも40人が死亡、数百人が負傷、家屋数千戸が全壊または半壊、農作物にも大きな被害が出た。3日間に発生した竜巻はルイジアナ州からミシガン州南部にかけて80個を数えた。

5.31　列車追突（インド　ボンベイ（現・ムンバイ））　5月31日夜、インドのボンベイ郊外で列車の衝突事故が発生、約100人の死傷者が出た。21人が死亡、80人以上が負傷したとみられる。先行していた列車が急停車し、後続列車が追突したもので、先行列車の後部2両が押し潰された。

5.31　旅客機墜落（インド　ニューデリー）　5月31日午後10時40分ごろ、インドのニューデリー国際空港付近で着陸態勢に入ったインド国内航空のボーイング737型旅客機が墜落、乗客58人乗員7人のうち17人が救助されたが、モハン・クマラマンガラム鉄鋼重工業相、グルナム・シン豪州駐在高等弁務官ら48人が死亡した。同機はマドラス発ニューデリー行きで、到着予定時刻の26分前に連絡が途絶え、空港の東8キロ地点で突然機体中央部から出火爆発、真っ二つになって墜落したとされるが、事故現場の状況から空中爆発を疑問視する声もある。事故当時、現場は砂嵐で視界は極めて悪く、空港の着陸装置（ILS）や捜索レーダーが故障して作動していなかった。この事故はインド民間航空史上2番目の大事故。

6.1　旅客機着陸失敗・墜落（ブラジル　サンルイス）　6月1日ブラジル北部のサンルイスで、乗員乗客23人を乗せたブラジルのクルゼイロ航空カラベル型旅客機が着陸に失敗して墜落、炎上した。生存者はいないもよう。同機は同日朝、サンルイス空港に着陸する際に滑走路をオーバーランし、再び離陸して着陸をやり直そうとしたところ失敗し、片翼から墜落して爆発炎上したとみられる。

6.3　航空ショーで超音速旅客機墜落（フランス　パリ）　6月3日午後3時35分ごろ、フランス・パリのルブルジェ空港で開催されたパリ航空宇宙ショーの最終日を飾るデモンストレーション飛行中、ソ連のTU144超音速旅客機が空港北側の住宅地に墜落、乗員6人全員と墜落現場の住民8人が死亡、28人が負傷したほか、家屋15戸が全壊、約100戸が被害が出た。同機は急上昇中に失速して急降下、地表に激突する直前に大爆発を起こしており、エンジン系統に問題があったとの指摘がある。また、旅客機では通常は考えられない急上昇を行ったことから、当時は英仏共同開発のコンコルドとの間で超音速旅客機開発競争が繰り広げられており、ソ連側のあせりから無理な演技を行ったのではないかとの声もある。

6.28　連絡船沈没（フィリピン　セブ州）　6月28日未明、フィリピン中部で島間連絡船ブツアン号（696トン）が沈没、乗客366人乗員40人のうち少なくとも20人が死亡、70人近くが行方不明となった。事故現場はマニラ南東約570キロのセブ州沖で、沈没船かサンゴ礁に衝突したものとみられる。

7.5　ガス運搬貨車爆発（アメリカ　キングマン）　7月5日、アメリカ・アリゾナ州キングマンの貨物停車場でブタンガスを満載した貨車が爆発、消火にあたった消防士ら少なくとも4人が死亡、約100人が負傷した。積荷を降ろす際に突然爆発、近くの化学

工場、石油スタンド、商店街にも被害が出た。

7.11　旅客機墜落（フランス　ソウルレシャルトルー村）　7月11日午後3時5分ごろ、フランス・パリのオルリ空港南西約7キロのソウルレシャルトルー村付近にブラジル国営バリグ航空のボーイング707型旅客機が墜落、乗客117人乗員17人のうち乗客全員と乗員5人が死亡した。同機はサンパウロからリオデジャネイロを経由してパリへ向かう定期便で、乗客のほとんどはバカンスに向かうブラジル人だった。空港への着陸態勢に入った後に機体後部の化粧室付近から出火、黒煙が機内に充満してコックピットにまで伝わり、パイロットらが中毒にかかったため不時着を試みたが墜落した。乗客のほとんどは座席についたまま窒息し、墜落後に焼死したものとみられる。

7.18　バス川に転落（フランス　ビジーユ）　7月18日夕、フランス南東部グルノーブル近くのビジーユで観光バスが20m下のロマンシュ川に転落・水没、乗客ら46人が死亡、3人が負傷した。運転ミスが原因とみられるが、現場は事故の多い危険箇所で、しかも事故当日は時折雷雨に見舞われ道路状態が悪かった。バスはベルギーからの団体観光客49人を乗せており、ニースからグルノーブルへ向かう途中だった。

7.22　旅客機海に墜落（フランス　ポリネシア・タヒチ島）　7月22日午後10時15分ごろ、フランス領ポリネシアのタヒチ島パペーテ北方の海上で米国パンナム航空のボーイング707型旅客機が墜落、乗客乗員79人のうち78人が死亡した。同機はロサンゼルスへ向けてパペーテを離陸した直後に海に突っ込んだ。

7.23　旅客機墜落（アメリカ　セントルイス）　7月23日午後6時45分ごろ、米国セントルイスのランバート空港付近の住宅街に米国国内線のオザーク航空のフェアチャイルド227型双発ターボジェット旅客機が墜落、乗客42人乗員3人のうち38人が死亡した。地上の住民に被害は出なかった。同機はテネシー発セントルイス行きで、雷雨の中で同空港への着陸を試みたが、途中で雷に打たれ、空港の手前1.6キロで墜落した。

7.31　旅客機墜落・炎上（アメリカ　ボストン）　7月31日、アメリカ・マサチューセッツ州ボストンのローガン国際空港で米デルタ航空のDC9型ジェット旅客機が墜落、乗客84人乗員5人のうち88人が死亡した。同機はバーモント発ボストン行きの国内線で、濃霧で視界が400～800mしかないため計器着陸を試みたが、滑走路手前1キロ地点の高さ1m弱の防波堤に脚を引っ掛けて墜落、機体は大破炎上した。

8月-　コレラ（イタリア）　8月下旬から9月上旬にかけて、イタリア南部沿岸地方でナポリを中心にコレラが流行、数百人が感染し、ナポリで13人、バリ近辺で8人、ローマで1人、合計22人が死亡した。チュニジア産の食用ムラサキガイが感染源とみられ、英国、西ドイツ、スウェーデンでもイタリアからの帰国者に少数の患者が出た。

8月　コレラ（カンボジア　カンポト州）　8月、カンボジア南部カンポト州でコレラが流行、100人近くが死亡した。

8.2　レジャーセンターで火災（イギリス　マン島）　8月2日夜、英国マン島のレジャーセンターで火災が発生、46人が死亡、約80人が負傷した。建物は2年前に完成した通称サマーランドと呼ばれる観光名所で、火災の原因は電気装置の故障か子どもによるマッチの火遊びとみられるが、建物にプラスチック新建材を使用したことが死傷者を増加させたとして非難された。

8.12　洪水（南アジア）　8月12日、南アジアの広範な地域で大洪水が発生した。バングラ

デシュではコミラ、ファリドプール、パブナ、マイメンシンの4地区が洪水に襲われ、十数人が死亡、100万人以上が被災した。インド北部ではヒマラヤ山系から流れる川の大半が氾濫、西のカシミール州から東のアッサム州にかけての地域で300人以上が死亡、1100万人以上が被災、被害額は約130億円に達した。パキスタン北部ではインダス支流の各河川が氾濫してパンジャブ平野の大部分が浸水、後に洪水は南部のインダス川本流域に拡大し、5万km²以上が浸水した。これにより一説には1500人以上が死亡、パンジャブ、シンド両州の穀倉地帯が大打撃を受け、被害額は10億5000万ドルに達した。

8.12　**油送列車が爆発**（韓国　忠清北道永同郡）　8月12日午前4時40分ごろ、韓国中部忠清北道永同郡の京釜線永同駅構内で油送専用列車が脱線・転覆して爆発、13日午後1時までに32人の死亡が確認され、12人が行方不明となったほか、付近の農家25戸が全焼した。この列車は釜山からソウルへ向かう途中で、航空燃料・船舶燃料・重油などを満載していたが、約80キロのスピードで駅構内を通過する際に脱線、32両のうち25両のタンク車が線路下へ転がり落ちて爆発した。駅構内は前日に切り替えポイントの故障修理をしたばかりで、事前に駅周辺での徐行を指示されていたが、居眠り運転のため速度を落とさずに通過したものとみられる。

8.13　**旅客機墜落**（スペイン　パソデルリオ村）　8月13日昼前、スペイン北西部大西洋岸のラコルナ付近のパソデルリオ村でアビアコ航空（スペイン国内航空）のキャラベル型ジェット旅客機が墜落、1人が救助されたが、乗客79人乗員6人の全員が死亡した。同機はマドリード発の定期便で、ラコルナ空港への着陸態勢に入った後、空港から3キロ離れた地点で巨木に右主翼を引っ掛け、爆発を起こして墜落した。事故当時は濃霧で視界は極めて悪かった。

8.22　**豪雨でダム決壊**（メキシコ）　8月22日、メキシコ中部で豪雨のためダムが決壊、イラプアトを中心に南部の11州が洪水に襲われ、76人が死亡、40万人以上が家を失った。

8.27　**旅客機墜落**（コロンビア　ボゴタ）　8月27日早朝、コロンビアのボゴタ周辺の丘陵地で同国アエロコンドル航空の旅客機が離陸4分後に墜落、乗客41人全員が死亡した。

8.28　**地震**（メキシコ）　8月28日午前3時51分、メキシコ中部から南部にかけて強い地震が発生、震源地に近いメキシコシティ南東300キロのプエブラ州オリサバをはじめ、リオ・ブランコ、メンドーサ、テワカン、セルダン、プエブラ、ベラクルスなど、プエブラとベラクルス両州の各地で778人以上（非公式推計では1000人以上）が死亡、3000人以上が負傷、2万5000人以上が家を失うという、同国史上最大の被害が出た。震源地はメキシコシティ南東193キロの山中で、震度はメルカリ震度6、地震の規模はマグニチュード6.5または5.5を記録した。同地震は1回きりで前兆も余震もない、極めて珍しい単発型地震だった。

9.1　**ホテル全焼**（デンマーク　コペンハーゲン）　9月1日午前2時半ごろ、デンマークの首都コペンハーゲンで6階建て観光ホテル「ハフニア」が全焼する火災が発生、宿泊客・従業員88人のうち35人が死亡した。同ホテルは市中心部の市庁舎広場を挟んで市庁舎の向かいに位置する一流ホテルで、建物は74年前に建てられたものだった。

9.3　**フェリー沈没**（台湾　高雄）　9月3日午前7時15分、台湾南部の高雄港内でフェリーが沈没した。50人余りの乗客のうち、少なくとも25人が死亡したとみられる。同フェリーは定員が30人だった。

1973

9.11 旅客機墜落（ユーゴスラビア　モンテネグロ州（現・モンテネグロ））　9月11日、ユーゴスラビアのモンテネグロ州チトーグラード付近でユーゴスラビア航空のカラベル型旅客機が墜落、乗客38人乗員6人全員が死亡した。同機はスコピエからチトーグラードへ向かう国内便で、墜落地点はチトーグラード北方35キロの山中。

10月 豪雨（スペイン　ムルシア県）　10月中旬、スペイン南東部が集中豪雨に見舞われ、ムルシア県で洪水が発生、79人が死亡した。

11.15 ホテル火災（アメリカ　ロサンゼルス）　11月15日深夜、アメリカ・ロサンゼルス西部のスラム街にある長期滞在者用ホテル・アパート「ストラトフォード・アパートメント」で火災が発生、少なくとも子ども9人を含む26人が死亡、30人以上が負傷した。同ホテルは3階建てで、火災当時は120～150人の宿泊客がいた。

11.17 旅客機墜落（南ベトナム（南ベトナム））　11月17日午後、ベトナム航空のDC3型旅客機が消息を断ち、のちにダナン南方約80キロの海岸で発見された。同機は17日朝サイゴンのタンソンニュット空港を出発し、クアンガイに向かう途中で連絡が途絶えた。乗客23人、乗員3人が乗っていたが、生存者はない。

12月 寒波（インド）　12月中旬から下旬にかけて、インド北部が寒波に襲われ、200人以上が死亡した。寒波は2週間に渡り、ジャンムー・カシミール、ウッタルプラデシュ、ヒマチャルプラデシュなど各地で摂氏0度を記録した。

12月 豪雪（アメリカ　東部）　12月中旬、アメリカ東部一帯がまる2日以上に渡る豪雪に見舞われ、各地で6人が死亡した。各地で最高積雪40cm、気温も零下10度近くを記録したが、特に被害の大きいコネチカット州では20年ぶりの豪雪といわれ、25万人が停電に見舞われ、18日未明までに非常事態宣言が出されて州兵数千人が電線の復旧作業などに従事した。また、ニューヨークでは停電とレールの凍結から電車のダイヤに乱れが生じ、1800人の乗った電車が17日朝から10時間に渡り雪の中で立ち往生するなど、25万人が影響を受け、ボストンでは濃霧のため旅客機1機が着陸に失敗、16人が負傷した。

12.10 台風（バングラデシュ）　12月10日、バングラデシュの海岸地帯が台風に襲われ、漁民1000人以上が行方不明となった。沖合の島で漁をしていて高波にさらわれたもので、全員絶望しされている。

12.24 フェリー沈没（エクアドル）　12月24日未明、エクアドルの太平洋岸で長距離フェリーボートが転覆・沈没し、100人以上が死亡した。同フェリーはクリスマス休暇中の客など定員の2倍以上の約300人を乗せており、死者のほとんどが女性や子どもだった。

12.30 地下街火災（韓国　ソウル）　12月30日午前、韓国ソウル市東郊の地下マーケット街で火災が発生、300軒のうち150軒が焼け、1人が死亡、7人が行方不明となった。地下街に通じる入口6ヶ所の全てから炎や煙が噴き出したため消火活動は難航、鎮火したのは7時間後だった。

この年 干ばつで飢饉（アフリカ）　この年、アフリカ西部が60年来といわれる干ばつに襲われ、サハラ砂漠南端沿い（サヘル地域）のモーリタニア、セネガル、マリ、オートボルタ、ニジェール、チャド6ヶ国で250万km^{2}におよぶ地域と2500万人が被害を受け、このうち600万人が餓死の危険にさらされる事態に陥った。これらの地域では1968年ごろから干ばつが続いていたが、この年に事態が深刻化した背景には干ばつが大規

113

模だったことに加え、新興国のプライドから諸外国への救援要請が遅れたこと、各国の水資源・食糧供給計画に不備があったことなどもあると指摘されている。

この年　**干ばつで飢饉（エチオピア　ウォロ地方）**　この年、エチオピア北東部一帯が激しい干ばつに襲われ、ウォロ地方を中心に約200万人が飢餓状態に陥った。10万人が死亡したほか、家畜100万頭が餓死した。

〈 1974 〉

1月-　**豪雨（オーストラリア）**　1月、豪州が20世紀最大規模の豪雨に襲われた。雨は1月上旬に降り始め、東部クインスランド州、ニューサウスウェールズ州、北部直轄地域、南オーストラリア州で洪水が発生、下旬には東部が台風に襲われ洪水が拡大、30日から31日にかけてようやく峠を越えた。一連の洪水のためクインスランド州とニューサウスウェールズ州北部を中心に国土の3分の1が浸水、13人が死亡、3人が行方不明となったほか、家畜数万頭が死ぬなど、2億ドルの被害額が出た。

1月-　**天然痘（インド/ネパール）**　6月までの半年間にインドで10万人の天然痘患者が発生、ビハールとウッタルプラデシュの両州で1万人が死亡した。また、菌に感染した旅行者の往来などにより、隣接するネパールにも天然痘が広がったとされる。その後、WHOがインドに天然痘絶滅計画基金を設立するなど、国際的な救援活動が展開された。なお、WHOの調査によると1月から4月までの世界の患者数は7万6383人、そのうちインドが6万1482人で、インド国内の患者数は前年比で約2倍に上る。

1.1　**旅客機農場に墜落（イタリア　トリノ）**　1月1日、イタリアのトリノ空港で同国国内航空イタビア航空のフォッカーF28フェローシップ型双発ジェット旅客機が着陸に失敗、空港近くの農場に墜落・炎上し、乗客乗員合わせて42人のうち38人が死亡、4人が重体となった。

1.5　**地震（ペルー　リマ県）**　1月5日午前3時36分、ペルーのリマ県中部アンデス地帯が強い地震に襲われ、5日深夜までに8人の死亡が確認されたほか、多数が負傷した。震源はリマ市北方500キロにある海岸の沖合70キロ地点。

1.5　**フェリー沈没（フィリピン　セブ市）**　1月5日未明、フィリピンのセブ市沖合で乗客212人を乗せたフェリーが沈没、同日夕までに少なくとも37人が死亡、63人が行方不明となった。

1.6-　**熱帯低気圧（タイ）**　1月6日以来、タイの南部を熱帯低気圧が連続して遅い、5県に豪雨と洪水をもたらした。8日正午までに死者87人、行方不明者多数、家屋の流失は数千戸に達した。最も被害の大きかったタンシタマラト県では死者が73人。

1.12　**吹雪（アメリカ　中西部）**　1月12日までに、アメリカ中西部を襲った吹雪のため31人が死亡した。ミネソタ、ネブラスカ、アイオワの各州で30年ぶりの大吹雪となり、ハリケーン並の強風と共に大雪が降った。

1.23　**寄宿学校で火事（ベルギー　ヘースデン）**　1月23日夜、ベルギー東部の町ヘースデンで男子寄宿学校が不審火で焼失した。12歳から15歳の少年25人が死亡。消防隊が

到着した時には寄宿舎最上部3階部分が燃えており、23人は煙で窒息死したとみられる。

1.26 　旅客機墜落（トルコ　イズミル）　1月26日午前7時7分、キプロスのイズミル市郊外のジュマオバシ空港でトルコ航空のフォッカーF28フェローシップ型双発ジェット旅客機が墜落、乗客68人乗員5人のうち61人が死亡した。助かった12人のうち11人は重体で、幼児1人だけがかすり傷を負っただけで助かった（両親は死亡）。同機は同空港発でイスタンブールへ向かう途中だったが、離陸直後に墜落した。

1.31 　旅客機墜落（アメリカ　サモア諸島ツツイラ島）　1月31日、南太平洋のアメリカ領サモア諸島ツツイラ島のパゴパゴ空港付近でパンナム航空のボーイング707型旅客機が着陸寸前に墜落、乗客91人乗員10人のうち97人が死亡、4人が負傷した。同機はニュージーランドのオークランド発で、パゴパゴとハワイを経由してロサンゼルスに向かう途中だった。事故当時は激しいスコールで気象条件は悪かった。

2.1 　銀行ビル火災（ブラジル　サンパウロ）　2月1日午前9時ごろ、ブラジルのサンパウロにある25階建ての銀行ビル「ジョエルマ・ビル」で火災が発生、2日までに185人の死亡が確認されたほか、約500人が負傷した。また、負傷者のうち少なくとも40人が収容先の病院で死亡したものとみられる。火元は12階の空調装置の電気ショートとみられ、建物に可燃性プラスチックを多用していた事、はしご車が11階までしか届かなかった事から被害が拡大、炎に追い詰められビルから飛び降りた犠牲者も多数いた。

2.16 　住宅火災（タイ　バンコク）　2月16日夜、タイの首都バンコクのスラム街で火災が発生、約700戸が焼失し3000人以上が家を失った。原因は不明だが、被害額は数百万バーツ（数千万円）に上るとみられる。

2.17 　洪水（アルゼンチン）　2月17日、アルゼンチンの12の州が洪水に襲われ、60人が死亡、10万人以上が家を捨てて避難した。また、特に被害の大きい北部と中部の3州が連邦政府により災害地域に指定された。

2.17 　サッカー場の客席が倒壊（エジプト　カイロ）　2月17日午後、エジプトの首都カイロのザマレク・サッカー場で試合開始直前に観客席の一部が倒壊、18日未明までに49人の死亡が確認されたほか、50人以上が負傷した。同サッカー場の収容人数は4万人だが、地元ザマレク選抜チームとチェコスロバキアの強豪ドクラとの試合を見るために6万人以上が殺到、切符を持たないファンが警官の制止を振り切って場内になだれ込んだため、仮設の観覧席が重みに耐えかね倒壊したものとみられる。試合は中止となった。

2.21 　急行列車が貨物列車に衝突（インド　モラダバド）　2月21日朝、インドのニューデリー東方約100キロのモラダバド付近で急行列車が停車中の貨物列車に衝突、少なくとも40人が死亡、重傷6人を含む50人の負傷者が出た。

2.22 　軍艦沈没（韓国　忠武港）　2月22日午前11時過ぎ、韓国南部の忠武港沖合700mで同国海軍のYTL型補助船（120トン）が沈没、同日午後10時までに乗員3人水兵311人のうち159人が水死または行方不明となり、救助された2人が病院で死亡した。事故当時は突風が吹いており、同船は高さ3mの波を受けて沈没したとみられる。

3月- 　洪水（ブラジル）　3月から4月にかけて、ブラジルが史上最悪といわれる大洪水に襲

われた。被害は14州におよび、4月30日までの6週間で250人以上が死亡、10万人が家を失い、被害額は3億ドル以上に上った。

3.3 　旅客機森に墜落（フランス　パリ）　3月3日午後0時40分ごろ、フランスのパリ近郊でトルコ航空のマクドネル・ダグラスDC10型旅客機が墜落、日本人48人を含む乗客334人乗員12人の全員が死亡した。犠牲者数は航空史上最悪。同機はイスタンブールを出発、パリのオルリ空港を経由してロンドンへ向かう予定だったが、同空港を離陸後間もなくパリ北東37キロのエルムノンビルの森に墜落した。機体後部貨物室のドアが完全に閉まっていなかったため、与圧された客室の空気がドアを吹き飛ばして急減圧が生じ、客室の床と床下を通るコントロールライン（制御用ケーブル・油圧パイプ）が破損して操縦不能に陥ったもので、事故の根本的な原因は設計上の欠陥である。なお、マクドネル・ダグラス社は開発当初から欠陥を認識していながら、設計変更を行わず簡単な改修を加えただけで同型機を販売していた上、事故機は記録上は改修が行われたことになっていたにも関わらず、実際には未改修だった。また、1972年6月に同型機の貨物室ドアが脱落しコントロールラインが一部破損する事故が起き、米国連邦航空局（FAA）がドアロックシステムの改善、床の強度強化、コントロールラインの配置の再検討などを勧告していたが、改修経費がかさむなどの理由で一部を除いて拒否されていた。

3.13 　映画撮影隊の旅客機墜落（アメリカ　ビショップ）　3月13日夜、アメリカ・カリフォルニア州ビショップ近くの山岳地帯でシエラ・パシフィック航空のコンベア440型プロペラ双発旅客機が墜落、乗客31人乗員5人の全員が死亡した。同機は映画プロダクション会社がチャーターしたもので、乗客は「生存への闘争」という映画を撮り終えたばかりの撮影隊だった。

3.15 　旅客機滑走中に炎上（イラン　テヘラン）　3月15日午後、イランのテヘラン空港を離陸しようとしたスターリング航空のカラベル型ジェット旅客機が炎上、乗客89人乗員6人のうち少なくとも46人が死亡、数人が重傷を負った。同機はデンマーク旅行社のチャーター機で、シンガポールからコペンハーゲンへ向かう途中に同空港で給油、離陸のための滑走中にエンジンから火を噴き、滑走路先端で停止・炎上した。

3.27 　貨物列車と旅客列車衝突（モザンビーク）　3月27日、ポルトガルの植民地モザンビークのロレンソマルケスから140キロ地点で列車の衝突事故が発生、60人以上が死亡、30人が重傷を負った。事故はモザンビークとローデシアを結ぶ鉄道で起きたもので、石油製品を積んだモザンビークの貨物列車とローデシアの旅客列車が衝突、石油が爆発して多数が焼死した。

4.3- 　竜巻（北アメリカ）　4月3日から4日にかけて、北米各地が2日連続で竜巻に襲われ、アメリカ南部ジョージア州からカナダにかけての広い地域で337人が死亡、数千人が負傷した。被害額は数億ドルに上るとみられる。被害はアメリカ10州とカナダに及んだが、特に被害の大きいケンタッキー、アラバマ、インディアナ、テネシー、オハイオの5州に対して国家災害地域宣言が出された。

4.4 　旅客機墜落（ボツワナ）　4月4日早朝、アフリカ南部ボツワナ共和国のフランシスタウンでDC4型旅客機が離陸直後に墜落、乗客79人のうち74人と乗員3人のうち2人が死亡した。同機はマラウイ共和国に向かう予定で、乗客のほとんどがマラウイ市民だった。

4.14 ブドウ糖注射で大量死(インド ウッタルプラデシュ州) 4月14日、インドのウッタルプラデシュ州の公立病院で不純物の入ったブドウ糖の注射を受けた市民50人が死亡する事故が発生、同州の厚相が引責辞任した。

4.22 旅客機林に墜落(インドネシア バリ島) 4月22日午後10時半ごろ、インドネシアのバリ島でパンナム航空のボーイング707型旅客機が墜落、日本人29人を含む乗客96人乗員11人の全員が死亡した。同機は香港発バリ島経由ホノルル行き812便で、デンパサール空港に着陸する直前、空港の北西約60キロに位置するメセヘ山の山腹の密林に墜落した。自機の位置を誤認して航路を外れた事が原因とされる。

4.25 地滑り(ペルー) 4月25日夜、ペルー中部アンデス地域で地震と大雨を原因とする大規模な地滑りが発生、3つの丘から1億2000万立方メートルの土砂が流出し、マユマルカ村が土砂に飲み込まれて壊滅したのをはじめワラト、アンコ、マヨの3市などにも被害が出た。死者は242人に達する。また、丘の下を流れるマンターロ川が土砂でせき止められて直径30キロ以上に達する湖が出来たため、大規模な洪水が発生する恐れがあり、下流の住民2300人が避難を余儀なくされた。

4.27 旅客機炎上・墜落(ソ連(現・ロシア) レニングラード(現・サンクトペテルブルク)) 4月27日午後6時ごろ、ソ連のレニングラードでソ連国営航空アエロフロートのイリューシン18型旅客機が墜落、乗客乗員108人の全員が死亡した。同機はレニングラード発クラスノダール行きで、離陸直後にエンジンから火を噴いて炎上、滑走路から3キロ地点に墜落したという。

5.1 フェリー転覆(バングラデシュ) 5月1日、バングラデシュのダッカ南方約24キロのメグナ川とカジュリ川との合流点で、サイクロンのため約400人の乗客を乗せたフェリーが転覆、6日までに152体の遺体が確認された。他に約100人が行方不明となっており、死者は約250人に達するとみられる。

5.11 地震(中国 四川省,雲南省) 5月11日日本時間午前4時25分、中国四川省涼山イ族自治州と雲南省昭通地区で強い地震が発生、12日まで余震が続き、家屋や人畜に被害が出た。震源は北緯28度2分、東経104度、地震の規模はマグニチュード7。

5.12 バス暴走(ブラジル リオデジャネイロ) 5月12日夜、ブラジルのリオデジャネイロ郊外で暴走したバスが通行人の群れに突っ込み、23人が死亡、40人が重傷を負った。この日は聖母マリアを祭る祝日で、事故現場の大通りは大勢の人で賑わっていた。

6.1 化学工場で爆発(イギリス リンカンシャー州フリックスボロー) 6月1日、英国イングランドのリンカンシャー州フリックスボローにある化学工場で爆発が発生、死者29人と負傷者105人を出し、同国史上最悪の爆発事故となった。また、爆発により有毒ガスが発生したため近隣住民数千人が緊急避難したほか、放射性物質が漏れ出していたことも判明した。工場の被害額は5000万ポンド(330億円)、付近の民家なども合わせた被害総額は7000万ポンド(462億円)と推定される。同工場ではナイロン繊維の原材料を製造しており、事故原因は不明だが、引火性の強いシクロヘキサン・ガスが漏れて、火花により引火・爆発した可能性が高い。

6.8 竜巻(アメリカ オクラホマ州,カンザス州) 6月8日夜、アメリカ中西部のオクラホマ州とカンザス州を竜巻が襲い、一部地域では洪水も誘発、被害はカナダにも及び、337人が死亡した。

1974

6.8 旅客機山に墜落(コロンビア ククタ市) 6月8日夜、コロンビアのククタ市付近に同国タオ航空の四発ターボプロップ旅客機が墜落、乗客乗員合わせて45人の全員が死亡した。同機はブカラマンガからククタに向かう国内線で、ベネズエラ国境に近い山に激突・墜落した。

6.17 列車と軍用トラック衝突(エジプト カイロ) 6月17日午後、エジプトのカイロ北方40キロ地点のベンハの踏切でカイロ発アレキサンドリア行きの急行列車と軍用トラックが衝突、乗客ら16人が死亡、約90人が負傷した。トラックが信号を無視して踏切内に侵入したことが原因とみられる。

7月- 洪水(バングラデシュ) 7月から8月にかけて、バングラデシュで1ヶ月以上に渡り雨が降り続き、この20年間で最大規模の大洪水となった。首都ダッカをはじめ国土の3分の2以上が冠水し、1300人が死亡、100万人以上が避難民キャンプに収容されたほか、稲やジュートなど農作物の被害も大きく、被害総額は40億タカ(約1400億円)に達した。また、コレラなどの伝染病も発生、数百人が死亡したとも言われる。

7月- 洪水と干ばつで飢饉(インド 西ベンガル州) この年、インドの西ベンガル州北部でモンスーンの不順のため飢饉が発生、農村部の住民を中心に1500万～2500万人が食糧不足に陥った。現地では7月から8月中旬にかけて大量の雨が降り洪水が発生、その後は全く雨が降らず干ばつとなった。こうした天災に加え、食糧の売り惜しみや買占めなどの人災のため州政府による食糧配給が破綻、一説には1万人以上が餓死したとも言われるが、州政府は栄養失調・胃潰瘍・赤痢・コレラなどによる病死と主張している。

7.19 操車場で爆発(アメリカ ディケーター) 7月19日午前5時半、アメリカ・シカゴ南西240キロのディケーター市の鉄道操車場で大爆発が発生、100人以上が負傷、住民2000人が避難した。また、貨車100両が脱線して多くが炎上したほか、近隣の建物が破壊され、広い範囲に渡り窓ガラスが割れるなどの被害が出た。爆発は貨物列車の入れ替え作業中に発生したもので、最初に石油製品を積んだ貨車が爆発、付近にあったプロパンガスを積んだ貨車が誘爆し、付近一帯が火の海と化した。

7.28 バスとトラック衝突(ブラジル) 7月28日、ブラジル北東部のジャングル地域、ブラジリアとベレムを結ぶ道路で満員のバスと木材を積んだトラックが正面衝突し、乗客ら69人が死亡した。

8月 洪水(フィリピン ルソン島) 8月始めから降り続いた南西季節風による長雨で、フィリピンのルソン島中部で16日夜から洪水が起こり、市町村の水没が相次いだ。マニラ首都圏でも出水し、数千人が避難。被害は、パンパンガ、タルラック州を中心に6州で27の町村が水没し、50万人が家を失った。

8月 干ばつ(アメリカ 中西部) 8月、アメリカ中西部のアイオア、カンザス、ネブラスカやテキサス、オクラホマなどで干ばつが続き、穀物や牧草に被害が出始めた。アイオア州では6月末から雨がなく、同州の農家の収入は例年から16億ドルの減収が予想される。

8.6 操車場で爆発(アメリカ ウィチナー) 8月6日、アメリカ・ワシントン州ウィチナー近郊の鉄道操車場で肥料用の硝酸アンモニウムを積んだタンク車が爆発、周辺の住民ら3人が死亡、60人以上が負傷したほか、民家数戸が跡形もなく吹き飛ぶなど十数

戸が爆風で破壊された。また、火災が発生し他の貨車が誘爆する危険があることから、半径1.6キロ以内の住民が避難した。

8.11 **旅客機着陸失敗・墜落**（オートボルタ（現・ブルキナファソ）ワガドーグー）　8月11日夜、アフリカ西部オートボルタの首都ワガドーグーの空港近くで、マリ航空のバマコ（マリ）発カーノ（ナイジェリア）行きのイリューシン18型旅客機が着陸に失敗して墜落、乗客ら46人が死亡、14人が負傷した。

8.13 **洪水**（インド　ビハール州）　8月13日、インド北部ビハール州でガンジス川の支流バグマチ川が氾濫、堤防が決壊してラエリセライの町が洪水となり、数千人が家を失った。非公式の報告によると、今回の洪水によりビハール州だけで約30人が死亡した。また、先のバングラデシュの大洪水と今回の洪水により、ビハール、西ベンガル、アッサムのインド3州とバングラデシュを合わせて約3000万人が被害を受けたとされる。

8.14 **旅客機墜落**（ベネズエラ　マルガリータ島）　8月14日、カリブ海に位置するベネズエラのヌエバエスパルタ州マルガリータ島でアエロポスタル航空の旅客機が墜落、乗客44人全員と乗員3人が死亡、副操縦士1人だけが救助された。同機はカラカスからバルセロナを経て同島へ向かい、豪雨の中を同島のポルラマル空港に着陸する直前、空港から10キロ地点に墜落した。

8.29- **熱帯低気圧で暴風雨**（韓国）　8月29日から30日早朝にかけて、台風16号、17号の北方にあった熱帯性低気圧のために韓国西海岸が激しい暴風雨に襲われ、漁船5隻が沈没、乗組員など56人が行方不明となった。

8.30 **急行列車脱線**（ユーゴスラビア　ザグレブ（現・クロアチア））　8月30日午後10時、ユーゴスラビアのザグレブ駅に入ろうとした急行列車が脱線し、少なくとも150人が死亡、150人が負傷した。同列車はベオグラード発ドルトムント行きで、乗客の多くは休暇を母国であるユーゴスラビアやギリシャで過ごし、西ドイツに帰る途中の外国人労働者だった。

9.5 **アパート火災**（スペイン　バルセロナ）　9月5日朝、スペイン・バルセロナの3階建てアパートで火災が発生、アパートが全焼し、住民約150人のうち少なくとも50人が死亡した。同アパートは80年前に貧民街に建てられた老朽建造物で、火の回りが早かった上、迷路のような街路のため消火活動が遅れ、被害が拡大した。原因は不明だが、火元は1階の工務店とみられる。

9.11 **旅客機畑に墜落**（アメリカ　シャーロット）　9月11日朝、アメリカ・ノースカロライナ州シャーロットのダグラス空港付近でイースタン航空のDC9型旅客機が墜落、乗客78人乗員4人のうち69人が死亡した。同機はサウスカロライナ州チャールストン発シャーロット行きで、同空港に着陸する直前に滑走路の外れの畑に墜落した。その後の調べで、パイロットたちが互いに話すのに夢中で同機の高度が低すぎるとの警報を聞き漏らしたのが原因と判明した。

9.19- **ハリケーン「フィフィ」**（ホンジュラス　チョロマ村）　9月19日夜から20日にかけて、ホンジュラス北部チョロマ村周辺がハリケーン「フィフィ」に襲われ、洪水や地滑りが発生、同国政府筋によると7000人が死亡、1万5000人が行方不明となり、60万人が家を失った。一説には死者は1万人に達するともいわれる。また、農作物の90％が

1974

被害を受けるなど、同国史上最悪の災害となった。

9.21 **貨車同士衝突**（アメリカ　ヒューストン）　9月21日、アメリカ・テキサス州ヒューストンのサザン・パシフィック鉄道操車場で、合成ゴム原料であるブタジエンを積んだ貨車同士が衝突して爆発、少なくとも96人が負傷（うち8人が入院、1人が重体）、1.6キロ四方のビルに被害が出た。同操車場内にはミサイルまたは砲弾を積んだ貨車があり、それが誘爆した可能性もある。

9.23 **宮殿で火災**（ポルトガル　リスボン）　9月23日夜、ポルトガル・リスボンのアジューダ宮殿で火災が発生、宮殿内博物館タワーが全焼し、ゴヤやルーベンスの作品を含む貴重な絵画500点を焼失した。管理者によると、被害額は算定不能。同宮殿は1755年にテージョ川とモンサント公園の間の丘に建てられたもので、19世紀後半にはポルトガルの王宮とされ、火災当時は博物館や陸軍最高司令部事務所などに用いられていた。

9.27- **台風21号**（台湾　基隆市）　9月27日夜、台湾の南約50キロの海上で台風21号のため同国の木材運搬船スン・シャン号（34人乗り組み、3700トン）が転覆、29日朝に近海を通りかかった大阪商船三井船舶のタンカー海燕丸が3人を救助したが、31人が行方不明となった。また、29日には同台風による豪雨のため基隆市で大規模な土砂崩れが発生、13人が死亡、32人が負傷したほか、24人が行方不明となった。

10月 **洪水**（スーダン）　10月上旬、スーダン南部が10年に一度といわれる大洪水に襲われ、25万人が被災した。

10.3 **地震**（ペルー　カニェテ市）　10月3日午前9時20分、ペルー中央部で2分間に渡る強い地震が発生、4日夜までに判明しただけで63人が死亡、1762人が負傷したほか、多数の家屋が倒壊し、パチャカマ遺跡（太陽の神殿）にも被害が出た。震源はリマ市の南140キロに位置するカニェテ市の沖合50～80キロの海底で、地震の規模はマグニチュード7.8。震源に近いカニェテ市をはじめ、リマ市、リマ市に隣接するカジャオ市、サンタクララ市などで特に大きな被害が出た。

10.12 **台風23号**（フィリピン）　10月12日、フィリピン北部・中部が台風23号に襲われ、2人が死亡、約1万世帯が被災した。また、同国北方の海上で米国空軍の気象観測機（乗員6人）1機が墜落した。

10.16 **地震**（ソ連（現・ロシア）/イラン）　10月16日、ソ連とイランの国境地帯でマグニチュード6.8の激しい地震が発生した。かなりの被害が出た可能性が高いが、詳細は明らかでない。

10.17 **ホテル火災**（韓国　ソウル）　10月17日午前1時50分ごろ、韓国ソウルのニュー南山観光ホテルで火災が発生、19人が死亡、45人が負傷した。このうち日本人は死者4人、負傷者8人。同ホテルは市内随一の繁華街である明洞地区に接するホテル・旅館街に位置し、地上8階地下1階建て。漏電のため4階客室付近から出火したとみられ、4階と5階が焼き尽くされ、建物全体に煙が充満した。同ホテルは8月に消防施設検査に合格したばかりだったが、非常ベルやスプリンクラーなどが作動せず、非常口にも鍵がかけられていたという。

10.29 **旅客機墜落**（カナダ　ビアン海峡）　10月29日夜、カナダのビアン海峡に同国の石油探査企業パン・アークティック石油が運用するロッキード・エレクトラ型旅客機が墜

落、乗っていた34人のうち32人が死亡した。救助された2人も重体とされる。墜落現場はエドモントン北方約2400キロのビアン・マーチン島飛行場から3キロ地点。

10.31　列車火災（インド　ウッタルプラデシュ州バルワリ）　10月31日朝、インド北部ウッタルプラデシュ州アラハバドから約50キロのバルワリ付近で急行列車が火災を起こし、約40人が死亡、約60人が負傷した。うち12人が重傷。負傷者の話によると、二等客室で爆発が起こり、隣の郵便車に燃え広がったという。

11月　密造酒で大量死（パキスタン　カラチ）　11月上旬、パキスタンのカラチで地元産の密造ウイスキーを飲んだ多数の人が死亡する事件が発生した。犠牲者は当局発表で66人、非公式推計では250人。

11.3　ビル火災（韓国　ソウル）　11月3日午前2時50分ごろ、韓国ソウル市の東大門区典農洞の娯楽総合ビル「大旺コーナー」で火災が発生、88人が死亡、50人以上が負傷した。同ビルは同市東部の清涼里地区に位置し、地上7階地下1階建て。火元は6階にあるブラウン・ホテルの廊下で、天井の照明灯付近の配線がスパークして壁紙に燃え移り、同階にあるゴーゴー・ホールの調理室のプロパンガス・ボンベに引火して爆発、6階と7階が全焼した。事故後の調査で、非常ベルやスプリンクラーが作動せず、従業員も客の誘導をせずに我先に逃げ出していたことが明らかになった。

11.8　列車同士衝突（ナイジェリア　コトヌ市）　11月8日、ナイジェリアのコトヌ市北方60キロ地点で列車の正面衝突事故が発生、約200人が死亡した。

11.12　漁船沈没（韓国　全羅南道莞島郡所安島）　11月12日午後、韓国全羅南道莞島郡の所安島沖で同島住民54人を乗せた漁船（5トン）が暗礁に衝突して沈没、6人が死亡、29人が行方不明となった。同船は隣の蘆花島の市場で買物をした帰りだった。

11.20　旅客機墜落（ケニア　ナイロビ）　11月20日午前7時55分、ケニアのナイロビ空港でルフトハンザ航空のボーイング747型ジャンボジェット旅客機が離陸直後に墜落、乗客140人乗員17人のうち59人が死亡した。同機はフランクフルト発南アフリカ・ヨハネスブルグ行540便で、主翼フラップのトラブルから十分な揚力を得られず失速、滑走路突端から約1キロ地点に墜落、炎上した。

11.21　ランチ船転覆（バングラデシュ　クルナ市）　11月21日、バングラデシュ西部クルナ市を流れるダギド川で大型ランチが転覆、乗客約500人が死亡した。乗客を積み込みすぎた事が原因とみられ、犠牲者の多くは船内に閉じ込められて水死したもの。

11.28　サイクロン（バングラデシュ）　11月28日、バングラデシュがサイクロンに襲われ、同国営放送によると出漁中の漁民79人が行方不明になった。また、28人が死亡、500人が行方不明と報じられた。

12月　寒波（インド　ビハール州、ウッタルプラデシュ州）　12月、インド北部が寒波に襲われ、ビハール州で125人以上、ウッタルプラデシュで50人以上が死亡した。

12月　森林火災（オーストラリア）　12月、オーストラリアが連日35度を超える猛暑に見舞われ、各地のブッシュ（森林と草原が入り混じった地域）で火災が頻発した。ニューサウスウェールズ州南西部バルナラルド近郊では牧場45万haを焼失し家畜数百万頭が焼死、バルナラルド北方のコバール付近では20万haが焼失した。この他にクインズランド州、西オーストラリア州、南オーストラリア州などでも多くの火災が発生

1974

した。一部では煙草の投げ捨てや焚き火の不始末もあるが、大半は自然発火が原因だった。

12.1 **旅客機山に墜落**（アメリカ　アパーヒル）　12月1日、アメリカ・ワシントンに近いバージニア州アパーヒルの森林に同国トランスワールド航空のボーイング727型旅客機が墜落、乗客85人乗員7人の全員が死亡した。同機はインディアナポリス発オハイオ経由ワシントン行きで、目的地のナショナル空港が暴風雨に見舞われ視界が悪かったため、最寄のダレス国際空港に行き先を変更した直後、同空港から北西約36キロのウェザー山中に墜落した。

12.4 **旅客機墜落**（スリランカ）　12月4日午後10時45分、スリランカのコロンボ東方100キロのバンダラナイケ国際空港近くの山腹に、オランダのマルチン航空のDC8型ジェット旅客機が墜落した。同機はインドネシア発コロンボ経由でメッカに向かうチャーター機で、メッカ巡礼者182人、スチュワーデス2人、乗員7人が搭乗していたが、191人全員が死亡、1974年3月にパリ郊外で起きたトルコ航空機墜落事故に次ぐ航空史上2番目の惨事となった。事故当時は豪雨で飛行条件が極めて悪く、空港から進入許可を出されて高度を下げた直後、空中爆発を起こしたか山に激突したとみられる。

12.5 **空港ビル天井崩落**（イラン　テヘラン）　12月5日、イランのテヘランにあるメーラバード空港のターミナルビル大ホールの天井が崩れ落ち、25人が死亡、50人が負傷した。原因は積雪の重みのためとみられる。

12.22 **旅客機墜落**（ベネズエラ　マチューリン市）　12月22日、ベネズエラの首都カラカスから約580キロのマチューリン市に近い山間部に、同国アベンサ航空のDC9型旅客機が墜落、乗客71人乗員6人の全員が死亡した。同機はカラカスに向かう国内便で、マチューリン空港を離陸した4分後に空中爆発を起こしたとされる。

12.24 **サイクロン「トレーシー」**（オーストラリア　ダーウィン市）　12月24日夜半過ぎ、オーストラリア北部の港町ダーウィン市がサイクロン「トレーシー」に襲われ、少なくとも49人が死亡した。また、家屋数百戸が倒壊するなど市内の建物の90％以上が被害を受け、2万5000人が他都市に避難したほか、港に停泊していた船5隻が沈没または座礁した。

12.28 **地震**（パキスタン　インダス渓谷）　12月28日夕、パキスタン北部の山岳地帯に位置するインダス渓谷が激しい地震に襲われ、パタン村とジャラル村が壊滅するなど、9つの村で4700人が死亡、1万5000人が負傷した。1975年1月3日の時点での非公式の最新情報では死者7000人以上、負傷者は1万4000人に上り、8万人が家を失ったという。

この年 **干ばつと豪雨**（アフリカ）　3月から8月にかけ、西・中アフリカのチャド、マリ、モーリタニア、ニジェール、セネガル、オートボルタの6カ国を中心に、干ばつが襲った。西アフリカでは600万人が飢餓に苦しみ、特にニジェールでは人口の4分の1に当たる100万人が飢えのため死にかけた。8月23日から西アフリカ一帯では記録的な豪雨となり、河川が氾濫して洪水が発生、食料の運搬が難航した。エチオピアでは200万人が飢え、オロ州だけで1年に25万人が餓死したという。

〈 1975 〉

1.19 地震（インド）　1月19日、インド北部全域で強い地震があり、20日の時点で少なくとも36人が死亡した。地震の規模はマグニチュード7。震源はニューデリーの北約900帰路の地点とみられる。最も被害が大きかったのはチベットとの国境に接しているキンナウル地方。

1.22 工場ビル火災（フィリピン）　1月22日、マニラ市郊外マリキナ町サンロケにある4階建のビクトリアビル2階の靴倉庫付近から出火、4階のかつら製造工場にいた女子工員ら42人が死亡、79人が負傷した。出火当時約200人が中にいたが、大半が18～25歳までの女性だった。

1.28 爆竹爆発（台湾　台中）　1月28日、台湾中部の台中市で雑貨商の店にあった大量の爆竹が爆発し、10人が死亡、重傷者20人を含む101人が負傷した。爆発により隣接する建物10軒が壊れ、吹っ飛んだレンガなどで自転車20台が破損した。

1.30 列車追突（インド　ウルタバンガ）　1月30日、カルカッタから約5キロのウルタバンガ駅で停車中の列車の後部に、急行列車が突っ込み、死者33人、負傷者173人を出した。

1.30 航空機海に墜落（トルコ）　1月30日、トルコのイズミルからイスタンブールに向かったトルコ航空機（乗員4人、乗客37人乗り）が、マルマラ海に墜落した。

1.31 タンカー衝突（アメリカ　フィラデルフィア）　1月31日、フィラデルフィアのデラウェア川でタンカー2隻が衝突、炎上したため、2月1日の時点で死者2人、35人が負傷、25人が行方不明となった。衝突したのは米国の1万9000トンのタンカーとリベリア船籍の3万700トンのタンカーで、場所はブリティッシュ・ペトロリアム社の製油所付近だった。炎が60mから90mほどの高さに吹き上がり、近隣の住民は一時避難した。

2.3 海城地震（中国　遼寧省）　2月4日午後7時36分、中国・遼寧省の海城市一帯でマグニチュード7.3の地震が発生した。震源は海城市、営口市付近で、震源の深さは16～21キロメートル。この地震で1328人が死亡し、4292人が重傷を負ったが、当局は地震予知に成功しており住民100万人を緊急避難させていたため、被害は最小限に抑えられたとされる。

2.3 旅客機墜落（フィリピン　リサール県）　2月3日、フィリピン航空のフレンドシップ機が、マニラ空港からミンダナオ島イリガン経由カガヤン・デ・オロに向けて離陸した直後、空港周辺のリサール県パラニャケ町に墜落した。乗客・乗員を含め30人が死亡した。

2.9 空軍機墜落（西ドイツ（現・ドイツ））　2月9日、40人の兵士を乗せた西ドイツ空軍の輸送機が、ギリシアのクレタ島の山腹に墜落し、40人全員が死亡した。

2.22 洪水（エジプト）　2月19日から降り続いた大雨の影響で、ナイル川のアスワン・ダ

ム上流地域で20年来最悪の大洪水が起きた。23日までに4000戸以上の家が流失、15人が死亡、約1万5000人が家を失った。

2.22 **特急列車と普通列車衝突**（ノルウェー）　2月22日、ノルウェーのオスロの北160キロのロスナでトロンハイム発オスロ行きの特急列車と普通列車が正面衝突し、乗客27人が死亡、15人が重傷を負った。ノルウェーの鉄道大事故は25年ぶり。

2.28 **地下鉄衝突・脱線**（イギリス　ロンドン）　2月28日朝、ラッシュアワーのロンドン地下鉄で、列車衝突・脱線事故が起こり、死者41人を出し、ロンドン地下鉄史上最悪の事故となった。ロンドン地下鉄の北線の支線からモアゲート駅に入ってきた同駅終着の6両編成の列車が停止線に止まらず、停止装置の止まり木に激突、脱線した。前2両がトンネルの内部に突っ込んだ形となり、多数の死傷者を出した。

3.3 **フェリー転覆**（バングラデシュ）　3月3日、バングラデシュ沖のサンドウィップ島近くで乗客190人を乗せたフェリーボートが転覆、6日までに50人がサメに食われたり、溺れて死亡したとみられる。乗客77人は救出され、53人は自力で岸まで泳いで助かった。

3.10 **競技場で将棋倒し**（ソ連（現・ロシア）　モスクワ）　3月10日夜、モスクワのスタジアムで行われたソ連対カナダのアイスホッケー試合の終了後、観客が将棋倒しになり、21人が死亡した。スタジアムの出口に通じる階段で、観客が移動中に照明が消えた事で混乱が起き、木製の階段が壊れたとみられる。

3.13 **地震**（チリ　北部）　3月13日午前11時27分、チリ北部でマグニチュード7以上の大地震が発生した。被害が一番大きかったのはサンチアゴ北方400キロのセレナ地区とみられる。非公式の情報では同日で死者2人、負傷者55人が確認された。

3.16 **航空機墜落**（アルゼンチン）　3月16日、アルゼンチン国営の航空旅客機がブエノスアイレス南方約1500キロの山岳地帯に墜落、乗員5人、乗客42人、計47人は絶望とみられる。

3.28 **旅客列車と貨物列車衝突**（モザンビーク　ロレンソマルケス）　3月28日、モザンビークの首都ロレンソマルケスの北約140キロの地点で、旅客列車と貨物列車が正面衝突した。乗客等70人が死亡し、200人が重軽傷を負ったほか、2台の機関車と客車、貨車数両が大破した。

4月– **コレラ**（インド）　4月にカルカッタ市内及びインド東部の西ベンガル州の一部地域でコレラが発生し、5月22日までに少なくとも250人が死亡した。

4月 **豪雪・雪崩**（フランス/イタリア/オーストリア）　4月、フランス、イタリア、オーストリアの欧州3国では、豪雪と雪崩が続き、少なくとも40人の死者を出した。イタリアでは、リビグノで開かれる予定の世界大学アルペンスキー選手権が豪雪のため延期され、7000人が雪に閉じ込められた。

4.4 **航空機墜落**（南ベトナム（現・ベトナム））　4月4日、戦火を避けて米国へ養子として運ばれる243人の孤児を乗せた米空軍最大のC5Aジェット輸送機が、サイゴンの北方約5キロで、後部ドアに故障を起こし、墜落した。乗っていた305人のうち、199人が死亡。うち143人が孤児だった。同機には戦災孤児のほか、付添の大人44人、乗務員16人と看護婦2人が乗っていた。

5月	猛暑（ビルマ（現・ミャンマー））	5月、ラングーン北方480キロのマンダレーを襲った摂氏43度の猛暑のため、子供を含む390人が死亡した。
5.7	サイクロン（ビルマ（現・ミャンマー））	5月7日、8日の両日、ビルマの人口密集地イラワジ川デルタをサイクロンが襲い、250人以上が死亡した。
5.15	鉄橋折れ列車転落（ユーゴスラビア）	5月15日夜、スコピエ発ベオグラード行きの列車がユーゴ南東部フランエ近郊のコレエパッチ川鉄橋にさしかかったところ、突然鉄橋が折れ、客車6両のうち1両が川に転落、残りの5両も脱線、13人が死亡し、169人が重軽傷を負った。
5.18	バス谷に転落（メキシコ）	5月18日早朝、メキシコ南部の州都ワハカの東方70キロの山間部で満員のバスが谷間に転落、乗客ら44人が死亡、16人が重傷を負った。運転手の居眠りが原因とみられる。
5.19	列車とトラック衝突（インド）	5月19日、ボンベイ東方約200キロのドンド近くの無人踏切で、ボンベイ発マドラス間の急行列車とトラックが衝突。トラックに乗っていた約60人が死亡、多数が負傷した。
5.27	バス転落（イギリス　ヨークシャー）	5月27日、イギリス本島中部のヨークシャーで45人を乗せた団体旅行バスが、谷にかかる橋のたもとで路肩をはずして約10m下に落ちる事故が起きた。乗客31人と運転手1人が死亡、14人が負傷した。
6.8	旅客列車同士衝突（西ドイツ（現・ドイツ））	6月8日夜、ミュンヘン南方約33キロのドイツ・アルプス地方で旅客列車同士が正面衝突した。少なくとも乗客ら35人が死亡、75人以上が負傷した。事故現場はオーストリア国境から約30キロ入った山中で、単線だった。
6.14	列車とバス衝突（韓国　全羅南道）	6月14日午前7時30分ごろ、韓国全羅南道の光州に近い町の踏切で、列車とバスが衝突、約20人が死亡、80人が負傷した。
6.24	旅客機道路に墜落（アメリカ　ニューヨーク市）	6月24日午後4時10分ごろ、ニューヨーク・ケネディ空港に着陸しようとしたニューオーリンズ発イースタン航空ボーイング727ジェット旅客機が、滑走路手前のハイウェイに墜落し、炎上した。乗員8人、乗客115人の計123人のうち、死者は110人を超えるとみられる。折からの雷雨をついて降下中、滑走路まで800mの無人地帯の道路へ墜落した。
6.25-	モンスーン（インド）	6月下旬から2週間にわたり、インド北部、北西部を襲ったモンスーンによる豪雨の被害は、7月7日の時点で少なくとも死者150人、流失家屋数万戸に上った。
7.3	洪水（アメリカ　ネバダ州）	7月3日夜、アメリカ・ネバダ州のラスベガスが洪水に襲われ、1.6キロにわたる大通りの全域が水浸しとなった。山岳地帯に降った大雨が砂漠を越えて同市に流れ込んだもので、200台の車が押し流され、2人が行方不明となった。
7.5	地雷が爆発（レバノン）	7月5日午後、ベイルートから約100キロ離れたレバノン北部ベニスバト村付近の山岳地帯にある軍事訓練キャンプで、地雷が爆発し、レバノン人の若者40人以上が死亡、50人以上が負傷した。シーア派回教徒武装集団の若者たちが、パレスチナ・ゲリラ組織の教官から地雷の取扱について訓練を受けている

最中、誤って地雷が爆発したとみられる。

7.17　**通勤列車脱線（ブラジル）**　7月17日、ブラジルのリオデジャネイロ近郊で、通勤列車が脱線事故を起こし、6両が脱線、うち2両が転覆。さらに2両が線路脇のダンス学校校舎に突っ込んだ。100人以上が死亡し、少なくとも300人が負傷したとされたが、18日の公式発表では死者は13人と発表された。

7.31　**航空機墜落（台湾）**　7月31日午後、台湾の花運発台北行きの台湾・遠東航空バイカウント機が、雷雨の中台北空港に着陸しようとして失敗、炎上した。機体は3つに折れ、パイロット席は完全につぶれた。乗客70人、乗員5人のうち、パイロット2人を含む30人が死亡、45人が負傷した。同機は激しい雨のために一度は着陸を中止、2度目に着陸態勢に入り、着地した後すぐに再び離陸、滑走路から50mの地点に墜落した。

8.1　**地下鉄二重衝突（アメリカ　ボストン）**　8月1日夕、アメリカのボストンでラッシュアワー時に通勤客で満員の地下鉄が二重に追突事故を起こし、百余人が負傷した。ハーバードスクエア発ボストン行き地下鉄電車が追突、脱線したところへ、後続の電車が追突したもの。

8.3　**フェリー衝突・転覆（中国　西江）**　8月3日深夜、中国の広州の西方約80キロの西江で、それぞれ乗客500人以上を乗せた大型フェリー紅星245号と紅星240号が暴風雨の中で衝突、転覆した。約500人の乗客が死亡あるいは行方不明と伝えられた。

8.3　**旅客機山に墜落（モロッコ）**　8月3日夜、トランスワールド航空のボーイング707旅客機が、モロッコのアガディール北東のイムジゼン近くのアトラス山脈に墜落し、乗客・乗員全員が死亡した。同機にはフランスから帰国するモロッコからの出稼ぎ労働者177人など計188人が乗っていた。

8.20　**旅客機墜落（シリア　ダマスカス）**　8月20日午前1時15分、チェコスロバキア航空のソ連製イリューシン62型ジェット旅客機が、シリアのダマスカス付近に墜落した。乗員11人と乗客117人のうち、126人が死亡した。同機はプラハからダマスカス、バグダッド経由でテヘランに向かう途中で、事故原因は4つあるエンジンのうちの1つに異常を生じたものとみられる。

9.1　**洪水（パキスタン　シンド州）**　パキスタンのシンド州でインダス川があふれ、9月1日までに20万人が家を失い、6人が死亡。上流のカシミールの渓谷部でモンスーンの雨が降ったのとシンド州北部の豪雨によるもので、同州ラルカナ、ダドゥー両地方を中心に被害が出た。

9.1　**航空機墜落（東ドイツ（現・ドイツ））**　9月1日、東ドイツのインターフルーク機が、ライプチヒ空港滑走路に着陸寸前、火を噴いて地上に激突し、乗客23人、乗員3人が死亡、乗客5人、乗員3人が大けがをして病院に運ばれた。

9.6　**地震（トルコ）**　9月6日、トルコ東部で激しい地震があり、8日の時点で死者は2400人に達した。震源は首都アンカラから東900キロのリジェで、地震と火災でこの町のほとんどが崩壊した。地震の規模はマグニチュード6.8。

9.24　**旅客機墜落（インドネシア）**　9月24日、ガルーダ航空のフォッカー29型機が、南スマトラ・パレンバン近郊のタランブツ空港への着陸を悪天候のため誤り炎上した。乗

客・乗員68人のうち、29人が死亡、34人が負傷した。

9.29　普通列車が急行列車に衝突（アルゼンチン）　9月29日、ブエノスアイレス市から約50キロ郊外のアルゼンチン国鉄リオルハン駅付近で、停車中の急行列車に後続の普通列車が衝突した。急行列車の後部3両が脱輪、転覆した。死者は50人以上、負傷者は100人以上。事故原因は、信号機の故障か、普通列車機関士が信号無視したためとみられる。

9.30　旅客機墜落（レバノン）　9月30日未明、ハンガリーのブダペストからベイルートに向かったハンガリー航空のTU154型旅客機が、ベイルート着陸直前に、ベイルート沖の地中海に墜落した。乗客50人、乗員10人の全員が死亡した。

10.20　地下鉄追突（メキシコ　メキシコシティ）　10月20日午前9時40分ごろ、メキシコシティ都心部の地下鉄ビアドクト駅で、停車中の電車に後続電車が追突、死者23人、負傷者55人を出した。メキシコシティの地下鉄は7年前から運行され、重大事故はこれが初めて。朝の通勤ラッシュ時で、電車は双方とも超満員だった。

10.24　フェリー転覆（ビルマ（現・ミャンマー））　10月24日、ビルマの首都ラングーン郊外のトワンテ運河で230人を乗せたフェリーが沈没、約150人が死亡した。このフェリーはラングーンとチョンマンゲ町を往復していたもので、乗客のほか、貨物で満杯だったところに強い波を受け転覆した。

10.27　軍用機墜落（ボリビア）　10月27日、ボリビアの首都ラパスの東約100キロの保養地トモノコからラパスに帰る途中の軍人とその家族を乗せた軍用機が、アンデス山中に墜落、55人が死亡した。

11.20　ジェット機墜落・車両巻き添え（イギリス　ロンドン）　11月20日午後4時半ごろ、イギリス・ロンドン南西ギルドフォードのダンスフォルド空港から飛び立った自家用小型ジェット機が、離陸直後に突然失速し、近くを走っていた乗用車の屋根に機体をひっかけたまま畑に突っ込んで大破した。乗用車は約60mひきずられて炎上、乗っていた学童と母親ら6人が死亡した。ジェット機に乗っていた6人は脱出し、軽いけが。事故原因は、同機が離陸直後にカモメとみられる鳥の大群に突っ込み、数十羽をエンジンに吸い込んだためとみられる。

11.29　地震（アメリカ　ハワイ州）　11月29日未明、活火山キラウエア山を中心にハワイ全土で2度にわたり大地震が発生し、死者1人、負傷者34人が出た。1回目の地震は午前3時36分に発生しマグニチュード5.5、2回目は同4時48分でマグニチュード7.1だった。直後、同火山は高さ約30mに達する噴火現象を見せたが、1983年のキラウエア火山の噴火の前触れとなるものとみられる。

12月-　熱帯低気圧（フィリピン　ルソン島, バラワン島）　12月末から季節外れの熱帯性低気圧による豪雨に見舞われていたルソン島南部とバラワン島で、1月13日までに死者78人、行方不明者72人が出た。

12.12　船が転覆・ワニに襲われる（インドネシア　セレベス島）　12月12日、インドネシアのセレベス島のマリリ川で、行楽客100人以上を乗せた船が転覆、42人がワニに襲われて死亡した。

12.12　テント村火災（サウジアラビア）　12月12日、イスラム教の聖地メッカの東方10キロ

1976

にあるマホメットの生誕地ミナの町で、メッカ巡礼者のテント村が火災を起こし、138人が死亡、151人が負傷した。火災はガスボンベの爆発によるものとみられている。アルアドハの祭りのため、ミナのキャンプには5万2000人以上が入っていた。

12.14　タンクローリー爆発（アメリカ　ナイアガラフォールズ）　12月14日夜、アメリカのナイアガラフォールズから1.5キロの地点にあるフーカー社の化学工場で、タンク・ローリー車が原因不明の爆発を起こし、有毒な塩素ガスがまき散らされ、4人が死亡、約80人が病院に運び込まれた。

12.27　炭鉱で爆発（インド　ビハール州）　12月27日朝、インドのビハールダハナバッド近くの炭鉱で爆発が起こり、372人の作業員が坑内に生き埋めになった。事故当時、炭鉱で働いていた労働者の数は約700人だった。

この年　干ばつ（エチオピア/ソマリア）　6月までの数ヶ月間、エチオピアとソマリアで干ばつが続き、数万人の遊牧民と数百万頭の牛やヤギが死亡した。死者の大部分は5歳以下の乳幼児で、脱水症状と下痢のため死んだとみられる。医師や看護師が不足し、一部の難民収容キャンプでは1万人以上の難民に2人しか看護婦がいないところもあった。

この年　干ばつ（中国）　中国北部の河北省では、前年秋から1975年夏までの降雨量がわずか50～100ミリで、例年の30～50％にとどまる深刻な干ばつとなった。同省内の河川や、中小規模の貯水池はほとんどが干上がったとみられる。

〈 1976 〉

1.1　旅客機砂漠に墜落（サウジアラビア）　1月1日午後5時、ベイルート発ドバイ、マスカット行きのボーイング720が、出発後30分で墜落、乗員乗客82人全員が死亡した。墜落現場はクウェート、サウジアラビア、イラクに挟まれた砂漠地帯。

1.3　旅客機民家に墜落（ソ連（現・ロシア）　モスクワ）　1月3日、モスクワ近郊で国内便のTU134旅客機が、モスクワのブヌコボ空港から離陸直後近くの民家に墜落、乗客86人の他乗員など全員が死亡した。

1.10　ホテルでガス爆発（アメリカ　フレモント）　1月10日朝、ネブラスカ州フレモントのホテルが大爆発とともに出火した。爆発の直前、支配人がホテル周辺一帯の市街にガスの匂いを感じ、ガス会社に連絡していた。ホテルには100人あまりが滞在しており、11日までに11人が死亡、31人が行方不明。

1.21　航空機墜落（中国　湖南省）　1月21日午前、広州から上海に向かう国内線のアントノフ型機が、湖南省長沙付近で墜落、乗員乗客45人全員が死亡した。

2.4　グアテマラ大地震（グアテマラ）　2月4日午前3時4分、グアテマラで、マグニチュード7.5の地震が発生した。もっとも被害が大きかったのはグアテマラ市の南側に広がる庶民住宅街で、石やレンガ、アドベ作りの家は多くが崩落した。地震はグアテマラを中心にエルサルバドル、ホンジュラス、メキシコなど3200キロにわたる範囲で観測された。6日正午過ぎにはマグニチュード6弱の余震があり、もろくなっていた

建物の多くが崩壊した。犠牲者数は2万3000人に達した。

2.15 **雪崩相次ぐ**(フランス ピレネー地方,アルプス地方) 2月15日、ピレネー地方とアルプス地方で雪崩が相次ぎ、アルプス地方ではスキーの元オリンピック選手ら5人、ピレネー地方でも5人が死亡、数人が負傷した。

2.15- **インフルエンザ**(アメリカ 東海岸) 平均気温が摂氏15度以上の異常高温が続いたアメリカ東海岸側で、インフルエンザが猛威をふるい、2月15日から21日までの1週間で875人が死亡した。発生源のニューイングランド地方から南下し、メリーランド州、バージニア州などにも感染が拡大した。

2.19 **旅客列車とバス衝突**(メキシコ ソノラ州) 2月19日夜、アメリカ国境に近いソノラ州ピチキトで旅客列車が踏切に突っ込んだ満員バスに衝突して3両が転覆、30人が死亡、75人が負傷した。

2.28 **バス湖に転落**(韓国 江原道) 2月28日午後6時ごろ、韓国の江原道華川郡華川邑付近の国道で、春川・華川間のバスが運転を誤り、7m下の正洋湖に転落、乗客乗員32人全員が死亡した。現場は山を切り開いた道路で、運転手が無理な追い越しをしようとしてハンドルを切り損ねたのが原因。

3.9 **ロープウェー墜落**(イタリア バルディフィエンミ) 3月9日午後5時ごろ、南チロル地方の観光地バルディフィエンミで、ロープウェーが約50m下の地面に転落、乗客42人のうち41人が死亡、残る1人も重体。現場はオーストリア国境に近いドロミテ山脈。

3.13 **座礁タンカーまっぷたつ**(フランス ブルターニュ沖) 3月13日朝、1月24日から座礁していた27万5000トンのギリシャ籍のタンカーが、強風のためにまっぷたつに大破し、積載していた1200トンの重油が流出した。

4.5 **タンカー座礁**(シンガポール セントジョーンズ島) 4月5日午前2時ごろ、シンガポール南端のセントジョーンズ島南西約3キロのマラッカ海峡で、大型タンカーが座礁し、約2000トンの原油が流出した。

4.9 **地震**(エクアドル エスメラルダス) 4月9日未明、エクアドルの港町エスメラルダスで強い地震が発生、建物が多数倒壊し、7人が死亡、数十人が負傷した。

4.10 **竜巻**(バングラデシュ ファリドブル地域) 4月10日、バングラデシュのファリドブル地域の5つの村を激しい竜巻が襲い、200人以上が死亡、数百人が負傷した。

4.13 **火薬工場で爆発**(フィンランド ラプア) 4月13日早朝、フィンランド西部のラプアで火薬工場が爆発し、41人が死亡、30人が負傷した。

4.21 **急行列車とバス衝突**(台湾 彰化県) 4月21日、台湾中部の彰化県の花壇の近くの踏切で、バスと下り急行列車が衝突。バスが大破して乗っていた中学生ら38人が死亡、40人以上が負傷した。踏切には信号機はあったが遮断機はなかった。

4.27 **着陸失敗・給油所に衝突**(アメリカ バージン諸島シャーロットアマリー) 4月27日午後、アメリカ・ニューヨークのケネディ空港を飛び立ったアメリカ国内線のボーイング727型機がバージン諸島シャーロットアマリーのハリー・トルーマン空港で着陸に失敗、近くの丘の上にあるガソリンスタンドに衝突して爆発炎上した。52人が

救出され、36人が死亡または行方不明となった。同機は着陸時、異常に高い位置から滑走路に進入し、再び上昇して衝突した。

4.28 デパートで火災（ブラジル　ポルトアレグレ）　4月27日昼ごろ、ブラジル南都ポルトアレグレの8階建てのデパートで火災があり、28日夜までに27人が遺体で発見され、約100人が負傷した。

4.30 バス事故相次ぐ（フィリピン　ルソン島）　4月29日、フィリピンのルソン島北部西海岸のビガン発バギオ行きのバスが、サンチアゴ町で街路樹に衝突して炎上、22人が死亡し7人が重傷を負った。翌日の4月30日午後10時ごろには、マニラ発バギオ行きのバスが上り坂で事故を起こし、急な坂を後退しながら75m下の谷川に転落、31人が死亡し23人が負傷した。

5.4 通勤列車衝突（オランダ　ロッテルダム）　5月4日午前8時前、オランダのロッテルダム近郊スヒーダム駅付近で、国際急行列車ライン急行と通勤列車が衝突した。通勤列車の乗客20人以上が死亡、数十人が重傷。

5.6 イタリア・フリウリ地震（イタリア　フリウリ地方）　5月6日午後9時ごろ、イタリア北東部からユーゴスラビアにかけての山岳地帯で、マグニチュード6.5～6.9の地震が発生。タリアメント渓谷に沿う20の町村が大きな被害を受け、1200人が死亡、10万人が家を失ったほか、ジェモナ、マイアノ、オゾボ、ブーヤなどの町では中世の歴史的保存地域の9割を失った。フリウリにある国立考古学博物館にも10日早朝の余震で大きな被害が出た。余震は15日までに60回を数えた。この地方では9月11日に2回の強震が起こり、同15日にフリウリ地方でマグニチュード6.4の地震が発生、8人が死亡した。被害総額は1兆2000億リラ（約4000億円）と推計される。

5.17 ウズベク地震（ソ連　ウズベク共和国（現・ウズベキスタン））　5月17日早朝、中央アジアのウズベク共和国一帯で強い地震が起こった。震源は南キジルクム砂漠の町ガズリの北約70キロ、マグニチュード7.2。石造りの家屋のほとんどが倒壊し、1万人以上が家を失ったが、死者は天然ガス圧搾基地で働いていた4人と発表された。

5.18 台風6号（ミクロネシア　トラック島）　5月18日、強風と豪雨を伴う台風6号がミクロネシアのトラック島を襲い、土砂崩れのため押しつぶされた家の下敷になるなどして8人が死亡、負傷者が多数出た。

5.18 バス崖下に転落（韓国　ソウル）　5月18日夜10時10分ごろ、韓国の京釜高速道路で高速バスが転落し、乗客24人が死亡、25人がけがをした。バスはガードレールを突き破って8m下のがけに転落。バスの前を走っていたトレーラーの積み荷の鉄板が崩れ落ち、それに乗り上げてハンドル操作を誤ったとみられる。

5.19 台風（フィリピン　マニラ）　5月19日から、台風の影響で21時間雨が降り続け、大マニラ市の8割が水浸しになった。21日までに死者16人、行方不明19人が出た。

5.23 列車とタンクローリー衝突（韓国　ソウル）　5月23日午前11時ごろ、韓国のソウル市北東部道峰洞にある踏切で、上り普通列車とタンクローリー車が衝突、タンクローリーは約50m押されて炎上、列車の客車前1両が脱線して炎上した。列車の乗客20人が死亡したほか、約80人が重軽傷を負った。

6.1 航空機墜落（赤道ギニア）　6月1日、ソ連の航空会社のツポレフ154型機がアンドラ

の首都ルアンダからモスクワに向かう途中、行方不明になった。6日、赤道ギニアのマラボ島に墜落しているのが発見された。乗員乗客46人全員が死亡した。

6.4 　旅客機墜落（アメリカ　グアム島）　6月4日午後、フィリピンの航空会社のロッキード188エレクトラ機が、グアム空港を離陸直後に墜落、爆発炎上した。乗員乗客45人全員が死亡。

6.5 　ダム決壊（アメリカ　アイダホ州）　6月5日、アイダホ州スネーク川上流に完成したばかりのダムが、ほぼ満水になったばかりのところで決壊し、奔流がニューデール、ティートン、シュガーシティーなどを襲った。11日までに6人が死亡、80人が重軽傷、60～135人が行方不明となったほか、3万人が家を失った。ダムの設計と施行技術に問題があったとみられる。

6.12 　洪水（バングラデシュ）　6月12日、バングラデシュのシルヘト、チッタゴン、コミラ、ノアカリ地方を中心とする洪水で少なくとも54人が死亡、500万人が被災した。

6.26 　地震（インドネシア　ニューギニア島, バリ島）　6月26日午前4時、ニューギニアでマグニチュード7.1の強い地震が発生。7月2日までに329人が死亡、数千人が行方不明になった。7月7日には2万8800haに及ぶ大規模な地滑りが発生して、さらに420人が死亡、5800人が生埋めとなった。7月8日までに計9011人が死亡。バリ島なども大きな被害を受け、中学校などが倒壊、北部スリリットでは3000人余りの住民のうちのほとんどが死傷するという惨事となった。

7月　モンスーン（インド　アッサム州）　7月、インド北東部のアッサム州で、モンスーンの大雨のために洪水が起こり、14日までに44人が死亡したほか、家屋1万戸が倒壊、4万戸が浸水して約7万人が被災した。

7.2 　密造酒にメチルアルコール（インド　タミルナド州マドラス）　7月2日、インド最南端タミルナド州の州都マドラスで、結婚披露宴に出席した招待客が中毒症状で次々に倒れ、5日までに105人が死亡、100人以上が重体となった。メチルアルコール入りの密造酒が原因。

7.9 　急行列車とバス衝突（パキスタン　シャヒナパド）　7月9日、シャヒナパド駅近くの無人の踏切で、急行列車がバスと衝突し、バスの乗客30人が死亡、40人が重軽傷を負った。列車の方は、機関車が脱線しただけで被害はなかった。

7.10 　落雷（インド　カルカッタ）　7月10日、カルカッタでサッカー観戦に向かっていた人々が雷に直撃され、6人が死亡、50人がけがをした。

7.10 　化学工場で毒ガス流出（イタリア　セベソ）　7月10日、イタリア北部、ミラノ市近くのセベソにある化学工場で香水原料の製造中に爆発事故があり、枯れ葉剤と類似したテトラクロロジベンゾアパラジオキシンガスが発生し、付近に拡散した。30人以上が負傷し、付近の住民約1500人が避難したほか、家畜などが死んだ。植物の消却と汚染土を削り取って中和する措置がとられ、家畜5000頭は薬殺され、工場は閉鎖となった。

7.14 　バリ島地震（インドネシア　バリ島）　7月14日午後、バリ島でマグニチュード5.6の地震が発生し、16日夜までに500人が死亡した。被災の中心地となったのは首都デンパサールから北へ80キロのスリリットで、家屋のほぼ全てが倒壊し、この地区だけ

で427人が死亡、2700人が負傷した。

7.21－ **ガス中毒**（アメリカ　フィラデルフィア）　7月21日から24日まで開かれた米在郷軍人大会の出席者が、激しい頭痛と高熱を訴えわずか1週間で死亡者が続出した。死亡したのは27人、発病したのが128人。患者の遺体から異常な量のニッケルが検出され、ニッケルカーボニルガスによる毒害ではないかとみられる。

7.28　**唐山地震**（中国　唐山，天津，北京）　7月28日午前3時45分ごろ、北京を含む河北地方でマグニチュード7.8の地震があった。震源は河北省唐山、豊南地区で、震度は11。北京市内ではレンガや土で作られた一般家屋に倒壊被害が集中した。この地震で、人口160万人の唐山市だけで65万5000人が死亡した。日本人は8人が死亡。同日午後6時45分にはマグニチュード7.9の余震があり、11月15日午後10時ごろにもマグニチュード6.9の余震が起きた。このうち11月の余震では天津市で約1500人が死亡、数千人が負傷したとみられる。1979年11月には、死者約24万2000人、重傷者16万4000人という公式数字が中国地震学会から初めて公表された。

7.31－ **峡谷に鉄砲水**（アメリカ　コロラド州）　7月31日から8月1日にかけて、アメリカ・コロラド州ラブランド付近を流れるトンプソン側の峡谷に鉄砲水がおし寄せ、行楽客ら60人が死亡した。すべての橋が押し流され、峡谷沿いに走る道路の4分の3が崩壊した。

8.17　**ミンダナオ地震**（フィリピン　ミンダナオ島）　8月17日午前0時13分、ミンダナオ島を中心に、ビサヤ地方、ルソン島南部のビコール地方などにマグニチュード8.0の強い地震が発生した。地震発生と同時に停電し、建物の多くが全半壊した。震源地はミンダナオ島南方のセレベス海。ミンダナオ島中部西沿岸のコタバト市付近から西端のサンボアンガ市などにかけては10m近い津波にも襲われた。18日までに死者4000人、行方不明者5000人。

8.17　**ラスフリエール火山噴火**（フランス　カリブ海グアドループ島）　8月17日未明、カリブ海のフランス海外県グアドループ島で、ラスフリエール火山が噴火し、強度の地震を引き起こした。この爆発は早くから予測され、危険地域に属する市町村の7万人は強制的に避難させられていた。

8.22　**モンスーン**（インド　北部）　8月22日、インド北部がモンスーン豪雨による洪水に見舞われ、100人以上が死亡したほか、農作物に大きな被害が出た。

8.22　**バス貯水池に転落**（インド　マディヤプラデシュ州）　8月22日、インド中部のマディヤプラデシュ州で、約100人の乗客を乗せたバスが運転を誤って道路から13m下の貯水池に落ち、乗客84人が死亡した。定員56人のところ、100人を乗せていた。

9.4　**軍輸送機墜落**（ポルトガル　大西洋アゾレス諸島テルセイラ島）　9月4日午後、大西洋のポルトガル領アゾレス諸島にあるテルセイラ島の米軍基地滑走路近くに、ベネズエラ空軍輸送機C130が墜落、乗っていた大学合唱団のメンバーら66人全員が死亡した。事故発生時、アゾレス海域はハリケーンに襲われていた。

9.6　**通勤列車追突**（南アフリカ共和国）　9月6日夕方、ヨハネスブルグ東約50キロのベノニ駅で、停止信号で停車中のモザンビーク行き急行列車に通勤列車が追突、31人が死亡、70人以上が負傷した。

9.10	旅客機同士空中衝突（ユーゴスラビア）	9月10日午前11時16分、ユーゴスラビア、ザグレブ市付近の約1万メートルの上空で、イギリスの航空会社のトライデント型旅客機と、ユーゴスラビアのチャーター便DC9型機が空中衝突し、双方の乗員乗客計176人全員が死亡した。管制官が誤った高度を伝えたためとみられる。
9.12	洪水（タイ ペチャブン県ムアン村）	9月12日早朝、タイのペチャブン県ムアン村が鉄砲水に襲われ、24人が死亡、15人が行方不明になったほか、31戸の家屋が倒壊した。
9.19	航空機山に墜落（トルコ）	9月19日深夜、イスタンブールから地中海沿岸の保養地アンタリアに向かっていたトルコの国内線のボーイング727型機が、トルコ西部イスパルタの南約48キロの山中に墜落、炎上した。乗客乗員154人全員が死亡した。
9.30-	ハリケーン（メキシコ バハカリフォルニア半島）	9月30日から10月1日にかけて、メキシコ北西部のバハカリフォルニア半島にあるラパス市がハリケーンに襲われ、死者750人、行方不明者が1000人を超えた。
10月	奇病（ザイール ブームバ地方/スーダン）	10月、ザイール北部ブームバ地方で伝染性の奇病が発生し、ベルギー人を含む150人以上が死亡した。スーダン南部でも似たような病気で80人が死亡、ザイールはスーダンとの国境を閉鎖した。新種の急性伝染病で、ナイジェリアで発見されたラッサ熱が疑われた。
10月	密造酒にメチルアルコール（インド マディヤプラデシュ州）	インド中央部のマディヤプラデシュ州の都市インドールで、密造酒による大量中毒死事件が発生し、10月9日までに105人が死亡した。メチルアルコール入りの密造酒が正規の流通ルートで出回っていたとみられる。
10.11	インフルエンザ予防接種で急死（アメリカ）	10月11日、ペンシルバニア州アリゲニ郡で、スペイン風邪（インフルエンザ）の予防接種を受けた老人3人が急死する事故があり、ウィスコンシン、ルイジアナ、バーモント、メーン、ニューメキシコの各州で予防接種を中止した。14日までに、16州で37人が死亡。死亡したのはいずれも高齢者で、心臓や肺に持病がある人もおり、死因は心臓発作が多かった。
10.12	航空機墜落（インド ボンベイ（現・ムンバイ））	10月12日早朝、インド国内便のカラベル機がボンベイ空港を離陸直後に火を噴き、着陸を試みたが墜落した。乗っていた95人全員が死亡した。
10.13	貨物機墜落（ボリビア サンタクルス市）	10月13日、アメリカの民間会社のチャーター便、ボーイング707貨物機が、サンタクルス市の空港を離陸直後、市の中心部に墜落し、学童の集団に突っ込んだ。乗員全員と、学童が機体の下敷きになるなどして約100人が死亡した。
10.30	地震（インドネシア イリアンジャヤ地方）	10月30日正午前、インドネシアのイリアンジャヤ地方をマグニチュード7の地震が襲い、87人が死亡した。震源とみられるジャヤウィジャヤ山岳地帯のラングダで最も多くの死者が出た。
11月-	干ばつ（中国）	1976年11月から、厳しい干ばつが中国、香港、タイ、マレーシアなどアジア諸国を襲った。1977年3月までの5ヶ月間で、中国の中・南部の総降雨量は平年を50〜85％も下回り、この30年間で最悪の干ばつとなった。

1976

11月 - はしか（フィリピン　ミンダナオ島）　11月、ミンダナオ島ダバオ市から80キロほど山に入った村に住む少数民族の間ではしかが流行し、1ヶ月間に78人が死亡した。

11.15 バス川に転落（ブラジル　ウルブ川）　11月15日、アマゾン川中流のマナウスの東20キロのウルブ川に、地方選挙の投票所に向かう有権者らを乗せたバスが転落、38人が死亡した。バスの運転手が川を渡る際にバスを乗せようとして失敗したもの。

11.23 YS11山に墜落（ギリシャ）　11月23日、アテネ・コザニ間を飛んでいたギリシャの国内線のYS11型機がギリシャ北部の山中に墜落、乗員乗客合わせて50人全員が死亡した。着陸予定のコザニが濃霧に覆われていたため、同機は他の空港に降りるよう指示されていた。

11.24 地震（トルコ　バン州）　11月24日午後、トルコ東部バン州一帯がマグニチュード7.6の地震に見舞われた。被災地となったのはアララット山の南部、ソ連やイランとの国境に接するムラジエ、チャルジラン、エルシス、ジャジンの町で、村人339人中12人しか生き残らなかった村もあった。月末までに死者行方不明者は1万157人、被災者総数は約5万人、全壊家屋5000、半壊家屋3500。相次ぐ余震や天候の悪化が救援物資の運搬を妨げ、救助活動は難航した。

11.28 旅客機空中爆発（ソ連（現・ロシア）　モスクワ）　11月28日午後6時ごろ、ソ連の国内線のTU104型がレニングラードに向けてモスクワ・シェレメチェボ国際空港を離陸した直後に墜落、乗員乗客72人全員が死亡した。

12.2 嵐（フランス　カルターニュ）　12月2日、フランスは全国的に強風が吹き荒れ、海岸線を中心に40〜50mの風が吹いた。リモージュでレンガの煙突が倒れて1人が死亡したほか、全国で5人が死亡、十数人が負傷した。

12.4 台風（フィリピン　ルソン島, サマル島）　12月4日、フィリピンのルソン島中南部とサマル島を中心に襲った台風のため、53人が死亡し、交通網の寸断や家屋が流失などの被害が出た。

12.21 原油大量流出（アメリカ　コッド岬沖）　12月21日、マサチューセッツ州コッド岬沖で、15日にシケにあって座礁していたタンカーの船体がまっぷたつになり、積荷760万ガロンの原油が流れ出した。23日には原油が長さ160キロ、幅約100キロにわたって広がった。

12.21 - 濃霧（フランス）　フランスでは、濃霧で事故が多発した。12月21日夕方、リヨンで学校帰りの児童らが乗ったバスがローヌ川に転落し、14人が水死。霧のため運転手が目標を見誤ったのが原因。また、23日にはフランス中部のアバロン近くの高速道路で霧が深くなり、乗用車49台とトラック7台が次々と衝突し20人がけがをした。

12.25 旅客機墜落・工場爆発（タイ　バンコク）　12月25日午前3時40分、バンコク・ドンムアン国際空港に着陸しようとしていたエジプトの航空会社のボーイング707型機が、空港近くの日系紡績業の工場に墜落、日本人9人を含む飛行機の乗員乗客55人全員が死亡したほか、工場従業員1人が死亡、17人が行方不明になった。

12.25 - コレラ（東ティモール　オエクシ）　12月25日、東ティモールの旧ポルトガル領飛び地オエクシで、悪性のコレラが発生し、1月6日までに80人が死亡した。

この年　干ばつ（ヨーロッパ）　前年12月以来、ヨーロッパは干ばつに見舞われ、パリでは4

月までに降雨量がたったの105ミリに止まり、史上最低を記録。セーヌ川では5月22日、水量不足で大量の魚が死んだのを始め、7月には猛暑のためブルターニュ地方で地下水が例年の6割にまで減少した。イギリス・ヨークシャー地方や西ドイツのフランクフルト近郊でも乾燥のため森林火災が発生した。イギリスでは6月26日、最高記録となる35度を記録。ウィンブルドンでは全英テニス選手権の観客400人が熱射病で倒れ、ロンドン警視庁の電算機の加熱により市内60カ所の信号が故障。27日ベルギーでは20人が死亡する列車の脱線事故が発生したが、猛暑でレールが曲がったのが原因とみられる。イタリア・ロンバルディア地方で家畜100万頭近くが倒れるなど、各地で農作物や家畜に被害が及び、工業用水不足で生産も低下した。

この年　エボラ出血熱(ザイール)　ザイールとスーダンで、重症の出血熱が流行した。ザイールでは300人以上、スーダンでは250人以上の発症者があり、その死亡率は50〜80%と非常に高かった。エボラ出血熱の発症は全世界でこれが初めてとみられる。注射の汚染針による院内感染などで急速に広まり、医療従事者が多数感染した。

〈 1977 〉

1月　寒波(アメリカ)　1月、アメリカは各地で猛烈な寒波に襲われた。中西部のシカゴは104年ぶりの寒さとなり氷点下43度、ミネソタ州の一部では氷点下74度を記録。バハマでは19日、史上初めて降雪があった。電力やガスの供給が制限され、学校の休校、工場の閉鎖などが相次いだ。28日から29日にかけては、一晩で20人が立ち往生した車の中で凍死した。1月末までに死者は75人に達した。

1月　豪雨(ブラジル　テレソポリス)　1月、リオデジャネイロ近郊のテレソポリスを襲った洪水のため、32人が死亡、100人近くが負傷した。テレソポリスは山の斜面に沿ったスラム街で、集中豪雨のため斜面を流れ落ちた水と泥のため数十軒の家屋が押し流され、500人が家を失った。

1.3　バス谷に転落(エチオピア)　1月3日、エチオピアの首都アジスアベバの北約100キロの地方で、バスが13m下の谷に転落、乗員乗客33人が死亡し、19人が負傷した。

1.11　ニラゴンゴ火山爆発(ザイール　キブ州)　1月11日、キブ州のニラゴンゴ火山が大爆発を繰り返し、約2000人が死亡した。ニラゴンゴ火山は前年12月21日から活動を開始していた。ゴマ国際空港に溶岩が流れ込み、2カ所が使用不可能になったほか、ゴマ市一帯の道路も走行不能となった。

1.13　旅客機空中爆発(ソ連　カザフ共和国(現・カザフスタン))　1月13日、カザフ共和国首都のアルマアタに着陸しようとしたTU104型旅客機が、約300mの上空で爆発、乗員乗客90人が死亡した。

1.15-　豪雨(インドネシア　ジャカルタ)　1月15日からの1週間、インドネシアのジャカルタは100年ぶりの集中豪雨に見舞われた。豪雨がピークに達したのは19、20日の両日で、19日には一晩で240ミリを記録。市内の3分の2が水に浸かり、20数万人が避難し、6人以上の死者が出た。

1.18 満員列車に陸橋が落下（オーストラリア　シドニー）　1月18日朝、オーストラリアのシドニー西の郊外で、満員の通勤列車が脱線して陸橋の橋桁に激突、4両編成の車両の上に橋がまともに落下した。死者80人、負傷者82人を出した。州政府による鉄道経営が厳しく、安全対策が慢性的に後回しになっていたことが原因とみられる。

1.18 ユーゴスラビア首相墜落死（ユーゴスラビア　サラエボ（現・ボスニア・ヘルツェゴビナ））　1月18日午前10時ごろ、ベオグラードからサラエボに向かった航空機がサラエボ西方40キロの地点で墜落した。乗っていたユーゴスラビアのジェマル・ピエジッチ首相とその夫人ら7人が死亡。墜落現場はボスニアの山岳地帯で、猛烈な吹雪だった。

2月‐ 雷雨（アルゼンチン）　2月末からの数日間、アルゼンチンは激しい雷雨に見舞われ、数十人の死者が出たほか、数千人が家を失った。特に北部のフフイ州では、2月27日地滑りで18人が死亡、14人が行方不明となり、隣のサルタ州では3人がドロに埋もれて死亡した。

2月‐ ミルクがサルモネラ菌汚染（オーストラリア）　2月ごろから、オーストラリア各地で乳児が下痢、引きつけ、腹痛を訴えるケースが相次ぎ、80人が入院した。当局はメルボルンにある粉ミルク製造工場の機械からサルモネラ菌を発見、ここで製造された粉ミルクが原因と断定し、国内で市販されている約50％にあたる、4つのブランドの粉ミルクの回収を命令した。

2.4 高架電車追突・転落（アメリカ　シカゴ）　2月4日夕、アメリカ・シカゴ市の中心街で通勤列車が衝突し、11人が死亡、約200人が重軽傷を負った。同列車は高架軌道にあり、ラッシュアワーで満員だった。事故原因は当初、雪でブレーキがきかず、前方に停車中の列車に追突したとみられていたが、追突した列車の運転手の過失によるものとされた。

2.12 森林火災（オーストラリア　ビクトリア州）　2月12日午後、ビクトリア州西部で大規模な森林火災が発生した。死者5人、負傷者17人、焼失家屋81、数百人が焼けだされたほか、家畜100万頭が死に、牧草地1464km^{2}が破壊された。損害額は約4000万豪州ドル（120億円）と推定される。原因は電線の漏電で、時速60キロの強風にあおられ燃え広がったとみられる。

2.25 ホテル火災（ソ連（現・ロシア）　モスクワ）　2月25日午後9時ごろ、モスクワ中心部にある世界最大級のホテル「ホテル・ロシア」北側8階客室付近から火が出て、たちまち広がった。火は4時間後の26日午前1時ごろ鎮火した。日本人52人が宿泊しており、うち2人が負傷した。非公式の情報によると35人が死亡。

2.28 密造酒で中毒（インド　グジャラート州）　2月28日、インドの禁酒州グジャラート州アーメダバードで密造酒による中毒が発生し、84人が死亡した。他に97人が重体。インドのグジャラート州では、酒類の販売、飲酒などが全面的に禁止されている。

3.3 空軍機山に衝突・炎上（イタリア　ピサ）　3月3日、イタリア、ピサ郊外のサンジウスト空港を離陸したイタリア空軍のC130輸送機が近くのセラ山に衝突し炎上した。海軍士官候補生38人と乗員6人の計44人全員が死亡。前年9月入学したばかりの新入生による訓練飛行中だった。事故当時の天候は良かった。

3.4 ルーマニア大地震（ルーマニア）　3月4日午後9時20分過ぎ、東ヨーロッパ全域に強

い地震が発生した。震源はルーマニア、ブカレストの北約120キロのブランセア郡で、マグニチュードは7.0～7.5。ブカレスト市は通信網が破壊され、パニック状態に陥った。同市は壊滅的な状態になり、ここだけで死者1391人に上った。ルーマニア全土で、14日までに1541人が死亡、1万1275人が負傷した。

3.7 狂犬病（タンザニア　ダルエスサラーム）　タンザニアで狂犬病が発生し、3月7日までに50人が死亡した。狂犬病の流行は半年前にタンザニア南部で始まり、その後首都ダルエスサラームを含む南部・湾岸地域に拡大した。

3.22 地震（イラン　バンダル・アバス）　3月22日朝、イラン南部のペルシャ湾岸地方をマグニチュード7.0の地震が襲った。バンダル・アバス市を中心に24日までに死者は130人。24日にはマグニチュード6.0の余震があった。

3.27 ボーイング747機同士衝突（スペイン　大西洋カナリア諸島テネリフェ島）　3月27日午後4時40分、スペイン領カナリア諸島サンタクルス・デ・テネリフェ島のロスロデオス空港の滑走路上で、離陸開始準備点に向かおうとしていたアメリカの航空会社と、既に離陸滑走を開始していたオランダの航空会社のボーイング747型機同士が衝突、両ジャンボ機は一瞬で爆発炎上した。日本人乗員2人を含む581人が死亡。事故発生1時間前に、両機の目的地ラスパルマス空港で爆発事故が起き、空港が閉鎖。急遽、両機はロスロデオス空港に誘導されたが、空港管制官の長期にわたる労働争議が管制塔の機能を低下させていたことや空港近くの深い霧などの条件が惨事を引き起こした。最終的には、管制塔との無線のやり取りの混信で離陸待機指示が届かなかったことが原因。

3.31- 暴風（バングラデシュ）　3月31日から4月1日にかけて、バングラデシュで暴風が発生、600人以上が死亡し、1500人以上が負傷した。東部のミメンシン、中部のファリドプールの両地方だけで128人が死亡。

4.4 旅客機民家に墜落（アメリカ　マリエッタ）　4月4日、アメリカのジョージア州マリエッタの住宅地に、国内線のDC9型機が墜落、炎上した。乗客乗員85人のうち日本人1人を含む75人が死亡。エンジンが故障し、高速道路に緊急着陸をはかったがそれて民家に突撃したもの。

4.6 地震（イラン　イスファハン）　4月6日夜、イラン中央部イスファハン近くでマグニチュード6.5の地震があった。死者は572人に達した。

4.17 雪崩（ルーマニア　カルパチア山脈）　4月17日、ブカレスト西北140キロのカルパチア山脈のスキー場で雪崩が発生し、児童と教師あわせて23人が巻き込まれて死亡した。

4.22 油田で原油流出（ノルウェー　北海）　4月22日午後9時半ごろ、ノルウェー南部エコフィスク地区西沖の海底油田で、従業員が採油パイプの噴出防止装置を取付中に、石油と天然ガスが噴出する事故が発生した。従業員は全員逃げ出して無事だったが、数千トンの石油が海へ流れ出した。また、天然ガスが現場付近に溜まり、発火や施設爆発の危険が出たため油田の生産活動は停止した。後に、噴出装置の付け違いが原因と発表された。

5月- コレラ（インド　アタブラデシュ州）　ヒマラヤ山脈に近いインド北部のアタブラデシュ州でコレラと胃腸炎が流行し、5月後半から7月の頭にかけての6週間で、70人が

死亡した。

5.10　軍用ヘリコプター墜落（イスラエル　エリコ）　5月10日、イスラエル占領下のヨルダン川西岸エリコ付近の砂漠上空で、演習中のイスラエル軍ヘリが墜落し、乗っていた54人が死亡した。同機は総合演習の最後尾に加わっていたが、離陸して数分後に失速、地上に墜落して炎上した。

5.27　航空機墜落・炎上（キューバ　ハバナ）　5月27日、モスクワ発ハバナ行きのソ連国営航空のイリューシン62M型機が、ハバナ空港に着陸しようとして地上に激突、炎上した。乗員乗客68人のうち66人が死亡、2人が重傷を負った。空港近くの高圧線に触れたのが原因だった。

5.28　クラブで火災（アメリカ　サウスゲート）　5月28日、ケンタッキー州サウスゲートの町のサパークラブの調理室で火災が発生、当時中にいた4500人の客のうち、160人が死亡、74人が負傷した。

5.30　豪雨で鉄橋流失・列車転落（インド　アッサム州）　5月30日未明、インドのアッサム州で急行列車が豪雨で増水した川に転落した。41人が死亡、105人が負傷。この列車はランギアからランガパラへ向かっていたが、川を渡ろうとしたところ鉄橋が流失していたため、機関車と客車11両のうち4両が川に転落したもの。

6月　モンスーン（パキスタン　カラチ）　6月末、モンスーン期にあたるパキスタンは半日で200ミリに達する大雨に見舞われ、カラチ市内を流れるリリャリ、マリルの2つの川が氾濫して、200人が死亡、多数が行方不明になり、1万人以上が家を失った。

6.1　雑居ビル倒壊（ブラジル　ジャボアタン）　6月1日、レシフェ市近くにあるジャボアタンで、商店やオフィス、アパートなどが入った7階建てのビルが倒壊し、50人が死亡、100人以上が生埋めになった。

6.21　留置所火災（カナダ　ニューブランズウィック州）　6月21日深夜、ニューブランズウィック州セントジョン市の市警本部で火災が発生、高熱で留置室の鍵が溶けてドアが開かなくなり、留置されていた服役者20人が焼死したほか、服役者や消防士ら14人が負傷した。

6.26　刑務所で火災（アメリカ　マウリー）　6月26日午後、テネシー州マウリー郡の刑務所で火事があり、服役者ら43人が死亡した。雑居房に入れられた少年がタバコの火で放火したもの。

7月－　コレラ（シリア）　7月ごろから、シリアのアレッポを皮切りにコレラが猛威をふるい、8月31日までに首都ダマスカスを中心に38人が死亡、338人が隔離された。その後勢力を拡大し、ヨルダン、レバノン、イスラエルでも感染者と死者が出た。

7.2　工事ミスで麻酔ガス吸入（アメリカ　ノリスタウン）　7月2日の発表によると、アメリカ・ペンシルバニア州ノリスタウンの総合病院で、緊急治療用の酸素パイプと麻酔用の亜酸化窒素パイプが半年間も取り違えられていたことが判明した。このため、35人が死亡した疑いがある。

7.6　バスとトラック衝突（ブラジル　ベロオリゾンテ）　7月6日未明、リオデジャネイロ北方のベロオリゾンテでバスがトラックと衝突、バスは衝突後川に突っ込み、乗客ら32人が死亡、12人が負傷した。

7.8- 集中豪雨（韓国　ソウル）　7月8日早朝から9日にかけ、首都ソウルとその周辺に集中豪雨があり、土砂崩れや崖崩れ、浸水の被害が続出した。9日にまでに死者181人、行方不明者150人、被災者7万6900人となった。

7.15- 熱波（アメリカ）　7月中旬、アメリカ全土を熱波が襲い、各地で連日35度を超える猛暑を記録した。ニューヨークでは7月21日昼過ぎ、摂氏40度を記録。シカゴでも7月下旬、32.2度以上の火が連続1日も続いた。1936年7月9日の41度に次ぐ史上2番目の記録となった。26日深夜には、この猛暑と乾燥のためカリフォルニア州サンタバーバラで発生した火災が広がり、住宅など385戸、山林約300haが全焼した。

7.17　歩道橋崩落（ソ連（現・ロシア）　ブシキノ市）　7月17日夜、ソ連・モスクワの北東約30キロのブシキノ市で、駅構内の歩道橋が崩れ、約20人が死亡、100人が負傷した。崩れた歩道橋の下には客車2両が停車していたため、乗客にも犠牲者が出たとみられる。

7.20- 豪雨（アメリカ　ペンシルバニア州）　7月20日から21日にかけて、アメリカ北東部各地を集中豪雨が襲い、ペンシルバニアでは24時間で200ミリ以上の雨量を記録した。このため十数本の川が氾濫し、21日朝までに37人が死亡、70人以上が行方不明となった。

7.24　特急列車が普通列車に衝突（韓国　忠清北道沃川郡）　7月24日午前11時過ぎ、韓国・忠清北道沃川郡の芝灘駅で、ソウル発釜山行きの特急列車が、停車中の普通列車に追突した。特急列車の機関車と最前部の客車1両、普通列車の客車2両が脱線し転覆。18人が死亡し、130人以上の乗客が重軽傷を負った。特急列車の運転士が列車待機の信号を見誤ったとみられる。

7.25　台風4号（台湾　高雄）　7月25日、台湾南部の高雄を襲った台風4号により、50人が死亡、15人が行方不明、305人が負傷した。民家2万戸が損壊し、うち1952戸は全壊。

8月　黒熱病（インド　ビハール州）　8月、インド国内で伝染病の黒熱病が発生していることを確認、北部ビハール州では2000人が死亡した。

8.3　バス峡谷に転落（ボリビア　ヨカラ山岳地帯）　8月3日、ボリビア南部のヨカラ山岳地帯でバスが故障してハンドルが効かなくなり、100mの峡谷に転落、32人が死亡、14人が負傷した。

8.4　モンスーン（インド）　8月4日、モンスーンの豪雨に見舞われてインド各地で洪水が起き、103人が死亡、500万人以上が被災した。被害が大きかったのはアッサム、グジャラト、ハリヤナ、パンジャブ、ラジャスタン、西ベンガル。

8.19　ジャワ東方地震（インドネシア　スンバワ島）　8月19日午後1時9分、西ヌサテンガラ地域にあるスンバワ島の南東320キロのインド洋でマグニチュード7.7の強い地震が発生、家屋の倒壊や津波などで、25日夜までに116人が死亡。26日にもマグニチュード6.4の地震に見舞われた。

9.7　校舎の屋根崩落（インド　ラジャスタン州）　9月7日、ラジャスタン州アジメルの小学校で校舎の屋根が崩れ落ち、女子児童15人が死亡、2人が負傷した。屋根の上に野生の猿が飛び乗った反動で石の屋根が崩れたもの。

9.8　花火爆発（コロンビア）　9月8日、コロンビアのボゴダ西方110キロのところにある

マグダレナ川で、川祭りに行く人々を乗せたランチの積み荷の花火が爆発、47人が死亡した。ほかに20人が重傷を負った。

10月- **コレラ**(タンザニア) 10月から1978年1月にかけて、タンザニア全土でコレラが流行、160人が死亡した。首都ダルエスサラームをはじめ西部諸州を除く国内各地で死者が続出、流行地域と外部の交通を遮断したため、都市部への食糧供給に支障をきたし物価が暴騰する事態となった。

10.7 **塩素ガス漏れ**(アメリカ ミッドランド) 10月7日、アメリカ・ミシガン州ミッドランド市にある化学工場で、有毒塩素ガスが漏れ、付近の学校の生徒や住民など数千人が、約5時間避難した。この事故でガスを吸った同工場の社員5人が重体となった。

10.10 **急行列車が貨物列車に追突**(インド ウッタルプラデシュ州) 10月10日午前0時15分、ウッタルプラデシュ州アラハバード近郊のナイニ駅構内で、17両編成の急行列車が停車中の貨物列車に追突、急行列車は前7両が脱線転覆した。10日朝までに61人が死亡、150人が重軽傷を負った。

10.26 **ビル火災**(ペルー リマ) 10月26日午後5時ごろ、ペルーのリマにある9階建ビルの4階から出火し、最上階まで燃え広がった。この火事で7人が死亡、20人が行方不明。原因は漏電とみられる。

11.6 **豪雨でダム決壊**(アメリカ トコア) 10月6日未明、ジョージア州トコアのケリーバーンズ湖のダムが豪雨で決壊、溢れ出た水が谷間の町に流れこんだ。6日夕方までに37人が死亡、40人以上が負傷した。

11.9 **減量用食品で死者**(アメリカ) 低カロリーの液化タンパク食品を減量用に使用して16人が死亡し、多数が重大な健康障害を起こしていたことが11月9日に発表された。死亡者のうち10人は肥満体の婦人で、長期間この減量食を摂取して平均40キロもの減量を果たしていたが、その使用中か直後に急性心不全で死亡した。

11.11 **貨車爆発**(韓国 裡里市) 11月11日午後9時15分ごろ、ソウルの西南160キロにある全羅北道裡里市で、駅に停車中の貨物列車が積んでいたダイナマイトが失火により大爆発を起こした。爆発したのはダイナマイト22トン、硝酸アンモニア5トンなど。現場の線路上には長さ40m、深さ15mの大穴があいた。爆発の原因となった失火は、保安員が酒に酔って貨車の中にろうそくの火を放置して寝込んだため。駅周辺の民家に多数の被害が出、死者56人、負傷者1344人。また、全壊家屋675戸、8800戸が被災した。

11.14 **ホテル火災**(フィリピン マニラ) 11月14日朝6時ごろ、マニラ市のマニラ湾に面した目抜き通りにあるホテルフィリピナスの5、6階付近から出火、台風で交通がマヒするなど消火作業が難航し、約6時間後に鎮火した。日本人25人を含む宿泊者188人のうち、54人が死亡した。

11.19 **サイクロン**(インド アンドラプラデシュ州) 11月19日夜、インド中部のベンガル湾からアンドラプラデシュ州の400キロの海岸線をサイクロンが襲った。強風と7mを超す高波が村を押し流し、アンドラプラデシュ州を中心に死者2万人超、150万人が家を失った。インドでは過去113年来の大災害となった。

11.19 **航空機着陸失敗**(ポルトガル 大西洋マデイラ島フンシャル) 11月19日夜、ブリュッ

セル発のポルトガルの航空会社のボーイング727型機が大西洋上のポルトガル領マデイラ島の首都フンシャルのサンタクルズ空港で、嵐の中を着陸しようとして失敗、滑走路を飛び出し爆発した。乗っていた164人のうち123人が死亡、41人が負傷した。

11.21 旅客機墜落（アルゼンチン）　11月21日、乗員乗客79人を乗せたアルゼンチン国内線の双発ジェット旅客機BAC111が、バリロッチェ空港に着陸の際、失敗して墜落した。79人が死亡した。

11.23 地震（アルゼンチン　サンフアン州）　11月23日午前6時28分、アルゼンチンのサンフアン州サンフアン市付近でマグニチュード7.4の地震が発生した。チリ、ウルグアイまで揺れが感じられた。震源はブエノスアイレス西約1000キロ。23日夕方までに死者70人、負傷者数百人、住宅など数千戸が倒壊した。

12.2 巡礼機墜落（リビア）　12月2日、メッカから戻るリビア人巡礼を乗せたツポレフチャーター機が、サウジアラビアのジッダからトリポリに向かう途中、リビア東部に墜落、乗員乗客171人のうち56人が死亡、46人が負傷した。

12.6 寒波（アメリカ）　12月6日、アメリカ中西部から北東部にかけて大規模な寒波が襲来し、ニューヨーク、オハイオなど3州で死者12人が出た。北部では零下20度近くに気温が下がり、南部テキサス州でも零下を記録。インディアナ州クラウフォーズビルでは積雪が48cmに達した。

12.18 着陸失敗・海に墜落（ポルトガル　大西洋マデイラ島）　12月18日夜、大西洋のポルトガル領マデイラ島で、スイスの航空会社のカラベル型チャーター機が、フンシャルのサンタカテリナ空港への着陸に失敗し、滑走路8キロ手前の海中に墜落した。乗員乗客57人のうち、13人が死亡、23人が行方不明になった。事故当時、空港周辺は強い風雨で、気象条件は悪かった。

12.20 地震（イラン　ザラント地区）　12月20日午前3時36分、テヘランの南700キロにあるザランド地区でマグニチュード6.2の強い地震が発生した。ザランド地区のギスク村では、建物の壁のほとんどが崩れ落ちた。21日までに545人が死亡した。

〈 1978 〉

1月- インフルエンザ（アメリカ）　1月から2月にかけて、アメリカでインフルエンザが流行、3000人以上が死亡した。Aビクトリア型とAテキサス型ウィルスによるもので、流行地域は首都ワシントンとニューヨーク市をはじめ37州、特にワシントンとジョージア州や南カロライナ州など25州で大流行した。

1月　寒波（インド　ビハール州）　1月、インド北部が数日に渡る寒波に襲われ、ビハール州で82人が凍死した。同地では5日に最低気温2度を記録した。

1月　吹雪（アメリカ）　1月、アメリカ各地が相次いで吹雪に襲われた。10日から11日にかけては中西部と北東部を中心に猛吹雪に見舞われ、少なくとも24人が凍死した。特に被害の大きかったオハイオ州では14人が死亡、州政府が非常事態を宣言した。また、19日夜から20日夜にかけては西海岸とフロリダ半島を除くほぼ全土が雪とな

り、30～50cmの積雪を記録したニューヨークと近隣都市で非常事態が宣言されたほか、ワシントン、ボストン、フィラデルフィアなど主要都市の交通や経済機能がマヒ状態に陥った。26日から27日にかけては中西部と北東部の諸州を中心に再び猛吹雪に見舞われ、ウィスコンシン州、イリノイ州、インディアナ州、ミシガン州などで90人以上が死亡、オハイオ州に対しては大統領が非常事態を宣言した。

1.1　旅客機墜落（インド　ボンベイ（現・ムンバイ））　1月1日午後8時過ぎ、インドのボンベイ沖合にインド航空のボーイング747型ジャンボジェット旅客機が墜落、乗客190人乗員23人の全員が死亡した。同機はボンベイ発ドバイ行きで、サンタクルズ空港を離陸して間もなく、同地西郊外に位置するバンドラ海岸の沖合4キロ地点に墜落した。

1.2　地震（ソ連　グルジア（現・グルジア））　1月2日、ソ連のグルジア南部で激しい地震が発生、死者はでなかったが、トビリシ南西60キロのドマニシ地方にある58の村が被害を受け、4つの学校と病院1棟、家屋400戸が倒壊した。

1.11-　嵐（イギリス）　1月11日から12日にかけて、イギリス各地が嵐に襲われ、死者・行方不明者26人を出したほか、強風や高波による洪水などで生じた家屋などの被害額も2000万ポンド（約92億円）以上に達するなど、過去25年間で最悪の被害を記録した。船舶3隻が沈没して少なくとも17人が死亡または行方不明となったほか、交通事故で5人が死亡。ケンブリッジシャー州では洪水で1人が死亡した。この強風を伴う寒波は西ヨーロッパ各地も遅い、スペイン北部やイタリア北部などで一部の交通が遮断された。

1.24　原子炉衛星墜落（カナダ　ブリティッシュコロンビア州）　1月24日11時53分、ソ連の軍事衛星コスモス954号がカナダ西海岸のクィーン・シャーロット島北部でカナダ領空に侵入し、カナダ北西部ブリティッシュコロンビア州に墜落した。この衛星は小型原子炉電池が搭載されており、原子炉の分離・軌道変更に失敗したまま墜落、放射能を帯びた破片が周辺に飛び散ることになった。

1.28　ホテル火災（アメリカ　カンザスシティー）　1月28日未明、アメリカ・ミズーリ州カンザスシティーの6階建てホテル「コートハウス・ホテル」で火災が発生、少なくとも13人が死亡、20人以上が行方不明となった。また、10人が負傷したが、このうち2人が重体。

1.28-　嵐（ヨーロッパ）　1月28日から29日にかけて、ヨーロッパ各地が雪や雨を伴う嵐に襲われ、40人以上の死者・行方不明者が出た。イタリアでは西北部アルプス地域で雪崩のため2人が死亡、2人が負傷した。また、アドリア海沿岸では雨を伴う強風により高波が発生、ペザロで崩壊した橋から乗用車が川に転落、3人が行方不明となった。スペインでは北西部ビーゴ港沖合で漁船が突風にあおられて座礁、乗員36人のうち27人が行方不明となった。英国ではスコットランドが30年ぶりの大雪となり死者・行方不明者5人を出したほか、北アイルランドの港で強風で海中に転落した1人が死亡した。また、フランス、スイスでも死者が出た。

2.6-　豪雪（アメリカ）　2月6日早朝から7日夕方にかけて、アメリカ東部と中西部が突風や高潮を伴う豪雪となり、50人が死亡した。最も被害が大きいボストンでは50cmの積雪に加えて5mを超す高波の直撃を受け30人が死亡、30年前の豪雪以来最悪の事態となり、非常事態が宣言された。また、ニューヨークで12人が死亡したほか、各地

で交通の寸断や停電が生じた。

2.10- 豪雨（アメリカ　カリフォルニア州）　2月10日から11日にかけて、ロサンゼルス、サンフランシスコなどアメリカ西海岸の諸都市が強風を伴う豪雨に襲われ、カリフォルニア州だけで9人が死亡、25人が行方不明となり、400人以上が家を失った。

2.17　ガス連続爆発（フランス　パリ）　2月17日午後3時半、パリ16区にある高級住宅街で、ガス爆発が計6回起こった。6人以上が死亡、50人以上が重軽傷。最初に7階建てのアパートが爆発して崩壊、その後の爆発でパトカーなどが数台破壊された。地下の下水道内にガスが充満したか、1ヶ月前に付近で行われたガス管の取り替え工事でガスが漏れたのが原因とみられる。

2.22- 貨車脱線・ガス爆発（アメリカ　ウェーバリー）　2月22日、アメリカ・テネシー州州都ナッシュビルの西約100キロに位置するウェーバリーの中心街で92両編制の貨物列車のうち23両が脱線した。24日午後、脱線したタンク車が積載していた液化プロパンガスをタンクローリーに移す作業中に爆発が生じ、さらに周辺市街が大火災となり、9人が死亡、約100人が負傷した。

2.25　列車とトラック衝突（アルゼンチン）　2月25日、アルゼンチンの首都ブエノスアイレスの北方480キロに位置するサンミゲル・デ・トコマン近くの町で、急行列車とトラックの衝突事故が発生、客車11両が脱線し、乗客50人が死亡、100人以上が負傷した。

2.26　貨車脱線（アメリカ　ヤングズタウン）　2月26日午前2時ごろ、アメリカ・フロリダ州ヤングズタウンで塩素ガスを積載したタンク車6両と他のガスを積載したタンク車2両からなる貨物列車が脱線、漏れ出した塩素ガスを吸った8人が死亡、少なくとも67人が病院に収容された。列車の通過前6時間の間に何者かが線路の継ぎ目のボルトを外し、片側のレールをずらしたのが原因とみられる。

3.3　旅客機海に墜落（ベネズエラ）　3月3日夜、ベネズエラのカラカス空港を出発したマクナ行き国内便のターボプロップ旅客機が海岸から約6キロの海上に墜落、乗客と乗員合わせて47人の全員が死亡した。

3.16　タンカー座礁（フランス　ブレスト）　3月16日夜、フランス北西部ブルターニュ半島の港町ブレスト付近の海上でリベリア船籍の大型タンカー「アモコ・カジス号」（23万3000トン）が座礁、乗員44人は無事に救助されたが、24日に船体が2つに裂けて沈没した。また、積んでいた原油23万トンのほとんどが流出して世界タンカー史上最悪の流出量を記録、ブルターニュ半島北岸百数十キロが汚染され、沿岸漁業や生態系などに大きな被害が出た。事故原因は機関故障で、シケのために岸に引き寄せられて岩礁に乗り上げたものだが、引き船の契約価格引下げ交渉に数時間を費やしたためにシケがひどくなり曳航が不可能になる、ブレスト海軍軍管区へ通報したのが故障発生から12時間以上後であるなど、船長の責任が大きい。

3.16　旅客機墜落（ブルガリア　ブルツァ郡）　3月16日午後2時、ブルアリアの首都ソフィア北西約150キロのブルツァ郡で同国国営バルカン航空のTU134型旅客機が墜落、乗客66人乗員7人の全員が死亡した。同機はソフィアとワルシャワを結ぶ定期便。事故原因は不明だが、空中爆発を起こしたものとみられる。

3.17　サイクロン（インド　デリー）　3月17日夕、インドのデリー首都圏北部がサイクロン

に襲われ、22人が死亡、約700人が負傷した。被災地は約6km²で、サイクロンが発生する前には激しい雷雨があり、ラジオ放送塔2基が倒壊した。

3.25　旅客機爆発・墜落（ビルマ（現・ミャンマー）　ラングーン）　3月25日午前6時40分、ビルマのラングーンでビルマ国営航空のフォッカー・フレンドシップ旅客機が墜落、乗客44人乗員4人の全員が死亡した。同機は同国北部ミッチナ行きで、ラングーンのミンガラドン空港を離陸した直後に空中爆発を起こし、空港の北約6キロのオカラパ付近の水田に墜落・炎上した。

4月　干ばつ（インドネシア　フローレス島）　4月、インドネシアのフローレス島で干ばつと台風のため食糧不足が発生、7000～1万5000人が飢餓状態に陥り、少なくとも52人が死亡した。

4.3　住宅火災（フィリピン　マニラ市）　4月3日午後1時半ごろ、フィリピン・マニラ市の北西部にあるスラム街トンドで大規模な火災が発生、1人が死亡、約100人が行方不明となり、少なくとも25人が負傷した。また、900戸を焼失し、約2万人が焼け出された。被害額は約3000万ペソ（約10億円）。はじめ民家から出火、乾季も影響して周辺地区に急速に燃え広がり、4日未明に鎮火した。放火が原因とみられるが、トンドをはじめとする同市のスラム街や下町では7日投票の暫定国民議会選挙を前に選挙運動が過熱、放火とみられる火災や爆弾騒ぎが相次いでいた。

4.4　サイクロンで船沈没（バングラデシュ　ベンガル湾）　4月4日、バングラデシュのベンガル湾一帯がサイクロンに襲われ、約100隻のサンパン（木造平底船）が転覆、約1000人が行方不明となった。これらのサンパンは湾岸のサンドウィッチ島から岩塩を運搬していたもので、5日に7人が救助されたが、残りのほとんどは死亡したとみられる。

4.15　急行列車と特急列車衝突（イタリア　モンズーノ）　4月15日午後1時40分、イタリア国鉄のボローニャ―フィレンツェ間で列車の衝突事故が発生、45人が死亡、95人が負傷した。事故現場はアペニン山脈中のモンズーノ付近で、連日の雨で線路上に小さな山崩れが起き、パリ発トリエステ行きの急行列車が徐行運転で切り抜けようとしたが機関車が斜めに傾き、そこにベネチア発ローマ行きの特急列車が衝突した。特急列車の機関車と客車5両が脱線し、このうち機関車と客車2両が線路脇の斜面に転覆した。

4.27　発電所建設現場事故（アメリカ　セントメリー）　4月27日朝、アメリカ・ウェストバージニア州セントメリーの火力発電所で建設中の冷却塔の足場が崩れ、51人が死亡した。同塔は蒸気に用いた水を冷却するためのもので、高さ約140m、直径約100mの円筒形。このうち3分の1程度の高さまで作業が進んでいたが、頂上付近の鉄製の足場が突然崩れ、作業員51人が地表に落下し全員が死亡した。

5月　猛暑（インド）　5月、インド各地が2週間に渡る猛暑に襲われ、23日には全国の平均気温が45度、ビハール州では47度を記録した。この猛暑により、ビハール州で46人、アンドゥラ・プラデシュ州で30人、ウタール・プラデシュ州で18人など、少なくとも150人が死亡した。

5月　コレラ（タンザニア　キゴマ州）　5月、タンザニアのタンガニカ湖畔に位置するキゴマ州でコレラが流行、1週間で33人が死亡したほか、73人が入院した。

6.2 ボクシング観客席倒壊（タイ　コラート）　6月2日夜、タイのコラート市営スタジアムの観客席が倒壊、少なくとも10人が死亡、数百人が負傷した。この日はプエルトリコ人王者とタイ人挑戦者による世界ボクシング評議会（WBC）認定世界ジュニア・フェザー級タイトルマッチが行われる予定で、8000人が観戦に訪れていたが、午後5時ごろに観客席の一部が倒壊。死傷者が病院に搬送された後、王者・挑戦者の双方がリングに上がり試合開始直前の午後8時20分、別の観客席が倒壊した。2度の事故にも関わらず試合は強行され、王者が3回TKO勝ちで4度目の防衛に成功した。

6.17 ボート転覆（インド　パトナ）　6月17日夜、インド北東部のパトナ付近を流れるガンジス川で結婚式の参列者を乗せたボートが転覆、少なくとも80人が死亡した。

6.20 地震（ギリシャ　テッサロニキ）　6月20日午後11時3分、ギリシャ北東部が強い地震に襲われ、同国第2の都市テッサロニキ市で50人が死亡、150人以上が負傷した。また、多くの建物が被害を受けたほか、市内各所で電線・通信線・水道管が寸断され、同国政府が同市に対し非常事態宣言を出した。震源は同市の北方約50キロ付近、地震の規模はマグニチュード6.5。

6.26 貨物列車とバス衝突（インド　ウッタルプラデシュ州）　6月26日昼前、インドのウッタルプラデシュ州の踏切で貨物列車と乗り合いバスが衝突、41人が死亡、24人が負傷した。事故現場はビルプル―ミランプルカトラ間で、定員以上の客を乗せたバスが踏切を渡ろうとしていたところ、その後部に貨物列車が衝突した。

6.30 ウォール街でアイス販売トラック爆発（アメリカ　ニューヨーク市）　6月30日午後1時50分ごろ、アメリカ・ニューヨーク市マンハッタンのウォール街でアイスクリーム移動販売用の小型トラックが爆発、買物客ら約160人が負傷した（うち16人が重体）。事故現場は市庁舎から3ブロック離れたショッピング街、フルトン通りとナッソー通りの交差点近くで、トラックが原型を留めぬまでに炎上、破片が100m四方に飛び散ったほか、付近のビルの窓ガラス多数が吹き飛んだ。運転席で火災が発生、積んであったガソリン缶と燃料タンクに引火した偶発事故だった。

7月 熱波（エジプト　ケナ）　7月下旬、エジプト北部ケナが数日に渡る熱波に襲われ、44人が死亡した。同地では過去10年間で最高となる気温45度以上を記録した。

7月 熱波（アメリカ）　7月、アメリカ・テキサス州北部が連日の熱波に見舞われ、21人が死亡、16人が入院した。このほか、アーカンソー、オクラホマ、ニューメキシコの各州なども熱波に襲われ、ダラス北西部のオルニーでは日陰で46.5度を記録。22日朝にはイリノイ州ポンティアックの刑務所で暑さから暴動が発生、看守3人が死亡、3人が負傷し、囚人側も3人が重傷を負った。

7.11 キャンプ場でガス爆発（スペイン　タラゴナ）　7月11日午後3時過ぎ、スペイン北東部の地中海沿岸、バルセロナの南西108キロに位置する保養地タラゴナ付近のロス・アルファケス・キャンプ場でガス爆発が発生、キャンプ中の夏休み客ら180人が死亡、110人が重体となった。キャンプ場脇の国道でプロピレンガスを積載したタンクローリーがハンドル操作を誤り、キャンプ場に突入してガス爆発を起こし、さらにキャンプ場の炊事用ガスが次々に誘爆したもの。現場には直径20mの大穴があき、バンガロー12棟やディスコテック1棟が全壊するなどキャンプ場の4分の3が目茶目茶になり、乗用車やキャンピングカーなど100台が吹き飛ばされるか炎上した。

1978

7.16 **タンクローリーが爆発**(メキシコ　メキシコシティ)　7月16日、メキシコシティ北方85キロの高速道路で液化天然ガスを積載したタンクローリーが転倒・爆発、乗客123人を乗せたバス3台など後続車約10台が炎上し、少なくとも10人が死亡、200人以上が負傷した。負傷者のうち約30人が重体。タンクローリーはガス36トンを積んでおり、爆発の炎は半径約800mにおよび、付近のトウモロコシ畑約8000m^{2}が焼け、民家2軒が焼失した。タイヤのパンクが原因とみられる。

7.23 **バス橋から転落**(韓国　ソウル)　7月23日午後4時半ごろ、韓国ソウル市内を流れる漢江に架かる橋からバスが転落、乗客と車掌合わせて36人が死亡、8人が重傷を負い、9人が無事救助された。事故現場の第一漢江橋は長さ1800m。バスは橋を渡り終える直前に通行人を避けようとしてハンドルを右に切り、鉄製らんかんを突き破り20m下の水深1mの川に落ちた。

8月- **豪雨**(ベトナム)　8月下旬から9月にかけて、ベトナムで豪雨が降り続きメコン川が氾濫、メコン川中流域のロンアン、ドンタップ、アンザンの3省で74人が死亡したのをはじめ、同国南部デルタ地帯の9省で被害を受けた。流失家屋が55万戸に達したほか、水田7万2000haが冠水、田畑129万haが水害や病虫害を受けてモミ260万トンが失われ、家畜の1〜2割が使い物にならなくなったという。

8月 **洪水**(インド/アフガニスタン)　8月、インド北部から東部にかけての地域が大規模な洪水に襲われ、ウッタルプラデシュ州で324人、ヒマチャルプラデシュ州で103人など、合計510人が死亡した。西ベンガル州では300万人が家を失い、タージマハールも冠水した。また、アフガニスタン各地も100年に一度といわれる大洪水に襲われ、14人が死亡した。

8.3 **地震**(チリ　コピアポ市)　8月3日午後2時18分、チリ中央部から北部にかけての地域で強い地震が発生、北部銅鉱山の中心であるコピアポ市周辺で1人が死亡、少なくとも7人が負傷するなど、大きな被害が出た。震源はコピアポ付近の太平洋沖、地震の規模はマグニチュード6.7〜7を記録した。

8.4 **バス湖に転落**(カナダ　ダルジャン湖)　8月4日深夜、カナダのモントリオールに近いダルジャン湖にバスが転落した。バスには観劇を終えて帰宅途中の身体障害者らが乗っており、運転手と介護ボランティア6人は助かったが、障害者41人が死亡、同国では史上最悪のバス事故となった。急カーブを曲がりきれずに転落したものとみられる。

8.8 **豪雨**(ヨーロッパ)　8月8日、中部ヨーロッパのイタリア、スイス、オーストリア、チェコスロバキア、ドイツが突風を伴う豪雨に襲われ、洪水や地滑りなどで少なくとも20人が死亡、数十人が行方不明となった。一方、南ヨーロッパのフランス南部、コルシカ島、シチリア島、スペイン南部は北アフリカからの熱風に襲われ、各地で大規模な山火事が発生した。また、アルプス地方では標高200m地点で50年ぶりに8月の雪が降り、スイス―イタリア間のトンネルが積雪のため通交不能になった。

8.24 **ICBM基地で燃料漏れ**(アメリカ　ウィチタ)　8月24日、アメリカ・カンザス州ウィチタ市の南東40キロに位置するマコーネル戦略空軍司令部(SAC)ミサイル基地で大陸間弾道弾(ICBM)の燃料漏れ事故が発生、ミサイル地下格納庫(サイロ)にいた空軍兵士1人が死亡、3人が病院に搬送されたのをはじめ、付近の住民も含め20人が負傷した(うち2人が重体)。また、風下に位置するロック市の住民200人が緊急避難し

た。事故はタイタンII型ミサイルの定期的な燃料交換作業中に発生したもので、突然バルブが破損して燃料が漏れ出し、人体に有害な酸化剤（四酸化窒素）がオレンジ色の煙となって地上300mに噴き上げたという。なお、事故当時は核弾頭はミサイルから外されていた。また、仮に核弾頭が搭載されており、燃料漏れが爆発事故に発展したとしても、核爆発が生じる危険性はないとされる。

8.29 **自動車に欠陥**（アメリカ）　8月29日、米国家高速輸送安全局（NHTSA）が、フォード社の乗用車と軽トラック約900万台の自動変速機に欠陥があり、それが原因で777件の事故が発生、23人が死亡した疑いがあるとして、調査を開始したことを発表した。対象となる車は1970～78年の型式のもので、欠陥はギアの選択機構にあり、ギアを停止（パーク）に入れてもエンジンの振動やドアの開閉でリバース（バック）に入ってしまうというもの。なお、フォード側はそうした現象が起きる証拠はないとコメントしている。

9月 **洪水**（タイ）　9月から10月にかけて、タイ北部および東北部を中心とする広い地域が洪水に襲われ、34人が死亡した。また、これらの地域とバンコクを結ぶ国道と鉄道のほとんどが分断され、多数の地方都市が孤立状態に陥った。

9月 **豪雨**（インド　西ベンガル州）　9月末、インドの工業地帯西ベンガル州が数日間に渡る集中豪雨に見舞われて大洪水となり、同州16地域のうち12地域が冠水、少なくとも75人が、一説には150人以上が死亡、1500万人以上が被災した。また、州都カルカッタの港へ至る道路と鉄道が全て分断され、同市北西60キロのドルガプール製鉄所および周辺の関連工場が全て閉鎖された。

9.1- **モンスーン**（インド）　9月1日から4日にかけて、インド北東部ベンガル地方にモンスーンによる集中豪雨が降り続きガンジス川支流が氾濫、100年ぶりといわれる大洪水で同国北部各州が大きな被害を受け、多数が死亡または行方不明となった。特に被害の大きい西ベンガル州では300万人が家を失ったといわれ、首都ニューデリーの高級住宅街やアグラにある名所タージマハール廟も冠水した。

9.2 **地震**（台湾　台北地方）　9月2日午前9時58分、台湾の台北地方で強い地震が発生、台北郊外の北投で5階建ての建物が、台北市内で平屋が損壊し、変電所にも被害が出た。震源は台湾東部宜蘭の北東25キロの海域で、地震の規模はマグニチュード6.6を記録した。

9.3 **地震**（西ドイツ（現・ドイツ）　バーデン・ビュルテンベルク州）　9月3日午前6時過ぎ、西ドイツ南部バーデン・ビュルテンベルク州一帯が強い地震に襲われ、4人が負傷、震源のシュワーベン・アルプ山に近いアルプシュタット市などで建物損壊、電話線・電線・水道管の寸断などの被害が出たほか、観光名所のホーエンツォレルン城もほぼ全室が損傷した。地震の規模は同国観測史上最大級のマグニチュード7～7.5を記録し、余震は5時間で60回に達した。

9.16 **地震**（イラン）　9月16日午後7時45分ごろ、イラン北東部カビール砂漠一帯で強い地震が発生、震源に近いタバスの町で建物の90％、フィルダウスの町で80％が破壊されたのをはじめ、近隣の40ヶ村が壊滅し、この他に60ヶ村が被害を受けた。被災地には土を固めた日干しレンガの家が多かった事から被害が拡大、多数の人々が倒壊した家の下敷きになり、2万5000人が死亡した。地震の規模はマグニチュード7.7を記録した。

9.17　旅客列車同士追突（エジプト　エルワスタ）　9月17日、エジプト・カイロの南80キロのナイル川付近の町エルワスタで旅客列車同士の追突事故が発生、29人が死亡、約50人が負傷した。ポイントの切り替えミスが原因とみられる。

9.25　旅客機とセスナ機衝突・民家に墜落（アメリカ　サンディエゴ）　9月25日午前9時過ぎ、アメリカ・カリフォルニア州サンディエゴのサンディエゴ国際空港（リンドバーグ飛行場）付近で同国パシフィック・サウスウェスト航空（PSA）のボーイング727型旅客機182便と訓練飛行中のセスナ172型機が空中衝突、両機とも住宅街に墜落し、旅客機の乗客乗員合わせて135人およびセスナ機の乗員2人の全員が死亡したほか、墜落地点の民家14軒が焼失して住民13人が死亡、約70人が負傷する、米国内では史上最悪の航空機事故となった。旅客機はカリフォルニア州サクラメント発ロサンゼルス経由でサンディエゴ国際へ向かう途中、セスナ機はサンディエゴ市内のモンゴメリー空港から同空港へ向かう途中で、事故現場は空港の東方5キロ、高度約1キロ。両機とも着陸態勢に入っていた。同空港は市街地に隣接しており、ビル群を避けて着陸するために40度に達する角度で急降下しなければならず、世界で最も危険な空港の一つとして知られており、2年前に連邦航空局（FAA）から悲劇的な事故を招く可能性があるとして移転勧告を受けていた。

10.12　造船所で爆発（シンガポール）　10月12日午後2時15分ごろ、シンガポールのジュロン工業団地にある造船所ジョロン・シップヤードで修理中のリベリア船籍のギリシャのタンカー「スピロス」（3万6000トン）のエンジン室で爆発が発生、火災となり、同船船員や造船所作業員49人が死亡、85人が負傷した。造船界の事故としては戦後世界最大級とされる。

10.23　山林火災（アメリカ　ロサンゼルス）　10月23日、アメリカ・カリフォルニア州ロサンゼルス近郊で数ヶ所から出火、強風に煽られて大規模な山火事となり、2日間で1600ha以上が焼失、高級住宅街を中心に住宅74戸と教会1棟が全焼し、2人が死亡、12人が重傷を負った。ロサンゼルスでは1961年のベルエア地区の火災（450戸以上を焼失）以来17年ぶりの大火災。なお、火元の一部は放火によるものだった。

10.26　台風（フィリピン　ルソン島）　10月26日から27日にかけて、フィリピンのルソン島中南部を台風が襲った。27日夕方までに死者12人、家屋喪失1万6000人の被害が出た。マニラ近郊のラグナ湖の水位は大幅に上がり、ルソン島南部のビコル地域では5つ以上の村が水没した。

11月　サイクロン（スリランカ）　11月下旬、スリランカがサイクロン（熱帯低気圧）に襲われ、同国東部地域だけで1000人以上が死亡した。

11.2　石油パイプライン爆発（メキシコ　フイマナビロ）　11月2日、メキシコのサンチェス・マガラネスにある国営メキシコ石油（PENEX）の石油貯蔵庫付近で石油パイプラインが2度に渡り爆発し、52人が死亡、数十人が負傷した。負傷者のうち21人が重体。パイプラインはマガラネス油田とメキシコ湾岸のコートザコアルコス製油所を結ぶもので、パイプのつなぎ目に材質の欠陥があり、ガス漏れを起こしたとみられる。

11.15　チャーター機墜落（スリランカ　コロンボ）　11月15日午後11時ごろ、スリランカの首都コロンボにあるコロンボ国際空港に着陸しようとしたアイスランド航空のDC8型ジェット旅客機が墜落、乗客249人と乗員13人のうち215人が死亡、47人が負傷し

た。航空史上4番目、チャーター機としては史上最悪の事故となった。同機はメッカ巡礼を終えて帰国するインドネシア人イスラム教徒を乗せたチャーター便で、サウジアラビアのジッダを出発してスラバヤへ向かう途中、給油のためにコロンボに着陸しようとしたが、空港の手前約1.6キロのココナッツ農園に墜落した。事故当時、現場は激しい雷雨だった。

11.19 **空軍機墜落**(インド ラダク地区) 11月19日昼ごろ、インド北部ラダク地区の山岳地帯にあるレー空港に着陸しようとした同国空軍のアントノフ12型四発ターボプロップ輸送機が墜落、乗っていた77人のうち76人と地上の1人が死亡した。

11.22 **難民船転覆**(マレーシア クアラトレンガヌ川) 11月22日、マレーシアのマレー半島東岸に位置するクアラトレンガヌ川の河口付近で、ベトナム難民約250人を乗せて漂流中の漁船が浅瀬に乗り上げて転覆、23日夕までに95人の遺体が収容された。死者は約200人に達するとみられる。同船は20日にクアラトレンガヌ沖30キロのベトナム難民仮収容所があるビドン島に接近したところをマレーシア海軍警備艇の警告を受け、マレー半島方面に向かっていた。なお、マレーシアには1975年4月のサイゴン陥落以降、5万人以上の難民が殺到、7ヶ所の収容所に3万4633人が収容されており、同国政府がこれ以上の上陸を防ぐため非常事態宣言を出すことを検討中だった。また、難民の数はこの年の9月以降、急速に増加しており、ベトナム政府が不満分子を追放するために難民を奨励しているとの情報もある。

11.29 **地震**(メキシコ テワンテペク湾) 11月29日午後2時55分ごろ、メキシコ南部、メキシコシティ南東300〜500キロに位置する太平洋岸テワンテペク湾付近で強い地震が発生、メキシコシティを中心に少なくとも8人が死亡、約500人が負傷したほか、同市中心部の2つのビルが完全に倒壊し、約750棟の建物が損壊するなどの被害が出た。最初の揺れが約70秒間続いたのをはじめ、地震は数回に渡り断続的に起こり、地震の規模はマグニチュード7.9を記録した。

12月 **難民船沈没**(ベトナム) 12月、ベトナム沖合でベトナム難民約700人を乗せた漁船が沈没、付近を航行中のパナマ船籍の貨物船トンアン号が救助活動を行ったが、200〜230人が死亡した。27日、トンアン号が別の難民船から救助した者も含め難民約2700人を収容してマニラ湾に到着した。

12.1 **金山で爆発**(南アフリカ共和国 クレルクスドルフ) 12月1日、南アフリカのクレルクスドルフにある同国最大のバールリーフス金山で爆発事故が発生した。3日、火勢が衰えないため、自然鎮火を促すため坑道の入口がコンクリートで密封された。火災が収まるまで10日を要するとされるが、この処置により労働者41人が坑内に取り残された。

12.2 **モンスーンで難民船沈没**(マレーシア ケランタン州) 12月2日午前7時半ごろ、マレーシアのマレー半島東岸ケランタン州沖合でモンスーンによる強風と豪雨のためベトナム難民を乗せた漁船が沈没、148人が救助されたが、43人の遺体が収容され、99人が行方不明となった。同船は1日夕にケランタン州の行楽地「情熱の浜」付近に上陸しようとしたが、地元警察や自警団に追い返され、荒れる海上で一夜を過ごした後、海岸から約100mの距離でバラバラになって沈没した。

12.3 **竜巻**(アメリカ ボシャー) 12月3日午前2時前、アメリカ・ルイジアナ州北部ボシャー市で竜巻が発生、子ども2人が死亡、約100人が負傷した。目撃者の話では、竜巻は

幅200〜300mで、同市中心部を通り抜けたという。

12.15 **地震**（イラン ホゼスタン州） 12月15日、イランのペルシャ湾北方に位置するホゼスタン州で強い地震が発生、少なくとも42人が死亡、27人が負傷した。

12.17 **集団食中毒**（フィリピン ケソン市） 12月17日、フィリピンのケソン市郊外で行われたペプシコーラ・ボトリング従業員家族のためのクリスマス・パーティーで集団食中毒が発生した。患者は子どもを中心に約1000人に上り、うち数人が重体。

12.18 **普通列車と急行列車衝突**（中国 河南省鄭州） 12月18日、中国河南省の省都鄭州で普通列車と急行列車が衝突、104人が死亡、200人以上が負傷する、同国史上最悪の鉄道事故が発生した。一方の列車の運転士が居眠りして信号を見落としたのが原因とみられる。

12.22 **旅客機墜落**（イタリア パレルモ） 12月22日午後11時50分ごろ、イタリアのシチリア島パレルモ北方約6キロの海上にアリタリア航空のDC9型旅客機が不時着、乗客乗員合わせて129人のうち21人が救助され、24人が死亡、84人が行方不明となったが、のちに全員死亡した。同機はローマ発パレルモ経由カターニャ行きの臨時便で、パレルモ空港（プンタ・ライジ空港）への着陸態勢に入った後に連絡を絶っていた。

12.28 **豪雪**（北欧） 12月28日夜から数日間、北欧一帯に大雪が降り続き、各地で交通事故、停電、電話線断線などが相次いだ。英国から東欧に至る気圧の谷にスカンジナビア半島から寒気が吹き込んだことが原因で、西ドイツ北部で積雪4mを記録してフレンスブルクなど80の地域で停電、デンマークでは道路がほぼ完全に通交不可能となり、寒気の塊の真下にあたるスウェーデン北部では零下47度を記録した。また、30日朝にはモスクワで零下39度を記録、一説には1943年以来35年ぶりの寒さだといわれる。

12.30- **寒波**（ヨーロッパ） 1978年12月30日から1月2日にかけ、ヨーロッパ各地で記録的な寒さとなった。フランスのパリでは1時間に20度も気温が低下し、4人が死亡。ロンドンでは元日にかけて約20cmの積雪があり、15人が死亡。西ドイツでも12人が死亡、家畜数千頭が凍死した。モスクワ郊外では零下40度を記録し、100年来の寒さとなった。

12.31 **タンカー火災・原油流出**（スペイン沖） 12月31日夜、スペイン北西部ビリャノ岬沖合約54キロで、約22万トンの原油を積んだギリシャ船籍タンカーが火災を起こした。乗組員32人のうち、9人が死亡、残りは行方不明。原油6万トンが流出した。

〈 1979 〉

1月- **長雨**（ブラジル ミナスジェライス州, エスピリトサント州） ブラジル南東部に1ヶ月あまり長雨が続き、ミナスジェライス、エスピリトサントなど4州で洪水の被害が広がり、2月9日までに1500人が死亡した。最も被害の大きかったミナスジェライス州では、約30の市町村が孤立。被災地域はリオデジャネイロ、バイア両州にも広がり、約10万km^{2}に達した。

1.8 **タンカー爆発**（アイルランド バントリー湾） 1月8日午前1時ごろ、アイルランド南

西部のバントリー湾内の石油基地に停泊中の大型タンカーが突然2度にわたって大爆発した。乗組員42人と石油会社の社員7人が死亡したとみられる。爆発で船体が二つに裂け、原油が大量に流出して炎上した。同タンカーは原油11万5000トンの積み下ろし作業中だった。爆発の原因はガス漏れとみられる。

1.8 **核実験による白血病死**（アメリカ　ユタ州）　1月8日、ネバダ州の原爆実験場西側にあるユタ州の住民の間に、実験の放射能に起因すると思われる白血病や甲状腺がん患者が多数発生したとする1965年9月14日付けの報告書が明らかになった。1950年から64年の間に、28人が白血病で死亡、7人が白血病と診断されていた。ネバダ州では51年から62年の間に80回の核実験が行われ、そのうち20～26回は放射能がユタ州地方へ流れていた。

1.14- **猛吹雪**（アメリカ　中西部）　1月14日から15日にかけ、アメリカ中西部は猛吹雪に見舞われた。15日にはシカゴで観測開始以来の記録となる零下28.3度を記録、雪かき中の心臓マヒや交通事故で25人以上が死亡した。インディアナ、アイオワ、ウィスコンシン、イリノイ、ミシガンなどで14日に約60cmの積雪があり、わずか数時間で気温が氷点下1.1度から17.8度に急低下し、大雪のため学校や事業所などが閉鎖または臨時休業した。

1.15 **集団食中毒**（インド　アンドラプラデシュ州）　1月15日、インド南部のアンドラプラデシュ州で集団食中毒が発生し、1000人以上が病院に運ばれた。このうち100人以上が重体で、子ども2人が死亡したとも伝えられる。犠牲者は町の祭りでキリスト教全団体から提供された弁当を食べたみられる。

1.16 **地震**（イラン　ホラサン州）　1月16日午後1時20分、イラン北東部でマグニチュード6.8の強い地震が発生した。震源はホラサン州のカエン町付近で、その周辺にあるボズナバドなど3つの村を中心に大きな被害が出、1000人が死亡した。

1.26 **急行列車脱線・転覆**（バングラデシュ　チャウダンガ）　1月26日、バングラデシュの首都ダッカ西方150キロのチャウダンガ駅近くで急行列車が脱線転覆し、70人が死亡、200人が負傷した。同列車は6両編成で、うち4両の客車に乗客が多数乗っていた。列車は転覆後、線路脇の堀に転落した。

2.13 **山林火災**（オーストラリア　ニューサウスウェールズ州）　2月13日から、オーストラリアのニューサウスウェールズ州南西部で、暑さによる自然発火とみられる野火が3箇所で燃え上がり、キャンベラの周囲を取り囲むように延焼した。2日間でかなりの家畜が焼死したが死傷者はない。同州では猛暑が続き、気温が40度を超え、湿度は40％以下で熱風が吹いていた。

2.15 **銀行大爆発**（ポーランド　ワルシャワ）　2月15日正午過ぎ、ポーランドの首都ワルシャワ市中心部にある銀行で爆発が起こり、32人が死亡、78人が負傷した。爆発に続いて火災が発生し、3階建ての円筒形をしたビルは炎に包まれて崩れ落ちた。事故現場は繁華街で、すぐ隣には同市最大のデパートがあった。爆発の原因は不明。

2.18- **吹雪**（アメリカ　北東部）　2月18日夕から19日にかけ、アメリカ北東部は猛烈な吹雪に見舞われ、ワシントンには58cmの積雪があった。電気、水道、交通などが各地でマヒしたほか、ルイジアナ、オハイオ、ペンシルバニアなど6州で計13人が寒さや交通事故のため死亡した。

2.19　シニラ火山噴火（インドネシア　ジャワ島）　2月19日未明、インドネシアのジャワ島中心部にあるジエン高原のシニラ火山で、2カ所にある噴火口から地鳴りとともに一酸化炭素を中心とする有毒ガスが噴出した。22日までに200人が死亡、1000人が負傷、付近の村の住民1万7000人が避難した。

3月-　カネミ油症（台湾　台中県，彰化県）　PCBによるカネミ油症と同じ症状の患者が台湾で出ていることが12月に判明。患者は3月ごろから出始め、5月に大量発生した。12月までに台中で746人、彰化で407人見つかっており、うち5人は胎児性で、2人が死亡している。彰化県で作られていた米ぬか油にPCBが混入したもの。

3月　雪崩（インド　ヒマチャルプラデシュ州）　3月、インド北部ヒマチャルプラデシュ州で5日間にわたって豪雪が降り、ヒマラヤ山脈ふもとのラハウル谷が雪崩に襲われ、約200人が死亡した。

3.14　地震（メキシコ）　3月14日早朝、メキシコ南部を中心に強い地震が発生し、首都メキシコシティを中心に建物が崩壊するなど、かなりの被害が出、2人が死亡、十数人が負傷した。震源はメキシコシティ南西約300キロのミチョアカン州の山中で、マグニチュードは7.5。

3.14　航空機着陸失敗（カタール　ドーハ）　3月14日早朝、ヨルダンの航空会社のボーイング727型機が、カタールのドーハ空港に着陸しようとして墜落、乗員乗客64人のうち、日本人2人を含む45人が死亡、19人が負傷した。事故当時天候は暴風雨で、同機は滑走路に墜落すると共に炎上した。

3.14　軍用機墜落（中国　北京）　3月14日午前8時45分、中国の軍用トライデント機が、北京市西部にある西郊空港を離陸直後、北京郊外の工場に墜落、乗員と地上の人あわせて22人が死亡。ノイローゼ気味の整備兵が自殺を企図し、空軍司令部に飛行機ごと激突しようとして失敗したものだった。

3.28　スリーマイル島原発事故（アメリカ　ペンシルバニア州）　3月28日午前4時ごろ、アメリカのペンシルバニア州スリーマイル島原子力発電所で、人為的ミスと装置の不備が重なって、冷却水とともに高濃度の放射能が大気中に噴出する事故があった。2次冷却水の給水ポンプの故障で、1次冷却水の放出が止まらなくなった。これにより炉内の温度が急上昇し、緊急炉心冷却装置が作動したものの、作業員の判断ミスにより手動で止めてしまったため燃料棒が破損、核燃料が溶け出して冷却水を汚染した。この冷却水が補助建屋に流れ込み、放射性物質が放出されたもの。従業員4人が最大許容線量を超える線量を浴び被爆。30日早朝には新たな放射能漏れがあったため非常事態宣言が出され、周辺8キロ圏内の妊婦と乳幼児の避難と全学校の臨時休校、16キロ以内の住民の外出自粛が勧告された。一部住民の間でパニックが起こり、社会的にも当時として原発事故史上最悪の事故となった。事故原因は作業員のミスと装置の不備が重なった結果とされた。

3.31　難民船沈没（マレーシア）　3月31日、マレー半島東海岸沖でベトナム難民217人を満載した船がマレーシア水上警察艇に上陸を阻止され、曳航される途中で転覆し、104人が水死した。マレーシアは既に8万人以上のベトナム難民を受入れていたが、難民問題が国内の治安問題にまで発展し、同年からは航行不能の難民船以外の上陸を阻止せざるをえなくなっていた。

1979

4月 - **細菌兵器漏出**（ソ連（現・ロシア） スベルドロフスク市） 4月初旬、ソ連スベルドロフスク市の微生物ウイルス学研究所で事故が発生し、致死性の炭疽菌10キロほどが漏出、作業員や地域住民多数が死亡した。菌は研究所の周囲3キロから5キロに拡散、事故発生から2週間以内に、これを吸い込んだ作業員や住民が相次いで悪性の伝染病にかかり、10日ほどで数百人の死者が出たという。この事故は1987年3月まで公表されなかった。

4.3 **細菌研究所で爆発**（ソ連（現・ロシア） ウラル） 1979年4月3日、ソ連のウラル東方の細菌兵器研究所で爆発が起こり、致死性の細菌が大量にばらまかれた結果、1000人以上の人が死亡したとみられる。爆発の原因は明らかでない。事故があったのはスベルドロフスク市から約35キロのカッシーノ村付近にある産業センターの第19軍事コンプレックス内だという。この細菌兵器は呼吸器官をマヒさせ、4時間以内に死に至らしめる効力があり、解毒剤の存在はまだ知られていない。

4.10 **竜巻**（アメリカ テキサス州, オクラホマ州） 4月10日午後から夜にかけて、テキサス州北部からオクラホマ州南部にかけてを強い竜巻が通り抜け、60人が死亡、800人が負傷、多数の行方不明者が出た。テキサス州ウィチタフォールズでは幅800m、長さ13キロにわたり家や樹木がなぎ倒され、2000戸が全半壊した。

4.10 **バス川に転落**（スペイン ベナベンテ） 4月10日午後、スペイン北西部のベナベンテの近くでバスが川に転落、乗っていた修学旅行の帰途にあった中学生と教師49人が死亡した。

4.11 **火薬庫が爆発**（パキスタン ラワルビンジ） 4月11日朝、ラワルビンジ中心部で、国営の花火工場の火薬庫で火薬が大爆発し、33人が死亡、70人がけがをした。死傷者のほとんどが通行人だった。

4.13 **ラスフリエール火山噴火**（カリブ海 セントビンセント島） 4月13日早朝、セントビンセント島のラスフリエール火山（1234m）が噴火した。火口は首都キングズタウンの北方約40キロで、住民1万人以上が避難した。幼児2人が火山灰を吸って死亡。

4.15 **ユーゴスラビア地震**（ユーゴスラビア アドリア海沿岸） 4月15日午前7時20分ごろ、ユーゴスラビア南部のアドリア海沿岸でマグニチュード7.2の大きな地震が発生した。最も地震が激しかったのは港町コトルで、病院など多くのビルが倒壊した。250人以上が死亡した。17日、19日未明にも強い余震に見舞われ、20日までに余震は400回近く続いた。

4.19 **タンカーに落雷**（アメリカ テキサス州） 4月19日夜、テキサス州ネダーランド港で、原油荷下ろし中のタンカーが落雷を受けて爆発炎上し、乗組員33人のうち2人が行方不明、18人が負傷した。

4.30 **メラビ火山噴火**（インドネシア スマトラ島） 4月30日朝、スマトラ島西部にあるメラビ火山が噴火し、5月1日までに60人が死亡、19人が行方不明になった。

5.11- **サイクロン**（インド アンドラプラデシュ州） 5月11日から12日にかけて、インドのアンドラプラデシュ州の海岸地帯を大型のサイクロンが襲った。風速45mの風と、30時間で200ミリを超える雨が続き、100万人以上が家を失った。

5.25 **DC10墜落**（アメリカ シカゴ） 5月25日午後3時過ぎ、乗客乗員272人を乗せたアメ

リカの航空会社のDC10型機が、オヘア国際空港を離陸した直後に墜落し、全員が死亡した。地上でも2人が巻き添えとなり死亡。エンジンを翼に固定していたボルトが折れ、上昇中に左エンジンが脱落したためだったが、エンジン取り付け部分の構造そのものに重大な欠陥があったとして、アメリカ航空局はDC10を一時飛行禁止とした。6月には飛行禁止は解除されたが、7月15日には大韓国空のDC10型旅客機で機内圧に異常が生じ、乗客約40人が口や鼻、耳から血を流して一時全身マヒになるなどの事故が起きた。12月の最終報告では、エンジン脱落の原因は構造上の欠陥のほかに、航空会社による能率優先のずさんな整備にもあるとされた。

5.27 モーリタニア首相墜落死（セネガル） 5月27日午前、モーリタニアのブセイフ首相が乗った飛行機が、セネガルの首都ダカール近郊の大西洋に墜落した。同首相らモーリタニア代表団一行の全員が死亡。同機はモーリタニアの首都ヌアクショットを出発し、ダカール空港周辺で激しい砂嵐のため着陸できず、同空港北方の大西洋に墜落した。

5.28 原発で事故（カナダ オンタリオ州） 5月28日、カナダのオンタリオ州ダグラスポイントにあるブルース原子力発電所で、燃料棒の束が破損する事故が発生した。作業員2人が、年間最大許容量を上回る放射線を一時に浴びて被曝した。

5.30 地震（インドネシア ロンボク島） 5月30日午後5時45分、バリ島東のロンボク島で強い地震が発生、31日までに少なくとも20人が死亡し、60人以上が負傷した。

6月 熱波（インド ビハール地方） 6月、ビハール地方を熱波が襲い、連日44度の高温が続き、198人が死亡した。

6.2 フォード車欠陥（アメリカ） 1979年6月2日、アメリカの自動車メーカー、フォード社の車を運転中に起きた爆発事故は、車に欠陥があったためと同社が認めた。事故は1975年におきたもので、後部に追突されたショックでガソリンタンクが引火して爆発したもので、乗っていた女性は焼死した。この車種のガソリンタンクが後部衝突に対し衝撃を受けやすいと判明したため、フォード社は120万台を回収している。

6.3- 油田で原油流出（メキシコ カンペチェ湾） 6月3日、メキシコ湾に突き出たユカタン半島の北側、カンペチェ湾の沖80キロで掘られている石油試掘井が、試掘中に突然油を吹き出した。6月下旬に一時噴出を止められたが、すぐにまた吹き出した。1日2～3万バレル、8月8日までに250万バレル以上が流出し続け、8月半ばにはアメリカ・テキサス州のパドレ島の海岸にも漂着した。

6.7 スクールバス転落（マレーシア ボルネオ島） 6月7日、ボルネオ島北部サラワク州バウで、中学校のスクールバスがバウ湖に転落、乗っていた生徒と教師など71人のうち31人が死亡、14人が行方不明になった。

6.16 鉱山で地滑り（コロンビア） 6月16日、コロンビアのエメラルド鉱山、ウバラ鉱で地滑り事故が発生し、従業員50人以上が死亡した。数百トンの土砂と岩が地滑りを起こし、主要坑道の入口を塞いだもの。

6.19 熱波と山林火災（ギリシャ 中南部,エビア島） 6月19日、ギリシャ中・南部を熱波が襲い、気温が42度に跳ね上がり、13人が死亡した。また、エビア島では山林火災が発生し、松やオリーブの木が茂る2万4300m^{2}を焼いた。

1979

7月 - コレラ（インド ビハール州） インド北部のビハール州で、7月以来9月1日までに563人がコレラにより死亡した。7月からの2ヶ月間のコレラ患者数は3249人、死者のうち93人は洪水の被害のあった地域の人。

7.6 - 山林火災（アメリカ アイダホ州） アメリカのアイダホ州を中心に1ヶ月以上にわたって山火事が続き、8月8日までに6万haが焼失した。7月6日にアイダホ州とモンタナ州の州境の山中で落雷のため山火事が発生して燃え広がったほか、ワイオミング、オレゴン、カリフォルニア各州でも同じ頃に山火事が発生、好天のため鎮火に手間取り、8月8日の時点でアメリカ森林火災史上最悪のものとなる見込み。

7.9 地震（中国 江蘇省） 7月9日午後6時57分、中国東部の江蘇省でマグニチュード6の地震が発生した。上興人民公社では家屋の70%、上浦人民公社では家屋のほとんどが崩壊し、死者41人、負傷者2000人の被害が出た。

7.11 航空機山に墜落（インドネシア 北スマトラ） 7月11日夕方、インドネシアの航空会社のフォッカー28型機が、北スマトラ山岳部のシバヤク山に墜落、乗員乗客61人全員が死亡した。悪天候をさけるために山岳地帯には低すぎる高度まで下げたため。

7.12 保養地のホテル火災（スペイン サラゴサ市） 7月12日早朝、スペイン北東部ピレネー山脈沿いにあるサラゴサ市最大の高級ホテル「コロナ・デ・アラゴン」で出火、70人が死亡、50人が負傷した。火元は1階のコーヒーショップの厨房で、8階建ての建物に燃え広がった。当時、237室に300人以上の宿泊客がいた。

7.14 バス湖に転落（タンザニア ルゲジ） 7月14日、タンザニア北西部ムワンザ地方ルゲジで、満員のバスがビクトリア湖に転落、60人が死亡、33人が負傷した。バスの定員65人を遥かにオーバーする106人を乗せていた。

7.18 津波（インドネシア） 7月18日午前1時ごろ、インドネシア領ロンブレン島を大津波が襲った。津波は、海岸から島内に150mも入り込み、4つの村が波に呑まれた。650〜750人が犠牲になったとみられる。

7.27 洪水（中国 甘粛省敦煌） 7月27日未明、中国の甘粛省敦煌地区で大規模な洪水が起こり、市周辺部全域が濁流に覆われ、家屋や道路などに被害が出た。1万人あまりの住民は避難し、無事だった。敦煌地区を流れる党河の上流で豪雨があり、水量が増えたためダムの決壊を怖れて放水したことでこの水害が起きた。

8.7 森林火災（スペイン カタロニア地方） 8月7日、スペイン北東部カタロニア地方のリョレットデマール近くにある観光地の森林地帯で火災が発生、キャンプに来ていた子ども数人を含む22人が焼死したほか、多数の負傷者が出た。火の手は正午ごろ3カ所であがっており、放火も疑われた。

8.11 モンスーンでダムが決壊（インド グジャラート州） 8月11日、モンスーンによる豪雨が2週間近く続いていたインド西部のグジャラート州で、ダムが決壊し、ラジコット市から65キロのモルビの町の大部分が3〜4mの水に沈んだ。公式発表による死者は700〜1000人だが、3000人に達するとの見方もある。

8.11 旅客機空中衝突（ソ連 ウクライナ共和国（現・ウクライナ）） 8月11日、ウズベク共和国の首都タシケントからベラルーシ共和国の首都ミンスクに向かっていたTU134型旅客機と、チェリャンビスクからキシニョフに向かっていたTU134型旅客機が、

ウクライナ共和国上空で空中衝突し、173人が死亡。ウズベク共和国の人気サッカーチーム「パフタコール」メンバーが搭乗していた。

8.26 洪水と地滑り(韓国)　台風11号による大雨のため、韓国南部各地で洪水や地滑りなどの被害が発生、8月26日夜までに死者75人、行方不明者17人、負傷者45人が出たほか、数千人が家を失った。

8.30- ハリケーン「デービッド」(カリブ海)　8月30日、カリブ海沿岸、米領バージン諸島、仏領マルチニク島をハリケーン「デービッド」が襲った。ハリケーンは31日から1日にかけて、ドミニカ共和国を東西に横断、勢力を弱めてフロリダ州沿岸を通って大西洋に抜けた。ドミニカ共和国では豪雨に伴って最大瞬間風速62.5mを記録、9月2日までに死者・行方不明者が1000人を超え、15万人が家を流された。被害総額は10億ドルに上るとみられる。

9月- 鶏肉がPCB汚染(アメリカ)　9月初め、アメリカの中部から西部の7州で、鶏卵や鶏肉が広範囲にポリ塩化ビフェニール(PCB)で汚染されていることがわかった。豚の臓物や皮などから飼料を作る工程でPCBが混入したとみられる。9月25日までに鶏約40万羽、鶏卵数百万個が廃棄処分にされた。また、カンザス州ファーレーでは、ハエ除けのために牛に塗る油にPCBが混入していたことが判明し、牛112頭が焼却処分にされた。

9.12 地震(インドネシア　イリアンジャヤ)　9月12日午後、インドネシアのイリアンジャヤ(西イリアン)東部でマグニチュード7.8の強い地震が発生、ジャカルタ東方3800キロのアンサスでは家屋の半数が海中に没した。

9.12 エトナ火山噴火(イタリア　シチリア島)　9月12日午後6時45分ごろ、シチリア島にあるエトナ火山が突然噴火、火口見学に来ていた観光客らに溶岩と火山灰が降り掛かり、6人が死亡、40人が重軽傷を負った。エトナ火山は欧州最大の活火山だが実際に噴火を起こすことはまれで、クレーター一帯が観光地となっていた。

9.13 貨物列車が急行列車に衝突(ユーゴスラビア(現・セルビア))　9月13日午後1時35分ごろ、ベオグラード南約160キロのスタラク駅で、貨物列車がベオグラード発スコピエ行き急行列車に衝突、少なくとも乗客ら50人が死亡、100人以上が負傷した。貨物列車が赤信号を無視したものとみられる。

9.24 台風(ベトナム　ビンチチェン省)　9月24日、ベトナム中部のビンチチェン省を台風が襲い、30年来で最悪の大洪水が発生した。2万3300haの稲作が水没したほか、数千の住宅や家畜が失われた。

10.7 航空機着陸失敗・炎上(ギリシャ　アテネ)　10月7日夕方、ギリシャのアテネ国際空港でスイス航空DC8型機が着陸に失敗して炎上した。死者25人以上、負傷者は多数。同機はチューリヒ発北京行で、乗客142人乗員12人が乗っていた。ブレーキの故障のため、雨に濡れた滑走路を逸脱して火を噴いたとみられる。

10.10 熱気球炎上(アメリカ　アルバカーキ)　10月10日、アメリカのニューメキシコ州アルバカーキで、丘陵地帯の上空を飛行していた熱気球が突風で煽られて炎上、乗っていた2人が死亡した。熱気球はナイロン製で、プロパンガスのバーナーで空気を熱していたが、突風のためこの火がナイロンに燃え移り、約600mの上空で炎上して落下したもの。

10.15　地震（アメリカ　カリフォルニア州）　10月15日午後4時16分、カリフォルニア州南部からメキシコ北部にかけて、マグニチュード6.5の地震が発生。震源はカレキシコ市東22キロ。トレーラーハウスが横転したり家が傾くなどして1人が死亡、約100人が負傷した。同州南部では39年ぶりの強い地震で、マグニチュード4以上の地震26回を含む数百回の余震があった。

10.16　大波（フランス　コートダジュール）　10月16日午後、コートダジュールに津波のような大波が押し寄せ、少なくとも8人が死亡した。波はイタリア国境に近いメントンからカンヌ近くのゴルフジュアンにわたる約50キロメートルに及ぶ沿岸を襲い、レジャーボートや乗用車、トラックなどが流された。事前の地震などは観測されておらず、原因は不明。

10.16　通勤列車追突（アメリカ　フィラデルフィア）　10月16日朝、アメリカのペンシルバニア州フィラデルフィアで、通勤列車の追突事故があり、乗客等275人以上が負傷した。死者はなかった。9両編成の列車が故障して停車し、後続の列車も立ち往生していたところへ、3本目の列車が追突して大きな事故となった。

10.27　炭鉱で火災（韓国　慶尚北道慶北聞慶郡）　10月27日午前6時半ごろ、釜山から約220キロ北の慶尚北道慶北聞慶郡の炭鉱の地下1400m付近で火災が発生、作業員127人が坑内に閉じ込められた。28日、110人を救出、12人が遺体で見つかった。5人は行方不明。

10.31　旅客機着陸失敗・トラック巻き添え（メキシコ　メキシコシティ）　10月31日早朝、メキシコシティ空港でアメリカの航空会社のチャーター便DC10ジェット旅客機が着陸寸前に墜落、75人が死亡、13人が負傷した。また、地上にいたトラックが直撃され、運転手が1人が死亡。濃霧の中、誤って工事中の閉鎖滑走路に降下し、トラックを引っ掛けて墜落したもの。

11.13　病院で爆発（イタリア　パルマ市）　11月13日、イタリア北部のパルマ市の病院で爆発事故があり、少なくとも24人が死亡、30人が負傷した。事故があったのは最新鋭の設備の4階建ての心臓外科病院で、同日午後、心臓手術終了直後、鋭い爆発音とともに病棟全体が崩れたもので、麻酔ガスか酸素が爆発したものと推測される。

11.14-　イラン地震（イラン　コラサン州）　11月14日朝5時50分ごろ、イラン東北部、アフガニスタンに国境を接するコラサン州で、マグニチュード6.7の強い地震が発生、8村が壊滅的な打撃を受けたほか、州内の多くの村や都市が被害を受け、242人が死亡、72人が負傷した。震源は同州都の聖地マシャド南西約260キロの地点。27日にはマグニチュード5.6と7.3の地震が1回ずつ起きたほか、26日、29日にも強い地震が発生し、あわせて29人が死亡した。同地域は日干しレンガで造った家が多く、そのため被害が大きくなったとみられる。

11.23　地震（コロンビア）　11月23日午後6時40分ごろ、コロンビア西部の山岳地帯で1分半続く強い地震が発生、35人が死亡、400人以上が負傷したほか多数の建物が倒壊した。震源は首都ボゴタの南西約240キロの山岳地帯で、マグニチュード6.4。

11.28　南極ツアー機遭難（南極）　11月28日午後2時半ごろ、午前8時に南極観光のためにニュージーランドを飛び立ったDC10旅客機が消息を絶ち、29日午前0時56分、南極大陸のロス島にあるエレバス火山の中腹に墜落しているのが発見された。日本人24

人を含む乗員乗客257人全員が死亡した。事故原因は、極地に特有の気象急変によるホワイトアウトで、フルスピードのまま山腹に激突したとみられる。また、同機は規定よりも高度を下げて飛行し、会社側も飛行経路を誤って入力していたことなど人的なミスも指摘された。

12.12 **コロンビア大地震**(コロンビア) 12月12日午前3時、コロンビア、エクアドル両国がマグニチュード7.7の強い地震に襲われた。南西部太平洋岸を3mを超す津波が襲った。13日までに、死者約500人、行方不明者300人、負傷者700人に達した。

12.18 **地震**(インドネシア バリ島) 12月18日午前4時ごろ、バリ島とその東隣のロンボク島で強い地震が発生、18日夜までに死者19人、負傷者162人が出たほか、多数の家屋が倒壊した。震源はバリ島の南約400キロのインド洋海底で、マグニチュードは6.1。

12.20 **バス橋から転落**(フィリピン ルソン島) 12月20日早朝、ルソン島東北部のイサベラ州で、クリスマス帰省客で満員のバスが壊れた橋から約15m下の川に転落、日本人2人を含む乗客70人が死亡した。定員は50人だったが満員だったという。

〈 1980 〉

1.1 **地震**(ポルトガル 大西洋アゾレス諸島) 1月1日午後4時46分ごろ、北大西洋のポルトガル領アゾレス諸島でマグニチュード8の強い地震が発生、52人以上が死亡、約400人が負傷したほか、建物、通信、電力施設などに大きな被害が出た。最も地震が強かった同島のアングラドヘロイスモだけで、2日までに50人の死亡が確認された。

1.1 **クラブで火災**(カナダ ケベック州) 1月1日未明、カナダ・ケベック州の鉱山町シャペーで新年パーティーを催していたクラブが全焼した。42人以上の焼死者、百数十人の負傷者が出た。このクラブに集まったのは地元の人びと約350人で、パーティーは31日から元日の朝を迎えるまで夜を徹して行われる、町恒例の行事だった。火の手はバーのカウンター近くであがったが、店内にあったクリスマスの飾り付けに燃え移ってたちまち広がり、死傷者は煙に巻かれ出口を見失ったとみられる。

1.20 **闘牛場崩れる**(コロンビア スクレ州) 1月20日、コロンビア北部のスクレ州都シンセレホにある闘牛場の観客席が崩れ、222人が死亡、約500人以上が負傷した。数時間前に降ったにわか雨で木造の観客席の構造が弱くなっており、1万5000人の観客の重みが加わったことで崩れたとみられる。この日は伝統行事「コラレハス」の日で、酒で勢いづいた数百人の熱狂的な観客が毛布などを手に場内になだれ込み、6頭の牛と闘うことになっている。牛を避けようとしたファンが狭い観客ボックスに一時に殺到し惨事が起きた。

1.21 **旅客機山に墜落**(イラン テヘラン) 1月21日夜、イラン航空の国内線旅客機ボーイング727がテヘラン市北東の山岳部に墜落、乗客と乗員計128人全員が死亡した。同機は午後6時マシャッド発同7時15分テヘランのメヘラバード空港着の予定だったが、着陸15分前に連絡が途切れ、同日深夜になってから墜落が確認された。同機に乗っていたのは、乳児4人、子ども4人を含む乗客120人と乗務員8人。

1980

2月- 干ばつ（ウガンダ　カラモジャ）　5月まで、3カ月以上にわたって深刻な飢饉がウガンダ東北部のカラモジャ地方を襲い、数千人が餓死した。犠牲者の多くは子どもで、このまま食糧援助がなければさらに5万人が餓死するとみられる。この飢饉は2年間ウガンダ北部と東北部で猛威を振るった大干ばつに、1979年春のタンザニア軍とアミン元大統領軍残党との戦闘が重なって深刻化した。

2.15　難民キャンプで火災（タイ　ノンカイ）　2月15日夜、タイのノンカイにある最大のラオス難民キャンプで大火災が発生、難民の住宅ほとんどが焼失し、ラオス難民3万人以上が家を失い、多数の子どもが行方不明になった。火事は中国系住民の旧正月前夜にあたる15日午後8時20分ごろ、キャンプ内2カ所で同時に発生、藁や竹でできたバラック長屋の密集地域を焼き尽くした。難民はキャンプを囲む鉄条網をくぐって外に避難したが、乾期で空気が乾燥していたため、火の回りが極めて速く、子供などが逃げ遅れたとみられる。

2.15- カーニバルで死者（ブラジル　リオデジャネイロ）　2月15日夜から始まり、20日昼に閉幕したブラジルのリオのカーニバルで、130人以上が死亡、308人が負傷し、1万1000人以上が病院で手当てを受けた。入院患者の大半は急性アルコール中毒だった。死亡者のうち殺されたのは21人で前年の30人をかなり下回り、交通事故で死亡したのは66人だった。

2.27　暴風雨でフェリー転覆（中国　広東省）　2月27日、中国南部の広東省を襲った旋風で、珠江支流を航行中のフェリーボート「曙光401号」（600トン）が転覆し、沈没した。乗客453人、船員31人が乗っていたが、27日までに確認された死亡・行方不明の旅客は276人、船員は8人。同船は広州から開平県三埠鎮に向かい、27日午前2時15分開平県潭江に達した時、雷を伴う暴風雨に遭い、広州の南西814キロの開平付近で沈没した。

3.14　旅客機墜落（ポーランド　ワルシャワ）　3月14日正午、乗客77人乗員10人を乗せたポーランド航空の旅客機（イリューシン62）がワルシャワ空港に着陸の際に墜落、87人全員が死亡した。同機はモントリオールからワルシャワに向かう定期便で、100mの上空から墜落した。

3.27　油田海上宿舎崩れる（ノルウェー　北海）　3月27日、英国、ノルウェー、デンマーク3国の沖合にある北海油田で採掘作業関係者の宿舎として使われている海上建造物（リグ）が暴風雨による高波で沈没しかかり、労働者229人のうち101人以上が海に投げ出されたり、リグ内に閉じ込められるなどして行方不明になった。救助作業は悪天候のため難航し、28日までに救助されたのは89人。1975年に北海油田の採掘開始以来、最大規模の惨事となった。事故にあったリグはデンマークの240キロ沖合、ノルウェー領海のエコフィスク油田にあるノルウェーのフィリップス石油会社所有の「アレキサンダー・キーランド」で、約1万トン、縦・横約100m、高さ40mの大きさ。

4.9　豪雨（ペルー　サティポ）　4月上旬、1週間にわたって降り続いた豪雨のため、ペルー・アマゾンのサティポ地域の村落がいくつか壊滅し、70人が死亡した。同地域には約3万人が住んでいるが、数カ村が土砂崩れの下敷きとなったほか、50キロにわたり道路が押し流された。

4.22　客船沈没（フィリピン　ミンドロ島）　4月22日夜、マニラの南約224キロのミンドロ島沖で内航客船ドン・ファン号（2300トン）がタンカーと衝突し沈没した。24日まで

1980

に、乗員乗客のうち896人を救助、96人の死亡を確認したと発表されたが、同号の定員は約900人で、実際の乗員乗客数が明らかでないため、行方不明者数も不明。

4.25 **航空機墜落**（スペイン　大西洋カナリア諸島）　4月25日午後、スペインのカナリア諸島でイギリスの観光客ら146人（うち乗員8人）を乗せた英国ダン・エアー会社のボーイング727機が消息を絶った。同日夜、同諸島ロス・ロデオス空港南方約25キロで墜落機体が発見された。生存者はない。同機はマンチェスター空港を出発、カナリア諸島のロス・ロデオス空港に同日午後1時4分に到着の予定だったが飛行が遅れ、午後1時19分になって管制当局着陸予定について交信した後、午後1時40分に同機から非常通報が発信されたのを最後に消息を断ち、墜落したとみられる。当時、同諸島の天候はきわめて穏やかで、雲量も少なかった。

5.9 **橋上のバス海へ転落**（アメリカ　フロリダ州）　5月9日午前7時38分、アメリカのフロリダ州タンパ湾にかかるサンシャイン・スカイウェー橋の橋脚に、全長約180mのリベリア船籍の貨物船サミット・ベンチャー号が衝突した。このため橋の南端近くの約90mが崩れ落ち、橋を通行中のバスと小型トラック、乗用車3台が42m下の海に転落、深さ6mの海底に沈んだ。小型トラックの運転手だけは自力で脱出したが、同日夕までに乳児を含む18人が遺体で収容され、13人以上が行方不明。バスはセントピーターズバーグ発マイアミ行きのグレイハウンド社のもので、乗客、運転手計23人が乗っていた。事故発生当時、付近一帯は強い雨まじりの風が吹いており、視界もほとんどきかず、船が操船を誤ったとみられる。

5.18 **地震**（ユーゴスラビア）　5月18日夜、ユーゴスラビア東部で地震が発生、155人以上が負傷、このうち約20人は重傷を負った。多数の家屋が居住不能になり、約1500世帯が家を失ったとみられる。震度は改正メルカリ震度階（12段階）で震度8（日本の気象庁震度階では震度4～5）で、震源地はセルビア共和国中部のコパオニーク山脈付近。ベオグラードはじめユーゴ主要各市のほか、イタリア北部、ハンガリー、ルーマニア、ブルガリアでも揺れが感じられた。

5.18 **セントヘレンズ山爆発**（アメリカ　ワシントン州）　5月18日午前8時39分、アメリカの太平洋岸に近いワシントン州のセントヘレンズ山（2903m）が、大音響とともに爆発、火山弾や灰を噴き上げた。森林伐採作業員宿舎の作業員など少なくとも5人が死亡、29人が行方不明となった。この火山は、3月27日に123年ぶりに爆発した後、大小の爆発を繰り返し、噴煙を吐き続けていた。火山によるものとしては、アメリカ本土では最悪の被害。

6.3 **竜巻**（アメリカ）　6月3日午後、アメリカのネブラスカ州グランドアイランド市で3時間ほどの間に7つの竜巻が次々と発生、民家など約100戸が破壊された。35人以上が死んだと伝えられ、129人の負傷者が出た。ペンシルバニア州は時速約100キロの突風と強い雨に襲われ、倒れた木の下敷きになって1人が死亡したほか、5万戸が停電、トレーラーハウス250棟以上が破壊され、約150人が負傷した。ニューヨーク市では電柱が倒れ、ラッシュアワーの通勤客の足が乱れた。航空便も最高1時間の遅れ。このほか、首都ワシントン、バージニア州などで電線が切断され、オハイオ、メリーランド両州でも負傷者が出た。

6.3 **炭鉱で山崩れ**（中国　湖北省）　6月3日午前5時35分、中国の湖北省の炭鉱で山崩れが発生、301人が死亡した。以前から山崩れの危険性が察知されていたにもかかわら

ず適切な防止措置を講じなかったため、大惨事になった。この事故の損害は約600万元(約9億円)とみられる。

6.23 ビル火災(アメリカ ニューヨーク市) 6月23日夜、ニューヨーク市内中心部の高層オフィスビルで火災が発生し、約3時間後におさまった。消火に当たった消防士など125人以上が軽いけがをしたが死者はなかった。火災の発生が就業時間後だったため、被害が比較的少なくて済んだとみられる。このオフィスビルには日本企業数社も入っている。

6.23- 熱波(アメリカ) 6月下旬の1週間、アメリカ南西部は25年ぶりという異常熱波に見舞われた。特にテキサス州では、1週間連続で最高気温が摂氏38度を超える猛暑が続き、ウィチタフォールズでは29日に44.4度まで上がり、50年ぶりに記録を更新した。ほかにオクラホマ、アーカンソー、カンザス、ミズーリなどの南部諸州がこの熱波に襲われ、ミズーリ州カンザスシティーでは48.3度を記録した上、7月20日までに最高気温が17日間連続38度を超える新記録となり、20日の1日間だけで23人の死者が出た。最高気温、日中平均気温など暑さに関する記録はいずれもアメリカで気象観測開始以来の最高となった。7月20日には南西部全体で死者は1088人となり、最終的には全国で死者1200人に上った。

7.22 台風(中国 広東省) 7月22日、中国の広東省湛江を大型台風が襲い、26日までに168人が死亡した。また64年ぶりという大津波に見舞われて5万トンクラスのタンカーなど大型船が相次いで座礁した。

7.26 ホテル火災(アメリカ ブラッドリービーチ) 7月26日深夜、アメリカ・ニューヨークの南約60キロにある東海岸の保養地ブラッドリービーチでホテル火災が発生、23人が死亡した。同ホテルは木造3階建ての「ブリンレー・イン」という建物で、出火当時長期滞在客など36人が宿泊していたとみられる。犠牲者の中には老人や10代の青少年が多かった。

7.26 貨物列車炎上・毒ガス発生(アメリカ ケンタッキー州) 7月26日、アメリカのケンタッキー州マルドロー町付近で化学物質を積んだ貨物列車が脱線、爆発炎上した。これによる有毒ガスの発生で近くの住民7000人以上が避難した。脱線したのはイリノイ・セントラル・ガルフ鉄道の37両編成の貨物列車のうちの10両で、このうち4両に塩化ビニールが積み込まれており、これが爆発によって有毒ガスを発生した。

8.7 地震(ネパール) 7月29日夕方、ネパール西部を地震が襲い、8月7日までに83人が死亡、700人以上が負傷し、被災者の総数は約150万人に上った。地震と雨期の大雨が重なり、交通、通信が遅れたが最終的には死者は約150人に達するみられる。特に被害が大きいのはダルチュア地区などで、学校や病院などほとんどの建物が崩れた。

8.7 旅客機海に墜落(モーリタニア) 8月7日早朝、ルーマニア航空のツポレフ型ジャンボ旅客機がモーリタニアのヌアジブー空港付近で着陸態勢に入った直後、大西洋上に墜落した。同機に乗っていた164人のうち20人は救出されたが、残りの144人は行方不明となった。

8.10 ハリケーン「アレン」(ジャマイカ/アメリカ) 8月10日午前12時半、ハリケーン「アレン」はアメリカのテキサス州コーパスクリスティ近くの海岸に上陸した。この台風はジャマイカなどカリブ海で87人の死者を出した大型台風で、史上2番目の勢力に

発達。テキサス州は1カ月半に及ぶ熱波で乾燥していたが、上陸地点近くの沿岸部には3mを超える60年ぶりの高潮が襲い、200ミリ以上の雨に見舞われた。台風は上陸前に最大瞬間風速76mを記録したが、上陸後50mまで弱まった。それでも各所で建物が倒壊し、木が倒れ、電線は切断された。台風のコース上の約20万人は避難したが、125人の死者が出た。

8.16 **クラブで火災**（イギリス　ロンドン）　8月16日未明、イギリス・ロンドンの大英博物館の乗降口として知られる地下鉄トッテナムコート・ロード駅近くで、2つのナイトクラブを巻き込んだ火災が発生し、37人が死亡、23人が負傷した。

8.19 **列車同士正面衝突**（ポーランド　トルン）　8月19日午前5時前、ポーランドのワルシャワ北西200キロのトルン付近で列車同士が正面衝突し、69人が死亡、約50人がけがをした。バルト海の保養地コロブルゼクからの乗客を満載した客車と、反対方向のウッチからの貨物列車がぶつかったもので、信号ミスが原因とみられる。

8.19 **トライスター機炎上**（サウジアラビア　リヤド）　8月19日夜、サウジアラビアの首都リヤドの空港で国営サウジアラビア航空のトライスター機が炎上、乗客乗員、計301人が死亡した。同機は紅海沿岸のジッダに向かうため、リヤドから離陸した直後に火災が起こり、リヤド空港に引き返して緊急着陸した。滑走路を無事走りぬけ、空港ビルディングに接近する誘導路に入った時、機体が炎上。消火活動もかなわず火は燃え続け、エンジン停止後23分間もの間飛行機のドアを開けることができなかった。20日午前4時に鎮火したが、機内から脱出した人はなく、世界でこの年最大の飛行機事故となった。

8.26 **旅客機墜落**（インドネシア　ジャワ島）　8月26日午後、インドネシアのボルネオ島南部のバンジェルマシン発ジャカルタ行きの同社バイカウント型旅客機がジャカルタ東方約80キロのジャワ島ケラハン地区で墜落した。乗客25人、乗員6人の計31人全員が死亡した。原因はエンジンの故障とみられる。

9.19 **真性コレラ**（韓国　全羅南道）　韓国の全羅南道の一帯で集団コレラが発生、9月19日までに29人が真性コレラとわかり、うち2人が死亡した。発生地は同地方の新安、木浦、務安の3地域で、新安郡で行われたある葬儀の弔問客の間に発生したという。9月29日までに患者は138人に上り、うち4人が死亡。10月3日までに、韓国政府は朝鮮半島南部一帯の全羅南道、全羅北道、慶尚南道および釜山市と、ソウル市の計5地区をコレラ汚染地域に指定した。

10.10 **地震**（アルジェリア　エルアスナム）　10月10日、アルジェリア北西部を2度にわたって大地震が襲った。地震が起きたのはグリニッジ標準時で同日午後0時25分と同午後3時40分で、震源はいずれもエルアスナム。地震の規模は1回目がマグニチュード7.5、2回目が同6.4とされる。直下型だったため被害が大きく、病院など主要な建物のほとんどが倒壊した。27日の公式発表で死者が2590人、負傷者は8252人に達し、最終的には死者数は5000人前後に上った。

10.23 **小学校でボイラー爆発**（スペイン　バスク）　10月23日昼、スペイン・バスク地方のビルバオ市から約20キロ離れたオルツェーリャのマリアノ・ウガルデ小学校で爆発があり、学童ら62人が死亡、数百人が重軽傷を負った。校舎の集中暖房用のボイラーが爆発したとみられる。

10.24　地震(メキシコ　オアハカ州)　10月24日午前9時前、メキシコ中部の山岳地帯でマグニチュード6.5の強い地震が発生、メキシコシティ南東約250キロのオアハカ州北西部を中心に大きな被害が出た。25日夕までに65人以上が死亡、400人以上が負傷。この地震は約40秒間激しい揺れを記録した。震源はオアハカ州北西部のウアフアパンデレオン町付近。震源の深さは約30キロと浅く、直下型とみられる。

11.16　軍需工場で爆発(タイ　バンコク)　11月16日午前10時半ごろ、タイのバンコク市内の中心部テチャバニット通りのタイ陸軍の軍需工場で大爆発が起こり、55人が死亡、約400人が負傷した。爆発を起こしたのは、9月に操業を始めたばかりの対戦車ロケット砲弾工場で、6000発を製造、年内にさらに4000発をつくる予定で生産が進められており、工場内には大量のロケット砲弾と火薬があったとみられる。これが一挙に爆発したため、工場群は各所で崩れ炎上。爆風で鉄筋コンクリート建ての家族住宅は窓ガラスや階段が吹き飛ばされた。バンコク市内には大音響が響き、白いキノコ雲が上がった。

11.19　ジャンボ機炎上(韓国　ソウル)　11月19日朝、韓国・ソウルの金浦空港で、ロサンゼルス発アンカレッジ経由ソウル行きの大韓航空(KAL)ジャンボ機が、着陸直後に火災を起こし、炎上した。同機には乗客、乗員220人が乗っていたが、20日朝までに乗客8人、乗員6人、地上勤務者1人の計15人が死亡。事故当時は霧が濃く、視程は800～1000m程度だった。同機は車輪が出ず、濃霧の中を胴体着陸して失敗したとみられる。火災が着陸後だったため、運良く多くの人が脱出できたとみられるが、大韓航空としては最大の事故。金浦空港は、事故直後に閉鎖された。

11.21　ホテル火災(アメリカ　ラスベガス)　11月21日朝、アメリカ・ネバダ州ラスベガスの大ホテル兼とばく場で火災が発生、26階建てホテルの1、2階部分を焼いて2時間で収まったが、同日夜までに85人の死亡が確認され、約300人が負傷する大惨事となった。濃煙が各階に充満したため、犠牲者のほとんどは窒息死だが、上階の窓から脱出しようとして地上に転落した人も出た。火元は1階の大カジノホールに接する食堂の天井にある配線盤で、電気系統のトラブルが原因とみられる。

11.23　地震(イタリア)　11月23日午後7時35分から、南イタリア一帯をマグニチュード6.7の直下型大地震が数回にわたって襲った。死者総数は3104人、行方不明者は1575人、負傷者は7671人に達した。カンパニア、バジリカタ2州とイルピニア地方に広がった広大な地域一帯で、多くの建物が崩壊。被害が最も大きかったのは南イタリア・アベリーノ地方だった。12月7日の公式発表で、死者は3104人、行方不明者は1575人、負傷者は7671人なった。

12.22　地震(イラン)　12月22日、イラン中部でマグニチュード5.3の地震があり、3人が死亡、139人が負傷した。

〈 1981 〉

1月　市街火災(中国　青海省)　1月中旬、中国青海省化隆回族自治県で大火が発生、数万戸が焼失し、同地の労働改造場に収容されていた服役者1万人以上が死傷したとみら

れる。化隆は中国西北部の辺境で、反革命分子と認定された政治犯を収容する労働改造場があった。

1.9 **老人ホームで火災**（アメリカ　ニュージャージー州）　1月9日午前4時ごろ、アメリカのニュージャージー州キーンズバーグの老人ホームで出火、レンガ造り2階建ての同ホームが全焼した。この火事で、111人の精神障害のある老人入居者のうち21人が焼死体で発見され、10人が行方不明、8人がけがをした。

1.20 **地震**（インドネシア　イリアンジャヤ州）　1月20日未明、パプア・ニューギニア国境に近いインドネシアのイリアンジャヤ州でマグニチュード6.8の大地震が発生、24日朝までに死者67人、行方不明者215人の犠牲者が出た。この被害は同州の2村を襲った山津波によるもので、ほかに10村が被災しているとみられる。

1.24 **地震**（中国　四川省）　1月24日午前5時10分、中国で最も人口の多い四川省でマグニチュード6.9の強い地震が発生、大きな被害が出た。建物の3分の2が倒壊したほか、住民100人以上が死亡し、震源近辺からの通信は途絶した。震源は震源は四川省西部のガルツェ（甘孜）チベット族自治州道孚県とみられる。

1.25 **フェリー火災**（インドネシア　ジャワ海）　1月25日深夜、国営プルニ海運の大型フェリーボート、タンポマス2世号がウジュンパンダンの西南約200キロの海上で火災を起こして漂流、27日朝、強風と豪雨の中で沈没した。同船はインドネシアの首都ジャカルタから南スラウェシ州の州都ウジュンパンダンに向かう予定で、乗客乗員計1184人が乗っていた。火災発生時に271人が海に飛び込み、うち154人が救助されたが、117人が行方不明。沈没寸前に、船に残っていた865人に対する救助作業は荒天に阻まれた。28日早朝までに624人が救助されたが、20人が遺体で収容され、550人は依然不明。2月2日、現場から160キロ離れた南部スラウェシ近くのドアンドアンガン島に70人が漂着しているのが発見され、救助された。

2.6 **干ばつと洪水**（中国）　2月6日、中国南部の湖北省と北部の河北省で、合計の被災者数が2000万人以上に上ると国連調査団が発表した。26年ぶりの大洪水に見舞われた湖北省と、37年ぶりの大干ばつに遭った河北省では、農業生産が3～5割も落ち込み、両省で9500万人のうち2000万人以上の住民が深刻な被害を受けた。また他の5省でも干ばつ被害が発生し、安徽省は洪水に見舞われるなど、被害は広い範囲で確認された。

2.8 **サッカー場で将棋倒し**（ギリシャ　アテネ）　2月8日、アテネ郊外パイリアスのサッカー場で地元チームの大勝に興奮した3万7000人以上の観衆が出口に殺到、女性を含む24人以上が死亡、40人以上が負傷した。

2.10 **ホテル火災**（アメリカ　ラスベガス）　2月10日夜、アメリカ西部の歓楽都市ラスベガスでホテル火災が発生。11日朝までに宿泊客8人が死亡、消防隊員を含む240人以上が負傷あるいは煙を吸って病院に運び込まれた。死者のうち1人は煙から逃れようとして高層ホテルの窓から飛び降り、全身を打って即死。残りの死者は煙に巻かれての窒息死とみられる。出火原因はホテルのボーイが8階のカーテンにマリファナの火を移してしまったことで、これが燃え広がり惨事に至った。

2.14 **ディスコで火災**（アイルランド　ダブリン）　2月14日未明、アイルランド共和国の首都ダブリンのディスコで火災が発生、少年少女を大半とする入場客約700人のうち、

同日正午までに49人が死亡、126人が重軽傷を負った。火災の原因は不明だが、犠牲者の数はさらにふえるとみられる。同共和国で戦後最大の惨事となった。

3.6 雹（パキスタン パンジャブ州） 3月6日、パキスタン・パンジャブ州の村落を猛烈なヒョウを伴う強風が襲い、40人以上が死亡、40人が負傷した。大きな被害が出たのは、イスラマバードの南東195キロにある村落ナラング・マンディで、わずか5、6分間の突風と雹で石造りの家が倒壊したほか、電柱や樹木も根こそぎ倒れた。警察署の建物も全壊、回教寺院も損壊し、同村落への連絡も途絶えた。

3.8 急行列車とタンク車衝突（アルゼンチン ブエノスアイレス） 3月8日未明、アルゼンチンの首都ブエノスアイレス南郊で避暑地帰りの行楽客を乗せた急行列車が脱線したタンク車に衝突、乗客ら45人が死亡120人が重軽傷を負った。事故現場はブエノスアイレス南方約75キロの地点で、同日午前4時ごろ、ブエノスアイレス発の貨物列車が脱線事故を起こし、タンク車2両が対向車線にはみ出した。そこへマルデルプラタ発ブエノスアイレス行きの急行列車（13両編成）が時速120キロのスピードで接近、貨物列車の車掌が照明灯で急を知らせたが間に合わず、タンク車に激突した。

4.12 竜巻（バングラデシュ） 4月12日、バングラデシュ南部の海岸地帯にあるノナカイ地区で大きな竜巻が発生、54人が死亡、1000人以上が負傷し、8000人以上が家を失った。この竜巻は同国ではこの年最悪のもので、一時は時速240キロにも達した。

4.17 竜巻（インド） 4月17日、インド東南部のベンガル湾に面した地区で大規模な竜巻が発生、120人が死亡、数百人が負傷した。

4.18 コレラ（インドネシア ジャワ州） インドネシア西部ジャワ州の州都バンドンの郊外で集団コレラが発生、4月18日までに2県10郡にわたって患者936人を出し、うち80人が死亡した。州都バンドンではまだ発生しておらず、約180キロ北西の首都ジャカルタに波及する可能性は低いとみられる。

5.7 列車と修学旅行バス衝突（インドネシア ジャワ） 5月7日午前2時15分ごろ、インドネシアの中部ジャワにある古都ソロ近くの踏切で、バスが急行列車と衝突、31人が死亡、約20人が重軽傷を負った。急行列車はジャカルタ発ソロ行き。バスは東部ジャワ・ジョンバンのカトリック中学の生徒55人を乗せていた。中学生らはバス3台に分乗し、中部ジャワのクブメンへ修学旅行に向かう途中だった。

5.7 旅客機川に墜落（アルゼンチン ブエノスアイレス） 5月7日、アルゼンチンのブエノスアイレスでアウストラル航空国内便ジェット旅客機が川に墜落し、乗員、乗客29人が死亡。墜落したのはサンミゲルデツクマンからブエノスアイレスのホルヘニューベリ空港に向かっていた双発の英国製BAC500型旅客機。事故当時ブエノスアイレスは天候不良で、同空港は閉鎖されていたが、同機は強行着陸を試みて失敗、約14キロ離れたラプラタ川に墜落した。

5.10 市街火災（ビルマ（現・ミャンマー） マンダレー） 5月10日夜、ビルマ第2の都市マンダレーで大火が発生、乾期のため40度を超す猛暑の影響で約6000戸が焼け、5人が死亡、3万5000人が家を失った。マンダレーはビルマ北部に位置する人口約20万人の古都で、被害推定額は700万ドルを超える。火元は市西部のバスターミナルで、ヤミ市用のガソリンが隠されていたとみられる。

5.14 マハムル山爆発（インドネシア マハムル山） 5月14日午後、インドネシアの東部

1981

ジャワ州にあるスムル山脈のマハムル山が大爆発を起こし、流れ出した溶岩のため、東南にあるルマジャン県で16日までに163人が死亡、162人が行方不明となり、41人のけが人を出した。マハムル山は東部ジャワ州の州都スラバヤの南南東約140キロにある標高3676mの火山で、ジャワ島では最も高い。

5.25 **エクアドル大統領墜落死**（エクアドル　グアチャナマ）　5月25日、エクアドルのロルドス大統領が同国南部ペルー国境近くで、飛行機事故により死亡した、と発表があった。同乗していたマルタ大統領夫人、国防相夫妻、軍事補佐官2人、乗員3人も全員死亡。ロルドス大統領一行は、同国南部のロハで開催された、スペインからの独立戦争記念の式典に出席し、首都キトに帰る途中だった。同機は空中で爆発、炎上し、国境から16キロのグアチャナマ近くに墜落した。

6.3 **地滑り**（フィリピン　ルソン島）　6月3日午後9時ごろ、フィリピン・ルソン島にあるマヨン火山で地滑りが発生した。豪雨で泥や火山灰が押し流されたもので、ふもとの村の住民135人が死亡した。

6.6 **サイクロンで列車が転落**（インド　ビハール州）　6月6日午後、インド東北部のビハール州の州都パトナ近くで500人以上を乗せた列車が鉄橋を通過中にサイクロン（熱帯低気圧）に直撃され、客車7両が洪水で荒れる川に転落、乗客200人以上が死亡。事故が起きたのはニューデリーの東方約940キロのハグリア付近。同列車が鉄橋を渡っていたところ、線路上に1頭の牛がいたため急停車した。そこへサイクロンの強風が吹きつけて脱線、9両編成の車両のうち機関車と1番前の客車は鉄橋にひっかかったが、後部の7両が増水した川の中に転落した。

6.11 **地震**（イラン　ケルマン州）　6月11日10時56分ごろ、イランの首都テヘランから約800キロの中南部ケルマン州でマグニチュード6.8の地震が発生した。震源地はケルマン東のルート砂漠とみられる。被害が最も大きかったのは、州都ケルマンの南東約80キロにあるゴルバフ町で、住宅の95%が倒壊。12日昼までに、瓦礫の下に埋まったまま行方不明になっている人は5000人で、そのうちかなりの人が死亡しているとみられる。12日正午までに、倒壊した家屋の下から約700人の死体が収容された。

7.7 **密造酒で死亡**（インド　カルナタカ州）　7月7日、インドのカルナタカ州都バンガロールで密造酒を飲んだために死亡するものが続出、死者は8日までに200人に達し、75人が入院した。

7.9 **工場で爆発**（インド　グジャラート州）　7月9日夜、インド西部のグジャラート州スラトの絹織物工場で爆発事故があり、26人が死亡、75人が重軽傷を負った。工員の交代時間に同工場のボイラーが大音響とともに爆発、3階建ての工場が崩れ落ち、約400人が建物の下敷きになったとみられる。75人のけが人のうち16人は重体といわれ、死者はさらに増える可能性が高い。

7.9- **豪雨**（中国　四川省）　7月中旬、中国の長江（揚子江）流域を中心に洪水が発生し、四川省では山津波や増水で一部地区の鉄道・道路が分断され、人命や農作物に大きな被害が出た。18日には、長江中流の宜昌市や完成したばかりの葛洲壩ダムで過去最大の水量に達する見通し。四川省では6月末以来の降雨に加え、9日から14日にかけて集中豪雨があり、局地的には3日間で470ミリに達した。長江の支流の岷江、沱江、嘉陵江、壩江などで堤防決壊が続出、省都成都市や重慶市もかなりの被害を出した。22日の発表では、洪水の死者は重慶など171県で753人、行方不明558人、負傷者2万

8140人、家を失った者150万人で、建国以来最大の水害となった。

7.17　連絡船が爆発炎上（フィリピン　マニラ）　7月17日午後1時すぎ、フィリピンのマニラ湾で乗員、乗客約500人を乗せた連絡船が炎上、爆発し、18日午後までに13人が遺体で収容された。連絡船はマニラ発カピス島行きのファン号で、マニラ湾を出港して1時間後に機関室から出火、続いて爆発が起きた。同船には乗組員53人と乗客397人が乗っていたが、火災から逃れて海中に飛びこみ、うち約400人が救助された。乗客名簿に載っていない子供や定期客が50人はいたとされ、行方不明者は100人前後に達するとみられる。

7.17　ダンス会場に渡り廊下落下（アメリカ　カンザスシティー）　7月17日夜、アメリカのミズーリ州カンザスシティーの高級ホテルで、ダンス・コンテストで満員のホールの上からコンクリートのスカイブリッジ（空中通路）が崩れ落ち、その下敷きとなって111人が死亡した。

7.28　地震（イラン　ケルマン州）　7月28日夜8時54分、イラン南東部ケルマン州ゴルバフ地区で強い地震が発生した。同地区は6月にも震災で1000人以上の死者を出している。今回の地震の規模はマグニチュード7.3で、震源はテヘラン南東約850キロ、同州都ケルマンから約50キロの地点とみられる。直撃されたのは、前回も1000人以上の死者を出したゴルバフをはじめ、シラジ、アンドホジャルド、ジオシャン、チャハールファルサク、シャフダードなどの村落。8月3日の国連調査によると死者は約1500人に上った。

7.31　列車脱線（パキスタン）　7月31日、パキスタンのイスラマバード南東約800キロのサマルサッター―バハワルプル間で列車が脱線し、乗客37人が死亡、47人が負傷した。

8月－　豪雨（中国）　8月中旬から続いた集中豪雨で、中国の黄河流域では8月末になって洪水が起こり、大きな被害を出した。陝西省では764人が死亡し、126万人が被災したとみられる。

8.22　遠東航空103便墜落事故（台湾）　8月22日午前10時10分ごろ、台湾の遠東航空の台北発高雄行きボーイング737ジェット旅客機が、台北の南西で墜落、乗客104人乗員6人計110人全員が死亡した。乗客の中には日本人18人がおり、取材旅行中の作家、向田邦子氏も含まれていた。同機は、機内の与圧系統の故障で出発が大幅に遅れていた。墜落直前、空中で2回爆発音がして、機体の中央部からほぼ2つに折れた形で墜落したという。

8.24　モンスーン（インド）　8月24日、インドの各地をモンスーンの影響による暴風雨が襲い、553人が死亡、226人が行方不明になったと発表された。

9.9　有毒食用油で中毒（スペイン）　9月9日、スペイン各地でこの年5月から流行している異型肺炎に似た症状の奇病の原因は、工業用油を加工した有毒な食用油による中毒であると発表があった。入院患者1万3000人、死者124人が出ており、多発地区のマドリードやバルセロナ郊外では、住民が恐慌状態となった。この奇病は当初異型肺炎とみられていたが、6月末に食用油が原因との説が浮上。調査の結果、バスク地方の不良食品業者がフランスから輸入した安い工業用油を脱臭して、食用油として売りさばいていることが判明した。この工業用油は化学薬品アニリンで処理したもので、もとは鉄鋼業での金属冷却用だった。これらの不良業者20人は逮捕され、30

万lの油は政府によって回収された。

9.21 台風で駆逐艦沈没(フィリピン)　9月21日、台風20号のためフィリピン海軍の駆逐艦ダツ・カランチョウ(1620トン)が沈没し、乗組員97人のうち、24日までに18人が救助されたが、52人が遺体で収容され、27人が行方不明となった。

9.22 戦闘機墜落(トルコ　パンカルコイ)　9月22日昼ごろ、トルコのアンカラで軍事演習中の数百人の兵士の真ん中にトルコ空軍のF104戦闘機が墜落、兵士50人以上が死亡、150人が負傷した。墜落現場は、アンカラ北西444キロにあるパンカルコイ村の近くで、兵士たちは歩兵部隊の演習をひととおり終え、休息中だった。

9.29 豪雨(ネパール)　9月29日、ネパールの南部および南西部を襲った豪雨による洪水で、10月5日までに約1200人が死亡した。特にブタワル地区では西ドイツとスイスの援助で建設中のティンハウ・ダムが決壊、400人が濁流にのまれたものとみられる。

11.15 闘牛場崩れる(メキシコ　メリダ)　11月15日、メキシコのメキシコシティ北東約1500キロのユカタン州州都メリダの闘牛場で、政治集会が開かれている最中、よじ上ろうとした人々の重みで闘牛場の壁が崩れ、45人以上が死亡、70人が重軽傷を負った。死傷者は壁に押しつぶされるか、混乱した群衆の下敷きになったとみられる。事故当日は同州知事選の制度的革命党(PRI)候補支援集会が開かれ、人気歌手2人も出演したため、約7000人収容できる同闘牛場にはそれ以上の人々が詰めかけた。

11.17 建設中の劇場の天井落下(フィリピン　パサイ)　11月17日午前2時ごろ、翌年1月開催のマニラ映画祭を目指し、フィリピンのマニラ首都圏パサイ市に建設中の「フィルム・フェスティバル・パレス」工事現場で、劇場部分の吹き抜け天井が突然、崩れ落ちた。下で働いていた労働者約80人が下敷きとなった。26人の死亡が確認され、41人が負傷。ほかに約30人が生き埋めとなっているが、生存は絶望視される。同映画祭は文化向上と観光振興を狙ったイメルダ・マルコス大統領夫人が中心の政府事業で、1982年1月に第1回を行う予定。イメルダ夫人のイメージを汚さぬよう、この事故については夕方になるまで報じられず、死者、負傷者も当初は軽微な数が伝えられた。

11.24 台風で高潮(フィリピン　ルソン島)　11月24日、フィリピンのルソン島カヌリネス・スール州の町を、台風による高潮が襲った。住民79人が死亡、50人が行方不明となり、6人が負傷した。この台風が通過した、同国北部ビマール州、中部ルソンでも24人が死亡した。

12.1 旅客機山頂に激突(フランス　コルシカ島)　12月1日朝、ユーゴスラビアのイネックス・アドリア航空DC9スーパー80機が、着陸約10分前に遭難信号を発し消息を絶った。同機はフランス南部地中海のコルシカ島アジャクシオ空港に午前9時着陸予定だったが、約4時間後の午後1時39分、同空港南方約40キロ、高さ約1000mのサンピエトロ山頂北面に同機が激突して大破、死体が散乱しているのが発見された。乗客172人、乗組員6人の178人全員が死亡。

12.25 寒波(インド)　12月25日までに、インド北部、北東部を襲った寒波により、住民133人が死亡した。

〈 1982 〉

1月 豪雨(ペルー)　1月下旬、ペルーのアマゾン川流域で集中豪雨があり、このため洪水が発生、死者600人以上、行方不明者5000人の被害が出た。

1.8- 寒波(ヨーロッパ/北アメリカ)　1月8日から同月末にかけて、ヨーロッパとアメリカが記録的な寒波や吹雪に襲われた。イギリス・スコットランドで零下27.2度、ノルウェー・セルで零下29度、スウェーデン・ストックホルムで零下22度、アメリカ・シカゴで零下32度、カナダで零下35度と、各国で観測史上最低あるいは数十年ぶりの寒さを記録した。アメリカでは全ての州で積雪があり、フロリダまでが氷点下になった。モスクワでは機械工場の屋根が雪の重みで崩れ、50人以上が死亡した。

1.13 旅客機橋に衝突・車両巻き添え(アメリカ　ワシントン)　1月13日午後3時45分ごろ、フロリダ航空の双発ジェット旅客機がアメリカ・ワシントンのナショナル空港を離陸直後、橋に衝突、氷結したポトマック川に墜落して大破し、多数の死傷者を出した。悪天候が影響しているとみられ、8日以来全米に続いている大寒波の最大の犠牲となった。同機はフロリダ州タンパ経由フォートローダデール行き90便ボーイング737機で、乗員5人、乗客74人を乗せていたが、このうちの生存者は5人のみ。衝突した橋は空港北方約2キロのポトマック川にかかる14丁目橋で、橋上の乗用車5台、トラック1台が破壊された。これらのドライバーなど地上の4人も死亡した。

1.17 釣り橋転落(ブラジル　パラナ州)　1月17日、ブラジル南部パラナ州のセッチ・ケダスでパラナ川に架かる大小20の釣り橋のうちの1つが切れ、橋を渡っていた観光客数十人が約30m下の濁流にのみ込まれ行方不明となった。18日までに死者は40人に達する見通し。同地は渓谷美を売り物にする観光地である。

1.27 急行列車と貨物列車衝突(インド　アグラ)　1月27日午前4時ごろ、インドのニューデリー南方約180キロのアグラで、ハイデラバード発デリー行き急行列車と操車場を出て来た貨物列車が正面衝突、66人が死亡し、50人以上が負傷した。濃い霧のため停止信号が見えなかったとみられる。また、停電のため光の弱い灯油灯の信号を使っていたことも疑われる。

1.27 急行列車と貨物列車衝突(アルジェリア)　1月27日未明、アルジェリアの首都アルジェ南西約100キロのブーハルーン駅付近で、満員の乗客を乗せた急行列車が貨物列車に追突、脱線し110人以上が死亡、数百人が負傷した。死者数で同国史上最悪の鉄道事故になるとみられる。アルジェとオランを結ぶこの線路は、豪雨と吹雪により路盤が緩んでいたらしい。

2.3 軍用機墜落(ジブチ)　2月3日夜、アフリカ東部のジブチで訓練飛行をしていた仏陸軍軍用機が墜落し、外人部隊31人、乗組員5人の計36人全員が死亡した。山岳部に衝突したとみられる。

2.15 石油掘削基地が倒壊(カナダ　ニューファウンドランド)　2月15日、カナダのニューファウンドランド島沖合約280キロの大西洋上にあるオイルリグ(石油掘削ステーショ

ン)が倒壊、沈没した。作業員は救命ボートで避難したが荒天のため相次いで行方不明になった。15日夜まで生存者は発見されず、作業員ら84人全員が絶望とみられる。このオイルリグは、アメリカのモービル石油会社がハイバーニア海底油田から原油生産のため設けていたもの。事故当時、現場海域は風速36m、波高13mに達し、みぞれまじりの雪がたたきつけるという最悪の条件で、係留装置が突然壊れて傾いたリグはしばらく漂流後、海中に沈んだ。

2.17 **エスカレーター損壊**(ソ連(現・ロシア) モスクワ) 2月17日、ソ連・モスクワの地下鉄カリーニン線アビアモトルナヤ駅で、エスカレーターの損壊事故が発生、乗客の間に犠牲者が出た。ソ連の報道機関が事故を伝えるのは極めてまれで、かなりの死傷者が出たものとみられる。少なくとも15人が死亡したとされる。

2.20- **カーニバルで死者**(ブラジル リオデジャネイロ) 2月20日から23日まで、ブラジルのリオデジャネイロで行われた恒例のカーニバルで、非公式な推計によると、約240人に上る死者が出た。これまでの最高人数は81年の175人だが、これを大きく上回っている。今回のカーニバルでは、このほかに1万6000人が負傷した。

3.29 **チンチョナル火山爆発**(メキシコ チンチョナル) 3月29日から4月10日までに、メキシコ南部のチンチョナル火山(エルチチョン火山)は連続7回の爆発を繰り返した。この爆発で2000人が死亡、約6万人が家を失ったとみられる。作物被害は5500万ドルに上った。この噴火で立ち上った灰が北半球の上空2万7000mを、3.2キロの厚さで覆い、地球の温度が約0.5度下がったとされる。この灰の雲は、1980年に起きたアメリカ・セントヘレンズ山の際の140倍だった。

4.2 **竜巻**(アメリカ) 4月2日夜から3日朝にかけて、アメリカ中西部、南部一帯を竜巻が襲い、死者31人以上、負傷者数百人の被害が出た。これは1968年5月にアーカンソー州北東部で多くの死者を出して以来の竜巻災害となった。

4.5 **雪嵐**(アメリカ) 4月5日深夜から、アメリカのニューヨーク、ボストン市など北米東部は、4月としては107年ぶりという雪嵐に見舞われた。30mを超える雪まじりの風が横なぐりに吹きつけ、気温も零下5～10度に下がり、6日夕までに市街地で30cm、郊外で50cmを超える積雪を記録。交通機関や高速道路はマヒ状態となり、ニューヨーク市のケネディ、ラガーディア両空港などの主要空港は閉鎖。6日午後にはニューヨーク、ニュージャージー両州に大雪非常事態宣言が発令された。ニューヨーク州北部のキャッツキル山では、ハイキングに出た高校生17人が行方不明となり、各地で小型機の墜落事故、自動車事故などの死者も相次いだ。4月の雪嵐としては1875年以来の激しいものと発表された。

4.25 **古物市で火災**(イタリア トディ) 4月25日、イタリア中部トディの古物市会場で火災があり、33人が死亡、80人前後が重軽傷を負った。トディはローマから100キロ余り北にあり、古代から中世にかけての遺跡で知られる町。この日は町の呼び物である国内古物市の最終日で、日曜であることも重なって人出が多く、火の回りの速さに会場はパニック状態となった。

4.26 **航空機墜落**(中国 桂林) 4月26日、中国南部の広州市から桂林に向かっていた中国民航トライデント機が、桂林南方の陽朔で墜落し、乗客乗員120人全員が死亡した。

4.30 **ホテル火災**(アメリカ ホボーケン) 4月30日未明、アメリカ・ニュージャージー

州ホボーケン市にある4階建てのホテル(12室)から出火、約2時間半にわたり燃え続け、12人が死亡、7人が負傷した。火災があったのは同市の目抜き通り付近にある長期滞在者用のビンターズ・ホテルで、出火当時、13人の子供を含む31人がいた。火の回りが早く、6人が救助を待ち切れずに飛び降りたとみられる。火元は2階の廊下付近。ホテルの各室には煙感知器が付けられていたが、廊下にはなかった。

5月 干ばつ(中国 北京) 5月、中国の北京一帯で干ばつによる水分不足が悪化、これが続けば、地下水位が過去数十年間で最低になることが予測される。同市最大の密雲、官庁両貯水池の水位は7日までに前年の同時期よりも低下、周辺河川はほとんどが干上がった。

5.3 航空機墜落(イラン) 5月3日夜、アルジェリアのモハメド・ベンヤヒア外相一行を乗せた航空機がイラン・トルコ国境付近で墜落、乗客及び乗員全員が死亡した。外相はアルジェリアとイラン両国間の関係強化とイラン・イラク戦争の終結などについて協議するため、イランへの公式訪問に向かう途中だった。

5.28 急行列車脱線・転覆(中国 遼寧省) 5月28日午後4時すぎ、中国の遼寧省瀋陽に近い瀋山線興隆店駅付近で、山東省済南発黒竜江省チャムス行き第193急行列車が、脱線転覆し、機関車と客車4両が大破、乗客3人が死亡、乗客143人と乗務員4人が負傷したという。

5.29 竜巻(アメリカ イリノイ州) 5月29日、アメリカのイリノイ州南部を竜巻が襲い、30日夜までに死者11人、行方不明15人、負傷者100人以上の被害が出た。竜巻で家を失った人は1000人に上り、被害総額は推定約1億ドル(240億円)。

5.29- 豪雨(香港) 5月30日夕まで、香港は2日連続の豪雨に見舞われ、崖上に建てられた不法建築住宅などが崩れ落ち、30日深夜までに22人が死亡、50人が負傷した。

5.30 豪雨(ホンジュラス/ニカラグア) ホンジュラス、ニカラグアを襲った豪雨のため、5月30日までに両国で275人が洪水で死亡しているほか、ニカラグアのマナグア北西部の土砂崩れで新たに70人が死亡したとみられる。ニカラグアでは過去10日間、豪雨が降り続き、同国内で既に75人の死亡が確認され、2億ドル(約480億円)の被害が出た。

6.3 豪雨(インドネシア スマトラ島) 6月2日、インドネシアの南スマトラ州にあるオガン地区と隣接のエニム地区一帯が集中豪雨に襲われ、2つの川が氾濫、大洪水が発生した。3日までに137人が死亡、39人が行方不明となり、2000人以上が家を失った。

6.8 旅客機山に衝突(ブラジル フォルタレザ市) 6月8日早朝、ブラジルのVASP航空のボーイング727旅客機が同北大西洋岸のフォルタレザ市南方48キロのパカツバ山の山頂に衝突、乗客128人、乗員9人の計137人全員が死亡し、ブラジル史上最悪の航空機事故になった。同機はリオデジャネイロからフォルタレザに向かっていた。

6.22 航空機着陸失敗(インド ボンベイ(現・ムンバイ)) 6月22日、シンガポール発ボンベイ行きのインド航空ボーイング707型機がボンベイ空港に着陸しようとして失敗、滑走路を飛び出し、12人以上が死亡、多数が負傷した。同機には乗客乗員104人が乗っていた。その後の救助活動で30人が助け出された。

7.6 旅客機墜落(ソ連(現・ロシア) モスクワ) 7月6日未明、ソ連のモスクワ・シェレ

メチェボ空港から西アフリカ方面に向かったソ連国営アエロフロート航空旅客機が同空港管制区域内で墜落、乗員、乗客ら90人全員が死亡した。同機はイリューシン62型機(座席数182)で、午前0時10分ごろ離陸したが、同空港から10キロほどの地点に墜落したという。セネガルのダカールを経由してシエラレオネのフリータウンに向かう途中だった。

7.9 旅客機墜落(アメリカ ニューオーリンズ) 7月9日午後4時9分、アメリカのルイジアナ州ニューオーリンズ国際空港で、パンナム航空のボーイング727＝200型ジェット旅客機が、離陸直後に住宅地に墜落、乗客138人、乗員7人の全員が死亡した。また、墜落と同時に住宅街が炎上し、住民6人が死亡したため、犠牲者数は151人となった。機体の破片は7街区にわたって飛び散り、数棟が全壊、8棟が全焼した。事故当時は激しい雷雨だった。

7.11 急行列車脱線・転落(メキシコ テピック) 7月11日、メキシコ北西部の太平洋岸にあるテピック市近郊で急行列車が脱線、深い峡谷に転落し、乗客35人以上が死亡した。別の情報では、死者90人、負傷者164人が出たとされる。

7.18 夜行列車と貨物列車衝突(スイス オトマルジンケン) 7月18日午前3時ごろ、西ドイツからイタリアのアドリア海沿岸地方に向かう夜行列車がスイス国内で貨物列車と衝突、6人が死亡、59人がけがをした。事故現場はチューリヒの西約25キロのオトマルジンケン。夜行列車は西ドイツのドルトムント発イタリアのリミニ行き12両編成で、このうち7両が脱線したり転覆したりした。

7.30 バス峡谷に転落(インド ヒマチャルプラデシュ) 7月30日、インドのヒマチャルプラデシュ州のビラスプル地区の峡谷で通行中のバスが75m下に転落、乗客33人が死亡、40人が重軽傷を負った。死者の中には女性11人と子ども5人がいた。バスの乗客は全員、寺院から帰る途中のヒンズー教巡礼者だったとみられる。

7.31 バス炎上(フランス ボーヌ) 7月31日未明、フランスの高速道路でバス、乗用車など9台が追突、炎上し、53人が死亡した。犠牲者の大半は林間学校へ向かう子供たちだった。同日午前1時45分ごろ、パリ南東約290キロのボーヌ付近のパリ―リヨン間高速道路で、乗用車同士が衝突したところへ、2台のバスを含む7台の自動車が突っ込み、炎上した。1台目のバスに乗っていた子どもたちは全員助かったが、2台目のバスにいた子ども45人を含む53人が逃げ遅れ、焼け死んだ。

8月 洪水(中国 四川省) 8月中旬、中国の四川省で大洪水が発生し、死者718人、負傷者6000人の被害が出たとみられる。

9.11 軍用ヘリコプター墜落(西ドイツ(現・ドイツ) マンハイム) 9月11日午後1時前、西ドイツのライン川沿いのマンハイム―ハイデルベルク間のアウトバーンにアメリカの軍用ヘリコプターが墜落、乗っていた民間パラシュート隊員39人、米軍人の乗組員5人、合わせて44人が死亡した。

9.12 列車とバス衝突・大破(スイス チューリヒ) 9月12日午後、スイス東部チューリヒ近郊の遮断機付き踏切で、走って来た3両編成の列車がバスに衝突、バスに乗っていた39人が死亡し、列車の乗客ら9人がけがをした。事故当時、遮断機は下りていなかった。バスに気付いた列車の運転士が約50m手前で非常ブレーキをかけたが間に合わず、バスの側面に激突した。この衝撃でバスは真っ二つに割れると同時に炎上、

近くの踏切警手小屋も全焼した。

9.13　**グレース王妃事故死**（モナコ）　9月13日朝、モナコ公国のグレース王妃は次女のステファニー王女を同乗させて自ら乗用車のハンドルを握り、南フランスのコートダジュールの小村テュルビの別宅ロック・アジェルからモナコへ帰る途中、急な曲がり角で車ごと40mの崖下に転落した。王妃は病院で手当てを受けていたが、14日午後10時半、脳内出血のため、夫君のレーニエ3世公らに見守られ死亡した。

9.13　**旅客機墜落炎上・車両巻き添え**（スペイン　マラガ）　9月13日午後0時半過ぎ、スペインのマラガ空港からアメリカのニューヨークに向かうスペインの航空会社スパンタックスのチャーター便DC10旅客機が離陸に失敗、オーバーランして滑走路を越え、近くの自動車道路に突っ込み炎上した。同機の乗客や自動車に乗っていた人60人以上が死亡、100人以上が重軽傷を負った。同機の乗客は380人、乗員は13人。

9.29　**旅客機暴走・炎上**（ルクセンブルク）　9月29日午後8時すぎ、ソ連のモスクワ発ペルーのリマ行きのソ連国営アエロフロート航空のイリューシン62旅客機がルクセンブルク空港に着陸直後、暴走して滑走路を右にはずれ、給水塔に衝突した後、近くの森林に突っ込み炎上した。同機には乗客66人、乗員11人が乗っていたが、12人が死亡、65人が重軽傷を負ったとみられる。

10.17　**旅客列車追突**（アルゼンチン　ブエノスアイレス）　10月17日、アルゼンチンのブエノスアイレスの南10キロにあるキルメス駅で旅客列車が別の旅客列車に追突、30人以上が死亡、50人以上が負傷した。

10.20　**サッカー場で死傷**（ソ連（現・ロシア）　モスクワ）　10月20日、ソ連のモスクワのレーニン・スタジアムで行われたオランダとソ連チームのサッカー試合で騒動が起き、20人以上が死亡、数十人が負傷したとみられる。試合はソ連チームが2-0で勝ったが、2点目が入ったのは試合終了直前。多くの観客がスタンドを出てスロープを歩いており、場内の歓声を聞いて戻ろうとした人たちと、そのまま帰ろうとした人たちがもみ合って大混乱となり、押し倒された人たちが下敷きとなって死傷した。

11月-　**干ばつ**（インドネシア　イリアンジャヤ州）　11月から12月上旬にかけ、インドネシアの最東部イリアンジャヤ州で、長引く干ばつのため62人が餓死、9000人が食糧不足に陥っている。被害が出ているのは同州でも山岳地帯のジャヤイジャヤ県で、原住民が主食とする芋類などが干ばつのため育たず、食糧不足が発生している。

11月　**タンクローリー衝突・炎上**（アフガニスタン）　11月上旬、アフガニスタンからソ連に通じるサラン峠トンネル内でガソリンを満載したアフガニスタンのタンクローリーがソ連軍輸送部隊の先頭車両と正面衝突、炎上した。このためトンネル内が酸欠状態となり、1100人以上のソ連兵とアフガニスタン人が死亡した。後続車が事故を知らずにトンネル内に進入したうえ、トンネル内部に反政府ゲリラがいると誤解したソ連軍がトンネルを封鎖したため、犠牲者数が増えた。

11.17　**サッカー場で死傷**（コロンビア　カリ）　11月17日、コロンビア西部の町カリのサッカー場で、上からの放尿を避けようとした観客が折り重なって倒れ、24人以上が死亡、数十人が重傷を負った。この日、地元カリとアメリカのチームの試合が行われ、3対3の引き分けに終わったが、これに興奮した不心得な観客がスタンドの上部から放尿を始め、下の席にいた客がこれを避けようとして混乱が起きた。

12.13　地震(北イエメン(現・イエメン))　12月13日午後、アラビア半島のイエメン・アラブ共和国(北イエメン)のダマール地方でマグニチュード6.0の大地震が起こり、同日夜までに300人を超える死者を出した。同国政府は同日、全国に非常事態を宣言した。28日までにこの地震での死者は5000人に増大、数十万人が家を失い、300以上の市町村が壊滅したとみられる。

〈 1983 〉

1月　干ばつ(アフリカ)　1月、アフリカ大陸を襲う干ばつが深刻化した。特に被害がひどいのは15カ国、とりわけアフリカ南部の状況は悲惨を極め、南アフリカ、ジンバブエ、アンゴラ、ザンビア、モザンビーク、ボツワナ、レソト、スワジランドとほぼ全域に及ぶ。モロッコでは1981年の不作で食糧価格が高騰しコメ騒動が発生、数百人の犠牲を出した経緯があるが、この年もクーデターの噂が流れた。

1.16　旅客機着陸失敗(トルコ　アンカラ)　1月16日夜、トルコ航空のボーイング727旅客機が首都アンカラ郊外のエセンボガ空港で猛吹雪の中を着陸に失敗、滑走路上で炎上した。乗客60人のうち46人が死亡、乗員7人を含む21人が負傷した。同機はイスタンブール発アンカラ行きの国内便で、同日午後10時、管制塔からの許可を受けて着陸態勢に入ったが、着地した瞬間、後部が地面と激突、機体が2つに割れて炎上したとみられる。

1.17　地震(ギリシャ)　1月17日午後1時43分、ギリシャとアルバニアの国境付近で少なくとも震度5〜6の強い地震が発生した。震源はギリシャ・アルバニア国境付近と推定される。イタリア南部のバリ、レッチェ、ブリンディシ、タラントなどの町でも市民が一時避難した。

2.1　急行列車が軍用列車に衝突(エジプト　カイロ)　2月1日未明、エジプトのカイロ郊外でアレキサンドリアに向かっていた急行列車が停車中の軍用列車に衝突、19人が死亡、77人が負傷した。急行列車の運転士が停止信号に気づかなかったとみられる。死傷者のほとんどは軍用列車に乗っていた兵士だった。

2.13　映画館で火災(イタリア　トリノ)　2月13日夕、イタリア北部トリノ市の映画館「スタチュート」で火災があり、64人以上の死者が出た。同夜、映画館の管理維持に不備があったとして同館の支配人が逮捕された。出火場所は廊下付近とみられる。火の回りが早く、出口が限られていたため、犠牲者のほとんどが窒息死。2階の映写室付近には逃げ場を失って壁にはりついたり、折り重なって倒れた遺体が多数発見された。

2.16　山林火災(オーストラリア)　2月16日、干ばつに見舞われているオーストラリアの南部諸州で山火事が続出し、ビクトリア、南オーストラリア両州で17日午後11時までに死者69人、行方不明22人が出た。火は収まらず、南オーストラリア州では非常事態宣言が出された。山火事が拡大したのは40度の炎天下で風速20mという強風にあおられたため。火の勢いがあまりにも早く、車で避難した多くの住民が逃げ切れず犠牲になった。ビクトリア州で最大の被害を受けたのはメルボルン東方約60キロ

のダンデノンのコッカトゥー地区。同州全体では死者43人、行方不明16人、焼失した住宅は2000戸以上に上り、被害額は2億5000万豪ドルを超えた。オーストラリアの災害史上最悪の記録となった。

2.20 猛吹雪(レバノン　ベイルート)　2月18日から、レバノンのベイルートの東約40キロにあるバイダル峠(標高1500m)周辺は猛吹雪に襲われ、37人が立ち往生した車の中で凍死した。これまでに150人が救出されたが、20日の時点で200人がバイダル峠の雪の中に閉じ込められている。現場は数メートルの積雪があり、救助活動は難航。25日までに、この雪でシリア軍兵士135人が行方不明になったことが判明、生存は絶望。

3.7 地滑り(中国　甘粛省)　3月7日午後5時40分ごろ、中国甘粛省の南部で大規模な地滑りが発生し、死者270人以上の被害が出た。崩れた土砂で、2つの村の3km^{2}の家々が埋まった。

3.7 炭鉱で爆発(トルコ)　3月7日、トルコの黒海沿岸に近い炭鉱で大規模なガス爆発があり、77人以上が死亡、86人が負傷、さらに約250人が坑道に閉じ込められた。事故現場はアンカラの北西約200キロ地点にあるアルムトカク炭鉱。爆発当時、同炭鉱で約400人が働いていたが、ほぼ全員が死傷し、坑道内に閉じ込められた。

3.11 雪崩(パキスタン)　3月11日夜、パキスタン北部、ヒマラヤ山脈のふもとにあるプパン村で大雪崩が起き、76人以上が死亡、約100人が重軽傷を負い、19人が行方不明となった。現場の村は、中国との国境近くにある。雪崩に押し流された瓦礫の中から、76人の死体が見つかった。

3.11 航空機着陸失敗(ベネズエラ　バルキシメト)　3月11日、ベネズエラのアベンサ航空のカラカス発国内線定期便DC9旅客機が、同国西部のバルキシメト空港で着陸に失敗して墜落した。乗員、乗客合わせて50人のうち18人が死亡、機長ら17人が負傷したが、残りの15人は無傷だった。同機は着陸時に2つに折れ、滑走路上で爆発したという。

3.21 強風で鉄橋崩壊・列車転落(バングラデシュ　ダッカ)　3月21日夜、バングラデシュのダッカ北西約100キロのパブナ州セラジガンジで鉄橋が崩壊し、通行中の3両編成の列車が川に転落した。22日午前までに11人の遺体が収容され、死者は計45人以上、負傷者も約100人に達する見込み。この鉄橋は長さ約60m。100年前の建造で老朽化が進んでいたが、強風と通行中の列車の重みで崩れ落ちたとみられる。

3.23 土砂崩れでバス事故(ペルー　リマ)　3月23日夜、ペルーの首都リマ東方約40キロの幹線道路で豪雨による土砂崩れが発生、バス2台が土砂に埋まり、乗客31人の死亡が確認されたが、最終的な死者数は80人前後に達するとみられる。事故当時、バスは2台とも超満員だったと伝えられる。

3.23 雪崩(アフガニスタン　ドシャーカ)　3月23日、アフガニスタン北部のドシャーカ地方にあるソ連軍の陣地4カ所が雪崩に襲われ、約100人のソ連兵士が死亡したとみられる。現場はカブールの北約100キロ、ソ連国境に向かう道路上の要衝、サラン・トンネルの付近。4カ所のソ連軍陣地には、それぞれ20人から25人のソ連兵士が配置についており、生存者はないとみられる。

3.25 地震(イラン　テヘラン)　3月25日午後3時29分、テヘラン北東の山間部を中心に強

い地震があり、警察の検問所や民家などが倒壊、かなりの犠牲者が出た。マグニチュード5を記録し、テヘランとカピス海沿岸を結ぶハラズ高速道路が雪崩や落石で閉鎖された。テヘラン北東80キロにある同国最高峰ダマバンド山麓にある村、ガザナク、ラリジャンなどが大きな被害を受けた。26日昼までに死者100人以上が収容され、負傷者は40人となった。26日午前7時半までに、地震は計12回にわたって続いた。

3.31　地震（コロンビア　ポパヤン市）　3月31日午前8時15分ごろ、コロンビアで地震があり、首都ボゴタの南西370キロのポパヤン市では、復活祭を祝う信者が集まっていた大聖堂が倒壊、信者50人以上が生き埋めになっているほか、市内で死者500人、負傷者1500人以上の被害が出ているとみられる。マグニチュードは7で、震源はサンチアゴの北東60キロのアンデス山中とみられる。

4.17　市街火災（中国　黒竜江省ハルビン）　4月17日、中国の黒竜江省ハルビン市道理区の雑居住宅から出火、11時間も燃え続け、250棟（758戸と15の機関）計3万3800m²を焼く大火となった。このころ、中国のほかの各地でも火災が頻発。急ピッチで進められている住宅建設で、防火、消防設備が不十分と指摘された。

4.18　ディスコで火災（韓国　大邱市）　4月18日午前1時40分ごろ、韓国南東部にある同国第3の都市、大邱市の繁華街、中区香村洞にある木造2階建ての2階にあるディスコクラブで火災が発生し、17歳の少女を含む25人が死亡、60人以上がけがをした。出火当時、約300人の若者が店内にいたとみられる。火は天井のシャンデリア付近から出たが、ほとんどの客は気づかなかった。同ディスコへの入口は幅約1.5mの狭い階段で、火に気がついた客が一斉にこの出口へ殺到、階段で折り重なって多数の死者が出た。約1時間後に火を消し止めたが、同建物約470m²がほぼ全焼。出火の原因は漏電の可能性が高いとみられる。

4.27　地滑り（エクアドル）　4月27日午前6時ごろ、エクアドルのアンデス山岳地帯で過去50年来最大規模の土砂崩れが起き、通行中のバス4台を含む車両10台前後が下敷きとなり、100人から200人が犠牲となった。現場は首都キト南方290キロのチンボラソ県チュンチ村近くのパンアメリカンハイウェイで、道路わきの崖が突然地響きをたてて崩れ落ちた。土砂崩れの幅は約800m。同ハイウェイ上をキト―クエンカ間を結ぶ長距離バス4台などが走行中で、大量の土砂と岩石にあっというまに飲み込まれた。

5月－　雹・竜巻・豪雨（中国）　5月初めから、中国中部地方を2週間にわたって雹、竜巻、豪雨が襲い、339人以上の死者と数千人の負傷者を出した。特に被害の大きい湖南省では、重さ3キロものひょうが降り、81人が死亡した。また、福建省でも4月来の洪水に見舞われ54人が死亡した。

5月　エイズ発見（フランス）　フランスのウイルス学者リュック・モンタニエとフランソワーズ・バレ＝シヌシがHIV（ヒト免疫不全ウイルス）の分離に成功したことを発表した。このウイルスによって発症するエイズ（後天性免疫不全症候群）は、1981年ごろからアメリカのゲイの男性間に多発するカリニ肺炎などの原因となる疾病として研究されていた。この病気はやがて全世界に広がり、90年代には世界中で感染者数は100万人に達した。

5.7　ホテル火災（トルコ　イスタンブール）　5月7日早朝、トルコのイスタンブール市ラレリ地区にある8階建てのワシントン・ホテルで火災が発生し、42人以上が死亡、60人が負傷したとみられる。ホテル内は焼けただれ、死傷者はさらに増える可能性が

ある。

5.7 難民船沈没（ベトナム　ホーチミン）　5月7日、ベトナムを脱出しようとした難民を乗せた船がホーチミン市郊外のホーチミンビルの港で沈没、乗っていた54人が水死した。ベトナム警察が威嚇射撃を行い、船のブリッジに命中したため、船内でパニックが起こり、船が沈没したという。犠牲者のほとんどは婦人と子どもだったといわれる。船は木造で、中国系ベトナム人を中心に90人が乗っていた。

5.8 花火爆発（メキシコ　トラパコヤン）　5月8日夜、メキシコ中部のトラパコヤン町で地元の祭りのため用意されていた花火が爆発、34人が死亡、750人が負傷した。計15キロの火薬が爆発したとみられる。

5.21 トンネルでトラック爆発（イタリア）　5月21日、地中海に沿った北部イタリアのジェノバ―サボナ間高速自動車道トンネル内で、液化ガスを積んだトラックが衝突事故によって爆発、8人以上が死亡、22人が重軽傷を負った。30台前後の車が巻き添えとなり、交通はストップした。

5.25 貨客船火災（エジプト　アスワン）　5月25日未明、ナイル川上流のアスワン近くで約600人を乗せた貨客船「ラマダン10」が炎上、26日までに194人の遺体が収容された。残る123人が行方不明になっており、317人の乗客全員が死亡したものとみられる。出火原因は船に設置されていた調理用ガスボンベが爆発したためで、船は一瞬のうちに火に包まれた。

6月 洪水（インド　グジャラート州）　6月下旬、インド西部のグジャラート州で、大雨による洪水が発生し60の村が水没した。26日までに408人が死亡、355人が行方不明になった。

6.5 客船橋に激突（ソ連（現・ロシア）　ボルガ川）　6月5日夜10時ごろ、ソ連のボルガ川で客船事故が発生、死者は100人以上に上った。ウリヤノフスク市付近を航行中のアレクサンドル・スワロフ号が鉄道用の橋に激突、最上部の甲板がそっくりもぎとられた。

6.6 バス乗客感電死（インド　ビハール州）　6月6日、インドのビハール州ムザファルプル付近で走行中のバスが、垂れ下がっていた電線に接触、乗客45人が感電死し、12人がやけどを負った。

6.7 炭鉱で爆発（ユーゴスラビア（現・セルビア））　6月7日夜、ユーゴスラビアのベオグラード南東160キロのアレクシナッチ炭鉱でガス爆発があり、8人が死亡、53人が負傷した。負傷者のほとんどは重傷だという。事故当時、坑内では125人が作業中で、一時は100人以上が地底に閉じ込められた。

6.10 列車同士衝突（エジプト　カイロ）　6月10日、エジプトのカイロ南方48キロのアラヤト駅付近で、南部のアスワンからカイロへ向かっていた列車が、故障で止まっていた先行列車に追突、乗客ら22人が死亡、46人がけがをした。追突した列車が時速約88キロで走行中、運転士が前方に停車している列車を発見したが、ブレーキが間に合わなかった。

6.22 炭鉱で爆発（ハンガリー　オロズラニー）　6月22日早朝、ハンガリーのブダペスト西約50キロのオロズラニーにある炭鉱で爆発事故が発生、35人が死亡、数人がけがを

7月　熱波（アメリカ）　7月初旬から、アメリカ中西部および東部、南部では異常高温が続き、セントルイス、ニューヨーク、北カロライナ州などで、29日までに187人に達した。州別の死者はケンタッキー州の43人を最高に、ミズーリ41人、イリノイ32人など。21日サウスダコタ州ピエールでは摂氏41.7度まで気温が上がった。22日、シカゴの老人ホームでは最高気温は摂氏約41度を記録。ミズーリ州では、スラムの集中するセントルイス市で被害が大きく、犠牲者の半数以上は1人暮らしの老人とみられる。

7.11　旅客機墜落（エクアドル　クエンカ）　7月11日、エクアドル軍の経営する航空会社TAMEのボーイング727ジェット旅客機がキト南方約450キロのクエンカ市で着陸に失敗して墜落、空港近くの山腹に激突して炎上した。同機には乗客110人以上、乗員5人以上が乗っており、生存者はない見込み。

7.12　熱波（ヨーロッパ）　7月に入って猛暑が続いている欧州は同月12日、各地で気温が30度を超し、西ドイツのフランクフルトでは暑さのため10人以上が死亡した。フランクフルトではこのほか170人が道路で倒れた。スウェーデンでは34度と史上最高に近い暑さとなった。この熱波は中東、北アフリカ諸国にも及んでおり、イスラエル、レバノンでは山火事も発生。

7.28　土砂崩れ（コロンビア　クンディナマルカ州）　7月28日夜、コロンビアのクンディナマルカ州のアンデス山脈沿いにあるグアビオ水力発電ダムの建設工事現場近くで土砂崩れが起き、150人が行方不明になったが、全員死亡したとみられている。現場はボゴタの東約145キロの地点。最初に小さな地滑りが起きて作業員10人が生き埋めとなったのを、仲間の作業員が救助に当たっていたところ、続いて大きな土砂崩れが起きた。

8.6　タンカー爆発・原油流出（南アフリカ共和国）　8月6日未明、南アフリカ・ケープタウン近くの大西洋側沖合いで航行中のスペインの巨大タンカー「カスチリョ・デ・ベルベル」（27万1465トン）で火災が発生、炎上した。同午前10時すぎ、激しい爆発を起こし、船体は真っ二つに折れ、後ろ半分は沈没した。事故現場はケープタウンの北西約130キロの海上。タンカーは原油約25万トンを満載してペルシャ湾からスペインに向かう途中だった。火災はタンカー中央部で発生、すぐに全船体に広がった。煙は約1000mにまで達し、海面に流れ出た原油も燃え上がった。同日正午までに乗組員36人のうち33人を救い出したものの、3人が行方不明。タンカーから流出した約5万トンの原油は、事故4日後もケープタウン北西沖を南北120キロに広がって漂い、油流出の規模としては世界最大級の事故となった。

8.9　ガマラマ火山爆発（インドネシア　トルナト島）　8月9日朝、インドネシア北東部のモルッカ群島のトルナト島で火山が爆発、山麓の住民6000人が避難した。爆発したのはガマラマ火山（715m）で、同日午前5時、ごう音とともに高さ1500mの噴煙を噴き上げた。流れ出した溶岩は2つの村を直撃。住民はトルナト町に避難している。

10.21　急行列車脱線（インド　パンジャブ州）　10月21日未明、インド北西部パンジャブ州でジャム発カルカッタ行き急行列車が脱線、乗客16人以上が死亡、120人が負傷した。事故現場はパンジャブ州ゴビンドガル駅付近で、レール約6mが何者かによってはぎ取られていた。シーク教徒過激派の犯行との見方もある。17両編成の同急行列

車のうち、12両が脱線した。

10.28 掘削船沈没(中国 広東省) 10月26日朝、中国・広東省海南島の西南沖、鴬歌海で石油採掘と探査を続けていたアメリカ・アルコ社の石油掘削船「グロマー・ジャバ・シー」が台風のため行方不明になった。28日朝、捜索中の中国の飛行機が付近海域で石油リグにあった白い救命ボートを発見。11月8日までに、沈没した掘削船の船室内で乗組員78人の遺体が発見された。

10.30 地震(トルコ) 10月30日午前7時すぎ、トルコ北東部で大きな地震があり、死者は1233人、負傷者は583人に達した。地震の大きさについてイスタンブールの測候所はマグニチュード6としたが、米コロラド州のゴールデン地質研究所は同7.1と発表。ソ連国境に近いエルズルム市の周辺地域に被害が出ており、同市北東のオルツ町では、町の庁舎が崩壊したほか、家屋1万5000戸が倒壊した。

11.3 タンク車爆発(インド ビハール州) 11月3日、インド東部のビハール州で石油を積んだ列車のタンク車2両が火災を起こして爆発し、鉄道職員を含む36人以上が死亡、100人以上が重度のやけどを負った。非公式情報によれば、死者の数はこれよりはるかに多い。

11.7 地震(中国 山東省) 11月7日午前5時9分、中国の山東省菏沢県でマグニチュード5.9の地震が発生し、8日までに菏沢、東明両県で死者34人、負傷者2000人以上の被害が出た。

11.19 工場崩落(タイ バンコク) 11月19日午後零時半ごろ、タイのバンコク市の北のパトンタニ県コクト村にある玩具製造クロンペット・タイ社の4階建て工場が突然崩れ落ち、2、3階部分にいた従業員34人が死亡、46人が負傷した。行方不明者は46人に上り、その大半が絶望とみられる。工場は4階部分を増築中で、事故直前には工場に通じる連絡橋を架設している最中だった。浸水のため、1階にあった機械類を2、3階へ運び上げており、建物が上からの重みと、連絡橋架設工事に伴う力に耐えられず崩れ落ちたとみられる。

11.21 フェリー沈没(フィリピン セブ) 11月21日、ミンダナオ島北部からセブ島に向かっていたフェリーボートが台風のため沈没、乗客約300人のうち13人が遺体で収容され、約200人が行方不明になった。島に泳ぎ着いた80人と救命ボートで脱出した18人は無事救助されたが、約50人ずつ乗っていた3隻の救命ボートは転覆したとみられる。

11.27 ジャンボ機墜落(スペイン マドリード) 11月27日午前1時ごろ、フランスのパリ発スペインのマドリード経由でコロンビアの首都ボゴタに向かっていたコロンビア・アビアンカ航空のボーイング747ジャンボ旅客機が、着陸予定のスペイン・マドリード空港東約10キロの畑に墜落した。機体は爆発して炎上、185人が死亡、11人が救助された。うち5人は重体。

12.7 旅客機同士衝突(スペイン マドリード) 12月7日午前9時45分、スペインのマドリード・バラハス空港滑走路で、離陸寸前のスペイン・イベリア航空旅客機ボーイング727の進路に、国内線アビアコ航空の旅客機DC9が横から入り込んだため衝突して炎上し、両機の乗客、乗員計135人のうち93人が死亡、42人が負傷した。ローマ行きのイベリア機は乗客84人、乗員9人を乗せて離陸するため時速約160キロで滑走し

ていたが、スペイン北部のサンタルデン行きのアビアコ機が横から滑走路に入ってきた。イベリア機は衝突を回避しようとして機首を上げたが間に合わず、乗客37人、乗員5人を乗せたアビアコ機の横腹に衝突した。アビアコ機は爆発、炎上し、大破。イベリア機も数分後に爆発を起こし、エンジン、機首、尾翼付近を除いて、機体は飛散した。事故当時は濃霧で、アビアコ航空機が一方通行の滑走路を逆進し、誤ってイベリア機の進路に入り込んだもの。

12.14 **貨物機墜落**(コロンビア　メデリン)　12月14日午後、コロンビアのタンパ航空のボーイング707貨物機がメデリン市のオラヤ・エレラ空港を離陸した直後に墜落、機体から落下したエンジンが繊維工場を直撃して同工場は炎上、さらに隣接の工場2カ所にも燃え広がった。同機の乗員3人と工場労働者ら53人が死亡、19人以上が重傷を負った。

12.17 **地下ディスコで火災**(スペイン　マドリード)　12月17日未明、スペインのマドリードにある地下のディスコ劇場で大きな火事が起こり、死者78人、負傷者25人を出した。火事になったのはマドリードの中心部にあるディスコ「アルカラ20」で、同日午前4時45分ごろ、ステージ付近から出火、幕などに燃え広がり、約600人いた客が階段を上って出口に殺到して大混乱となり、逃げ遅れたり煙を吸い込んだりして被害が大きくなった。

12.17- **寒波**(アメリカ/メキシコ)　12月17日以降、アメリカ中西部を中心に寒波が襲い、その勢いは衰えをみせず、24日には全米21州の60都市で史上最も寒いクリスマスイブとなった。27日には寒波は中西部から南部諸州にも広がり、17日以後の11日間で、死者は322人に達した。フロリダ、テキサス、ルイジアナの南部各州では農作物に深刻な被害が出た。メキシコも、アメリカとの国境に近い北部を中心に大寒波に襲われ、48人以上が死亡。サンルイスポトシ州では、コーヒー生産の70%が被害を受け、損害額は1300万ドル(約30億円)に上るとみられる。

12.22 **地震**(ギニア)　12月22日、ギニアの北部で大規模な地震が起き、24日までに200人以上が死亡、300人以上がけがをした。地震の規模はマグニチュード6.3。被害が大きかったのは北部のフタジャロン地区で、この付近が震源とみられる。同地方のガウカル、キンジアなど16町村が壊滅的な被害を受けた。24日にも再び大きな地震に襲われ、この2回の地震で合わせて500人以上が死亡、約200人が行方不明となった。ギニアで地震のため死者が出たのはこれが初めて。

12.28 **旅客機墜落**(ナイジェリア　エヌグ)　12月28日、ナイジェリア航空の国内定期便のフォッカーF28双発旅客機が、首都ラゴスから約500キロ東方のエヌグ空港に着陸する際、墜落して炎上した。乗員、乗客合わせて71人のうち、68人が死亡した。

この年 **大雨**(アルゼンチン/パラグアイ/ブラジル)　1月から5月まで、アルゼンチン、パラグアイ国境地域一帯が記録的な大雨と洪水に見舞われた。パラグアイ、パラナ両河川沿岸などの住民約23万人が避難、農作物などの損害は1億ドル(約240億円)に上る見込み。パラグアイでは、パラナ川の増水でエンカルナシオン市周辺の農作地帯が水浸しとなった。また、アスンシオン市の被災者の数は総人口約33万人のうち10万人に上るとみられる。また、アルゼンチンでは北部6州の5～8割が冠水し、被害額の推計は3億数千万ドルに達した。ブラジルでは20人が死亡、40人が行方不明、2万5000人が家を失う被害が出た。

< 1984 >

1.14 ホテル火災(韓国　釜山)　1月14日午前7時20分ごろ、韓国・釜山市の中心街釜山鎮区にある大亜観光ホテルの4階のヘルスクラブから出火した。約3時間後に鎮火したが、この火事で40人が死亡、約70人が重軽傷を負った。死者の大半は火災のため発生した有毒ガスによる窒息死だった。火元は4階にあるサウナ付近。火は全階に広がり、客室のカーペットなどの化学繊維から有毒ガスが発生、救助は難航し犠牲者が増えた。20日、同ホテルから現金を受け取り防火検査に手心を加えたとして、公務員3人が逮捕された。

2.3 ビアホールで火災(韓国　ソウル)　2月3日早朝、韓国のソウル市のビアホールで火災が発生、10人が焼死、2人が重傷を負った。客の学生ら3人がホール内でけんかを始め、石油ストーブを足でけり倒したため、ソファに火がついてこの惨事が起きた。火が出たあと客らは逃げ出したが、このビアホールには通路が1つだけで、出口をふさがれた形になった。火の回りが早く、可燃性のカーペットやカーテンなどから出る有毒ガスを吸って死亡した人が多かった。

2.25 ガソリンのパイプライン爆発(ブラジル　クバタオ)　2月25日午前、ブラジルのサンパウロの南東約48キロの工業都市クバタオでガソリンのパイプラインが爆発、付近のスラム街が火に包まれ、死者70人、重傷者16人を出した。クバタオにはブラジル国営石油会社ペトロブラスの精油工場があった。

3.24 市街火災(ビルマ(現・ミャンマー)　マンダレー)　3月24日、ビルマ第2の都市マンダレーで大火が発生し、6時間以上燃え続けて2600余戸が焼失、2万3000人以上の住民が焼き出された。政府の公式発表では、家屋の損害は約75億円に上る見込み。火事は同市の南東で発生し、北東、北西に燃え広がった。

3.24 海兵隊ヘリコプター墜落(韓国)　3月24日午前4時、韓国南東部でチームスピリット84演習に参加中の米海兵隊大型ヘリコプターCH53D機が墜落した。同ヘリには米軍18人と韓国軍11人が乗っていたが、全員死亡。墜落現場は韓国東海岸の浦項の北約40キロの海上。

3.25- マウナロア山・キラウエア火山噴火(アメリカ　ハワイ州)　3月25日未明、ハワイ島の活火山マウナロアが噴火した。この火山の噴火は9年ぶり。30日にはここから40キロ離れたキラウエア火山も大爆発した。2つが同時に噴火するのは116年ぶり。

3.28 嵐(アメリカ)　3月28日夜、アメリカ東部大西洋岸一帯を、竜巻、雪、強風を伴う激しい春嵐が襲い、ノースカロライナ州、サウスカロライナ州などで74人が死亡、600人以上が負傷した。各地の積雪は真冬並に50cmにもなった。

4.24 地震(アメリカ　カリフォルニア州)　4月24日午後1時16分、アメリカのカリフォルニア州北部でかなり強い地震があり、サンフランシスコの南約100キロのサンノゼ市近郊で数十戸の家屋が倒壊したほか、小学生ら十数人がけがをして病院に運ばれた。震源はサンノゼ市の東20キロの地点とみられ、マグニチュードは6.2。震源に近いサ

1984

ンノゼ市の南にある人口1万7000のモーガンヒルで30戸の民家が倒壊、火災も発生した。

5.1 **汚染家具で被曝**（メキシコ/アメリカ）　アメリカのテキサス州エルパソに近いメキシコの国境沿いの町フアレスで、がん治療に使われた大量の放射性物質コバルト60のペレットを入れたカプセルが、誤ってスクラップ屋に売り払われ、他のクズ鉄とともに鉄筋の棒やテーブルの脚に鋳造されてメキシコやアメリカで販売されていたことが5月1日、明らかになった。このため200人以上が放射線を浴び、うち染色体テストを受けた10人全員に染色体損傷がみられた。ペレット6010個が入ったカプセルは、約20年前に製造されたがん治療用のもの。カプセル全体で400キュリーの放射性コバルト60を含んでおり、スリーマイル島原発事故の際に漏出した物質の放射能より、100倍も強い。

5.28 **ホテル火災**（台湾　台北）　5月28日朝、台湾の台北市繁華街にある14階建てホテル「時代大飯店」（タイム・ホテル）で火災が発生、約2時間半燃え続け、死者19人、負傷者53人を出した。

6.9 **竜巻**（ソ連（現・ロシア））　6月9日、ソ連・モスクワの北東部から東部にかけて猛烈な竜巻が襲った。イワノボ、ゴーリキー、カリーニン州などで400人以上が死亡した。

6.20 **炭鉱でガス爆発**（台湾　台北）　6月20日午後1時50分、台北の南西約25キロの土城にある炭鉱でガス爆発が発生し、地下約1100mで作業中の炭鉱労働者72人が生き埋めとなった。事故発生当時には122人の労働者が作業しており、爆発で坑道がふさがった。約50人が救出されたが、うち10人は重傷。生き埋めとなった70人は生存が絶望視される。

7月－ **難民餓死**（フィリピン）　7月、ベトナム脱出を図ったボートピープルが付近を通過した40隻の船に無視され、難民84人のうち68人が飢えと渇きで死亡した。この難民たちは6月5日に小さないかだに乗ってベトナムを脱出、32日後にフィリピンのサンタクルーズに漂着するまでに、40隻の船舶が付近を通過したにもかかわらず、助けを求める叫び声を聞いて救助しようとする船は1隻もなく、多くの難民が餓死した。

7月 **豪雨**（中国　遼寧省）　7月下旬から、中国の遼寧省を豪雨が襲い、このために起こった洪水のため180人が死亡、220人が行方不明となった。

7.4 **雪崩**（チリ）　7月4日、真冬のチリ各地で嵐による雪崩や洪水が発生、雪崩のため4人が死亡、54人が行方不明となったほか、住民5500人が家を失った。首都サンチアゴの北約150キロの山岳部では住民ら68人が雪崩にのまれ、20人は救出されたが4人が死亡、残り44人が行方不明となった。また同300キロの炭鉱地帯でも、炭鉱労働者10人が雪崩に巻き込まれ行方不明になった。一方、チリの一部の地方では豪雨による河川の氾濫で幾つかの町が孤立している。

7.14 **貨物列車が旅客列車に衝突**（ユーゴスラビア　ディバチャ（現・スロベニア））　7月14日午前、イタリアとの国境に近いユーゴスラビア西部のディバチャ駅で列車の衝突事故があり、35人が死亡、約30人が負傷したとみられる。負傷者の多くは重体。貨物列車が赤信号を無視して、同駅に停車中の旅客列車に突っ込んだことが原因。

7.21 **横穴式教室崩れる**（中国　山西省）　7月21日、中国山西省霍県で十数時間続いた大雨で地盤が緩み、小学校の横穴式教室が突然崩れ、中にいた学童41人と教師1人が土砂

に埋まり、22人が死亡、20人が重軽傷を負った。この周辺ではこの地域独特の横穴式住居が多く、学校では崖に掘った横穴を鉄筋コンクリートやレンガで補強して教室としていた。

7.23 **列車正面衝突**（アメリカ　ニューヨーク市）　7月23日午前10時45分ごろ、アメリカのニューヨーク市クィーンズ区アストリアの高架線路上で、米全国鉄道乗客公社（AMTRAK）のボストン発ニューヨーク行き列車（5両編成）とワシントン発ボストン行き列車（7両編成）が正面衝突して脱線、1人が死亡、112人が重軽傷を負った。ボストン行き列車が、修理のため単線運行になっている線路で待避せず、そのまま進行してしまったのが原因。

8月- **赤痢**（インド）　インドのマディヤプラデシュ州などで赤痢が流行、10月までの3カ月の間に約450人が死亡した。死者の3分の2は子供。2000人以上が赤痢にかかっているとみられる。

8.5 **着陸失敗・墜落**（バングラデシュ　ダッカ）　8月5日午後2時半ごろ、バングラデシュのチッタゴン発ダッカ行きのビーマン航空国内便フォッカー27機が、豪雨の中をダッカ空港に着陸する際、滑走路近くの湿地帯に墜落した。同機には乗客45人と乗員4人が乗っていたが、全員死亡した。

8.16 **石油採掘基地で炎上**（ブラジル　リオデジャネイロ）　8月16日、ブラジルのリオデジャネイロ沖約90キロにある石油採掘基地が炎上、従業員らは救命艇で脱出したが、そのうちの1隻が荒天のため転覆し、31人以上が死亡した。石油の採掘作業中に突然ガスが噴出し、それに火がついたとみられる。現場は、ブラジルで最も重要な石油生産地区。

8.25 **核物質積載の仏船沈没**（ベルギー）　8月25日午後、ベルギー沖のドーバー海峡オステンデ港沖約16キロの海上で西ドイツのカーフェリー、オラウ・ブリタニア号（1万5000トン）とフランスの貨物船モン・ルイ号（4200トン）が衝突し、沈没した。このうちモン・ルイ号が450トンもの核物質を積んでいたことが26日になって明らかになり、船会社と仏海運当局などは沈没によって環境汚染が起こることはないとしているが、積み荷の核物質は弱い放射性と同時に強い毒性と腐食性を持つため、危険が指摘された。モン・ルイ号が積んでいたのは、ソ連のバルチック海リガ港向けの、30の容器に分けて入れられた6フッ化ウラン450トン。30日、同船には低濃縮ウランも積載されていたことがわかった。

8.31 **豪雨**（韓国　ソウル）　8月31日からの集中豪雨で、韓国中部のソウル、仁川両市など首都圏では1日午後8時までに死者37人、行方不明38人の大きな被害が出た。雨は断続的に降り続き、9月5日には死者139人、行方不明者45人に達した。3日間のソウルでの降雨量は334ミリ、江原道の束草で600ミリを記録した。

9.2 **台風11号**（フィリピン）　9月2日から3日にかけて、フィリピン中部を襲った台風11号のため、ミンダナオ島の北部地方で最大瞬間風速76.4mを記録、これによる高潮、家屋崩壊、土砂崩れなどの被害が同島北部のスリガオデルノルテ、スリガオデルスール両州で続出した。約1000人が死亡したとみられる。

9.13 **エレバス火山噴火**（南極）　9月13日午後5時、南極のロス島にあるエレバス火山が、

群発地震のあとに噴火した。噴煙は高さ2000mにも及び、南極では今世紀最大の噴火、かつ今世紀初の有感地震となった。

9.18 **輸送機住宅街に墜落**(エクアドル)　9月18日昼、エクアドルのキトの空港付近で、同国貨物航空会社AECAのDC8貨物輸送機が離陸直後に住宅街に墜落、建物10軒以上をなぎ倒して爆発、炎上した。死者は19日までに、乗員と巻き添えの住民を含め60人に達し、20人が行方不明となった。同機は約14トンの貨物を積んで滑走路を飛び立ったが、推力を失って上昇し切れずに、滑走路の端から約200m離れた住宅密集地に突っ込んだ。同機はアメリカのマイアミからキトを経由して太平洋岸のグアヤキルに向かう途中だった。

9.24 **金鉱山で落盤**(フィリピン　ダバオデルノルテ)　9月24日、フィリピン南部のミンダナオ島ダバオデルノルテ州の金鉱山で落盤事故が起き、26日までに65人の死亡が確認された。坑内にはほかに約100人が閉じこめられているとみられる。現場は金鉱山地帯にある4つの採掘鉱。1つが落盤を起こしたあと、近くの3つの採掘鉱で連鎖的に落盤が起きた。

10月- **干ばつと洪水**(カンボジア)　インドシナ半島のメコン川流域は、同川や支流の氾濫で深刻な水害に見舞われた。1984年の前半の干ばつは、カンボジアの19省中15省に大きな被害を出したが、これに8、9月以来の豪雨によるメコン川の氾濫の被害が加わった。この異常気象の影響で、死者20人が出ているほか、橋、病院、学校、道路なども多数損壊。干害、水害によって損壊した田畑は33万ha(うち水田26万4000ha)に及んだ。

10.23 **ホテル火災**(フィリピン　バギオ)　10月23日深夜、フィリピンのマニラの北約190キロのバギオにある国営パインズ・ホテルで火災が発生、24日午前7時になっても燃え続けており、確認されただけで4人が死亡、5人が行方不明、51人が重軽傷を負った。

11月 **ハリケーン**(インド)　11月中旬、インド南部をハリケーンが襲い、これに伴う豪雨のため、アンドラプラデシュ州とタミナード州で517人の死者が出た。

11.8- **台風**(ベトナム　ハノイ)　11月8日から9日にかけて、ベトナム北部は季節外れの小型台風に襲われ、13日までに死者60人、負傷者100人に達し、民家1000戸、学校100校、水田13万haが壊滅状態となった。ハノイ市内では低地帯の池や排水溝などが溢れ、中心部のチュンツー地区では電気や水道も止まった。

11.17 **地震**(インドネシア)　11月17日午後1時50分、インドネシアのスマトラ島北部でマグニチュード7.4の地震が発生した。この年世界最大規模の地震となった。

11.19 **ガスタンク群爆発**(メキシコ)　11月19日午前5時半すぎ、メキシコシティ郊外の住宅密集地に隣接するメキシコ石油公社(ペメックス)の家庭用都市ガス供給センターのガスタンク群が爆発、飛び散った鉄などが付近の住宅地区を破壊、炎上させ、20日までに544人が死亡、約500人が負傷し、同センターの職員100人を含め多数の行方不明者が出た。爆発と火災は7時間以上も続き、昼すぎにほぼ鎮火したが、完全鎮火は13時間後の同日午後6時半すぎになった。この事故で4000人以上が家屋を失い、誘爆や有毒ガスなどを恐れて2万5000世帯、20万人以上が避難した。メキシコの石油化学施設の災害としては史上最悪のものとなった。

12.2 **有毒ガス漏れ**(インド　マディヤプラデシュ州)　12月2日午後11時半ごろ、インド中

部のマディヤプラデシュ州の州都ボパール近郊にある米ユニオン・カーバイド社のインド子会社の殺虫剤製造工場で、ガス漏れ事故が発生、有毒ガスが付近一帯に広がった。6日までに死者数は2500人に達した。約1万人が病院で手当てを受けたが、うち約4000人がガス中毒にかかっており、多くの住民がガスによってじん臓と肝臓の合併症を起こしているほか、失明する恐れもあるとみられる。

12.2　ガス漏れ・爆発（ソ連（現・グルジア）　トビリシ）　12月2日、ソ連グルジア共和国の首都トビリシでガス爆発事故が発生、100人以上が死亡した。死者数は35人以上とみられる。事故は9階建てビルの地下室からガスが漏れたため起きたという。

12.5　炭鉱で落盤（台湾　台北）　12月5日午後、台湾の台北県三峡の海山炭鉱で坑内のガス爆発がきっかけで2度にわたって落盤事故が発生、地下2500mの坑内に炭鉱労働者95人が閉じ込められた。当初96人が生き埋めとなったと伝えられたが、その後1人が自力で脱出。2回目の落盤で外気の流入がストップした可能性がある。同日夜までに坑内で27人の遺体が発見された。坑道奥は崩れ落ちた岩石でふさがれ、残りの人々の生存も絶望視されている。

12.31　地震（インド　アッサム州）　12月31日午前、インド北東部アッサム州のカチャル地区で強い地震があり、20人以上が死亡、100人以上が負傷し、民家多数が損壊した。震源はインドとバングラデシュ国境の近くで、マグニチュードは6。この地震で道路や橋にも多くの被害が出た。

この年　干ばつ（モザンビーク/エチオピア）　アフリカの飢餓が重大な局面にさしかかった。国連は干ばつの被害国として東西両アフリカの26カ国を指定しているが、その被害がモザンビークやエチオピアなどに集中的に出た。モザンビーク政府は10万人が餓死したことを認めたが、国連の推定では、死者は17万人に達している可能性がある。干ばつに加え、反政府武装集団の横行、政府の失政などが原因として挙げられる。6万人が難民となって隣国ジンバブエ東北部に押し押せた。エチオピアでも干ばつ被害は広がり、同国で飢えによる死者は、この年の11月までに50万人を数えた。冬に向け同国北部の山間部は気温が下がり始めることから被害が増大し、年内に死者は90万人を超すとも推測される。

この年　パンダ餓死（中国　四川省）　四川省のパンダ生息地の3分の1以上の地域で、パンダが主食としている竹が一斉に開花して枯れ始め、パンダが餓死の危険にさらされた。中国政府による救出作戦が展開され、12月16日までの1年間で病気になったり、餓死状態のパンダ30頭を救出し、うち21頭が助かった。このほか、病気や飢えなどで死んだパンダ33頭が発見された。

〈 1985 〉

1月-　寒波（インド）　インド北部、東部を襲っている寒波で、1月6日までに290人が死亡したと伝えられた。被害が最も大きいのは東部ビハール州で、12月末以来の死者が225人に上った。この冬の寒波の被害は特に大きかったが、濃霧で日中も気温が上がらないことが原因。

1985

1.1 旅客機墜落（ボリビア）　1月1日夜、乗客25人、乗員8人を乗せた米イースタン航空のボーイング727型旅客機がボリビア上空で消息を絶った。濃霧の中でアンデス山中に墜落したとみられる。同機はパラグアイのアスンシオンからボリビアのラパスに向かっていた旅客機で、2日、この機体の残骸がラパスの南東約80キロのイイマニ山（標高6322m）の頂上付近で発見された。生存者はいないとみられる。

1.4- 寒波（ヨーロッパ）　1月4日から欧州を襲った寒波で13日までにフランスで104人、スペイン、西ドイツ、イタリア、ベルギー、イギリス、オーストリアなど7カ国で計150人以上が死亡した。22日までに、ヨーロッパ全体で死者は計300人に達した。この寒波はスペインも含め全欧州に広がった。各地で零下15度から40度を記録。フランスでは南部地中海沿岸のニースにも50cmの積雪があり、ジュラ山中では零下33度と今世紀始まって以来の寒さとみられる。フィンランド北部の町サラでは零下50.1度と記録的な寒さ。ローマに雪が降ったイタリアでも1929年以来の寒さとされる。スペインでは約20人とフランスに次ぐ死者を出し、地中海沿いの農業地帯の打撃がひどく、被害額は政府の計算で5700万ドル（約140億円）に上るとみられる。

1.9 老人ホームで火災（フランス　オワーズ県）　1月9日未明、フランスのパリ北方のオワーズ県にある小村グランビリエの養護老人ホームで火災が発生、収容されている寝たきり老人196人のうち24人が焼死した。出火したのは午前1時ごろで、介助婦が発見、泊まり込みの職員とともに老人の救出に当たったが、火はたちまち建物全体に広がったという。火災の原因は、屋内の水道管が折からの寒波で凍結して破裂し、漏電したためとみられる。

1.13 急行列車火災（バングラデシュ）　1月13日未明、バングラデシュ北西部で列車火災が起きた。公式発表では27人前後が死亡、約50人が負傷とされたが、非公式情報によると、死者は150人、負傷者は300人にも達した。事故現場はダッカから約300キロ離れたクシュチャ地方で、19両編成の急行列車の3両が焼けた。この3両には500人以上が乗っており、走行中の列車の窓やドアから飛び降りた乗客も多かった。

1.13 旅客列車脱線・転落（エチオピア　アワシュ）　1月13日夜、エチオピアの首都アジスアベバの約200キロ東にあるアワシュ近くの鉄橋で旅客列車が脱線し、渓谷に転落、15日までに乗客392人が死亡、370人が負傷した。事故現場はカーブになった鉄橋だが、同列車がスピードを落とさなかったために起こったもの。同列車はエチオピア東部のディレダワからアジスアベバに向かう7両編成の急行列車で、約1000人の乗客がいたとされる。

1.18 航空機着陸失敗（中国　山東省）　1月18日夜、中国の山東省済南空港で乗客34人、乗員7人を乗せた中国民航国内線のアントノフ24型機が着陸に失敗し、地上に激突、38人が死亡、3人が重傷を負った。済南空港は済南市の中心部から西約7キロ。事故当時、空港周辺は濃霧に覆われて視界が悪く、ダイヤが乱れていた。

1.19 旅客機墜落（キューバ　ハバナ）　1月19日午前8時、キューバ航空旅客機IL18がハバナのホセ・マルティ空港を離陸直後に墜落した。乗客32人、乗員8人が乗っていたが、40人全員が死亡した。

1.21 航空機墜落（アメリカ　ネバダ州）　1月21日午前1時5分、米ギャラクシー航空のロッキード・エレクトラ機（乗客、乗員68人）がアメリカ・ネバダ州のリノ空港を離陸した直後に、空港から約4キロ離れたリノ市の市街地南部に墜落、炎上した。パイロッ

トら2人が生存したが、死者はほかに63人以上とみられる。墜落地点は大きなアパート群の近くで、地上にいた4人が軽いけがをした。

1.23 **旅客機2機墜落**(コロンビア)　1月23日、コロンビア国内のアンデス山中で旅客機2機が別々に墜落し、合計40人が死亡した。どちらも生存者はいないとみられる。墜落したのは、いずれも同国のローカル航空会社の小型機で、悪天をついて飛行中だった。1機はアセス航空機で、23人が乗っており、同国北西部のカルメンデルアトラト付近でコースを離れて墜落。他の1機はアイレス航空の所属で、西部にある都市カリの近くの山中に、17人を乗せたまま墜落した。

1.30 **揚陸艦が沈没**(トルコ)　1月30日午前5時20分ごろ、エーゲ海で軍事演習中のトルコ軍戦車揚陸艦が沈没、乗船していた50人のうち、39人が海に投げ出され、31日早朝までに2人が遺体で収容された。残る37人についても全員、絶望とみられる。現場はトルコ随一の観光都市イズミルの西方にあるテケ岬とアラカチ岬のほぼ中間。沖合8キロの海上で、トルコは先週から大演習を行っていた。地中海東部は、29日夕から激しい風雨に襲われ、沈没した揚陸艦も悪天候の中で操船を誤ったとみられる。

2.7 **アパート崩壊**(イタリア　カステラネタ)　2月7日午前3時45分ごろ、イタリア南部のカステラネタで7階建てのアパートが突然崩れ落ち、同日深夜までに36人の遺体が確認された。このほかに20人前後が行方不明で、最終的な犠牲者は増える見込み。就寝中の住民数十人が崩れた建物もろとも投げ出され、瓦礫の下敷きになった。救出作業は難航しており、不明者のほとんどは絶望とみられる。

2.13 **ホテル火災**(フィリピン　マニラ)　2月13日午前0時半ごろ、フィリピンのマニラ首都圏中心部のパサイ市にある高級ホテル「ザ・リージェント・オブ・マニラ」(11階建て、470室)で火災が起き、同日夜までに24人が死亡、宿泊客ら14～18人が負傷した。

2.19 **旅客機墜落**(スペイン　バスク)　2月19日午前9時半ごろ、スペイン・バスク地方のビルバオで、イベリア航空のマドリード発ビルバオ行きボーイング727機(乗客141人、乗員7人)がソンディカ空港への着陸に失敗、同空港の東南約30キロの山中に墜落した。乗客、乗員合計148人全員が死亡した。墜落現場は標高約1000mのオイス山中で、機体は半径100mに飛散して1時間半以上も燃え続けた。

2.25 **炭坑で爆発**(フランス　フォルバック)　2月25日、西ドイツとの国境に近いフランス東部のフォルバックの炭坑で爆発があり、19人以上が死亡、3人が行方不明となり、70人以上が負傷した。不明者は地下1050mの坑内に閉じ込められているとみられるが、ガスの充満などで救助作業は難航。

3.3 **地震**(チリ)　3月3日午後7時47分、チリの首都サンチアゴや港町バルパライソなど、同国中部をマグニチュード7.4の強い地震が襲った。この地震で死者・行方不明者は177人、負傷者は約2000人に達した。建物も数多く倒壊し、家屋4900戸が全壊、半壊は2万1000戸。サンチアゴ近郊では教会が崩れ落ち、礼拝中の10人が死亡した。被災者は13万人に上るとみられる。

3.23 **市場で火災**(韓国　ソウル)　3月23日午前11時ごろ、韓国ソウルの二大市場の1つである南大門市場で火事があり、同市場の商店約500軒を焼いて、約3時間後に鎮火した。出火現場は同市場内の路上で、小型トラックからガスレンジやライター用の小型のアルミ製ガス缶を荷下ろししていたところ、一個が突然爆発。同トラックには

ガス缶330余個が積んであり、これに引火して次々に爆発、近くの商店街にも飛び火した。火は衣類専門の「清子商街」(地下1階、地上2階、528m^2)と「高麗商街」(地上2階、1468m^2)に広がり、商店約500軒が全焼した。

3.31 コレラ(ソマリア) 3月末までの数日、ソマリア北部ハルゲイサのエチオピア難民キャンプでコレラが流行し、死者数は1日平均70人、総計は300人を超えた。市内のソマリア人住民にも感染が確認されたため同キャンプは封鎖されたが、4月4日までに約1000人が死亡、30万人が感染の恐れがある。

4.9 地滑り(ペルー アンデス) 4月7日、ペルー・アンデスの山中の村で大規模な地滑りがあり、少なくとも120人が死亡、約200人が行方不明となった。現場は首都リマから南東約500キロのコルカパンパ地区で、約100軒の家屋が破壊された。地滑りの原因は大雨とみられるが、地殻変動があったとする報告もある。

4.18 地震(中国 雲南省) 4月18日午後1時52分、中国南西部・雲南省の昆明付近でマグニチュード6.3の地震があり、約100人が死傷した。震源は昆明の北側にある禄勧と東川の間とみられる。

4.21 映画館で火災(フィリピン アルバイ州) 4月21日午後1時ごろ、フィリピンのマニラ南東約320キロのアルバイ州タバコの映画館で火事があり、44人が死亡した。映画館は3階建ての2階に2館あり、このうち1館のステージで爆発が起きたとみられる。

4.26 医療施設で火事(アルゼンチン ブエノスアイレス) 4月26日夜、アルゼンチンの首都ブエノスアイレス市内にある精神病患者収容施設で火事があり、50人以上が死亡、約200人がやけどし、うち100人以上が重傷を負ったとみられる。現場は同市中心部から北西15キロのサーベドラ区にある6階建てビルで、5階付近から出火し、火は4階の同収容施設へ広がった。患者約400人のうち、救助を確認されたのは150人。

5.2 干ばつと洪水(エチオピア オガデン) 5月初旬までの数日にわたる大雨で、エチオピア東部のオガデン地方で洪水が起き、飢餓被災民約2万人が家を失った。干ばつで一部が水深25cmと浅くなっていたウェビシェベリ川が大雨で氾濫、学校、商店、病院などが全壊した。

5.11 サッカー試合中に猛火(イギリス 西ヨークシャー州) 5月11日、イギリスの西ヨークシャー州ブラッドフォードにあるバリーパレード競技場でサッカーの試合中に火災が発生、木造のスタンドが一瞬で火に包まれ、観衆ら52人以上が死亡、200人以上が重軽傷を負ったほか、12日朝までに、約30人が行方不明。出火当時はイングランド・サッカーリーグ第3部のブラッドフォードシティーとリンカーンシティーとの試合中で、ハーフタイム直前の午後3時40分ごろ、木造スタンドから煙が出て約10分くすぶった後、突然燃え上がった。炎は約4分間で、3000人の観客がいたメインスタンド全体に広がった。観客は炎とポリプロピレン製のシートから出る煙に巻かれ、フィールドやスタンド後部のゲートへ逃げたが、ゲートはロックされており、被害を大きくした。木造スタンドの後ろで子供がマッチで火遊びしたのが原因ともいわれる。スタンドは76年前に造られ、老朽化していた。

5.17 山林火災(アメリカ フロリダ州) 5月17日、アメリカ・フロリダ州で山火事が発生し、18日になってさらに同州中部大西洋岸一帯に燃え広がった。この山火事は異常乾燥の中、中部の森林地帯で自然発生し、強風にあおられ燃え広がった。18日午後

には南はケープカナベラルから北はセントオーグスチンまで約160キロの海岸線沿いに拡大、さらに21日までの4日間でジョージア州との州境から大沼沢地まで長さ500キロ以上に広がり、6万haが焼けた。消防士2人、市民1人の計3人が死亡、数十人がやけどなどで負傷。21日の降雨で火勢が弱まるまでに、住民7000人が避難、家屋200戸が焼失、損害額は1億5000万ドル（約375億円）と推定される。同州では史上最悪の山火事となった。

5.24 **サイクロン**（バングラデシュ） 5月24日夜から25日朝にかけて、バングラデシュ南部、南東部の海岸地帯が強力なサイクロン（熱帯低気圧）とそれに伴う高波に襲われた。死者・行方不明者は1万1069人、家を失った人は30万人に達した。このサイクロンで約1.5キロ四方のチャル・ピールボックス島は跡形もなく消えた。3、4000人が住むウリ・チャル島は水没、家や木がほとんど流された。サンドウィップ島で木造の学校に避難した7、800人は学校ごと押し流されたとみられる。

5.26 **タンカー爆発・沈没**（スペイン） 5月26日午前11時17分、スペイン南端のアルヘシラス湾で日本人船員6人らが乗り組んでいたパナマ籍タンカー、ペトラゲン・ワン（1万9070トン）と、スペイン国営石油公社タンカー、カンボナビア（4222トン）の2隻が爆発炎上、沈没した。同日深夜までに日本人2人を含む18人の遺体が発見され、負傷者は37人、行方不明者は13人。死者は40人以上になるとみられるとも伝えられた。ペトラゲン・ワンの船倉にたまった気化ナフサが、何らかのきっかけで爆発した可能性が高い。

6.14 **チーズに有毒バクテリア**（アメリカ　ロサンゼルス） アメリカ・カリフォルニア州ロサンゼルスのメキシコ系住民らが有毒バクテリアのついたチーズを食べて中毒を起こし、6月14日までに幼児、主婦など28人が死亡した。このチーズはロサンゼルスのハリスコ・メキシカン・プロダクツ社製で、主にメキシコ系住民の料理用に使われる。バクテリアは、リステリア菌とみられ、発熱、吐き気、腹痛を起こし、体力のない者は死に至る場合もある。同社は自発的に製造を中止、カリフォルニア州および近隣4州では同社製のチーズ販売を停止した。

7.19 **地滑りでダム決壊**（イタリア　ドロミテ） 7月19日午後0時半ごろ、イタリア北部ドロミテ地方の山間避暑地で、数日来続いた激しい雷雨による地滑りのためダムが決壊、約15万立方メートルの水が土砂とともに家屋を襲い、4軒のホテルや約20戸の家屋を押し流して241人の死者・行方不明者を出した。現場はオーストリアとの国境ブレンネル峠に近いドロミテ・アルプスの山間部カバレーゼ近郊のスタバ。ダムは岩くずなどで固めてあり、地滑りがおきたとみられる。

8月 **豪雨と大雪**（オーストリア） 8月初めから8日までの数日、オーストリアをはじめとする西欧各国は豪雨、季節外れの大雪などに見舞われ、洪水、雪崩による被害が出ている。オーストリアで10人、スイスとフランスのアルプス地帯で3人が死亡。最大の被害を出しているのがオーストリアで、チロル地方では渓流が一気に増水し、7人がこれに巻き込まれて死亡したほか、ドナウ川沿いでも3人が乗用車ごと洪水に飲まれた。一方、モンブラン、マッターホルンなどでは雪崩が相次ぎ、登山家3人が死亡した。

8.1 **山林火災**（フランス　コートダジュール） 7月31日、南フランスのコートダジュール地方のトゥーロン山岳地帯で山火事が発生、8月1日になっても延焼を続け、消防士

5人が死亡、16人が負傷、焼失面積2500haに達した。

8.1 　密造酒にメチルアルコール（エジプト　カイロ）　8月1日までに、エジプトで、カイロを中心とする広い地域で密造酒やメチルアルコール入りの酒を飲み、36人以上が死亡、50人以上が病院で手当てを受けた。輸入酒にメチルアルコールを混ぜたものや地元産のラム酒、ブランデー、ジンなどを飲んだことが原因で、これらの密造酒が売られている地域は広く、死者は増える見込み。

8.2 　旅客機墜落・車両巻き添え（アメリカ　テキサス州）　8月2日午後5時45分ごろ、米デルタ航空のロッキード1011型（トライスター）ジェット旅客機（乗客、乗員160人）がアメリカ・テキサス州ダラス・フォートワース空港着陸の際に墜落、爆発炎上した。27人の生存者と約120人の死亡が確認された。同機はフロリダ州フォートローダーデール発ダラス・フォートワース経由ロサンゼルス行きで、激しい雷雨の中での突発的気象現象が原因とみられる。同機は視界約10mという激しい雷雨の中、異常な低さで滑走路に近づき、すぐそばを走る高速道路上で車数台を引っかけ、空港内に墜落、爆発した。高速道路上の車に乗っていた1人も死亡した。

8.3 　旅客列車正面衝突（フランス　フロージャック）　8月3日午後4時すぎ、フランス南部のボルドーから南東約150キロにあるフロージャックで国鉄の単線を逆方向からフルスピードで走ってきた旅客列車同士が正面衝突、双方で死者35人、負傷者150人以上を出した。衝突したのは満員のバカンス客を乗せたパリ発の特急列車（4両編成）と、通勤客を乗せた2両編成のローカル列車で、ローカル列車の先頭車両は衝突と同時に炎上、死者の多くはこの車両の乗客だった。現場には脱線した列車が折り重なり、100m以上にわたって死者や列車の破片が飛び散った。

8.22 　航空機炎上（イギリス　マンチェスター）　8月22日午前7時すぎ、イギリスのマンチェスター空港で、ギリシャのコルフ島に向かい離陸しようとしたボーイング737機が炎上、乗っていた137人（うち乗員6人）のうち、54人が死亡、83人が病院に運ばれた。同機のパイロットは管制塔に対し、無線で左側のエンジンに問題があると伝えていた。同機がV1速度（離陸可能速度）を過ぎ、V2速度（ノーリターン速度）に達したとき、爆発して火を噴いたという。機長は機体を主滑走路から分岐路に誘導、空港の消防車がすぐに消火にあたったが、救出作業の最中、燃料に引火し、機体後部が爆発、飛行機全体が黒煙に包まれた。

8.23 　地震（中国　新疆ウイグル地区）　8月23日グリニッジ標準時23日午後0時41分、中央アジアのキルギス共和国と中国との国境地帯で地震があり、新疆ウイグル自治区の烏恰などで少なくとも55人が死亡した。マグニチュードは7.5。

8.31 　脱線客車へ貨車衝突（フランス　アルジャントンシュルクルーズ）　8月31日未明、フランス中部のアルジャントンシュルクルーズ駅近くで、14両編成の旅客列車の5両が脱線、そこに反対側から来た貨物列車が突っ込み、死者43人、重軽傷者85人が出た。先に脱線した列車はパリ発ポルトボー行き。現場は駅からすぐの地点でカーブになっており、線路補修中で時速30キロの徐行運転区間。ここを旅客列車の後部車両が曲がり切れずに脱線、反対車線に乗り出したまま立ち往生しているところへ、貨物列車が突っ込んだらしい。旅客列車の運転士は制限時速の3倍以上のスピードで走っていた、と話している。旅客列車は14両全部が線路から飛び出し、数両は大破して多くの乗客が車中に閉じ込められた。

1985

9.11 急行列車衝突（ポルトガル　ビゼウ）　9月11日午後6時40分ごろ、ポルトガル北部のビゼウ付近でポルト発フランス南西部アンダイ行きの国際急行列車とローカル列車が正面衝突、急行列車の前3両の客車が炎上した。死者50人、負傷者は140人以上に上っている。現場は単線になっている区間で、衝突直後に転覆した急行列車の3両から出火、多くの乗客が身動きできないまま火に包まれた。急行列車は時刻表より遅れて運行しており、それが正面衝突の原因になったとみられる。

9.19 メキシコ地震（メキシコ）　9月19日午前7時18分、メキシコ南西部でマグニチュード8.1の大地震が発生し、人口1700万人のメキシコシティを中心に大規模な被害を出した。メキシコシティ中心部で高層ビルを含む多くの建物が倒壊し、市民が下敷きになった。9500人が死亡し、負傷者は数万人に達するとみられる。同日夕までに、首都を中心に10回を超す余震が続いた。震源は同市南西約400キロ、太平洋岸から約60キロの海底で、アカプルコに近い。ハリスコ、ゲレロ、ミチョカンの3州がとくに大きな被害を受けた。被災地域はメキシコ全土の約3分の1にも及ぶ。10月19日に発表された被害調査結果では、メキシコシティでの死者は約8000人、家を失った市民は10万人、物的損害は40億ドル（約8600億円）に上る。メキシコシティはかつて湖を埋め立てた軟弱地盤であったため、被害が大きくなった。

10月 台風（ベトナム）　10月中旬、ベトナムは台風に襲われ、21日までに死者670人、行方不明128人、負傷者257人、5万以上の住宅損壊、広範にわたる田畑の冠水など、最近では最悪の被害を受けた。被害が最も大きいのは中部フエを中心とするビンチティエン省で、交通、通信、送電施設も打撃を受け、学校、病院なども相当数が破壊された。ベトナムは毎年この時期台風に襲われるが、この年はとくに打撃が大きかった。

10.13 地震（ソ連　タジク共和国（現・タジキスタン））　10月13日午後7時、ソ連中央アジアのタジク共和国でマグニチュード6.1の地震があり、家屋が倒壊、死傷者が出た。震源は、同共和国の首都ドシャンベの北東230キロのカイラクム地区。人口1万人ほどのカイラクムの周辺で最も被害が大きく、レンガ造りの家が倒壊、地滑りで道路が分断された。

11.10 小型機同士空中衝突（アメリカ　ニュージャージー州）　11月10日午後5時ごろ、アメリカのニュージャージー州フェアビュー上空で、パイパー・チェロキー機とビジネス用とみられるリアジェット機が空中衝突、両機は近くの住宅地に墜落した。リアジェット機は2階建て集合住宅を直撃して炎上、建物を全焼させた。同機に乗っていた2人は死亡。一方のパイパー機はほぼ同じ方向に墜落、乗っていた2人が死亡した。墜落現場の住宅街でも1人が死亡、1人が行方不明となった。

11.13 ネバドデルルイス山噴火（コロンビア）　11月13日、コロンビアの休火山ネバドデルルイス山（標高5399m）が噴火し、近くの人口2万5000人の町アルメロとその周辺が火山灰や溶けた冠雪の大洪水による土砂で埋まった。1回目の爆発は13日午後、続いて午後9時に2回目で最大の噴火があった。18日までに死者は2万2800人に上り、うち子どもが8000人で、負傷者は5000人に上った。被害が大きかったアルメロは同山の北東約50キロにある人口2万9200人の町だが、うち2万1000人が死亡または行方不明となり、4500人が負傷、全家屋4900戸のうち8割以上壊れた家屋が4000戸。場所によっては深さ5mも泥の海に没した。またチンチナでは人口6万2000人のうち死者・不明者1800人。20世紀最大級の火山災害となった。

12.12　チャーター機墜落(カナダ　ニューファウンドランド)　12月12日午前7時すぎ、カナダ・ニューファウンドランド島のガンダー国際空港で、米軍がチャーターしたDC8型機が離陸直後に墜落して炎上、乗っていた248人の米軍兵士と乗員8人全員が死亡した。同機は中東での任務からクリスマス休暇で帰国する兵士たちを乗せ、給油のために同空港に立ち寄った。給油を終えて滑走路から飛び立った直後、空港から4,500mの地点で事故を起こした。

12.21　製油所で爆発(イタリア　ナポリ)　12月21日午前5時ごろ、イタリアのナポリ郊外の工業地帯セントエラスモにある国営石油会社AGIPの製油所で爆発があり、合計32基の貯蔵タンクが爆発、炎上した。隣接する家の住人2人と従業員1人の計3人が死亡、従業員1人が行方不明となり、約160人が負傷した。石油貯蔵タンクで最初に爆発があり、またたく間に近くにある31基のタンクに火が燃え移った。この爆発で、付近の建物や車が大破し、近くを通過しようとしていた列車が急ブレーキをかけたため、その乗客の中にもけが人が出たという。

12.23　小型機デパートに墜落(アメリカ　カリフォルニア州)　12月23日夜、アメリカ・カリフォルニア州コンコードの商店街の一角にある3階建てのデパートに小型機が墜落、炎上した。パイロットを含め3人が死亡、買い物客ら6人が重体のほか、63人がけがをした。墜落したのはビーチクラフト機で、近くの飛行場に着陸しようとしたが、濃霧で方向を見失ったとみられる。

12.30　軍輸送機墜落(ネパール)　12月30日、ネパール軍の双発輸送機が同国北西部のヒマラヤ山中に墜落、乗っていた25人全員が死亡した。

〈 1986 〉

1月-　はぐれ象大暴れ(インド　アッサム州)　1月以来、インド・アッサム州内で多くのはぐれ象が暴れ回り、3月19日までに20人の犠牲者が出た。当局者はこれ以上の犠牲者を出さないために象の特別捕獲を命じ、年内に100頭の捕獲を見込んでいる。捕獲は80年以来禁止されていたが、アッサム州では1985年の1年間で、少なくとも150人が象に殺されている。

1.4　放射性ガス漏出(アメリカ　オクラホマ州)　1月4日午前11時半ごろ、アメリカ中部オクラホマ州にあるエネルギー企業カーマギー社のウラン濃縮施設で、放射性ガスが充満したタンクの一部が壊れ、付近一帯を有毒ガスが覆った。工場の従業員1人が死亡、従業員や住民101人が入院したり、病院で手当を受けた。放射能汚染はない模様だが、米原子力規制委員会(NRC)は工場を閉鎖し調査を開始。同施設はタルサ市の南東約160キロ、人口約500人の町ゴアの近くにある。

1.13-　寒波(メキシコ)　1月15日までの3日間に、メキシコは10年ぶりの寒波に見舞われ、首都だけで20人が凍死した。標高2240mのメキシコシティは南国とは思えぬ冷え込みが続き、13日には零下3度、14日未明には同5度を記録した。

1.18　民間機墜落(グアテマラ)　1月18日、グアテマラ北部のジャングル地帯で同国アエ

ロビアス航空国内線のフランス製キャラベル機が墜落した。乗客、乗員計91人は全員死亡。同機は同日午前7時過ぎにグアテマラ市を離陸し、北480キロのサンタエレナ空港まで40分間の飛行予定だった。着陸直前に管制塔との交信が途絶え、空港の北西12キロの密林に墜落した。

1.28 **チャレンジャー爆発**（アメリカ　フロリダ州）　1月28日午前11時38分にアメリカ・フロリダ州のケネディ宇宙センターから発射されたスペースシャトル「チャレンジャー」が、発射から73秒後に高度約16キロで爆発、空中分解して大西洋に墜落した。初の民間人搭乗者となる1人を含むクルー7人全員が死亡。爆発の原因は、同機右側の固形燃料ロケットの部品の欠損で、継ぎ目から炎が出て全体が爆発したとされる。アメリカ航空宇宙局（NASA）にとっては初の飛行中の事故となり、この事故後2年間、有人飛行を中止した。

2.8 **列車正面衝突・炎上**（カナダ　アルバータ州）　2月8日朝、カナダ西部のアルバータ州で100人以上の乗客を乗せた旅客列車と貨物列車が正面衝突し、炎上した。30人以上が死亡、約100人が負傷した。事故の衝撃でガソリン車のタンクが破裂して爆発、双方の車両が炎に包まれた。現場はアルバータ州の州都エドモントンから約280キロ西の森林地帯で、単線区間だったが、手前の複線区間で待つべき貨物列車が、この区間に突っ込んだのが原因とみられる。

2.16 **航空機海に墜落**（台湾　台北）　2月16日夜、中華航空のボーイング737（乗員7人、乗客6人）が台湾の台北から澎湖諸島に向かう途中、墜落した。同機は同日午後6時15分ごろ台北を離陸、約30分後に澎湖諸島に到着する予定だった。同機は澎湖諸島馬公の沖合約6.4キロの海上に墜落したものとみられ、乗員、乗客は全員絶望とみられる。

3.3 **大使館ビル火災**（ベネズエラ　カラカス）　3月3日午後4時ごろ、ベネズエラのカラカスの中心街でチリ大使館などがある14階建てのビルから出火、チリのカルロス・デコスタ大使を含む13人以上が死亡、14人が負傷した。ビル内の電気系統が故障し、ショートしたのが原因とみられる。

3.5 **雪崩**（ノルウェー）　3月5日、ノルウェー北部で雪崩が発生し、演習を行っていた北大西洋条約機構（NATO）軍のノルウェー軍兵士31人が巻き込まれた。17人が死亡・行方不明となり、14人が重軽傷を負った。演習にはアメリカやイギリスなど7カ国の2万人が参加していたが、大雪の後の気温の上昇によって雪崩が起き、4日にも3人の兵士が死亡していた。

3.8 **土砂崩れ**（ペルー　アンデス）　3月8日未明、ペルー中部アンデス山麓のワヤガ川沿いの谷間で大雨による土砂崩れが発生し、泥流がリマ北東約240キロのワヌーコ市付近を襲い、民家などが流失、10日までに15人以上が死亡した。最も被害が大きいのはワヌーコ市北東16キロにあるサンタ・マリア・デルバレ付近の村。

3.15 **ホテル倒壊**（シンガポール）　3月15日午前11時20分ごろ、シンガポールで市東部インド人街にある7階建て67室のニューワールド・ホテルが倒壊した。宿泊客や階下の銀行、ショッピングセンターに居合わせた市民ら多数が瓦礫の下敷きになり、22日の時点で死者は33人、生存者は17人となった。

3.31 **旅客機墜落**（メキシコ）　3月31日午前9時すぎ、メキシコの首都メキシコシティ北西部の山岳地帯でメキシコシティ発アメリカ・ロサンゼルス行きのメキシコ・メヒカ

ナ航空のボーイング727旅客機が墜落。乗客158人と乗員8人、計166人全員が死亡した。同機は午前8時50分にメキシコシティ国際空港を離陸、14分後に連絡を絶った。メキシコシティから約140キロ北西の山中で、山腹に激突してばらばらになった機体が発見された。

3.31 **輸送機墜落**(モザンビーク カボデルガド州) 3月30日、モザンビーク空軍のアントノフ26輸送機が同国北部カボデルガド州都ペンバの空港を離陸直後に墜落、炎上した。44人が死亡、5人が重傷を負った。死者の中には政府、党高官、軍人のほか国防相夫人が含まれていたが、大部分が民間人だった。

4.4 **塗料工場で爆発**(アメリカ サンフランシスコ) 4月4日、アメリカのカリフォルニア州サンフランシスコ南東端の臨海工業地帯にある塗料工場で爆発炎上事故が発生、5日までに約30人が行方不明となり、20人以上が負傷、損害額は1000万ドル(約18億円)に達するとみられる。猛火は爆発を伴って4時間近く続き、隣接する倉庫などが類焼、付近の4000軒が停電した。

4.5 **地震**(ペルー クスコ) 4月5日、ペルーの首都リマの南東約570キロにある古代インカ帝国の首都クスコ周辺で地震が発生。午後3時半ごろから5波にわたって強震が続いた。地震は午後7時まで3時間半も断続的に起き、18人以上が死亡、50人が重軽傷を負った。歴史記念物である大聖堂など古い建築物の60%が被害を受けた。同市中心部の市役所や、インカ帝国の神殿の石畳の上に建てられたスペイン征服時代の大聖堂、サントドミンゴ教会など、価値ある石造建築の頂上部の石が崩れ落ちた。

4.5 **在韓米基地燃料タンク爆発**(韓国 京畿道) 4月5日午後1時すぎ、韓国の首都ソウル南方60キロにある京畿道烏山の米空軍基地で航空燃料タンクが爆発、炎上し15人が死亡、13人が負傷した。爆発は燃料の積みかえ作業中に起こったとみられる。

4.14 **大祭で信者殺到**(インド ハリドワール) 4月14日、インド・ウッタルプラデシュ州北部ハリドワールのガンジス川で体を洗い清めようとしたヒンズー教徒が川に殺到、同日夕までに子供、女性を含む46人が死亡、39人が重軽傷を負った。ヒンズー教七大聖地の一つであるハリドワールでは、12年に1度の大祭「クンブ・メーラ」が始まり、全土から400万人以上の信者が詰めかけた。同日はガンジス川で沐浴する最適の日に当たっていた。

4.20 **難民キャンプで火災**(バングラデシュ ダッカ) 4月20日、バングラデシュの首都ダッカの難民キャンプで火災が発生、1万人が焼け出された。6人の遺体が発見されたが、死者は増える見込み。同キャンプにはパキスタンに送還される非ベンガル人の難民2万人が収容されている。折からの強風で火はまたたく間に広がり、数百棟が焼け、2時間半後に鎮火した。

4.26 **チェルノブイリ原発事故**(ソ連 チェルノブイリ(現・ウクライナ)) 4月26日未明、ソ連のウクライナにあるチェルノブイリ原子力発電所で爆発事故が発生、大量の放射性物質が周辺の大気中にまき散らされた。同発電所はキエフ市の北108km、チェルノブイリ市の北西15kmにある。この発電所の4号炉で、外部電源が断たれた場合に備えた実験を行っていたところ、原子炉出力が急上昇して爆発、炉心溶解が2度起こり放射性物質が多量に放出された。203人が急性放射線障害で即座に入院、事故当日に消火活動の際の火傷による死者も含め31人が死亡した。数日間で30km圏内から住民約13万5000人が避難したが、政府が当初事故を公表しなかったため、周辺住民

の多くが被曝した。事故後も放射能の影響は残り、汚染区域に暮らした子どもの甲状腺ガン発症率が数年間に急増したほか、事故直後の処理に従事した数十万人の労働者も高いガン発症率を示した。2005年、IAEAとWHOの専門家チームはこの事故による死者を約4000人と発表したが、一部では数万人とも言われ、その調査には疑問の声もある。原子力史上最悪の事故と言える。2000年12月15日、同発電所の3号炉が運転を停止し、全面閉鎖された。

4.26 難民キャンプでコレラ(ソマリア) 4月26日、ソマリアのエチオピア難民キャンプでコレラが発生し、5000人が感染、死者が出た。飲料水や下水設備の不足で、感染はさらに拡大するとみられる。コレラは主として同国南部のゲド、ジュバ、バイの3地区で発生したが、この3地区は政府によって封鎖された。患者のうち、1日平均6人の死者が出ている。

5.25 地滑り(台湾 南投県) 5月25日、台湾中部の南投県にある観光名所の峡谷で大規模な地滑りが発生、14人が死亡、12人が行方不明となったが、救出作業は同日夜に一旦中止となり、これらの人々もほぼ絶望とみられる。ほかに24人が負傷し、うち19人は重傷を負った。

5.25 嵐で川フェリー転覆(バングラデシュ) 5月25日夜、バングラデシュ南部のメグナ川で乗客1000人が乗ったフェリーが沈没、600人が死亡したとみられる。フェリーは沿岸のボラ島から首都ダッカへ向かう途中で嵐に遭い沈没した。事故当時、時速110キロの突風が吹き荒れていた。

5.30 観光バス転落(アメリカ カリフォルニア州) 5月30日午前10時半ごろ、アメリカ・カリフォルニア州東部のシエラネバダ山系にある峡谷で観光バスが道路わきの急流に転落、18人が死亡し、24人が負傷した。バスは観光ツアーから帰る途中で、乗客のほとんどが老人だった。現場はウォーカー渓谷に沿ったつづら折りの急坂で、バスは道路を飛び出して2、3回転しながら4.5m下の急流に転落した。川は雪解けで増水していた。

6.18 小型飛行機とヘリコプター衝突(アメリカ アリゾナ州グランドキャニオン) 6月18日午前9時半ごろ、アメリカ・アリゾナ州の観光地グランドキャニオンで小型飛行機とヘリコプターが空中衝突して墜落した。双方とも遊覧飛行中で、合わせて25人が乗っていたが、全員が死亡した。小型機はラスベガスの遊覧飛行会社の双発機で、観光客18人と乗員2人、ヘリコプターはキャニオン近くの観光会社がチャーターしたもので乗客4人と操縦士1人が乗っていた。

6.21 土砂崩れ(コロンビア ナリーニョ州) 6月21日午後、エクアドルとの国境から約35キロ離れたコロンビア南部のナリーニョ州ラピラグア近郊の幹線道路で大規模な土砂崩れが起きた。同日夜までに15人が土砂の下敷きになり死亡したことが確認されたが、200人以上が死亡した可能性もある。同国最南端の町イピアレスからプエルトアシスに至る幹線道路で、小規模な土砂崩れで車が通行不能になった区間を人々が徒歩で通ろうとしたところ、2回目の大きな土砂崩れが起き、待機していたバス2台のうち1台も土砂に押し流されたもの。現場となったアンデス山岳地帯一帯ではここ1週間豪雨が続き、数カ所で土砂崩れが起きていた。

7月- 干ばつ(アメリカ) この夏、アメリカ中部大西洋岸および南部諸州を干ばつが襲い、家畜、作物の被害は20億ドル(約3120億円)以上に達する見通しで、当初の予測の2

倍にも及ぶことが7月26日に発表された。1930年代の中西部からロッキー山脈に至る大干ばつ以来の被害となる見込み。干ばつ地帯のうちアラバマ、北および南カロライナ、ジョージア、バージニア各州の一部で24日夜多少の降雨があったが、少なくとも8月いっぱいは干ばつ状態が続く可能性が強いとされる。

7.8 貨物列車炎上・毒ガス発生（アメリカ　オハイオ州）　7月8日、アメリカのオハイオ州で殺鼠剤として使われる白リンを積んだ貨物列車が脱線し、この白リンが発火、炎上した。この火災による白煙は高さ300mに達し、付近の住民140人がのどや目の痛みで病院に収容され、1万7000人以上が避難した。重症者はいなかった。煙は4時間半後に消えたが、住民は戸や窓を閉めるよう指示された。列車のタンク車数台が脱線し、その内の1台に白リンが積まれていたとみられる。白リンは空気に触れると発火し、毒性の強いガスを発する。

7.11 台風7号（中国　広東省）　7月11日、中国広東省に台風7号が上陸し、同国南部が竜巻を伴う強い風雨に襲われ、172人が死亡、1250人が負傷、21万4000戸の家屋が倒壊し、被害額は、推定752億円に上った。同省の台風によるものとしては、中国始まって以来最大の被害となった。

7.11 台風（フィリピン）　7月11日までに、フィリピン北部諸州を襲った台風で71人以上が死亡、20人が行方不明になった。

8月 森林火災（フランス）　8月中旬ごろから、フランス南部の地中海沿岸地方で森林、草原地帯の火災が続いていたが、25日にかけてさらにアルプマリチーム、バール、ブーシュデローヌなど各県に拡大し、約1万haを焼失した。火災は特にアルプマリチーム、バール両県で激しく、海岸に面した避暑地のカンヌに近いマンドリュー、タヌロン郊外の農村に迫っており、約2500人が家を捨てて避難、4人の死者、160数人の負傷者が出た。

8.11 タンカー爆発（台湾　高雄）　8月11日、台湾南部の高雄港でオランダのタンカー、カナリ（4万925トン）が爆発、8人以上が死亡、20人が負傷した。一部報道では死者20人、負傷者40人とも伝えられ、被害者は増える可能性もある。

8.15 フェリー沈没（バングラデシュ　ダッカ）　8月15日夜、バングラデシュの首都ダッカ郊外のダレスワリ川で定員オーバーのフェリーが沈没、乗客約500人が行方不明となった。救助隊は8人の水死体を収容したが、正確な行方不明者は判らない。乗客の多くはイスラム教の行事に参加するために帰省途中だった。

8.22 火口湖から有毒ガス（カメルーン　バメンダ州）　8月22日、カメルーン西部バメンダ州ウム村付近で火口湖のニオス湖から有毒ガスが噴き出し、ウム村など3つの村が被害を受け、40人以上が死亡した。当初、有毒ガスは高濃度エチルと発表されたが、硫化水素ガスと訂正された。同国政府はガス汚染地区を被災地帯とし、救難計画を発動した。29日までに、死者は1746人、負傷者は437人。被災者は1万人とみられる。ニオス村では、村民700人のうち救助されたのは2人だった。

8.31 客船沈没（ソ連（現・ロシア）　ノボロシースク）　8月31日深夜、ソ連の定期客船、アドミラル・ナヒモフ号（1万7053トン）が黒海のノボロシースク沖で、同国の大型貨物船ピョートル・バセフ号（1万3000トン）と衝突、沈没した。乗員乗客1234人のうち、398人が死亡した。アドミラル・ナヒモフ号は黒海のオデッサとバツーミを結ぶ

定期客船で、ノボロシースク港を出港した直後に貨物船と衝突したものとみられる。衝突の原因は、双方が相手の船の接近に気づいていながら回避措置を怠るという安全規則違反だった。

8.31 DC9と小型機衝突・民家に墜落(アメリカ　カリフォルニア州)　8月31日午前11時56分ごろ、アメリカのカリフォルニア州ブエナパーク上空で、メキシコシティ発ロサンゼルス行きメキシコ航空498便DC9機(乗客58人、乗員6人)と小型双発機(乗員3人)が空中衝突、両機ともロサンゼルス市南東約50キロ郊外の住宅地セリトス市内に墜落した。墜落現場の民家のうち9軒が衝突や火災で全壊、10軒余が大破した。双方の事故機の乗員、乗客計67人全員が死亡したほか、住民10人以上が死亡、数人がけがをした。現場はロサンゼルス国際空港から約30キロの地点で、メキシコ機は着陸態勢に入り、同空港と交信した直後、近くの小さな飛行場から飛び立った小型機と衝突した。現場付近の天候は快晴だった。

9.13 地震(ギリシャ)　9月13日午後8時20分過ぎ、ギリシャ南部を中心に強い地震があり、港湾観光都市カラマタ市では建物が崩れ、下敷きになるなどして、17人が死亡、10人が行方不明、重傷の70人を含め約300人がけがをした。市庁舎、病院、学校などの公共建物だけで数百が被害を受けた。地震はメセニア湾の地下を震源にしたもので、震度はマグニチュード6.2。震源に近いカラマタ市で、5階建て17戸のアパートが崩壊、その下敷きになって17人が死亡、10人が行方不明となり、約300人が負傷した。

9.16 金鉱で火災(南アフリカ共和国　ヨハネスブルグ)　9月16日、南アフリカ共和国東部のヨハネスブルグ東方にあるキンロス金鉱で火災が発生し、17日までに177人が死亡、235人が負傷した。5人が行方不明となっているが絶望視されている。

10.2 金鉱で壁崩落(ブラジル　セラペラダ)　10月2日早朝、ブラジル東北部パラ州のアマゾン川南東流域にあるセラペラダ金鉱で露天掘りの採掘現場の壁面が崩れ、12人以上が死亡、20人が負傷した。

10.3 原潜「K-219」火災(北アメリカ　バミューダ諸島)　10月3日朝、バミューダ諸島の北東約1000キロのところを航行中のソ連の原子力潜水艦K-219で火災が発生した。この原潜は1960年代に就役した「ヤンキー」級で、核ミサイルを搭載していた。浸水と放射能漏れを引き起こし、自力航行ができなくなり、6日午前11時3分、積んでいた核兵器34個が艦とともに沈没した。乗組員は避難したが、原子炉の手動停止を行った4人が死亡。火災の原因はミサイルの燃料漏れによる爆発とみられる。

10.8 バス谷底に転落(台湾　台中)　10月8日午後4時15分ごろ、台湾中部の台中県谷関付近の中県横断道路で台中市の観光バスが約30m下の谷底に転落し、乗っていた45人のうち39人が死亡、6人が負傷した。現場は山間部の急カーブが連続する難所。乗客たちは保養地の花蓮での観光を終えて台中市に戻る途中だった。

10.10 地震(エルサルバドル)　10月10日午前11時50分、エルサルバドルでマグニチュード5.4の強い地震が発生した。首都サンサルバドルで10階建ての建物が倒壊するなどし、13日までに890人が死亡、1万人が負傷、15〜20万人が家を失った。震源はサンサルバドルの北西16キロ。同市の南東150キロとの情報もある。最初の強い地震の14分後に、再びマグニチュード4.5の地震が襲い、その後も十数回にわたって余震が続いた。

1986

10.19 モザンビーク大統領墜落死（南アフリカ共和国　トランスバール州）　10月19日夜、モザンビークのサモラ・マシェル大統領ら同国政府要人を乗せてザンビアから帰国途中の飛行機が南アフリカ領内に墜落、大統領と閣僚2人を含む乗客・乗員35人が死亡した。同機はモザンビーク国境に近いトランスバール州東部に墜落した。1987年7月9日の最終報告では、事故原因は、目的のマプト空港に着陸不能の場合の振替え着陸空港となるベイラ空港までの十分な燃料を搭載していなかったことや、マプト空港に近づいたと思い込み、警告音を無視して下降したことなど、パイロットの怠慢によるものと判明した。

10.23 プロペラ機墜落（パキスタン　ペシャワール）　10月23日夜、パキスタン北西部ペシャワール空港に着陸しようとしたパキスタン航空国内線の双発プロペラ機フォッカー・フレンドシップ機が墜落、少なくとも13人が死亡、31人が負傷した。同機は乗員5人、乗客49人を乗せて北部パンジャブ州の州都ラホールからペシャワールへ向かう途中で、着陸の数分前に空港から南へ8キロの地点に墜落した。

11.1 ライン川汚染（スイス　バーゼル）　11月1日、スイスのバーゼルで化学工場の火災が起き、染料や水銀など約36トンの有毒物質がライン川に流れ込んだ。この汚染はフランス、西ドイツ、オランダを経て北海にまで達し、各流域で魚の大量死、飲料水汚染などの深刻な被害を引き起こした。西ドイツのライン川沿いの水道浄水施設は取水を停止、貯水で消費を賄った。浄化作業は今後数年間に及び、数百万ドルを要するとみられる。

11.2 軍輸送機墜落（イラン　シスタン州）　11月2日午後7時25分、イラン軍のC130輸送機がイラン東部シスタン・バルチスタン州ザヘダン近くの山中に墜落した。同機には91人のイラン兵と12人の乗員が乗っており、全員が死亡した。原因は着陸態勢に入る際の技術的なトラブルとされる。

11.6 急行列車と普通列車が衝突（ソ連　ウクライナ共和国（現・ウクライナ））　11月6日未明、ソ連のウクライナのカリストフカ駅で急行列車と普通列車が正面衝突し、多数の死傷者が出た。原因は、普通列車の機関士が仮眠中、代わって運転していた機関助手も居眠りをして赤信号を見逃したためとされる。急行列車は時速40キロ、普通列車は33キロの速さで走っていた。

11.11 貨物船沈没（ハイチ　ゴナブ島）　11月11日、ハイチのゴナブ島沖合で貨物船が沈没し、30人ほどが救出されたが、約200人が水死した。重量制限をはるかに超える客と荷物を積んでいたためとみられる。

11.15 地震（台湾　台北）　11月15日早朝、台湾東部の花蓮沖合を震源とする強い地震が2度にわたって発生し、台北から花蓮に至る東部沿岸一帯で、建物倒壊、津波、地滑り、地割れなどによる大きな被害が出た。最初の地震は同日午前5時20分で、花蓮沖合40キロの海底を震源にマグニチュード（M）は6.8。2度目の地震は午前7時4分、同18キロ沖合を震源とし、M6.3。同日夜までに14人が死亡、41人が負傷、建物の下敷きになるなどして数十人が行方不明となった。台北市内では、住宅約40戸が倒壊し、津波で漁船10隻が転覆した。また、花蓮港に停泊していた船の上に鉄柱が倒れ、1人が圧死、6人がけがをした。

12.5 メチルなどで中毒死（ソ連（現・ロシア））　12月5日までの2カ月半に、ソ連では約100人の市民がメチル入りアルコールなどで中毒死した。また同期間に、変性ア

コールや殺虫剤などをウォッカのかわりに飲んで中毒になったケースが350件報告された。ソ連では飲酒追放運動が進められており、ウォッカなどが入手しにくくなっている。

12.12　旅客機墜落（東ドイツ（現・ドイツ）　ベルリン）　12月12日午後5時半ごろ、ソ連国営アエロフロート航空のTU134型旅客機が東ベルリンのシェーネフェルト空港へ着陸する直前、約3キロ離れた東ベルリン郊外の森の中に墜落、炎上した。同機はソ連・ベラルーシ共和国の首都ミンスクからの891便で、乗客73人、乗員8人が乗っていたが、70人は死亡した。原因はパイロットの操縦ミスだった。

12.24　炭鉱で爆発（ソ連　ウクライナ共和国（現・ウクライナ））　12月24日、ソ連のウクライナ共和国のドネック州にあるヤシノフスカヤ・グルボーカヤ炭鉱で、メタンガスの爆発事故が起き、複数の死者が出た。坑内の火災は3時間以上続いた。

12.26　舟だまりで大火（香港）　12月26日早朝、香港島アバディーン（香港仔）の対岸、鴨脷洲の舟だまりで大火があり、200隻近い木造の小舟が燃え、水上生活者300世帯約1600人が焼け出された。4人が軽いけが。舟から出た火は強い東南の風にあおられ、次々に燃え広がった。

12.31　ホテル火災（プエルトリコ　サンフアン）　12月31日午後3時半ごろ、アメリカ自治領プエルトリコの首都サンフアンにある豪華ホテル「デュポン・プラザホテル」で火災が発生し、22階建て同ホテルが約5時間にわたって災上した。1月2日夜までに96人が遺体で見つかった。ほかに重体の18人を含む109人が病院に収容された。1階にある会議室から煙が吹き出し、爆発が数回起きた火はほぼ5時間後に鎮火、犠牲者の多くは煙による窒息死、焼死だった。1人は客室の窓から飛び降りて死亡した。何者かがホテル会議室の備品に放火したとみられる。アメリカのホテル火災史上、1946年にアトランタで起きた火災に次ぐ惨事となった。

この年　BSE発見（イギリス）　イギリスで初めてBSE（狂牛病・牛海綿状脳症）が発見された。その後、アイルランドやフランス、ベルギーなどでも次々に発見された。

〈 1987 〉

1月　寒波（ヨーロッパ）　1月、今世紀最大の寒波がヨーロッパを襲い、19日までに死者347人以上の被害が出た。この寒波の影響が特に大きいのは北欧、東欧とソ連だが、被害はヨーロッパ全体に広がっている。ソ連で77人、ポーランドで31人などを皮切りに凍死などによる死者が各国で出ている。イギリスでも、老人を中心に死者20人に達した。ノルウェー北部で氷点下47度を記録、北欧諸国で同40度以下、13日にはフランス東部で同42度を記録。14日にはパリでも21年ぶりの大雪となった。

1.3　旅客機森に墜落（コートジボワール）　1月3日午前2時ごろ、コートジボワールのバリグ・ブラジル航空のボーイング707定期旅客機が、アビジャン国際空港からリオデジャネイロへ向け離陸後に墜落、生存者2人がみつかったが、残る49人は死亡した。離陸して約30分後に、エンジンの1つが火災を起こしたため引き返す旨の連絡があっ

1987

たが、アビジャン東方バンジェビル近くの森林に墜落した。

1.4 **急行列車と貨物機関車衝突**（アメリカ　ボルチモア）　1月4日午後1時半ごろ、アメリカ東部のボルチモア市郊外で、ワシントンからニューヨーク経由ボストンに向かうアムトラック（全米鉄道旅客輸送公社）の急行列車が貨物列車用機関車と衝突、乗客約350人のうち15人が死亡、176人が負傷した。急行列車は12両編成で、貨物用機関車と並行して走っていた。現場はボルチモア市の北東約40キロで、複線の線路が鉄橋の手前で1本になる地点。急行列車をやり過ごすはずの機関車が線路に乗り込んだところへ、急行が突っ込んだ。以前からこの路線では過密ダイヤが問題視されていた。

2.6 **エイズ**（アメリカ）　世界保健機関（WHO）の2月6日の発表によれば、86年12月8日までのアメリカにおけるエイズ患者数は2万8098人で、そのうち1万5757人が死亡した。また最近のエイズ患者の増加率は特に著しく、発症の報告数がここ3年で5倍以上になっていることが示された。

2.17 **旅客列車同士衝突**（ブラジル　サンパウロ）　2月17日午後、ブラジルのサンパウロで2本の旅客列車が衝突し、双方の乗客ら51人以上が死亡（一部情報では69人が死亡）し、230人以上が負傷した。現場は同市郊外のイタケラ地区の駅付近で、普通列車が横から急行列車の4両目に突入した。事故当時はポイントの切り替え作業をしていた。両列車にはかなりの乗客が乗っていたとみられる。

3.4 **旅客機爆発炎上**（アメリカ　デトロイト）　3月4日午後二時四十五分ごろ、米ミシガン州のデトロイト空港でフィッシャー・ブラザーズ航空の定期小型旅客機が着陸に失敗、爆発炎上した。この事故で少なくとも9人が死亡、地上勤務者8人を含む14人が負傷した。同機はオハイオ州マンスフィールド発クリーブランド経由デトロイト行きの双発ターボプロップ機で、17人が乗っていた。着陸の際に機首が激しく上下し、左翼から墜落、滑走路わきに停車中の空港用車両に激突した。

3.5 **エクアドル地震**（エクアドル）　3月5日夜から6日午後にかけて、エクアドルでマグニチュード最大6.5までの地震が約10回連続して発生した。震源地は、首都キトの東約90キロの活火山レベンタドール山付近。ジャングル奥地での発生だったため、15日の時点でも被害の全貌がつかめておらず、死者数は20人～2000人とされる。5日午後11時9分発生のマグニチュード6.5の大地震では、震源に近いサンタローサ、バエサなどの町の家屋の20％が損傷し、キトでも建物多くが被害を受けた。また、同国アマゾン地域の油田から太平洋岸に原油を送るパイプラインが損傷を受け、原油輸送が不可能となり、その損害だけでも約6億ドルに上った。

3.6 **フェリー転覆**（ベルギー　ゼーブルッヘ港）　3月6日午後7時45分ごろ、ベルギーのゼーブルッヘ港沖でイギリスのカーフェリー「ヘラルド・オブ・フリー・エンタープライズ号」（7951トン）が防波堤に衝突して転覆、沈没した。事故当時、乗客463人と乗員80人の計543人が乗っており、7日までに408人は救助されたが、58人が死亡、77人が行方不明。事故原因は、船首扉を閉めずに出港するという人為ミスだった。沈没した船体内にはシアン化合物など有毒物質が残されたままで、流出した場合、二次災害が発生する恐れもある。

3.24 **工場火災で有毒ガス発生**（アメリカ　ナンチコーク）　3月24日午前0時半ごろ、アメリカ・ペンシルバニア州ナンチコークでメッキ工場の火災により有毒ガスが発生し、

付近の住民1万6000人が避難した。硫酸ガスが発生したため、当局は同2時半に退去命令を出した。

4.4 落雷で航空機墜落（インドネシア 北スマトラ州） 4月4日午後2時45分ごろ、インドネシアの北スマトラ州都にあるメダン空港で、バンダアチェ発ジャカルタ行きのガルーダ航空の035便DC9機が着陸寸前、炎上、民家に墜落し大破した。乗客37人乗員8人のうち、29人が死亡、16人が重軽傷を負った。事故当時、メダン空港周辺は小雨混じりの天候で、落雷に打たれたとの最後の交信があった。墜落の際、機体から約10mの炎が噴き出したという。

5.6 森林火災（中国 黒竜江省） 5月6日、中国黒竜江省の大興安嶺で山火事が発生し、2週間以上が経過しても衰えず、大森林火災となって内モンゴル自治区に迫った。この火災で193人以上が死亡、226人がけがをし、森林や家屋1万100km^{2}が焼失した。被災者は5万人に上るとみられる。

5.8 フェリー転覆（中国 江蘇省南通） 5月8日午前、中国・江蘇省南通の長江（揚子江）沖で南通から対岸の常熟へ向かう大型フェリーが、武漢のタグボートと衝突、転覆した。フェリーの乗客、乗組員ら100人近くが行方不明となり、7人が救助された。

5.9 旅客機森に墜落（ポーランド ワルシャワ） 5月9日午前11時11分、ワルシャワ・オケンチェ国際空港発ニューヨーク行きのポーランド国営航空（LOT）のチャーター便イリューシン62型機が、離陸直後にワルシャワ市南方のカバツキ森林に墜落、炎上し、乗客172人、乗員11人の計183人全員が死亡した。ポーランド航空史上最悪の犠牲者となった。同機の4基のエンジンのうち2基が火災を起こし、空港に引き返そうとしたがそのまま墜落したとみられる。

5.22 ラドン汚染（アメリカ） 放射性同位元素のラドンが、カンザス州などアメリカ10州の1万1600戸で、5戸に1戸の割合で安全の目安となる基準値を超えていることがわかった。定められている基準値以上のラドンが測定された戸数は全体の21%にものぼった。ラドンは無色無臭の気体で、土中から発生し、地下室などの空気にたまり、吸った人を肺ガンの危険にさらす。推定では全米で最高2万人がこのラドンによる肺ガンで死んでいる可能性があるとされる。

6.16 遊覧船出火（韓国 慶尚南道） 6月16日午後3時半ごろ、韓国南部の慶尚南道巨済郡南部面の沖合海上で、韓国の遊覧船極東号（24トン）の機関室から出火、乗客約70人のうち、24人が死亡、17人が行方不明になった。同船は、忠武港から乗客38人を乗せて観光に出発、さらに乗客約30人を乗せて海金剛を観光、忠武に帰る途中に事故に遭った。死者のうちの大部分は女性や子どもとみられる。

6.26 旅客機山に墜落・大破（フィリピン マニラ） 6月26日午前、50人乗りのフィリピン航空（PAL）国内便が、首都マニラから北部の避暑地バギオに向かう途中、バギオ南東の山中で墜落、大破した。乗っていた50人全員が死亡。同機は午前10時10分にマニラ国内空港を飛び立ち、同11時ごろの交信を最後に消息を絶った。捜索の結果、午後3時半ごろ、標高2100mのプゴ山の山頂近くで墜落していることが確認された。

6.29 高層ビル火災（インド ニューデリー） 6月29日午前10時30分ごろ、インドのニューデリー中心部の15階建て高層雑居ビルの6階付近から出火、少なくとも4人が死亡、約100人が負傷した。約200人が屋上に逃れたが同日夕までに無事救出され、出火約

7時間後、ほぼ鎮火した。犠牲者の1人は、炎から逃れようと15階から飛び降りて死亡、別の1人は救助ロープにつかまりそこなって6階から転落した。6階事務所のクーラーのコンプレッサーが過熱して発火したとみられる。

7月 - **熱波と冷夏**(ヨーロッパ)　7月20日過ぎから、ヨーロッパ南部を強烈な熱波が襲い、ギリシャでは27日深夜までに1000人が死亡した。サハラ熱波の影響を強く受けているもので、ギリシャの首都アテネは最高46度を記録し、27日で8日間連続40度を超えた。アテネ市内だけで500人が入院、657人が死亡。7月末までに同国でお年寄りを中心に1109人が死亡した。ブルガリアでも105年ぶりという43度を記録、イタリア南部では50人、トルコで60人、ユーゴスラビアでも数十人が暑さで死亡した。これに対して、イギリスは5年ぶりになる雨続きの天候が続き、例年の平均より2.5度も気温が低く、またソ連・モスクワは最高気温が17〜18度までしか上がらない冷夏となった。

7.6　**フェリー転覆**(ザンビア)　7月6日、ザンビアとザイールの国境を流れるルアプラ川で、ザイールのフェリーボートが転覆、8人が救出されたが、少なくとも34人が死亡し、300人以上が行方不明になった。同ボートは航行中に岩に衝突したとみられる。

7.7　**アイスパーラーにタンクローリー突入**(西ドイツ(現・ドイツ) ヘッセン州)　7月7日午後9時ごろ、西ドイツ中部のヘッセン州ヘルボルンで3万2000lのガソリンを積んだタンクローリーがアイスクリーム・パーラーに突っ込み爆発、炎上した。少なくとも30人が死亡、29人が負傷し、20人近くが行方不明となった。この事故でアイスクリーム・パーラー内のガス本管が破壊されて引火し、ガス管を伝わって付近一帯で大爆発が起きた。加えて、タンクローリーからもれた大量のガソリンが排水溝に流れ込み爆発、周辺の住宅9棟が損壊、うち3棟は全壊した。

7.14　**豪雨**(フランス)　7月14日夜、スイス国境に近いフランス領アルプス渓谷のキャンプ場で、集中豪雨による鉄砲水が発生、15日までに死者・行方不明者合わせて50人に上った。現場はオートサボワ県を流れるボルヌ川沿いのグランボルナン・キャンプ場。雷を伴った豪雨で一気に増水し、河原に設置されたテントやキャンピング車も濁流にのまれた。

7.15　**台風5号と集中豪雨**(韓国)　7月15日、台風5号が襲った韓国南部や東海岸、済州島地域などで大きな被害を出し、死者・行方不明者は594人に達した。被災者は14万7000人、被害額は4677億ウォン(約900億円)に上る。特に漁船が多数転覆した全羅南道では被害が大きく、死者は11人、行方不明103人。21日からは中部地方で集中豪雨があり、忠清南道を中心に22日午後6時までに死者83人、行方不明52人に達した。この雨で、忠清北道の京釜線・鳥致院駅付近で線路路盤がくずれ、22日昼過ぎ、光州発ソウル行き急行(十両編成)が脱線、乗客約110人が重軽傷を負う事故が発生。忠清南道で韓国気象台観測史上最高の記録的豪雨となった。

7.18　**地滑り**(イタリア)　7月18日、ミラノの北東約140キロの北イタリア山岳部のタルタノで豪雨による地滑りが起き、リゾート・ホテルが倒壊して泥と岩に埋まったほか、隣接の3階建てのアパートが倒れ、ホテルの宿泊客ら8人以上が死亡、12人が行方不明になった。一部情報では、死者・行方不明者は30人。

7.20　**大雨で洪水**(バングラデシュ)　7月20日以降、バングラデシュは独立以来最悪の大洪水に見舞われた。バングラデシュ北部や隣接するインド領などで大雨が続き、ブ

ラマプトラ川が氾濫、北西部6県で被害が出始め、ガンジス、メグナ川流域でも水没地域が広がった。9月初めには、全国64県のうち48県が被災地域とされ、同国では過去40年で最悪の大洪水となった。全人口の4分の1近い2400万人が被災。首都ダッカにも洪水が迫り、避難ボートの転覆事故などが続出、死者は公式発表で約700人、非公式の推計では1000人を超える見込み。赤痢など伝染病の流行のほか、食糧難も危惧される。

7.26　**集中豪雨(韓国)**　7月26日から27日にかけ、韓国のソウル、仁川など首都圏地域が記録的集中豪雨に見舞われ、28日朝までに死者、行方不明者計97人が出た。27日朝までの降雨量はソウルで275ミリ、仁川で337ミリに達し、各地で山崩れや浸水被害が相次いだ。7月中旬から続いた台風5号、集中豪雨による韓国全土の被害総額は4000億ウォン(800億円弱)に上る見込み。

7.30　**貨物機墜落・住宅炎上(メキシコ　メキシコシティ)**　7月30日午後5時過ぎ、メキシコシティ郊外の高速道路にベリーズ国籍の貨物機ボーイング377が墜落し、道路わきの建物に突入して爆発、炎上した。道路はラッシュ時で混雑しており、少なくとも40人が死亡、50人以上が負傷した。貨物機は、メキシコ国際空港を離陸して数分後交信を絶ち、直後にメキシコ-トルカ高速道路に墜落、26台の車が大破、炎上した。貨物機はさらに道路わきのレストランに突入、付近のガソリンスタンドと、200人が入居している集合住宅も炎上し、崩れ落ちた。

8.14　**化学薬品倉庫爆発(韓国　ソウル)**　8月14日午前7時50分ごろ、韓国・ソウル市の金浦空港近くの江西区にある化学工業薬品保管倉庫で火災が発生し、化学薬品が爆発を起こした。この爆風で、付近の住宅2棟が全壊した。小学生を含む4人が死亡、50余人が負傷し、病院へ運ばれた。爆発した倉庫にはニトログリセリンやメタノールなどがあった。このほかにも同様の倉庫が4棟あり、付近の住民は緊急避難した。消火活動の末、火は4時間後の正午前に鎮火した。

8.16　**旅客機高速道路に激突・墜落(アメリカ　デトロイト)**　8月16日午後8時45分ごろ、アメリカ・ミシガン州デトロイトで乗客147人、乗員6人の計153人を乗せたノースウエスト航空のMD80型ジェット旅客機がデトロイト・メトロポリタン空港を離陸直後に墜落、炎上した。同機はデトロイトを経由してカリフォルニア州オレンジ郡のジョン・ウエイン空港へ向かっており、デトロイトを離陸直後に、近くを走っている高速道路の高架橋部分に激突して炎上。4歳の少女1人が生き残ったが、152人が死亡、このほか地上の2人も巻き込まれて死亡した。また、高速道路にいたドライバーら6人が負傷、乗用車十数台が破壊された。

8.31　**金鉱で爆発(南アフリカ共和国　オレンジ自由州)**　8月31日午前7時15分ごろ、南アフリカ・オレンジ自由州のセント・ヘレナ金鉱の坑内で爆発が起き、リフトで採掘坑を降下中だった労働者434人が閉じ込められた。このうち345人の生存が確認されたが、89人が行方不明。この日、全国的な鉱山ストが収拾し、作業を再開した矢先だった。

8.31　**旅客機海に墜落(タイ)**　8月31日午後3時20分ごろ、タイ南部の観光地プーケットの国際空港から東約13キロの海上に、国営タイ航空ボーイング737型機が墜落した。乗員9人、乗客74人の計83人のうち、同日中に17人の遺体が収容されたが、全員絶望とみられる。タイでは史上最悪の航空事故となった。事故当時、香港の航空機がプー

ケット空港に着陸態勢に入っており、同じく着陸しようとした同機が衝突を避けようとして海面に突っ込んだ。香港機は定刻通りで、タイ機は予定より10分ほど遅れていた。

9月　サイクロン(南アフリカ共和国　ナタール州)　9月末、南アフリカ南東部の港湾都市ダーバンを中心にしたナタール州をサイクロンが襲った。このサイクロンは過去最大規模の集中豪雨を伴っており、29日までに50人以上が死亡、数千人が家を失った。

10.1　ロサンゼルス地震(アメリカ　カリフォルニア州)　10月1日午前7時42分ごろ、アメリカ西海岸のカリフォルニア州南部一帯で強い地震が発生した。震度はマグニチュード6.1。震源はウィティア＝エルシノア断層の北西端。ロサンゼルス市ではガス漏れによる火災が46件発生、ビルなど26棟が炎上するなどの被害が出たほか、カリフォルニア州立大学でも火災が発生した。同市での死者は地震のショックやビルの倒壊の下敷きなど7人、負傷者は100人以上。4日午前3時58分、再び強い地震が発生、震源はロサンゼルス北東で、マグニチュード5.5。この地震では1人が死亡した。

10.11　旅客機爆発・墜落(ビルマ(現・ミャンマー))　10月11日午前8時すぎ、ビルマの首都ラングーンから中部パガンへ向かった国営ビルマ航空(BAC)の国内線旅客機フォッカーF27フレンドシップ機が、パガン近郊のニャウンウー空港への着陸前に爆発し墜落した。同機には乗員・乗客49人が乗っていたが全員死亡した。

10.15　航空機山に墜落(イタリア)　10月15日午後7時半、乗客、乗員37人を乗せたイタリアの双発ターボプロップ機「ATR-42」がアルプスの麓で連絡を絶った。アルプス山中のコモ湖近くのクレッツォ山(高さ700m)の周辺の山に激突したものとみられる。同機には乗客34人と乗員3人が乗っていたが、消息については不明。

10.16　強風(イギリス)　10月16日未明から早朝にかけて、ロンドンを含む英国南部に観測史上最高の強風が吹き荒れ、少なくとも13人が死亡したほか、停電で金融街の取引もマヒ状態に陥った。強風は勢力の強い低気圧の通過に伴うもので、ロンドン市内で最大瞬間風速45mに達し、街路樹などが倒れ、家屋や駐車中の車多数が破損し、多くの道路が損壊。市内では5時間に渡って停電したため、証券取引所、銀行などが機能しなくなった。また南部の海岸地方では、家屋の倒壊や船の転覆などで数人が死亡した。

10.20　戦闘機ホテルに墜落(アメリカ　インディアナ州)　10月20日午前、アメリカ中西部インディアナ州のインディアナポリス国際空港東約1.6キロの「ラマダ・イン・エアポート」ホテルに、米空軍A7コルセア戦闘機が墜落した。ホテルは炎上、9人が死亡し、多数の負傷者が出た。戦闘機はピッツバーグからオクラホマ州の基地に向かう途中、空港から25キロほどの地点でエンジンが止まったため、パイロットはパラシュートで緊急脱出したという。そのまま落下した同機は近くの銀行の屋根に衝突した後、ホテルのロビーに突入、2、3階部分が損壊した。

11.15　吹雪で旅客機暴走(アメリカ　デンバー)　11月15日午後2時15分ごろ、米コロラド州デンバーのステープルトン国際空港で乗客77人、乗員5人の計82人を乗せたコンチネンタル航空のDC9旅客機が、離陸する際に雪上を約500m暴走した勢いで反転し、機体は3つに割れた。26人の死亡が確認され、56人が重軽傷、うち3人が重体。同機はデンバー発アイダホ州ボイシー行き。事故当時、空港一帯では激しく雪が降っており、同機はスリップ、滑走路を飛び出して暴走したとみられる。

1987

11.18　地下鉄駅火災(イギリス　ロンドン)　11月18日夜午後7時50分ごろ、イギリス・ロンドン中心部の地下鉄駅で火災が発生、80人が死傷し、世界最古の歴史を誇るイギリスの地下鉄火災事故史上、最悪の惨事となった。火災はキングズクロス駅構内で発生。地下鉄ピカデリー線の乗降エスカレーター下の機械室付近から出火し、構内の一部が一瞬にして炎と煙に包まれた。火は18日深夜までに消し止められたが、19日未明までに死者数は32人に達した。多くが火傷か窒息死だった。このほか、重傷20人を含む約50人が負傷した。ロンドン特有の木製エスカレーターが火の回りを速めたとみられる。

11.20　チーズがリステリア菌汚染(スイス)　11月20日、スイス連邦公衆衛生局は、同国特産の軟質チーズ「バシュラン・モン・ドール」の生産、販売、輸出を禁止した。外皮が中毒死や流産を起こすリステリア菌で汚染されている疑いが強い。スイスでは1983年以来リステリア症が増え、同年以前は9件だったのが、この年は10月半ばまでで30件に上った。このチーズを特産とする地域で多発しており、その外皮のリステリア菌汚染が確認された。

11.28　ジャンボ機火災・墜落(モーリシャス)　11月28日午前4時ごろ、台北から南アフリカ・ヨハネスブルグに向かっていた南アフリカ航空295便(ボーイング747ジャンボジェット機)が給油のため立ち寄る予定だったインド洋上の島国モーリシャスの上空から、操縦席が火事との緊急連絡を最後に消息を絶ち、墜落した。同機は乗員19人、乗客141人を乗せていたが、計160人全員が死亡したとみられる。事故の原因は、後部貨物室での火災がきっかけだった。貨客混載型の同機は火災を消し止められず、貨物室消火システムのあり方が問題にされた。

11.29　貨物列車が旅客列車に追突(ソ連　グルジア(現・グルジア))　11月29日午前3時35分、ソ連・グルジア共和国で、貨物列車が停車していた郵便・旅客列車の後部に突っ込み、死者30人、負傷者は66人に達した。列車事故で死傷者数を明確にしたのはソ連ではこれが初めて。事故は、同共和国の首都トビリシ南方のルイスボロ停車場で発生、停車していた郵便・旅客列車に後続の貨物列車が追突した。原因は、貨物列車の機関士と助手の居眠り運転だった。

12月　吹雪(アメリカ)　12月中旬、アメリカ中西部を吹雪が襲い、15日も各地で停電や列車の脱線事故、道路、空港閉鎖などの被害を出し、3日間の吹雪による死者は計22人に達した。

12.4　土砂崩れ(コロンビア　フレスノ市)　12月8日、コロンビアの首都ボゴタの西方約150キロにあるフレスノ市で、大雨による土砂崩れが続き、寸断された道路で動けなくなった車を助け出すためバスから降りていた高校生23人を含む27人が、新たな土砂崩れにのみ込まれ死亡した。また12月4日未明、首都リマの北東290キロにあるアマゾン川の支流ウビリキ川が大雨のため幅約600mにわたって氾濫し、住宅約50戸、学校の校舎、工場などが流され、8日までに約30人が死亡、かなりの不明者が出た。

12.11　列車とバス衝突(エジプト　カイロ)　12月11日午後6時ごろ、エジプトのカイロ北東郊外の踏切で、小学校の児童と教師らを乗せたバスが列車と衝突、児童50人と教師ら合わせて57人が死亡し、58人が負傷した。現場はカイロ市内から25キロ、カイロ空港から5キロのカフル・シュラハという村で、踏切には遮断機などはなかった。

12.20　木造船沈没(インドネシア　カリマンタン州)　12月20日午前6時30分ごろ、インド

ネシアの中カリマンタン州のマタラユル港沖合で、55人の乗客、船員を乗せた木造の定期貨客船ビンター号(500トン)が、折からの嵐で沈没した。21日午後までに生存、救助者はなく、全員が絶望。

12.20 フェリー沈没(フィリピン マリンドケ島) 12月20日午後10時ごろ、乗客1400人乗りの内航フェリー、ドニャパス(2215トン)とフィリピン籍の石油タンカー、ビクトル(629トン)が、マニラ南東約160キロのルソン島南部沖のマリンドケ島近くで衝突し炎上、両船とも沈没した。衝突直後、現場付近は海面まで火に包まれ、救出された人たちもやけどを負っていた。26人が救出されたが、翌年1月10日までに判明した乗客は3009人。相手タンカーの乗組員を加えると、犠牲者は3078人に上る。この死者数はタイタニック号沈没事故(死者1513人)を大幅に上回り、海難史上最大となる。

〈 1988 〉

1.2 寒波(アメリカ) 1月2日から5日まで、アメリカ中西部から東部、南部にかけて寒波が襲った。2日以来、ミネソタ、アイオワなど中西部一帯を襲った寒波は4日夜には東部に達し、5日朝にはサウスダコタ、ミネソタ州で零下32度の最低気温を記録した。また、激しい風雪のため、体感温度はミネソタ州ヒビングで氷点下53度に達した。南部テキサス州ですら氷点下すれすれまで気温が下がった。南部各州に雪を降らせて東へ移動していた寒気団は東海岸を北上し、2日から8日までの一週間に米国全体で60人以上が寒さのため死亡した。

1.7 列車火災(中国 湖南省) 1月7日深夜、中国の湖南省の馬田墟駅で広州発西安行きの急行列車が火災を起こし、死者34人、30人が重軽傷を負った。昼すぎに広州を出た272列車が午後11時25分、同駅に停車する際に火を噴き出し、30分間燃え続け、客車2両は黒焦げになった。

1.18 航空機エンジン故障・墜落(中国 重慶市) 1月18日午後10時15分、中国西南航空公司の北京発重慶行きのCA4146便が重慶市の北約8キロ付近で墜落し、乗客乗員108人全員が死亡した。同機は、重慶の北北西約60キロの合川付近で第1エンジンの故障が故障したため成都へ引き返そうとしたが、第4エンジンも故障したため再び重慶へ向かった。直後、第1エンジンが爆発、空港の手前で緊急着陸を試みたが、高圧線がプロペラに触れ墜落、炎上した。事故の原因は、飛行中にエンジンが停止するという、あまり例のない事故であることが後に分かった。

1.24 特急列車脱線・転覆(中国 雲南省) 1月24日午前1時35分すぎ、中国の雲南省の昆明から約350キロの地点で、昆明発上海行きの特急列車が脱線転覆、死者90人、重傷者66人を出した。事故のあった区間である昆明—貴陽線標高1000~2000mの山岳地帯を貫く鉄道で、急こう配と急カーブが多い。

2月 豪雨(ブラジル リオデジャネイロ) 2月初めから、ブラジルのリオデジャネイロ市周辺を豪雨が襲った。この豪雨は19日になってリオ市を直撃、10時間で130ミリという記録的な雨を降らせた。土砂崩れなどにより、少なくとも死者65人が確認されたが、非公式推計では150人以上が死亡したとみられる。

2.8 小型機墜落（西ドイツ（現・ドイツ）　デュッセルドルフ）　2月8日朝、西ドイツの民間航空会社の双発ターボプロップ機が同国のデュッセルドルフ空港で着陸に失敗し、乗員2人、乗客19人の全員が死亡した。同機は雷雨の中で低空飛行をし、アウトバーンをまたぐ橋に衝突したとみられる。

3.7 バス谷底に転落（中国　河南省霊宝県）　3月7日、中国・河南省西部の霊宝県で、乗客56人を乗せたバスがカーブを曲がりそこねて80m下の谷底に転落、39人が死亡、17人が重軽傷を負った。

3.12 サッカー観客圧死（ネパール）　3月12日、ネパールの首都カトマンズのサッカー競技場で、試合の最中に突然雹を伴う激しい嵐に見舞われ、逃げようと出口に殺到した観客が将棋倒しとなった。このため警官2人、子供25人を含む81人が死亡、約300人が負傷した。この日、競技場は2万5000人以上の観客で埋まっていた。事故当時、競技場のすべての出口は閉鎖されており、パニックを起こした観客が出口に迫っても警官たちが閉めたままにしたため、観客は将棋倒しになったとみられる。

3.20 市街火災（ビルマ（現・ミャンマー）　ラショー市）　3月20日、ビルマ東北部のラショーで大火事が発生、住民134人が焼死し、約60人が負傷した。火災は民家の台所から発生し、あっという間に付近民家に燃え広がった。この火事で民家、小学校など2096戸が焼け、約2万人が被災した。

3.24 修学旅行列車が衝突（中国　上海市）　3月24日午後、中国の上海市郊外で列車同士の衝突事故があり、乗っていた日本人の修学旅行生27人が死亡、負傷者は37人以上に上った。衝突した列車のうちの片方である311列車が衝突現場付近のポイント手前でいったん停止し、対向の208列車を待つべきところを、信号を無視して走り続けたことが事故の原因とみられる。

4.10 武器庫で爆発（パキスタン　イスラマバード）　4月10日午前10時ごろ、パキスタンの首都イスラマバード南西約5キロのファイザバードにある陸軍武器貯蔵施設で、火災を伴う爆発が発生した。爆発は、収納されていた弾薬類に広がり、ミサイルも誘爆。イスラマバードとラワルピンジ両市で、被弾したり火災による火傷を負うなどで60人以上が死亡、約800人が重軽傷を負った。爆発は約1時間続き、その衝撃や破片などが住宅街を含む人口密集地にも及び、被害が広がった。

4.20 バス火災（タイ　バンソム）　4月20日、タイ北東部バンソムで乗客40人を乗せたバスが火災を起こし、21人が死亡、18人が負傷した。一部目撃情報では、3人の民警が手投げ弾を投げつけた後、後部で数回爆発音がして火災が発生した。

4.28 旅客機飛行中に天井吹き飛ぶ（アメリカ　マウイ島）　4月28日午後1時半ごろ、ハワイ・マウイ島の南東約40キロの地点で、ハワイ島ヒロ発ホノルル行きアロハ航空243便ボーイング737機が、突然、大きな音とともに機体前部の天井が吹き飛んだ。同機は約20分後、マウイ島のカフルイ空港に緊急着陸。操縦室の後ろから翼付近にかけ、約6mにわたり天井部分が吹き飛んでいた。乗客89人、乗員6人が乗っていたが、そのうち60人が負傷、うち7人が重体、乗員1人が機外に放り出され、行方不明になった。後の調査で、胴体外板の継ぎ目に発生した金属疲労による腐食性の亀裂が原因と判明した。

5.2 小児病院倒壊（インド　ジャム・カシミール州）　5月2日早朝、インド北部ジャム・カ

1988

シミール州ジャム市で国立小児病院の3階建ての4病棟すべてが突然倒壊し、入院中の小児・児童20人を含む30人が瓦礫の下敷きになって死亡、約50人が負傷した。このほかに約100人が生き埋めになり、死傷者数は今後さらに増える見込み。

5.6　**炭鉱で爆発**（中国　貴州省六盤水市）　5月6日、貴州省六盤水市に近い炭鉱でガス爆発が起こり、45人が死亡、5人が重軽傷を負い、3人が行方不明になった。この炭鉱は小規模炭鉱で、安全面に問題があり、熟練労働者がいないため操業許可も下りていなかった。1986年10月にも爆発を起こし死者2人を出しており、たびたび閉鎖命令が出されていた。

5.14　**バスとトラック衝突**（アメリカ　ケンタッキー州）　5月14日午後10時55分、アメリカ・ケンタッキー州キャロルトン近くのハイウェイで67人を乗せたバスが小型トラックと正面衝突、炎上した。死者は27人以上、負傷者は3、40人で、うち7人が重体とみられる。アメリカ国内のバス事故としては史上最悪の惨事の一つとされる。このバスは、同州ラドクリフの教会のもので、教会信者の子供たちなどが乗っており、反対車線を越えて突っ込んできたトラックと正面衝突した。衝撃でバスの燃料タンクが破裂、一瞬にしてガソリンが燃え上がり、惨事となった。

5.17　**小型船沈没**（インドネシア）　5月17日、インドネシアのロンボク島沖とカリマンタン沖で、小型船2隻がサンゴ礁に乗り上げるなどして沈没、合わせて27人以上が死亡、約50人が行方不明となった。ロンボク島沖での事故では27人が遺体で発見され、7人が救助され、約30人が行方不明。カリマンタン沖でも同日、乗客45人が乗った木造船がサンゴ礁に衝突して沈没し、17人が行方不明となった。

5.24　**石油基地のタンク爆発**（メキシコ　チワワ）　5月24日午前、メキシコ北部の都市チワワにある国営メキシコ石油公社（ペメックス）の石油タンク1基が爆発して炎上した。ほかのタンクが誘爆する恐れがあるため、付近の住民10万人以上が避難した。死傷者はなかった。爆発したタンクは容量3万バレル（180万l）で、同様のタンクが15基ある。チワワ市は人口50万人。石油基地の半径3キロ以内の住民10万人から20万人が避難した。

5.29　**炭鉱で爆発**（中国　山西省）　5月29日朝、中国山西省臨汾地区霍県にある聖仏炭坑でガス爆発が発生、坑内で作業中の56人のうち49人が死亡、1人が重傷を負った。

6月－　**熱波**（中国　江蘇省,江西省）　6月下旬ごろから7月にかけ、中国東部の江蘇省の南京市では、熱波により83人が死亡、約1500人が入院した。南京では連日35度を超す暑さが続き、最高気温は39度になった。1905年の観測開始以来、3度目の熱波となった。江西省南昌でも7月16日までに猛暑で老人ら290人が死亡。6月末から記録破りの38度前後の暑さが連続20日間も続いたため、杭州では26日までに日射病などで930人が死亡、また、南昌で290人、上海で50人など、計1440人以上が死亡した。

6月　**大雪**（アフリカ）　6月中旬から、アフリカ大陸南端部の山岳地帯は記録的な降雪があり、凍死者が出た。豪雪となったのは南アフリカ共和国のケープ州東部からナタール州にかけて2000m級の高地が連なるドラケンスバーグ山脈付近。四方を南アに囲まれた山脈中心部にある小国レソトはもっとも大きな被害を受け、場所によっては1mを超す雪が積もり、住民約1万人が閉じ込められたほか、山岳部で数人の凍死者が出た。

1988

6.1　炭鉱で爆発（西ドイツ（現・ドイツ）　ヘッセン州）　6月1日、西ドイツ・ヘッセン州の炭鉱で、坑内爆発事故が発生、同日夜までに16人が遺体で発見された。生き埋めになっている残り41人の生存もほぼ絶望視され、西ドイツの炭鉱史上最悪の事故となった。

6.4　貨物列車爆発（ソ連（現・ロシア）　ゴーリキー市）　6月4日午前9時半、モスクワの東約400キロのアルザマス駅で貨物列車が爆発、80人が死亡、929人の重軽傷者が出た。列車が駅に近づいたとき、ディーゼル機関車のすぐ後ろの、地質調査や建設用の産業用爆発物を積んだ貨車3両が突然爆発を起こした。爆発地点には、深さ26m、直径53mもの穴があいた。家屋150戸が全壊、駅舎など250の建物が損傷し、ガス管や輸送、生活関連施設も被害を受け、600家族が家を失った。高温か自然発火が原因とされた。

6.12　ジェット機農園に墜落（アルゼンチン　ミシオネス州）　6月12日午前9時50分ごろ、アルゼンチン北東部ミシオネス州の州都ポサダス近郊で、同国アウストラル航空46便のジェット旅客機DC9が墜落した。乗客乗員22人全員の遺体も収容された。同機はレシステンシア経由でポサダス空港に向かっており、着陸のため急旋回したあと、ポサダス空港手前約5キロにある農園に墜落した。付近は濃霧に包まれていた。

6.21　巡礼テントで火災（エジプト　アル・カッシーヤ）　6月21日深夜、エジプト中部アル・カッシーヤにあるアル・ムハラク修道院前に並んでいた、コプト教（キリスト教の一派）の巡礼テントの一角から火災が発生、巡礼で訪れていた子供ら46人が死亡した。毎年6月21日から28日まで行われるこの修道院の祭礼で、多くのコプト教徒が巡礼に訪れ、5万人の人出でにぎわっていた。

6.21　人工心臓弁故障（アメリカ）　6月21日、人工心臓弁の米主要メーカー、バクスター・インターナショナル社が人工心臓弁の製造を中止し、未使用の約6000個の人工弁を回収していることが明らかになった。アメリカを含む全世界で患者に移植された約2万個の人工弁のうち12個が故障、うち6人の死亡が報告されたため、直ちに未使用分の回収を開始したという。人工弁の故障は欧州で8件、日本で2件、オーストラリアとアメリカで各1件報告された。

6.23　豪雨で山崩れ（トルコ）　6月23日午前8時ごろ、トルコ東北部の黒海に面したトラブゾンに近い山地で大規模な山崩れが発生、麓の村が土砂で埋まった。翌24日になっても小規模な土砂崩れが続いて捜索ははかどらず、3人が遺体でみつかったが、約300人が生き埋めになった。現場は、トラブゾンから約30キロ離れたカタク村。トルコでは、6月に入ってから全土で豪雨が続き、同月12日には首都アンカラで大水のため、13人が死亡、住宅550棟に床上浸水の被害が出ていた。山崩れの現場付近にも、再三激しい雨が降り、小規模ながけ崩れが断続的に起きていた。

6.26　エアバス森に墜落（フランス　ミュルーズ）　6月26日午後2時50分ごろ、東フランスのミュルーズで、フランス航空のエアバスA320機がアブゼム空港の滑走路近くの森に墜落した。乗客・乗員127人のうち2人が死亡、98人が重軽傷を負った。新しく就航したA320機のデモンストレーション飛行の最中で、事故機には招待客やジャーナリストが乗っていた。観衆を意識するあまり超低空を超低速で飛び、上昇操作が遅れたため、滑走路端の木にぶつかったのが原因とされる。事故時の高度が低かったため、軽いけがですんだ人もいた。

209

1988

6.27　電車衝突（フランス　パリ）　6月27日午後7時10分ごろ、フランス・パリの国鉄リヨン駅で、ホームに停車中の満員の通勤電車に、郊外電車が正面から突っ込み、57人が死亡、38人が重傷を負った。突っ込んだ電車のブレーキが故障しており、止まっていた電車に猛スピードで食い込み、電車の2両が大破。衝突された電車には約1000人の乗客が乗っていたとみられる。

7月-　アザラシ肺炎で大量死（北欧　北海）　この夏、北海とバルト海で近海の島に生息するアザラシの間に肺炎が広がり、この海域のアザラシの約2割が死亡した。肺炎流行の原因は不明だが、北海は環境汚染が進んでおり、抵抗力の弱まったアザラシがウイルスの犠牲になったという見方が強い。各国政府の集計では、死亡したのは約2800頭。この春には海水の汚染による赤潮が発生していたほか、死亡したアザラシからは水銀などの有害物質が検出された。

7月　熱波（ギリシャ）　7月初めから、ギリシャを熱波が襲い、死者は老人を中心に31人になった。大気汚染が原因の1つと考えられる。8日、同国政府はアテネを中心とする100の大工場に対し、排ガスを30%削減するように指示した。

7.3　旅客機、誤射され墜落（中東　ペルシャ湾）　7月3日午前、ペルシャ湾上空でイラン航空の定期便A300旅客機が墜落、その原因は米海軍艦船のミサイル攻撃によると伝えられた。ペルシャ湾上で米海軍がイラン軍の艦艇、戦闘機と交戦中、旅客機に対し誤ってミサイルを発射した可能性が高い。墜落したA300機には乗客乗員298人が乗っており、全員が絶望。

7.4　洪水（中国　四川省）　7月4日、中国中西部の四川省南部の宜賓、雅安地区で洪水が発生し、65人が死亡、1420人が負傷した。この地区は、6月23日から26日にかけて暴風雨と降雹に見舞われており、約17万の家屋が倒壊、約1500km^{2}の田畑が水浸しになった。

7.6　油田爆発（イギリス　スコットランド沖）　7月6日夜、スコットランド沖の北海油田中心部にある米オキシデンタル石油所有の海上石油基地で爆発炎上事故があり、基地施設は大破して海中に没した。同基地にいた229人のうち、7日夕までに65人の生存と16人の死亡が確認され、148人が行方不明となった。救援活動に従事していた2人も行方不明。不明者は全員が死亡したものとみられる。世界の洋上石油施設事故史上最悪の惨事となった。最初の爆発を起こしたのが天然ガス圧縮装置で、ガス漏れが起きたものとみられる。

7.8　急行列車湖に転落（インド　ケララ州）　7月8日午後1時、インド南部ケララ州で、バンガロール発トリバンドラム行きの急行列車がトリバンドラムの北方にあるアシュタムディ湖に架かる鉄橋上から湖に転落、9日深夜までに85人の遺体が収容され、200人以上が湖に転落した客車内に閉じこめられ、生存は絶望視。約500人が負傷したとみられる。列車の定員は1700人だが、事故当時はほぼ満員だった。転落した湖はモンスーンのため増水しており、このため橋の一部が崩れ落ち、進行してきた急行列車が脱線、転落したという。

7.15　フェリー転覆（ブラジル）　7月15日深夜、ブラジルのアマゾン川河口付近のベレンからカショエイラ・ド・アラリ港に向かう途中にあったフェリー「コレイオ・ド・アラリ」号が、川底の難破船に衝突して座礁、約5分間で沈没した。58人の死亡が確認され、30人が行方不明になった。フェリーの定員は60人だが、約3倍の乗客が乗って

210

1988

7.21 - **船衝突相次ぐ（中国　四川省）**　7月21日午後4時半ごろ、中国の長江（揚子江）支流の岷江で、乗客、乗員約250人を乗せた客船が岩場に衝突して沈没、131人が救助されたが、8月19日までに死者133人、行方不明者43人の被害が出た。この船は岷江沿いにある宜賓市から楽山市に向かっていた。同月25日午前にも、四川省雲陽県の長江で再び客船とはしけの衝突事故が発生、客船の乗客が全員水中に落ち、25人は救助されたが、71人は行方不明となった。現場は長江の名所で、東数キロに白帝城と瞿塘峡（くとうきょう）の入り口がある。

7.29　**豪雨（中国　浙江省）**　7月29日夜から30日午前にかけて、中国東南部の浙江省寧海、奉化両県に集中豪雨が降り、貯水池が決壊するなどして8月2日までに214人が死亡、449人が行方不明となった。降雨量は468ミリに達し、320余りの村落が濁流に襲われた。

8月 - **豪雨（バングラデシュ）**　8月末から、バングラデシュは記録的な豪雨に襲われた。9月3日までに各地で死者500人、1000万人が家を失った。6月以降のモンスーンによる降雨のため、ブラマプトラ川流域の最高水位は標準点を6.2mも上回り、各地で氾濫した。国土の7割が水浸しとなり、9月15日までに洪水で流された者など891人が死亡、下痢や赤痢で110人が死に、死者は合計1000人を超えた。家屋は800万戸が壊れ、全人口の3分の1にあたる4000万人が家を失った。コメ300万トン相当の稲が流され、畑約500万haが水浸しになり、牛10万頭以上が死んだ。

8.4 - **豪雨（スーダン　ハルツーム）**　8月4日、スーダンの首都ハルツームなどをナイル川の氾濫による洪水が襲った。洪水は4日から5日にかけて発生、ハルツームの人口400万人のうち150万人が家を失った。その後13日にも、再び同地方一帯は集中豪雨に見舞われ、16日までに250人規模の被害が出たとみられる。40人以上が洪水にのまれたり伝染病などで死亡。同地方では今世紀最悪の被害が出る見込み。

8.6　**客船転覆（インド　ビハール州）**　8月6日、インド東部ビハール州のガンジス川で、500人以上を乗せた客船が転覆、約50人は助かったが、400人以上が水死したとみられる。38人は遺体で発見されたが、ガンジス川はモンスーンの雨で増水しており、作業は難航した。同船はマニハリ沐浴場で客を乗せ、バガルプル地方のサヘブガンジに向かう途中だった。

8.8　**台風9号（中国　杭州市）**　8月8日朝、中国・中東部を台風9号（中国では7号）が襲い、中国最大の観光地の一つである杭州市の景勝地が大きな被害を受け、死者50人以上、行方不明100人以上の被害が出た。杭州市内では8日午前3時から8時までの間に111ミリの大雨となり、市内の約80％の送電線が切断された。

8.16　**急行列車脱線（ソ連（現・ロシア）　カリーニン州）**　8月16日午後6時34分、レニングラードからモスクワに向かっていたソ連の旅客急行列車が、モスクワの北西約300キロの地点で脱線、出火し、ほぼ全車両が焼けた。18日までに判明した死者は子どもを含め22人、107人が負傷し入院した。事故現場はモスクワに隣接するカリーニン州の北端のベレザイカ駅とパプラベニェッツ駅の間の区間。事故原因は、24時間前に現場付近の線路に異状が判明し、速度を制限するよう警告が出ていたのに、機関士たちに通報されていなかったため。

1988

8.21 　地震（インド　ネパール）　8月21日午前4時54分（ネパール時間）、ネパール東部からインド北東部にかけての国境地帯で強い地震が発生した。家屋の倒壊や地滑りなどで、インドで死者450人、ネパールで562人が死亡。地震の規模はマグニチュード6.6、震源はインド・ビハール州に近いネパールのウダヤプル付近。激しい揺れが約1分間続き、その後も余震が襲ったという。震源地に最も近い同州ダルバンガでは、学校の寄宿舎が倒壊するなどして200人が死亡し、ほとんどの民家が崩壊した。

8.28 　航空ショーで接触・墜落（西ドイツ（現・ドイツ）　ラインラント・プファルツ州）　8月28日午後4時ごろ、西ドイツ中部ラインラント・プファルツ州ラムシュタインにある在西独米軍基地で行われた航空ショーの最中に、曲技飛行のジェット練習機同士3機が空中で接触、うち1機が3万人を超す見物席に墜落、70人が死亡し、重軽傷者は400人以上に達した（別統計では死者47人、負傷者約500人）。イタリア空軍曲技飛行チームが演技中、高度50m付近で突然3機が接触したもの。1機は滑走路に墜落、もう1機は見物席の貴賓席付近に飛び込み炎上し、1機は空中爆発した。墜落した3機の操縦士は全員死亡した。この事故を受け、西ドイツでは今後国内での曲技飛行を全面的に禁止する措置がとられた。

8.31 　旅客機墜落・炎上（アメリカ　テキサス州）　8月31日午前9時、アメリカ・テキサス州のダラス・フォートワース国際空港でデルタ航空の旅客機ボーイング727機が離陸直後に墜落、機体は2つに割れて炎上した。同機には幼児を除いて107人が乗っていたが、13人が死亡、多数の負傷者が出た。同機はダラス・フォートワース空港を経て、ユタ州のソルトレークシティーに向かう途中だった。離陸直後に機体が横転して地面に激しく衝突し、機体は真っ二つに割れて炎上したという。エンジンの故障が原因とみられる。

9.9 　旅客機着陸失敗・炎上（タイ　バンコク）　9月9日午前11時37分過ぎ、タイの首都バンコクのドンムアン国際空港に着陸しようとした国営ベトナム航空のハノイ発バンコク行きTU134型双発ジェット旅客機が着陸に失敗して炎上、乗客76人、乗員5人のうち76人が死亡、5人が重傷を負った。同機は管制塔の指示で着陸しようとしたが、雷雨のさなかで目標を見失い、空港の北約6キロの水田に墜落した。機体は3つに割れて飛び散り、一瞬のうちに炎上した。

9.10- 　ハリケーン「ギルバート」（アメリカ/メキシコ/ジャマイカ）　9月10日から17日にかけ、史上最強のハリケーン「ギルバート」がジャマイカ、キューバ、ユカタン半島などを襲い米大陸を直撃、メキシコ北部とテキサス州を襲った。17日早朝、メキシコ北部、ヌエボレオン州の州都モンテレー郊外で満員の乗客を乗せたバス4台が、増水したサンタカタリナ川の濁流に次々とのみ込まれた。乗客は約200人いたが、救助されたのは13人のみ。乗客はハリケーンの被害を避けるために東へ向かう市民だった。このハリケーンは12日にジャマイカを直撃しており、カリブ海の島々、ユカタン半島などでは、少なくとも47人が死亡。ジャマイカ全土の家屋の5分の4に当たる40万戸が損壊、人口の5分の1に当たる50万人が家を失った。5カ国で260人が犠牲となった。

9.15 　旅客機墜落（エチオピア　バハルダール）　9月15日、国営エチオピア航空のボーイング737機が、同国北西部にあるタナ湖岸の町バハルダールの空港を離陸直後に墜落、乗客104人が乗っていたが、32人以上が死亡、多数の負傷者が出た。同機は首都アジ

スアベバを飛び立ち、バハルダールを経由してエリトリア州アスマラに向かう途中だった。

9.18 フェリー沈没（中国　広西チワン族自治区）　9月18日午後、中国広西チワン族自治区横県の郁江で80人以上が乗った小型フェリーが沈没、61人が死亡、1人が行方不明となった。このフェリーは7トンしかなく、客が定員をオーバーしていた。

10.4 貨車爆発（ソ連（現・ロシア）　スベルドロフスク）　10月4日、ソ連ウラル地方の工業都市スベルドロフスク貨物駅構内で列車同士が衝突、爆発物を積んだ貨車が爆発し、4人が死亡、約280人が負傷した。

10.7 遊覧機ホテルに墜落（中国　山西省）　10月7日午後1時すぎ、中国・山西省臨汾市で遊覧飛行中の航空機が同市内のホテルに墜落、乗客、乗員42人が死亡、4人がけがをした。ホテルの従業員数人も負傷した。この遊覧飛行は約15分間の短いもの。航空機はイリューシン14で、離陸直後にホテルの屋根に接触、墜落したとみられる。

10.12 バス用水路に転落・炎上（中国　陝西省）　10月12日午後3時ごろ、中国・陝西省乾県で、83人の客を乗せた大型バスが道路わきの用水路に転落して炎上、43人が焼死し、運転手を含む41人が重軽傷を負った。このバスは咸陽市自動車運輸会社のもので、定員は38人。定員を大幅に超過していたのに加え、道幅の狭いところでスピードを出し過ぎていた。雨のため路肩が緩んでいたところへ、前からきた軍用車を避けようとして防護柵のない用水路に転落した。

10.17 旅客機墜落（イタリア）　10月17日午前0時31分、ローマ南西約30キロにある、地中海に面したフィウミチーノ（レオナルド・ダビンチ）国際空港で、ウガンダ航空ボーイング707型機が着陸寸前に墜落、この事故で30人が死亡、22人が負傷した。同機は乗客45人、乗員7人の計51人を乗せてロンドン発ローマ経由ウガンダ・エンテベへ向かう途中だった。

10.19 サイクロン（バングラデシュ）　10月19日、風速30mを超えるサイクロンがバングラデシュを襲い、ベンガル湾沿岸を中心に1500人が死亡・行方不明となった。

10.19 旅客機墜落相次ぐ（インド　アーメダバード）　10月19日朝、インド西部のアーメダバード付近でインドの国内線インディアン航空のボーイング737機が墜落、乗客約120人が死亡した。同機は早朝、ボンベイを発ちグジャラート州アーメダバードに向かっていたが、アーメダバード空港の約15キロ手前の地点で墜落した。また、同日午前8時50分ごろ、今度はインド北東部アッサム州のガウハーティ付近で同国バユドート航空の国内線旅客機が墜落。乗客31人、乗員3人の計34人全員が死亡した。

10.24 フェリー沈没（フィリピン）　10月24日午後1時ごろ、マニラから約320キロ南のビサヤ海を航行中の内航フェリー、ドニャマリリン（2855トン）がSOSを発信後消息を絶った。同船は23日午前10時にマニラを出港し、約500キロ南東のレイテ島タクロバンに24日午前10時に到着する予定だった。この船は定員が1200人だが、同国の内航フェリーは定員を超過して航行することが多いため、それ以上が乗っていたとみられ、発生10日が経っても、正確な犠牲者数、乗船客数などが不明な状態が続いた。

11.3 バスとトラック衝突（トルコ　イスタンブール）　11月3日午前8時ごろ、イスタンブールの東約160キロの高速道路で長距離バスがトラックと正面衝突、28人が死亡、11人がけがをした。事故が起きたのは、同国東部のエルズルムからアンカラ経由でイ

1988

スタンブールへ向かうトルコ横断道路上で、事故当時は濃い霧に覆われていた。バスがトラックを追い抜こうとして、対向してきたトラックと衝突、さらに後続のトラックともぶつかり、大破したとみられる。

11.6 地震（中国 雲南省） 11月6日夜、中国のビルマ国境近い雲南省瀾滄、耿馬両地区で地震が発生、死者938人、負傷者4015人、うち重傷者3472人の被害が出た。250万人が被災、40数万戸の家屋が倒壊、被害総額は14億元（約500億円）に上った。被害が最も大きいのは思茂地区瀾滄ラフ族自治県。翌日にも強い余震が続いた。

11.21- 豪雨（タイ） 11月21日から、タイ南部でモンスーン性の雨が降り続き、マレーシア国境寄りの12県で洪水、土砂崩れを起こし、30日までに死者430人となる大きな被害が出た。首都バンコクと南部を結ぶ航空便、列車便は5日間止まったまま。水田や農地約20万haが冠水し、ゴム園、果樹園にも大きな被害が出た。死者の多くは土砂崩れに巻き込まれたとみられるが、原因のひとつは森林の大規模伐採による人災的要素が指摘され、急速な開発や乱伐、不法伐採が問題視された。

11.29 サイクロン（バングラデシュ/インド） 11月29日夜、バングラデシュ南部とインド東部のベンガル湾沿岸地方を大型サイクロン（台風）が襲い、死者は4日までに両国で約3000人に上り、さらに約1万人が行方不明となった。被害発生から5日たっても、一帯の通信網は寸断されたままで救済活動は難航した。

12.7 アルメニア地震（ソ連 アルメニア共和国（現・アルメニア）） 12月7日午前10時41分、ソ連南西部で強い地震が発生。震源地はアルメニア共和国の第2の都市レニナカンから50キロの山岳地で深さ20キロと浅く、震度はメルカリ震度階で8、マグニチュードは7.0。13日までに、死者は約5万5000人、重軽傷者は約1万3000人に達した。アルメニア共和国の首都エレバンの北にあるスピタクの町は、一瞬のうちにほとんどの建物が崩壊し、通信は途絶。コーカサス地方では過去80年間で最大の地震と伝えられ、世界的にも、最近では76年の中国・唐山地震（死者約24万人）に次ぐものとなった。

12.11 花火で火事（メキシコ メキシコシティ） 12月11日午後3時前、メキシコシティ中心部のメルセド市場にある商店ビルが爆発炎上し、周辺の5つのビルに次々延焼した。日曜の午後で市場は混雑しており、幼児11人を含む51人以上が死亡、83人が負傷した。火元は祭り用の花火を売っていた商店とみられる。

12.12 信号異常で列車二重衝突（イギリス ロンドン） 12月12日午前8時過ぎ、ロンドン南部でラッシュアワーのピークに英国国鉄の3本の列車が相次いで衝突、通勤客を中心に約36人が死亡、30人が重傷を負った。現場はテムズ川の南、クラッパム地区にあるクラッパム・ジャンクション駅付近。ロンドン南西郊外のベージングストークからウォータールーに向かう通勤列車に、英南岸のプールからやはりウォータールーに向かう急行列車が追突。さらに回送中の貨物列車も事故現場に突っ込み、通勤客を満載した車両8両が転覆または大破した。事故の原因は、信号系統の異常作動とみられる。

12.15 寒波（アメリカ） 12月15日、アメリカ中西部から東部にかけての広大な地域がこの年最初の寒波に見舞われ、15日夜から16日夕にかけて、ホームレスなど26人が死亡した。16日の気温はウィスコンシン州北部で氷点下25度、ミシガン州北部で同24度まで下がった。シカゴでは氷点下18度、ボストン同9度、ニューヨークは同8度となっ

た。カナダ・アルバータ地方に発生した寒気が国境を越えて南下したためで、カナダの観測所では同日氷点下32度を記録した。

12.21 旅客機墜落(イギリス ロンドン) 12月21日午後7時半ごろ、西ドイツ・フランクフルト発ロンドン経由ニューヨーク行きの米パンナム航空103便のボーイング747ジャンボ機が、イギリス・スコットランドのロッカビー村に墜落、炎上した。乗客243人と乗員15人の計258人全員が死亡、同村の住民にも多数の死傷者が出た。イギリス航空事故史上、最悪の事故となった。天候に問題はなく、墜落直前まで異常はなかったことや、墜落時には火に包まれていたことなどから、テロの可能性も否定できないが、詳細は不明。

12.23 列車にバスが衝突(中国 遼寧省) 12月23日午後11時50分ごろ、中国・遼寧省新義県の鉄道踏切で、同省丹東発北京行き列車に大型バスが衝突、バスは大破し、列車は前4両が脱線した。この事故でバスの乗客45人が死亡、25人が負傷、列車の運転士と乗務員7人と乗客3人の合わせて10人が負傷した。

12.31 観光船転覆(ブラジル リオデジャネイロ) 12月31日午後11時50分ごろ、ブラジル・リオデジャネイロのグアナバラ湾で約130人が乗った新年を祝う湾内観光船が転覆、1日夕までに約40人が救助されたが、約50人が遺体で収容され、数十人が行方不明となった。同船はバトームーシュ4号(全長約20m)で、同市コパカバーナ海岸で元日の午前零時に始まる花火大会を海から眺めるため、同湾のふ頭を出航し、まもなく転覆した。乗客が陸地側の右舷に殺到したところに高さ約4mの高波を受け、バランスを崩したとみられる。

この年 狂犬病(中国 湖南省) 中国中南部の湖南省では、1988年の1年間で30万人が犬にかまれ、500人以上が死亡するという中国全土でもトップの記録を残した。1989年も半年で20万人がかまれた。同地域は犬の肉を使う独特の料理で知られ、人口5800万人の同省には600万匹の犬がいる。狂犬病の予防薬は全国的な品不足で、製薬工場が値をつり上げ、配給もままならないという。

〈 1989 〉

1.1 列車とバス衝突(中国 黒竜江省) 1月1日朝、中国・黒竜江省北安市郊外の浜北線踏切で、結婚式に向かう同省克東県双慶郷の花嫁と、その家族の乗ったバスが貨物列車と衝突、花嫁とバスの運転手を含め31人が死亡した。

1.1 フェリー沈没(グアテマラ) 1月1日午後、グアテマラのカリブ海側沿岸を、海軍艦艇に曳航されていたフェリーボートが沈没、乗客ら46人は救助されたが67人が死亡、14人が行方不明になった。

1.8 旅客機高速道路に墜落(イギリス ケグワース) 1月8日午後8時15分ごろ、ロンドン・ヒースロー空港発アイルランド・ベルファスト行きの英ミッドランド航空BD92便のボーイング737-400型旅客機が、ロンドンの北約200キロのケグワース付近の高速道路M1の土手に墜落、大破した。乗客乗員126人のうち、9日までに44人が死亡、

82人が負傷した。同機は離陸直後にエンジントラブルを訴え、ケグワースの西郊外にある東ミッドランズ空港に緊急着陸しようとしたが、同空港の800m手前に墜落。事故原因は、エンジン温度測定器が左右間違ってセットされたために、パイロットが故障を起こした左エンジンとは逆の右の正常なエンジンを切ったためだった。

1.15 **列車正面衝突**（バングラデシュ ブベイル） 1月15日午前7時25分ごろ、バングラデシュの首都ダッカの約30キロの工業都市トンギに近いブベイル駅付近で、チッタゴン行き急行列車とダッカ行き郵便列車が正面衝突、乗客100人以上が死亡、1000人以上が重軽傷を負った。急行列車はイスラム教の集会に向かう人で満員だった。急行列車は時速約80キロで、駅に停車するため速度を落としていた郵便列車に突っ込んだという。双方のディーゼル機関車と客車4両が脱線し、一部は横転した。原因は信号の操作ミスとの見方が強い。

1.23 **地震**（ソ連 タジク共和国（現・タジキスタン）） 1月23日午前5時2分、ソ連中央アジアのタジク共和国で強い地震があった。同共和国の首都ドシャンベから南西約15キロのシャロラ村は、大規模な地滑りのため、ほぼ全村が土砂に埋まり、住民約600人が死亡した。この周辺の村を含め、死者は1415人、倒壊家屋は約1000戸に上った。マグニチュードは6で、震源はドシャンベの南西約50キロとみられる。

1.23 **金鉱で火災**（ペルー エカ州） 1月23日朝、ペルー南部のエカ州ナスカ近郊のソルデオロ金鉱山で落盤事故が起き、坑内に有毒ガスが充満した。26日までに中毒死した労働者11人の遺体が見つかった。火災は20日に発生し、いったん収まったものの、翌21日燃え広がり、少なくとも100人が坑道内に閉じ込められた。23日には坑道を支える木製柱が燃えつきて落盤、中から有毒ガスが噴き出し、救出作業ができなくなった。対立する鉱山労働者のグループが坑内に放火したとみられる。

2.5- **寒波**（アメリカ） 2月5日から6日にかけて、アメリカ中西部から南部までの広大な地域が寒波に見舞われた。気温はイエローストンのモンタナ州側入り口で氷点下37度、コロラド州デンバーで同31度を記録。凍えたり、雪の下敷きになるなどして全米で47人が死亡した。

2.8 **旅客機山に墜落**（ポルトガル 大西洋アゾレス諸島サンタマリア島） 2月8日午後、大西洋のポルトガル領アゾレス諸島のサンタマリア島で、144人が乗った米国のインディペンデント航空のボーイング707型旅客機が墜落した。墜落現場はサンタマリア島のピコアルト山。乗務員7人、乗客137人の全員が死亡した。同機は北イタリアのベルガモ空港を出発、給油のため同島の空港に立ち寄り、ドミニカ共和国サントドミンゴに向かう予定だった。

2.24 **構造欠陥でジャンボ機爆発**（アメリカ ホノルル） 2月24日未明、ホノルルからニュージーランドに向かって離陸した米ユナイテッド航空のボーイング747型ジェット旅客機が爆発、同機はホノルル空港へもどり、緊急着陸した。機体前部の右側に大きな穴があいており、乗客9人がこの穴から吸い出され行方不明となった。ほかに11人が負傷した。胴体外板の接着の方法に耐久性における構造欠陥があったとみられる。

3.4 **列車同士衝突相次ぐ**（イギリス 西サセックス州サリー） 3月4日午後1時39分、ロンドン南郊の西サセックス州サリーのパーリー駅付近で、旅客列車同士が衝突、5人が死亡、50人以上が重軽傷を負った。衝突したのは、ホーサム発ロンドン・ビクトリア駅行きの列車と、リトルハンプトン発ビクトリア行きの列車。片方の列車が鈍行

路線から快速用の線路に入った際、後から来た列車が衝突、前の客車7両が脱線したという。また、6日午後零時50分ごろ、スコットランド・グラスゴーの中心地から約3キロ東のベルグローブ駅付近で、英国鉄の旅客列車同士が衝突、運転士を含む2人が死亡、約80人が負傷、うち40人以上が入院した。衝突したのはミルガービ発スプリングバーン行きと、スプリグバーン発ミルガービ行きの列車。客車の数両は脱線した。

3.10 **航空機墜落**（カナダ オンタリオ州） 3月10日昼ごろ、カナダ・オンタリオ州西部ドライデンで離陸直後のエア・オンタリオ社のサンダーベイ発ドライデン経由ウイニペグ行き363便フォッカー28型機が墜落、炎上した。乗員4人、乗客65人のうち1人が死亡、46人が負傷、残り22人の生存は絶望視される。同機は、雪で視界1キロ以下の悪天候の中で離陸、直後に空港に隣接する林に墜落した。機体は機首部と尾部を残して大破し、火に包まれた。

3.20 **軍事演習ヘリコプター墜落**（韓国 慶尚北道） 3月20日午前7時ごろ、韓国慶尚北道迎日郡の村の川の堤防に、米韓合同軍事演習チームスピリットに参加していた沖縄の米第1海兵航空団所属のCH53-Dヘリコプター1機が墜落、乗っていた37人中22人が死亡、15人が重軽傷を負った。

3.21 **貨物機住宅街に墜落**（ブラジル サンパウロ） 3月21日午前11時45分ごろ、ブラジル・サンパウロ近郊のグアルーリョス国際空港付近で、ブラジル・トランスブラジル航空のボーイング707国内便貨物機が、同空港に着陸直前、南東約2キロにある住宅密集のスラム街に墜落、爆発炎上した。約30軒の家が燃え上がり、乗員3人全員が死亡、巻き添えの住民20人以上が死亡し、約200人がやけどを負った。

3.24 **タンカーから原油流出**（アメリカ アラスカ州） 3月24日午前0時半ごろ、アラスカのバルディーズ工業港で126万バレルの原油を満載した大型タンカー「エクソン・バルディーズ」が、南方40キロで流氷を避けようとして航路をはずれて座礁した。船底にあいた穴から多量の原油が流出し、アメリカ史上最悪の事故になった。同日夜になっても流出は止まらず、約3万5000トンの原油は沖の方へ約8キロにわたり拡散、除去作業は難航した。

4.7 **原潜火災**（ノルウェー） 4月7日、ノルウェーの沖合約500キロのノルウェー海上で、ソ連の原子力潜水艦が火災を起こして沈没した。事故を起こしたのはソ連のマイク級原潜で、9日夜までに69人の乗組員のうち42人が死亡、27人が救助された。この原潜には2基の核弾頭つき魚雷が搭載されていたが、艦とともに海底に沈んだ。火災の原因は、電気のショートで火が出たのが燃え広がったためとみられる。6月26日にも、ソ連の原潜ノルウェー沖で原子炉の故障を起こして浮上、原子炉の1時冷却系のパイプが破損したと説明した。現場海域に放射能の異常はみられなかった。

4.15 **サッカー場で圧死**（イギリス ロンドン） 4月15日、イギリスのシェフィールドのサッカー場で、観客の将棋倒し事故が発生し、死者93人、負傷者約200人に達した。英国のサッカー場で起きた事故としては最大の惨事となる。ゲームが始まって間もなく出入り口のゲートが開けられ、数千人のファンが一度に殺到した。入り口付近は大混乱となり、また観客席でも後ろから押された観客が、フェンスが倒れると同時に将棋倒しになり、グラウンドになだれ落ちた。警備に当たっていた警官隊の不手際が一因とみられる。

4.19 戦艦爆発（大西洋）　4月19日午前10時、プエルトリコの北東約530キロの大西洋上で、米戦艦アイオワ（4万5000トン）が射撃訓練中、主砲の砲塔内で爆発を起こし、乗組員47人が死亡、数十人の負傷者が出た。米戦艦内での爆発事故として戦後最大の被害となった。同艦の航行に支障はない。射撃訓練のためにエレベーターで砲塔内に運び込まれた火薬のうちの1個が、砲身に装てんされた際、何らかの原因で爆発し、他の火薬類も誘爆したとみられる。

4.20 暴風雨（中国　四川省）　4月20日未明、中国中西部の四川省東部の瀘州市一帯は、雹のまじった暴風雨に見舞われ、80人が死亡、約300人が負傷した。市内の水道や、電気は停止し、郊外では1割近い家屋が倒壊した。

4.20 地滑り（ソ連　グルジア共和国（現・グルジア））　4月20日、ソ連・グルジア共和国のトルコ国境に近いアジャリア自治共和国の山岳地帯で、雪解け、地滑り、洪水などが重なり多くの住宅、役所、病院、学校などが崩壊して、50人以上の死者が出た。

5.30 金鉱で火災と地滑り（フィリピン　ミンダナオ島）　5月30日夕、フィリピン・ミンダナオ島ダバオ北州モンカヨ地方のディワタ山の金鉱山で大規模な地滑りと火災が発生、20人が焼死、約1000人が生き埋めとなった。集中豪雨のためディワタ山一帯で大規模な地滑りが発生し、11の金鉱山の坑道が陥没したり、坑道入り口が塞がれたりした。坑内では約2000人が働いていたが、うち約1000人が自力で脱出し、6月2日には500人以上が救出された。また、この地滑りで坑道入り口の鉱山労働者の家40数軒が押しつぶされ、火災が発生、住民20人以上が焼死した。

6月- 洪水と土砂崩れ（中国　広西チワン族自治区, 青海省）　6月下旬、豪雨の影響で中国広西チワン族自治区天峨県燕来郷で洪水と土砂崩れが起こり、少なくとも28人が死亡、3人が負傷した。また、家屋や田畑が損壊したほか、貯水施設21カ所と水力発電所1つが壊れた。青海省でも6月中旬以来の雨のため各地で洪水があり、過疎の地域で3人が死亡、家畜343頭が死んだほか、橋16カ所、貯水施設41カ所と堤防、ダムなどが壊れた。また、7月10日午後、中国南西部の四川省でも豪雨のため土砂崩れが発生、セメント工場などが土砂で埋まり、労働者やその家族約200人が生き埋めとなった。18日までに、これらの洪水のため少なくとも1360人が死亡。とくに四川省だけで死者800人以上、負傷者は5500人に上った。9月25日の最終的な発表では、2964人が死亡し、1400万haの田畑が被災したとされた。この年は長江（揚子江）、海河および黄河上流で例年より特に洪水がひどかった。

6.3 液化石油ガス輸送管爆発（ソ連（現・ロシア）　ウラル）　6月3日夜、ソ連のウラル山脈付近で液化石油ガス輸送管が爆発、これに並行しているシベリア鉄道の列車2本が巻き添えになった。乗客計約1200人のうち、462人が死亡・行方不明となった。病院に収容された負傷者は706人。事故の原因となった液化石油ガス輸送管は、事故3時間前に圧力が低下した。点検のためにポンプで圧力を上げたことで逆にガス漏れが激しくなり、膨大な量のガスが充満。通りかかった旅客列車のパンタグラフから出た火花で一瞬にして激しく爆発した。

6.7 旅客機墜落（スリナム　パラマリボ）　6月7日午前4時ごろ、スリナム航空のDC8型機が南米スリナム共和国の首都パラマリボ付近で墜落、174人が死亡した。同機は乗客173人と乗員9人を乗せてオランダ・スキポール空港から飛び立った。事故当時、同機が着陸を試みたザンデリージ空港付近は濃い霧に包まれていたという。

6.9 急行列車とバス衝突(ソ連(現・ロシア)) 6月9日、黒海沿岸のアドレル発ロシア共和国ボロネジ州の州都ボロネジ行きの急行列車が、カメンスカヤ・ポゴレロボ線のモスクワの南約1000キロの地点にある踏切で、乗客46人を乗せたバスと衝突、31人が死亡し、14人が病院に収容された。急行列車は時速80キロで踏切に近づき、機関士がバスに気づいてブレーキをかけたが間に合わなかったとみられる。

6.15 炭鉱で爆発(中国 湖北省) 6月15日昼ごろ、中国中部の湖北省咸寧市郊外の炭鉱でガス爆発があり、炭鉱労働者18人が死亡、1人が負傷した。原因は通風装置の不良とみられる。

6.17 旅客機畑に墜落・炎上(東ドイツ(現・ドイツ) ベルリン) 6月17日午前8時半ごろ、東ベルリンのシェーネフェルト空港で、モスクワへ向け離陸しようとした東独国営インターフルーク航空のイリューシン62型旅客機が離陸に失敗、滑走路を飛び出して炎上した。乗客103人、乗員10人が乗っていたが、17人が死亡、54人が負傷した。同機は滑走途中で何らかの理由により離陸をあきらめたが、滑走路内で停止しきれず、隣接した畑に約500m突っ込み、炎上した。

6.18 乗員諍いで旅客機墜落(イラン シスタンバルチスタン州) 6月18日午後1時半、イラン南東部のシスタンバルチスタン州ザヘダンから北へ約130キロのザボルに、アフガニスタンのアントノフ26型旅客機が墜落した。乗客36人が乗っていたが、操縦士を含む26人が救出され病院へ運ばれた。同機は、乗員のいさかいがもとで機内警備員が副操縦士を銃撃し、操縦に混乱が起きたため、イラン領内に不時着。飛行中に不審な行動をとった副操縦士に対し警備員が発砲してけがをさせた。あわてた警備員が後部出口の扉を開けたため、気圧の変化で操縦が狂い、イラン領内に迷い込んで不時着したという。4人の乗員の間には以前から確執があった。

7.19 旅客機墜落・炎上(アメリカ アイオワ州) 7月19日午後4時ごろ、アメリカ・コロラド州デンバー発イリノイ州シカゴ行きのユナイテッド航空232便のDC10-10型旅客機が、アイオワ州スーシティー空港で緊急着陸に失敗、滑走路の北西手前に墜落した。同機は機首周辺を残して大破、炎上し、同日午後11時までに、乗客282人、乗員11人、計293人のうち117人が死亡・行方不明となり、176人が生存した。後部エンジンの故障によって油圧系統が制御不能になったことが墜落の原因とみられる。

7.25- 豪雨(韓国) 7月25日未明から26日にかけて、梅雨前線の南下に伴う集中豪雨が韓国の全羅南道を中心とする南部一帯を襲った。河川の氾濫や土砂崩れなどで、26日午前11時までに38人が死亡、51人が行方不明となったほか、約2万人が緊急避難した。さらに家屋約8000戸、農地約3万haが浸水し、道路が流失、鉄道も一部不通となった。全羅南道では、長城郡の421ミリを最高に、軒並み300ミリ以上を記録した。

7.27 航空機着陸失敗・住民巻き添え(リビア トリポリ) 7月27日午前7時半ごろ、大韓航空803便のDC10機(乗客181人、乗員18人)が、トリポリ空港付近で着陸に失敗、墜落した。巻き添えとなった住民を含め約80人が死亡。同機はソウルをたち、バンコク、サウジアラビアのジェッダを経てトリポリに到着する予定だった。着陸直前、濃霧のためマルタへの緊急着陸を指示したが、同機は同空港への着陸を強行、管制塔にILS(計器着陸装置)の故障を伝えた後、手動着陸を試みて機体方向を270度旋回した際、地上の障害物に衝突したという。

8.3 プロペラ機山に墜落(ギリシャ サモス島) 8月3日午後5時ごろ、ギリシャ北部のサ

1989

ロニカからエーゲ海のサモス島に向かっていた国営オリンピック航空の双発プロペラ機が、同島の山岳部に墜落した。乗客31人、乗員3人が乗っていたが、生存者はいなかった。事故当時、付近は濃い霧に包まれていた。同機は満席状態だった。

8.4 　列車同士衝突（キューバ　コロン市）　8月4日未明、キューバの首都ハバナの東方160キロのコロン市で列車が正面衝突、32人が死亡、117人が負傷した。

8.12　石油タンクに落雷（中国　青島市）　8月12日午前10時過ぎ、中国青島市で、黄島石油貯蔵区の石油タンクが落雷で爆発、周囲のタンク数基も誘爆し、13日朝まで燃え続けた。この火災で5人が死亡、16人が行方不明となり、64人が負傷した。

8.13　熱気球衝突・墜落（オーストラリア　アリス・スプリングズ）　8月13日朝、オーストラリア大陸中央部砂漠の都市アリス・スプリングズ付近で、飛行中の観光用熱気球が別の気球にぶつかり墜落、乗っていた観光客ら13人全員が死亡した。事故現場付近には世界一の巨岩エアーズ・ロックがあり、この景観を上空から楽しむ熱気球ツアーが盛んだった。

8.15　航空機墜落（中国　上海市）　8月15日午後3時50分ごろ、中国の上海市の虹橋空港を離陸しようとした、南昌（江西省省都）行き中国民航5510便アントノフ24が離陸に失敗、滑走路近くの川に突っ込み、大破した。同機には乗客32人、乗員8人の計40人が乗っていたが、同日深夜までに死者34人が確認され、6人が救出された。エンジントラブルが原因とみられる。

8.20　遊覧船衝突（イギリス　ロンドン）　8月20日午前2時前、ロンドンのテムズ川で、ディスコ・パーティーを開いていた遊覧船と砂しゅんせつ船が衝突し、遊覧船が沈没した。遊覧船には、136人が乗り込んでいたとみられ、うち79人は救助されたが、31人が死亡、行方不明者は約26人に達した。

9.3 　旅客機住宅街に墜落（キューバ）　9月3日夕、キューバ航空のイリューシン62旅客機がキューバの首都ハバナにあるホセマルティ空港を離陸直後、墜落、炎上した。乗客115人と乗員11人の計126人全員が死亡した。また、墜落現場が住宅街だったため、45人の住民が巻きぞえとなって死亡した。事故機はチャーター機で、キューバからイタリアのミラノへ戻る便だった。事故当時、雷を伴った激しい雨が降っており、この中を離陸して数分後に事故が起きた。墜落現場のボジェロス地区では、19軒の住宅が破壊された。

9.8 　旅客機墜落（デンマーク　ユトランド半島沖）　9月8日午後4時半ごろ、デンマーク北端・ユトランド半島の北西約30キロ沖で、ノルウェーのチャーター航空便会社パートネア社の米国製双発機コンベアが墜落した。乗客50人・乗員5人の全員が死亡したとみられる。同日夜には32人が遺体で収容された。同機はノルウェーのオスロを飛び立ち、西独のハンブルクに向かう途中だった。事故当時、現場付近の天候はよく、墜落の原因は不明。行方不明の乗客の多くは墜落した機体の中に閉じ込められたまま、海底に沈んだ可能性が強い。

9.10　客船と引き船衝突・沈没（ルーマニア　ガラティ）　9月10日午前8時20分ごろ、ルーマニアの首都ブカレスト北東約200キロのガラティ付近のドナウ川で、ルーマニア客船「モゴソアイア号」とブルガリアの引き船が衝突、客船は沈没した。乗客169人と乗組員13人の計182人のうち18人は救助されたが、残り164人が行方不明になった。

事故当時、現場付近は濃霧におおわれ、視界が悪かった。引き船は6隻のはしけを引航していた。

9.17 バス崖下に転落(韓国　全羅北道)　9月17日午後3時20分ごろ、韓国全羅北道完州郡所陽面で、超満員のバスが道路横の約100mの崖下に転落し、中、高校生を含む25人が死亡、51人が重軽傷を負った。

10.4 化学製品工場火災(韓国　全羅南道)　10月4日夜、韓国南部の全羅南道麗川市にある化学製品工場「ラッキー麗川工場」で大規模な火災が発生、従業員13人が死亡、少なくとも21人が重軽傷を負った。同工場ではプラスチック製品製造材料を生産しているが、原料混合タンク室の圧縮器から噴き出したガスに何らかの理由で引火し、火災が広がったという。

10.17 ロマプリータ地震(アメリカ　サンフランシスコ)　10月17日午後5時すぎ、アメリカ・カリフォルニア州サンフランシスコ市一帯でマグニチュード6.9の強い地震が起きた。激しい揺れは約15秒間続いた。この地震で同市の対岸にあるオークランドではハイウェイが崩れ、少なくとも40人が死亡するなど、車を中心にした被害が各所で発生、18日までに59人が死亡した。震源はサンフランシスコの南東約130キロのホリスター付近。最大の被害が発生したのは、サンフランシスコ湾にかかるベイブリッジにつながる2階建ての国道・高速880号線。2階部分が約1キロ以上陥没して1階におおいかぶさり、帰宅ラッシュの車の列を押しつぶし、38人が死亡した。また、19日午前3時15分、マグニチュード5.0の余震が発生。震源地は、サンタクルズの南約16キロ。19日朝までに約1400回の余震があったが、余震としてはこれが最大規模だった。

10.18 地震(中国　山西省)　10月18日深夜から19日午前にかけて、中国山西省北部で連続6回、強い地震があった。18日午後10時57分にマグニチュード5.7、19日午前1時1分に同6.0、続いて午前中に同5以上の地震が4回発生した。震源はいずれも山西省大同県と河北省陽原県の間の山西省内。20日朝までに死者は29人、負傷者は150人以上に上った。山西省渾源県などでは多数の家屋が倒壊した。

10.18 軍輸送機墜落(ソ連　アゼルバイジャン共和国(現・アゼルバイジャン))　10月18日夜、ソ連アゼルバイジャン共和国で軍用輸送機「イリューシン76」が墜落、兵士と乗員の計57人全員が死亡した。兵士は外コーカサス軍管区所属の空挺部隊員で、アゼルバイジャン共和国の治安回復のため派遣されるところだった。

10.19 原発で火災(スペイン　バルセロナ)　10月19日午後9時39分ごろ、スペインのバルセロナ南方にあるバンデロス原子力発電所1号機(出力50万キロワット、ガス冷却炉)で、タービンが爆発、火災が起きた。外部への放射能漏れはなかったとみられる。半日後に沈火したが、炉心が燃える一歩手前の事故だった。2基あるタービンのうち1基が爆発し、炉を冷却するポンプ4台のうち2台が動かなくなり、炉心の温度が急上昇したが、残ったポンプが炉心を冷やし、周辺の火災も鎮火したため、炉心材黒鉛には引火せずにすんだ。同原発はスペインでは3番目に古い。事故の原因は、タービン発電機に生じた傷から冷却システムに使われる水素ガスが漏れ、これが空気に触れたために爆発したとみられる。

10.21 旅客機山に墜落(ホンジュラス)　10月21日午前7時45分ごろ、中米コスタリカの首都サンホセからホンジュラスの首都テグシガルパに向かっていたホンジュラスのタ

ン-ササ航空ボーイング727旅客機が、テグシガルパの南約40キロの山岳地帯に墜落した。同機には乗員・乗客約143人が乗っており、131人が死亡、約15人は救助された。同機はニカラグアの首都マナグア経由。

10.23 **石油化学工場が爆発・炎上**(アメリカ パサデナ) 10月23日午後1時ごろ、アメリカ・テキサス州ヒューストンに近いパサデナのフィリップス石油の石油化学工場で、大規模な爆発が発生。工場では従業員数百人が働いていたが、同夜までに死者1人、負傷100人以上が確認され、23人が行方不明となった。夜になっても黒煙が噴き上げ、消火活動は難航。工場の南西の一画が火炎を噴き上げて爆発、周囲8キロにわたって金属片が飛び散ったという。この爆発で、周囲にはエチレンガスが充満。現場近くには、1日に200万バレルの原油や石油精製物をヒューストンに搬入、搬出するための水路があり、タンカーへの引火を恐れて水路は直ちに閉鎖された。

10.26 **航空機墜落**(台湾 花蓮) 10月26日午後6時59分ごろ、台湾東部の花蓮空港を飛びたった台北行きの中華航空204便のボーイング737機が花蓮県の佳山の山岳地帯に墜落した。離陸のわずか5分後の事故だった。同機には乗客47人、乗員7人が乗っており、27日までに31人の遺体が発見された。

10.27 **軍輸送機山に墜落**(ソ連(現・ロシア) カムチャツカ半島) 10月27日、ソ連のカムチャツカ半島のペトロパブロフスク・カムチャツキーの北35キロの山中に、軍のアントノフ26型輸送機が墜落、乗っていた乗員6人、乗客30人の計36人全員が死亡した。

10.28 **双発機墜落**(アメリカ モロカイ島) 10月28日夕、アメリカ・ハワイ州マウイ島を飛びたったハワイ・アイランドエア航空の双発機が、到着予定時刻を過ぎても目的地のモロカイ島空港に着陸せず、行方不明となった。同機は乗員2人、乗客18人が乗っていた。同機は29日早朝、同州モロカイ島の谷間で機体の焼け焦げた残がいが発見された。20人全員の死亡も確認された。

10.29 **地震**(アルジェリア) 10月29日夜、アルジェリアで2回にわたって強い揺れが起き、首都アルジェの西方約70キロのティパサなどで30人が死亡、崩壊した建物の下敷きになるなどして300人が負傷した。午後8時15分と同8時27分に、いずれもマグニチュード6程度の地震が発生。震源地は、ティパサ付近とみられる。被害の最も大きかったのは震源の付近だった。その後マグニチュード3.6、4.8の余震があった。

11.3 **台風で天然ガス採掘船転覆**(タイ シャム湾) 11月3日、バンコクから約280キロ南のタイ南部サムイ島付近のシャム湾で天然ガス採掘作業をしていた米国企業、ユノカル・タイランド社の採掘船シークレスト号(4400トン)が、現地を襲った台風のため転覆し、タイ人作業員64人のほか、技術者33人が行方不明になった。

11.15- **竜巻**(アメリカ アラバマ州,ニューヨーク州) 11月15日から16日にかけ、アメリカ・アラバマ州やニューヨーク州周辺を大きな竜巻が襲い、16日夜までに計25人が死亡した。15日夕には、アラバマ州北部のハンツビルで竜巻が高速道路を襲い、通行中の乗用車やトラックを巻き込んだり、建物を破壊するなどして17人が死亡、400人以上がけがをした。

11.17 **炭鉱で爆発**(ユーゴスラビア) 11月17日正午ごろ、ユーゴスラビアの首都ベオグラードの南約200キロのアレクシナチ・ルドニチ炭鉱でガス爆発が起き、作業中の約90人が閉じ込められた。坑内には有毒ガス、煙が充満しており、全員が絶望とみら

れる。

11.27　航空機墜落（コロンビア　ボゴタ）　11月27日午前7時17分ごろ、コロンビアの首都ボゴタの南西約16キロの地点に、国営アビアンカ航空のボーイング727機が墜落、炎上した。乗客、乗員107人が乗っていたが、生存者はいないとみられる。

12月　インフルエンザ（イギリス）　イギリスではインフルエンザが1975年以来の大流行の兆しを見せた。12月上旬で人口10万人当たり109人程度がインフルエンザにかかり、「100人以上」と定められた大流行の状態に入った。ウイルスはA型のH3N2株で、「英国型」と名づけられているが、今後世界に広がる恐れもある。75～76年の大流行ではピーク時には10万人当たり350人が感染し1300人近くが死亡したが、これと同じ規模の流行ともみられる。政府は12日、欧州諸国からのワクチンの緊急輸入を始めた。

12.16　地震（フィリピン　ミンダナオ島）　12月16日午前3時ごろ、フィリピンのミンダナオ島スリガオ南州を中心に、マグニチュード7.2の強い地震が発生し、同州南部ビスリグ湾では民家7戸が倒壊、7歳の子ども1人が死亡したほか、多数の負傷者が出た。同島の都市ダバオでも、中心部の古い建物1棟が倒壊し、1人が重傷を負った。震源はスリガオ南州の東沖合60余キロの海底とみられる。

12.19　タンカー爆発・原油流出（モロッコ）　12月19日、モロッコ沖の大西洋上でイラン船籍の石油タンカー「カーグ5」（28万4600トン）がカナリア諸島の北約400キロの大西洋上で爆発事故を起こした。乗員は全員退避したが、放置された同船から流れ出した原油がモロッコの沿岸約28キロのところまで迫り、同国政府は環境破壊を憂慮。1990年1月1日までに流出した原油の量は約6万トンと推定され、3月にアラスカのプリンス・ウィリアム湾で座礁したエクソン・バルディーズ事故の流出量約3万5000トンを大きく上回っている。

12.28　ニューカッスル地震（オーストラリア　ニューサウスウェールズ州）　12月28日午前10時半ごろ、オーストラリアのシドニーを中心とするニューサウスウェールズ州の広い範囲で地震があった。マグニチュードは推定5.5で、オーストラリアでは最大級の規模とみられる。最も被害が大きいのはシドニーの北約120キロにある工業都市ニューカッスルで、29日午前0時までに死者14人、重軽傷者100人以上が出た。震源地は、ニューカッスルの西方5キロと、ほぼ直下型に近い。オーストラリアで地震による死者が記録されたのは初めてという。

〈 1990 〉

1.3　猛暑・山林火災（オーストラリア　ニューサウスウェールズ州）　1月3日、オーストラリアでは新年来の熱波のためニューサウスウェールズ州の一部で48度の猛暑を記録した。このため首都キャンベラに近い同州のオールベリー周辺で、多数の山火事が発生、12の町の数千人が避難を強いられた。この火事で、5万haの農場や放牧地、ブッシュが焼失、2000頭の羊と40軒以上の家屋が失われた。

1.4　急行列車が貨物列車に追突（パキスタン）　1月4日未明、パキスタン南部のスックル

1990

市近くのサンギ駅構内で、ムルタン発カラチ行きの急行列車が、停車中の貨物列車に追突、少なくとも乗客225人が死亡、約700人が負傷した。この列車には約1400人が乗っており、16両編成の客車のうち前3両が大破したが、死者のほとんどはこの3両の乗客だった。事故原因は、ポイントの切り替えミスで、急行列車が引き込み線に入り、約60キロのスピードで追突した。

1.13 **旅客機墜落**(ソ連(現・ロシア) スベルドロフスク市) 1月13日午後1時ごろ、ソ連のロシア共和国のスベルドロフスク市近くで国内線の旅客機ツポレフTU-134がエンジントラブルで緊急着陸した。この事故で、乗員6人、乗客64人のうち23人が死亡し、30人が重軽傷を負った。同機は石油基地のチュメニからウファを経由してボルゴグラードに向かう予定だったが、飛行中にエンジンが火を噴き始めたため、畑に緊急着陸した。

1.14 **ディスコで火災**(スペイン サラゴサ) 1月14日午前2時45分すぎ、スペイン北東部サラゴサの中心にあるディスコ「フライング」で火事があり、逃げ遅れた客ら43人が死亡、7人がけがをした。電気系統の故障が原因とみられる。このディスコは昔のワイン醸造所を改造した建物で、地下1階と地上の2階建。同夜は約130人の客がいた。ディスコの非常口に近い天井部分から出火し、同時に店内の照明が消えた。客や店員らは、非常口が火に包まれていたため、逃げ場を失った。火事は十数分で鎮火したが、店内の装飾や新建材から大量の煙が発生し、あっという間に店内に充満したため、犠牲者が増えた。

1.25 **強風**(ヨーロッパ) 1月25日、イギリスやフランスなど北西ヨーロッパは嵐に見舞われた。イギリス全土は最大瞬間風速48m前後の強風に襲われ、同日夜までの集計によると30人近い死者が出たほか、列車や道路で全国的な交通マヒが発生。ロンドン南部では、倒木が車に当たり、ハンドルを切りそこねたドライバーや、倒れてきた塀の下敷きになった婦人、吹き飛ばされた校舎の屋根が当たった児童らが死亡した。この嵐の被害は、26日更に広がり、ヨーロッパ全体で死者は93人に達した。国別ではイギリスで45人、オランダで19人、ベルギーで10人、フランスで8人、西ドイツで7人、デンマークで4人となった。

1.25 **旅客機墜落**(アメリカ ニューヨーク市) 1月25日午後10時ごろ、コロンビアの首都ボゴタからニューヨークに向かうアビアンカ航空052便のボーイング707型機が、ジョン・F・ケネディ空港に着陸する寸前に、同郡ロングアイランドのコーブネック付近で墜落した。乗員、乗客149人が乗っていたが、72人が死亡した。墜落当時は霧が深く、視界は400m前後だったとみられる。

1.27 **雑居ビル火災**(台湾 台北) 1月27日午後7時45分ごろ、台湾・台北市近郊の桃園市商店街にある5階建て雑居ビルで火災が発生、14時間にわたって燃え続け、28人が焼死した。ビルは出火当時、中国の旧暦の正月を祝う人でごった返しており、犠牲者の多くは、非常口がわからずエレベーターや水を求めトイレや浴室に殺到した。

2.7 **エイズ**(中国 雲南省) 2月7日、中国雲南省のミャンマーとの国境に近い農村部で、1989年末までに146人もがエイズウイルスに感染していたことが明らかになった。感染者は全員麻薬を使用する際の注射器の針で感染しており、農村で大量のウイルス感染者が発見された初めての例となった。

2.10 **クルド山噴火**(インドネシア ジャワ島) 2月10日昼、インドネシア・ジャワ島東部

のクルド山（標高1731m）が噴火し、大量の火山灰が周辺を埋め、11日夕までに少なくとも住民16人が死亡した。同火山は1966年にも噴火、多くの犠牲者を出した。

2.14 　旅客機墜落（インド　バンガロール）　2月14日午後、乗客乗員146人を乗せたインドの国内線旅客機が、同国南部のバンガロール空港着陸直前に墜落炎上、少なくとも91人が死亡、55人が生存したとみられる。同機はボンベイ発バンガロール行きのエアバスA320で、着陸寸前に空港の障害物に衝突、エンジンから火を噴き、滑走路の約45m手前で墜落したという。事故当時、上空の天候は良好で、着陸時に何らかの技術的ミスがあったとみられる。

2.24 　224台玉突き事故（西ドイツ（現・ドイツ）　フランクフルト）　2月24日、西ドイツ・フランクフルトのアウトバーンで、濃霧にまかれて玉突き事故が発生、224台もの車が巻き込まれ、7人が死亡、99人が負傷した。

2.26 　暴風雨（ヨーロッパ）　2月26日、ヨーロッパ各地は暴風雨に見舞われ、イギリスで13人が死亡したのをはじめ、西ドイツで11人、フランスで5人など、7か国で計37人が倒木の下敷きになるなどして死亡した。風速は14mにも達した。

3.1 　ホテル半焼（エジプト　カイロ）　3月1日、エジプトのカイロ市郊外の高級ホテル、シェラトン・ヘリオポリスで火災が発生、8時間以上も燃え続け、6階建て625室のホテルを半焼した。死者は少なくとも16人、負傷は60人。

3.7 　地下鉄脱線（アメリカ　フィラデルフィア）　3月7日午前8時半、アメリカ・ペンシルバニア州フィラデルフィア市中心部で地下鉄が脱線し、トンネルを支える鉄製の支柱はりに衝突して車体が壊れる事故があった。ラッシュアワーで混雑していたため、少なくとも3人が死亡、160人以上が負傷した。6両編成の地下鉄は、他の路線と接続する30丁目駅を出て、西部の住宅地区に向かう途中、車体が左右に揺れ出し、間もなく後部3両が脱線、トンネルを支えるはり3本にぶつかり、3両目は真ん中で折れ、残る車両も曲がって車体の外壁が削り取られた。

3.7 　小型船沈没（ペルー　アマゾン川）　3月7日、ペルーのアマゾン川で、児童らを乗せた小型船が貨物船と衝突、沈没した。134人が川に流され、行方不明になった。

3.18 　都市ガスのパイプライン爆発（イラン　テヘラン）　3月18日朝、イランのテヘラン西郊で、都市ガスのパイプラインが爆発、死者数人、負傷者数十人の惨事となった。巨大な炎を噴き上げて爆発が起こり、住宅15棟が被害を受け、10台前後の車が破壊された。

3.25 　ディスコで火災（アメリカ　ニューヨーク市）　3月25日午前3時40分ごろ、ニューヨーク市ブロンクス区のディスコ「ハッピーランド・ソシアルクラブ」で火災が発生、男性61人、女性26人の87人が死亡した。このディスコは、幅6m、奥行き15mの小さなレンガ造りの2階建てで、週末の夜を過ごす約100人の客で満員だった。2階は非常口どころか窓もなく、出火場所は1階だったが、多くの客が2階に閉じ込められた状態で煙に巻かれた。26日、殺人と放火の罪で男が逮捕された。女性との諍いで腹いせにガソリンをまき、火を放ったという。

4月 　豪雨（オーストラリア）　4月21日までの3週間、オーストラリア東部に強い雨が降り続き、クイーンズランド州とニューサウスウェールズ州の中西部が40年ぶりの規模の洪水に襲われ、オーストラリア大陸全体の12分の1が水没、10の町が孤立した。ク

1990

イーンズランド州では、南西部のチャールビル地区に非常事態を宣言、住民の避難を急いだ。ニューサウスウェールズ州では1人が増水した川で水死、1万5000頭の羊が死んだ。オーストラリアでは、前年来の異常気象で秋に長雨が降るようになり、この年は4日に3日は雨が降っており、降水量はシドニーの年間平均降雨量に匹敵する120cmに達した。

4.6 **フェリー転覆**（ミャンマー　モン州）　4月6日昼過ぎ、ミャンマーのモン州モールメイン東方約20キロのジャイン川で乗客約240人を満載したフェリーが強風のため転覆、沈没し、約30人が死亡、25人が救助されたが、残りの約186人が行方不明となった。フェリーはモールメインから約40キロ東のカレン州チョンドーに向かっていた。

4.7 **フェリー火災**（ノルウェー）　4月7日未明、ノルウェー沖でデンマークのフェリー「スカンディナビアンスター」（1万513トン）で火災が発生した。8日午後までに死者75人、行方不明者の数は70人に上り、欧州のフェリー史上まれにみる大事故となった。同フェリーはオスロからデンマークのフレデリクスハウンに向かっていた。火災発生が深夜であったことや火の回りが速かったため、多くが逃げ遅れた。火は複数個所でほぼ同時に発生したらしく、放火とみられる。

4.16 **旅客列車火災**（インド　ビハール州）　4月16日朝、インド・ビハール州パトナで、走行中の旅客列車が火災を起こし、少なくとも乗客80人が焼死、多数がやけどをした。この列車は同州のモカマー発アラー行きの通勤列車。乗客の1人が車内に持ち込んだ液化ガスボンベが爆発したとみられる。

4.26 **地震**（中国）　4月26日午後6時37分、中国西部の青海省の海南チベット族自治州の共和県と興海県の県境付近で、マグニチュード6.9の地震が発生、28日までに死者126人、負傷者160人以上、倒壊家屋1000戸以上の被害が出た。2日間で600回を超える余震があったが、うち30回以上はマグニチュード4を超えていた。

4.28 **キラウエア火山噴火**（アメリカ　ハワイ州）　アメリカ・ハワイ州ハワイ島のキラウエア火山から流れ出した溶岩で、4月28日までにカラパナ地区の家屋110戸が炎上するなどして焼失し、同地区の残る50戸の人家からも住民が避難した。キラウエア火山は1983年1月3日の噴火以来活動がおさまらず、長さ13キロ、幅600mにわたって西へ流れており、民家を次々に炎上させた。同地にはハワイの史跡であるスター・オブ・ザ・シー教会があり、溶岩が迫る前に移動の準備が進められた。

5.6 **列車追突**（オーストラリア　シドニー）　5月6日午後7時ごろ、オーストラリア・シドニー北郊のブルックリン付近で、蒸気機関車が引く特別仕立ての5両編成の列車に、シドニー行きの電気機関車が引く2階建て4両列車が追突、6人が死亡、重傷20人を含め120人が負傷した。蒸気機関車の列車には乗客268人、電気機関車の列車には330人が乗っていた。蒸気機関車が引く列車の4両目の緊急列車停止装置を何者かが作動させ、列車を停めたのが原因とみられる。

5.9 **サイクロン**（インド　アンドラプラデシュ州）　5月9日、インド南部アンドラプラデシュ州にサイクロンが上陸、14日までに477人の死者が出た。

5.18 **双発機民家に墜落**（フィリピン　マニラ）　5月18日午前6時23分ごろ、フィリピンのマニラ国内空港を離陸直後のエアロリフト・フィリピン所属のプロペラ双発機が、空港の南約2キロのパラニャケ町マルビレ地区の住宅街に墜落、住宅1棟を直撃して

炎上した。双発機の乗客19人、乗員2人の全員が死亡し、墜落した住宅の焼け跡から一家4人が遺体で発見された。同機は定刻通りミンダナオ島スリガオ北州州都スリガオに向け離陸したが、直後に右エンジンの故障を緊急報告。空港へ引き返そうとした直後に墜落した。

5.20 **客船転覆**(インドネシア 東カリマンタン州) 5月20日夜、インドネシア東カリマンタン州沖で同州内航路の客船が転覆、乗客ら56人が遺体で収容され、さらに約70人が行方不明となった。この客船は定員110人だが、少なくとも133人を乗せていたとされる。

5.29 **地震**(ペルー) 5月29日午後9時33分、ペルー北部で地震が発生、30日までに死者は少なくとも115人に達し、けが人も800人以上に上り、800人が行方不明。被害の大きかったサン・マルティン州に同日午後、非常事態宣言が出された。地震は約45秒間続いた。震源はサン・マルティン州の州都モヨバンバの北東125キロのジャングルで、マグニチュード6.3。その後も余震が数回続き、最大のものはマグニチュード5.1を記録した。震源に近いモヨバンバでは、少なくとも35人の死亡が確認された。周辺の集落では1万5000人が家を失ったとみられる。

5.30 **地震**(ヨーロッパ) 5月30日午後1時40分ごろ、ルーマニア北東部付近で地震が発生し、ソ連モルダビア共和国、トルコ、ブルガリアなど黒海周辺の広い地域で大きな揺れが観測された。マグニチュードは7.5、震源はルーマニアとモルダビアの国境付近とみられる。最も被害が大きかったルーマニアでは、ブカレストとその周辺で少なくとも8人が死亡、300人近くが負傷した。ブルガリアでも地震のショックで女性1人が死亡。ソ連モルダビア共和国でも死者6人が出ているほか約130人が病院に運び込まれた。

6月 **猛暑**(アメリカ) 6月下旬、アメリカ西、南部は激しい暑さに襲われ、アリゾナ州フェニックスでは26日の気温が50度に達した。この前日は48.8度を記録し、また27日にも47度を超えた。カリフォルニア州ロサンゼルスでも26日、44.4度に達して最高気温の記録となり、27日にも40度を超えた。この暑さで数人の死者が出たとみられる。暑さで乾燥した家屋や原野の火災が相次ぎ、28日夕までにサンタバーバラで約500戸が焼けたほか、3カ所で計約560戸以上が被害を受けた。

6月 **大雨**(中国 湖南省) 6月中旬、中国・湖南省を2度にわたって大雨が襲い、同省の農民の43%に当たる1989万人が被災し、254人が死亡、7万4000人以上が家を失った。

6.3 **2階建てバス転覆**(フランス ヨーヌ県) 6月3日午前8時ごろ、中部フランス・ヨーヌ県ジョワニの高速道路A6を走っていたイギリスの2階建て観光バスが、運転を誤って路側の堀に落ちて転覆、11人が死亡したほか、62人が重軽傷を負った。約120キロで走行中に右前輪がパンクし、ハンドルをとられたとみられる。バスはそのままガードレールを越えて堀に入り、さらに数十メートルスリップした。バスは南仏ニームから英バーミンガムを目指す旅程で、この朝はパリへ向かっていた。

6.9 **タンカー炎上・原油流出**(アメリカ メキシコ湾) 6月9日未明、アメリカ・テキサス州ガルベストン南東約100キロ沖合のメキシコ湾でノルウェーの原油タンカー「メガ・ボルグ」が爆発、2日にわたって炎上を続け、11日午後、船尾付近から沈み始めた。タンカーには、1989年3月にアラスカで起きた「バルディーズ」事故で流出した量の3倍を上回る約15万キロlの原油が積まれており、メキシコ湾に甚大な環境被害

をもたらす恐れが強まった。同船はエンジン室付近で原因不明の爆発事故を起こし、乗組員41人のうち2人が死亡、2人が行方不明、17人がけがをした。その後も連続爆発が起きるなどして船体だけでなく流出した原油にも引火して燃え広がった。

6.14 洪水（アメリカ　オハイオ州）　6月14日夜から15日朝にかけて、アメリカ・オハイオ州の中央部、東部にかけてを強い雷雨が襲ったためオハイオ川が氾濫し、同夜までに16人が死亡、約50人が行方不明になった。特にベルモント郡では鉄砲水によって家屋が押し流されるなど、大きな被害が出た。

6.15 校舎倒壊（ナイジェリア　ポートハーコート）　6月15日朝、ナイジェリアの大西洋岸の港町ポートハーコートで、中高校校舎が突然崩れ、授業中の生徒、教師が下敷きとなり、約100人が死亡、80人以上がけがをした。事故が起きたのは生徒数約600人のサクー・ジェネラル・カレッジ。15日までに20人の遺体が収容された。

6.21 地震（イラン　北西部）　6月21日午前0時半、大規模な地震がイラン北西部を襲った。地震の規模はマグニチュード7.7級で、震源地はソ連アゼルバイジャン共和国の南250キロ、テヘランの北西320キロのカスピ海海底。死者は24日正午までに3万6893人、負傷者は数万人に達した。特に大きな被害を受けたのは、イラン北西部のギラン、ザンジャン州などで、両州だけで死者4000人以上、負傷者は8000人に上る見込み。大半の死者は家屋の倒壊で瓦礫の下敷きになって圧死したが、地滑りや貯水池の破壊による洪水で死んだ住民もいた。ギラン州では、24日午後1時16分にマグニチュード5.7、7月6日午後11時5分にマグニチュード5.9規模の強い余震があった。震源はどちらもテヘラン北西200キロの地点で、すでに建物の9割以上が崩壊したルードバル付近を直撃した。

7.2 メッカ巡礼で圧死（サウジアラビア　ミナ）　7月2日午前、サウジアラビア紅海岸にあるイスラム教最高聖地メッカ近郊のミナの全長600mに達するモエッセム・トンネルで、メッカ巡礼者が将棋倒しになり、圧死・窒息死する事故が発生した。死者は1426人に達した。事故当時、トンネルは約5万人の巡礼者であふれていたが、トンネル出口にある橋から7人が押し出されて転落したことでパニックとなった巡礼者たちが、トンネル内に後戻りしようとして他の巡礼者たちと衝突したとみられる。

7.8 列車とバス衝突（ソ連（現・ロシア）　ペトロザボーツク）　7月8日夕、フィンランドとの国境に近いソ連カレリア地方のペトロザボーツクの踏切で、バスと列車が衝突、31人が死亡した。踏切の警報は鳴っていたが、バスの運転手がサッカーのワールドカップの決勝戦を見ようと帰宅を急いだために、踏切内に入ったのが原因といわれる。

7.16 バギオ大地震（フィリピン　ルソン島）　7月16日午後4時26分ごろ、フィリピン・ルソン島の中、北部で強い地震が発生した。24日午前11時までに、死者は1597人、負傷者2935人、行方不明1047人に達した。最も大きな被害が出たのはベンゲット州バギオ市で、工場や国際ホテル3棟が倒壊、大学などでも数百人が崩れた瓦礫の下敷きになっているとみられる。マニラ首都圏でも123人の死者が出た。マグニチュードは6.2。震源はマニラ北方約100キロで、カバナツアンの西南10キロ地点にあたる。また、パンガシナン、ベンゲット、ラユニオン州などの山村地帯にも被害が集中した。

7.19 化学工場で爆発（アメリカ　シンシナティ）　7月19日午後、オハイオ州シンシナティで操業中の化学工場で2度にわたって爆発が発生、少なくとも1人が死亡、1人が行方不明になり、60人以上が負傷した。事故が起きたのは、紙コップの被覆などを製造

している4階建ての工場で、爆発当時、約200人の従業員が働いていた。同工場では、可燃性の溶剤などを含む50種に及ぶ化学薬品を使っていた。

7.28 **原油大量流出**（アメリカ　ガルベストン）　7月28日、アメリカ・テキサス州のガルベストンで、ギリシャ船籍のタンカーと、原油を輸送する2隻のはしけが衝突、31日までに約50万ガロン（約1900kl）の原油が流出した。事故が起きたのは、ヒューストンに通じる水路がガルベストン湾に流入する地点。約2万5000トンのタンカーは無事だったが、計約170万ガロンの原油を運んでいた2隻のはしけが破損、うち1隻は沈みかけて原油が流出した。湾内には湿地帯が広がっており、環境汚染が心配される。

8.25 **遊覧船転覆**（台湾　日月潭）　8月25日午後9時半ごろ、台湾中部の景勝地として知られる日月潭で定員の2倍近い観光客を乗せた遊覧船が転覆、34人が岸まで泳ぎついて救助されたが、19人が死亡、残りの38人が行方不明となった。ナイトクルージングに出たところ、突風で船が転覆、乗客全員が湖に投げ出された。同船の定員は50人で、遊覧船のライセンスを取っていなかったという。

8.26 **炭鉱で爆発**（ユーゴスラビア　ドブルニャ（現・ボスニア・ヘルツェゴビナ））　8月26日朝、ユーゴスラビア中部ボスニア・ヘルツェゴビナ共和国ドブルニャのクレカ炭鉱で爆発事故が発生、1人が救助されたが、坑内から67遺体が搬出された。爆発時に坑内には労働者179人がいたが、残る111人も絶望。充満したメタンガスか炭じんに引火したとみられる。

8.28 **竜巻**（アメリカ　シカゴ）　8月28日夕、アメリカ・イリノイ州シカゴの近郊で竜巻が発生、約12キロにわたって家屋100戸以上を破壊した。29日朝までに、倒れた建物の下敷きになるなどして少なくとも24人が死亡し、約300人が病院で治療を受けた。竜巻に襲われたのは、シカゴの南西約60キロのプレーンフィールド付近。午後3時半過ぎ、4回にわたって一帯を襲い、アパートや高校など家屋を倒壊させ、車を巻き上げるなど猛威をふるった。竜巻が去った後、付近の民家約1万7000戸が停電になった。

9.10- **豪雨**（韓国　ソウル）　9月10日夜から11日にかけて、韓国のソウルを中心に周辺地域で激しい集中豪雨が降り、漢江の堤防が決壊するなどして、ソウルの永登浦地域や江東地域などが水浸しになった。各地で土砂崩れなども続発し、12日までに45人の死者、27人の行方不明者が出たほか、浸水などによる被災者は1万8000人以上に達した。

9.24 **タンクローリー転落**（タイ　バンコク）　9月24日夜、タイのバンコク市内の中心部のニュー・ペチャブリ通りで、プロパンガスを満載したタンクローリーが高架の高速道路から下の道路に転落、炎上し、一帯がたちまち火の海となった。このため、道路を通過中だった車43台、道路わきの商店などの建物をまきこむ大火災となり、25日午後までに、タンクローリーの運転手を含む51人が死亡、約100人が重軽傷を負った。

11.6 **地震**（イラン）　11月6日、イラン南部でマグニチュード6.6の強い地震が発生した。震源は、イラン南部の都市シラーズ東方300キロの地点とみられる。7日午後までに、死者22人、負傷者100人以上に達したほか、1万2105人が家を失った。地震の被害を受けたのは、ファールス州の州都シーラーズから南東275キロのダーラーブを中心とした地域で、18の村で建物の40～70%が損壊した。余震も多く発生し、6日午後11時過ぎにはマグニチュード5.6を記録した。

1990

11.13　台風（フィリピン）　11月13日、フィリピン中・南部地域をこの年最大の台風が襲い、このため中部の中心都市セブで28人が死亡、木造家屋の9割が倒壊、または損壊した。ネグロス島でも地滑りなどのため32人が死亡、61人が行方不明になり、フィリピン全土では100人以上が死亡、約140人が行方不明となった。

11.14　旅客機墜落（スイス　チューリヒ）　11月14日夜、イタリア・ミラノからチューリヒへ向かっていたアリタリア航空のAZ404便DC9機がスイス・チューリヒ北方約15キロのシュターデル村の山林で墜落、炎上した。乗員6人、乗客40人が乗っていたが、全員が死亡した。事故機は炎を出しながら飛行、空中で爆発したとみられる。チューリヒ郊外の空港から約9キロ付近で1200m上空を飛行していて高度を下げ始め、800m付近で機影が消えたという。

11.15　地震（インドネシア　スマトラ島）　11月15日、スマトラ島北部でマグニチュード6.2の地震が発生した。建物の倒壊などで数百人がけがをしたとみられる。

11.21　小型機墜落（タイ）　11月21日午後6時20分ごろ、タイのバンコク発サムイ島行きのバンコクエアウェーズの小型機デハビランド・ダッシュ8-300型機が着陸寸前に海岸に墜落、炎上した。乗員・乗客38人が乗っていたが、午後10時半までに全員の遺体が収容された。同機は激しい炎を噴き、爆発同然に炎上し、約1時間以上にわたって燃え続けた。墜落当時、激しい雨風があったといい、乱気流に巻き込まれて失速したか、パイロットが目測を誤って墜落したとみられる。

12.6　軍用機学校に墜落（イタリア　ボローニャ）　12月6日午前10時20分ごろ、イタリア中部のボローニャ郊外で、訓練飛行中のイタリア空軍機「マッキ326」型訓練用ジェット機が商業専門学校に墜落、炎上し、学生ら少なくとも12人が死亡、77人以上が負傷した。同機が墜落したボローニャから6キロのカザレッキオ・ディ・レーノは郊外型住宅地域だった。

12.11　猛吹雪（ヨーロッパ）　12月9日から10日にかけ、ヨーロッパ一帯はこの年初の猛吹雪に見舞われた。各所で交通網が寸断されたほか、寒さなどによる死者、行方不明者が20人以上に上った。

12.11　75台玉突き（アメリカ　テネシー州）　12月11日朝、アメリカのテネシー州ノックスビルとチャタヌーガ間の幹線道路のヒワシー川付近で、霧のため乗用車やトラック75台が玉突き衝突して炎上した。運転席に閉じ込められた15人が死亡、約50人が重軽傷を負った。南行車線で最初の事故が起き、これが対向車線にはみ出して拡大した。

12.12　急行列車脱線・衝突（アメリカ　ボストン）　12月12日午前8時半ごろ、アメリカのボストン市中心部の地下駅バック・ベイ駅で、急行列車が脱線し、隣の線路に停車中の通勤電車に後ろ側面から衝突、両列車の乗客ら264人が重軽傷を負った。脱線したのは長距離夜行列車「夜のフクロウ」号（乗客190人）。通勤電車は近距離電車で、ラッシュアワーの通勤客900人を乗せてボストン南西郊スタートンから到着したところだった。急行列車は駅の手前のトンネル内を脱線したまま約170m進み、6両がはね上がるように突っ込み、通勤電車の最後尾のエンジンに衝突した。このエンジンからディーゼル油5000lが流れ出して引火し、トンネルと駅には黒煙が立ち込めた。

12.13　地震（イタリア　シチリア島）　12月13日未明、イタリア南端のシチリア島でマグニチュード4.7の地震が発生し、同日夜までに建物の倒壊などで19人の死亡が確認さ

れた。

12.22 **フェリー沈没**（イスラエル　ハイファ沖）　12月22日未明、湾岸危機で中東に派遣されている米海軍の航空母艦サラトガの乗組員約100人を乗せたフェリーが、イスラエル北部の港町ハイファ沖の地中海で転覆、沈没し、20人の水兵が死亡した。重体4人を含む47人が病院に運ばれたほか、38人が救助された。湾岸危機で中東に出兵している米軍兵士が、一度にこれだけ多数死亡したのは初めて。

12.28 **トンネルで火災**（アメリカ　ニューヨーク市）　12月28日朝、ニューヨーク市マンハッタン島東側のイーストリバー川底の地下鉄トンネルで電力線系統から火災が発生、2人が死亡、約100人が負傷した。ニューヨーク地域は前夜からこの年初めての本格的な雪が降り、道路が渋滞、地下鉄に通勤客が殺到していた。

〈 1991 〉

1月- **原油流出**（中東　ペルシャ湾）　1月25日、アメリカ政府は、イラクがクウェート領内にある石油基地からペルシャ湾に数百万バレルもの原油を故意に放出していることを明らかにし、非難した。原油の帯はサウジアラビア東岸まで拡大していると発表。流出量は一時1100万バレルとも伝えられたが、これは史上最大規模の海洋汚染となる。沿岸では2万羽の野鳥が原油で汚染されたとも伝えられた。米軍は流出源の油圧制御装置を爆破することで流出を防いだ。

1月- **原油炎上**（クウェート）　1月に始まった湾岸戦争で、イラク軍がクウェートの油田に放火、クウェート国内の940の油田のうち、約730が破壊され、640が炎上した。この影響で油性付近の一帯は黒煙に包まれ、クウェート市内の二酸化硫黄の濃度は最高値で0.267ppmと環境基準の16倍にもなり、ぜんそく患者が急増。湾岸戦争終結後も11月6日まで燃え続けた。

1.3 **雪崩で遭難**（中国　雲南省）　1月3日夜から、中国雲南省の未踏峰、梅里雪山（メイリシュエシャン、6740m）に登山中の、日本の京都大学士山岳会（隊員11人）と中国登山協会（隊員6人）の合同登山隊が連絡を絶った。雪崩で遭難したとみられ、捜索が行われたが2次災害の恐れがあり25日に中止された。全員が死亡したとみられる。付近は悪天候で、同月6日に発生した地震で雪崩が起きたとも考えられる。

1.8 **電車衝突**（イギリス　ロンドン）　1月8日、イギリス・ロンドンにあるキャノン・ストリート駅で通勤電車が緩衝器に衝突し、前の車両が大破した。1人が死亡、248人が重軽傷を負った。

2月- **コレラ**（ペルー）　2月上旬ごろから、ペルーの海岸地域で魚介類を感染源とするとみられる大量のコレラ患者が発生、8日までに数千人の発病が報告され、50〜60人が死亡した。ペルー北部の港町チンボテやチャンカイなどで最初に発生が報告され、その後、首都リマから南部の町まで沿岸地域約1200キロに広がった。同国では生魚を食べる習慣があり、感染源として疑われている。4月にはついに患者が10万人を突破し、死者は780人に上った。

1991

2月 寒波(フランス) この冬、フランスを寒波が襲い、死者は2月11日までに約30人に達した。

2.1 地震(パキスタン/アフガニスタン) 2月1日午前4時34分、パキスタンとアフガニスタン国境付近で地震が発生、パキスタン側では死者は200人を超え、負傷者は350人以上になるとみられている。パキスタンの北西部スワットでは2つの村が全滅した。アフガニスタン側では4日までに死者1200人に達した。震源はアフガニスタン東部のヒンズークシ山脈で、マグニチュードは6.8。

2.1 旅客機衝突・炎上(アメリカ カリフォルニア州) 2月1日午後6時4分ごろ、カリフォルニア州のロサンゼルス国際空港でアメリカのUSエアのボーイング737機が着陸の際に炎上した。乗客・乗員89人が乗っていたが、5日までに34人が死亡した。同機は着陸後に滑走路上でスリップし、離陸しようとしていた小型機に乗りかかるように衝突し、機体の一部が空港内にあるビルに飛び込むような形で火に包まれた。管制に必要な2つのレーダー装置が故障していたことが原因とみられる。

2.13 巡礼者将棋倒し(メキシコ) 2月13日、メキシコシティ郊外の教会に参拝に来た巡礼者たちが将棋倒しとなり、42人が死亡、25人が重軽傷を負った。

2.15 トラック横転・ダイナマイト爆発(タイ パンガー県) 2月15日、タイ南部パンガー県でダイナマイトを積んだトラックが横転、そこにバスが衝突して爆発、少なくとも約123人が死亡、100人以上が負傷した。爆発はトラックが横転して約1時間後に発生。死傷したのはバスの乗客や、事故を見に集まった地元住民、警察官など。この爆発で約50軒の家屋が壊れた。

2.20 旅客機着陸失敗(チリ ナバリノ島) 2月20日午後、チリ南部のプンタアレナス発で同国最南端部ナバリノ島行きのラン・チリ航空の旅客機BAE146機が着陸に失敗、同島のプエルトウイリアムス海軍基地の空港滑走路をオーバーランして北側のビーグル海峡に墜落した。乗員、乗客72人が乗っていたが、乗客19人が死亡、53人が救出され、うち17人はけがをした。

2.25 地震(中国) 2月25日、中国新疆ウイグル自治区西部でマグニチュード6.5の地震が発生、3000近い家屋に倒壊などの被害が出た。震源地はアクス市西方で、26日にかけて計58回の余震が続いたという。死者が出たかどうかは伝えられていない。

3.2 化学物質保管倉庫爆発(タイ バンコク) 3月2日午後1時ごろ、タイの首都バンコクのチャオプラヤ川に面した港クロントイ地区で、化学物質や爆発物が保管されている倉庫が大音響とともに爆発した。この火災が周辺のスラム地区にまで広がり、少なくとも15人が死亡、多数が負傷した。出火時、強風が吹いており、木造のスラム街まで達した火は約500棟を焼き、午後9時になっても燃え続けた。

3.3 貨客列車駅に突入・転覆(モザンビーク ナカラ) 3月3日、モザンビーク北部の港町ナカラ近郊で15両編成の貨客列車が駅構内に突っ込んで転覆。乗客96人が死亡、113人がけがをした。この列車は同駅を出発したが、坂を登り切れずに後退、ブレーキも利かなかったため約10キロを下り落ちて後ろ向きに駅に突っ込んだ。最後尾の客車に前の貨車、客車が次々と乗り上げた。天井のない貨車にいた乗客に死者が多かったという。

3.3 旅客機墜落(アメリカ コロラドスプリングス) 3月3日午前9時55分ごろ、米コロラ

ド州のコロラドスプリングス市で、着陸態勢に入っていたイリノイ州ペオリア発デンバー経由コロラドスプリングス行きのユナイテッド航空585便・ボーイング737-200型機が空港約8キロの公園に墜落、炎上した。乗客20人と乗員5人が死亡し、住民の少女1人がケガをした。同空港の上空は乱気流が多いので有名で、事故当時は快晴だったが、風速10～14mの強風が吹いており、この風にあおられて操縦性を失ったとみられる。

3.5 **航空機墜落**（ベネズエラ）　3月5日午後、ベネズエラのアエロポスタル航空のDC9機が消息を絶ち、同国西部の山間部に墜落したことが確認された。乗員、乗客計43人が乗っていたが、生存は絶望とみられる。

3.13 **30台玉突き**（イギリス　ロンドン）　3月13日朝、ロンドン北西約100キロの高速道路（M4）上で、プロパンガスを満載したトラックなど車30台が玉突き事故を起こし、トラックや乗用車が炎上、12人が死亡し、25人が負傷した。濃霧で視界が悪かったのが事故の原因とみられる。

3.21 **海軍機同士衝突**（アメリカ　サンディエゴ沖）　3月21日午前2時半ごろ、カリフォルニア州サンディエゴ沖の太平洋上で、米海軍のP-3オライオン対潜哨戒機同士が訓練中に衝突して墜落。両機の乗員計27人が行方不明となり、絶望視されている。両機はサンフランシスコ近郊のモヘッド海軍航空基地から飛び立ち、サンディエゴ沖約100キロ北西のサンクレメンテ島付近で衝突した。事故当時、暴風雨の悪天候だったという。

3.21 **空軍機墜落**（サウジアラビア　カフジ）　3月21日、サウジアラビア空軍のC130輸送機が、クウェート国境に近いサウジ北部の町カフジ郊外の空港に着陸直前に墜落した。同機には多国籍軍に参加しているセネガル兵95人が乗っており、サウジアラビア空軍乗員6人と合わせて101人全員が死亡したとみられる。セネガル兵は92人との情報もある。

3.21 **コレラ**（ペルー）　南米ペルーでコレラが猛威をふるい、1月下旬の発生以来3月21日までに感染者は約9万人、死者は535人に達した。この後も感染者は増加し、4月2日までに780人以上が死亡、感染者は10万7000人になった。2月末の復活祭までの聖週間に、生水や生魚などを口にして感染した人も多いとみられる。4月15日までに、南米近隣諸国にもコレラが拡大し、エクアドルで100人の死者、5000人の患者が発生、ブラジルでも同日、コレラ患者の発生が確認された。

3.26- **山林火災で動物被害**（オーストラリア）　3月26日からの3日間で、オーストラリア・ビクトリア州南西部のヘイウッド近くのグレネルグ南部国立公園とコボブーニー州有林で1万3000haを焼く山火事が発生した。3000匹以上のコアラとその他の貴重な動物が焼け死んだとみられる。コアラのほかに黄腹グライダーオポッサム、ネズミカンガルー、グレネルグ付近だけにいる珍しいヒースマウスも被害を受けた。放火の疑いもある。

4.4 **地震**（ペルー）　4月4日夜、ペルー北部で大きな地震が2回あり、5日までに少なくとも35人が死亡、約750人が負傷した。また、多くの町で、建物の8～9割が全半壊した。1度目の地震のマグニチュードは5.5で、2度目は6.2だった。

4.5 **旅客機墜落**（アメリカ　ジョージア州）　4月5日午後3時ごろ、アメリカ・ジョージア

州ブランズウィック空港付近で、アトランティック・サウスイースト航空の近距離定期便のターボプロップ双発旅客機(ブラジル製エンバレル120型)が着陸に失敗して墜落、炎上した。乗っていたジョン・タワー元上院議員(65)ら乗客20人、乗員3人の全員が死亡した。事故機はアトランタ発ブランズウィック空港行き。

4.9 **観光バス炎上**(トルコ イスタンブール) 4月9日朝、トルコのイスタンブールで2階建て観光バスが突然炎上、乗客約60人のうち少なくとも36人が死亡した。車内に放火された疑いもある。乗客は全員がイースター休暇を利用したギリシャからの観光客だった。

4.10 **フェリーがタンカーに衝突**(イタリア リボルノ港沖) 4月10日午後10時半ごろ、イタリア北西部リボルノ港沖で乗客乗員142人を乗せたフェリーが、停泊中のイタリア国営石油会社の原油タンカーに衝突して炎上、141人が行方不明となった。フェリーの乗員1人とタンカーの乗組員28人の計29人は生存が確認されたが、11日正午までに3人が遺体となって見つかっており、残る138人も絶望視されている。

4.11 **タンカー爆発・原油流出**(イタリア ジェノバ沖) 4月11日午後0時半ごろ、イタリア北部ジェノバ港沖でキプロス船籍の原油タンカー「ヘイブン」(10万9700トン)が爆発・炎上した。乗組員35人のうち5人が死亡または行方不明となった。同船はイラン原油を積んでジェノバ港に寄港、約55万バレルを積みおろしたが、爆発時にはまだ97万バレルが船内に残っていた。同船の船体は2つに割れて沈没前だが、この原油が流出すれば地中海史上最悪の海洋汚染事故となる恐れがある。

4.20 **市街火災**(ミャンマー メティラ市) 4月20日、ミャンマー中部の都市メティラで大火災が発生し、154人が焼死、約2万5000人が焼け出された。

4.26 **竜巻**(アメリカ) 4月26日、カンザス、オクラホマ両州を中心とするアメリカ中央部の広範な地域で、竜巻が猛威を振るい、27日未明までに32人が死亡、数百人が負傷した。カンザス州にある人口約5000人のアンドーバーの町だけで20数人が死亡、200人近くがけがをした。同州ウィチタ市でも2人が死亡。オクラホマ州では少なくとも3人が死亡した。ネブラスカ、ルイジアナ、アーカンソーの各州も、竜巻や、ゴルフボールほどもある大粒の雹を伴った雷雨に見舞われ、被害が出た。

4.29 **地震**(ソ連 グルジア(現・グルジア),アルメニア(現・アルメニア)) 4月29日昼、ソ連南部のグルジア、アルメニア両共和国とトルコの国境付近でマグニチュード7を超える地震が発生、グルジア共和国内で30日までに100人が死亡、250人が負傷した。さらに同日午後5時45分と午後9時半ごろ、2度にわたり大きな余震が発生した。余震の規模は最初の地震と同程度とみられる。最も大きな被害が出ているのはグルジア共和国西部の町オニで、建物の85%が倒壊した。被害は第2の都市、クタイシや南オセチア自治州のツヒンバリ、サチュヘレなど広範囲にわたった。

4.29- **サイクロン**(バングラデシュ) 4月29日夜以降、バングラデシュをサイクロン(台風)が襲い、ベンガル湾の東部沿岸都市を中心に被害が出た。死者は5月1日までに14万人に上った。65mの強風とともに6m以上の高波が沿岸を襲い、多数の島や沿岸地域が水につかった。最大の被害があった東部コクスバザール県だけで600人以上の死者が出たとみられる。

5.6 **タンカー衝突**(ペルー マラニョン川) 5月6日、ペルーのマラニョン川で客船がタ

ンカーに衝突して転覆、約260人が行方不明になった。

5.7 花火工場で爆発(マレーシア スンガイ・ブロ) 5月7日午後2時半ごろ、マレーシア・クアラルンプール北西20キロの農村スンガイ・ブロにある花火工場で、爆発とともに火災が発生した。出火から3時間後に鎮火したが、従業員約200人のうち、同夜までに現場から40人の遺体が収容され、なお100人以上が行方不明となっている。

5.26 航空機墜落(タイ スパンブリ県) 5月26日午後11時半、タイの首都バンコクからオーストリアのウィーンに向かったオーストリアのラウダ航空のボーイング767ジェット旅客機が離陸直後、バンコクの北西約150キロのスパンブリ県のダンチャン地区の山中に墜落した。同機には乗員10人、乗客213人が乗っていたが、全員が死亡した。墜落したのは離陸の十数分後で、右主翼のエンジン火災により上空で火に包まれたものとみられる。

6月- 洪水(中国) 6月、中国東部の安徽、江蘇両省で豪雨が続き洪水が発生、両省を流れる淮河流域の住民400人以上が死亡した。この地域には5月中旬から雨が降り注ぎ、7月までの雨量は江蘇省だけでも800ミリから1300ミリと例年の1年分に相当する。江蘇省の興化県は省内で最も低い土地にあるため、付近の大きな湖の水が流れ込み、県民180万人のうち、105万人が家を失い、農地のほとんどが冠水した。また、長江(揚子江)流域の広い地域で大洪水が発生、水害は全国18の省、自治区に及び、被災者は2億人以上。7月までに死者は1729人に上った。水害の原因について、中国政府は、水利工作の面での欠点や甘さがあったとし、人災の側面もあることを認めた。

6.7- 大雨(中国 北京) 6月7日から11日夜半までに、中国・北京で大雨が降り、降雨量は市平均で112ミリ、北部の山間部では359ミリを記録した。6月上旬の降雨量は市平均で120ミリで、同地域では116年ぶりの大雨となり、平年の5倍にあたる。約120haの農地が水びたしとなった。

6.9 熱波(パキスタン) 6月9日、パキスタン南部を記録的な熱波が襲い、約200人の市民が死亡、それまでの2週間の死者数の合計が約300人に達した。非公式の観測では、9日、ハイデラバード北部で最高気温52度を記録した。

6.9 ピナトゥボ山噴火(フィリピン ルソン島) 6月9日午後2時55分ごろ、フィリピン・ルソン島中部のサンバレス州にあるピナトゥボ山(標高1740m)が噴火し、山頂付近から大量の火山灰が噴き出した。噴煙は約5000m上空にまで達し、溶岩の一部は半径20キロ圏に飛び散った。同夜までに少なくとも計3回の噴火が観測された。現場はマニラから北西へ約80キロの地点で、周辺山岳民(ネグリート)をはじめボトラン地区などの住民ら1万人以上が避難した。噴火はこの後も続き、12日朝の噴火では住民約1000人が呼吸疾患や目の痛みで治療を受けた。火山の噴出物が直撃したり、土石流にまきこまれるなどして27日までに死者は289人、行方不明39人、負傷者278人に達し、農作物などの被害総額は1億8000万米ドル以上に上った。

6.15 地震(ソ連 グルジア(現・グルジア)) 6月15日早朝、ソ連南部グルジア共和国でマグニチュード6.0の地震が発生した。山岳のツァツヘネチ村で4人が死亡、近隣地区でも1人が死亡した。地震の直撃を受けた地域で6人、ゴリ市で子供1人の死亡が確認された。周辺の8村がほぼ全壊、50人以上が負傷したとみられる。

6.18 泥流(チリ アントファガスタ) 6月18日早朝、チリ北部の都市アントファガスタで

1991

大規模な泥流が発生し、子供を含む少なくとも64人が死亡、48人が行方不明、約750人が負傷した。

6.27 **温泉で火事・有毒ガス発生（フランス　バルボタン・レテルム）**　6月27日午後、フランスのボルドー市南約150キロのバルボタン・レテルムにある温泉保養センターで火事が起こり、このため焼けたタールから発生した有毒ガスで、療養客など20人が死亡した。死者の大半は、療養のため訪れていた老人や障害者だった。

6.28 **地震（アメリカ　カリフォルニア州）**　6月28日午前7時45分、ロサンゼルスを中心とするカリフォルニア州南部一帯で強い地震があり、2人が死亡した。地震の規模はマグニチュード6.0。震源はロサンゼルス北東サンガブリエル山系にあるシエラマドレ北約13キロとみられる。震源に近いパサデナでは2人が負傷、住宅など300ほどの建物に被害が出たほか、一部地域で停電が起こった。

6.29 **炭鉱で火災（ソ連　ウクライナ共和国（現・ウクライナ））**　6月29日夕、ソ連ウクライナ共和国にあるドネツ炭鉱で火災が発生、炭鉱労働者32人が死亡した。

7.11 **旅客機墜落（サウジアラビア　ジッダ）**　7月11日朝、サウジアラビアのジッダで、ナイジェリアの旅行会社がチャーターしたカナダの航空会社のDC8型旅客機が離陸直後に火に包まれ、緊急着陸しようとしたが失敗、墜落した。乗客乗員合わせて261人全員が死亡した。同機は聖地巡礼を終えて帰国するナイジェリア人巡礼者を乗せており、ジッダの巡礼者専用空港を離陸直後、4つのエンジンのうち1つが火を噴いていると報告後、引き返して緊急着陸を試みた。しかしすでに猛烈な火と煙に包まれており、コントロールを失って地面に激突した。

7.19 **台風（中国　広東省）**　7月19日、中国の広東省スワトー市に大型台風が上陸、死者35人、負傷者1360人、家屋の倒壊1万5000棟などの大きな被害を出した。

7.20- **豪雨（韓国）**　7月20日から22日未明にかけて、梅雨前線が北上した影響で、韓国・中部地方が集中豪雨に見舞われ、ソウル、京畿道地域などで35人が死亡、19人が行方不明になった。雨は22日朝までに一旦あがったが、各地で河川の氾濫や土砂崩れが相次いだ。

7.27 **地震（イラク）**　7月27日、イラク北部で地震があり、クルド人居住地区アルビルの2つの村で計100戸の家屋が崩壊、住民20人が死亡した。

7.29 **洪水（ルーマニア）**　7月29日、ルーマニアのソ連国境に近いモルダビア地区でビストリラ川が氾濫、この洪水によって、死者・行方不明者114人、被災者2万人の被害が出た。ほかに、1910戸の家屋が倒壊し、5235戸が浸水した。1977年に1300人以上が死亡した大地震以来、最悪の天災となった。

7.29 **河川氾濫（インド）**　7月29日から30日にかけて、インドをモンスーンが襲い、この影響で同国中部マハラシュトラ州のワルダー川が氾濫、100人が死亡、500人余りが行方不明となった。東部のオリッサ州でも、建設中のダムがあふれ、約100人が濁流にのまれた。

8月 **森林火災（インドネシア）**　8月にインドネシアの熱帯林で発生した森林火災が拡大、その煙霧がマレー半島やフィリピンまで覆い、被害が出ている。視界不良が原因で船舶事故が発生、航空便の欠航が相次いだ。日照も減り、農産物への影響が心配さ

れる。火災現場は、カリマンタン(ボルネオ)島とスマトラ島の熱帯林で、計10万ha以上が焼失した。焼き畑の不始末や自然発火が原因とみられる。

8.4 バス横転(ジンバブエ イニャンガ) 8月4日未明、ジンバブエ東部の町イニャンガで、約100人の小学生らを乗せたバスが横転、少なくとも児童83人、教師4人が死亡、13人が重体となった。

8.5‐ 豪雨(中国 四川省) 8月5日から10日までに、中国南西部の四川省で大雨と洪水のため、456人が死亡した。重慶市、楽山市などで農地が水浸しとなり、経済的損失は30億元(約800億円)以上になるとみられる。

8.7 豪雨・竜巻(中国 上海、蘇州) 8月7日夜、中国の上海、蘇州(江蘇省)などの長江下流で150ミリを超える豪雨と竜巻が発生した。上海市だけで竜巻による死者16人、重軽傷者100人が出たほか、家屋100戸以上が倒壊し、浸水家屋は20万戸に上った。道路冠水による交通寸断、住宅多数が浸水するなどの被害も出た。

8.16 航空機墜落(インド インパール) 8月16日午後0時50分ごろ、インド東部カルカッタから北東部インパールに向かっていたインド国内便インディアン航空のボーイング737型機が着陸寸前、インパール北西約8キロのジャングルに墜落した。乗客63人、乗員6人が乗っていたが、全員が死亡した。事故当時、周辺は激しい雨が降っていたという。

8.23 台風12号(韓国) 8月23日、韓国の南西部に台風12号が上陸、釜山や慶尚南、北両道、江原道などで集中豪雨による被害が出た。24日午前までに、死者・行方不明は80人、財産被害は80億ウォン(約15億2000万円)に上った。

8.28 地下鉄脱線(アメリカ ニューヨーク市) 8月28日午前0時半ごろ、ニューヨーク市マンハッタン区南部のユニオン広場駅近くで、地下鉄4号線の10両編成下り電車が脱線、トンネルの柱に激突、少なくとも乗客6人が死亡、171人が負傷した。電車の先頭の車両は真っ二つになり、他の車両も大破した。運転士の乗務室からコカインを精製した麻薬を入れていたとみられるガラス瓶が発見され、運転士(38)は数時間後に逮捕された。この電車は事故以前にもいくつかの駅で止まらず、通常より速い速度だった。

9月‐ 洪水(カンボジア) この夏、カンボジアを30年ぶりの洪水が襲い、被災者は15万人に達した。この年の雨期は例年になく雨量が多く、メコン川、トンレサップ湖の水位が急上昇し、メコン・デルタの平野が水浸しとなって、10万haが水没した。同国の長い内戦で国土が破壊された影響で、救援活動は難航した。

9.23 山崩れ(中国 雲南省) 9月23日夕、中国南部の雲南省昭通市郊外で大規模な山崩れが発生し、106戸の集落がほぼ全滅、216人が死亡した。この地域では9月半ばから大雨が続いていた。幅300m、長さ4キロメートルにわたって土砂が崩れ、村を埋め尽くした。

10.5 空軍機墜落(インドネシア ジャカルタ) 10月5日午後3時ごろ、インドネシア空軍のC130「ハーキュリーズ」輸送機がハリム空港を離陸した直後、ジャカルタ東郊の職業訓練センターに墜落、爆発した。乗っていた乗員や空軍部隊員ら計132人全員と、同センターにいた1人も巻き添えで死亡。この日はインドネシア国軍記念日で、空軍部隊はジャカルタで行われた式典に参加後、バンドン市へ移送途中だった。4基

あるターボプロップエンジンの1基から出火、もう1基が停止して、墜落したとの報道もある。

10.20　地震（インド）　10月20日午前2時50分ごろ、インド北部のヒマラヤ山中を震源とする地震があった。29日夜までに768人が死亡したとみられる。被害が最も大きかったのはウッタルプラデシュ州。震源はインドと中国・チベットの国境付近で、マグニチュード6.1または7.0。死者のほとんどがヒマラヤ山中の村落の住民で、崩れた家の下敷きになった。土砂崩れで道路が寸断され、救助活動は難航した。

10.20　森林火災（アメリカ　オークランド）　10月20日午前11時ごろ、カリフォルニア州サンフランシスコ近郊のオークランド市の丘陵地の雑木林で出火。強風にあおられて、近隣の家屋1811戸と、442所帯のアパートが全焼し、25人が死亡、数十人が重軽傷を負ったほか、25人が行方不明とみられる。被害総額は約50億ドル以上に上る見込み。黒煙が上空を覆ったため、近くを走るハイウェイが閉鎖となり、地下鉄も運行停止となるなど混乱が続き、同日夕、非常事態宣言が出された。出火当時、秒速約14mの風が吹いていたため火の回りが速かった。

10.30　急行列車脱線・転覆（インド　バンガロール）　10月30日夜、インド南部カルナータカ州にあるバンガロール駅の北約50キロの地点で、ニューデリー行き急行列車が脱線、転覆し、少なくとも乗客30人が死亡、約100人が重軽傷を負った。

11.4　台風「テルマ」（台風25号）（フィリピン）　11月4日夕から、フィリピン中部を大型台風「テルマ」（台風25号）が襲い、7日夕までに死亡、行方不明者の数は合わせて約6000人に及んだ。洪水や地滑りなどで、各地で道路や通信網が寸断された。レイテ、ミンダナオ両島で6000人が死亡・行方不明となり、負傷者も37人に上った。一部報道では死者、行方不明者の合計を6500人としている。被害が集中したのは同島西部のオルモック市で、同市と周辺の村だけで死者は3727人に達し、なお2000人余が行方不明。長年の違法伐採で山が保水力を失い、鉄砲水を招いたとみられる。

11.7　旅客機墜落（ソ連（現・ロシア）　マハチカラ）　11月7日、コーカサス山脈上空でヤク40型ジェット旅客機が消息を絶ったが、同夜、カスピ海西岸の都市マハチカラから20キロの地点で墜落しているのが発見された。乗員、乗客34人は全員死亡した。

11.15　特急列車と急行列車衝突（台湾　苗栗県）　11月15日午後4時5分ごろ、台湾北西部の苗栗県造橋で、列車同士が衝突、乗客ら30人が死亡、108人が負傷した。事故現場は台北の南西約80キロの単線区間。高雄発台北行きの12両編成の特急「自強号」と台北発高雄行きの10両編成の急行が衝突し、特急の前部4両と急行の後部3両が脱線、横転した。この衝撃で列車がつぶれ、多数の乗客が車内に閉じ込められた。急行が現場に差しかかったとき、特急が待避線から出てきたため、避け切れなかったという。特急の運転士が信号を見落としたことが事故の原因とみられる。

11.19　貨物列車脱線・転覆（メキシコ　テフアカン）　11月19日正午ごろ、メキシコシティの南東約300キロのテフアカンで、セメントなどを積んだ貨物列車が脱線して高速道路に横倒しになり、通行中のバスや車など少なくとも15台の車両を押しつぶした。この事故で、乗客ら50人以上が死亡、一部では犠牲者は80人に上るとも言われる。列車の乗務員は事故の前にブレーキの故障を発見し、列車から飛び降りてしまったため、時速約200キロに達した列車がそのままカーブに突入、レールから飛び出した。

11.26　旅客機墜落（ソ連（現・ロシア）　タタール自治共和国）　11月26日午前5時過ぎ、ソ連タタール自治共和国のブグリマ空港で、着陸しようとしたアントノフ24型旅客機が墜落、乗客33人、乗員4人が死亡した。

12.15　客船沈没（エジプト　紅海）　12月15日午前0時ごろ、エジプト南東部のサファガ沖約10キロの紅海で、サウジアラビアのジッダからサファガに向かうエジプトの民間定期客船セイラム・エクスプレス（4711トン）がサンゴ礁に衝突して沈没、乗客乗員約650人のうち、約390人が死亡または行方不明となった。行方不明者は絶望とみられる。悪天候のため救助活動は難航した。

< 1992 >

1.1-　祝い酒にメチルアルコール（インド　ボンベイ（現・ムンバイ））　新年明けからインドのボンベイ市南部の公営酒場で、新年を迎える祝い酒を飲んだ客が次々倒れ、1月2日までに91人が死亡、25人が重症で入院した。メチルアルコールが酒の中に多量に混ざっていたとみられる。

1.20　エアバス墜落（フランス　ストラスブール）　1月20日午後7時20分ごろ、フランス国内線航空会社エール・アンテールのエアバスA320型機（乗員・乗客96人）が、ストラスブールに到着する直前に突然消息を絶った。捜索の結果、約4時間後にストラスブールから50キロ南西のボージュ山脈の中に墜落しているのが発見された。機体は大破していたが、ほとんど無傷の生後20カ月の幼女1人を含む計11人が生存者として救出された。同機はリヨンからストラスブールに向かっていた。墜落前に緊急信号などはなく、山などへの衝突を防ぐ対地接近警報装置も作動していないため、操縦士が空港の位置を誤認したとみられる。

2月　大雨で食糧不足（インドネシア　イリアンジャヤ州）　2月5日までに、インドネシアのイリアンジャヤ州の山岳部で132人が餓死した。大量の雨でイモ類の収穫ができなくなり、食料が不足したとみられる。

2.4　難民船沈没（ミャンマー　ナフ川）　2月4日、ミャンマー・バングラデシュ国境のナフ川で、ミャンマーから脱出しようとした難民の乗った小舟2隻が沈没、約150人が行方不明になった。難民は5隻の舟でナフ川を渡っていたが、ミャンマー国境警備隊の発砲を受けて、浸水、沈没した。

2.9　観光機墜落（セネガル）　2月9日、セネガル南部の国境付近で、レジャークラブ「地中海クラブ」がチャーターした観光機が墜落、30人以上が死亡した。

2.18　祭り中に壁倒壊（インド　タミルナド州）　2月18日、インド南部タミルナド州のクムバコーナムで、数十万人のヒンズー教徒が祭りを祝っていたところ、会場の壁が倒壊、パニック状態になった群衆が出口などで将棋倒しになった。50人前後が死亡、約50人が重軽傷を負った。

3.3　炭坑内で爆発（トルコ）　3月3日夜、トルコ北西部のゾングルダク炭田のインジルハルマニ鉱山で、メタンガスの爆発事故があり、5日までに、作業中の鉱山労働者223

人の死亡が確認された。事故発生時、鉱山では約600〜700人が作業中だったが、脱出できた者も多かった。

3.3 旅客列車と貨物列車衝突（ロシア　ネジドボ）　3月3日、ロシアのモスクワ西方のネジドボに近いポドソセンキ駅で、旅客列車と貨物列車が衝突した。死者は5日までに43人に上った。

3.8 フェリー沈没（タイ）　3月8日午前6時前、タイ南部の保養地パタヤに近いタイ湾の岸から約2キロの海上で、タイのフェリーがタンカーと衝突して沈没した。フェリーには約150人の乗客が乗っていたが、119人が死亡、約30人が病院に収容された。犠牲者の多くは婦人やこどもだった。

3.13 地震（トルコ）　3月13日午後7時すぎ、トルコ東部のエルジンジャン市付近を震源に、強い直下型地震が発生した。同市を中心に約500人の犠牲者が出たとみられる。同市内の公共施設やアパートなど200棟もの建物が倒壊し、その下からは数百人の遺体が収容された。マグニチュードは6.8。

3.18 地滑り（ブラジル　ベロオリゾンテ市）　3月18日午後1時半ごろ、ブラジル南部のベロオリゾンテ市郊外の傾斜地で大規模な地滑りが発生、低所得者が多く住む集落が崩壊し、32人が死亡、さらに100人以上が行方不明になった。

3.22 航空機離陸失敗（アメリカ　ニューヨーク市）　3月22日午後9時半ごろ、ニューヨーク・ラガーディア空港でUSエア社のフォッカー28型機が離陸に失敗、墜落した。同機はクリーブランド行き405便で、乗客47人と乗務員4人が乗っていたが、26人が死亡し、24人が負傷、1人が行方不明となった。いったん離陸した後、機体が不安定になり、地面にぶつかって旋回し、機体前部を海面に突っ込んだ状態で停止した模様。墜落直後、同機は炎上したが、消防車が消し止めた。事故当時は雪が降っていた。零下に近い水中の機体に乗客が閉じ込められ、必死の救出活動が行われた。

3.24 原発で放射能漏れ（ロシア）　3月24日午前2時37分、ロシアのレニングラード原子力発電所の3号機が燃料筒の損傷事故を起こし、放射能が漏出した。この事故で3人が軽度の被曝。冷却水を圧力管に送る調整弁が損傷し、冷却水の供給が減少した結果、圧力管の密閉状態が損なわれ、燃料棒が数本破損したという。この原発の原子炉4基はいずれも1986年に大事故を起こしたチェルノブイリ原発と同じ、100万キロワット級の黒鉛減速軽水冷却炉で、安全性を疑問視されてきた型。大気への放射能漏れは基準値内に止まり、住民の保護措置などは行われなかった。

4.14 溶岩流（イタリア　エトナ山）　4月14日、前年末から爆発を繰り返しているイタリア南部シチリア島の東にあるエトナ山（3323m）で、ついに真っ赤な溶岩が民家をのみ込み、人口約7000人の同山東部山麓の町ザフェラーナに1キロまで迫った。住民は避難。溶岩流は衰えを見せず1時間に5mの速さで流れ、同国軍の築いた土盛りも簡単にのみ込み、同町の郊外約1キロの地点にある民家に達した。

4.16 軍用機住宅街に墜落（ケニア　ナイロビ）　4月16日、ケニアの首都ナイロビで、カナダ製バッファロー型軍用輸送機が、市東部の住宅街に墜落。乗っていた空軍関係者ら45人と、住宅街の住民5人が死亡した。同機は近くの軍用飛行場を離陸したが、直後にエンジンが不調になったとみられる。

4.22 市街下水道で爆発（メキシコ　グアダラハラ市）　4月22日午前10時ごろ、メキシコ

中西部にある同国第2の都市グアダラハラ市で、地中の下水道付近で連続して爆発があり、道路や建物が崩壊するなどして多数の死傷者が出た。死者は200人以上、負傷者は700人以上に達するとみられる。爆発は、人口密集地域のガンテ通りを中心に、一帯に約15万人が住む市街地30区画以上で、約5km^{2}の広い範囲に及んだ。大きな爆発が1回、それから連続して12回の爆発が約1時間にわたり続いた。損傷した建物は1000戸以上。付近の住民は20日から目や呼吸器官の異状や、異臭を訴えていた。可燃性のガスか石油化学物質が下水道に滞留したことが爆発の原因とみられる。

4.22 **小型機墜落**(アメリカ ロサンゼルス) 4月22日午前11時過ぎ、アメリカ・ロサンゼルス郊外の飛行場で、24人乗りの小型飛行機が離陸直後に墜落、乗客16人が死亡した。

5.4 **住宅倒壊**(インド ジャム・カシミール州スリナガル) 5月4日、インドのジャム・カシミール州のスリナガルで、3階建ての住宅が倒壊し、少なくとも65人が死亡、90人以上がけがをした。

5.5 **サッカースタンドが崩壊**(フランス コルシカ島) 5月5日午後8時半ごろ、コルシカ島の港町バスチアのサッカー場で、フランス・カップ観戦に詰めかけた1万8000人の観客で満員となった仮設スタンドが突然崩れた。この事故で12人が死亡、400人以上がけがをした。

5.6 **密造酒にメチルアルコール**(インド オリッサ州) 5月6日、インド東部のオリッサ州カタック市で住民が密造酒を飲み、7日から失明などメチルアルコールの中毒症状を訴える者が続出、9日までに154人が死亡、数百人が重症になった。密造酒にはメチルアルコールが多量に含まれていた。犠牲者の多くは、日雇い労働者や人力車の車夫らだったという。

5.10 **炭鉱で爆発**(カナダ ニューグラスゴー) 5月10日、カナダ東部ノバスコシア州ニューグラスゴーで炭鉱事故が発生、地底に閉じ込められた作業員のうち、11人が遺体で発見された。爆発に直撃され、ほぼ即死状態だった。ほかに15人が行方不明になった。

5.15 **園児のバス炎上**(台湾 台北) 5月15日正午過ぎ、台湾の台北から南西約35キロの桃園県平鎮郷で、台北市内の幼稚園児ら約50人を乗せたバスが突然火を噴き爆発した。園児20人、父母ら3人が逃げ遅れて焼死、園児8人が重軽傷を負った。

6月 **学食にヒ素混入**(中国 河南省) 6月、中国・河南省にある財政税務高等専科学校で、素行不良で退学にされた女子学生が、学内食堂の昼食にヒ素を混入させ、学生、教職員あわせて788人が食中毒となった。退学処分への腹いせに食堂の小麦粉にヒ素を混ぜたもの。

6.2 **障害者施設で火災**(アメリカ デトロイト) 6月2日午前2時過ぎ、アメリカ・デトロイト市内北東部にある障害者施設で火災が発生、逃げ遅れた老人ら10人が死亡、2人がけがをした。火災発生後、3階建てのレンガと木造の建物が厚い煙に包まれ、16人の住人のうち4人は脱出、2人がけがをしたが、残る男性6人、女性4人は逃げ遅れて窒息死した。

6.6 **旅客機墜落**(パナマ) 6月6日に出発した、パナマ発コロンビアのカリ市行きパナマ・コパ航空の旅客機ボーイング737が消息を絶ち、7日午後、墜落機体が国境付近のパナマ側で発見された。乗員、乗客計47人全員が死亡したとみられる。同機は出発後

1992

約20分で連絡を絶ったが、激しい雷雨に見舞われたらしい。

6.9 **炭田で爆発**(ウクライナ) 6月9日午後、ウクライナ東部ドネツ炭田のスホドリスク東炭鉱で爆発事故が起き、同夜までに38人の炭鉱労働者の死亡が確認された。坑内で爆破作業中にメタンガスが爆発し、最初に8人が死亡。さらに、炭じんが爆発して一酸化炭素が発生したため、被害が広がった。このほか18人が行方不明となり、27人が病院に運ばれた。

6.20 **工事用火薬庫爆発**(リビア アルアジジア) 6月20日、リビア首都トリポリの南西20キロにあるアルアジジアで、工事用の火薬や花火を収納していた倉庫が爆発、30人が死亡、8人が行方不明となり、約120人がけがをした。テロの可能性はないとみられる。

6.28 **地震**(アメリカ カリフォルニア州) 6月28日朝、アメリカ西海岸の南カリフォルニアを2度にわたって大きな地震が襲い、少なくとも1人が死亡し、20人前後が負傷した。各地で建物が壊れ、電力が停止するなどの被害も出た。震源は、ロサンゼルス市の東約160キロにあるヨシュアツリー町の郊外。午前4時58分にマグニチュード7.4または6.7の地震を記録。また、午前8時10分ころにも、最初の震源地ヨシュアツリーの西にある砂漠地帯、ビッグベアレーク地域を震源とするM7.0の余震があった。1回目の地震は1分間にわたって続き、人口約4000人のヨシュアツリーでは、2歳の幼児が死亡、少なくとも20人近くが負傷し、病院で治療を受けた。

7月- **土石流**(フィリピン ルソン島) 7月以来、フィリピン・ルソン島中部のピナトゥボ山は小規模な噴火を繰り返しているが、その周辺地域では火山灰混じりの土石流が発生し、9月5日までに少なくとも36人が死亡した。

7.3- **豪雨**(中国 福建省) 7月3日から5日にかけて、中国南部の福建省で記録的な豪雨が降り、148人が死亡、多数のけが人や行方不明者が出た。

7.14 **軍用機墜落**(イエメン アデン) 7月14日夜、イエメン南部のアデン郊外で、イエメンの軍用機が墜落、民間人を含む68人が死亡した。同機はインド洋上のソコトラ島からアデンに向かっていたが、砂嵐のためアデンでの着陸を断念し、首都サヌアに向かった直後、墜落したという。

7.31 **旅客機山に墜落**(ネパール) 7月31日午後0時40分ごろ、バンコク発カトマンズ行きのタイ国際航空機311便エアバスA310-300機が、カトマンズ空港の付近で消息を絶った。同日、カトマンズの南西約100キロの森林地帯で同機の機体の破片が発見された。同機には乗客99人・乗員14人の計113人が乗っていたが、全員が絶望とみられる。同機はカトマンズ空港に着陸しようとしたが、翼のフラップに異常があったために果たせず再度上昇し、山腹に衝突した。

7.31 **旅客機炎上**(中国 江蘇省) 7月31日午後3時すぎ、中国江蘇省・南京市の南京空港で、中国通用航空のヤコブレフ42型旅客機が離陸に失敗、炎上した。乗客116人、乗員10人の計126人を乗せていたが、109人が死亡、17人が負傷した。同機は離陸できないまま滑走路を600m越え、火を噴いたという。事故機は南京から沿海部の福建省・アモイに向かうところだった。

8.11 **遊覧ヘリコプター墜落**(中国 北京市) 8月11日午前11時半ごろ、乗客・乗員24人が乗った遊覧ヘリコプターが、万里の長城付近を飛行中、北京郊外の史跡・居庸関近

くの山中に墜落した。15人が死亡、生存者9人のうち1人は病院で死亡した。事故当時、現場は深い霧が出ており、ヘリは視界が悪い状態の中で山腹の樹木に接触したものとみられ、悪天候とパイロットの操縦ミスが墜落の原因とみられる。

8.24 ハリケーン「アンドリュー」（アメリカ　フロリダ州）　8月24日早朝、米フロリダ半島南部を、半世紀ぶりといわれる超大型のハリケーン「アンドリュー」が襲い、バハマ諸島を含め29日までに32人の死者が確認された。フロリダ州デード郡など被災地が災害地域に指定された。「アンドリュー」は、70m以上の最大瞬間風速と豪雨を伴ってマイアミ市の南東部に上陸。州知事は23日から非常事態宣言を出し、数十万人の住民が避難した。低所得者層地域が多大な被害を受け、被害総額数十億ドルとなる米国史上最大規模の自然災害となった。被害額は200〜300億ドルに上るとみられる。

8.30 台風16号（中国　浙江省、福建省）　8月30日、台風16号が中国福建省に上陸した影響で、同省と北に隣接する浙江省の各地で洪水や山崩れが発生、浙江省だけで死者109人、行方不明者10人を出した。崩壊した家屋は4万8000戸、冠水した田畑は19万haに上り、被災者は645万人に達した。

9月 豪雨（パキスタン）　9月上旬、パキスタン北部を集中豪雨が襲い、このため死者・行方不明者は15日までに2000人を超え、洪水被害は南部のインダス川下流域に広がった。インダス川が氾濫する恐れがあるため、同国政府は14日、シンド州のラルカナ、スクール、ダドゥの3地区に非常事態を宣言、50万人の住民に避難命令を出した。

9月 炭鉱で爆発（中国　江西省）　9月初め、中国中部の江西省花鼓山炭鉱でガス爆発事故が発生、構内にいた45人が死亡し、29人が負傷した。石炭の採掘現場でのガス漏れに気付かずに掘削機を使用した際、火花が散ってガスに引火したのが原因とみられる。

9.1 ニカラグア大地震（ニカラグア）　9月1日午後、ニカラグア沖で海底地震が発生し、同国の太平洋岸に高さ15mに及ぶ津波が押し寄せた。このため約100人が死亡、約300人がけがをしたほか、行方不明者は700人にものぼるという。犠牲者のほとんどは津波によるものとみられる。被災者は1万6000人、他に4200人が自宅から出たまま避難生活を強いられた。地震の規模はマグニチュード7。震源は首都マナグアの南西約120キロの海底。プエルトデコリントなどの沿岸部に津波が押し寄せ、1000軒以上の家が壊れた。

9.3 洪水（アフガニスタン）　9月3日、アフガニスタン・カブール北方にあるヒンズークシの山中で鉄砲水が発生、450人以上が死亡し、500人以上が行方不明になった。

9.22 石油精製工場で爆発（ロシア　バシコルトスタン共和国ウファ）　9月22日から、ロシアのバシコルトスタン共和国の首都ウファにある石油精製工場で、大規模な爆発事故が続けて発生した。同工場は独立国家共同体（CIS）諸国への航空燃料の主要生産施設で、ロシアをはじめCIS全体の航空燃料供給が危機に陥ると伝えられた。この爆発はガス・バルブ弁の欠損が原因で始まり、24日までに9回発生、これで生じた火災と共に工場施設の9割を破壊、今後の操業の見通しが立たなくなった。また、事故で従業員15人が重軽傷を負った。同工場の施設は老朽化が伝えられている。

9.28 エアバス墜落（ネパール　ティカバイラブ）　9月28日午後2時半ごろ、カラチ発カト

マンズ行きのパキスタン国際航空268便エアバスA300機が、カトマンズ空港への着陸態勢に入った後消息を絶った。捜索の結果、同日夕、カトマンズの南15キロのティカバイラブ村付近で墜落しているのが確認された。乗客155人、乗員12人の計167人が乗っており、全員が死亡した。

10.4 貨物機墜落・高層アパート直撃(オランダ アムステルダム) 10月4日午後6時半過ぎ、オランダの首都アムステルダム郊外の住宅地に、スキポール空港から離陸直後のイスラエル国営エルアル航空のボーイング747-200F型貨物機が墜落した。同機には乗員3人、乗客1人が乗っていた。離陸10分後にエンジン火災を知らせる緊急信号を発信し、その4分後に同空港の東方10キロの現場に墜落した。機体の一部は高層アパートを直撃し、5日未明までに、炎上したアパートの住人ら8人、搭乗者全員の死亡と、アパートの住人29人の負傷が確認された。250人以上が不明となり、巻き添えとなった住民の数としては航空史上最悪の惨事となった。

10.12 地震(エジプト カイロ) 10月12日午後3時ごろ、エジプトの首都カイロで強い地震があり、約1分間揺れが続いた。同市とその周辺では古い建物や学校などが崩壊するなどの被害が相次ぎ、少なくとも370人が死亡、3369人が負傷した。市内は停電、電話も不通となり、政府は同日、全土に非常事態宣言を出した。同国としては過去最大級の地震災害となった。

10.17 地震(コロンビア) 10月17日午前4時半ごろ、南米コロンビアの北西部で強い地震があった。震源はコロンビアのアンティオキア州の中心都市メデジンの西北西約140キロで、マグニチュードは6.6。震源に近いチョコ県の人口約2500人の町ムリンドで家屋が壊れ、負傷者が出た。

11月 サイクロン(インド タミルナド州,ケララ州) 11月、インド南部タミルナド州で、数日間にわたりサイクロン(熱帯性低気圧)による豪雨が続き、15日までに、隣接するケララ州と合わせて215人の死者、数百人の行方不明者が出た。

11.11 軍輸送機墜落(ロシア) 11月11日夜、ロシア空軍のアントノフ22輸送機が民間営業中に墜落し、乗員7人、乗客16人の計23人が死亡した。同機は、モスクワ北東郊外のトゥベリからアルメニアのエレバン行きだった。

11.20 ウィンザー城で火災(イギリス ロンドン) 11月20日昼ごろ、ロンドン郊外にある英王室の離宮ウィンザー城で大規模な火災が発生し、数時間後に鎮火した。出火したのは、城のセント・ジョージ・ホール横にある王室の私的な礼拝堂。数キロ先から炎と黒煙が見えるほど火の手が上がり、レンブラントの絵画や中世の家具などを損壊し、1万5000m²を焼失した。城のスタッフ3人と消防署員6人がやけどなどの軽いけがを負ったが、全員無事。城は改装工事中で、電気系統の故障が原因とみられる。ウィンザー城は900年の歴史を誇り、テムズ川を見渡す英王室の離宮。改修などに5000万ポンド(約100億円)が必要とされる。

11.21- 竜巻(アメリカ) 11月21日夜から23日にかけて、アメリカ南部を竜巻や暴風雨が襲い、26人以上の死者が出た。被害が大きいのはミシシッピ州で、子ども3人を含む15人が死亡、さらにテネシー州で1人、ジョージア州で6人、ケンタッキー州やノースカロライナ州などでも死者が出た。けが人は200人を超えた。家屋や樹木、電柱などの倒壊、電線や電話線の切断などで、被害金額は数百万ドル以上に達するとみられる。

11.24 旅客機山に墜落(中国 広西チワン族自治区) 11月24日午前8時ごろ、中国南部・広西チワン族自治区の山岳地帯に、中国南方航空のボーイング737旅客機が墜落した。乗客133人、乗員8人の計141人は全員死亡した。同機は臨時便で、広州白雲空港から観光地の桂林に向かっていた。墜落現場は桂林の南30~40キロにある陽朔県揚堤村の付近。事故当時、現場周辺は霧が濃かったという。

11.27 ホーフブルグ宮殿で火災(オーストリア ウィーン) 11月27日未明、ハプスブルク王朝の住居だったウィーン市の中心部にあるホーフブルグ宮殿で火災が発生した。火は国立図書館や、観光客にも有名なスペイン乗馬学校などを包んでおり、かなり大規模な火災となった。炎の勢いが強く、周囲の住民らは避難した。火災は宮殿内にある会議場レドーテンザールを全焼、16世紀に創設された世界最古のスペイン乗馬学校の厩舎の一部も焼けた。火元はレドーテンザール付近とみられ、同会議場屋根部分の改修工事で使った火の不始末が原因とみられる。損害額は数億シリング(数十億円)と推定される。

12.8 地滑り(ボリビア) 12月8日早朝、ボリビアの首都ラパスの北にある金鉱山地帯にある、人口約1200人のリピという町で地滑りがあり、住民ら少なくとも52人が死亡、100人以上が生き埋めになった。同国では最大規模の惨事になった。ここ数日大雨が続いて地盤が緩んでおり、標高差約20mの斜面が崩れた。

12.12 地震(インドネシア) 12月12日午後1時半ごろ、インドネシア東部の東ヌサ・トゥンガラ州フローレス島付近で、大きな地震があった。同島にある町マウメレを中心に大きな被害が出、死者は2000人、行方不明者は1000人以上に上った。高さ6~25mの津波が発生し、島の南北両海岸から最大で約300m内陸部まで進入したため、複数の集落がのみ込まれ、建物の40%が崩壊、同国最悪の地震被害となった。震源はマウメレの町から南西約30キロの海域で、深さ約36キロの地点。マグニチュードはリヒター・スケールで6.8。

12.21 旅客機着陸失敗・爆発(ポルトガル) 12月21日午前8時半ごろ、ポルトガル南部のファロ空港で、アムステルダム発のDC10型機が着陸に失敗し爆発、炎上した。乗客327人、乗員13人の計340人のうち、52人が死亡、20人余が行方不明となり、約250人が重軽傷を負った。5人が行方不明との情報もある。同機はオランダのマルティン・エア社のチャーター便。事故原因については、瞬間最大風速が秒速70mを超すという低空乱気流(ウィンド・シア)にあおられたとする見方が強い。

12.22 旅客機墜落(リビア) 12月22日午前10時過ぎ、ベンガジ発トリポリ行きのリビア航空国内便B727機が離陸直後に墜落、乗員・乗客157人の全員が死亡した。軍用機との空中衝突が原因との情報もある。

〈 1993 〉

1月- ハンバーガーで食中毒(アメリカ 西海岸) アメリカでハンバーガーによる集団食中毒が広がり、西海岸ワシントン州で発生以来、発病者が増え続けた。病原はO157H7と呼ばれる大腸菌。ワシントン州の州立小児科病院で1月上旬、幼児の食中毒患者

が急に増えたため調べたところ、その大半が同州タコマ市のハンバーガーチェーン店で食事をしていた。同月22日には、2歳の男児が死亡、23日には別の1人が死亡した。同州内での中毒症状の報告はその後も増え続け、2月中旬までで約500人に達した。このハンバーガーチェーン店は、州の決めた最低調理温度を守っていなかった。

1.7 アパート火災（韓国　忠清北道）　1月7日午前0時20分ごろ、韓国中部の忠清北道清州市のコンクリート造り4階建アパート兼店舗の雑居ビルで火災が発生した。この火災から家庭用LPガスボンベが誘爆し、建物全体が崩壊、同日夕までに住民29人の死亡を確認、50人以上がけがをした。アパートの地下の商店から漏電が原因とみられる火が燃え広がり、各商店や世帯で個別に使用していた家庭用LPガスボンベの配管用ゴムホースが熱で溶け、もれたガスに引火して、ボンベが次々に爆発した。この建物は地下と1階に商店約60店舗が入り、2階以上が事務所と住宅だった。

1.9 バス3台衝突（アルゼンチン　コリエンテス州）　1月9日夜、アルゼンチン北東部のコリエンテス州サントトメ市の近くでバス3台が衝突。うち1台が炎上して、乗客ら少なくとも60人が死亡、約80人が負傷した。パラグアイに向かうバスと、対向のバスとが正面衝突し、別のバスも巻き込まれたとみられる。死者の多くは、炎上したバスから逃げ遅れ焼死した。

1.14 フェリー転覆（ドイツ　リューゲン島沖）　1月14日早朝、ドイツのリューゲン島沖のバルト海で乗員、乗客60人余が乗ったポーランドのフェリーが荒天のため転覆した。35人の遺体を収容、9人が救出され、17人前後が行方不明となった。

1.18 雪崩（トルコ）　1月18日、トルコ東部の村で大規模な雪崩が起き、約300人が生き埋めになった。現場は、バイブルト市から約35キロ離れたウズンギョル村。

1.19 レストランで火災（台湾　台北）　1月19日午前1時ごろ、台湾・台北市内のビル2階にあるレストランから出火、2時間後に鎮火したが、逃げ遅れた客ら30人が一酸化炭素中毒などで死亡、21人が負傷した。放火の疑いも出ている。

1.30 列車が川に転落（ケニア）　1月30日未明、ケニア鉄道公社の旅客列車（9両編成）がケニアのリゾート都市モンバサから約290キロの町ムティトアンデイにある川にかかっていた橋から転落した。31日までに乗客約600人のうち140人の遺体が収容され、200人以上が行方不明になった。同地区では大雨が続き、川が氾濫していた。洪水で線路の地盤がゆるんで脱線したか、あるいは洪水で痛んだ橋が列車の重みで崩壊したとみられる。乗務員は機関車と前方の客車が脱線するのに気づき、後部客車を切り離したが間に合わず、客車5両は川に転落。機関車は大破し流された。

1.31 列車とバス衝突（中国　遼寧省）　1月31日朝、中国東北部の遼寧省で大型バスが特急列車と衝突、バスの乗客66人が死亡、28人が負傷した。事故が発生したのは高台山―新立屯線の無人踏切で、大型バスが赤峰発大連行きの特急と衝突、列車は脱線し、バスは大破した。列車の運転士が軽傷を負った以外は列車の乗客は無事だったが、バスは運転手を含め59人が即死、7人が間もなく死亡し、3人が重傷を負った。

2.2 マヨン山噴火（フィリピン　ルソン島）　2月2日午後1時11分ごろ、フィリピン・ルソン島南東部のビコール州で活火山のマヨン山（標高2421m）が噴火した。噴火は水蒸気爆発を伴い30分後に沈静したが、1週間にわたって群発地震が続いたため、新たな噴火を警戒し4万人が避難した。噴火被害が最も大きかったのは、レガスピ市をの

ぞむ南東側斜面にある村落で、9日までの死者、不明者は少なくとも84人に上った。1984年の噴火以来、半径6キロが立ち入り規制されていたが、犠牲者の多くは農作業や薪拾いのため同圏内に入って溶岩などを浴びたとみられる。

2.8　バス炎上(ナイジェリア　ラゴス)　2月8日、ナイジェリアの首都ラゴスで、バスが走行中に出火し炎上、100人以上が焼死した。同バスは通勤客で超満員だった。

2.8　旅客機と戦闘機空中衝突(イラン)　2月8日午前10時35分、イラン航空ツアー所属のロシア製ツポレフ型旅客機が、イラン空軍のスホイ戦闘機とテヘランの西約15キロのテヘランサール上空で空中衝突し、両機とも墜落した。旅客機の乗員13人と乗客119人の計132人全員が死亡した。戦闘機のパイロット2人も死亡した。旅客機は、テヘランからイラン東部のマシャドに向かう途中で、テヘランのメヘラバード空港から離陸した直後だった。戦闘機は訓練中で、両機の翼が接触して墜落したとみられる。

2.14　百貨店で火災(中国　唐山市)　2月14日昼過ぎ、中国・唐山市の百貨店で火事があり、15日午後までに78人が死亡、53人がけがを負った。店内で工事をしていた作業員の溶接の火花が何かに引火し、3階建て延べ約3000m^{2}が全焼した。

2.17　フェリー転覆(ハイチ)　2月17日、ハイチ西部のジェレミーから首都ポルトープランスに向かう途中の定期フェリー「ネプチューン」が激しいしけのため転覆した。同船には定員を大幅に超える約820人が乗っていた。現場は、ハイチの首都ポルトープランスの西約100キロの沖合。乗客はパニックに陥り、付近の岸へ向かって泳ぎ、285人が助かったが、残り約数百人が行方不明になったとみられる。

2.21　バス渓谷に転落(フィリピン)　2月21日未明、フィリピンのマニラから東へ約70キロの太平洋に面したケソン州インファンタ地区に向かっていた大型バスが、山道で対向のトラックを避けようとして渓谷に転落、20人以上が死亡した。

3.5　旅客機墜落(マケドニア　スコピエ)　3月5日、マケドニアの首都スコピエの空港付近でマケドニア・パル航空のフォッカー100型旅客機が離陸直後に墜落した。同機には、子ども4人を含む乗客と乗員97人が乗っていたが、79人が死亡、18人が救出されたが重傷を負った。同機はスイス・チューリヒに向かっており、高度400mに達したところで落ちたという。テロなどの可能性は低い。

3.13　暴風雪(アメリカ　東海岸)　3月13日、フロリダからニューヨーク、マサチューセッツ州にかけたアメリカ東海岸一帯を、「今世紀最悪」といわれる暴風雪が襲い、竜巻などで98人が死亡、10人が行方不明になった。この原因となった低気圧は大型ハリケーン並に発達し、風速50m近い強風と高潮に加え、3月としては記録的な大雪をもたらした。フロリダ州では50もの竜巻が発生、各地で家屋が倒壊し、18人が死亡、多数がけがをした。東部の主要な空港は一時すべて閉鎖された。強風と着雪で電線が切れ、300万以上の世帯が停電した。この暴風雪は同州から東海岸に沿って北上。14日にはカナダを通り大西洋へ抜けた。

3.16　豪雨と雪崩(パキスタン)　3月16日までに、パキスタン北西辺境州とカシミール地方の山岳部一帯を豪雨とそれに伴う雪崩が襲い、60人以上の死亡が確認され、多数の住民が行方不明になった。同州北部のチトラル、スワット両地区では雪崩で36人が生き埋めになった。また、カシミール地方では、豪雨による家屋の流失などで24人が死亡した。

1993

3.17 爆弾爆発（インド　カルカッタ）　3月17日午前0時15分ごろ、インド東部のカルカッタ中心部ボウバザールで爆弾とみられる爆発物がさく裂し、アパート2棟が倒壊、炎上した。アパートの住民と周辺住民も含め60人が死亡、125人が負傷した。爆発があったのはイスラム教徒地区。12日にはボンベイで連続爆弾テロ事件が発生しており、関連が疑われた。ただ、この爆弾は意図的に爆発させられたのではなく、使用目的で貯蔵されていたものが誤爆したともいわれる。

3.28 地盤ゆるみ列車転覆（韓国　釜山）　3月28日午後5時半ごろ、韓国・釜山市北区の京釜線亀浦駅付近で、突然線路の地盤が崩れ、走行中のソウル発釜山行きの急行「ムグンファ」号が転覆した。乗客約620人を乗せた同列車は9両編成で、そのうち客車4両が脱線、横倒しになった。この事故で乗客78人が死亡、130人前後が重軽傷を負った。事故現場では、地盤が深さ約3m、幅約10m、長さ約50mにわたり崩れ落ちた。運転士が地盤が沈んでいるのに気づき、急ブレーキをかけたが間に合わなかった。現場一帯では工事をしており、ダイナマイトを使って発破作業もしていた。このため線路地盤が軟化していたとみられる。

4.3 大雨（エクアドル）　4月3日、エクアドルで大雨が続き、同国南部のアンデス山中を流れるパウテ川沿いで大規模な出水と地崩れが起こった。死者は少なくとも30人に上り、ほかに多数の行方不明者がいるとみられる。

4.6 ウラン貯蔵器が爆発（ロシア　シベリア）　4月6日早朝、ロシア・シベリアのトムスク市から100キロの閉鎖都市「トムスク7」の放射性化学工場「シベリア化学コンビナート」で、ウラン廃液の貯蔵容器が爆発、工場の屋根が吹き飛んで、廃液が飛散した。火災は間もなく鎮火したが、工場周辺2万m^{2}が放射能で汚染された。また、作業員など計86人が被曝。同国政府は、彼らの健康への影響はないとしている。この工場は旧ソ連の軍事工場で、原子力発電で使用済みの核燃料を軍事用に再生していた秘密工場だった。

4.13 客船転覆（中国　広東省湛江港沖）　4月13日午後、中国・広東省湛江港沖で、70人以上を乗せた客船が波を受けて転覆した。26人が救助されたが、44人以上が行方不明になった。同船の定員は30人だったが、倍以上の客を乗せていた。

4.19 病院で火災（韓国　忠清南道論山郡）　4月19日午前2時10分ごろ、韓国中部の忠清南道論山郡にあるソウル神経精神科医院のプレハブ平屋建て別館病棟（132m^2）から出火、同病棟をほぼ全焼した。この火事で入院患者42人のうち34人が死亡、2人がやけどを負った。病棟は大部屋で、格子で間仕切りをされカギが掛かっていた。逃走を防ぐため足を縛られていた患者もおり、被害が大きくなったとみられる。

4.19 旅客機墜落（インド）　4月19日、インド国営インディアン航空国内線の旅客機が、同国西部にあるアウランガバード空港を離陸直後に墜落、炎上し、乗っていた118人のうち50人以上が死亡した。

4.25 大洪水（ペルー　アマゾン川）　4月25日、ペルーのアマゾン川上流地方で大規模な洪水が発生し、約4万世帯、20万人以上が被災した。洪水は異常気象による大雨で発生した。

4.28 軍輸送機墜落（ガボン）　4月28日、ザンビアのサッカーチームを乗せた30人乗り空軍輸送機が、ガボンの空港を離陸後、大西洋に墜落し、全員が死亡した。同機はサッ

248

カー・ワールドカップ予選の会場国セネガルに向かう途中で、給油のためガボンに立ち寄っていた。

4.30 **貨物列車と観光バス衝突**（中国　遼寧省）　4月30日朝、中国東北部の遼寧省大石橋市で、踏切内で貨物列車と観光バスが衝突、小学生29人を含む36人が死亡、ほかに38人が負傷した。バスに乗っていたのは地元小学校の5、6年生と教師計74人で、ピクニックに向かうところだった。

5.9 **軽飛行機広場に墜落・市民巻き添え**（ロシア　ウラル地方）　5月9日、ロシアのウラル地方の都市ニジニタギルで、対独戦勝記念日の行事で編隊飛行をしていたヤコブレフ52軽飛行機が市中心部の劇場広場に墜落、子ども8人を含む17人が死亡、18人がけがをした。パイロット1人も死亡した。3機編隊の真ん中を飛行していた1機が突然コースを逸れ、人が密集している広場に落ちたという。

5.11 **おもちゃ工場火災**（タイ）　5月11日、タイのバンコク郊外にあるおもちゃ工場で火災が発生、11日午後までに死者約200人、負傷者500人以上に達し、タイでの火事によるものとしては近年最悪の被害となった。出火当時、工場内には約4000人が働いていたといわれるが、火災報知器がなく、全員が一斉に逃げだした衝撃で建物が崩壊したため、その下敷きとなった人も多かった。

5.13 **竜巻**（バングラデシュ）　5月13日、バングラデシュ南部で大規模な竜巻が発生し、ノアハリ県で36人が死亡したほか、チャンドプール県などでも13人が死亡した。負傷者も300人を上回り、数千人が住宅を失うなどの被害を受けた。

5.19 **旅客機山に墜落**（コロンビア）　5月19日昼、コロンビアのサム航空（SAM）のボーイング旅客機が、パナマからメデジン市に向かう途中で消息を絶ち、メデジン市の北西約100キロの海抜3000メートル級のアンデス山中に墜落しているのが発見された。同機は、乗員7人、乗客125人を乗せていたが、全員死亡した。同機はメデジン空港への着陸予定時刻の11分前までは管制と通常の連絡を取り合っていたが、その後地上レーダーから機影が消えた。事故当時、空港周辺は荒天だった。

5.25 **豪雨・雹**（中国　江蘇省）　5月25日午後、中国・江蘇省徐州、揚州、南通などで雹まじりの強い突風が吹き荒れ、豪雨となった。このため、家屋5200軒が倒壊し、39人が死亡。101人が負傷し、200人以上が行方不明になった。ニワトリの卵ほどもある雹に当たって死亡した人もいたという。

6月 **洪水**（アメリカ）　6月下旬、アメリカのミネソタ、アイオワ両州を中心に、6月としては1878年の記録開始以来の大雨が降り、ミシシッピ川が、上中流地域を襲った大雨で増水、洪水の被害が広がった。各地でその水位がこれまでの記録を更新。被害はアイオワ、ミネソタ、ウィスコンシン、イリノイ、ミズーリと、支流沿いのネブラスカ、サウスダコタ各州に広がった。約5万人が避難し、死者約50人、水没家屋約2万戸、被害総額は農作物を中心に約120億ドル（約1兆2600億円）と推計される。ミシシッピ川は北米一の流域面積をもち、これまでにも大洪水を起こしたことはあるが、周辺の都市化などで被害は米国史上最悪になるとみられる。

6月 **豪雨で洪水・船転覆**（バングラデシュ）　6月中旬、バングラデシュで北東部を中心とする全域が集中豪雨に見舞われ、19日までに洪水や船の転覆で192人が死亡、30万人が孤立した。スナムガンジ県では16日、この豪雨のため150人乗りの渡し船が転

覆し、全員が死亡もしくは行方不明になった。また、近くのシルヘット県でも洪水で民家が流され7人が死亡した。

6.1 急行列車と貨物列車衝突・転覆(インド タミルナド州) 6月1日夜、インド南部タミルナド州のサレム近くで、急行列車が貨物列車と衝突して脱線、転覆し、21人が死亡、63人がけがをした。負傷者のうち、26人は重傷とみられる。セメントを積んだ貨物列車が脱線し、立ち往生しているところに、急行列車が追突したという。

6.10 軍訓練で砲弾爆発(韓国 京畿道) 6月10日午後4時ごろ、韓国・北部の京畿道内の陸軍砲撃演習場で、砲撃訓練中に砲弾が突然爆発、現役将校や予備軍兵士合わせて、同日夜までに19人が死亡した。事故は155ミリ砲弾を装填中に発生し、砲弾4発が爆発した。この訓練には教官の現役将校らと予備軍の約400人が参加していた。

7月- 猛暑(アメリカ) 7月、アメリカ東部が熱波に見舞われ、各地で記録破りの暑さが続いた。8日にはワシントンのナショナル空港で華氏100度(摂氏37.7度)を超え、103年ぶりの記録となった。熱射病など暑さによる死者も出始め、エアコンのない部屋で暮らす高齢者などを中心に、11日までに死者は40人を超えた。暑さは7月初めから続き、ニューヨークでは、数十人が暑さで病院に運ばれた。

7月 豪雨(中国 湖南省) 7月中旬から、中国・湖南省で豪雨が続き、湘江流域の長沙、沅江流域の常徳など34県で洪水が発生、72人が死亡、20人以上が行方不明になり、2000人余が重傷を負う被害が出た。被災者数は150万人に達し、計50万戸が損壊した。

7.1 旅客機墜落(インドネシア イリアンジャヤ州) 7月1日午後4時前、インドネシア東部のイリアンジャヤ州で、民間のムルパティ・ヌサンタラ航空の国内線旅客機(フォッカー28型)が墜落、乗客乗員計43人のうち、乗員4人と乗客36人が死亡、乗客3人が重傷を負った。

7.2 祭りのいかだ転覆(フィリピン ブラカン州) 7月2日夜、フィリピン・マニラの北約30キロのブラカン州ボカウエ地区で、キリスト教のお祭り(フィエスタ)のため川に浮かべていたいかだが転覆し、乗客が川に投げ出された。3日までに死者は300人以上に達した。一部情報では350人の遺体が見つかったともいわれる。ほかに30人以上が行方不明になった。このいかだは一部3階建ての木製で、「聖人像」を乗せていたが、バランスが崩れ転覆したとみられる。

7.16 トラックとマイクロバス衝突(カナダ ケベック州) 7月16日午後、カナダのケベック州で、石油を搭載したトラックが高齢者などが乗ったマイクロバスに正面衝突して炎上、トラックの2人、バスの17人の計19人が死亡した。

7.23 航空機墜落(中国) 7月23日午後2時すぎ、中国・西北航空の国内線2119便BAe146型機が、寧夏回族自治区の区都・銀川空港から北京に向けて離陸した直後、墜落した。同機には乗客108人、乗員5人が乗っていたが、少なくとも59人が死亡した。

7.25 洪水(インド/ネパール/バングラデシュ) 7月、インド周辺ではモンスーン入りに伴い各地で水害が発生、死者・行方不明者はインドで約1000人、ネパールで1700人、バングラデシュで300人となり、計3000人に達した。インドで特に被害が大きいのは、北西部のパンジャブ州と西ベンガル州の北部で、それぞれ300人以上が犠牲になった。被害が拡大するあまり、同国の西ベンガル州では、食料難に陥った住民が穀物を積んだ貨物列車を襲撃し、警官の発砲で3人が死亡した。

7.26 旅客機山に墜落(韓国　全羅南道)　7月26日午後3時40分ごろ、韓国のアシアナ航空国内線733便(ボーイング737型)が、韓国南西部の木浦上空で消息を絶ち、全羅南道海南郡の山中に墜落した。同機はソウル発木浦行きで、乗客・乗員110人が乗っていたが、66人が死亡、44人が生存となった。事故当時は激しい豪雨で、同機は視界不良の中を無理に木浦空港に着陸しようとし、正常高度の450mをはるかに下回る270mで飛び、山腹に衝突したとみられる。

7.31 国内機墜落(ネパール)　7月31日午後2時50分ごろ、カトマンズ発バラトプール行きの国内航空エベレスト・エア社のプロペラ機が消息を絶ち、バラトプール近くの山中に墜落しているのが確認された。乗客乗員18人全員が死亡。同機は突然無線連絡を絶った。目的地のバラトプール空港にレーダーはなく、着陸誘導装置があるが、7月の水害以来作動していなかった。事故当時、現地は厚い雲に覆われており、同機は位置を見失って山中に墜落したものとみられる。

8月- ジフテリア(ロシア)　この夏、ロシアでジフテリアが大流行し、旅行者にも犠牲者が出た。この年約4000人がジフテリアにかかり、前年1年間の発生数を追い抜く勢い。死者は夏までに100人を超えた。ロシア全体で成人の15%程度しか予防接種をしていないため、同国政府は2年間で接種率を大幅に引き上げる方針。同国では腸チフスの発生も伝えられ、古い伝染病が広がりつつある。

8.5 化学倉庫爆発(中国　広東省)　8月5日午後1時半すぎ、中国広東省の深圳経済特区北部にある化学製品の倉庫で、爆発事故が発生した。その約1時間後に、さらに大規模な2回目の爆発が発生したのに加え、別の倉庫が同日午後5時半までにかけて次々と爆発。倉庫の従業員のほか、最初の爆発の消火や救出作業にあたっていた当局者ら70人以上が死亡、負傷者は200人以上に達する見込み。火災は発生から約17時間後の6日午前6時にほぼ鎮火した。爆発の原因はずさんな倉庫管理によるものとみられる。倉庫はもともと6棟建てる計画で許可されたが、2棟を追加して建てたため、独立の倉庫が棟続きの倉庫になってしまった。建築後も倉庫内には物品がでたらめに納められ、検査もなかった。

8.8 地震(アメリカ　グアム島)　8月8日午後6時37分ごろ、アメリカのグアム島付近でマグニチュード8.2の地震があった。震源の深さは46キロ。ここ4年間で世界最大規模の地震となる。この地震では死者はなく、70数人がけがをした。地震の規模の割に被害は小さかったが、島の観光事業には打撃となった。

8.13 ホテル倒壊(タイ　ナコーンラーチャシーマー)　8月13日午前10時すぎ、タイ東北部の中心都市ナコーンラーチャシーマー(別名コラート)市で、同地最大のロイヤル・プラザ・ホテルが突然倒壊し、宿泊者や利用客、従業員らが瓦礫の下敷きになるなどして、同夜までに約270人が負傷した。死者は、16日午前までに約80人に達し、ほかに30人が行方不明になった。同ホテルは十数年前に建てられた6階建てで、当初は3階建ての娯楽センターだったが、その後増築してホテルとなった。基礎工事が不十分なところへ無理な増改築を重ねたのが原因とみられる。

8.27 大雨でダム決壊(中国　青海省)　8月27日、中国・青海省海南チベット族自治州共和県内にある溝后ダムが大雨で決壊し、下流の数村が押し流された。4日までに、死者が290人、行方不明者は100余人に上った。

9.22 長距離列車脱線(アメリカ　アラバマ州)　9月22日午前3時15分ごろ、米アラバマ州

1993

モービル近郊で乗員、乗客210人が乗ったロサンゼルス発マイアミ行きの長距離列車（アムトラック）が脱線し、渡っていた鉄橋が崩れた。このため列車は川に転落し、7両の車両のうち、3両が水深7mの川に突っ込み、うち1両は水没した。23日までに44人が死亡、3人が行方不明になった。

9.30 地震（インド）　9月30日午前3時56分ごろ、インド南部のマハラシュトラ州ショラプル付近で強い地震があった。死者・行方不明者の総数は1万人前後になる見込み。震源はショラプルの北東75キロの内陸部で、マグニチュードは6.4。最初に強い揺れを感じた後、断続的に余震があったという。最も被害が大きかったのは同州ラトゥール県のキラリ村やウムバルガ村周辺で、数百軒の住宅が倒壊し、生き埋めになるなどして10月11日夕までに死者5926人、隣のオスマナバード県の死者は3856人に達した。

10.4 台風（フィリピン　ルソン島）　10月4日から、5日間にわたって3つの台風が次々にフィリピン・ルソン島を襲い、同島中北部のヌエバエシハ、パンパンガ、ブラカン州などで少なくとも40人が死亡、約10万世帯、50万人以上が洪水の被害を受け避難した。約60人が行方不明になった。

10.10 フェリー沈没（韓国　全羅北道扶安郡沖）　10月10日午前10時ごろ、韓国全羅北道扶安郡沖の黄海で、蝟島から、約15キロ離れた本土の格浦港に向かっていたフェリー（110トン）が沈没した。乗客は200余人とみられ、午後11時までに、乗客ら68人が救出され、51人の遺体が収容された。100人前後が行方不明になった。現場は同郡沖約7.5キロの臨水島付近で、事故当時、現場海域は最大風速11.6mの強風が吹いていた。突風にあおられ転覆した可能性が高いが、乗客の定員超過や荷物の積み過ぎなどの要因も重なったとみられる。

10.13 列車内でパニック（インド　ボンベイ（現・ムンバイ））　10月13日、インドのボンベイで通勤電車に乗っていた多数の女性客が、落雷による煙を車両の火災と勘違いし、線路に飛び降りて対向列車にはねられた。119人が死傷した。

10.16 地震（パプア・ニューギニア　マダン）　10月16日午後1時4分ごろ、パプア・ニューギニア北部のマダン近郊でマグニチュード6.3の地震が発生した。同じ地域で3日前の13日、マグニチュード7の地震に続いて6.5、6と2度の余震があったばかり。16日午後8時までに、13日の地震による被害は、確認されただけで38人が死亡、17人が負傷、23人が行方不明。また、16日の地震では3人が行方不明になった。重なる地震で復旧作業は滞り、被害はさらに広がった。

11月- インフルエンザ（パプア・ニューギニア　マダン）　11月末から1994年1月にかけて、パプア・ニューギニア北部マダン地区でインフルエンザが大流行し、172人の死亡が確認された。未確認ながら、さらに37人が死亡した可能性が強い。同地区は山岳地帯で、乾季から雨期への変わり目で気温が下がり、夜は相当冷え込むことが流行の原因とみられる。

11月 寒波（ヨーロッパ）　11月中旬、欧州が寒波に見舞われ、異常低温などのため24日までの1週間で、各国で25人以上が死亡した。フランスでは、20日からの週末2日間で3人の死者が出たが、その後も中部で零下10度以下を記録するなど冷え込みが続き、死者の数は計8人となった。

11.2 通勤列車同士衝突（インドネシア　ジャカルタ）　11月2日午前7時半ごろ、インドネ

シアのジャカルタ南東のデポック地区で2本の通勤列車が衝突、100人以上が死亡した。事故が起きたのはジャカルタとその約40キロ南にあるボゴールを結ぶ路線で、両列車には数百人が乗っていたとみられる。

11.13 航空機着陸失敗(中国　新疆ウイグル自治区)　11月13日午後3時前、中国新疆ウイグル自治区のウルムチ空港で、北京から飛行して来た中国北方航空公司のCJ6901便が着陸に失敗、11人が死亡、60人が負傷し、24人が行方不明になった。同機は遼寧省の瀋陽発北京経由ウルムチ行きで、約100人を乗せて北京を午前10時40分に飛び立った。

11.15 貨物機墜落(イラン　ケルマン)　11月15日午後7時ごろ、イラン南東部のケルマン郊外で、17人乗りの旧ソ連製の貨物機が墜落した。乗員は全員死亡したとみられる。同機は、ドバイからタシケントへ向かっていた。

11.19 工場火災(中国　広東省)　11月19日午後1時40分ごろ、中国・広東省深圳市東部にあるプラスチック工場で火災が発生、81人が死亡した。出火当時、工場の窓やドアの大半に鍵がかかっていたため、死者の大半は逃げられず、煙によって窒息死したとみられる。

11.20 旅客機墜落(マケドニア　オフリド)　11月20日深夜、マケドニア南西部のオフリド近郊で、同国の航空会社アビオインペックス社の旧ソ連製YAK42型旅客機が墜落した。乗客・乗員116人が乗っていたが、生存者は1人だけで残る115人全員が死亡した。同機はジュネーブを飛び立ち、マケドニアの首都スコピエに向かったが、悪天候で空港が閉鎖されたため、スコピエから約160キロ南にあるオフリド空港に針路を変更していた。

11.26 爆薬工場で爆発(中国　湖南省)　11月26日、中国・湖南省南部の双牌県にある爆薬製造工場で、爆薬の爆発事故があり、従業員61人が死亡、18人が負傷した。

11.26 水銀中毒(ベネズエラ　カウラ川)　ベネズエラ南部のカウラ川上流域で、ヤノマミ先住民19人の遺体がみつかったことが11月26日、明らかになった。水銀中毒が死因となった疑いがあり、ほかに26人が中毒にかかったとみられる。現場付近では、不法採掘者たちが金採取の際に水銀を使用している。

11.29 地熱発電でヒ素中毒(フィリピン　ミンダナオ島)　フィリピン・ミンダナオ島のアポ山(標高2954m)周辺で、開発中の地熱発電所から出るヒ素を含んだ排水が川を汚染、住民に中毒症状が広がっていることが明らかになった。皮膚が黒ずむヒ素中毒特有の症状が起き、村によっては人口の約2割が発病したり、乳幼児約20人が死亡した。アポ山の中腹にある地熱発電所付近を水源とするマティンガオ、マルボル両川で調査を行い、下流の合流地点などで最高2ppm(WHOの子供向け飲料水質基準の20倍)のヒ素を検出した。

12.1 小型機墜落(アメリカ　ヒビング)　12月1日夜、アメリカ・ミネソタ州北東部のヒビングで双発小型プロペラ機が墜落し、乗員2人、乗客16人全員が死亡した。同機はミネアポリスからヒビングに向かう途中、午後8時ごろ、レーダーから消えた。捜索により、ヒビングの空港近くの丘陵に墜落しているのが発見された。事故当時は濃霧で視界が悪く、みぞれが降っていた。

12.11 土砂崩れでマンション倒壊(マレーシア)　12月11日昼過ぎ、マレーシアのクアラル

ンプール郊外の高級住宅街で、12階建てのマンション「ハイランド・タワー」の3棟のうち1棟が崩れ、21日夜までに51人が死亡した。倒壊の原因については、前夜からの大雨でマンションの裏山の土砂が幅約50mにわたって崩れ落ち、建物を押し倒したとの見方がある。

12.13　**工場火災**（中国　福建省）　12月13日午前4時ごろ、中国福建省福州市の台湾系紡績工場で火災が発生し、従業員60人が死亡、12人が負傷した。死傷者の大半が地方から出稼ぎに来た従業員で、有害な煙により窒息死したり逃げ遅れたりした。火事は4階の倉庫から出火、3階の工場や従業員宿舎に燃え広がり、6時間後に鎮火した。

12.14　**岩山崩落**（エジプト　カイロ）　12月14日未明、エジプトのカイロ東部で高さ約70mの岩壁頂上部が崩れ落ち、住宅9戸を押しつぶした。25人が死亡、約40人が崩れた岩の下に閉じ込められた。現場はカイロ市街を展望するモカッタムの丘と呼ばれる岩山のすそにあるマンシェーヤナセル地区。岩は、レンガ造りの家々に覆いかぶさるようにそびえていたとみられ、直径7、8mもある岩の下敷きになった4階建ての家は完全につぶれた。同地域では13日に強い雨が降っており、岩盤が緩んでいたとみられる。

この年　**ハンタウイルス**（アメリカ）　アメリカ・ニューメキシコ州とアリゾナ州にまたがる同国最大のインディアン居留地やその周辺で、春ごろから原因不明の重い呼吸器病が発生、6月1日までに、26人の患者のうち12人が死亡した。主に健康な若者がこの病気に罹っており、患者はユタ州やカンザス州でも報告されたが、いずれも居留地やその付近に居住経験がある人ばかりだった。突然39度以上の高熱を発し、筋肉痛や頭痛を訴えるなど、インフルエンザによく似た症状。この病気の原因はネズミから感染するハンタウイルスの新種である可能性が高い。

〈 1994 〉

1月　**寒波**（バングラデシュ）　1月中旬、バングラデシュの北部地域が異常な寒波に襲われ、20日までに約50人が死亡した。

1月　**寒波**（アメリカ）　1月中旬、アメリカ東部や中西部などが異常寒波に襲われた。19日にはミネソタ州セントクラウドで零下40度を記録するなど60都市で最低気温の記録を更新し、ワシントンでは最高気温同14度と最高気温の最低記録を塗り替えた。各地で暖房器具使用の増加による電力不足、水道管破裂による水不足が深刻化、ワシントン市では非常事態が宣言された。20日には寒波が峠を越えたが、死者の数は全米で130人に達した。

1月　**草原火災**（アルゼンチン　チュブト州）　1月、アルゼンチン南部チュブト州で草原火災が発生、22日までに消火作業にあたっていた26人が死亡した。犠牲者の多くはボランティアの消防作業員だった10代の若者で、女性3人が含まれる。

1月　**草原火災**（オーストラリア　ニューサウスウェールズ州）　1月初旬、オーストラリアのニューサウスウェールズ州で、大規模な原野火災が発生し、約3週間にわたって燃

え続けた。約80万haを焼失、家屋300軒を全半焼し、4人が死亡した。

1.3 旅客機墜落（ロシア　イルクーツク）　1月3日午前11時58分、ロシア・シベリアのイルクーツクで民間航空会社「バイカル」所属のツポレフ（TU）154旅客機が墜落して炎上、乗客111人と乗員9人の全員が死亡したほか、墜落地点付近の住民1人が死亡、1人が負傷した。同機はモスクワ行き国内便で、離陸数分後に第2エンジンが不調となり空港へ引き返したが、途中で同エンジンが火を噴いて停止。機体のコントロールを失い、イルクーツク郊外十数キロの畜産農場に墜落した。

1.15 渡し船が衝突して転覆（インド　サーガル島）　1月15日未明、インド東部カルカッタの南80キロにあるサーガル島付近で2隻の渡し船が衝突、約150人の巡礼客を乗せた船が転覆し、124人が死亡もしくは行方不明になった。事故当時、現場は霧が深かった。なお、14日はヒンズー教の太陽神のお祭りだった。

1.17 ノースリッジ地震（アメリカ　カリフォルニア州）　1月17日午前4時半ごろ、アメリカ・カリフォルニア州南部一帯で強い地震があった。60人以上が死亡、7800人が負傷した。震源はロサンゼルス郊外のサンフェルナンドバレー付近、地震の規模はマグニチュード6.8。主震の揺れが約30秒間続いた後、強い余震が数回あり、その後も余震が続いた。また、揺れはメキシコ国境のサンディエゴからネバダ州ラスベガスに至る広範囲で感じられたという。ロサンゼルス市内で3人が死亡したほか、50件以上の火災が発生した。また、高速道路が一部崩壊し、ハリウッドでは老朽化した建物数十棟が倒壊。ロサンゼルスおよびカリフォルニア州に非常事態宣言が出された。

1.25 炭鉱で火災（インド　西ベンガル州アサンソル）　1月25日夕、インド東部の西ベンガル州アサンソル近くの炭鉱で坑内火災が発生、炭鉱員約550人のうち55人が逃げ遅れて行方不明となった。

1.26 スーパーマーケットが崩壊（フランス　ニース）　1月26日夕、フランス南部ニース郊外のスーパーマーケット「カジノ」で売り場の屋根が幅40m、長さ30mにわたり崩壊、買い物客や従業員など多数が下敷きとなり、少なくとも3人が死亡、約100人が重軽傷を負った。この他に15人近くが瓦礫の下敷きになったとみられる。同スーパーでは地下と一階売り場で改築工事が行われていた。事故の直前に爆発音が聞こえたという証言もある。

2.1 客船と貨物船が衝突して沈没（中国　四川省万県港）　2月1日夜、中国四川省万県港付近で長江（揚子江）を遡る客船と貨物船が衝突して客船が沈没、客船に乗っていた178人のうち77人が救助されたが、1人が死亡、100人が行方不明となった。客船は湖北省の宜昌を出発、川下り観光で有名な三峡を通り、重慶に向かう途中で、乗客の大半は10日の春節（旧正月）を前に故郷へ帰る出稼ぎ農民だった。

2.5 バスとトラック衝突（インド　ケララ州クティアトド）　2月5日夜、インド南部ケララ州のクティアトドで乗客を満載したバスとトラックが正面衝突してバスが炎上、乗客と運転手ら34人が死亡、70人が負傷した。トラックのヘッドライトの片方が故障して点灯していなかったため、バスの運転手が対向車の車種を勘違いしたものとみられる。

2.13 フェリー沈没（タイ）　2月13日、タイのラノング港から出港したミャンマーのフェリーが沈没した。同船には約300人が乗っており、200人以上が死亡あるいは行方不

明になった。

2.16 **地震**（インドネシア　スマトラ島）　2月16日午前0時7分、インドネシアのスマトラ島南部を中心に強い地震が発生した。揺れは4分程にわたり、その後も余震が続いた。震源はスマトラ島南部スマンカ湾付近、地震の規模はマグニチュード6.5を記録した。この地震により少なくとも184人が死亡、重軽傷者は1500人に達した。被害はジャカルタの北西約300キロに位置するスマトラ島ランプン地方を中心に広範囲にわたっており、同地方西部の海岸に近いリワの町では多数のビルが倒壊するなど建物の75％が被害を受けたほか、道路や橋が崩れ、火事も発生した。

2.23 **バス川に転落**（中国　広西チワン族自治区）　2月23日、中国広西チワン族自治区北部の三江ドウ族自治県でバスが道路から川に転落し、32人が死亡、40人が負傷、2人が行方不明となった。同バスは出稼ぎ労働者79人を乗せて広東省に向かう途中だった。

3.8 **通勤列車が脱線**（南アフリカ共和国　パインタウン）　3月8日午前6時ごろ、南アフリカ共和国東部の港湾都市ダーバンの西約20キロに位置する町パインタウンで通勤列車が脱線、少なくとも63人が死亡、370人以上が負傷した。同列車には主に黒人労働者が乗っていたが、8両が脱線して大破、多数の客が車内に閉じ込められた。現場は丘陵地帯のため救出作業が難航した。

3.17 **輸送機墜落**（アゼルバイジャン　ナゴルノ・カラバフ地方ステパナケルト）　3月17日夕、アゼルバイジャンのナゴルノ・カラバフ地方ステパナケルトの北3キロ地点でイランのC130型輸送機が墜落、乗っていた32人全員が死亡した。同機はイラン暦の新年を祝うため帰国する在モスクワ・イラン大使館員の家族19人と乗員13人を乗せ、モスクワからテヘランへ向かう途中だった。グルジア付近を飛行中にエンジンの不調を訴える連絡を入れた後、エンジンが順調に戻ったことを伝えてきたというが、墜落原因との関係は明らかではない。

3.22 **旅客機墜落**（ロシア　シベリア）　3月22日午後8時ごろ、モスクワ発香港行きのアエロフロート・ロシア国際航空593便エアバスA310型機が、シベリアで墜落、炎上した。乗客64人、乗員12人の全員が死亡した。墜落地点はロシア中央部のアルタイ地方のノボクズネック郊外で、炎上中のところを発見された。調査の結果、同機のパイロットが航空規則に違反して自分の子どもを操縦室に入れ、操縦を教えていたことが判明した。

3.30 **原潜「エムロード」で爆発**（フランス　ツーロン港）　3月30日、フランス南部のツーロン港沖で訓練中の同国海軍の原子力潜水艦エムロード（2670トン）が爆発事故を起こし、水兵10人が死亡した。同艦内にある2つのタービン式交流発電機のうちの1つが爆発したもので、事故当時は核ミサイルを搭載しておらず、原子力系統も爆発の影響を受けなかったため、放射能汚染の心配はないとされる。事故後、同艦は浮上して自力でツーロン港へ向かった。

4月- **豪雨**（中国　福建省）　4月末から5月初めにかけて、中国福建省西北の山間地が豪雨に見舞われ、崖崩れや家屋の倒壊などにより50人が死亡、11人が行方不明になった。

4.5 **遊覧船沈没**（中国　浙江省縉雲県）　4月5日、中国浙江省南部の縉雲県のダムで2隻の遊覧船が沈没、43人が死亡した。2隻には遠足に来ていた小学生や引率の教師など80人以上が分乗していたが、出発後数分で2隻とも沈没した。定員以上の客を乗せたこ

とが原因とみられる。同省では3月末にも、台湾からの観光客24人を含む32人が死亡する遊覧船火災事故が起きていた。

4.9 式典で消防車暴走（フィリピン ルソン島バターン半島サマット山） 4月9日昼過ぎ、フィリピン・ルソン島のバターン半島サマット山で開かれた旧日本軍への抵抗運動を記念する式典で消防車が暴走し、参列者4人が死亡、50人が負傷した。同日は旧日本軍によるバターン半島陥落から52周年に当たり、フィリピン政府主催で開かれた式典にはラモス大統領、松田慶文駐フィリピン大使らも出席したが、政府要人や日本人参加者は全員無事だった。

4.18- 暴風雨（バングラデシュ） 4月18日から20日にかけて、バングラデシュ南部が暴風雨に襲われ、倒壊した家屋の下敷きになるなどクルナ州で56人が死亡、チッタゴン州コックスバザールでは200人前後の漁民が行方不明になった。

4.29 フェリー転覆（ケニア モンバサ港沖） 4月29日、ケニア南部のモンバサ港の沖でフェリーが転覆、乗っていた労働者など約300人が死亡または行方不明になった。

5月- 熱波（インド/パキスタン） 5月下旬から6月上旬にかけて、インド・パキスタン両国が熱波に見舞われ、6月7日までにラジャスタン州、ウッタルプラデシュ州、デリー首都圏などインド各地で304人が死亡した。同国の最高気温は摂氏50度で前年と変わらないが、ニューデリーで50年ぶりに46度台を記録するなど、45度以上の日が例年より多かった。なお、非公式集計によると、同国では前年の酷暑期（5～6月）にも200人近くが死亡している。また、パキスタンでも同日までに125人が死亡したが、同国では前年の50度を上回る最高気温51度を記録した。

5.1 落雷・雹（中国 江西省） 5月1日から3日にかけて、中国南部の江西省中南部が暴風雨・竜巻・雹などに襲われ、合計95人が死亡、約2400人が負傷した。被害が特に大きい南昌県では落雷の直撃で田植え中の農民22人が死亡、別の県では最大直径15cmに達する雹のため6人が死亡した。

5.2 サイクロン（バングラデシュ テクナフ） 5月2日夜、バングラデシュ南東部のテクナフ周辺がサイクロン（台風）の直撃を受け、少なくとも175人が死亡した。死者の数は数百人に達する恐れがあるという。被害が特に大きいのはミャンマー国境に位置する同国最南端の聖マルティン島などで、沿岸部の島々では住宅の9割が倒壊したとの情報もある。

5.5 炭鉱で爆発（中国 江西省） 5月5日、中国南部の江西省にある国営坪湖炭鉱で大規模なガス爆発が発生、坑内にいた38人が死亡した。

5.23 メッカ巡礼で将棋倒し（サウジアラビア メッカ） 5月23日、サウジアラビアのメッカ郊外でハッジ（大巡礼）と呼ばれるイスラム教の巡礼行事中に信者が将棋倒しになり、多数の死傷者が出た。非公式情報では死者は約250人に達するという。同年のハッジには250万人が参加したが、事故現場はメッカ郊外のミナで、信者が悪魔に見立てた塔に小石を投げている最中だったという。なお、1990年にも、メッカ巡礼中に将棋倒しで1400人以上が死亡する事故が起きている。

6月 台風で洪水（中国） 6月中旬から下旬にかけて、広東省や福建省など中国南部が台風に襲われ、集中豪雨のため大洪水が発生、24日までに755人が死亡、1万4000人が負傷した。中国南部や東南部は毎年のように大洪水に見舞われているが、この年の

洪水は「50年に一度」「100年ぶり」などと言われる深刻なもので、広西チワン族自治区だけで被害額が50億元（約600億円）に達するほか、被災者数は数千万人に上るとみられる。

6月　豪雨（中国　湖南省）　6月中旬、中国湖南省が連日の豪雨に見舞われ、17日までに66人が死亡した。また、広東省、広西チワン族自治区、江西省など中国南部地域では同月上旬からの集中豪雨で死者、家屋倒壊、農地の冠水などの被害を出した。

6.2　空軍ヘリコプター墜落（イギリス　スコットランド）　6月2日、英国スコットランド西部で同国空軍の大型ヘリが墜落し、軍・警察・政府当局者ら29人が死亡した。犠牲者には北アイルランド紛争の情報部門を担当する警察特殊部隊の幹部ら10人も含まれており、テロ対策への支障が懸念される。同機は北アイルランドのベルファストを出発し、スコットランド北部のインバネス陸軍基地で開かれる治安対策会議に向かう途中だった。

6.3　地震・津波（インドネシア　ジャワ島）　6月3日未明、インドネシアのジャワ島東部で強い地震が発生、津波のため海岸付近の住民128人が死亡、16人が行方不明となった。震源はジャワ島南方のインド洋で、地震の規模はマグニチュード5.9を記録、東ジャワ州バニュワンギ県の海岸沿いにある数ヶ村が津波に襲われた。

6.6　地震（コロンビア）　6月6日夕、コロンビア南西部で地震が発生、死者200人、行方不明者1000人の被害が出た。泥流などが発生し、最も被害が大きいとみられるトエス村で少なくとも64人、別の集落でも36人の死亡が確認された。現場はアンデス山脈のネバドデルウイラ山沿いのパエス川流域の一帯。この山の冠雪が地震で崩れて川に流れ落ち、濁流が発生した。

6.6　旅客機墜落（中国　長安県）　6月6日午前8時ごろ、中国内陸部の西安市を出発した広州行き中国西北航空機が11分後、西安市の東南約30キロの長安県に墜落した。乗客146人、乗員14人の計160人が乗っていたが、全員が死亡した。事故当時は、雨のため視界はいつもより悪かった。

7月　集中豪雨で洪水（中国）　7月中旬、中国の中部と北部が集中豪雨に見舞われ、河北省や湖北省などの河川で大規模な洪水が発生、18日までに100人以上が死亡、数千人が負傷した。

7月　コレラ（ザイール　ゴマ）　7月、ザイール東部国境の町ゴマにあるルワンダ人難民キャンプでコレラが流行、25日までに推定約1万1000人が死亡した。同キャンプには100万人以上の難民が居留していたが、安全な飲み水や食糧などが欠乏しており、多数の難民がコレラなどを避けてルワンダに帰還した。一方、米軍がコレラ流行の阻止のための飲料水浄化装置、医薬品、食糧を大量空輸する救援活動を始めたのに続き、欧州諸国、オセアニア諸国、イスラエルなど10ヶ国以上が輸送機や医療隊などの派遣方針を表明した。

7.2　旅客機墜落（アメリカ　ノースカロライナ州）　7月2日午後6時40分ごろ、アメリカ・ノースカロライナ州のシャーロット・ダグラス国際空港近くでUSエアー社のDC9型旅客機1016便が墜落、乗客52人と乗員5人のうち少なくとも37人が死亡した。病院に搬送された負傷者の多くが重体という。同機は激しい雷雨の中でアプローチに失敗、2回目の着陸を試みたが、滑走路の西約2キロ地点に墜落した。

7.9　フェリーからバス転落（中国　湖北省宜昌）　7月9日、中国湖北省宜昌の長江（揚子江）でバスがフェリーから転落、乗客29人が死亡、11人が行方不明になった。

8.5　空軍機墜落（ロシア　シベリア連邦管区チタ州）　8月5日午前、ロシアのシベリア連邦管区チタ州で同国空軍のアントノフ12型輸送機が墜落、軍人39人とその家族2人、乗員6人の計47人全員が死亡した。事故現場はチタ市の南西225キロに位置する軍用空港ボダの滑走路手前4.7キロ地点。

8.11　急行列車が正面衝突（韓国　慶尚南道密陽郡三浪津）　8月11日午後3時半ごろ、韓国慶尚南道密陽郡三浪津の国鉄京釜線と慶全線の交差地点で、釜山発大邱行き急行ムグンファ202号（3両編成、乗客180人余り）と大邱発馬山行き急行ムグンファ217号（2両編成、乗客110人余り）が正面衝突し、乗員3人と乗客1人の計4人が死亡、乗客200人余りが負傷した。負傷者には重体の者もおり、死者はさらに増えるものとみられる。

8.18　地震（アルジェリア）　8月18日未明、アルジェリア西部で地震が発生、少なくとも137人が死亡、約300人が負傷し、約1万人が家を失った。同国政府は非常事態を宣言した。震源は首都アルジェの南西約300キロ、西部の中心地オランの南東約100キロのマスカラ地方。地震の規模はマグニチュード5.6を記録した。

8.21　台風17号（中国　浙江省）　8月21日午後10時半ごろ、中国浙江省の沿岸部に台風17号（日本名は台風16号）が上陸し、1000人が死亡、500～600人が行方不明となったほか、518万人が被災し、被害額は100億元（約1200億円）に達した。特に被害が大きかったのは東シナ海に面した温州市で、暴風雨に満潮が重なり堤防が約800ヶ所、延べ約130キロにわたって決壊、同市周辺だけで死者800人、家屋損壊60万戸、被災農地14万ha、死んだ家畜37万頭に上ったという。

8.29　炭鉱で爆発（フィリピン　ミンダナオ島）　8月29日夜、フィリピン南部ミンダナオ島にある同国石油公社所有の炭鉱で爆発事故が発生した。30日までに64人が死亡、負傷者6人が病院に搬送されたほか、9人が生き埋めとなっており、同国史上最悪の炭鉱事故となった。

9月-　洪水（ベトナム/タイ）　9月から10月にかけて、ベトナム南部メコンデルタ地方が洪水に襲われ、10月13日までに180人が死亡したほか、ドンタップ省やアンザン省など同国最大の米産地が冠水、同国政府が1ヶ月間の米輸出停止を決定した。洪水は11月まで続くとみられ、被害はさらに拡大する見通し。また、9月末にはタイで鉄砲水が発生、19人が死亡した。

9月-　ペスト（インド）　9月、インド西部で30年ぶりにペストが流行し、25日までにグジャラート州スーラット市やマハラシュトラ州などで計400人以上の患者が確認され、44人が死亡した。29日までに確認された患者数は1463人に上る。スーラット市で最初の死者が出たのは20日だが、グジャラート州政府が24日になってペスト汚染地域宣言を出すなど当局の対応が遅れ、この間に同市から出稼ぎ労働者など数十万人が感染を恐れてボンベイやニューデリーなどに脱出した。このため感染がニューデリーに拡大し、同市では10月1日までに200人以上の患者が発生した。

9.8　旅客機墜落（アメリカ　ピッツバーグ）　9月8日午後7時ごろ、アメリカ・ペンシルバニア州ピッツバーグ市郊外でUSエアのボーイング737型旅客機が墜落、乗客乗員計132人の全員が死亡した。同機はシカゴ発ピッツバーグ経由フロリダ州ウェストパー

ムビーチ行きで、ピッツバーグ国際空港への着陸態勢に入った後、同市北西約30キロ地点に墜落した。事故当時、現場付近の天候は良く、視界も良好だったという。事故後の捜索で右側エンジンにある6つの逆噴射作動装置のうち1つが逆噴射の状態で発見されており、右側エンジンの逆噴射が原因で墜落した可能性がある。

9.24 **豪雨で泥流**（フィリピン　ルソン島）　9月24日午前までに、フィリピン・ルソン島中部を豪雨が襲い、ピナトゥボ山周辺から流れ出した火山灰を含む泥流で、パンパンガ州のバコロルや同州ポラックの住民16人が死亡した。泥流は14の村をのみ込み、500軒の民家、7つの学校を倒壊させたという。1991年6月に大噴火したピナトゥボ山から噴き上げられた火山灰が、雨のたびに泥流として流れ出したもの。

9.26 **旅客機墜落**（ロシア　シベリア）　9月26日午後、中央シベリア・バナバルの南西で、ヤコブレフ40旅客機が墜落、乗客乗員計26人は全員死亡したとみられる。

9.28 **フェリー沈没**（フィンランド　ウト諸島）　9月28日未明、フィンランド南部のウト諸島南東約45キロのバルト海でエストニアのフェリー「エストニア」（1万5566トン）が座礁・沈没し、乗客乗員合わせて1049人のうち104人が救助されたが、945人が死亡した。同船はエストニアのタリンからストックホルムに向かう途中で沈没したが、様々な要因が重なって船首の扉が開いた状態になり、海水が自動車収納デッキに浸水したことが事故の原因とみられる。事故当時、現場付近は風速25mの強風が吹いており、10mほどの高波があった。

10.2 **吊橋切断**（中国　広東省従化市温泉鎮）　10月2日正午過ぎ、中国広東省中部に位置する観光地の従化市温泉鎮で吊橋（長さ100m、幅1m）の手すりの鉄製ロープが切れ、橋を歩いていた観光客約160人が水深20mの湖に落下した。3日夕までに約100人が自力で岸まで泳ぎ着くか救助されたが、38人の遺体が収容された。

10.12 **旅客機墜落**（イラン　ナタンズ）　10月12日午後10時過ぎ、イラン中央部のナタンズ南部で民間航空機が墜落、乗客59人と乗員7人の66人全員が死亡したものとみられる。同機はイスファハンからテヘランへ向かう途中で、乗客乗員の全員がイラン人だった。

10.16 **フェリー転覆**（バングラデシュ　コックスバザール）　10月16日、バングラデシュ南東部コックスバザールの沖合でフェリーが荒波のため転覆し、160人以上が死亡もしくは行方不明になった。同船は70人乗りだが、事故当時は島の結婚式に出る乗客ら200人以上が乗船していたという。同国では、8月下旬にもフェリーの転覆事故で250人前後が死亡した。

10.20 **貨物列車とバス衝突**（中国　北京）　10月20日早朝、中国北京市内の無人踏切で通勤バスと貨物列車が衝突し、19人が死亡、30人以上が負傷した。事故現場は市街地の南東にある工場地帯、バスはディーゼル機工場の送迎用で、犠牲者の多くは地方からの出稼ぎ労働者だった。

10.21 **聖水大橋崩壊**（韓国　ソウル市）　10月21日午前7時半ごろ、韓国ソウル市の漢江にかかる聖水大橋（4車線、幅19.4m、全長1.16キロ）の中央部分約50mが突然崩壊し、橋の上を走っていたバスや乗用車10台以上が20m下の川に転落、32人が死亡、17人が負傷した。同橋は1979年に完成したもので、旧市内とソウル五輪会場を中心とする新興高層住宅街とを結んでいる。事故後の調査で手抜き工事が原因と判明、ソウ

ル市長が解任され、建設会社とソウル市の監督責任者が刑事責任を問われた。

10.24 観光船火災(韓国　忠清北道丹陽郡)　10月24日午後4時半ごろ、韓国忠清北道丹陽郡赤城の南漢江上流の忠州湖近くで、忠州湖観光船所属の観光船「忠州第5号」(54トン)が火災を起こして全焼、乗客128人と乗員3人のうち25人が死亡、14人が負傷、4人が行方不明となった。

10.26 夜行列車で火災(インド　ビハール州チャクラダルプール)　10月26日未明、インド北東部ビハール州チャクラダルプール近くを走行中のボンベイ発カルカッタ行き夜行寝台列車で火災が発生して客車1両が全焼、乗客ら30人が死亡、13人が負傷した。

10.31 旅客機墜落(アメリカ　インディアナ州)　10月31日午後4時ごろ、アメリカ・インディアナ州北西部でアメリカン・イーグル社のATR72型双発プロペラ旅客機が墜落、乗客乗員合わせて68人の全員が死亡した。同機はインディアナポリス発シカゴ行きで、シカゴ・オヘア空港への着陸態勢に入るため高度を3300mから2500mに下げた後に突然レーダーから消え、同空港から約60キロ地点に墜落した。事故当時は風雨が強かった。

11.2 豪雨で列車脱線・火災(エジプト　アシュート県)　11月2日未明から数時間、エジプト全土が雷を伴う豪雨に見舞われた。同国南部アシュートの南西9キロに位置するドランカ村では軍の石油貯蔵タンクに燃料を運ぶ鉄道列車が豪雨のため脱線して爆発事故を起こし、火のついた油が濁流にのって村中に広がり火災が拡大、3日夕までに258人の死亡が確認された。この他に200人以上が泥濘にまみれた焼け跡に埋まっているとされ、死者数は500人に達するとの見方が強い。落雷で石油タンクに火がついたとの情報もある。同村には9基の石油タンクが設置され、燃料1万5000トンが貯蔵されていたという。

11.6 集中豪雨(イタリア/フランス)　11月6日、南ヨーロッパが集中豪雨に見舞われ、7日夜までにイタリアとフランスで合計60人近くの死亡が確認された。死者は100人に達するとの見方もある。特にイタリアの被害は1913年以来最悪とされ、同国北西部を襲った大洪水で同国最大のポー川が氾濫、ピエモンテ州アレッサンドリア市をはじめロンバルディア州などで少なくとも54人が死亡、37人が行方不明となり、5000人以上が家を失ったほか、広域にわたる停電、道路・鉄道の陥没・寸断などの被害が出た。

11.15 地震(フィリピン　ミンドロ島)　11月15日午前3時15分ごろ、フィリピン中部ミンドロ島を中心に強い地震が発生、同日夜までに48人の死亡が確認されたほか、百数十人が負傷した。死者の7割は子どもで、死因は水死だという。震源は同島北部バコから約10キロ北の海面下9キロ付近、地震の規模はマグニチュード7を記録した。

11.22 メラピ山噴火(インドネシア　ジャワ島)　11月22日、インドネシア・ジャワ島中部のメラピ山が噴火し、火砕流がふもとのカリウラン村を直撃した。23日までに32人の死亡が確認されたほか、負傷者も100人以上に上り、このうち約50人が重体とされる。死傷者の多くは噴火の際に高温の蒸気を浴びたもの。同山はジョクジャカルタ市の北約30キロに位置し、仏教遺跡ボロブドールにも程近い。

11.27 ダンスホールで火災(中国　遼寧省阜新市)　11月27日午後1時半ごろ、中国遼寧省阜新市中心部の開放大街にあるダンスホール「芸園ホール」で火災が発生、1時間程

で鎮火したがホールは全焼し、客や従業員ら233人が焼死、16人が負傷した。同ホールは近年中国の地方都市にも普及しているカラオケを主とした娯楽施設で、2階建ての建物の全てがダンスホールや個室のカラオケルームなどになっており、地元の若者で賑わっていた。火の回りが早かったことが被害を拡大したとされるが、同ホールは個人営業で、コストを下げるため燃えやすい材質が建物に使われていた可能性や、中国では集客施設の防災関連法規が未整備であることなどが指摘されている。

12月- **エボラ出血熱**（ザイール） 12月から1995年にかけて、ザイールでエボラ出血熱が流行、244人が死亡した。当初はアンゴラ北東部の森林地帯でダイヤモンド鉱脈を探していたザイール人1人がウイルスに感染し、95年3月にザイール国内のキクウィトで死亡したことが発端とされたが、その後の調査で最初の死者が94年12月に発生していたことが明らかになった。また、95年12月にはコートジボワールでも患者が確認された。

12.2 **フェリーと貨物船衝突・沈没**（フィリピン　カビテ州マラゴンドン町） 12月2日午前4時15分ごろ、フィリピン・マニラ湾でセブ島の船会社ウイリアムライン保有の内航フェリー「MVセブシティー」（2452トン）がシンガポール船籍の貨物船「コタスリア」（1万2000トン）と衝突、フェリーが約30分後に沈没した。フェリーはマニラから同国中部ボホール島へ向かう途中で、乗客529人と乗員49人が乗っていたとされ、2日夜までに451人が救助されたが、34人の死亡が確認された。衝突現場はマニラ湾の入り口にあたるカビテ州マラゴンドン町の沖合で、幅約10キロの狭い海域。大小7000以上の島からなる同国ではフェリーが主要な交通機関として利用されているが、外国で10年以上使われた後に払い下げられた船が多い上、整備や救命胴衣などの装備が不十分で、定員オーバーが常態化していることが事故多発の背景にあるとされる。

12.8 **映画館で火災**（中国　新疆ウイグル自治区カラマイ市） 12月8日午後、中国新疆ウイグル自治区カラマイ市の映画館で火災が発生、310人以上が死亡、約130人が負傷した。出火当時、同館では市内の小学校10校と中学校7校による合同交歓会が開かれており、1000人以上の小中学生や父母、教師らが文芸映画を鑑賞していた。犠牲者の多くが小学生だという。同館は煉瓦と木造建築で、電線のショートが火災の原因とみられる。

12.29 **旅客機墜落**（トルコ　バン） 12月29日、トルコ東部バン近くの山岳地帯でトルコ航空のボーイング737型旅客機が墜落、乗客と乗員合わせて76人のうち55人が死亡、21人が負傷した。同機はアンカラからバンに向かう国内便で、乗客乗員は全員トルコ人。事故当時は視界が極度に悪く、管制官がアンカラに引き返すよう指示したが、パイロットは3回目の着陸を試みたと伝えられる。

この年 **人食いバクテリア**（イギリス） イギリスを中心とするヨーロッパで、手や足の壊死が急激に進行し、手足を切断後もショックや多臓器不全等で死亡する病気が相次いだ。イギリスでは、半年間で216件もの感染例が確認され、39人が死亡。病気の進行が早く、致死率が高いことから、この病気を起こす細菌は人食いバクテリア（キラー・バクテリア）と呼ばれ、同国では一時パニックとなった。ドイツ、ノルウェー、ベルギーにも感染例が発見され、騒ぎは広まった。この細菌は劇症型A群溶血性レンサ球菌が劇症型に変化したもので、劇症化の原因などはわかっていない。

⟨ 1995 ⟩

1月 - **豪雨**(ヨーロッパ) 1月下旬、フランス、オランダ、ベルギー、ドイツなど欧州北西部が1週間以上にわたる記録的な豪雨に見舞われた。フランスでは3日間で平年の月降水量の2倍の雨が降り、22日に西部ブルターニュ地方で河川が氾濫、その後被害は国土の北半分にあたる43県に拡大した。死者・行方不明者20人を出したほか、家屋4万戸が浸水して6000人が避難し、農地なども含めた被害総額が30億フラン(約600億円)に達するなど、150年ぶりの大洪水と言われる。また、オランダでは29日から31日にかけて、戦時以外では前例のない約25万人が集団避難した。水位は2月1日をピークに引き始め、6日までに全員が自宅に戻ったとされる。4日にフランス・アルルで行われた非公式の欧州連合(EU)環境相会議では、過度の開発のため洪水調節機能が失われたとして、都市化に歯止めをかけ、必要な場合には開発や河川改修工事の禁止を検討する方針を打ち出した。この洪水の全体の被害は死者約30人、被害額4000億円に上る。

1月 **寒波**(バングラデシュ ラージシャヒ,ランプル) 1月上旬、バングラデシュ北部が寒波に襲われ、4日までに首都ダッカの北西180キロにあるラージシャヒやランプル周辺で100人以上が死亡した。

1.3 **バス谷に転落**(フィリピン イサベラ州) 1月3日午前5時20分ごろ、フィリピン・ルソン島北部イサベラ州の山岳地帯の道路で、長距離乗り合いバスが橋から約12m下の谷間に転落し、30人が死亡、29人が負傷した。他のバスと競走してスピードを出しすぎ、直前の急カーブを曲がり切れずに橋に突っ込んだものとみられる。

1.4 **貨物船沈没**(ルーマニア コンスタンツァ港) 1月4日、黒海沿岸に位置するルーマニアのコンスタンツァ港沖に停泊していた貨物船2隻が強風と高波にあおられて防波堤に接触、沈没した。悪天候のため救助活動が難航し、両船の乗員54人全員が死亡したものとみられる。貨物船はそれぞれ香港とマルタの船籍。

1.11 **旅客機湿地帯に墜落**(コロンビア カルタヘナ) 1月11日夜、カリブ海沿岸に位置するコロンビアのカルタヘナ近郊の湿地帯で同国インテルコンチネンタル航空のDC9型旅客機が墜落、乗客乗員合わせて53人のうち9歳の少女1人が救助されたが、52人が死亡した。同機は国内線で、乗客乗員は全員コロンビア人。同日午後7時40分ごろに着陸に備えて高度を4700mから2400mに落とす許可を管制塔に求めた後、交信が途絶えていた。

2.3 **バス谷に転落**(ネパール) 2月3日夜、ネパール西部でバスが谷底に転落し、約40人が死亡、16人が負傷した。事故現場はカトマンズの西180キロに位置する山間部で、乗客の多くは地元住民だが、インドからの出稼ぎ労働者も含まれる。

2.8 **地震**(コロンビア) 2月8日午後1時40分ごろ、コロンビア西部で強い地震が発生、40人以上が死亡、400人以上が負傷した。最も被害が大きいのは首都サンタフェデボゴタ市の西約150キロに位置するペレイラ市で、同市では夜間外出禁止令が発令され

た。震源はサンタフェデボゴタ市の西約280キロ付近、地震の規模はマグニチュード6.4を記録した。

2.11 バス川に転落（中国　広東省清遠市）　2月11日未明、中国南部の広東省清遠市で大型バスが道路から川に転落し、乗客約75人のうち16人が死亡、25人が行方不明になった。

2.14 竜巻・雹（中国　広西チワン族自治区博白県）　2月14日未明、中国南部の広西チワン族自治区博白県で竜巻と降雹があり、4人が死亡、365人が負傷したほか、家畜2000頭が死んだ。雹は最大で15キロもあり、家屋や果樹がなぎ倒されたという。

2.15 カラオケ店で火災（台湾　台中）　2月15日夜、台湾の台中市内にあるレストラン兼カラオケ店で火災が発生し、67人が死亡した。

2.18 小型船沈没（中国　浙江省寧波市）　2月18日夜、中国浙江省寧波市の沖合で小型の木造機帆船が高波を受けて沈没し、乗っていた約50人のうち4人が救助されたが、2人が死亡、残りは行方不明となった。同船は魚と魚商人を乗せ、沖合にある舟山島の漁港から寧波の港に向かう途中だった。

2.19 バス転落（中国　浙江省長興県）　2月19日未明、中国浙江省長興県の国道立体交差道路でバスがガードレールを突き破って約6m下に転落、炎上し、乗客15人と運転手が死亡、30人以上が負傷した。乗客のほとんどは隣接する安徽省からの出稼ぎ農民だった。

2.25 列車爆発（インド　アッサム州）　2月25日朝、インド北部のアッサム州で、同国軍兵士らが乗った列車で2つの爆弾が爆発し、少なくとも25人が死亡、32人が負傷した。分離独立を求める少数民族ナガ族過激派によるテロの疑いもあるが、断定できない。

3月- デング熱（カンボジア　バタンバン州）　3月から7月にかけて、カンボジア北西部バタンバン州でデング出血熱が流行し、7月4日までに小児1150人が発病、93人が死亡した。

3.2 フェリー沈没（アンゴラ）　3月2日、アンゴラ南部沿岸の大西洋でフェリーが沈没し、少なくとも42人が死亡、100人以上が行方不明となった。

3.12 タンクローリー爆発（インド　タミルナド州）　3月12日早朝、インド南部マドラス市の南方に位置するタミルナド州の幹線道路で、化学物質を積載したタンクローリーとバスが衝突、タンクローリーが爆発し、バスの乗客ら少なくとも95人が死亡した。

3.19 ダムで船が転覆（中国　江西省玉山県）　3月19日、中国江西省玉山県のダムで仏教の巡礼者70人以上を乗せた船が転覆し、42人が死亡した。別の船の横波を受けて浸水し、乗客がパニックを起こして船が転覆したとされる。事故同時、同船には定員36人の2倍の乗客が乗り込んでいた。

3.31 旅客機墜落（ルーマニア　ブカレスト）　3月31日、ルーマニアの首都ブカレスト付近で同国タロム航空のエアバスA310型旅客機が墜落、乗客乗員合わせて59人の全員が死亡した。同機はブカレストのオトペニ国際空港発ブリュッセル行きで、同空港を離陸して約3分後に墜落した。乗客は大半がベルギー人で、米国人が少なくとも1人含まれていた。

4.6 遠足で山林火災（中国　山西省懐仁県）　4月6日、中国山西省懐仁県の山で遠足に来

た小学生が炊いた食事の火から火災が発生、29人が死亡、10人が負傷した。遠足には地元の小学生約200人と引率の教師10人が参加していたが、強風のため瞬く間に草や木に燃え移ったという。

4.8 　強風（バングラデシュ）　4月8日、バングラデシュ南東部のチッタゴン南部からコックスバザールに至る地域で季節風が吹き荒れ、海へ出漁中の漁師約700人が行方不明になった。

4.15 　列車と路線バス衝突（エジプト　ウェスナ）　4月15日午前7時前、エジプト・カイロの北約60キロに位置するウェスナの鉄道踏切で列車と大型路線バスが衝突、列車とバスの合わせて44人が死亡、45人が負傷した。バスが十分な安全確認をせずに踏切に進入したのが原因とみられる。列車はタンタ発カイロ行きの急行列車で、列車・バス共に通勤する会社員や学生で満員だった。

4.19 　豪雨（中国　広東省）　4月19日、中国広東省南部の広州、肇慶、中山各市などが竜巻と雷を伴う豪雨に見舞われ、落雷や倒壊した家屋の下敷きになるなどして29人が死亡、約500人が負傷、家屋2100戸が倒壊した。

4.28 　地下鉄工事現場でガス爆発（韓国　慶尚北道大邱市達西区）　4月28日午前7時50分ごろ、韓国慶尚北道大邱市達西区上仁洞の地下鉄工事現場でガス爆発が発生、鉄骨と鉄板で組んだ足場が400mにわたり崩壊した。事故現場は私立嶺南中高校前交差点近くの地下鉄1号線第2工区、事故当時は通学・通勤ラッシュの最中で、付近を走行中のバス・タクシー・乗用車など60台以上が崩壊箇所から深さ15mの工事現場に転落し、中高校生や会社員ら98人が死亡、約150人が負傷した。工事現場に露出していたガス管から大量のガスが漏れ出して引火したとみられるが、事故後の調査で現場付近では以前にも2度にわたりガス漏れが起きていたこと、工事施行会社が保険に加入していなかったことなどが判明した。

5月- 　猛暑（インド/パキスタン）　5月末から6月中旬にかけて、インド北西部とパキスタンが猛暑に襲われ、6月17日までにインドで523人、パキスタンで216人以上が死亡した。エルニーニョ現象の影響で、雨をもたらすモンスーンの到来が例年より10日前後遅れており、各地が連日45度以上、最高気温50度近くの熱波に見舞われたという。

5月- 　豪雨（中国）　5月末から6月初めにかけて、中国南部が集中豪雨に見舞われ、洪水や家屋の倒壊などにより約200人が死亡した。特に被害が大きいのは四川省で、揚子江（長江）上流沿いの瀘州市や宜賓市などで80人が死亡、3人が行方不明となり、300人が重傷を負った。また、被災者1100万人、家屋の全・半壊約8万戸、被災農地30万haに達した。この他に、江西省北部で53人、広東省で2人が死亡した。

5.16 　客船火災（フィリピン　ルソン島）　5月16日未明、フィリピン・ルソン島中部のタヤバス湾を航行中の客船MVビバ・アンティポロ（107トン）で火災が発生、142人が救助されたが、41人が死亡、10人以上が行方不明となった。同船は15日夜に乗客約200人を乗せてマニラ南東約120キロに位置するマリンデュケ島サンタクルス町を出港し、約70キロ北のルソン島ケソン州ルセナ市へ向かう途中、同市沖合約3キロ地点でエンジン室付近から出火した。

5.28 　地震（ロシア　サハリン州オハ地区）　5月28日未明、ロシアのサハリン州オハ地区で強い地震が発生、同地区南部の石油採掘の町ネフチェゴルスクが壊滅したほか、

1995

同地区の中心地オハでも建物の2割が被害を受けた。6月2日午前1時過ぎまでにネフチェゴルスクの住人3200人のうち800余人の生存(うち負傷者401人)が確認されたが、690人の遺体が収容された。また、多数が瓦礫の下敷きになっており、死者の数は1841人に達した。サハリン州全体での被災者は5万5400人に上るほか、石油パイプライン十数ヶ所に亀裂が生じ大量の石油が流出したとの報道もある。震源はネフチェゴルスク南方4キロの内陸部、震度は12階級のMSK震度階で9～10(日本の震度階で5(強震)～6(烈震))、地震の規模はマグニチュード7.6を記録した。

6月-	豪雨(中国 湖南省)	6月下旬から7月上旬にかけて、中国湖南省の長江流域が豪雨に襲われ、7月5日までに洪水などで387人が死亡したほか、交通や通信が寸断され約300万人が孤立状態に陥った。また、家屋38万戸が倒壊、農地約120万haが被災し、被害総額は142億元(約1562億円)に達した。
6月	豪雨(バングラデシュ)	6月、バングラデシュ北東部が豪雨に襲われて洪水となり、22日までに65人以上が死亡、数百万人が孤立状態に陥った。
6.14	浮き桟橋が転覆(タイ バンコク)	6月14日朝、タイのバンコクのチャオプラヤ川で浮き桟橋が転覆、沈没し、水上バスの利用客など少なくとも25人が水死、30人以上が行方不明となった。
6.17	バス川に転落(中国 浙江省)	6月17日朝、中国の浙江省常山市で、旅客バスが対向のトラックを避けようとして崖下の川に転落し、27人が死亡した。
6.17	輸送機墜落(アンゴラ ベンゲラ州)	6月17日、アンゴラ南西部ベンゲラ州で地元サッカー選手らを載せた軍用輸送機が墜落し、乗員乗客の36人全員が死亡した。
6.29	デパート崩壊(韓国 ソウル市瑞草区)	6月29日午後6時過ぎ、韓国ソウル市瑞草区にあるデパート「三豊百貨店」の建物が突然崩壊した。同デパートは地上5階地下4階でA棟とB棟からなり、地上では両棟が隣接して渡り廊下で繋がれているが、このうちA棟と渡り廊下が完全に崩れ落ち、地下では漏れたガソリンなどから火災が発生した。7月17日までに死者406人、行方不明者264人、負傷者932人に達した。29日午前、4階と5階で壁や床の傾きや亀裂が発見され、同階を立ち入り禁止にして補修工事が行われていたが、買い物客の退避などは行われていなかった。事故現場はかつてはゴミの埋め立て地で、地盤は弱かったという。また、同デパートは1994年10月に地下駐車場拡張などの増築工事をした後に瑞草区庁から違法建築物と判定されており、手抜き工事の疑いもあるという。
7月-	洪水(タイ)	7月から10月にかけて、タイ各地で河川が氾濫して12年ぶりと言われる大水害になり、約200人が死亡した。また、110万世帯が床上浸水などの被害を受け、被害総額は35億バーツ(約140億円)に達した。
7月-	集中豪雨(北朝鮮)	7月下旬から8月半ばにかけて、北朝鮮が集中豪雨に見舞われた。被害は平安南道、平安北道、江原道をはじめ全国に及び、被災者は全国民の4分の1の520万人に達した。北朝鮮の緊急支援要請を受けて、国連人道支援局(DHA)と世界保健機関(WHO)の調査団が29日に平壌入りした。
7月	熱波(アメリカ)	7月中旬、アメリカ中部から北東部にかけての広い地域が熱波に襲われ、20日午後6時までに日本人1人を含む805人の死亡が確認された。このうち半数以上の456人がイリノイ州シカゴに集中しており、同州がシカゴを激甚災害地に

指定した。ただし、シカゴでは熱波が引き金になって死亡した高血圧や糖尿病患者などを数に含めているのに対し、他地域では熱波が直接の死因になった場合しか犠牲者に数えていない。犠牲者の大半が高齢者で、冷房のない家に住む低所得者層や一人暮らしが多かった。犯罪を恐れて窓やドアを閉め切っていたため、死に至ったケースも多いとされる。なお、同国では1980年に熱波で1500人が死亡しているが、一つの都市でこれだけの死者が出たのは前例がない。シカゴが熱波に襲われたのは12日で、13日に約41度を記録したが、17日には暑さが峠を越えた。

7月　洪水（バングラデシュ）　7月中旬、バングラデシュが大洪水に襲われ、20日までに1400万人が被災し、家畜1万2000頭が死亡した。また、被災地では赤痢が流行し、11日から20日にかけて約180人が死亡したとされる。

7月　猛暑（スペイン　アンダルシア地方）　7月中旬から下旬にかけて、スペイン・アンダルシア地方が約10日間にわたる猛暑に襲われた。セビリアでは23日に46.6度、首都マドリードでも40度近くを記録、約30人が死亡した。

8.7　バス谷に転落（中国　四川省）　8月7日夕、中国四川省中部の茂県で観光バスが道路から200m下の谷に転落し、20人が死亡、24人が病院で手当を受けた（うち数人は重体）。乗客のうち5人は外国人観光客で、フランス人2人が死亡、フランス人2人とイタリア人1人が負傷した。同バスは景勝地として知られる九寨溝に向かう途中、山間部の狭い道でハンドル操作を誤ったとみられる。

8.17-　鉄砲水（モロッコ　ハウズ地区）　8月17日、モロッコ中部マラケシュ近くのハウズ地区が豪雨に見舞われ、18日夜に山間部を流れる河川が氾濫して鉄砲水となり、家屋倒壊などで150人以上が死亡した。

8.20　急行列車同士衝突（インド　ウッタルプラデシュ州）　8月20日午前3時ごろ、インドのウッタルプラデシュ州フィロザバード駅付近で、プーリー発デリー行き急行列車が停車中の別のデリー行き急行列車に追突し、少なくとも350人が死亡、約400人が負傷する、同国史上最大規模の列車事故となった。事故現場はタージマハールで有名なアグラの東約30キロ地点で、ポイント操作のミスが原因とみられる。

8.21　女子更生施設で火災（韓国　京畿道龍仁郡駒城面）　8月21日午前2時10分ごろ、韓国ソウル市近郊の京畿道龍仁郡駒城面にある女子更生施設「京畿道女子技術学院」の寄宿舎で火災が発生、教育生37人が死亡、17人が負傷した。同寄宿舎は2階建てで、1階と2階の7ヶ所から同時に出火し、窓に鉄格子があるなど避難口が確保されていなかったため被害が拡大した。出火直後に教育生数人が舎監に暴行したといわれるほか、教育生8人が避難後に行方不明になっており、教育生が施設から脱出するために放火した疑いが強い。同施設は売春行為等防止法により要保護とされた若い女性に社会教育を行うためのものだが、前年1月にも教育期間の短縮や暴行根絶などを要求した教育生6人が放火事件を起こしており、教育生の待遇に問題があった可能性がある。

8.23-　豪雨（韓国）　8月23日から26日にかけて、韓国が豪雨に襲われ、27日午後までに41人が死亡、12人が行方不明になった。

8.28　客船沈没（イエメン）　8月28日、イエメン沖で乗客175人を乗せたエリトリアの客船が沈没し、少なくとも80人が死亡、51人が行方不明になった。

1995

9.13　軍輸送機墜落（スリランカ　ネゴンボ沖）　9月13日、スリランカ国際空港に近いネゴンボ沖で同国軍のアントノフ32型輸送機が墜落、兵士ら乗っていた75人全員が死亡した。同機はスリランカ国際空港を離陸し、紛争地域の北部ジャフナ半島に向かう途中だった。タミル人反政府組織「タミル・イーラム解放のトラ」の対空ミサイルで撃墜された可能性が強いとされる。

9.15　旅客機民家に墜落（マレーシア　サバ州タワウ）　9月15日午後1時5分ごろ、マレーシア東部のサバ州東部に位置するタワウでマレーシア航空のフォッカー50型旅客機が墜落、同日夜までに乗客49人と乗員4人のうち16人が救助されたが、34人の死亡が確認された。また、墜落地点の民家約20軒が燃え、少なくとも住人10人が負傷した。同機はコタキナバル発タワウ行きの国内便で、着陸に失敗して空港近くの村に墜落した。事故当時、天候は曇りで風は強くなく、視界は10キロ以上あったとされる。

9.21　旅客機墜落（モンゴル　ムルン）　9月21日午後0時40分ごろ、モンゴル・ウランバートルの西北500キロに位置するムルン郊外でモンゴル航空のアントノフ24型旅客機が墜落、乗客乗員合わせて41人のうち40人が死亡、残る1人も重傷を負った。乗客乗員は全員モンゴル人だった。

9.26　炭鉱で出水（インド　ビハール州ダンバード）　9月26日夜、インド・ビハール州ダンバード近郊にあるコール・インディア社経営の石炭鉱山で、付近を流れるカトラス川の水が鉱山に流れ込んだため出水事故が発生した。少なくとも70人の坑夫が坑内に閉じ込められ、全員が死亡したとみられる。

10月－　台風21号（フィリピン）　10月下旬から11月3日にかけて、フィリピン中部が台風21号の通過に伴う洪水や高波に襲われ、5日午後までにネグロス島を中心に351人の死亡が確認され、237人が行方不明となったほか、2751人が負傷した。また、家屋の全半壊は約9万戸に達した。

10.1　地震（トルコ　ディナール市）　10月1日午後6時ごろ、トルコ南西部ディナール市を中心にマグニチュード6規模の強い地震が発生、2日朝までに55人の死亡と200人の負傷が確認された。ディナール市では建物の45％が倒壊、多数が生き埋めとなっており、死者の数は100人に達するとみられる。

10.7　地震（インドネシア　スマトラ島）　10月7日午前1時10分ごろ、インドネシアのスマトラ島中部沖でマグニチュード7の強い地震が発生、8日夜までに78人の死亡が確認されたほか、建物4000棟が損壊した。

10.9　地震（メキシコ）　10月9日午前、メキシコ西部の太平洋岸で、マグニチュード7.5の地震が発生、30人以上が死亡し、200人以上が負傷した。

11.8　軍用機墜落（アルゼンチン　ブエノスアイレス）　11月8日夜、アルゼンチン・ブエノスアイレス北西の山岳地帯に同国のフォッカー27型軍用機が墜落、乗っていた53人全員が死亡した。同機には士官候補生のほか、子供13人らが搭乗していた。

11.13　国内便着陸失敗（ナイジェリア　カドゥナ）　11月13日午前、ナイジェリアの首都アブジャ北の町カドゥナの空港で、ナイジェリア航空国内便が着陸に失敗して炎上、乗客50人以上が死亡した。

12.6　旅客機墜落（ロシア　グロセビチ）　モスクワ時間12月6日午後8時20分、ロシア極東

でハバロフスク連合航空のTu154型旅客機が消息を絶ち、18日になってハバロフスクの東約500キロに位置するグロセビチの北55キロ地点で墜落しているのが発見された。乗客乗員合わせて96人の安否は不明。同機はユジノサハリンスク発ハバロフスク行きの国内便で、搭乗者は全員ロシア人だった。

12.8 サウナで火災（中国　広東省広州市）　12月8日午後9時過ぎ、中国広東省広州市のサウナ広濤閣で火災が発生、18人が死亡した。同サウナは香港資本の大規模な店で、密閉式の個室サウナだった。

12.13 フェリー火災（フィリピン　マニラ湾）　12月13日午前2時半ごろ、フィリピン・マニラ湾沖約80キロの南シナ海を航行中のフェリー「キメロディ・クリスティ」（500トン）で火災が発生、乗客乗客のほとんどが海に飛び込み、同日夕までに約150人が救助されたが、15人の死亡が確認された。乗船名簿では乗客乗員合わせて143人となっているが、実際には200人以上が乗っていたとみられる。

12.20 機長飲酒で旅客機墜落（コロンビア　ブガ）　12月20日夜、コロンビア南西部カリの北約80キロに位置するブガ郊外の山岳地帯で米国アメリカン航空のボーイング757型双発旅客機が墜落、乗客156人と乗員8人のうち4人が救助されたが、160人が死亡した。同機はマイアミ発パナマ経由カリ行きで、乗客の多くは休暇を利用して帰国するコロンビア人だった。同機は午後9時45分ごろにエンジン1基の不調を訴えた後、連絡が途絶えており、目撃者の話では炎に包まれながら落下し、墜落の際に爆発したという。事故後の調査で、機長の遺体の血液からアルコールが検出された。

12.21 列車同士衝突（エジプト　カイロ）　12月21日朝、エジプト・カイロの南約20キロに位置するバドラシーン駅付近で列車同士の衝突事故が発生、乗客約75人が死亡、70人以上が負傷した。

12.23 学芸会で火災（インド　ハリヤナ州ダブワリ）　12月23日、インド・ニューデリー北西のハリヤナ州ダブワリにある結婚式場で火災が発生、式場が全焼し、約400人が死亡、約300人が病院に収容された。負傷者のうち約60人は重体。事故当時、同式場では約1300人の小中学生や父母が参加して学期末学芸会が行われていたが、出口で将棋倒しとなり被害が拡大した。電気ソケットが突然火を噴いたことが火災の原因とみられる。

＜ 1996 ＞

1月 96豪雪（アメリカ）　1月上旬、アメリカ東部が記録的な大雪に襲われ、ウェストバージニア州やペンシルバニア州フィラデルフィアなどで100cm以上の積雪量を記録した。雪は11日に収まったが、「96豪雪」と名付けられたこの大雪による交通事故などで約100人が死亡した。また、各地で交通機関がマヒしたほか、ワシントンでは連邦最高裁を除く各省庁が閉鎖され、ニューヨークでも国連本部が閉鎖、ニューヨーク商品取引所も取引を休止した。除雪関係費用もメリーランド州で推定4800万ドル（約48億円）、ニューヨーク州で推定7100万ドル（約71億円）など巨額となったが、その一方で犯罪が激減、1日平均3件の殺人事件があるニューヨーク市では、大雪が始

1996

まった7日夕から10日夜まで3日間殺人が発生せず、雪が収まった10日夜から11日朝までに4人が殺されたという。

1.8 **貨物機市場に墜落・市民巻き添え**（ザイール　キンシャサ）　1月8日正午ごろ、ザイールの首都キンシャサで貨物機が市場に墜落、少なくとも250人が死亡した。同機は国内線専用のキンシャサ空港を離陸しかけたが、数メートル浮上しただけで近隣の混雑する市場に墜落、店舗などをなぎ倒しながら約100m滑走して止まったという。また、同機は貨物のみを積載しており乗客はなく、4人のロシア人パイロットも機外に脱出して助かり、犠牲者の多くは市場にいた女性や子どもだった。事故後の調査で規定積載量を少なくとも270キロ上回る貨物を搭載していたことが判明、貨物の積み過ぎが事故原因とみられる。

1.17 **地震**（インドネシア）　1月17日午後1時、インドネシア東部のイリアンジャヤ州沖合で、マグニチュード7.5の地震が発生、震源に近い同州北部のビアク島では高さ6〜7mの津波が押し寄せ、民家などが倒壊した。25日までに津波などで100人以上が死亡、1万2000人が家を失ったほか、多くの建物に被害が出た。震源はビアク島の東106キロの太平洋。

1.19 **フェリー沈没**（インドネシア　スマトラ島）　1月19日夜、インドネシア西部スマトラ島沖で旅客フェリーが沈没、乗客ら少なくとも54人が死亡、100人以上が行方不明となった。20日までに乗客198人と乗員16人のうち、39人が救助されたという。午後7時ごろにアチェ州の州都バンダアチェを出港、約30キロ北のウェ島へ向かう途中で岩礁に衝突したものとみられる。

2月- **エボラ出血熱**（ガボン）　2月16日、アフリカ西海岸のガボンで発生したエボラ出血熱で、これまでに13人の死亡を確認したと発表された。ほかに7人が感染しているとみられる。この後、10月にも10人がこの病で死亡した。また、南アフリカでも発症者が発生したが、ガボンで感染した医師がヨハネスブルグに移動し、この治療にあたった看護師にも感染したため。

2.3 **地震**（中国　雲南省）　2月3日午後7時14分ごろ、中国南西部雲南省の麗江ナシ族自治県と迪慶チベット族自治州を中心とする地域で強い地震が発生、6日までに242人の死亡が確認されたほか、3837人が重傷、1万239人が軽傷を負い、約22万人がテント生活を余儀なくされた。現場はミャンマー国境に近い山地で、地震の規模はマグニチュード7.0を記録した。中国赤十字社の援助要請を受け、日本・香港・台湾の各赤十字社から19万ドルなどの国際支援が行われた。

2.6 **旅客機墜落**（大西洋）　2月6日午後11時45分ごろ、大西洋上で乗客176人と乗員13人を乗せたボーイング757型旅客機が墜落した。同機はドイツの旅行会社がチャーターしたもので、主にドイツ人観光客を乗せ、ドミニカ共和国北部の保養地プエルトプラタをフランクフルトに向けて出発していた。現場付近の海面には小さな破片などが散乱しており、パイロットから緊急事態を知らせる連絡はなかったため、空中で何らかの爆発を起こした可能性がある。

2.9 **通勤列車同士衝突**（アメリカ　シコーケス）　2月9日午前8時40分、アメリカ・ニュージャージー州シコーケス市で2本の通勤列車が衝突、少なくとも3人が死亡、100人以上が負傷した。同市はニューヨーク市近郊に位置し、一方の列車はニューヨーク市内への交通網の起点となるホボーケンに向かう途中だった。

2.15 衛星打ち上げ失敗・民家に墜落（中国　四川省）　2月15日、中国四川省の西昌衛星発射センターで同国のロケット長征3Bが打ち上げ直後に爆発して地上に落下、近隣住民など6人が死亡、57人が負傷したほか、80戸余りの民家が破壊された。同ロケットには国際電気通信衛星機構（インテルサット）の通信衛星が積載されたいた。なお、長征シリーズのロケットは約26年間に40回打ち上げられており、これが6回目の失敗となる。

2.17 ニューギニア島沖地震（インドネシア　ニューギニア島）　2月17日午後、インドネシア・ニューギニア島のイリアンジャヤ州沖で、マグニチュード8.0の地震が発生した。19日までに死者は53人に上った。

2.18 フェリー沈没（フィリピン　ビサヤ海）　2月18日午後8時ごろ、フィリピン中部ネグロス島沖のビサヤ海で木造フェリー「グレッチェン1」（75トン）が転覆、ばらばらになって沈没し、19日正午までに約140人が救助されたが、51人の遺体が収容され、約15人が行方不明となった。同船は老朽化が激しく、海運局からの免許も失効していた上、定員を大幅に上回る乗客を乗せていた。

2.23- 草原火災（モンゴル）　2月23日から、モンゴルの全土約345カ所で火災が発生、100日以上にわたって燃え続け、6月9日にほぼ鎮火した。草原780万ha、森林240万haが焼け、死者25人、負傷者60人の被害が出たとみられる。被害額は37億ドルともいわれ、モンゴルのGDPの約4倍を超える額となった。原因はハンターらの火の不始末など。

2.26 軍輸送機墜落（スーダン　ハルツーム）　2月26日夜、スーダンの首都ハルツームの南方約40キロで同国軍のC130型輸送機が墜落、乗っていた70人全員が死亡した。同機はエルオベイド市からハルツームに向かう途中で、着陸予定の10分前に管制塔との交信が突然途切れ、炎上しながら墜落したとされる。

2.29 旅客機墜落（ペルー　アレキパ）　2月29日夜、ペルー南部のアレキパ付近で地元民間航空会社のボーイング737型旅客機が墜落、乗客117人と乗員6人の全員が死亡した。

3.14 車両横転（サウジアラビア）　3月14日、サウジアラビアの道路で車両が横転し、47人が死亡、多数が負傷した。同車両は国外退去を命じられた不法滞在外国人をイエメン国境近くのジザンに運ぶもので、複数のイエメン人が死傷者に含まれているとみられる。

3.19 ディスコで火災（フィリピン　マニラ首都圏ケソン市）　3月19日午前0時過ぎ、フィリピン・マニラ首都圏ケソン市のディスコ「オゾンディスコ」で大きな爆発音と共に火災が発生、2時間後に鎮火したが、2階建ビル延べ約700m^{2}が全焼した。同日午前11時までに150人の死亡と約80人の負傷が確認されたほか、数十人が崩れ落ちた天井の下敷きになっているとみられ、同国史上最悪規模の火災となった。火災当時、同ディスコは期末試験を終えた高校生や卒業を控えた大学生ら約350人で満員状態となっており、犠牲者の大半は10代の学生だったとみられる。何かの火が調理用のLPガスなどに引火したことが原因とみられる。

3.20 BSE人間にも感染（イギリス）　3月20日、イギリスではBSE（狂牛病・牛海綿状脳症）が人間に感染する可能性を初めて認めた。94年2月以降に発症した新型のクロイツフェルト・ヤコブ病患者10人に、牛肉から感染した疑いが出たため。欧州委員会

は3月27日、英国産牛肉の輸出禁止を決定。イギリスは、約480万頭の牛を焼却処分する方針を表明した。

3.28 地震(エクアドル コトパクシ州) 3月28日、エクアドル・コトパクシ州で強い地震が発生、4月1日までに23人の死亡と468人の負傷者が確認されたほか、家屋約1000戸が倒壊した。現場は標高3000メートルを超える山岳地帯で、住民のほとんどは先住民のインディオである。

3.28 フェリー沈没(カリブ海) 3月28日、ハイチ南部のレジロワからレカイへ向かうフェリーが、カリブ海で座礁して沈没、4月2日までに104人が死亡、43人が行方不明となった。

4.3 空軍機墜落(クロアチア ドゥブロヴニク) 4月3日、クロアチア南部ドゥブロヴニクで米国空軍のCT43型機が墜落、同国商務長官ら乗客30人と乗員5人の全員が死亡した。同機は長官をはじめとする貿易使節団を乗せてザグレブ国際空港を離陸、ドゥブロヴニク空港に着陸しようとしたが、空港の手前約3キロ地点に墜落した。事故当時、雲のため視界はゼロに近く、内戦の影響で空港設備が劣悪だった上、事故機が国防総省の定める安全基準値を満たした航空図を使用していなかったなど、様々な要因が重なった末の事故だった。

4.29 バス川に転落(パキスタン 北西辺境州サジン) 4月29日、パキスタン北西辺境州サジン付近のインダス川の渓谷でバスが道路から川に転落し、26人が死亡した。同バスはラワルピンディ発ギルギット行きで、犠牲者には日本人1人が含まれる。

5.3 旅客機着陸失敗(スーダン ハルツーム) 5月3日、スーダンの首都ハルツーム北で、同国国内線旅客機が緊急着陸に失敗、乗員と乗客53人全員が死亡した。

5.11 旅客機湿地帯に墜落(アメリカ マイアミ) 5月11日午後2時過ぎ、アメリカ・フロリダ州南部でバリュージェット航空のDC9型旅客機が墜落、乗客104人と乗員5人の全員が死亡した。同機はマイアミ国際空港発アトランタ行きで、離陸直後に操縦室から発煙したとの無線連絡があり、同空港に引き返したが、マイアミ北西約32キロの湿地帯に墜落した。

5.13 竜巻(バングラデシュ タンガイル地方) 5月13日夜、バングラデシュの首都ダッカ北方約120キロに位置するタンガイル地方で竜巻が発生、1000人が死亡、500人が行方不明となったほか、5万人が負傷し、家屋1万戸以上が破壊された。竜巻は時速200キロ以上の猛風を伴い、約20分間続いたという。

5.21 炭鉱で爆発(中国 河南省平頂山市) 5月21日午後6時11分、中国中部の河南省平頂山市にある炭鉱で大規模なガス爆発が発生、22日夜までに作業員46人の死亡が確認されたほか、38人が行方不明となった。

5.31- 地滑り(中国 雲南省元陽県) 5月31日から6月3日にかけて、中国雲南省元陽県にある金鉱山の老金山で2回に渡り大規模な地滑りが発生、66人が死亡、162人が行方不明となり、76人が負傷した。現場はベトナム国境に近く、5月27日から30日にかけて降った豪雨のため山頂の岩が崩れ落ち、大坪鉱区の3つの金採掘場の小屋と26ヶ所の採掘現場が土砂に埋もれた。

6月- 集中豪雨(中国) 6月下旬から7月上旬にかけて、中国中部と南部が集中豪雨に見舞

われ各地で洪水や山崩れが発生、7月4日までに貴州省・安徽省・浙江省などで162人の死亡が確認されたほか、冠水や家屋倒壊などの被災者数は約1000万人に達した。特に被害が大きい貴州省では降水量230ミリを記録、交通網や電気・電話などが寸断され、直接の経済損失だけで20億元（約260億円）に達した。また、8月上旬には台風による被害も加わり、全国で約2000人が死亡した。被害を受けた地域は湖北・湖南・江蘇・江西各省など広い範囲に及ぶが、特に被害が大きい広西チワン族自治区では319人が死亡、延べ112万人が避難し、田畑94万haに被害が出た。

6.1- **熱波**（パキスタン　シンド州,バルチスタン州）　6月上旬、パキスタンのシンド州とバルチスタン州を中心とする地域が熱波に見舞われ、1日から4日にかけて186人が死亡した。特にシンド州では連日49度を記録、水不足も加わって被害が拡大した。

6.6　**船舶火災**（エリトリア）　6月6日、エリトリア沖の紅海をサウジアラビアへ向けて航行中の船舶で火災が発生、72人が死亡した。同船には105人が乗船していたが、犠牲者の大半はサウジアラビアに不法渡航しようとしたエチオピア人だという。

6.19　**豪雨**（イタリア　トスカーナ地方）　6月19日、イタリア中部トスカーナ地方が集中豪雨に見舞われ河川が氾濫、20日までに11人が死亡、25人が行方不明となったほか、各所で鉄道が寸断された。

7月　**台風**（ベトナム）　7月末、ベトナム北部の紅河デルタ地帯が台風に襲われ、67人が死亡、54人が行方不明となり、279人が負傷した。また、約20万haの水田が冠水するなど、被害総額は1兆7000億ドン（約170億円）に達し、この10年間で最悪の台風被害となった。

7月　**集中豪雨**（ネパール）　7月、ネパールが豪雨に見舞われ、国内75地区のうち30地区で洪水や地滑りが発生し、111人が死亡、63人が行方不明となった。

7.2　**路面電車が脱線**（ウクライナ　ドニエプロジェルジンスク）　7月2日夕、ウクライナ東部のドニエプロジェルジンスクで満員の路面電車が脱線、コンクリートの防護壁に激突した後に横転し、32人が死亡、72人が負傷した。

7.15　**宗教行事で将棋倒し**（インド　マディヤプラデシュ州ウジャイン, ウッタルプラデシュ州ハルドワル）　7月15日朝、インドのマディヤプラデシュ州ウジャインにあるヒンズー寺院のマハカレシュワル寺で、大祭に参拝に来た信者らが将棋倒しとなり、37人が死亡、40人が重傷を負った。また、同国ウッタルプラデシュ州ハルドワルではガンジス川に沐浴に来た信者らが狭い橋の上で将棋倒しになり、23人が死亡、25人以上が負傷した。

7.17　**ジャンボ機空中爆発**（アメリカ　ロングアイランド島沖）　7月17日午後8時40分ごろ、アメリカ・ニューヨーク州ロングアイランド島の南約30キロの大西洋上で、ニューヨーク発パリ行きの米トランスワールド航空800便のボーイング747ジャンボ旅客機が空中爆発し、海に墜落した。同機には乗員18人・乗客212人の計230人が乗っていたが、全員死亡した。同機はJ.F.ケネディ国際空港を予定時刻の午後8時より2分ほど遅れて離陸し、直後に爆発した。爆発の原因は、当初は爆弾テロの可能性も疑われたが、タンク内で気化した燃料と空気の混合気体に何らかの原因で引火し、爆発につながったと断定された。

7.26- **集中豪雨**（北朝鮮）　7月26日から29日にかけて、北朝鮮西部が集中豪雨に見舞われ、

1996

各地で降雨量550ミリから800ミリ以上を記録した。この豪雨のため、黄海北道や黄海南道を中心に200人以上が死亡したほか、秋に収穫予定の穀物約100万トンが失われた。被害総額は17億ドルに上るとみられる。

7.26－ 土砂崩れ(韓国)　7月26日以降、韓国北部が集中豪雨に見舞われ、26日午前4時半ごろには韓国江原道鉄原郡の北朝鮮との軍事境界線に近い山間部で土砂崩れが発生、同国陸軍の仮設兵舎が押し潰されて47人が死亡した。この他にも各地で洪水などが発生し、計87人が死亡または行方不明となり、6万人が緊急避難した。

8月－ 暴風雨で洪水(ベトナム)　8月末から10月にかけて、ベトナム南部のメコン・デルタが断続的な暴風雨に襲われ、アンザン、ドンタプ、ティエンザン各省を中心に洪水が発生、10月17日までに63人が死亡、12人が行方不明となった。

8月－ デング熱(インド　デリー)　8月中旬から10月にかけて、インドのデリー首都圏でデング熱が流行、10月19日までに4978人が感染し、215人が死亡した。デング熱が大発生したのは約8年ぶりとされる。

8月　巡礼中に気候急変(インド)　8月下旬、インド北部のヒマラヤ山中でヒンズー教徒の一団が天候急変による激しい雨と雪に襲われ、28日までに234人の凍死が確認された。一団は聖地アマルナート洞窟への巡礼者たちだった。

8.7　鉄砲水(スペイン　ビエスカス町)　8月7日夜、スペインのピレネー山脈にあるキャンプ場で鉄砲水が発生、バカンス客ら少なくとも60人が死亡、百数十人が負傷した。事故現場はフランス国境から約30キロのビエスカス町に近い山中で、同日夕から降り続いた豪雨のため近くを流れる川が氾濫し、土砂や樹木混じりの濁流がキャンプ場に流れ込んだという。

8.17－ 暴風で漁船大量遭難(ベトナム　トンキン湾)　8月下旬、ベトナム北部のトンキン湾が暴風雨に襲われ、沿岸漁民700人以上が死亡または行方不明となった。多くの漁民が岸に帰るのでなく、船を守れる入り江や港などを探して海に出たため被害が拡大した。同国には防波堤などの施設が整った港湾が少なく、また合作社による集団所有から自営漁民の個人所有に変わったことから船を守ろうとする意識が強すぎることなどが背景として指摘された。

8.29　旅客機山に墜落(ノルウェー　スピッツベルゲン島)　8月29日午前、北極圏に位置するノルウェー領スピッツベルゲン島でロシアのブヌコボ航空のツポレフ154型旅客機が墜落、乗客129人と乗員14人の全員が死亡した。乗客の多くは同島の石炭採掘場で働く炭鉱労働者とその家族だった。同機はモスクワ発で、スピッツベルゲン島空港に着陸する直前に交信が途絶え、空港の東10キロの山中に墜落した。

9.5－ ハリケーン(アメリカ)　9月5日から6日にかけて、アメリカ南東部がハリケーンに襲われ、少なくとも17人が死亡した。犠牲者の多くは倒木や風雨の影響を受けた事故によるものだという。

9.25　クラシック飛行機墜落(オランダ)　9月25日夕、オランダ沖約50キロの北海で遊覧飛行中のDC3型プロペラ機が墜落、乗客26人と乗員6人の全員が死亡した。飛行中にエンジン異常が発生し、緊急着陸しようとしたが間に合わなかったものとみられる。同機は「ダコタ」の愛称で知られる軍用輸送機で、1930年代から40年代に大量生産され第二次世界大戦などで活躍、各地の航空ショーに登場するなどファンが多

い。事故機は55年前に製造されたもので、オランダのファンが組織する飛行クラブが改修・運用していた。

9.29 **ナイトクラブで火災**（韓国　ソウル市）　9月29日夜、韓国ソウル市西大門区の繁華街にあるナイトクラブ「ローリング・ストーン」で火災が発生、11人が死亡、3人が負傷した。事故当時、秋夕（仲秋節）の四連休最後の日にあたり客が多かった上、非常口付近に大型空調機が置かれて避難の妨げとなったことから被害が拡大した。当初はLPガスの爆発事故と伝えられたが、その後の調査により、何らかの原因で発生した火が塗りたての床のペンキなどに引火した可能性が強いことが明らかになった。

10.2 **旅客機墜落**（ペルー）　10月2日午前1時10分ごろ、ペルーの首都リマ沖の太平洋上でペルー航空のボーイング757型旅客機が墜落、乗客乗員合わせて70人の全員が死亡した。同機はマイアミ発リマ経由チリ・サンティアゴ行きで、リマのホルヘ・チャベス空港を離陸した5分後に機体にトラブルが発生したとの緊急連絡があり、リマの西80キロで消息を絶った。

10.8 **バス谷に転落**（ペルー　フニン県）　10月8日未明、ペルー中部フニン県のアンデス山中で、満員の夜行バスが約200m下の谷底に転落した。少なくとも42人が死亡し、32人が重軽傷を負った。

10.16 **サッカー場で将棋倒し**（グアテマラ　グアテマラ市）　10月16日、グアテマラの首都グアテマラ市内にあるサッカー競技場で通路に押しかけた観客が将棋倒しになり、少なくとも79人が死亡、150人以上が負傷した。事故が起きたのはワールドカップ南米地区予選のグアテマラ対コスタリカ戦が始まる直前で、競技場の収容人数を超える数の入場券が販売され、4万5000人が詰め掛けていた。

10.22 **貨物機住宅街に墜落**（エクアドル　マンタ市）　10月22日夜、エクアドルの太平洋岸に位置するマンタ市近郊でボーイング707型貨物機が墜落、乗員4人のほか、少なくとも地上の住民30人が巻き添えとなり死亡、50人以上が負傷した。同機は離陸直後に空中爆発し、機体の残がいが燃えながら住宅密集地に落下、多数の住宅が炎上した。

10.26 **旅客機とヘリコプター衝突**（ロシア　西シベリア）　10月26日夜、ロシアの西シベリアにあるハントゥイマンシースク空港でヤコブレフ40型旅客機とヘリコプター2機が衝突、5人が死亡、15人が負傷した。旅客機はチュメニ発同空港行きの国内線で、乗客約30人と乗員が搭乗していた。事故当時は激しい吹雪で視界が悪く、旅客機パイロットが誤って滑走路の手前600mにあるヘリコプター離着陸場に着陸しようとしたらしい。

10.27 **アパート崩壊**（エジプト　カイロ）　10月27日夜、エジプトのカイロ郊外ヘリオポリスで約40世帯が入居する12階建てアパートが崩壊、少なくとも2人が死亡、約20人が負傷したほか、100人以上が瓦礫の下敷きになり行方不明となった。同アパートは築後約30年の比較的新しい建物だが、半分以上の階が違法に追加されたもので、数年前からその部分を撤去するよう当局から命じられていたという。低層階で行われた改装工事で壁などが取り払われたことが崩壊につながったとの情報もある。

10.31 **旅客機住宅街に墜落**（ブラジル　サンパウロ）　10月31日午前8時45分ごろ、ブラジル・サンパウロの住宅街に国内航空会社TAMのフォッカー100型旅客機が墜落、住宅街が炎上し、乗客90人乗員6人全員のほか、住民20人以上が死亡、多数が負傷した。

同機は同市南部のコンゴニャス空港発リオデジャネイロ行きで、離陸直後に墜落した。事故当時、天候は晴れだった。

11月 **サイクロン（インド　アンドラプラデシュ州）**　11月上旬、インド南東部のアンドラプラデシュ州がサイクロン（熱帯性低気圧）に襲われ、少なくとも710人が死亡、900人が行方不明となった。死者数は最大で2500人に達する可能性があるといわれる。300以上の村で浸水し、住宅1万戸以上が倒壊した。

11.12 **地震（ペルー　イカ県ナスカ）**　11月12日正午ごろ、ペルーの首都リマの南東約450キロに位置するイカ県ナスカ周辺で強い地震が発生、少なくとも7人が死亡、約500人が負傷した。一帯には小さな鉱山が多く、落盤などで数百人の鉱山労働者が閉じ込められているとの情報もあり、死傷者の数はさらに増える見込み。震源はイカ市の南東約100キロ、地震の規模はマグニチュード7.3を記録した。

11.12 **旅客機同士衝突（インド　ハリアナ州チャルキダドリ村）**　11月12日午後6時20分ごろ、インドの首都ニューデリーの西約70キロに位置するハリアナ州チャルキダドリ村付近の上空でサウジアラビア航空のボーイング747型旅客機とカザフスタン航空のツポレフ154型旅客機が空中衝突して墜落炎上、両機の乗客乗員全員が死亡した。サウジアラビア航空機はデリー発ダーラン行きの763便で350人が搭乗して離陸直後、カザフスタン航空機はチムケント発デリー行きで39人が搭乗して着陸態勢に入る時期だった。事故当時は日没直後で暗かったという。

11.20 **ビル火災（香港）**　11月20日午後、香港・九竜半島の油麻地にある16階建ての雑居ビルで火災が発生、21日朝になって鎮火したが、少なくとも消防士1人を含む32人が死亡、79人が負傷した。この他に行方不明者もいる模様。

11.23 **旅客機ハイジャックされ墜落（コモロ）**　11月23日昼、エチオピアの首都アディスアベバからケニアの首都ナイロビに向かうエチオピア航空のボーイング767型旅客機がハイジャックされ、数時間後にインド洋に浮かぶコモロの首都モロニ郊外の海岸付近に墜落した。24日夕までに乗客乗員合わせて175人のうち52人が救出されたが、約70人の遺体が収容され、残る行方不明者も生存が絶望視されている。同機には日本人2人が搭乗しており、うち1人は救助されたが、もう1人の安否は不明。ハイジャック犯はエチオピア人3人で、反政府派とも、オーストラリアに向かうよう要求したとも伝えられる。同機は犯人の要求を受けてインド洋上を飛行中に燃料が切れ、モロニの空港に向かったが間に合わず、海岸付近に緊急着水しようとして低空から海に突っ込んだとみられる。

11.27 **炭鉱で爆発（中国　山西省大同市新栄区）**　11月27日、中国山西省大同市新栄区にある炭鉱でガス爆発が発生、少なくとも91人が死亡、20人以上が行方不明となった。大同は同国有数の産炭地で、事故が起きた炭鉱は坑内員が400人程度と同国としては比較的小規模なもの。農民が掘り始めた炭鉱だったため、設備が古く、安全対策が不十分だった可能性が強い。主要エネルギーを石炭に頼る同国では無秩序な石炭採掘が広く行われており、政府が規制に乗り出した矢先の事故だった。

12.17 **軍用機墜落（ロシア　トベリ州）**　12月17日正午過ぎ、ロシア北西部のトベリ州で同国軍のアントノフ12型輸送機が墜落、セレズニョフ・レニングラード軍管区司令官夫妻ら乗っていた17人が死亡した。同機はアンドレアーポリ空港を離陸した直後、空港から約8キロの地点に墜落したという。

12.25- 暴風雨（マレーシア　サバ州）　12月25日、マレーシア東部のサバ州が暴風雨に襲われ、1997年1月2日までに洪水などにより182人が死亡、家屋5000戸が破壊され、2万人が被災した。また、1人がコレラに罹患したことが判明した。

⟨ 1997 ⟩

1.3　客船と貨物船が衝突（中国　四川省資中県沱江）　1月3日午前9時ごろ、中国四川省資中県の沱江で客船と貨物船が衝突、客船が沈没し、少なくとも33人が死亡、2人が病院で治療を受けた。事故当時、現場は濃霧に包まれており、客船は別の貨物船を避けた直後に衝突した。客船の定員は42人だが、60人以上の客と500キロのミカンを積んでいた。また、貨物船の最大積載量は25トンだが、砂40トンを積んでいた。

1.9　小型旅客機墜落（アメリカ　デトロイト）　1月9日夕、アメリカ・ミシガン州デトロイト近郊でコムエア社製のエンブレア120型30人乗り双発プロペラ旅客機が墜落、日本人1人を含む乗客乗員計29人の全員が死亡した。事故当時、現場付近は吹雪だった。

1.14　バス橋から転落（エジプト　カイロ）　1月14日、エジプト・カイロ北部のナイル川にかかる橋から公共路線バスが転落し、38人が死亡、30人以上が負傷した。事故当時、バスには70人以上の乗客が乗っており、高速で中央分離帯を越え、柵を破って川に落ちたという。

1.29　ホテル火災（中国　湖南省長沙市）　1月29日朝、中国中部の湖南省の省都長沙市にある中国人向けホテル「燕山酒家」で火災が発生、2時間後の午前7時ごろに鎮火したが、39人が死亡、70人以上が負傷した。2階から出火して7階まで燃え広がり、各階の出入り口が塞がれたため、多数の宿泊客が避難のため窓から飛び降りたという。

2.4　地震（イラン　ボジヌールド）　2月4日午後、イラン北東部のボジヌールド一帯で2度にわたり強い地震が発生、同夜までに少なくとも38人の死亡と90人以上の負傷が確認された。同地域には約20万人が住んでおり、犠牲者数はさらに増加するとみられる。最初の地震の規模はマグニチュード5.4、約40分後の地震ではマグニチュード6.1を記録した。

2.13　バス炎上（中国　広東省広州市）　2月13日早朝、中国広東省広州市の高速道路を走行中の大型バスが炎上し、乗客39人が死亡、28人以上が負傷した。同バスは春節（旧正月）で宜州市に帰省していた電線工場従業員が工場に戻るためにチャーターしたもので、事故当時71人が乗っていた。エンジン部分で突然爆発が起こり、炎が燃え広がったという。

2.18　豪雨で地滑り（ペルー　アプリマク県アバンカイ市）　2月18日未明、ペルーのアンデス山中に位置するアプリマク県アバンカイ市郊外で大規模な地滑りが発生、プマランカなど二つの集落が土砂に飲み込まれ、33人が死亡したほか、100人以上が行方不明となった。事故現場は首都リマの南東約500キロの山間部で、当時は雨期にあたり、連日の豪雨で地盤がゆるんでいたとみられる。また、アバンカイ周辺では17日までに洪水で5人が死亡しており、北部のサンマルティン県ユラクヤクでも500世帯

が被災した。

2.19 難民船転覆（スリランカ）　2月19日夜、スリランカ北部から対岸のインド・タミルナド州に向かっていたタミル人難民の船が転覆し、難民150人のうち約130人が死亡した。

2.21 軍輸送機墜落（スリランカ）　2月21日、スリランカの首都コロンボ南部のラトマラナ基地を出発した同国政府軍の輸送機が離陸直後に墜落し、兵士4人が死亡、55人が負傷した。

2.23 宗教集会で火災（インド　オリッサ州マドゥバン村）　2月23日夕、インド・オリッサ州バリバダ郊外のマドゥバン村でヒンズー教の定例宗教集会の最中に火災が発生、少なくとも200人が死亡、500人以上が病院に搬送された。集会は仮設の大きな建物で行われており、信者約5000人が参加していた。出火原因は漏電とみられ、建物が竹や藁で作られていたため急速に燃え広がったという。

2.27 地震（パキスタン　バルチスタン州）　2月27日未明、パキスタンの対アフガニスタン国境に位置するバルチスタン州で強い地震が発生、州都クエッタ周辺で50人以上が死亡した。地震の規模はマグニチュード6.2を記録した。

2.28 地震（イラン　アルダビル）　2月28日午後4時半ごろ、イラン北西部のアルダビル周辺でマグニチュード6の強い地震が発生、3月3日までに965人の死亡が確認されたほか、約2600人が負傷し、約4万人が家を失った。アルダビルはテヘランの北西約420キロに位置する山岳地帯で、ビラダレ村など周辺の約100ヶ村で被害が出たが、住宅のほとんどが土レンガ造りだったため一瞬にして全壊し、被害が拡大した。また、雪による救助活動の遅れと零下10度を下回る寒さのため、瓦礫の下で凍死した者も多いという。イランでは3月4日にも、北東部で80人が死亡する地震が発生した。

3.1- 竜巻（アメリカ）　3月1日から2日にかけて、アメリカのアーカンソー州など中西部の5州が竜巻や雷雨に襲われた。2日夕までに、少なくとも33人が死亡、200人以上が負傷した。

3.3 急行列車脱線（パキスタン　パンジャブ州）　3月3日、パキスタン中部パンジャブ州で、カラチ行きの急行列車が軌道の列車止めに衝突して脱線し、乗客ら125人以上が死亡した。

3.4 炭鉱でガス爆発（中国　河南省）　3月4日、中国・河南省平頂山市にある炭鉱でガス爆発が発生し、炭鉱労働者86人が死亡した。

3.18 旅客機森に墜落（ロシア　カラチャエボ・チェルケス共和国チェルケスク市）　3月18日午前10時50分ごろ、ロシア南部に位置するカラチャエボ・チェルケス共和国の首都チェルケスク市郊外の森に、スタブロポリ航空のスタブロポリ発トルコ・トラブゾン行きアントノフ24型旅客機が墜落、乗客41人と乗員9人の全員が死亡した。

3.25 工場の寮が崩壊（中国　福建省）　3月25日午後7時半ごろ、中国福建省莆田市にある新光電子公司の工場で、敷地内にある寮が突然崩壊し、27日朝までに26人の死亡が確認され、26人が重傷を負った。この他にも数十人が瓦礫の下で生き埋めになっており、犠牲者はさらに増えるとみられる。同工場は香港系で、電子機器の生産をしている。付近には台湾や香港の企業が出資した工場が多いという。

4月　難民キャンプで飢饉（ザイール　キサンガニ）　4月、ザイールのキサンガニ南部にある2つの臨時難民キャンプで飢餓や病気が蔓延し、6日に180人、7日に96人のルワンダ難民が死亡した。

4.7　不発弾が爆発（ベトナム　ゲアン省）　4月7日、ベトナム北部ゲアン省の学校でベトナム戦争中に米軍が投下した収束爆弾の不発弾が爆発し、児童7人が死亡、34人が負傷した。爆弾は校庭に埋まっており、児童が下校しようとした際に爆発したという。現場一帯はベトナム戦争中に米軍による激しい空爆を受けていた。

4.15　巡礼者宿営地で火災（サウジアラビア　メッカ）　4月15日正午前、サウジアラビア・メッカ郊外ミナの巡礼者宿営地で大規模な火災が発生、約3時間後に鎮火したが、343人が死亡、1290人が負傷し、テント7万張りが焼失した。犠牲者の大半はインド人とパキスタン人。料理用ガスボンベが爆発し、炎が風にあおられて瞬く間に2キロ四方に燃え広がったという。毎年1回行われるメッカ巡礼はイスラム教徒の義務の一つとされ、この年は16日に儀式が最高潮を迎えるため、メッカ近辺には巡礼者約200万人が集まっていた。

4.29　旅客列車同士衝突（中国　湖南省岳陽県）　4月29日午前10時48分ごろ、中国湖南省岳陽県の京広線（北京―広州間）栄家湾駅で旅客列車同士の衝突事故が発生、少なくとも58人が死亡した。負傷者は約300人で、このうち約90人が重傷。雲南省昆明から河南省鄭州へ向かう324号列車が同駅を通過する際、停車中の別の列車に追突し、双方合わせて13両が転覆したという。

5.5　難民帰還用列車で大量圧死（ウガンダ　キサンガニ）　5月5日、ウガンダ東部のキサンガニで、ルワンダへの難民帰還用列車にフツ族のルワンダ難民多数が殺到し、老人や子供など91人が圧死または窒息死する事故が発生した。当時、国連などの援助機関がキサンガニ周辺のフツ族難民をチャーターした飛行機でルワンダに帰還させる活動を進めており、同列車はチャーター機に乗る難民をキサンガニに運ぶものだったが、定員にあたる2800人に加え、キサンガニ周辺を征圧したツチ族主体のコンゴ・ザイール解放民主勢力連合（ADFL）による報復を恐れて森に隠れていた難民が次々と飛び乗ったため、すし詰め状態になっていた。

5.8　旅客機着陸失敗・炎上（中国　広東省深圳市）　5月8日午後9時半ごろ、中国広東省の深圳空港で中国南方航空のボーイング737型旅客機が着陸に失敗して大破炎上、乗客65人乗員9人のうち35人が死亡、35人が大けがを負った。同機は四川省重慶発深圳行き3456便で、事故当時は激しい雨が降り視界が悪かったという。

5.10　地震（イラン　ホラサン州ビルジャンド）　5月10日午後0時半ごろ、イラン東部のホラサン州ビルジャンド周辺で強い地震が発生、公式発表では13日朝までに1560人の死亡が確認されたほか、2810人が負傷した。非公式情報では2400人以上が死亡、6000人以上が負傷。アフガニスタン国境に近い山岳地帯を中心に約200ヶ村で被害が出たが、これらの村落には泥と石を積んだだけの家が多く、簡単に倒壊した事が被害を拡大した。また、この地震によりアフガニスタン西部のヘラート市でも病院の壁が崩れて5人が死亡したほか、同国内の約10ヶ所の町や村で被害が出たという。震源は同州の州都マシャドの南約370キロのアフガニスタン国境付近で深さ約30キロ、地震の規模はマグニチュード7.1または7.3を記録し、余震は約70回に達した。

5.22　地震（インド　マディヤプラデシュ州ジャバルプール）　5月22日午前4時22分ごろ、

1997

インド中部のマディヤプラデシュ州ジャバルプール周辺でマグニチュード6の強い地震が発生、40人が死亡、1000人が負傷した。

5.27　竜巻（アメリカ　ジャレル）　5月27日、アメリカ・テキサス州東部の町ジャレルで竜巻が発生、住宅やレストランが倒壊するなどして少なくとも30人が死亡、数十人が負傷した。

6月-　森林火災で煙霧被害（インドネシア　マレーシア）　6月下旬から、インドネシアのスマトラ島、リアウ諸島、カリマンタン（ボルネオ島南部）で頻発している森林火災で煙霧（スモッグ）が発生、マレーシア、シンガポールなど6カ国で大気汚染が進み、マレーシア全土で呼吸困難やぜんそくの悪化で9月半ばまでに8170人が入院した。インドネシアでは60～80万haが焼失し、呼吸器系の疾患で2人が死亡した。この煙霧は9月に起きたガルーダ・インドネシア航空機の墜落原因の1つとなった。雨期の到来が遅れて鎮火は難航し、終息声明が出されたのは半年後の11月27日になった。

6.5　地滑り（中国　四川省美姑県）　6月5日早朝、中国南西部の四川省美姑県で大規模な地滑りが発生、150人が生き埋めになり、このうち3人の死亡が確認された。残る147人も死亡した可能性が高い。また、4ヶ村の家屋300戸以上が被害を受けた。

6.9　地滑り（インド　シッキム州ガントク）　6月9日早朝、インド北部のシッキム州の州都ガントクで大規模な地滑りが発生し、59人が死亡、60人が重傷を負った。現地では地滑りが起きる前に大雨が降っており、地盤がゆるんでいたとみられる。

6.13　映画館で火災（インド　ニューデリー）　6月13日夕、インドの首都ニューデリー南部の高級住宅地にある映画館で火災が発生し、約60人が死亡、約200人が負傷した。出火当時、館内には約1000人の観客がいたといい、死傷者はさらに増える可能性がある。出火原因は漏電とみられる。

7月　豪雨（ポーランド/チェコ）　7月に入ってから、ポーランドやチェコなどで豪雨が続き、この影響で大規模な洪水が発生した。9日までに両国で28人以上が死亡、30人以上が行方不明になった。

7月　モンスーン（バングラデシュ　チッタゴン，コックスバザール）　7月、バングラデシュ南東部のチッタゴン地方やコックスバザールを中心に同国全土がモンスーンによる洪水に襲われ、14日までに土砂崩れなどで83人が死亡、約50万人が被災した。

7.6　トラックとバス衝突（スーダン）　7月6日、スーダンの首都ハルツームの南で、トラックがバスなど複数台に相次いで衝突した。バスの乗客など62人が死亡し、30人が重傷を負った。

7.8　列車で爆発（インド　パンジャブ州）　7月8日午後、インド北部パンジャブ州のレハルカナ駅で列車内にあった強力な爆発物が爆発し、乗客33人が死亡、70人が重傷を負った。

7.11　ホテル火災（タイ　パタヤ）　7月11日午前、タイの観光地パタヤにあるロイヤル・ジョムティエン・リゾート・ホテルで火災が発生、外国人十数人を含む90人が死亡、64人が負傷した。厨房のガスタンクの一つが何らかの原因で爆発し、他のタンクに引火して燃え広がったという。

7.12　集合住宅が倒壊（中国　浙江省常山県城南開発区）　7月12日朝、中国浙江省常山県城

南開発区にある5階建て集合住宅が突然倒壊し、36人が死亡した。同住宅は紡績会社の社宅で、1995年6月に完工したばかりだった。事故後の調査で手抜き工事が原因と判明、監督すべき県検査官の怠慢も明らかになり、建設業者や県品質監督センター職員ら6人が身柄を拘束された。同国では手抜き工事や劣悪な建材の使用などが蔓延しており、今回の事故は氷山の一角との指摘もある。

7.13 客船沈没（インドネシア スマトラ島トバ湖） 7月13日夜、インドネシア・スマトラ島北部のトバ湖で約200人が乗り込んだ客船が沈没、少なくとも60人が死亡した。乗客の多くはトバ湖に浮かぶサモシル島の住民で、付近で開かれた催し物を見た帰りに船内に多量の水が流れ込み、乗客の多くが湖に飛び込んだという。

7.21 フェリー転覆（インド） 7月21日、インド北部インド・ウッタルプラデシュ州に流れるラプティ川で、フェリーが転覆し、85人が死亡した。

7.30 土砂崩れ（オーストラリア ニューサウスウェールズ州） 7月30日午後11時40分ごろ、オーストラリア・ニューサウスウェールズ州のスレドボ・スキー場で土砂崩れが発生、ロッジ2棟が土砂に埋まり、約20人が行方不明となった。そのほとんどがスキー場の従業員だという。二次災害の恐れがあるため救出活動は難航した。1950年代に開発が始まった同スキー場はオーストラリアで最も人気のあるスキー場で、89年にはワールドカップが開催されている。

8月‐ 台風13号（中国 浙江省） 8月下旬、中国東部の浙江省が超大型で強い台風13号に襲われ、台州市を中心に約200人が死亡、約2160万人が被災した。9月2日、日本政府が人道緊急援助として、30万ドルの復興資金とテントなど3000万円相当の援助を決定した。

8.6 旅客機墜落（アメリカ グアム島アガナ） 8月6日午前2時ごろ、米領グアム島の政庁所在地アガナの南西約5キロにある丘陵ニミッツヒルに大韓航空のボーイング747型旅客機が墜落した。現場がジャングル地帯のため救出作業が難航、7日朝までに乗客231人と乗員23人のうち29人が生存、225人が死亡。同機はソウル発グアム行き801便で、乗客の多くは韓国人。日本人1人が搭乗していたが、軽症を負っただけで救助された。墜落地点は着陸予定地であるグアム国際空港の手前約5キロで、事故当時は激しい雨で弱い風が吹いており、視界は約1.6キロだった。また、同空港では計器着陸装置（ILS）の一部で、適切な進入角度を指示できなくなっていた。

8.9 旅客列車脱線（アメリカ キングマン） 8月9日早朝、アメリカ・アリゾナ州キングマン近郊で旅客列車が脱線し、100人以上が負傷した。同列車は16両編成の「サウスウエスト・チーフ」で、乗客325人が乗っていたという。事故当時、現場付近では激しい雨が降っており、鉄砲水で損傷した鉄橋を通過した際に脱線した可能性が強いとされる。

8.11‐ モンスーン（インド ヒマチャルプラデシュ州シムラ地方） 8月11日夜から12日にかけて、インド北部のヒマチャルプラデシュ州シムラ地方がモンスーンによる洪水に襲われ、土砂崩れや濁流に流されるなどで約135人が死亡した。

8.15 フェリー転覆（フィリピン レイテ島） 8月15日未明、フィリピン中部レイテ島近くで、旅客フェリーが転覆し、11人以上が死亡、50人以上が行方不明となった。

8.31 ダイアナ妃事故死（フランス パリ） 8月31日午前1時前、イギリスのダイアナ元皇

太子妃(36)の乗った乗用車が、パリ中心部のセーヌ川沿いの自動車道路のトンネルで交通事故を起こした。ダイアナさんは出血多量のため死亡。ダイアナさんの恋人で同乗していたエジプト人の富豪ドディ・アルファイド氏(41)と運転手も死亡した。私生活を追いかけるカメラマン(パパラッチ)たちのオートバイ数台を猛スピードで振り切ろうとしてトンネルの壁面などに激突したもの。遺体が一時安置されたセント・ジェームズ宮殿には多くの人が訪れ、追悼の言葉をすぐには発表しなかった英王室に反発が強まった。

9月 - 干ばつ(インドネシア スラウェシ島, ニューギニア島イリアンジャヤ) 9月から10月にかけて、インドネシア・スラウェシ島中部の山間部で1ヶ月間に少なくとも20人が飢餓のため死亡した。同島住民は長期の干ばつに苦しんでおり、数ヶ月にわたり乾燥したキャッサバだけで飢えをしのいでいたという。また、ニューギニア島西部イリアンジャヤでも干ばつによる栄養失調、下痢、マラリアなどが蔓延し、11月29日までに600人以上が死亡したほか、1000人以上が危険な状態にあるという。

9.3 旅客機墜落(カンボジア プノンペン) 9月3日午後1時45分ごろ、カンボジアの首都プノンペンのポチェントン空港付近でベトナム航空のTU134型旅客機が墜落、乗客乗員合わせて66人のうち幼児1人が重傷を負いながらも救助されたが、日本人1人を含む65人が死亡した。同機はベトナム・ホーチミン発プノンペン行き815便で、同空港への着陸に失敗し、着陸をやり直すために機首を上げたが、空港の東数百メートルの水田地帯に墜落・炎上した。事故当時、現場は激しい雨が降っていたという。

9.8 バス転落(インド メガラヤ州シロン) 9月8日、インド北東部メガラヤ州の州都シロン近郊でバスが約90m下の峡谷に転落し、少なくとも41人が死亡、89人が負傷した。雨でできたぬかるみにはまり、ハンドル操作を誤ったものとみられる。事故当日はバザール開催日でバスが混雑し、車中に入り切れない乗客多数が屋根に乗っていたという。

9.8 フェリー沈没(ハイチ ポルトープランス) 9月8日、ハイチの首都ポルトープランスの北沖合でフェリーが沈没した。同フェリーには少なくとも700人が乗船していたが、同日中に救助されたのは約60人だけで、300人から400人が死亡または行方不明となった。

9.13 軍用機空中衝突(ナミビア) 9月13日、ナミビア沖合でドイツ空軍の旧ソ連製ツポレフ154型輸送機(24人乗り組み)が消息を絶った。15日、捜索にあたっていた南アフリカ海軍機が座席の破片や燃料の油膜などを発見、ナミビアから英領アセンション島に向かっていた米空軍のC141型輸送機(9人乗り組み)と空中衝突した可能性が強いことが明らかになった。生存者は確認されていない。

9.14 工場火災(インド アンドラプラデシュ州ビシャカパトナム) 9月14日、インド南部アンドラプラデシュ州ビシャカパトナムにある石油精製所で大規模な火災が発生、15日夜までに35人が死亡したほか、近隣住民約10万人が避難した。

9.14 列車脱線(インド マディヤプラデシュ州) 9月14日、インド中部マディヤプラデシュ州のチャムパ駅付近の鉄橋で列車が脱線し、15日夜までに81人の死亡が確認されたほか、200人以上が負傷した。非公式情報によると死者が100人を超える可能性もあるという。

1997

9.19 特急列車と貨物列車衝突（イギリス　ロンドン）　9月19日午後1時半ごろ、英国ロンドン西部のサウスホール駅近くで特急列車と貨物列車が衝突、6人が死亡、約170人が負傷した。特急列車はウェールズのスワンジーからロンドンのパディントン駅に向かう途中で、交差している線路を通過中の貨物列車に突っ込んだという。

9.26 地震（イタリア）　9月26日午前2時半ごろ、イタリア中部ウンブリア州でマグニチュード5.5の地震が発生。同日正午前にも同程度の地震があり、少なくとも10人が死亡した。アッシジにある聖フランチェスコ聖堂の丸天井の一部が崩れ、壁面を飾るジオットやチマブエのフレスコ画にひびが入るなどの被害が出た。最も大きな被害を受けたのは山間部のノーチェラ・ウンブラ市で、旧市街の鐘楼や市庁舎などの建物が崩壊した。

9.26 旅客機墜落・炎上（インドネシア　スマトラ島メダン）　9月26日午後、インドネシア・スマトラ島北部のメダン近郊でガルーダ・インドネシア航空のエアバスA300型旅客機が墜落、機体は激しく炎上し、日本人6人を含む乗客222人乗員12人の全員が死亡した。同機はジャカルタ発メダン行きで、着陸のため空港に接近中の午後1時55分ごろに突然管制塔との交信が途絶え、メダンの南約40キロ地点に墜落した。同空港に着陸するために必要な最低視界は800mとされているが、スマトラ島では約3ヶ月間にわたる大規模な山林火災による煙霧の影響で視界が悪くなっており、事故直前の午後1時過ぎには空港付近の視界は600〜700m程度しかなかった。また、事故後の調査で、山岳地帯では安全な高度は7500フィートであるにもかかわらず、管制官が高度2000フィートまで降下するよう指示するなど、管制ミスがあったことも明らかになった。

10月 ハリケーン（メキシコ　太平洋岸）　10月上旬、メキシコ南部太平洋岸を大型ハリケーンが襲い、10日までに約400人が死亡、約2万人が被災した。

10.10 航空機墜落（ウルグアイ）　10月10日夜、アルゼンチンのポサダスからブエノスアイレスに向かっていたアウストラル航空機が、ウルグアイ領内に墜落し、乗員乗客71人の全員が死亡した。

10.13 バス谷に転落（カナダ　ケベック州）　10月13日午後、カナダ東部ケベックの北東で、お年寄りを乗せたバスが谷に転落し、少なくとも43人が死亡した。

10.15 タンカー同士が衝突（シンガポール）　10月15日午後9時ごろ、シンガポールの南約5キロのシンガポール海峡でタイ船籍のタンカー「オラピングローバル」（12万9702トン）とキプロス船籍のタンカー「エボイコス」（7万5428トン）が衝突し、エボイコスから燃料油2万5000トンが流出、東南アジアで過去最大級の燃料流出事故となった。

10.18 洪水（ソマリア）　10月18日、ソマリア南部でジューバ川が決壊し、洪水が発生した。約1000人が死亡した。

11.2 台風「リンダ」（ベトナム）　11月2日、ベトナム南部に台風「リンダ」が上陸、6日までに大雨や高潮などで245人の死亡が確認されたほか、1200人以上が行方不明となった。台風の被害はカマウ省、ベンチェ省、ホーチミン市のほか、カンボジアやタイの一部に及んだ。

12月 寒波（メキシコ）　12月中旬、メキシコが厳しい寒波に見舞われ、17日までに北部や中部を中心に全国で60人以上が死亡した。

- 12.6 空軍機墜落・アパート直撃（ロシア　イルクーツク）　12月6日午後2時45分ごろ、ロシア東シベリアのイルクーツクでロシア空軍のアントノフ124型輸送機が工場・住宅地区に墜落、8日夜までに乗っていた23人全員と地上の住民合わせて59人の遺体が収容されたほか、28人が行方不明となった。同機は軍関係者の他にスホーイ27戦闘機2機を積載し、ウラジオストク経由でベトナムに向かう予定だったが、軍用空港を離陸直後に空港北郊に墜落し、約60世帯の約200人が住む4階建てアパートを直撃した。アパートが完全に破壊されたほか、木造2階建て住宅2棟もほぼ全壊し、現場付近の約1000m^{2}が炎上したという。事故原因は、制御コンピューターの指令で3つのエンジンが停止したことだった。

- 12.19 旅客機湿地帯に墜落（インドネシア　スマトラ島）　12月19日午後4時半ごろ、インドネシア・スマトラ島南部パレンバン北方の海岸部に位置するスンサンに近い湿地帯にシルク航空のボーイング737型旅客機が墜落した。同機はジャカルタ発シンガポール行きで、日本人2人を含む乗客97人と乗員7人が乗っていたが、同日夜までに生存者は確認されていない。

- 12.29 鳥インフルエンザ（香港）　12月29日早朝から、香港ではA型インフルエンザウイルス（H5N1）感染拡大を防止するため、香港全域のニワトリ120万羽をすべて処分した。このウイルスは鳥からヒトに感染するとみられる。処分は養鶏場だけでなく卸売市場、販売店など約1000カ所で実施。同国では、このインフルエンザに感染した患者が死者4人を含めて13人になった。

⟨ 1998 ⟩

- 1.6 工場で爆発（中国　陝西省興平市）　1月6日、中国陝西省中部の興平市にある化学肥料工場で液体窒素タンクが爆発し、少なくとも20人が死亡、50人以上が負傷した。爆発による振動は20キロ以上離れた咸陽市でも観測されたという。

- 1.10 地震（中国　河北省張家口）　1月10日午前11時50分ごろ、中国北京の北西約220キロに位置する河北省張家口を震源とする強い地震が発生、50人が死亡、1万1000人以上が負傷、うち重傷者は1250人に達し、被災者は約54万人に上った。倒壊家屋は1万3600戸。地震の規模はマグニチュード6.2を記録した。

- 1.22 フェリーと貨物船が衝突（バングラデシュ　ピロジプール）　1月22日、バングラデシュの首都ダッカの南方約140キロに位置するピロジプールの川でフェリーが貨物船と衝突、フェリーが沈没した。約50人が自力で岸に泳ぎ着いたが、6人の遺体が収容され、約100人が行方不明にとなった。

- 2.3 軍用機ロープウェー切断（イタリア　カバレーゼ）　2月3日午後3時半ごろ、イタリア北部カバレーゼで、低空飛行訓練中の米軍ジェット機が、スキー場のロープウェーのケーブルを切断、運行していたゴンドラ2台のうち1台が約100m下の山腹に落下した。観光客19人と乗務員1人が死亡。規定よりも低空で、速度も超過して飛行していた米軍機側に事故原因があるとされ、機長らが告発された。

1998

2.4 - 地震（アフガニスタン　タカール州）　2月4日夕、アフガニスタン東北部のタジキスタン国境に近いタカール州で強い地震が発生、倒壊した泥造りの建物の下敷きになるなど約4000人が死亡した。特に被害の大きい州都タロカン北部地域では約3000人が死亡、約1万5000人が家を失った。震源は同州ロスターク周辺で、震源の深さは推定数十キロ、地震の規模はマグニチュード6.1を記録した。また、現地では7日と8日にも地震があり、7日に約150人、8日に約250人が死亡した。

2.14 貨物列車脱線（カメルーン　ヤウンデ）　2月14日、カメルーンの首都ヤウンデ郊外で石油タンクを載せた貨物列車が脱線して爆発炎上、約120人が死亡、200人が負傷した。貨物列車は脱線後に他の列車に衝突、近くにいた人らが駆けつけ、漏れた石油をくみ上げている際に爆発したという。

2.16 旅客機民家に墜落（台湾　台北）　2月16日午後8時過ぎ、台湾・台北郊外の台北国際空港付近で中華航空のエアバスA300-600R型旅客機が民家に墜落、乗客乗員合わせて196人全員が死亡した。また、民家4軒が炎上し、住民2人と近くで車に乗っていた5人が死亡した。同機はインドネシア・バリ島発台北行き。バリ島で開かれた東南アジア諸国連合（ASEAN）の中央銀行総裁会議に参加した許遠東・台湾中央銀行総裁も搭乗していた。事故当時、空港周辺は濃霧で視界が悪く、視界不良のため着陸をやり直すとの連絡があった直後、滑走路を低空で通り過ぎ、民家に突っ込むように墜落したという。

2.22 - 竜巻（アメリカ　フロリダ州）　2月22日夜から23日早朝にかけて、アメリカ・フロリダ州中部で竜巻が発生、少なくとも38人が死亡、11人が行方不明となったほか、250人以上が負傷し、多数の家屋が倒壊した。

2.23 雪崩（オーストリア/ヨーロッパ）　2月23日、オーストリア・チロル地方のスキーリゾート、ガルチュールで大規模な雪崩が発生、スキー客の宿泊施設などを襲い、9人が死亡、約30人が重軽傷を負った。この冬、スイスやフランス、オーストリアなどで雪崩の犠牲となったのは60人以上に上った。

3.1 - 豪雨でダムが決壊（パキスタン　バルチスタン州トゥルバット）　3月1日以降、パキスタン南部のバルチスタン州トゥルバットが数日にわたる豪雨に襲われ、洪水が発生した。4日にはダムが決壊し、下流域の約70ヶ村が洪水に飲み込まれた。これらの水害により約100人が死亡、約1200人が行方不明となった。

3.13 フェリー転覆（バングラデシュ）　3月13日、バングラデシュの首都ダッカ南西のサトキラ近くの川で、2隻のフェリーが嵐にあって沈没、乗客20人が死亡し、30人が行方不明になった。

3.19 旅客機山に墜落（アフガニスタン　カブール）　3月19日、アフガニスタンのカブール南郊山中でアリアナ・アフガン航空の旅客機が墜落、乗客と乗員合わせて45人が死亡した。

3.24 竜巻（インド　西ベンガル州,オリッサ州）　3月24日、インド東部のベンガル湾に近い西ベンガル州からオリッサ州にかけての地域で巨大な竜巻が発生し、少なくとも105人が死亡、1100人以上が負傷したほか、被災者は約1万人に達した。

3.29 軍用旅客機墜落（ペルー　ピウラ市）　3月29日、ペルー北部のピウラ市郊外で同国空軍のウクライナ製アントノフ・プロペラ旅客機が墜落、乗員乗客61人のうち、28人

が死亡、20人が負傷した。ペルー北部ではエルニーニョ現象による洪水や土砂崩れで道路が寸断され、空軍機が出動して住民をピウラに避難させており、同機も住民約50人をピウラに運ぶ途中だった。乗客らの話では爆発音がして片方のエンジンが停止、失速して5000人が住む貧民街に落ちそうになったが、パイロットが排水路に機体を突っ込ませたため、住民は2人が負傷しただけで済んだという。

4月 - 洪水(アルゼンチン/パラグアイ) 4月末から5月初めにかけて、アルゼンチンとパラグアイがエルニーニョ現象による豪雨に襲われ、各地で洪水が発生し、アルゼンチン北東部を中心に68人が死亡、約13万人が避難した。

4月 - 飢饉で毒草を食べ中毒(ネパール フムラ地域) 4月初めから5月にかけて、ネパール西部のフムラ地域で野草を食べた住民が食中毒を起こすなどして、6週間に少なくとも133人が死亡した。同地域は飢饉に陥っており、飢えを凌ぐため森に入って草や木の芽を食べた結果、毒草に中毒した例が多いという。また、赤痢や肺炎などによる死者も出ているとされる。

4月 デング熱(インドネシア) 4月、インドネシアでデング熱が流行した。同国では1997年にも1年間に約1万3000人がデング熱に罹患し、うち235人が死亡したが、この年は4月に入って患者が急増、1月から4月までの4ヶ月間で2万3000人が罹患し、うち526人が死亡した。

4.1 悪天候でフェリー転覆(アフリカ ギニア湾) 4月1日、大西洋のギニア湾で、ナイジェリアからガボンに向かって航行中のフェリーが悪天候による大波のため転覆し、少なくとも280人が行方不明となった。

4.4 炭鉱で爆発(ウクライナ ドネック) 4月4日、ウクライナ東部のドネックにあるスカチンスキー炭鉱でメタンガスの爆発事故が発生、鉱山労働者63人が死亡、40人以上が負傷した。

4.8 竜巻(アメリカ) 4月8日、アメリカ南部で竜巻が発生し、各地で被害が出た。州別の死者は、アラバマ州で24人、ジョージア州で4人、ミシシッピ州で1人。ほかに、約200人が負傷した。

4.9 メッカ巡礼で将棋倒し(サウジアラビア メッカ) 4月9日、サウジアラビアのメッカでハッジ(大巡礼)の儀式の一つである「悪魔払い」をしていた巡礼者たちが将棋倒しとなり、100人以上が死亡した。巡礼者たちはメッカにあるカーバ神殿への参拝を終え、預言者ムハンマドの墓があるメディナに向かう途中、悪魔を象徴する柱に小石を投げて厄払いをしていた。犠牲者の国籍は明らかでないが、この年は世界各地から約230万人のイスラム教徒がハッジのためメッカを訪れていた。

4.12 鉱山で洪水(タンザニア アルシャ) 4月12日、タンザニア北部のアルシャの南方約60キロに位置する鉱山で、10日ごろから降り続いた雨のため洪水が発生して14本の坑道が水没し、労働者ら約100人が行方不明となった。同鉱山ではタンザナイトと呼ばれる宝石が採掘されており、坑道の中には地下100m近いものもあるという。

4.17 ボート沈没(ハイチ) 4月17日、ハイチ北部の海岸からバハマに向かった大型ボートが沈没し、4人が死亡、92人が行方不明となった。

4.20 旅客機山に墜落(コロンビア サンタフェデボゴタ市(現・ボゴタ市)) 4月20日午

後5時ごろ、コロンビアの首都サンタフェデボゴタ市東部の山中でタメ航空所有のボーイング727型旅客機が墜落、乗客43人乗員10人の全員が死亡した。同機はエクアドル軍経営のタメ航空との協定によりエールフランスが運航しており、サンタフェデボゴタ市発エクアドルの首都キト市行きだったが、深い霧の中を離陸した直後に墜落した。乗客のうち39人はパリからサンタフェデボゴタに到着して同機に乗り換えたフランス人とエクアドル人だった。

5月- **熱波**(インド)　5月初めから6月中旬にかけて、インドが1ヶ月以上に渡る熱波に襲われ、6月13日夕までに3028人が死亡した。特に被害が大きい南東部のオリッサ州やアンドラプラデシュ州ではそれぞれ約1000人が死亡、この他にラジャスタン、マハラシュトラ、西ベンガル、パンジャブ、ハリヤナの各州などでも死者が出た。この間、各地で連日最高気温48～49度を記録した。

5月- **豪雨**(中国　四川省)　5月から7月にかけて、中国四川省が豪雨に見舞われ、各地で洪水が発生、7月8日までに確認された死者は700人以上に達した。この間、7月5日には省都の成都で川が氾濫して拘置所をのみ込み、当局が収容者173人を避難させた。また、6日には成都付近で列車が地滑りに巻き込まれ、客車7両が瓦礫の下敷きになった。

5月- **森林火災**(アメリカ　フロリダ州)　5月から7月にかけて、アメリカ南東部フロリダ州で日照りの影響により森林火災が頻発、7月3日には同州北部フラグラー郡の住民約3万人に対し避難命令が出され、州全体で合計約7万人が避難する事態となった。同州では連日気温が30度を超え、降雨量も例年の2割程度に留まっているほか、落雷が追い討ちをかけ、火災発生件数が1日平均80～100件に達した。

5.5　**空軍輸送機墜落**(ペルー)　5月5日午後9時半ごろ、ペルー北部のエクアドル国境に近いジャングルに同国空軍のボーイング737型輸送機が墜落、乗客79人と乗員8人のうち13人が救助されたが、74人が死亡した。同機は米国のオキシデンタル石油がチャーターしたもので、ペルー人労働者らを乗せていた。

5.5- **土石流**(イタリア　カンパーニャ州)　5月5日から6日朝にかけて、イタリア南部カンパーニャ州で豪雨による土砂崩れや土石流が発生し、7日までに55人が死亡、125人が行方不明となった。特に被害が大きいサルノでは5日午後4時過ぎに街の背後にそびえる山が数ヶ所で崩れて土石流となり、その一部が街の中心部まで達し、少なくとも21人が死亡、60人が行方不明となった。この他にクインディチ、シアノ、ブラチリアーノなどでも死者や行方不明者が出た。

5.7　**地震**(イラン　ファルス州)　5月7日、イラン南部ファルス州のシラーズで、2度の強震があり、26人が死亡、80人が負傷した。

5.22　**地震**(ボリビア)　5月22日午前1時ごろ、ボリビア中部を中心に続けて3回の大きな地震が発生、ラパス東方のアイキレやトトラでは、倒壊した家屋の下敷きになるなどして少なくとも60人が死亡、約100人が行方不明となった。地震の規模は最大でマグニチュード6.8を記録した。

5.26　**旅客機山に墜落**(モンゴル)　5月26日午前、モンゴル西部の山中でモンゴル航空の旅客機が墜落、乗客乗員合わせて28人全員が死亡した。同機は北部の都市エルデネトを出発して西部の都市に向かう国内便だった。

5.30　地震（アフガニスタン　タカール州, バダクシャン州）　5月30日午前10時52分ごろ、アフガニスタン北部のタカール州からバダクシャン州にかけての地域で強い地震が発生、約5000人が死亡した。特に被害が大きいのは震源地に近いバダクシャン州の州都ファイザバードと、西に隣接するタカール州のロスタク、チャアブなどの地方で、両州の州境に位置するシャリバザルク村とその周辺では約3000人が死亡した。震源はバダクシャン州の州都ファイザバード西方70キロ地点、地震の規模はマグニチュード6.9を記録した。

6月－　豪雨（中国　長江流域）　6月から7月にかけて、中国最大の川である長江（揚子江）全流域で大雨のために1954年以来となる高水位を記録、中・下流域や長江の水の調整弁になっている洞庭湖では過去最高の水位に達した。湖北、湖南、江西、福建の4省を中心に、ほぼ全土となる29省に被害が及び、各地で洪水が発生、全土で3000人が死亡、2億人が被災した。倒壊家屋は500万戸、経済損失額は1666億元（約3兆円）に達した。流域の湖や湿地を農地として埋め立てたことや、水源地の森林を過剰に伐採したことなども被害を大きくした一因とされた。

6.3　超特急列車が脱線（ドイツ　ニーダーザクセン州エシェデ）　6月3日午前11時ごろ、ドイツ北部のニーダーザクセン州エシェデでドイツ鉄道のミュンヘン発ハンブルク行き超高速列車「インターシティー・エクスプレス（ICE）」が脱線し、乗っていた約300人のうち102人が死亡、約200人が負傷した。同列車は14両編成で、このうち12両が脱線、一部が橋脚に激突して橋が完全に崩れ落ち、車両が押しつぶされたという。1991年の開業以来、ICEでは初の大事故。

6.8　サイクロン（インド　グジャラート州）　6月8日、インド西北部のグジャラート州がサイクロンに襲われ、13日までに934人の死亡が確認され、100人以上が行方不明となったほか、約900人が負傷し、3万人以上が家を失った。

6.27　地震（トルコ　アダナ）　6月27日午後5時ごろ、トルコ南部で強い地震が発生、少なくとも100人以上が死亡、約1000人が負傷した。震源は首都アンカラの南約400キロにあるアダナ付近、地震の規模はマグニチュード6.3を記録した。特に被害が大きいのはアダナとその近郊のスラム街で、トルコ南部の沿岸部やキプロスでも揺れが感じられた。

7月－　熱波（キプロス／エジプト／パレスチナ）　7月から8月にかけて、東地中海一帯が熱波に襲われ、8月10日までに52人が死亡した。キプロスでは5日間連続で気温43度を記録し、体力の消耗などで48人が死亡した。エジプトでは3週間連続で最高気温38度を記録し、3人が死亡した。ヨルダン川西岸のパレスチナ自治区エリコでは気温40度を超え、8日に1人が死亡した。

7月－　集中豪雨（韓国）　7月末から8月1日にかけて、韓国南部が集中豪雨に襲われ、同国政府によると、同日正午までに土砂崩れや濁流などにより12人が死亡、13人が行方不明となった。一部報道では68人が死亡または行方不明。中国中東部で強い雨を降らせた前線が衰えないまま東進したためで、韓国全羅南道や慶尚南道の一部地域では7月31日からの総雨量が約220ミリを記録した。

7月－　豪雨（バングラデシュ）　7月から9月にかけて、バングラデシュでモンスーンに伴う豪雨のために洪水が発生し、約800人が死亡、2300万人が被災した。道路1万1000キロや堤防4200キロが破壊され、家屋43万戸が流失し、国土の4分の3が水に浸かった

とも言われ、近年では最悪の大洪水となった。

7月 **熱波**（アメリカ）　7月、アメリカ南西部が長期間にわたる熱波に襲われ、20日までに少なくとも128人が死亡した。特に被害の大きいテキサス州では16日間連続で気温38度以上を記録、86人が死亡した。また、隣接するルイジアナ州でも26人、オクラホマ州で少なくとも13人、カリフォルニア、アリゾナ、ミズーリの各州でも1人が死亡した。

7.8 **豪雨でダム決壊**（キルギス）　7月8日、キルギスの対ウズベキスタン国境付近を流れる川のダムが大雨で決壊、川の水位が3～4m上昇して洪水になり、少なくとも38人が死亡した。

7.10 **ダム決壊で洪水**（ウズベキスタン　フェルガナ地方）　7月10日、ウズベキスタン東部のフェルガナ地方の町でダムが決壊して洪水となり、71人が死亡した。

7.16 **ケネディJr.墜落死**（アメリカ　マサチューセッツ州）　7月16日夜、ケネディ元アメリカ大統領の長男、ジョン・F・ケネディ・ジュニア氏（38）が操縦していたとみられる自家用小型機が、ニューヨーク州の沖合で行方不明になった。同機はマサチューセッツ州沖の海底で発見され、21日朝、登場していた同氏夫妻と義姉の3人が遺体で収容された。

7.17 **地震・津波**（パプア・ニューギニア　セピック州西シサノ地区）　7月17日午後6時ごろ、パプア・ニューギニアの北西海岸でマグニチュード7程度の地震が発生、西セピック州シサノ地区の海岸沿いの集落が津波に襲われ、1200人の死亡が確認されたほか、約5000人が行方不明となった。最終的な死者の数は6000人を超えるとみられる。津波は地震の発生約30分後に、高さ約10m、幅約30キロにもわたって沿岸の集落を襲った。

8.2 **世界遺産の劇場焼ける**（ペルー　リマ）　8月2日、ペルーのリマ市立劇場で火災が発生し、天井ドームや書庫などかなりの部分を焼失した。同劇場は、世界遺産に指定されている。

8.3 **台風7号**（韓国）　8月3日、台風7号が韓国を襲い、少なくとも35人が洪水などで死亡、22人が行方不明となった。

8.5- **集中豪雨**（韓国）　8月5日夜から8日にかけて、ソウルや京畿道など首都圏が集中豪雨に見舞われ、同日午後6時までに145人が死亡、68人が行方不明となったほか、家屋約3万200棟が浸水、田畑約2万5500haが浸水した。ソウルでは8日の総雨量だけで314ミリを記録した。

8.22 **航空機炎上**（香港）　8月22日午後6時45分ごろ、香港国際空港で台湾の中華航空642便MD11型機がバンコクから到着して着陸する際に失敗、あおむけになって炎上した。乗客乗員315人が乗っていたが、2人が死亡し、213人が負傷した。27日、重体だった1人が死亡し、死者は3人になった。同機は機体が傾いた状態で着陸を試みたが、翼が地面に触れ、滑走路をすべるようにして横転した。事故当日は、台風通過の余波を受けて悪天候だった。

8.24 **旅客機山に墜落**（ミャンマー　シャン州）　8月24日、ミャンマーのシャン州東部でミャンマー航空の旅客機が墜落、乗客乗員合わせて36人の全員が死亡した。同機は

1998

現地時間午前6時半にヤンゴンを離陸、タイ国境近くの観光地タチレクに向かったが、到着予定時間の10分程前の同8時20分ごろに消息を絶ち、目的地タチレクの北東約10キロの山中に墜落しているのが発見された。

8.29 **旅客機墜落・市民巻き添え**（エクアドル　キト）　8月29日、エクアドルの首都キトでキューバ航空の旅客機が墜落、乗客乗員計90人のうち15人が救助されたが、巻き添えになった地上の市民9人を含めて少なくとも82人が死亡、39人が負傷した。同機はこの朝にハバナからキトの国際空港に到着したもので、海岸部のグアヤキルを経由してハバナに戻る予定だったが、離陸直前に破裂音がしてブレーキがかかり、滑走路の端のフェンスを破って近くのサッカー場に墜落、大破炎上したという。

9月 **集中豪雨**（メキシコ　チアパス州）　9月上旬、メキシコ南部のチアパス州が集中豪雨に襲われ、40年ぶりといわれる大規模な洪水が発生、15日までに泥流に飲み込まれるなどして400人以上が死亡した。

9.2 **旅客機墜落**（カナダ　ノバスコシア州ブランドフォード）　9月2日午後10時半ごろ、カナダ東部ノバスコシア州沖合の大西洋にスイス航空のMD11型旅客機が墜落、乗客乗員合わせて229人全員が死亡した。同機はニューヨークのケネディ空港発ジュネーブ行きで、乗客の多くは米国人だった。墜落地点は州都ハリファクスの西南西約60キロに位置する漁村ブランドフォードの沖合約13キロ付近で、操縦室付近から煙を発したため、現場近くのハリファクス空港に緊急着陸を試みたが失敗したという。

9.11 **ガスタンクが爆発**（韓国　京畿道富川市）　9月11日、韓国京畿道富川市で液体ガスが入ったタンクが爆発し、消防隊員を含む少なくとも44人が負傷、近隣の住民数千人が避難した。

9.19 **フェリー沈没**（フィリピン　バタンガス）　9月19日午前0時半ごろ、フィリピン・マニラの南120キロに位置するバタンガス沖でスルピシオ・ラインズが所有するフェリーが沈没し、乗客乗員合わせて402人のうち約140人が救助されたが、約260人が行方不明となった。同船はマニラ港を出港してセブ島へ向かう途中、強風と高波のため沖合に停泊していたが、風速75mの突風を受けて転覆したという。事故当時、大型台風の影響でマニラ首都圏を中心に天候は大荒れだった。

9.22 **ハリケーン「ジョージ」**（ドミニカ共和国）　9月22日、ドミニカに大型ハリケーン「ジョージ」が上陸、25日までに200人以上が死亡または行方不明となり、約22万人が被災した。また、食糧が不足し、商店の略奪なども起きたため、夜間外出禁止令が出された。ほかにハイチやプエルトリコなどでも死者が出た。

10月 **ハリケーン「ミッチ」**（ホンジュラス／ニカラグア）　10月末、中米各国が観測史上4番目の規模とされる超大型ハリケーン「ミッチ」の直撃を受け、洪水や土石流などで1万1000人が死亡、1万3000人が行方不明となった。被災者の総数は約240万人で、12万4000棟の家屋が全半壊した。ホンジュラスでは国民の1割にあたる60万人が家を失ったといわれ、ニカラグア北部カシタス火山で発生した土石流では山麓の村に住む約1500人が生き埋めになった。ほかにエルサルバドル、グアテマラなどにも被害が広がった。

10.4 **原発で事故**（韓国　慶尚北道）　10月4日、韓国南東部の慶尚北道にある月城原子力発電所3号機で、冷却水ポンプの整備作業中、重水が原子炉の建物内に漏出、職員など

作業員22人が放射能被曝した。漏れ出した重水が50lで、被ばく量が4.4ミリシーベルトと最も高かった作業員は事故が発生した4日夜、体に異常を感じなかったため、同日午後11時まで仕事を続け、帰宅していた。

10.18　石油パイプライン炎上（ナイジェリア　ジェッセ）　10月18日、ナイジェリア南部の町ワリに近いジェッセにあるパイプラインから石油が漏れ出して火災が発生、約1000人が死亡した。火災が起きたのはワリから北部の都市カズナに向かうパイプラインで、国有の石油会社が敷設したもの。付近の住民らが大量に漏れ出した石油をくみ取ろうとした際に、何らかの火が引火したとみられる。事故現場の周辺地域では、同国政府や米国などの石油会社に対する不満が広がり、石油関連施設への襲撃事件や石油会社員を人質に取る事件が度々起きている。今回の油漏れも人為的なものとみられるが、犯行声明などは出されていない。

10.18　石油パイプライン爆発（コロンビア　アンティオキア州）　10月18日、コロンビアのアンティオキア州セゴビア近くの石油パイプラインが爆発し、付近の住民45人以上が死亡、70人以上が負傷した。

10.18　旅客列車脱線（エジプト　アレクサンドリア）　10月18日午後5時半ごろ、エジプト北部のアレクサンドリア南東約30キロに位置するカフルエルダワル駅付近で旅客列車が脱線し、少なくとも30人が死亡、96人が負傷した。重体の者も多く、死者の数はさらに増える恐れがある。急行列車の通過待ちのため、同駅の待避線に入って止まろうとしたが、ブレーキ故障のため減速しないまま車両止めに衝突し、脱線して近くに立ち並ぶ店舗に突っ込んだ。屋根の上にいた無賃乗車の人々が関連機器をいじったため、ブレーキが作動しなかったとの情報もある。

10.22-　台風11号（フィリピン　ルソン島）　10月22日から23日にかけて、フィリピン・ルソン島に中型の台風11号が上陸、山間部を中心に大きな被害を出し、同島全域で少なくとも10万人が避難した。特に被害が大きい同島東南部のビコール地方では土砂崩れなどにより少なくとも80人以上が死亡したほか、多数が行方不明者となった。

11月　台風（ベトナム）　11月、ベトナム中部に2つの台風が連続して上陸、12日ごろから豪雨が降り続き、24日までにクアンチ、トゥアティエン・フエ、フーイエンの各省やダナン市などで少なくとも102人が死亡したほか、コメやコーヒーなどの農作物が深刻な被害を受けた。一部報道では死者が数百人、負傷者が1000人以上になる恐れもあるという。

11.19　地震（中国　雲南省）　11月19日夜、中国雲南省で2度にわたる強い地震が発生、3人が死亡、1000人以上が負傷したほか、農家223戸と3つの学校が倒壊した。震源はどちらも同省北部の寧蒗イ族自治県付近、地震の規模はそれぞれマグニチュード5と6.2を記録した。

11.20-　寒波（東欧）　11月20日すぎから、ポーランドやルーマニアなど中・東欧地域が厳しい寒波に見舞われ、24日までに、寒さや交通事故などで約130人が死亡した。

11.26　急行列車が特急列車に衝突（インド　パンジャブ州ルディアナ）　11月26日未明、インド北部のパンジャブ州ルディアナで特急列車に急行列車が衝突し、27日夜までに188人の遺体が収容されたほか、多数が負傷した。ムンバイ発の特急が脱線して客車3両がレールから外れたところに、反対方向から来た急行が突っ込み、双方の客車多

数が脱線したという。

12月 　寒波（インド）　12月、インド北部が寒波に襲われ、29日までに3つの州で22人が死亡した。特に被害が大きいウッタルプラデシュ州では気温が零下10度近くまで下がり、19人が死亡した。

12.3 　孤児院で火災（フィリピン　マニラ市）　12月3日午前2時ごろ、フィリピンのマニラ市パコ地区にある孤児院で漏電が原因とみられる火災が発生、2階建ての主要棟を含む3棟を全焼し、子供21人を含む27人が死亡、3人が行方不明となった。同孤児院はマニラ市内で最も古いとされる旧市街に位置し、建物は1920年代以前に完成したものだった。

12.9 　バスとタンクローリー衝突（インド　ビハール州ダンガイ）　12月9日、インド東部のビハール州ダンガイ近くの道路でバスとタンクローリーが衝突し、積んでいた石油が爆発して双方が炎上、バスの乗客ら少なくとも50人が死亡した。

12.11 　旅客機墜落（タイ　スラタニ県）　12月11日、タイ南部のスラタニ県にあるスラタニ空港付近でタイ航空のバンコク発スラタニ行き261便が墜落、乗客乗員合わせて146人のうち101人が死亡、45人が負傷した。

この年 　ネズミ遺棄で川汚染（ミャンマー　パンロン）　この年の春から1999年にかけて、ミャンマー・ヤンゴンの北東約700キロに位置するパンロンにある少数民族シャン族の収容施設で中毒死が続き、1999年2月までに400人近くが死亡した。ミャンマー軍兵士が毒殺したネズミを施設付近の川に遺棄したことが原因とみられる。

〈 1999 〉

1.4 　橋崩落（中国　重慶市）　1月4日夜、中国の重慶市で長江の支流にかかる1996年2月に完成したばかりの虹橋が突然崩落し、40人以上が死亡した。手抜き工事が原因とみられ、業者が告発された。

1.7 　地滑り（インドネシア　バリ島テガララン地区）　1月7日午前、インドネシア・バリ島中部のテガララン地区で大規模な地滑りが発生、同日夕までに18人の遺体が収容されたほか、20〜30人が行方不明となった。犠牲者の多くは灌漑用の用水路を浚渫していた村人だった。

1.12 　バスとトラック衝突（ブラジル　サンタカタリナ州）　1月12日、ブラジル南部のサンタカタリナ州の高速道路で、長距離バスがトラック1台と乗用車2台と衝突し、乗客等42人が死亡、44人が負傷した。

1.14 　巡礼地で丘崩落（インド　ケララ州）　1月14日夜、インド南部のケララ州にあるヒンドゥー教徒の巡礼地サバリマラ寺院近くで丘が崩落し、少なくとも巡礼者52人が死亡、数十人が負傷した。事故が起きたのは前年末から2ヶ月続いた巡礼の最終日で、1年のうちこの日だけ空に現れるという「神秘の光」を見るため、丘の周辺には100万人以上の巡礼が集まっていた。丘は高さ20mの土盛りで、頂上から下りようとした信者が会場整理の縄に引っかかったことがきっかけで群衆がパニック状態になり、

前後して丘が崩れたという。

1.25 **地震**（コロンビア） 1月25日午後1時19分ごろ、コロンビア中西部一帯でマグニチュード6.0の強い地震が発生、3月4日までに1200人の死亡が確認され、約730人が行方不明となり、約25万人が家を失った。特に被害が大きいのはコーヒー産地として知られるキンディオ県とリサラルダ県で、キンディオ県のアルメニアでは200人以上が死亡したほか、10階建てのビルが崩れるなどして数百人が生き埋めになり、南部地域が壊滅した。

2月- **豚が媒介する感染症**（マレーシア） 2月以降、マレーシアで豚が媒介して人間に移るとみられる2種類の感染症が流行し、4月2日までに84人が死亡した。また、感染源とみられる3つの州の養豚場で約25万5000頭が処分されたが、豚肉の流通が麻痺し、豚肉加工品の売上げが7割以上落ちるなどの影響が出た。感染症の一つは日本脳炎ウイルスが主な原因とみられており、豚の主産地である同国南西部のヌグリスンビラン州から2月に流行が始まった。また、この感染症で死亡した人から、はしかの仲間とみられる新種のウイルスが発見されている。このウイルスは、のちにニパウイルスと命名された。

2月 **原因不明の奇病**（アフガニスタン バダクシャン州） 2月、アフガニスタン北東部のタジキスタン国境に接するバダクシャン州で原因不明の病気が流行、約2000人が罹患し、少なくとも150人が死亡した。症状は高熱・咳・嘔吐・下痢などで、老人・女性・子供の患者が多いという。

2.10 **警察本部で火災**（ロシア サマラ州） 2月10日夜、ロシア西部のサマラ州警察本部で火災が発生、11日までに5階建ての庁舎が全焼し、23人が死亡、約30人が行方不明となった。3階から出火し、上層階にいた人々が取り残されたという。同庁舎では12年前にも電気配線の不良から火災が起きているが、今回の火災は放火の可能性もあるとされる。

2.24 **旅客機墜落**（中国 浙江省瑞安市南安地区） 2月24日午後4時20分ごろ、中国浙江省瑞安市郊外の南安地区で西南航空のツポレフ154型旅客機が墜落、乗客50人乗員11人の全員と巻き添えになった農民2人が死亡した。同機は四川省成都市発浙江省温州市行き4509便で、温州到着予定は午後4時50分。乗客の多くは旧正月休暇の里帰りを終えて浙江省に戻る人々だった。

3.24 **トンネルで火災**（フランス モンブラン/イタリア モンブラン） 3月24日午前、フランスとイタリアの国境にある自動車専用のモンブラン・トンネルで火災が発生、約30人が死亡した。同トンネルは全長約11.5キロで、モンブランの下を通ってフランスのオート・サヴォワ県シャモニーとイタリアのヴァッレ・ダオスタ州クールマイユールを結んでいる。火災現場はトンネルのほぼ中央で、小麦やマーガリンを積んでイタリアに向かうベルギーのトラックから出火、他のトラックがこれに追突して化学物質などに引火し、約40台が巻き込まれたとみられる。

3.24 **列車転覆**（ケニア） 3月24日午前4時ごろ、ケニア南東部のツァボ国立公園付近でナイロビ発モンバサ行きの列車が脱線して転覆、乗客など30人以上が死亡、数十人が負傷した。50人が死亡したとの情報もある。

3.29 **地震**（インド ウッタルプラデシュ州） 3月29日、インド北部のウッタルプラデシュ

州北部で強い地震が発生、100人以上が死亡、300人近くが負傷した。

3.31 **貨物船同士が衝突**（インド洋 スリランカ沖） 3月31日夜、スリランカ沖のインド洋で韓国のコンテナ船「現代デューク」（5万2000トン）と北朝鮮の貨物船「マンポ」（推定7000トン級）が衝突、マンポ号が沈没し、乗組員39人のうち2人が救助されたが、37人が行方不明となった。

4月 **熱波**（インド） 4月、インド各地が熱波に襲われ、30日までに66人が死亡した。ニューデリーでは4月の最高気温の平均が1947年の独立以来最高となる39.2度に達し、30日には4月としては史上3番目となる最高気温43.6度を記録した。また、東部のビハール州、南部のアンドラプラデシュ州など、多くの地方で最高気温が45度を超えたという。例年は地中海から北西インドに吹く風が、この年はカシミール地方の北にそれたことが原因とみられる。

5月 **サイクロン**（パキスタン シンド州） 5月下旬、パキスタン南部のシンド州がサイクロンによる高潮や豪雨に襲われ、23日までに沿岸部の農漁村で200人以上の死亡が確認された。また、数百人の漁民が出漁したまま行方不明になったとの情報もある。このサイクロンは最大風速70mを記録した。

5.3 **竜巻**（アメリカ オクラホマ州,カンザス州） 5月3日夕、アメリカ中部のオクラホマ州からカンザス州にかけて大規模な竜巻が複数発生し、少なくとも45人が死亡、数百人が負傷し、建物数千棟が全半壊した。約100人が行方不明になったとの情報もある。今回発生した竜巻は強さとしては最大級に近く、数個の竜巻が一帯をなめるように移動したという。

5.8 **フェリー転覆**（バングラデシュ メグナ川） 5月8日、バングラデシュ南部のラクスミプール近くを流れるメグナ川でフェリーが転覆した。事故現場はベンガル湾の河口近くで、100人以上が行方不明となった。

5.16 **タンクローリー炎上**（パキスタン ロドスルタン） 5月16日、パキスタン北東部パンジャブ地方のロドスルタンでガソリンを積んだタンクローリーが横転、漏れたガソリンに引火して炎上し、少なくとも45人が死亡、68人が重傷を負った。60人以上が死亡したとの情報もある。近くの市場付近にガソリンが流れ出し、住民らがガソリンを持ち帰ろうとバケツなどを持って集まった後に炎上、周辺の店舗や車などに燃え移ったという。

5.28 **卵がダイオキシン汚染**（ベルギー） 5月28日、ベルギー保健省は、飼料のダイオキシン汚染が見つかったため、同国産のすべての鶏肉と鶏卵を一時的に販売停止にする方針を発表。安全性を確かめるため調査を行ったが、鶏肉と鶏卵の一部から猛毒のダイオキシンが検出された。後に、豚肉なども汚染されていることが判明。6月23日、汚染飼料のもとになった油脂再利用会社の経営者が逮捕された。油脂再生工程でモーターオイルが混入した可能性があるという。

5.30 **イベント会場でパニック**（ベラルーシ ミンスク） 5月30日夜、ベラルーシの首都ミンスクで地下鉄駅の通路に群衆が殺到して激しい押し合いとなり、約50人が押し潰されて死亡、300人以上が負傷した。この日、同駅の近くでテレビ・ラジオ会社主催の伝統的な「ビールの日」のイベントが開催されていたが、途中で雷雨となったため、雨宿りのために人々が駅通路に押し寄せた。騒ぎに乗じてイベントで行われる

各種コンクールの賞品を略奪しようとする者もいて、混乱を助長したという。

6月- **豪雨**（中国 長江） 6中旬から7月にかけて、中国の長江流域で豪雨のため洪水が発生し、7月12日までに安徽、浙江、湖北、江西の各省を中心に240人が死亡、被災者約180万人が緊急避難したほか、農地350万haが被害を受けた。倒壊家屋は48万棟、損壊したのは167万棟、被害総額は281億元（約4150億円）に達するという。

6.15 **地震**（メキシコ） 6月15日午後3時40分ごろ、メキシコ南部から中部にかけて強い地震が発生、大統領が非常事態を宣言した。首都メキシコシティの南東約100キロに位置するプエブラ市などで建物が倒壊し、16日までに少なくとも23人の死亡が確認されたほか、約200人が負傷した。震源はメキシコシティの南東約200キロにあるオアハカ州ウアフアパン・デ・レオン市周辺で深さは約30キロ、地震の規模はマグニチュード6.7を記録した。

6.22 **旅客機墜落**（中国 湖北省） 6月22日午後3時ごろ、中国湖北省武漢市で、同省恩施市から武漢空港に向かっていた武漢航空のプロペラ旅客機が墜落し、乗員乗客42人全員が死亡した。同機は雨の中を降下中、落雷を受けて空中爆発した。

6.30 **青少年研修施設で火災**（韓国 京畿道） 6月30日未明、韓国京畿道にある青少年研修施設の宿泊棟で火災が発生、泊まっていた幼稚園児23人が死亡した。

7月 **猛暑**（アメリカ） 7月中旬から下旬にかけて、アメリカ東部・中西部・南部が10日間以上にわたり気温35度を超える猛暑に見舞われ、10州で71人が死亡した。この年の猛暑は湿度が例年以上に高いうえ、夜も涼しくならないことが特徴だという。犠牲者の大半は一人暮らしで、犯罪への恐れから窓を閉め切って眠ったまま亡くなるケースが多いとされる。また、留守宅や建築中の住宅に忍び込んでクーラーを持ち去る窃盗事件も急増した。

7.1 **ロープウェーが転落**（フランス サンテチエンヌ・アン・デボリュ） 7月1日午前7時半ごろ、フランス南東部アルプス地方の保養地サンテチエンヌ・アン・デボリュのビュール山（標高約2700m）で、山頂にある天文観測所へ向かうロープウェーのゴンドラが約80m下に転落し、観測所職員・電話会社職員・清掃会社職員ら少なくとも20人が死亡、ロープウェー事故としては1976年にイタリアで起きた転落事故（42人死亡）に次ぐ惨事となった。事故は山頂に到着する直前に起きたが、ロープは切断されておらず、何らかの原因でゴンドラがロープから外れたらしい。なお、ロープウェーは観測所への主要な交通手段とされ、観光用には利用されていない。

7.24 **小型機墜落**（フィジー ビチレブ島） 7月24日朝、フィジーの主島ビチレブ島南部の山岳地帯でエアフィジー社の小型旅客機が山腹に激突して炎上、乗客15人乗員2人の全員が死亡した。同機は同島東部にある首都スバ近郊のナウソリ空港から同島西部のナンディ空港に向かう途中に墜落したもの。

7.27 **金鉱で地滑り**（インドネシア 東カリマンタン州クタイ県） 7月27日、インドネシア・カリマンタン（ボルネオ島）の東カリマンタン州クタイ県にある金鉱で地滑りが発生し、29日までに32人の遺体が収容されたほか、2人が行方不明となった。

8.2 **急行列車同士衝突**（インド 西ベンガル州） 8月2日午前2時ごろ、インド東部の西ベンガル州にあるガイサル駅付近で夜行の急行列車同士が衝突し、288人が死亡、約500人が負傷した。アッサム州グワハチ発ニューデリー行きの上り列車とニューデ

リー発グワハチ行きの下り列車が正面衝突したもので、信号またはポイント切り替えのミスが原因とみられる。当初は同駅で爆発が起きたと報じられ、インド東部で6月以降に鉄道駅や線路の爆発や妨害が頻発していたことから、独立運動やカシミール紛争に関連したテロが疑われていた。

8.14　**原潜「クルスク」沈没**（ロシア）　8月14日、ロシア北西部のバレンツ海の海底約100mで、露北方艦隊所属の大型原子力潜水艦「クルスク」が航行不能となり、沈没した。乗組員118人の救助作業は悪天候で難航し、16日、艦内から生存を知らせる信号が途絶えた。ロシア政府は当初、国家機密の漏洩を恐れて他国の救助を拒んでいたが、19日にイギリスやノルウェーとの3国合同救助チームが組まれた。同艦は爆発によって船首部分が大きく破損し、艦の全域が浸水していることが21日になって判明し、全員の死亡が公式に表明された。事故原因として、当初は他国の潜水艦との衝突説なども浮上したが、クルスクが搭載していた船首部分の魚雷の爆発による可能性が高い。同艦の原子炉からの放射能漏れなどはなかった。

8.17　**トルコ大地震**（トルコ）　8月17日午前3時ごろ、トルコ西部で強い地震が発生、11月16日までに1万7000人以上が死亡、4万4000人が負傷した。震源に近いイズミットでは石油精製所で大火災が発生するなどして多数が死亡、同国最大の観光都市イスタンブールでも多くの死者を出し、首都アンカラでも火災などの被害が出た。震源はイスタンブールの東約110キロのイズミット付近で深さは約10キロと浅く、地震の規模は推定マグニチュード7.8。強い揺れが約45秒間続き、震源から600キロ離れた地域まで揺れが広がったとされる。同月31日の余震で、1人が死亡、166人が負傷。9月13日の余震では7人が死亡、239人が負傷。

8.31　**旅客機墜落**（アルゼンチン　ブエノスアイレス）　8月31日夜、アルゼンチンの首都ブエノスアイレスにあるホルヘ・ニューベリ空港付近で同国ラパ航空のボーイング737型旅客機が墜落、乗客90人以上と乗員数人のうち、26人の生存と69人の死亡が確認された。同機はブエノスアイレス発コルドバ行きの国内線で、離陸に失敗して近くのゴルフ場付近に墜落、炎上したという。

9月-　**豪雨**（メキシコ）　9月末から10月初めにかけて、メキシコ中部から東南部にかけての地域が1週間にわたる豪雨に見舞われ、10月5日に同国政府が南部のタバスコ、中部のハリスコ、ミチョアカン、プエブラの計4州に非常事態宣言を出した。6日までに洪水や地滑りなどのためにプエブラ州やベラクルス州を中心に126人の死亡が確認されたほか、20万人以上が避難した。この豪雨はメキシコ湾側の熱帯低気圧の影響によるもので、各地で一日当たり300ミリ前後の雨量を記録した。また、降雨域は中米から北上してきたが、中米5ヶ国では計66人が死亡したとされる。

9.7　**地震**（ギリシャ　アテネ）　9月7日午後3時ごろ、ギリシャの首都アテネ一帯でマグニチュード5.9の強い直下型地震が発生、143人が死亡、約850人が負傷した。被害は震源に近いアテネ北郊に集中しており、100以上のビルや工場の建物が崩壊したという。同日、アテネ首都圏に非常事態が宣言された。

9.16　**ハリケーン「フロイド」**（アメリカ　ニューヨーク州）　9月16日、アメリカのニューヨーク州などを今世紀最大級の大型ハリケーン「フロイド」が直撃した。70人が死亡、海岸付近の約360万人が避難した。

9.21　**921大地震**（台湾）　9月21日午前1時47分ごろ、台湾中部で強い地震が発生、11月10

日までに震源に近い台中県と南投県を中心に2412人が死亡、1万1305人が負傷、建物約3万棟が倒壊した。また、全土の半分以上にあたる600万世帯以上が停電、電話も全土で一時不通となり、北部では鉄道も運行を休止した。電力不足などで台湾経済を支えるハイテク産業各社が操業を停止、100億台湾ドル（約350億円）以上の損害が出たとされるほか、台湾証券取引所と為替市場も休業した。震源は台北の南南西約145キロの南投県集集鎮で深さは1～5キロ、地震の規模はマグニチュード7.3または7.6とされ、南投県と台中県で震度6、台南県と台北市で震度4を記録した。この地震は内陸部の直下型地震の上、震源の深さが1または5キロと浅く、特に揺れが激しかったとみられる。同26日に発生した余震はマグニチュード6.8で、6人が死亡、50人以上が負傷した。

9.26 花火倉庫が爆発（メキシコ　グアナファト州セラヤ市）　9月26日午前10時半、メキシコ中部のグアナファト州セラヤ市の繁華街にある花火類を扱う倉庫で爆発が発生、まもなく近くの食堂周辺でも爆発が起こり、付近一帯の建物が大破、少なくとも56人が死亡、348人が負傷した。現場周辺には日用雑貨の卸売店などが集中し、バスターミナルもあったことから犠牲者が多くなったとみられる。最初の爆発で現場に急行し、2回目の爆発に巻き込まれて死亡した警官や消防士もいた。

9.27 バス転落（南アフリカ共和国　レーダンブルク）　9月27日、南アフリカ北東部の町レーダンブルク付近の山間部でバスの転落事故が発生、乗っていた英国人観光客26人が死亡、12人が負傷して病院に搬送された。ブレーキ故障のため、道路の外に飛び出したとみられる。

10.5 列車同士衝突（イギリス　ロンドン）　10月5日午前8時10分ごろ、英国ロンドン中心部のパディントン駅近くで列車同士が衝突、一方が脱線して炎上し、少なくとも70人が死亡、多数が負傷したほか、約100人が行方不明となった。最終的な死者数は100人を超える可能性が大きく、同国では1957年の列車衝突事故（死者90人）以来の大惨事となった。

10.18 客船沈没（インドネシア　イリアンジャヤ州メラウケ地方）　10月18日、インドネシアのイリアンジャヤ州メラウケ地方沖合で客船「KMビマス・ラヤ2世」が沈没、乗客約300人のうち26人が救助されたが、200人以上が行方不明となった。

10.22 給食に殺虫剤混入（ペルー　ウアサキ村）　10月22日、ペルー南部のクスコの南東約60キロに位置するウアサキ村で、学校給食を食べた子供24人が薬物中毒で死亡、約20人が手当てを受けた。村人が野犬対策として殺虫剤入りのミルクを家の外に置いたところ、通学途中の児童が給食の食材と勘違いして学校へ持ち込み、受け取った教師が穀物食品などと混ぜて給食として配ったものとみられる。

10.28- サイクロン（インド　オリッサ州）　10月28日から29日にかけて、インド東部のオリッサ州に大型のサイクロンが上陸し、1万人以上が死亡、約200万戸が倒壊した。最大風速は秒速80mを超え、5～8mに達する高波がベンガル湾から10キロ以上の内陸まで到達した。同州としては1971年のサイクロンで1万人が死亡して以来の大惨事となった。

10.30 地震（メキシコ）　10月30日午前11時半ごろ、メキシコ南部で強い地震が発生、これまでに少なくとも18人の死亡が確認された。震源は首都メキシコシティの南東約400キロにあるオアハカ州とみられ、深さは地下約30キロ、マグニチュードは7.4。揺れ

は震源地付近で40秒ほど続き、住宅などが壊れた。

10.30　**ビル火災**（韓国　仁川市中区インヒョン洞）　10月30日午後7時ごろ、韓国仁川市中区インヒョン洞にある4階建て雑居ビルの地下にあるカラオケ店で火災が発生、約30分後に鎮火したが、2階のビアホールや3階のビリヤード店にいた客ら55人が死亡した。70人以上が大火傷などで病院に搬送されており、死者はさらに増える可能性がある。死傷者の大半は同ビルで行われていた高校文化祭の打ち上げ会に参加した高校生と中学生だった。カラオケ店では電気系統の工事をしており、出火の原因と何らかの関係があるとみられる。

10.31　**旅客機墜落**（アメリカ　ナンタケット島）　10月31日午前2時ごろ、米国東海岸マサチューセッツ州沖合の大西洋上でエジプト航空のボーイング767型旅客機が墜落、乗客乗員合わせて217人全員が死亡した。同機はロサンゼルス発ニューヨーク経由カイロ行き990便で、濃霧のため約2時間遅れとなる午前1時19分にニューヨークのケネディ国際空港を離陸したが、約40分後にマサチューセッツ州沖の高度1万メートル付近で消息を絶ち、同日午前6時半ごろに同州ナンタケット島の南約70ロ地点で機体の残骸などが発見された。当時、現場海域の天候は良好で、風もほとんどなかった。

11月　**難民キャンプで伝染病**（インドネシア　西ティモール）　11月、インドネシアの西ティモールにある東ティモール難民のキャンプで下痢や呼吸器系の伝染病が流行し、12日までに少なくとも子供114人が死亡した。また、東ティモールのディリでは子供18人がはしかにかかったことが明らかになった。

11.11　**アパート崩壊**（イタリア　プーリア州フォッジャ）　11月11日未明、イタリア南部のプーリア州フォッジャで6階建てアパートが崩壊し、14日夜までに62人の遺体が収容された。この他に5人が瓦礫の下で生き埋めになっているとみられる。

11.12　**地震**（トルコ）　11月12日午後7時ごろ、トルコ北西部で強い地震が発生、12月15日までに818人の死亡が確認され、約5000人が負傷し、建物700棟以上が崩壊した。震源はアンカラ北西約200キロのボル県ドゥズジェ付近、地震の規模はマグニチュード7.2を記録した。この地震は8月17日に同国西部で起きた地震（死者1万7000人以上）の余震とみられ、11月11日にも同国西部のアダパザルを中心にマグニチュード5.7の余震が起きたばかりだった。

11.24　**フェリー沈没**（中国　山東省煙台港）　11月24日夜、中国山東省の煙台港沖合でフェリー客船「大舜号」が火災を起こして沈没、12月3日までに乗客乗員合わせて302人のうち22人が救助されたが、239人の遺体が収容され、41人が行方不明となった。同船は同日午後1時半に遼寧省大連市に向けて煙台港を出港したが、悪天候のため帰港を決定。午後4時半ごろ、煙台港の沖合20キロ地点に来たところで、デッキ上で火災が発生した。強風と高波のため救援に向かえる船がないまま、7時間後に通信が途絶えたという。同じ会社の別の船が10月にも火災事故を起こしていたことから、同社は無期限の営業停止処分となった。

12月-　**寒波**（メキシコ）　12月中旬から2000年1月上旬にかけて、メキシコ北部を中心とする地域が寒波に襲われ、1月5日までに約100人が死亡した。特に被害が大きい同国北部のチワワ州山間部では、気温が氷点下10度まで下がったという。死因は呼吸器系疾患などが多く、閉め切った室内でストーブを使い一酸化炭素中毒になったケースもあった。

12.11　旅客機墜落（ポルトガル　大西洋アゾレス諸島サンジョルジェ島）　12月11日午前、大西洋上にあるポルトガル領アゾレス諸島のサンジョルジェ島で同国Sata航空の双発旅客機が墜落した。乗客乗員合わせて35人の安否は不明。同機はこの日午前8時にサンミゲル島ポンタデルガダを離陸、45分後にファイアル島に到着予定だった。

12.16　豪雨（ベネズエラ）　12月16日、ベネズエラ北部が豪雨に襲われ洪水や土砂崩れが多発し、1万5000人以上が死亡、約20万人が住む家を失った。首都カラカスでも多数の死者が出たほか、カラカスと隣接するバルガス州では海岸部が数十キロにわたり土砂に埋もれ、遺体を全て確認するのは不可能な状態だという。

12.17　列車同士衝突（南アフリカ共和国　ヨハネスブルグ）　12月17日午後、南アフリカ・ヨハネスブルグ郊外のカールフォンテーン駅で近郊路線の列車同士が衝突し、運転士1人と乗客1人が死亡、188人が負傷した。駅を出発した電車に向かって、同じ線路上を別の電車が進入してきて正面衝突したという。

12.21　旅客機住宅街に墜落（グアテマラ　グアテマラ市）　12月21日午前10時ごろ、グアテマラの首都グアテマラ市にあるアウロラ国際空港でキューバ航空のDC10型旅客機が着陸に失敗して墜落、乗客乗員合わせて314人のうち17人と地上の住民9人の計26人が死亡、40人以上が負傷した。同機はハバナ発のチャーター便で、滑走路をオーバーランして隣接する住宅地に突っ込んだ。機体は真っ二つになり、民家5軒が破壊されたという。

12.22　地震（アルジェリア）　12月22日夕、アルジェリア西部で強い地震が発生、少なくとも28人が死亡、約175人が負傷した。震源は首都アルジェの南西約450キロに位置する町アインテムシャン近郊のティサラ山脈、地震の規模はマグニチュード5.8を記録した。

12.25-　嵐（ヨーロッパ）　12月25日から26日にかけて、フランス、ドイツ、スイス各地が嵐に襲われ、少なくとも35人が死亡した。

12.31-　新年祝賀で死傷（コロンビア／エルサルバドル）　12月31日から2000年1月1日にかけてコロンビア各地で暴力事件や交通事故により123人が死亡、246人が負傷した。死者のうち60人は発砲事件によるもので、同国北部サンタンデル州では新年を祝う祭りの会場に手りゅう弾が投げ込まれ、2人が死亡、9人が負傷した。死者の総数は前年比で16％の減少。また、エルサルバドルでも12月31日から1月1日にかけて、発砲や花火のため16人が死亡、213人が負傷した。

この年　西ナイルウイルス（アメリカ）　この夏、西半球で初めてとなる西ナイルウイルスの患者がアメリカで発見された。このウイルスはアフリカやアジアに多く分布しているが、カラスの大量死をきっかけにアメリカでも初めて確認され、その後東海岸で流行。ニューヨーク市で62人が脳炎を発症、うち7人が死亡した。

〈 2000 〉

1月-　加工食品リステリア菌汚染（フランス）　1月から2月にかけて、フランス国内全域に

リステリア菌で汚染された食品が流通し、2月19日までの数週間に7人が死亡、16人が重症となった。汚染食品は特定されていないが、ソーセージなど豚肉加工品の可能性が強いとされる。同国では前年末にもペースト状の豚肉加工品リエットが同菌に汚染され、2人が死亡している。

1月　猛暑（オーストラリア　クイーンズランド州ブリスベーン）　1月後半、オーストラリア東部クイーンズランド州の州都ブリスベーン周辺が猛暑に襲われ、24日までに高齢者を中心に22人が死亡した。日中の気温は連日40度を超えたという。

1.24-　豪雪（アメリカ）　1月24日から25日にかけて、アメリカ東部が豪雪に見舞われ、同国経済の損失が50億ドル（約5300億円）以上に達した。首都ワシントンの連邦政府機関が閉鎖されたのをはじめ、東部各州で空港が閉鎖され、多数の企業や商店が臨時休業を余儀なくされた。特に被害が大きいノースカロライナ州では積雪46.2cmを記録、1927年3月に45.2cmを記録して以来の大雪だという。同州とバージニア州では雪のために数万世帯が停電となり、両州で非常事態が宣言された。

1.31　旅客機墜落（アメリカ　ロサンゼルス沖）　1月31日午後3時45分ごろ、米国ロサンゼルス沖の太平洋でアラスカ航空のマクダネル・ダグラス社製MD83型旅客機が墜落、乗客乗員合わせて88人の全員が死亡した。同機はメキシコの西岸プエルトバジャルタ発サンフランシスコ経由シアトル行き261便で、墜落地点はロサンゼルス国際空港の西約32キロ地点。

2月　集中豪雨（アフリカ　南部）　2月、アフリカ南部が約1ヶ月間にわたる集中豪雨に見舞われ、過去50年間で最悪といわれる大洪水が発生、3月3日までにモザンビーク、ジンバブエ、南アフリカで計約350人が死亡した。モザンビークの大河リンポポ川では通常10キロ程の川幅が最大125キロまで広がり、周辺の村が完全に水没するなど、同国だけで約80万人が家を失い、被害総額は数億ドルに達するという。

2.14　竜巻（アメリカ　ジョージア州）　2月14日未明、アメリカ南東部のジョージア州南西部で大型の竜巻が相次いで発生、少なくとも22人が死亡、100人以上が負傷し、同州知事が被害を受けた4郡に対し非常事態を宣言した。特に被害が大きいミッチェル郡カミーラでは道路が約8キロにわたり寸断され、家屋約60戸が倒壊したという。また、アラバマ、フロリダ、アーカンソー、ミシシッピ、テネシーの各州でも竜巻や雷雨を伴う突風が発生、一部で住宅が倒壊し、数人が負傷した。

2.17　バス横転（韓国　江原道高城郡）　2月17日午後5時ごろ、韓国北東部の江原道高城郡の山道でバスが横転し、乗客7人が死亡、運転手を含む39人が負傷した。同バスにはソウル市内にある私立大学の学生45人が乗っており、新入生歓迎オリエンテーションのため、江原道束草市のリゾート施設に向かう途中だった。急カーブを曲がり切れずにガードレールに衝突したか、ブレーキの故障が原因とみられる。

3.11　炭鉱でガス爆発（ウクライナ　ルガンスク州）　3月11日午後、ウクライナ東部のルガンスク州にあるバラコフ炭鉱でメタンガスによる爆発が発生、作業中の炭鉱労働者80人以上が死亡、7人が負傷した。爆発は地下664mの採炭現場で起きたが、当時277人が坑内で働いていたという。死傷者数はさらに増える恐れがあり、同国の炭鉱事故としては史上最悪規模。同国では炭鉱の安全対策が不十分といわれ、ここ数年は爆発事故が相次いでおり、1999年には1年間で297人が死亡している。

3.29	映画館で火災(中国　河南省焦作市)　3月29日午前3時ごろ、中国河南省焦作市にあるビデオ映画館で火災が発生、観客74人が死亡、1人が負傷した。同国ではビデオCDの普及に伴い、映画などのビデオCDを上映する小規模な映画館が流行しており、火災が起きたのもこうした映画館の一つだった。	

3.29　バス同士衝突(ケニア　カプカトゥンガ村)　3月29日午後1時ごろ、ケニア西部のカプカトゥンガ村で路線バス同士が正面衝突し、片方のバスが炎上、双方の乗客など少なくとも101人が死亡、60人が重軽傷を負った。

4.19　旅客機墜落(フィリピン　サマール島)　4月19日午前6時40分ごろ、フィリピン南部のミンダナオ島ダバオに近いサマール島でエア・フィリピンのボーイング737-200型旅客機が墜落、乗客乗員合わせて131人全員が死亡した。同機はマニラ発ダバオ行き541便で、ダバオ空港へ向けて降下中、急に方向転換し、東方対岸にあるサマール島に墜落したという。操縦ミスの可能性が高い。

5月　豪雨(インドネシア　西ティモール)　5月、インドネシアの西ティモールで豪雨のため洪水が発生、19日までに百数十人が死亡、数百人が行方不明となった。洪水が起きたのは東ティモールとの境界に近いブナナイン川で、特に被害が大きい地区では溢れた水が深さ2mに達したという。

5月　山林火災(アメリカ　ロスアラモス)　5月初め、アメリカ・ニューメキシコ州ロスアラモスで大規模な山火事が発生、11日朝までに焼失面積が18km^{2}を超え、民家100棟以上が全焼、住民1万8000人以上が避難した。その後も火災は拡大し、15日までに国立ロスアラモス研究所の一部が焼失した。同研究所は第二次世界大戦中にマンハッタン計画の舞台となり、多くの核関連施設が存在する。焼失したのは「Vサイト」と呼ばれる木造建物群6棟のうち5棟で、使用はされておらず、前年に歴史的記念物として修復する計画が策定されたばかりだった。核関連施設には被害は出ていないという。国立公園管理当局が低木を焼き払う目的で火をつけたことが火災の原因で、折からの強風に乗って一気に燃え広がったという。

5.4　地震・津波(インドネシア　中部スラウェシ州)　5月4日午後0時20分ごろ、インドネシア・スラウェシ島の中部スラウェシ州近海でマグニチュード6.5の地震があり、津波が発生、6日までに27人の死亡が確認された。負傷者は少なくとも148人で、このうち42人が重傷だという。地震と津波により5ヶ村が全滅したとの未確認情報もあり、犠牲者の数はさらに増えるものとみられる。

5.7　フェリー沈没(インドネシア　マルク州アンボン島)　5月7日、インドネシア東部のマルク州アンボン島近海でフェリーボート(200トン)が沈没、乗客約100人と乗員12人のうち27人が救助されたが、30人の遺体が収容され、55人が行方不明となった。

5.13　花火倉庫が爆発(オランダ　エンスヘデ)　5月13日夕、オランダ東部のエンスヘデにある花火倉庫で2度にわたる爆発が発生、少なくとも20人が死亡、500人以上が負傷した。また、工場周辺の住宅数百軒が爆風で全半壊し、約2000人が避難した。最初の比較的小さな爆発で倉庫内にあった約100トンの火薬に引火し、大爆発が起きたらしい。エンスヘデでは以前から放火事件が続いており、この事故との関連が疑われている。

5.13　バス川に転落(ボスニア・ヘルツェゴビナ　カカニ)　5月13日早朝、ボスニア・ヘ

ルツェゴビナの首都サラエボの北西約50キロに位置するカカニで、ボシュニャク人（モスレム人）巡礼者が乗ったバスが橋から川に転落し、42人が死亡、12人が重傷を負った。

5.21 **小型機墜落**（アメリカ　ペンシルバニア州）　5月21日午前11時40分ごろ、アメリカ・ペンシルバニア州北東部のウィルクスバリ空港近くで双発の小型機が墜落、乗客17人と乗員2人が死亡した。同機はニュージャージー州アトランティックシティーから同空港に飛来、2回にわたり着陸を試みたが失敗し、森の中に墜落した。事故当時は悪天候で視界が悪かった。また、エンジンにトラブルが発生したとの情報もある。

5.28 **バス崖から転落**（中国　陝西省佳県）　5月28日、中国西部の陝西省佳県でマイクロバスが崖から転落し、25人が死亡、多数が重傷を負った。同バスはチャーターバスで、県庁所在地での高校受験を終えて農村部へ帰る中学生約60人が乗っていた。

6.4 **地震**（インドネシア　スマトラ島）　6月4日午後11時半ごろ、インドネシア西部のスマトラ島沖で強い地震が発生、6日までに同島南部のベンクル市などで103人の死亡と500人以上の負傷が確認された。全体の死傷者は約700人に達した。震源はベンクル市沖約110キロのインド洋で深さは約33キロ、地震の規模はマグニチュード7.3または7.9と推定される。また、約10分後には推定マグニチュード6.7の余震が起きた。

6.29 **難民船沈没**（インドネシア　マルク海峡）　6月29日午後、インドネシアのマルク海峡で客船が消息を絶った。同船は宗教紛争による避難民400人を乗せ、北マルク州ハルマヘラ島トベロから北スラウェシ州マナドに向かっていたが、港湾当局者の話ではエンジン故障を伝える連絡があったといい、沈没した可能性が高い。

6.30 **花火工場で爆発**（中国　広東省江門市）　6月30日朝、中国広東省江門市にある花火工場で爆発が発生、約3000m^{2}の2階建ての工場が吹き飛び、少なくとも29人が死亡、200人以上が負傷した。

7月 **寒波**（アルゼンチン/ブラジル/ウルグアイ）　7月上旬から中旬にかけて、南米大陸南部が寒波に襲われ、19日までの2週間で76人が死亡した。犠牲者の大半は高齢者や子供で、死因は肺炎などが多いが、暖房設備による一酸化炭素中毒、寒さによる心臓発作の例もある。特に被害が大きいアルゼンチンで42人が死亡したほか、ブラジルやウルグアイなどでも死者が出た。

7.6 **バスとトラック衝突**（スペイン　ソリア）　7月6日、スペイン北部のソリアに近い国道で林間学校に向かう中学生らを乗せたバスと対向してきたトラックが衝突、2台とも道路脇約10m下に転落し、生徒ら少なくとも27人が死亡、約30人が負傷した。

7.7 **バス橋から転落**（中国　広西チワン族自治区柳州市）　7月7日夜、中国南部の広西チワン族自治区柳州市でバスが橋から30m下の川に転落し、少なくとも31人が死亡した。乗客数は不明だが、転落した川は増水しており、死者はさらに増えるとみられる。

7.10 **石油パイプライン爆発**（ナイジェリア　ワリ）　7月10日、ナイジェリア南部の町ワリ近郊で石油パイプラインが爆発し、少なくとも250人が死亡した。原因は不明だが、石油を盗もうとした住民がパイプラインを破壊したとの情報もある。現地住民の間では環境破壊・地代補償・雇用問題などをめぐり石油を採掘する多国籍企業への不満が高まっており、パイプラインや掘削施設を破壊する事件が散発的に発生、1998年にはワリの近くの町ジェッセでパイプラインから漏れ出した石油が爆発して推定

1000人が焼死している。

7.10　ごみの山が崩落（フィリピン　マニラ首都圏ケソン市パヤタス地区）　7月10日、マニラ首都圏ケソン市パヤタス地区にあるごみ集積地で山状に積み重なったごみの斜面が幅約100mにわたり崩れ落ち、少なくとも84人が死亡、100人以上が生き埋めになった。ごみが崩れた原因は不明だが、連続発生した台風のため数日前から降り続いていた大雨との関係が疑われる。同集積地の面積は約20haで、マニラ湾沿いにあったごみの山「スモーキーマウンテン」が1995年末に閉鎖された後は首都圏のごみが集中、「第2のスモーキーマウンテン」と呼ばれている。山の上や周囲には約3000人が居住し、有価物を収集して生活していた。

7.11-　集中豪雨（中国　陝西省安康地区）　7月11日から14日にかけて、中国陝西省安康地区が集中豪雨に見舞われ、地滑りや土石流で213人が死亡、住宅4000戸が損壊した。

7.14　高速道路で多重衝突（韓国　慶尚北道金泉市）　7月14日午後2時45分ごろ、韓国慶尚北道金泉市の京釜高速道路で修学旅行の高校生らを乗せたバス6台と乗用車が衝突、バス1台が約15m下に転落し、2台が高速道路上で炎上、高校生ら少なくとも18人が死亡し、97人が負傷した。

7.17　旅客機住宅街に墜落（インド　パトナ）　7月17日午前7時15分ごろ、インド東部のビハール州の州都パトナでアライアンス航空のボーイング737-200型旅客機が墜落、同日夜までに乗客乗員合わせて58人のうち51人の死亡が確認されたほか、地上の住民4人が巻き添えになって死亡した。同機はカルカッタ発パトナ経由ニューデリー行きの国内便で、パトナ空港近くの住宅密集地に墜落、機体は炎上したという。

7.25　コンコルド墜落（フランス　ゴネス）　7月25日午後4時45分ごろ、フランス・パリの北方約20キロに位置するゴネスでエールフランスの超音速旅客機コンコルドが墜落してホテルに激突、乗客100人と乗員9人の全員が死亡したほか、ホテルの客1人と従業員3人が死亡、地上の5人が負傷した。同機はパリのシャルル・ドゴール空港発ニューヨーク行き4590便で、ドイツの旅行代理店がチャーターし、カリブ海クルーズに向かう乗客が乗り込んでいた。事故原因について、滑走路に落ちていた金属片のため離陸滑走中にタイヤが破裂、破片が主翼下面に衝突し、内部の燃料タンクが破壊されて主翼が炎上したことが判明した。金属片は同機の直前に同じ滑走路から離陸した米国コンチネンタル航空のDC10型旅客機から脱落したものだった。なお、これが最初で最後のコンコルドの墜落事故となった。

8月　モンスーン（インド　アンドラプラデシュ州）　8月、インド南部のアンドラプラデシュ州がモンスーンによる豪雨に見舞われ、州都ハイデラバードをはじめ300ヶ村以上が冠水、25日までに120人が死亡した。

8.23　旅客機墜落（バーレーン）　8月23日午後7時半ごろ、バーレーンの首都マナマの北郊に位置するバーレーン国際空港沖約6キロのペルシャ湾に、ガルフ航空のエアバスA320型旅客機が墜落、乗客135人乗員8人の全員が死亡した。同機はエジプト・カイロ発マナマ行きで、エンジン2基のうち1基が炎上し、同空港に着陸する直前に墜落したという。

8.27　テレビ塔で火災（ロシア　モスクワ）　8月27日午後3時半ごろ、ロシア・モスクワ市内のオスタンキノ・テレビ塔で火災が発生、水道技師など4人が死亡したほか、主要

放送局全てのモスクワ周辺での地上波放送が不可能になった。同テレビ塔は世界第2位の高さ540mを誇るが、地上460m付近で出火、475m地点にある電波中継所のケーブルが全焼したほか、炎は220m付近まで燃え広がったという。ケーブル類のショートが原因で出火したものとみられる。

9月 モンスーン(ベトナム) 9月、ベトナムのメコンデルタ一帯がモンスーンによる豪雨に見舞われ洪水となり、23日までに75人が死亡した。

9.5 バスとトラック衝突(ルワンダ シャンガジ) 9月5日、ルワンダの首都キガリの南西約170キロに位置するシャンガジで定期バスが路肩に駐車中のトラックに衝突、乗客39人が死亡、81人が負傷した。バスのブレーキが利かなかったことが原因とされる。

9.8 トラック爆発(中国 新疆ウイグル自治区ウルムチ市) 9月8日夜、中国西部の新疆ウイグル自治区ウルムチ市郊外で爆発物を積んだトラックが爆発、自動車約20台と周辺の住宅が破壊され、60人が死亡、173人が負傷した。同トラックは廃棄予定の爆発物を積載して走行中に爆発したとされるが、爆発したのは軍車両で別の車両と衝突したとの情報もある。

9.26 フェリー沈没(ギリシャ パロス島) 9月26日夜、エーゲ海のギリシャ領パロス島近海で同国のフェリー「エクスプレス・サミナ」が座礁して沈没、27日夜までに443人が救助されたが、63人が死亡、約30人が行方不明となった。また、救助活動中の沿岸警備隊員1人が心臓麻痺で死亡した。フェリーは座礁後に停電し、船体が傾き始めたため、乗客らが次々に海に飛び込んだという。

9.27 炭坑で爆発(中国 貴州省水城県) 9月27日午後8時38分、中国南西部の貴州省水城県にある木沖溝炭坑でガス爆発が発生し、28日夜までに32人の死亡が確認され、118人が行方不明となった。事故当時、坑内では241人が作業していたとされる。

10月- エボラ出血熱(ウガンダ グル) 10月初旬、ウガンダ北部のグルでエボラ出血熱が発生、11月6日までに284人が感染し、このうち92人が死亡、1995年にザイールで244人が死亡して以来最悪規模の流行となった。新たな感染者は激減しており、流行は3ヶ月以内に収束する見通し。

10月 豪雨(イタリア/スイス) 10月、南アルプスが豪雨に襲われ、17日夕までにイタリアとスイスで計16人が死亡、27人が行方不明となった。

10月 酒にメチルアルコール(エルサルバドル) 10月、エルサルバドルでメチルアルコールが混入した酒が流通し、同月初めから13日までに100人以上が死亡した。同日、同国政府が全国で酒類販売の一時停止を命じた。

10.17 高速列車が脱線(イギリス ハットフィールド) 10月17日午後0時25分ごろ、英国ロンドン北郊約50キロのハットフィールド付近で高速旅客列車が脱線し、4人が死亡、約80人が負傷した。同列車はロンドン発リーズ行きの9両編成で、カーブを時速約180キロで走行中に脱線して後方の7両が暴走、このうち3両前後が大破した。列車が通過する際に老朽化したレールが破損したことが脱線の原因だった。

10.22 バス同士正面衝突(パキスタン パンジャブ州ショルコット) 10月22日、パキスタン東部のパンジャブ州ショルコット近くの道路で2台の長距離バスが正面衝突し、40人が死亡、78人が負傷した。同国のバスは定員以上の客を乗せて走ることが多いう

えに運転が乱暴で、多数の死者を出す事故が続発している。

10.26 **軍用旅客機墜落**(グルジア　アジャール自治共和国バトゥーミ)　10月25日夜、グルジア西部のアジャール自治共和国の首都バトゥーミ付近でロシア国防省所属のイリューシン18型旅客機が墜落、同国軍人や家族ら乗っていた84人全員が死亡した。同機はモスクワ郊外の軍用飛行場チカロフスコエとバトゥーミを結ぶ定期連絡便で、毎月2回運行されていた。墜落地点はバトゥーミの東約20キロの山岳地帯で、事故当時は雲と霧が濃く視界が悪かったという。

10.31 **旅客機墜落**(台湾　台北)　10月31日深夜、台湾・台北近郊の中正国際空港でシンガポール航空のボーイング747-400型旅客機が離陸に失敗、空港内に墜落して炎上、11月2日までに乗客159人乗員20人のうち81人の死亡が確認され、98人が負傷、うち40人が重傷を負った。同機には日本人1人が搭乗していたが、安否は不明。同機はシンガポール発台北経由ロサンゼルス行きの006便で、強い横風を受けるなどしたか、あるいは機長や管制塔のミスにより、進路が右にそれて工事中の滑走路に進入し、工事機械に激突したとみられる。事故当時、台湾には台風が接近して強い風雨が吹き荒れており、欠航が相次いでいた。

11月 **豪雨**(インドネシア　スマトラ島)　11月、インドネシアのスマトラ島が局地的な豪雨に見舞われ、同島各地で洪水や地滑りが多発、27日朝までに西スマトラ州で108人が死亡、89人が行方不明となった。また、アチェ特別州でも10人が死亡した。

11.11 **トンネルでケーブルカー火災**(オーストリア　ザルツブルク州キッツシュタインホルン山)　11月11日午前9時半ごろ、オーストリア・ザルツブルク州キッツシュタインホルン山(3202m)のトンネル内でケーブルカーの客車から出火、ケーブルカーがトンネル内で立ち往生し、多数の子供を含む170人が死亡した。同山はヨーロッパ・アルプスの東側、オーストリア第2の都市ザルツブルク南西のカプルン近くに位置し、スキー場やドライブコースで知られる観光名所。この日は冬のスキーシーズンの初日にあたり、ケーブルカーにはスキー客ら180人以上が乗っていた。火災の原因は漏電とみられる。

11.15 **旅客機墜落**(アンゴラ　ルアンダ)　11月15日、アンゴラの首都ルアンダ付近で国内線チャーター機が離陸直後に墜落、乗客乗員合わせて38人以上が死亡した。同国内では10月31日にも国内線旅客機が墜落して48人が死亡、反政府組織アンゴラ全面独立民族同盟(UNITA)が撃墜声明を発表している。

11.25 **地震**(アゼルバイジャン)　11月25日夜、アゼルバイジャン東部でマグニチュード6.3の強い地震が発生、首都バクーなどで27人が死亡、130人以上が負傷した。

11.25 **工場火災**(バングラデシュ　ナルシンディ)　11月25日夜、バングラデシュの首都ダッカに近いナルシンディにある4階建ての洋服工場で火災が発生し、女性労働者ら47人が死亡、約100人が負傷した。死者のうち十数人は児童労働、または母親と共に工場に来たとみられる子供だった。火元は電気配線とみられる。出火当時は約900人が働いていたが、階段や通路が狭く避難に支障をきたしたこと、正門に内側から錠がかけられていて消火や救助に手間取ったことなどから、被害が拡大した。

11.30 **石油パイプライン火災**(ナイジェリア　ラゴス)　11月30日、ナイジェリアの中心都市ラゴス近くの漁村を通る石油パイプラインで火災が発生、約60人が死亡した。

12.1 建物倒壊（中国　広東省東莞市）　12月1日午後、中国広東省東莞市で約20店舗が入居する平屋の建物が工事中に倒壊し、8人が死亡、32人が負傷した。この他にも買い物客や作業員ら100人以上が建物の下敷きになったとみられる。事故当時、この建物では2階部分の増築工事を行っていたが、2階の天井部分を取り付ける際に作業員が壁の亀裂を発見し、約5分後に建物全体が倒れたという。事故後の調査で、工事に必要な届けが当局に提出されていないことが明らかになった。

12.2 急行列車と貨物列車が衝突（インド　パンジャブ州）　12月2日早朝、インド北部のパンジャブ州で急行列車と貨物列車が衝突し、乗客ら少なくとも36人が死亡、約150人が負傷した。事故現場はニューデリーの北約200キロにあるサライバンジャラ駅近くで、脱線した貨物列車に急行列車が突っ込んだという。

12.25 ビル火災（中国　河南省洛陽市）　12月25日午後9時35分ごろ、中国河南省洛陽市にある商業ビルで火災が発生、26日午前0時45分ごろまでに鎮火したが、少なくとも340人が死亡、数十人が病院に搬送された。出火当時、4階または6階にあるダンスホールで数百人が参加するクリスマスパーティーが開かれており、2階と3階に入居する大型店舗では内装工事が行われていた。地下室から出火して燃え広がったため、上階にいた客や作業員らが閉じ込められたとの情報もある。

12.29 フェリーが沈没（バングラデシュ）　12月29日未明、バングラデシュ南部の川でフェリーが別の船と衝突して沈没、同日中に58人の遺体が収容されたほか、多数が行方不明となった。同船は乗客約400人を乗せて首都ダッカからマダリプルに向かう途中で、事故当時は乗客のほとんどが就寝中だった。現場では濃霧が発生していたという。

〈 2001 〉

1月　寒波（ロシア）　1月、シベリア・極東地方を中心にロシア各地が2週間以上続く異常な寒波に襲われた。零下45度を記録したイルクーツク州では17人が屋外で凍死し、零下40度以下を記録したチタでは300人以上が凍傷にかかり、50人以上が病院に搬送された。首都モスクワでは零下15度程度だが、22日までに145人が凍死した。また、石炭採掘場が大雪に覆われるなど、発電所への燃料供給が滞り、各地で1日10時間以上の停電が発生した。この寒波は極度に発達したシベリア高気圧の影響で、この年は北極圏からの寒気の流れ込みが強く例年以上に気温が低下、サハ共和国東部では零下57度を観測した。シベリアでは厳冬期に気温が零下40度以下まで下がることがあるが、寒波が2週間以上続いたのは1950年と69年以来のことだという。

1.1 カフェで火災（オランダ　フォレンダム）　1月1日午前0時半過ぎ、オランダ北部のフォレンダムにあるカフェで火災が発生、同日夕までに9人の死亡が確認されたほか、約200人が負傷した。負傷者のうち10人以上が重体。死亡者の多くは16歳から30歳までの地元の若者で、炎や煙を避けて3階の窓から飛び降りたらしい。出火当時、カフェには約700人が集まって新年を祝っていた。出火原因は不明だが、花火の音を聞いたとの証言もある。

1.13　地震（エルサルバドル）　1月13日午前11時34分、エルサルバドルで強い地震が発生、約1000人が死亡または行方不明となった。首都サンサルバドル市でビル倒壊や地滑りなどの被害が出たほか、サンタテクラ市でも大規模な土砂崩れで数百人が死亡した。サンタテクラ市では軟弱な土壌の上に大規模な宅地開発が行われており、数年前から土砂崩れの危険性が指摘されていた。震源はサンサルバドル市の南東約105キロ、地震の規模はマグニチュード7.6を記録した。2月13日にはマグニチュード6.1の余震が発生し、同国中部と南部を中心に274人が死亡、2432人が負傷した。

1.25　インド西部地震（インド　グジャラート州）　1月25日、インド西部のグジャラート州で強い地震が発生、1万9687人が死亡した。特に被害の大きいバチャウでは人口約3万5000人のうち7383人、アンジャールでは人口約5万人のうち3741人が死亡した。最終的な死者の数は7〜8万人に達するとの推測もある。マグニチュードは7.9。

2月-　口蹄疫（ヨーロッパ）　2月、イギリスの養豚場で口蹄疫に感染した豚が20年ぶりに発見され、翌日、イギリス産の食肉や乳製品、家畜の禁輸措置が発令された。3月にはオランダの農場で口蹄疫に感染した牛4頭と山羊が発見された。イギリス政府は拡大防止のため、感染例が見つかった634地点の農場周辺で飼われている羊50万頭の処分に踏み切った。

2月　寒波（ロシア）　2月初め、シベリア・極東地域を中心にロシア各地が寒波に襲われ、4日までに少なくとも5人が死亡した。年初以来の寒波は1月末に緩んだものの、2月に入り再び気温が低下、イルクーツク州などモンゴル国境沿いの各州で連日零下50度前後を記録した。

2月　豪雨（モザンビーク　ザンベジ川）　2月、モザンビーク中部を流れるザンベジ川が増水して洪水が発生、25日までに推定50人が死亡、約8万人が避難した。上流域に位置するザンビア、ジンバブエ、マラウィの3ヶ国が豪雨に見舞われ、同川にあるモザンビーク最大のカオラバッサ・ダムが満水状態になったという。

2.13　地震（エルサルバドル）　2月13日午前8時20分ごろ、エルサルバドルで強い地震が発生、14日までに274人の死亡が確認され、2432人が負傷、家屋1万2000戸が全壊した。特に被害が大きいのは同国中・南部のサンビセンテ、ラパス、クスカトラン各県で、首都サンサルバドルの被害は小さかった。震源は同国南部太平洋岸付近で、地震の規模はマグニチュード6.1を記録し、観測された余震は150回以上に達した。同国では1月13日にM7.6の地震が起きて約1000人が死亡または行方不明となっているが、今回の地震はその余震とみられる。

2.28　地震（アメリカ　ワシントン州）　2月28日午前10時54分ごろ、アメリカ西海岸北部のワシントン州で強い地震が発生、同州シアトルを中心に約250人が負傷し、道路や建物などに20億ドル（約2340億円）の被害が出た。また、シアトル国際空港が一時閉鎖して数千人が足止めされたほか、州内で大規模な停電が発生して約20万人が影響を受けた。震源はシアトルの南西約56キロ、州都オリンピアの北東約10キロで、震源の深さは約50キロ、地震の規模はマグニチュード6.8。周辺のオレゴン州、ユタ州、カナダのバンクーバー市を含む広い範囲で強い揺れが感じられたという。震源が深かったためエネルギーが拡散し、大規模な被害はなかった。

2.28　特急列車と貨物列車衝突（イギリス　セルビー）　2月28日午前6時20分ごろ、英国中部のセルビー近郊で特急列車と貨物列車が衝突し、少なくとも13人が死亡、70人以

上が負傷した。事故現場はロンドンの北約250キロで、同国東海岸を走る主用鉄道路線の一部。特急列車はニューカッスル発ロンドン行きで、乗客約100人を乗せて時速約190キロで走行中、陸橋から線路上に転落した四輪駆動車に衝突して脱線、対向してきた貨物列車と衝突したらしい。

3.6 **小学校で爆発**（中国　江西省宜春市）　3月6日午前11時10分ごろ、中国江西省宜春市の芳林村小学校で爆発が発生し、教師や児童ら41人が死亡、27人が負傷して病院に搬送された。精神障害のある男性が爆発物を校内に持ち込んだことが原因で、この男性は爆発で死亡したという。事故発生直後には、同小学校が近くの工場から爆竹の導火線を埋め込む作業を請け負い、放課後に児童に作業をさせており、校舎内に保管してあった大量の爆竹が爆発したものと報道されていた。

3.15 **移民船遭難**（カリブ海）　3月15日ごろ、カリブ海のハイチとサンマルタン島の沖合で中国人の違法移民らを乗せた船2隻が相次いで遭難し、合わせて約30人の遺体が収容されたほか、約60人が行方不明となった。行方不明者の生存は絶望視されており、死者数は100人近くに上るとみられる。

3.29 **小型機墜落**（アメリカ　アスペン）　3月29日午後、アメリカ・コロラド州アスペン近くの空港で自家用小型ジェット機が着陸に失敗して墜落、17人が死亡した。

4.6 **炭鉱でガス爆発**（中国　陝西省銅川市）　4月6日夜、中国陝西省銅川市の炭鉱でガス爆発が発生し、38人が死亡、16人が負傷した。

4.11 **貨物船沈没**（太平洋）　4月10日早朝、韓国・仁川から兵庫県家島町の家島港に向かっていた韓国の貨物船「ホンハエ・サンヨー」（2万2730トン、28人乗り組み）が消息を絶った。11日午前7時過ぎ、高知県足摺岬の南南東約50キロの太平洋上で同船の船名が入った無人の救命艇1隻が発見された。付近海域には油も流出しており、同船は沈没したものとみられる。10日午前5時の交信を最後に同船との連絡が途絶え、午前7時に神戸の船舶代理店が船舶電話をかけた際には、既に連絡が取れなくなっていたという。

4.11 **サッカー場で将棋倒し**（南アフリカ共和国　ヨハネスブルグ）　4月11日夜、南アフリカ・ヨハネスブルグのサッカー場「エリスパーク・スタジアム」で観客が将棋倒しになり、女性や子供も含め約50人が死亡、数百人が負傷し、同国スポーツ史上最悪の惨事となった。この日は国内の人気チーム同士の試合があり、競技場の収容能力6万人を超える観客が入場していたが、前半終了直前に場外のファンがゲートを破ってスタジアム内になだれ込み、事故が発生した。

4.12 **地震**（中国　雲南省施甸県）　4月12日夜、中国雲南省施甸県でマグニチュード5.9の強い地震が発生した。中国国家地震局の発表によると7人が死亡、25人が負傷したとのことだが、別の情報では、少なくとも159人が負傷したほか、家屋3万戸が倒壊し、崖崩れが起きたと伝えている。現場はミャンマー国境に近い山間部で、少数民族が多く住んでいる。

5.5 **炭鉱でガス爆発**（ウクライナ　ドネック州）　5月5日夜、ウクライナ東部のドネック州にあるキーロフ炭鉱でガス爆発が発生し、7人が死亡、3人が行方不明となった。また、5日から6日にかけて、他の3ヶ所の炭鉱でも事故が発生し、合わせて3人が死亡した。

5.6 サッカー場の屋根が崩落（イラン　サリ）　5月6日、イラン・テヘランの北東約150キロに位置する都市サリにあるサッカー場の屋根が崩落し、約250人が負傷した。この日は国内の人気チームの試合があり、収容能力約1万5000人の同競技場に2万人を超える観客が詰め掛け、入りきらない観客が客席上部の屋根に上ったため事故が発生した。屋根の下にいた観客が下敷きになったほか、驚いた観客が一斉にグラウンド内に入ろうとして将棋倒しも発生したという。

5.9 サッカー場で暴動（ガーナ　アクラ）　5月9日夜、ガーナの首都アクラにあるサッカー場で暴動が発生し、将棋倒しなどで観客100人以上が死亡、150人以上が負傷した。この日は国内チーム同士の試合があり、4万5000人収容の競技場に6万人以上が入場していた。試合終了間際、劣勢だったチームのサポーターが瓶やプラスチック製の椅子をグラウンドに投げ込んだため、警察が暴動鎮圧のために催涙ガスを使用、観客が出口などに殺到して将棋倒しになった。

5.17 旅客機墜落（イラン　サリ）　5月17日、イラン北部のサリ付近で同国の旅客機が墜落、乗客乗員合わせて29人全員が死亡した。

5.24 結婚式場が崩落（イスラエル　エルサレム）　5月24日夜、エルサレムの商業地区タルビオットにある4階建て結婚式場ビルの一部が崩落し、少なくとも25人が死亡、350人以上が負傷した。この他に約100人が瓦礫の下敷きになったとの情報があり、犠牲者がさらに増える可能性がある。この日は4階で挙式後のダンスパーティーが開かれ、約700人が参加していたが、突然床が崩れ、3階・2階部分と共に地上の駐車場まで落下した。テロの可能性はなく、建物に構造上の欠陥があった疑いが強い。

6.5 幼稚園で火災（中国　江西省南昌市）　6月5日午前0時15分ごろ、中国江西省南昌市にある江西放送テレビ芸術幼稚園で火災が発生、火元の部屋で寝ていた園児17人のうち13人が死亡した。ベッドから何らかの可燃物が落ち、蚊取り線香の火で引火したとみられる。

6.22 急行列車が転落（インド　ケララ州）　6月22日午後、インド南部のケララ州にある鉄橋でマンガロール発チェンナイ行きの急行列車が脱線し、6両編成のうち1両が川へ、5両が河川敷へ転落、少なくとも54人が死亡、200人以上が負傷した。

6.23 ペルー地震（ペルー）　6月23日午後3時33分、ペルー南部を中心に強い地震が発生、26日までに同国内で102人の死亡が確認され、53人が行方不明となったほか、1386人が負傷した。倒壊家屋は1万1000戸に達し、4万8000人が家を失った。特に被害が大きいのはペルー第2の都市アレキパとチリ国境に近いモケグア。また、首都リマの南約900キロの町カマナなど太平洋岸の地域では津波のため39人以上が死亡、多数が行方不明となった。ペルーのほか、チリやボリビアでも負傷者が出たという。震源はリマの南東約600キロで、震源の深さは33キロ、地震の規模はマグニチュード7.9。数日間にわたり余震が続発し、中にはマグニチュード5を超えるものもあったという。

7.4 旅客機墜落（ロシア　イルクーツク）　7月4日未明、ロシア・シベリア東部のイルクーツク近郊でウラジオストク航空のツポレフ154型旅客機が墜落、乗客136人と乗員9人の全員が死亡した。同機はウラル地方のエカテリンブルクから極東のウラジオストクに向かう国内定期便で、中継地であるイルクーツク空港への着陸姿勢に入った後、高度約900mから急降下し、イルクーツク中心部から約30キロ離れた村の外れに

墜落した。墜落時に3基のエンジン全てが停止していた可能性があるといい、空中爆発や乗員の操作ミスが疑われる。

7.6 **暴風雨**（フランス　ストラスブール）　7月6日午後10時ごろ、フランス東北部のストラスブールが暴風雨に襲われ、突風で倒れた立ち木が野外コンサート場を直撃し、少なくとも観客10人が死亡、85人が負傷した。負傷者のうち18人は重体。約120人の観客が木の下に張られたテントで雨宿りをしていたところ、高さ10m・直径50cm以上ある立ち木が倒れてきたという。

7.13 **列車の積み荷で電柱倒れる**（中国　四川省）　7月13日夜、中国四川省で貨物列車の積荷が横にはみ出し、線路脇の電柱や信号などを16キロにわたりなぎ倒したため、近隣の住民22人が死亡、15人が負傷した。機械を積んで成都から達州へ向かう途中、積荷を縛るワイヤが切れたという。

7.14- **集中豪雨**（韓国　ソウル、京畿道）　7月14日夜から15日にかけて、韓国のソウルや京畿道が梅雨前線の影響による集中豪雨に見舞われ、16日朝までに40人が死亡、14人が行方不明となった。また、少なくとも3万5200戸が浸水し、6万9000人が被災した。降り始めから同日午後までの降雨量はソウルで310.1ミリ、仁川で219.5ミリ。ソウルでは同日未明に1時間の降雨量が99.5ミリに達したが、これは1907年の観測開始以来、史上3位の記録となる。

7.16 **無許可所持の爆薬が爆発**（中国　陝西省横山県馬坊村）　7月16日、中国北西部の陝西省横山県馬坊村で大規模な爆発が発生、41人が死亡、89人が負傷した。他に十数人が生き埋めになったという。無許可の爆薬製造業者が違法に隠し持っていた爆薬が爆発したとみられる。

7.22 **炭鉱で爆発**（中国　江蘇省徐州市）　7月22日、中国江蘇省徐州市にある炭鉱で爆発が発生、作業員106人が坑内に閉じ込められた。24日朝までに14人が救助されたが、46人の死亡が確認され、残る46人の生存は絶望的だという。

7.26 **マヨン火山噴火**（フィリピン　ルソン島）　7月24日午後0時45分、フィリピン・マニラの南東340キロのルソン島アルバイ州にあるマヨン火山（2460m）が噴火した。噴煙が約15キロ上空まで立ち上り、南西斜面には5つの火砕流が流れ出した。火口から8キロ以内の住民約1万人が避難した。また、7月26日朝にも再度噴火し、死傷者は出なかったが、州都レガスピなど周辺の住民約2万5000人が避難した。

7.30 **台風8号**（台湾）　7月30日午前、台湾が台風8号の直撃を受け、北東部の花蓮県や中部の南投県を中心に各地で土砂崩れ・土石流・洪水が発生、31日夜までに69人が死亡、140人が行方不明となり、34人が負傷した。鉄道や空の便も運休が相次ぎ、台北では証券取引所が休場となった。

7.31 **地滑り**（インドネシア　ニアス島）　7月31日、インドネシア・スマトラ島の西約100キロにあるニアス島で大規模な地滑りが発生、同島ラフサ地区の山間部にある4集落が飲み込まれ、8月1日までに少なくとも住民62人が死亡、700人が行方不明になった。先週来の豪雨で地盤が緩んでいたとみられる。また、7月31日にはスマトラ島西岸でマグニチュード5.3〜5.4の地震が3回観測されたが、地滑りとの関連は不明。

8.3 **通勤電車同士が衝突**（アメリカ　シカゴ）　8月3日朝、アメリカ・イリノイ州シカゴ市内を走る高架鉄道で通勤電車同士が衝突し、乗客140人が負傷した。このうち十数

人は重傷だが、生命に別条はないという。事故現場はカーブになっており、先行する列車が何らかの原因で停止していたところに、後続の列車が時速約10キロで追突した。ラッシュ時間帯で双方の列車とも満員だった。

8.10 **集中豪雨**（イラン）　8月10日、イラン北部のカスピ海沿岸部で集中豪雨による洪水が発生、18日までに210人の死亡が確認され、284人が行方不明となった。

8.18 **ホテル火災**（フィリピン　マニラ首都圏ケソン市）　8月18日午前4時15分ごろ、フィリピンのマニラ首都圏ケソン市にある5階建てのホテル「マノール・ホテル」で火災が発生、約3時間半後に鎮火したが、72人が死亡、約40人が負傷した。出火当時、同ホテルには少なくとも172人が宿泊しており、その大半はマニラで開催中の集会に参加するキリスト教系団体信者のフィリピン人だった。火元は3階の物置の天井で、空調装置などで負荷がかかり、電気配線が過熱して出火した。非常口に施錠されていたことや強盗避けの鉄柵が避難の妨げになり、被害の拡大を招いたという。

8.19 **炭鉱で爆発**（ウクライナ　ドネツク地方）　8月19日朝、ウクライナ南東部のドネツク地方にあるザシャーチコ炭鉱で爆発が発生し、36人が死亡、14人が行方不明となった。事故当時、同炭鉱では約970人が作業中で、このうち259人が現場付近にいたという。

9.2 **旅客列車と機関車衝突**（インドネシア　チルボン）　9月2日未明、インドネシア・ジャカルタの東方約200キロのチルボンにある駅の構内で旅客列車と機関車が衝突し、少なくとも36人が死亡、64人以上が負傷した。旅客列車はジャカルタから観光地ジョクジャカルタへ向かう途中だった。

9.16 **台風16号**（台湾）　9月16日夜から17日にかけて、台湾北東部に中型の台風16号が上陸して北部を横断、台北県や宜蘭県などで豪雨による洪水や土石流が発生し、17日夕までに30人が死亡、6人が行方不明となり、94人が負傷した。

9.21 **化学工場で爆発**（フランス　トゥールーズ）　9月21日午前10時15分ごろ、フランス南西部のトゥールーズ近郊にある石油化学工場で爆発が発生、29人が死亡、5人が行方不明となり、2442人が負傷した。爆発が発生したのは製造棟で、肥料の原料になるアンモニア化合物を製造中、工員が薬品の取り扱いを誤ったのが原因とみられる。

9.27 **列車同士衝突**（ドイツ　バイエルン州アインツィスワイラー）　9月27日朝、ドイツ南部のバイエルン州リンダウ近郊のアインツィスワイラーでドイツ鉄道の上り列車と下り列車が正面衝突し、82人が負傷した。負傷者の多くは通学の子供たちで、9人が重傷、24人が中程度のけが、49人が軽傷だという。事故現場は単線区間で、どちらかの車両が停止信号を見落としたものとみられる。

10月- **炭疽菌**（アメリカ）　10月10日、アメリカのフロリダ州の新聞社職員3人が炭疽菌に感染し、うち1人が死亡したことが判明した。12日、ニューヨークでもNBCテレビの職員の感染が、15日にもニューヨークの男児が皮膚感染していることがわかった。17日、ダシュル上院院内総務のワシントン事務所職員28人からも菌が検出されたほか、CBSテレビやニューヨーク・ポスト紙の社員、郵便局員、国務省職員らにも次々と感染が認められた。郵便物で炭疽菌を送りつけるバイオテロと断定されたが、国際テロ組織などの関与は浮上していない。11月21日までに5人が肺炭疽のため死亡した。

2001

10.3　バス横転（アメリカ　マンチェスター）　10月3日午前4時ごろ、アメリカ・テネシー州マンチェスター近くの高速道路で長距離バス「グレイハウンド」が横転し、11人が死亡、約40人が負傷した。同バスはイリノイ州シカゴ発フロリダ州オーランド行きで、乗客の1人がカッターナイフで運転手の喉に切り付け、急にハンドルを切ったため横転したという。この乗客も死亡した。

10.4　旅客機誤射され墜落（ロシア　黒海）　10月4日午後1時44分ごろ、ロシア南部ノボロシースクの南約190キロの黒海上空でシベリア航空のツポレフ154型旅客機が突然爆発して墜落、乗客乗員合わせて78人の全員が死亡した。同機はイスラエル・テルアビブ発ロシア西シベリア・ノボシビルスク行きの定期チャーター便で、乗客のうち51人がイスラエル人だったという。演習中のウクライナ軍が地対空ミサイルを誤射したためで、同国の国防省が引責辞任した。

10.8　旅客機と小型機衝突（イタリア　ミラノ）　10月8日午前、イタリア北部ミラノのリナテ空港でスカンジナビア航空のコペンハーゲン行きMD87型旅客機がドイツの小型機と衝突、さらに倉庫に激突して爆発・炎上し、小型機も炎上した。この事故で旅客機の乗客乗員合わせて110人、小型機の乗員4人、空港の地上職員4人が死亡した。離陸途中の旅客機が前方を横切る小型機を発見、衝突を避けようとして滑走路を外れ、倉庫に突っ込んだとみられる。事故当時、空港は濃い霧に包まれていた。また、空港の地上レーダーが故障のため2年前から使えない状態だったという。

10.19　難民船沈没（インドネシア　ジャワ島）　10月19日、インドネシアのジャワ島沖で難民を乗せた船が沈没し、20日までに44人が救助されたが、377人が行方不明となった。行方不明者の生存は絶望視されている。同船はスマトラ島の漁港を出港してオーストラリア領クリスマス島に向かっていたという。難民の大半はイラク人で、アフガニスタン人、パレスチナ人、アルジェリア人も含まれるという。インドネシア周辺海域では中東からの不法移民をオーストラリアに送る難民船が頻繁に出没しており、インドネシア当局の関与も指摘されている。

10.26　トンネルで火災（スイス）　10月24日午前9時45分ごろ、スイス南部のアルプス山脈を貫くサン・ゴッタルド・トンネル（全長約16.3キロ）内でトラック同士が衝突して炎上、自動車約100台が巻き込まれ、25日夕までに11人が死亡、128人が行方不明となった。事故現場はイタリア国境に近いトンネルの南入り口から1.5キロ地点で、トラックが積んでいた古タイヤが燃えるなどして1000度近い高熱状態となり、天井が約100mにわたり崩壊したという。

10.27　地震（中国　中国雲南省永勝県）　10月27日午後1時35分ごろ、中国雲南省の西北部にある永勝県でマグニチュード6.0の強い地震が発生、少なくとも1人が死亡し、134人が負傷した。家屋約3400戸が倒壊、28日になっても多くの人々が瓦礫の下敷きになっており、死傷者数はさらに増加する恐れがある。

11.12　旅客機住宅街に墜落（アメリカ　ニューヨーク市）　11月12日午前9時15分過ぎ、米国ニューヨーク市クイーンズ地区のジョン・F.ケネディ国際空港近くでアメリカン航空のエアバスA300型旅客機が墜落、乗客251人乗員9人の全員と地上の5人が死亡、16人が負傷した。同機はボストン発ケネディ国際空港経由ドミニカ・サントドミンゴ行き587便で、同空港を離陸直後に住宅密集地に墜落、大火災となり住宅4棟が全焼した。直前に離陸した旅客機の後方乱気流に巻き込まれたことと、垂直尾翼の方

向舵が損傷したことが事故原因とされる。方向舵が損傷した原因については、エアバス側は副操縦士の操作ミスを、アメリカン航空側は設計ミスを主張している。

11.19　旅客機墜落（ロシア　モスクワ）　11月19日夜、ロシアのモスクワ北方約150キロの郊外でイリューシン18型旅客機が墜落、乗客乗員合わせて24人の全員が死亡した。同機はロシア極北部のタイムイル半島ハタンガからモスクワ・ドモジェドボ空港に向かう国内線で、午後9時24分ごろにレーダー上から同機の機影が消えたという。

11.22　金鉱山で土砂崩れ（コロンビア　カルダス州フィラデルフィア）　11月22日早朝、コロンビアのカルダス州フィラデルフィアにある露天掘りの金鉱山で大規模な土砂崩れが発生し、28人が死亡、数十人が行方不明となった。数日間降り続いた大雨のため、地盤が緩んでいたことが原因とみられる。同鉱山では土壌の浸食が進んでおり、数ヶ月前に政府が土砂崩れの危険があるとして閉鎖を命じたが、違法操業が続いていた。

12月　山林火災（オーストラリア　ニューサウスウェールズ州）　12月、オーストラリアのニューサウスウェールズ州で100ヶ所以上に上る大規模な山火事が発生、26日に同州政府がシドニー西部と南部の郊外などを災害地域に指定した。同日までに家屋約100棟が焼失したという。

12.22-　新年祝賀で死傷（フィリピン）　12月22日から2002年1月1日にかけて、フィリピンで新年を祝う花火の打ち上げ、爆竹、発砲により1人が死亡、604人が負傷した。12月31日にセブ島で花火が爆発して1人が死亡したほか、爆竹や花火で582人が火傷を負い、流れ弾で22人が負傷した。

12.25　旅客列車同士衝突（インドネシア　ジャワ島ブルブス）　12月25日午前4時45分ごろ、インドネシア・ジャワ島中部のブルブス付近で、ジョクジャカルタ発ジャカルタ行きの旅客列車と対向の旅客列車が衝突し、41人が死亡した。

12.29　商店街で火災（ペルー　リマ）　12月29日午後7時半ごろ、ペルーの首都リマの国会近くにある商店街で大規模な火災が発生、商業ビルなどが炎上し、30日午後までに276人の死亡が確認され、180人が負傷した。ビル内には逃げ遅れた市民が多数いるとみられ、行方不明者も約20人おり、死者はさらに増える可能性がある。火災は花火販売店で発生したとみられる。

この年　エイズ感染が拡大（中国）　この年、中国でエイズウイルス（HIV）感染が急激に拡大、同年上半期の新規感染者数は前年同期比67.4％増の3541人と世界で最も高い伸び率を記録した。6月末までに当局が確認した累計感染者は2万6085人、うち1111人が発病し、584人が死亡。推定感染者数は60万人以上に達する。主な感染理由は麻薬注射回し打ちが69.8％、性接触が6.9％、売血が6.0％。同国では90年代初めから「血頭」と呼ばれる血液売買ブローカーが暗躍、売血が横行した河南省上蔡県文楼村で全村民の2割が感染するなど、貧困が感染拡大の要因の一つになっている。同国政府は5月に「エイズ防止行動計画（01～05年）」を策定して対策に取り組んでいるが、人口13億の発展途上国である中国で保健教育を普及するのは極めて難しいことを、当局自らも認めている。

⟨ 2002 ⟩

1月- 豪雨（インドネシア ジャワ島, ジャカルタ） 1月末から2月上旬にかけて、インドネシアのジャワ島などが豪雨に見舞われて洪水が発生、7日までに少なくとも142人が死亡した。首都ジャカルタ全域も一時冠水し、過去最大の38万人以上が避難した。

1.28 旅客機山に墜落（コロンビア） 1月28日、エクアドル国営タメ航空のボーイング727型機がコロンビア南西部の山中に墜落、乗客83人乗員9人の全員が死亡した。同機はエクアドルの首都キト発コロンビアのカリ行き120便で、午前10時3分にキトを離陸、同10時23分にトゥルカン空港に着陸要請した直後に消息を絶ち、29日に墜落しているのが発見された。

2.1 油田炎上（クウェート） 2月1日、クウェート北部のイラク国境近くにあるラウダタイン油田でパイプラインから漏れた原油が炎上し爆発、作業員4人が死亡、19人が負傷した。また、産油施設の損壊が激しく、当面は日量60万バレルの減産が見込まれるが、これは同国の産油量（日量約170万バレル）の3分の1に相当する。

2.3 地震（トルコ アフヨン） 2月3日、トルコ西部のアフヨン一帯で強い地震が発生、45人が死亡、170人以上が負傷し建物約150棟が倒壊した。震源のアフヨンは首都アンカラの南西約250キロに位置する山岳地帯で、地震の規模はマグニチュード6を記録した。余震を合わせて計7回の揺れがあったという。

2.5 旅客列車と貨物列車が衝突（南アフリカ共和国 ダーバン） 2月5日、南アフリカ南東部ダーバンの北約70キロ付近で旅客列車が貨物列車に追突して客車6両が脱線し、乗客26人が死亡、117人が負傷した。両列車はダーバン行きで、乗客の多くは下校途中の子供だった。事故発生の約1時間前に信号機用ケーブルが盗まれたため、信号機を手動で操作していたという。

2.5- 吹雪（アフガニスタン サラン峠） 2月5日、アフガニスタンの首都カブールと北部を連結するサラン峠のトンネル（標高3363m、全長2.2キロ）の出入り口が吹雪で埋まり、車両約250台が2日間トンネル内に閉じ込められ、7日までに4人の死亡が確認された。3人が窒息死、1人が凍死だという。

2.12 旅客機山に墜落（イラン ホラマバード） 2月12日朝、イラン西部のホラマバード付近の山岳地帯でイラン航空の子会社が所有するツポレフ154型旅客機が墜落、乗客乗員合わせて117人全員が死亡した。同機はテヘラン発ホラマバード行きの国内便で、事故当時は雨が強く、悪天候が原因で墜落したものとみられる。

2.20 旅客列車火災（エジプト カイロ） 2月20日未明、エジプトの首都カイロ郊外アラヤトで旅客列車から出火、約8キロを走行しレック村で停止したが、10両編成のうち7両を全焼し、乗客373人が死亡、75人が負傷した。同列車はカイロ発アスワン行きの鈍行で、巡礼期間明けの休暇を前にした帰省客や観光客など3000人近くが乗っており、車内は超満員だったという。食堂車にある調理用ガスボンベに何らかの火が引火し、爆発炎上した可能性が高い。乗務員が火災に気付くのが遅れたため、多数の

乗客が走行中の列車から飛び降り、40人が死亡した。また、車窓には窓からの乗り降りを防止するための棒が張られていたため、避難の妨げとなり被害が拡大したとみられる。

2.21　軍輸送機墜落（ロシア　アルハンゲリスク）　2月21日夜、ロシア北西部のアルハンゲリスク郊外にある空港付近で同国海軍のアントノフ26型輸送機が墜落、乗っていた海軍士官ら17人が死亡、3人が重傷を負った。悪天候による視界不良のため、着陸に失敗したという。

3.3　地震（アフガニスタン　カブール，サマンガン州）　3月3日午後4時40分ごろ、アフガニスタン北部の首都カブール周辺で強い地震が発生、約150人が死亡した。サマンガン州の山間部にある2つの村が地滑りで大きな被害を受けたという。震源はパキスタン西部ペシャワールの北約250キロのヒンズークシ山脈付近で、地震の規模はマグニチュード7.2を記録、タジキスタンからインドにかけて揺れが観測された。

3.8　出血熱（アフガニスタン　ゴール州）　3月8日の発表によると、アフガニスタン中部のゴール州で、アフリカなどで流行している出血熱とみられる症状で40人が死亡したことを明らかにした。同州などでは、冬の間家畜を家の中で飼う習慣があり、動物から感染した可能性が高いという。

3.25　地震（アフガニスタン）　3月25日午後7時半ごろ、アフガニスタン北部一帯で強い地震が発生、27日までに約1200人の死亡が確認され、約4000人が負傷した。特に被害が大きいのは震源に近い同国北東部バグラン州の町ナフリンで、町全体の85％が崩壊し、約2万人が家を失った。ナフリン周辺の約30ヶ村でも大きな被害が出たという。震源は首都カブールの北120キロ、震源の深さは約6キロで、地震の規模はマグニチュード6.0を記録、26日未明には強い余震が数回確認された。震源が比較的浅いため局地的に大きな揺れが発生したこと、土で出来た家が多く倒壊しやすい構造だったことから、地震の規模の割に大きな被害が出た。

3.31　地震（台湾）　3月31日午後2時52分ごろ、台湾北東部で強い地震が発生、台北市内で5人が死亡、223人が負傷した。震源は花蓮県秀林の東44.3キロの沖合で、震源の深さは9.6キロ、地震の規模はマグニチュード6.8。日本の気象庁の推定では、震源の深さは約20キロ、地震の規模はマグニチュード7.3。

4月　豪雨（アフガニスタン　ファルヤブ州）　4月上旬、アフガニスタン北西部のファルヤブ州で豪雨により洪水が発生し、5日までに少なくとも39人が死亡した。また、民家320軒余りが破壊され、約840家族が避難したほか、羊など家畜約1000頭が死んだという。同州では過去3年以上にわたり渇水が続いていた。

4.15　旅客機山に墜落（韓国　釜山）　4月15日午前11時45分ごろ、韓国南東部・釜山市郊外の金海国際空港近くで中国国際航空のボーイング767型旅客機が墜落、16日までに乗客155人乗員11人のうち38人が救助されたが、126人の死亡が確認され、2人が行方不明となった。同機は北京発釜山行き129便。通常、同空港には南側から進入して着陸する。しかし、当日は南側からの風が強かったため、旋回して北側から着陸しようとしたが、厚い雲と濃い霧で旋回地点を誤り、滑走路北端から数キロの山中に墜落した。事故機の機長が同空港で旋回着陸を試みたのはこれが初めてだった。また、同空港では北側からの進入の際には自動着陸に必要なILS（計器着陸装置）を利用できず、目視で着陸せざるを得ないという構造上の欠点も指摘されている。

4.23　貨物列車と通勤列車が衝突（アメリカ　オレンジ郡）　4月23日午前8時10分ごろ、アメリカ・カリフォルニア州ロサンゼルス郊外のオレンジ郡で貨物列車と通勤列車が衝突、通勤列車の1両が脱線し、少なくとも1人が死亡、約100人が負傷した。一時停車中の通勤列車に貨物列車が後方から追突したもので、信号の誤作動が原因とされる。

4.27　地震（アメリカ　グアム島）　4月27日午前2時10分ごろ、米国領グアム付近で強い地震が発生、5人が軽傷を負ったほか、島内のほぼ全域が停電した。震源はグアム南西の北緯13.1度・東経144.5度で、震源の深さは約80キロ、地震の規模はマグニチュード7.2と推定される。

5月　猛暑（インド　アンドラプラデシュ州,マディヤプラデシュ州）　5月、インドが猛暑に襲われ、22日までに南部のアンドラプラデシュ州で高齢者や貧困層を中心に1030人以上が死亡した。東海岸の東ゴダバリ地域では22日の最高気温が約43度に達し、この日だけで少なくとも172人が死亡した。また、中部のマディヤプラデシュ州の州都ボパール郊外では降雨が無く湖が干上がったという。

5.3　フェリー沈没（バングラデシュ　チャンドプル）　5月3日夜、バングラデシュ南部のチャンドプル北郊を流れるメグナ川でフェリーが転覆して沈没した。同船には約400人以上が乗っていたとみられ、うち約100人は救出されたが、モンスーンによる暴風雨のため捜索が難航、残りは行方不明。

5.4　旅客機住宅街に墜落（ナイジェリア　カノ）　5月4日午後、ナイジェリア北部の都市カノにある空港近くの住宅密集地に民間航空会社EASが運航する英国製BAC111-500型旅客機が墜落、乗客乗員計76人と地上の住民合わせて148人が死亡した。同機に搭乗していたアク・スポーツ・社会開発相も死亡したとみられる。同機は同国南部の都市ラゴス行きの国内線で、カノ空港を離陸直後に横揺れして機首から墜落、モスクや学校など3棟をなぎ倒して炎上した。同国では一般に旅客機の整備状況が劣悪で、複数の大使館が利用を禁止しているほか、4月には同国政府が22年以上たつ古い機種の使用禁止を表明したが、会社側の猛反発を受けていた。事故機の初飛行は1968年だという。

5.7　旅客機墜落（チュニジア　チュニス）　5月7日、チュニジアの首都チュニス近郊でエジプト航空のボーイング737-500型旅客機が墜落、乗客乗員合わせて62人のうち少なくとも18人が死亡、約30人が負傷して病院に搬送された。同機はエジプトのカイロ発チュニス行き843便で、着陸態勢に入ったが車輪が出ず、上空を旋回中に墜落したという。

5.10　普通列車脱線し駅に激突（イギリス　ロンドン）　5月10日午後1時前、英国ロンドン北郊のポッターズバー駅近くで4両編成の普通列車が脱線、車両の一部が駅ホームに激突し、駅ホームにいた利用者を含む7人が死亡、70人以上が負傷した。事故を起こしたのはロンドン発の近郊線で、脱線時には時速160キロ前後の高速で走行していた。

5.25　旅客列車と貨物列車が衝突（モザンビーク　テンガ）　5月25日早朝、モザンビークの首都マプトの南約40キロに位置する町テンガで旅客列車と貨物列車が衝突し、少なくとも百数十人が死亡、約400人が負傷した。事故原因は特定されていないが、ブレーキ故障または人的過失の可能性があるという。

2002

5.25 バス高圧線に接触（インド　ウッタルプラデシュ州）　5月25日夜、インド北部のウッタルプラデシュ州でバスの屋根に積まれていた自転車が垂れ下がっていた高圧線に接触し、乗客19人が感電死した。バスはその直後に火に包まれ、60人以上が死亡したとの情報もある。バスには約80人が乗っていたが、一行は州都ラクノーで開かれた結婚式に出席した後、花嫁の家に向かう途中だった。新郎新婦は別の車に乗っていて無事だという。

5.25 旅客機墜落（台湾　澎湖諸島）　5月25日午後3時半ごろ、台湾海峡の澎湖諸島北東付近の海上に中華航空のボーイング747-200型旅客機が墜落、26日夕までに乗客206人乗員19人のうち83人の遺体を収容した。全員が絶望。同機は台北発香港行きで、台北郊外の中正国際空港を離陸した約19分後に澎湖諸島北東10カイリ付近で消息を絶ったが、高度9000メートル以上で空中分解し、4つの大きな塊になって墜落したとみられる。事故機は運航開始以来22年8ヶ月を経過、総飛行時間は6万4800時間を超えており、金属疲労により分解した可能性が高い。この日、予定された機材が別の路線に転用されたため、点検中の事故機を臨時で使用したという。

5.26 はしけが衝突して橋崩落（アメリカ　アーカンソー川）　5月26日朝、アメリカ・オクラホマ州東部のアーカンソー川に架かる橋の橋脚にはしけ（台船）が衝突して橋げたが崩落、乗用車やトラックなど少なくとも9台が水没し、29日までに14人の遺体が収容され、4人が負傷した。はしけは長さ約150m・幅約15mの石油輸送用で、事故当時は空荷だった。事故はタグボートが並べた2隻のはしけを押している最中に発生しており、同ボートの船長に運航ミスがあったとみられる。

6月- 集中豪雨（中国）　6月、中国各地で集中豪雨による洪水などの水害が多発し、26日までに471人が死亡、300人以上が行方不明となった。また、5400万人が被災、住宅43万戸が倒壊し、被害総額は179億人民元（約2700億円）に達した。陝西、福建、四川、重慶、江西、湖南、広西、貴州の8省市が特に大きな被害を受けた。湖南省の長江支流地帯では、8月中旬から被害が続出し、22日までに843万人が被災、100人以上が死亡した。

6月 豪雨（ロシア　スタブロポリ州, クラスノダル州）　6月、ロシア南部のスタブロポリ州やクラスノダル州を中心とする地域で、先週来の豪雨により河川が氾濫して大洪水が発生、25日夕までに72人が死亡した。また、少なくとも3万5000戸の家屋が流失し、8万5000人以上が避難するなど、被災者は20万人に達した。現地は穀倉地帯で、南部連邦管区全体の農作地の5.4％にあたる13万haが被災したという。

6.6 バス川に転落（アフガニスタン　サロビ）　6月6日、アフガニスタンの首都カブール東方のサロビで、パキスタンから帰還途中の難民を乗せたバスがカブール川に転落し、67人が死亡した。難民の帰還ラッシュが起きており、3月以降に推定90万人が帰還したという。

6.15 タンクローリーとバス衝突（韓国　忠清北道沃川郡）　6月15日午後3時半ごろ、韓国中部の忠清北道沃川郡の京釜高速道路でタンクローリーと観光バスが衝突、バスの乗客ら16人が死亡し、16人が負傷した。同道路はソウルと釜山を結ぶもので、釜山からソウル方面に向かっていた16トンタンクローリーが雨でスリップして中央線を越え、対向車線を走ってきた観光バスと衝突した。さらに後続車両5台が巻き込まれ、玉突き事故になった。

317

2002

6.16 　ネット・カフェで火災（中国　北京市海淀区学院路）　6月16日午前2時40分ごろ、中国北京市海淀区学院路の2階建て雑居ビル2階にあるインターネット・カフェで火災が発生、約100m^{2}を焼いて50分後に鎮火したが、24人が死亡、13人が負傷して病院に搬送された。事故現場は市西北部の大学街で、死傷者の大半は周辺の大学に通う学生だった。同カフェは約1ヶ月前にオープンしたものだが、営業許可を得ていなかった。また、出火当時、1つしかないドアは施錠されており、窓にも防犯用の鉄格子がはめられていた。出火原因は放火で、2週間前に店員といさかいを起こした13歳と14歳の男子中学生2人が、仕返しするためにガソリン1.8lを購入して火をつけたという。

6.18 　草原火災（アメリカ　アリゾナ州）　6月18日、アメリカ西部のアリゾナ州東部にあるインディアン居住区近くの草原から出火、総面積18万haを焼失する同州史上最悪の山火事となった。出火原因は放火で、犯人は火事で出動した分だけ賃金が貰える臨時雇いの消防隊員。仕事欲しさに放火したところ瞬く間に燃え広がり、キャンプ中の人が救助ヘリへの合図のため起こした別の火事の影響もあり、未曾有の大火災となったという。

6.20 　炭鉱でガス爆発（中国　黒竜江省鶏西市）　6月20日午前、中国黒竜江省鶏西市の炭鉱でガス爆発が発生し、21日までに24人が救助されたが、111人の死亡が確認され、4人が行方不明となった。

6.22 　地震（イラン　カズビーン州）　6月22日午前7時半ごろ、イラン北西部で強い地震が発生、震源に近いカズビーン州や南隣のハマダン州などで229人が死亡、1300人が負傷し、家屋約2000戸が全半壊した。震源はテヘランの西200キロのカズビーン州南部で、地震の規模はマグニチュード6.3を記録、首都テヘランなど広い範囲で揺れが感じられた。

6.24 　夜行列車が貨物列車に衝突（タンザニア　ドドマ）　6月24日朝、タンザニア中部の町ドドマ近くで列車事故が発生し、少なくとも200人が死亡、数百人が負傷した。事故現場は首都ダルエスサラームの西約400キロで、列車には約1600人が乗車していた。ダルエスサラームから北西部のキゴマへ向かう夜行列車が急こう配を走行中、機械系統の故障で失速・後退し、後続の貨物列車へ衝突したという。

7月- 　西ナイルウイルス（アメリカ）　7月から8月にかけて、アメリカで西ナイルウイルスが流行、11月21日までに3698人が感染し、212人が死亡した。感染者は32州と首都ワシントンで確認されたが、ルイジアナ州やミシガン州など、中西部での被害が大きい。CDCでは新ワクチンの開発に乗り出したという。同ウイルスは日本脳炎ウイルスに近縁のフラビウイルス科のウイルスで、人間や家畜などの哺乳類・鳥類が蚊を媒介に感染するが、今回は感染した渡り鳥により広域に拡散したとみられ、カナダやメキシコでもウイルスが確認された。

7月 　寒波（ペルー）　7月上旬から、ペルー南部の山岳地帯が厳しい寒波に見舞われ、17日までに子どもを中心に59人が死亡し、約6万6000人が被害を受けた。

7月 　モンスーン（インド　アッサム州）　7月、インドにモンスーンが到来し同国北東部の河川が増水、アッサム州全域に洪水被害が広がり、6日までに約70万人が被災した。主要都市を結ぶ高速道路が水没し、水深は2mに達したという。

2002

7月 　出血熱（ユーゴスラビア・コソボ自治州（現・コソボ））　7月、ユーゴスラビア・コソボ自治州で伝染性の出血熱が発生し、3人が死亡した。

7.1 　旅客機と貨物機空中衝突（ドイツ　バーデン・ビュルテンベルク州）　7月1日午後11時45分ごろ、ドイツ南西部のバーデン・ビュルテンベルク州上空でロシア・バシコルトスタン共和国のバシキール航空のツポレフ154型旅客機と米国系輸送会社DHLのボーイング757型貨物機が空中衝突し、両機がボーデン湖の北側に位置する同州ユーバリンゲン付近に墜落した。旅客機はモスクワ発バルセロナ行きで乗客57人と乗員12人が搭乗、貨物機はバーレーン発ブリュッセル行きで乗員2人が搭乗していたが、合わせて71人全員が死亡した。墜落現場付近では住宅や学校などが炎上したが数時間後に鎮火し、死傷者はなかった。現場空域の航空管制を行っていたレーダーシステムの欠陥や、事故当時管制センターの自動警報が作動していなかったことなどから、管制ミスが原因で衝突した可能性が高い。また、衝突防止装置（TCAS）の誤動作の可能性もある。

7.4 　貨物機墜落（中央アフリカ　バンギ）　7月4日、中央アフリカの首都バンギでフィリピン航空の貨物機が人口密集地に墜落、乗員22人全員が死亡した。地上の住民らの被害は不明。チャドからコンゴ共和国のブラザビルへ向かう途中、機体にトラブルが発生したものとみられる。

7.7 　カラオケ店で火災（インドネシア　スマトラ島パレンバン）　7月7日深夜、インドネシア・スマトラ島南部の中心都市パレンバンにある5階建てビル内のカラオケ店で火災が発生し、8日までに少なくとも32人の死亡が確認された。52人が死亡したとの情報もある。カラオケ店はビルの2階から5階を占め、30の小部屋に仕切られていた。火元は2階付近とみられ、非常口がなかったため、多数の客が逃げ場を失った。犠牲者のうち数人は窓から飛び降りて死んだという。出火原因は漏電とみられる。

7.7 　炭鉱で火災（ウクライナ　ドネツク州）　7月7日未明、ウクライナ東部のドネツク州にある炭鉱で火災が発生し、作業員33人が死亡した。出火場所は地下570mの坑道内で、石炭の粉がベルトコンベヤーと接触して発火したとみられる。同国の炭鉱は老朽化が進み事故が頻発、2001年には炭鉱災害で約300人が死亡している。

7.15 　地滑り（ネパール　ホータン地方）　7月15日未明、ネパール東部のホータン地方にある2つの村で、モンスーンによる豪雨のために大規模な地滑りが発生し、約50人が死亡、100人が行方不明となった。事故現場は首都カトマンズの東約200キロで、エベレストの麓に位置している。

7.27 　航空ショーで戦闘機墜落（ウクライナ　リボフ）　7月27日、ウクライナ西部のリボフにある空軍基地で行われた空軍部隊の創設60周年記念航空ショーで、演技飛行中のロシア製スホイ27型戦闘機が墜落し、28日までに子供19人を含む83人が死亡、116人が負傷した。負傷者の多くは重体。航空ショーで起きた事故としては過去最悪の惨事で、同国国防相が引責辞任、空軍総司令官と国軍参謀総長が解任された。同機は超低空飛行中、樹木に接触して制御不能となり、乗員2人は脱出したが機体は見物客の真っ只中に突っ込んだ。機体の全システムは正常に作動しており、パイロットの人的ミスで事故が起きた可能性が高い。

7.31 　炭鉱でガス爆発（ウクライナ　ドネツク州）　7月31日、ウクライナ東部のドネツク州にあるザシャディコ炭鉱でメタンガスの爆発事故が発生し、作業員20人が死亡し

た。事故現場は地下1076mの坑内で、4人が取り残されているという。

8月 豪雨（ヨーロッパ）　8月、前線が停滞した影響でヨーロッパ中・東部が豪雨による洪水に襲われ、20日までにロシア、ルーマニア、チェコ、オーストリア、ドイツで計111人が死亡、数十万人が被災した。チェコのプラハ、オーストリアのザルツブルク、ドイツのドレスデンなど、多くの古都も深刻な被害を受けたほか、経済的被害も甚大で、チェコの被害総額は600億コルナ（約2000億円）を上回るとみられる。洪水は同月初めにロシア南部の黒海沿岸で死者62人を出したのに始まり、チェコなどを経て、ドイツへと被害が拡大したが、この間に各地で過去最高の降雨量や水位を記録した。

8.4- 豪雨（韓国）　8月4日以降、韓国全土が豪雨に襲われ、11日午後までに31人が死亡または行方不明となった。

8.9 洪水と竜巻（ロシア　ノボロシースク）　8月9日、ロシア南部の黒海沿岸に位置するノボロシースク一帯が暴風雨による洪水と竜巻に襲われ、夏季休暇中の観光客や住民など34人が死亡、多数が行方不明となった。

8.14 山崩れ（中国　雲南省玉渓市新平イ族タイ族自治県）　8月14日未明、中国雲南省玉渓市新平イ族タイ族自治県で大規模な山崩れが発生し、16日までに28人が死亡、38人が行方不明となった。また、同県水塘鎮一帯では数日間にわたる豪雨のため山崩れや土石流が多発、住宅611戸や農地などが押し流され、人口の1割に当たる2万人以上が被災した。

8.21 地滑り（ネパール　タプラ村）　8月21日午前4時15分ごろ、ネパール東部のタプラ村で大規模な地滑りが発生、家屋約40戸が押し潰され、少なくとも65人が死亡または行方不明となった。

8.31- 台風15号（北朝鮮　江原道/韓国　江原道）　8月31日から9月1日にかけて、台風15号が北朝鮮を通過、同国東部の江原道で数十人が死亡または行方不明となった。また、道路や鉄道の被害が数百ヶ所で発生し、農業にも深刻な被害が出たという。同地域では降り始めからの降水量が500ミリを超え、一部の山間地では700ミリに達した。江原道は南北に分断されており、韓国側でも2日午後8時までに88人が死亡、70人が行方不明となった。

9.16 工場で有毒ガス発生（中国　広東省珠海市）　9月16日午後10時ごろ、中国広東省珠海市にある日系企業「珠海松下モータ」の工場で有毒ガスが発生、従業員約100人がめまいや吐き気などの中毒症状を起こして病院に搬送された。このうち55人が入院し、3人が重症だが、命に別条はないという。圧縮空気をつくるコンプレッサーの冷却用ポンプのモーターが過熱し、潤滑油などが気化して工場内に充満したものとみられる。

9.20 氷河が崩落（ロシア　北オセチア共和国）　9月20日夜、ロシア南部のカフカス地方に位置する北オセチア共和国の山岳地帯で、大量の氷河が崩落して麓の村を直撃し、22日までに地元住民や登山客ら24人が死亡、約80人が行方不明となった。行方不明者の中には、ロシアの著名な映画監督セルゲイ・ボドロフの息子で人気俳優のセルゲイ・ボドロフ・ジュニアも含まれているという。なお、この年の夏、北カフカス地方では豪雨による大規模な洪水が発生し、多くの犠牲者が出ていた。

9.26 フェリー沈没（セネガル） 9月26日深夜、セネガル沖の大西洋でフェリーが激しい風雨のために沈没し、30日までに乗客乗員合わせて1034人のうち約400人の死亡が確認され、約60人が救助されたが500人以上が行方不明となった。行方不明者の生存は絶望視されている。同船は同国南部から首都ダカールに向かう途中で、定員550人の約2倍が乗船していた。また、エンジンが故障して修理中だったという。

10.29 ビル火災（ベトナム ホーチミン市） 10月29日夕、ベトナム南部のホーチミン市中心部にある商業ビル「サイゴン国際商業センター」で火災が発生し、少なくとも54人が死亡、約50人が病院に搬送された。100人以上が死亡したとの情報もある。同ビルは6階建てで、洋服店や雑貨店などが出店している。火元とみられる2階のディスコは出火当時は開店前で、失火の可能性がある。

10.31 地震（イタリア モリーゼ州サンジュリアーノディプーリア） 10月31日午前11時40分ごろ、イタリア南部でマグニチュード5.4の強い地震が発生、22人が死亡した。震源に近いモリーゼ州カンポバッソ市付近のサンジュリアーノディプーリアで2階建ての幼稚園が崩壊して園児ら約50人が下敷きとなり、少なくとも4人が死亡、救助された22人のうち8人が重体。また、別の住宅の崩壊現場で1人の死亡が確認された。

11.1 刑務所で火災（モロッコ エルジャディダ） 11月1日未明、モロッコの首都ラバトの南約170キロ、同国西部の大西洋岸に位置するエルジャディダのシディ・ムーサ刑務所で火災が発生し、少なくとも受刑者49人が死亡、約40人が負傷した。刑務所の建物のうち1棟から出火し、別の3棟に燃え広がったという。

11.2 地震（インドネシア スマトラ島） 11月2日午前、インドネシアのスマトラ島北部で強い地震が発生した。同日までに、被害は報告されていない。震源は同島北部の都市メダン近郊で、震源の深さは33キロ、地震の規模はマグニチュード7.5を記録した。

11.10- 嵐（アメリカ 南東部） 11月10日から11日にかけて、アメリカ南東部の6州で大規模な嵐が発生、強風・竜巻・豪雨などのため、11日夜までに少なくとも36人が死亡した。特に被害が大きいテネシー州では17人が死亡、14人が行方不明となったが。同州東部のモッシーグローブではここ数年で国内最大規模の竜巻が発生し、8人が死亡したほか、教会や学校などを含むほとんどの建物が壊滅状態になった。また、テネシー州で17人、アラバマ州で12人、オハイオ州で5人、ペンシルバニア州とミシシッピ州で各1人が死亡した。

11.11 旅客機墜落（フィリピン マニラ湾） 11月11日午前6時過ぎ、フィリピンのマニラ湾でラオアグ航空のフォッカー27型旅客機が墜落、12日までに乗客29人乗員5人のうち16人が救助されたが、少なくとも14人の死亡が確認された。同機はマニラ発ルソン島北部ラオアグ行きで、午前6時7分に離陸した直後、エンジントラブルを起こして墜落したという。

11.25 幼稚園の給食に殺鼠剤（中国 広東省呉川市黄坂鎮） 11月25日正午ごろ、中国広東省呉川市黄坂鎮の幼稚園で給食を食べた園児70人と教師2人が嘔吐や痙攣などの毒症状を訴え、病院に搬送された。診断の結果、毒性の強い殺鼠剤が検出され、園児5人の症状が重いが、死者は出ていないという。

11.30 ナイトクラブで火災（ベネズエラ カラカス） 11月30日深夜、ベネズエラの首都カラカスの中心街にあるナイトクラブで火災が発生し、少なくとも47人が死亡、数十

人が負傷した。火元は調理場付近とみられ、電気配線がショートした可能性もある。

12月 - **寒波**（インド/バングラデシュ/ネパール） 12月から2003年1月にかけて、インドの北部や東部、バングラデシュ、ネパールが寒波に襲われ、約1300人が死亡した。このうち、インド国内の死者は554人で、北部のウッタルプラデシュ州で248人、東部のビハール州で72人が死亡した。

12.4 - **豪雪**（アメリカ 東海岸） 12月4日から5日にかけて、ワシントンやニューヨークを含むアメリカ東海岸一帯が豪雪に襲われ、自動車のスリップ事故などで少なくとも20人が死亡した。また、最大50cm近くの積雪を記録したニューメキシコ、ノースカロライナの両州では約120万戸が停電した。この他にも、各地で道路や高速道路が渋滞、飛行機の欠航も続出し、ノースカロライナ州の国際空港では約3000人の旅客が空港ビル内で一夜を明かした。

12.23 **旅客機墜落**（イラン イスファハン） 12月23日午後7時半ごろ、イラン中部のイスファハン郊外の村でウクライナのアントノフ140型旅客機が墜落、乗客42人乗員4人の全員が死亡した。同機にはウクライナとロシアの航空産業関係者が乗っており、ウクライナとイランが共同開発した新型旅客機の実験飛行式典に出席するため、ウクライナからイスファハンへ向かう途中だった。

この年 **干ばつ**（アフリカ） ジンバブエ、マラウイなどアフリカの6カ国の約6000万人が干ばつによる不作、水不足などのため食糧危機に瀕していることが、7月10日、世界保健機関（WHO）より発表された。

＜ 2003 ＞

1.8 **旅客機墜落**（トルコ ディヤルバクル） 1月8日夜、トルコ南東部の中心都市ディヤルバクルでトルコ航空の旅客機が墜落、乗客乗員合わせて約80人のうち5人が救助されたが、75人が死亡した。同機はイスタンブール発ディヤルバクル行きで、ディヤルバクル空港への着陸に失敗し、軍民共用である同空港の軍用区域に墜落した。事故当時、現場付近では濃霧が発生しており、機長が操縦を誤った可能性がある。

1.18 **山林火災**（オーストラリア キャンベラ） 1月18日、オーストラリアの首都キャンベラ近郊で大規模な山火事が発生し、19日には炎が市街地の一部に到達。4人が死亡、250人が負傷し、建物400棟以上が焼失するなど、同国史上最悪の火災となった。また、首都地域政府が非常事態を宣言、住民数千人に避難命令を出した。

1.21 **地震**（メキシコ） 1月21日午後8時過ぎ、メキシコで強い地震が発生、22日までに少なくとも25人が死亡、300人が負傷した。メキシコシティの西約500キロの太平洋岸に位置し、震源に近いコリマ州に被害が集中した。メキシコシティでも大きな揺れが感じられ、市内の一部地域が停電したが、死者や建物の被害は出なかった。震源はコリマ州沖の太平洋上で、地震の規模はマグニチュード7.6または7.3。22日には最大でマグニチュード5.8の余震があった。

2月 **豪雪**（アメリカ） 2月、アメリカ東部や中西部の広い地域が豪雪に襲われ、18日午

後までに少なくとも40人が死亡した。また、首都ワシントンにある連邦政府機関の多くや、首都圏、ニューヨーク、ボストンなどの空港が一時閉鎖され、各地の学校や企業が休みとなったほか、全国で計25万世帯が停電したという。

2.1 スペースシャトル「コロンビア」空中分解（アメリカ）　2月1日午前九時、米航空宇宙局（NASA）のスペースシャトル「コロンビア」が高度約6万2000mのテキサス州上空で消息を断った。同日午前、空中分解し、爆発したことが確認された。コロンビアはフロリダ州のケネディ宇宙センターに着陸する予定で、大気圏に再突入していたが、着陸約15分前に交信が突然途絶えた。機体は空中分解し、テキサス州を中心に広範囲に破片が飛散。乗組員7人の全員が死亡した。打ち上げ直後に、耐熱材の一部が落下してシャトルの左翼に接触し、熱防護システムに亀裂が生じ、その亀裂から再突入時に発生する高温の空気が侵入、支持材などが溶けたため強度が落ち、機体全体が破壊されたとみられる。断熱材の落下を過小評価して対策を講じなかったNASAの判断ミスが追及された。

2.2 ホテル火災（中国　黒竜江省ハルビン市）　2月2日午後6時ごろ、中国黒竜江省ハルビン市のホテル「天潭酒店」で火災が発生、約20分後に鎮火したが、少なくとも33人が死亡、10人が病院に搬送された。火災発生当時、同国は春節（旧正月）休みに入っており、同ホテルもほぼ満室だったとみられる。

2.18 地下鉄で火災（韓国　大邱市）　2月18日午前10時ごろ、韓国南東部の大邱（テグ）市で地下鉄の車内から出火し、192人が死亡した。列車が「中央路」駅に到着する直前、乗客の1人がプラスチック製の牛乳容器に入った引火性物質に火をつけ、車両の床に投げつけたため車両が炎上、対向の電車にも延焼し、計12両が全焼した。犯人も負傷して病院に搬送されたが、自殺の巻き添えにすることが目的だったと供述。後に無期懲役の判決が出た。

2.19 軍用機墜落（イラン）　2月19日夕、イラン南東部ケルマン近郊でイリューシン型軍用機が墜落し、兵士と乗員計302人が死亡した。乗員18人と兵士はすべて革命防衛隊の隊員だった。同機は同国東部のザヘダンから首都テヘランの南東約800キロにあるケルマンに向かっていた。同機はケルマンから約35キロ離れた山岳地帯で墜落した。悪天候による事故とみられる。

2.20 ナイトクラブで火災（アメリカ　ウェストワーウィック）　2月20日午後11時ごろ、アメリカ北東部のロードアイランド州ウェストワーウィックにあるナイトクラブで、ロックコンサートの最中に火災が発生、全焼し、21日夕までに96人が死亡、180人が負傷した。最終的な死者数は100人を超える見通し。焼死や一酸化炭素中毒のほか、避難しようとして出入り口のドアに殺到し、圧死した人も多いとみられる。ヘビーメタルバンド「グレイト・ホワイト」が演出のためにステージ上で花火を使用したところ、天井に燃え移ったとされ、同バンドのギタリストのタイ・ロングリーも行方不明。同クラブは木造建築で、スプリンクラーはなく、消防署から花火使用許可を得ていなかった。同国では17日にも、シカゴのナイトクラブで催涙スプレーのようなものがまかれ、テロと勘違いした客が出口に殺到、21人が死亡する事件が起きている。

2.24 地震（中国　新疆ウイグル自治区）　2月24日午前10時ごろ、中国新疆ウイグル自治区カシュガル市付近で強い地震が発生、少なくとも266人が死亡、4000人以上が負傷

し、住宅1万戸以上や学校などが倒壊した。同自治区では1949年の新中国建国以来、最も被害の大きい震災だという。特に被害が大きいのは震源から東南約40キロに位置する巴楚県の瓊庫爾恰克（チョンクルハク）郷で、200人以上が死亡した。震源はカシュガル市の東約70キロの砂漠地帯、地震の規模はマグニチュード6.8を記録した。

3.1 **観光列車が脱線**（台湾　嘉義県阿里山）　3月1日午後2時過ぎ、台湾中部・嘉義県の観光地阿里山で阿里山森林鉄道の山岳観光列車が脱線、転覆し、乗客17人が死亡、156人が負傷した。事故現場は標高約2000メートル、傾斜のある緩いカーブの区間で、列車は猛スピードで坂を下るうちに脱線した。4両編成のうち一部の車両は大破した上、約10m下の橋脚下に転落した。運転士は「速度を落とそうとしたが、落ちなかった」と供述しており、ブレーキ故障の可能性がある。

3.6 **旅客機墜落**（アルジェリア　タマンラセット）　3月6日午後3時45分、アルジェリア南部のタマンラセトでアルジェリア航空のボーイング737型旅客機が墜落、乗客乗員合わせて103人のうち102人が死亡、1人が重傷を負った。タマンラセトは同国の首都アルジェの南約1300キロに位置し、同機はアルジェに向けてタマンラセトの空港を離陸した直後に墜落した。離陸中にエンジンから出火したか、あるいは離陸後に機体に何らかのトラブルが発生したものとみられる。

3.31 **土砂崩れ**（ボリビア　ラパス県）　3月31日、ボリビア・ラパス県北部のチマ金鉱山で土砂崩れが発生し、19人が救助されたが、約400人が死亡した。事故現場はペルーやブラジルとの国境に近い露天掘り金鉱山で、労働者約150戸が住む集落が土砂に飲み込まれたという。

4.7 **学校で火災**（ロシア　サハ共和国ビリュイスク）　4月7日、ロシア・シベリア地域のサハ共和国西部、ビリュイスク郊外の村にある学校で火災が発生、木造2階建て校舎が全焼し、小中学校の児童・生徒22人が死亡、12人が負傷した。出火当時、校舎には児童・生徒約120人がいたという。

4.10 **ろうあ学校寄宿舎で火災**（ロシア　ダゲスタン共和国マハチカラ）　4月10日未明、ロシア南部・ダゲスタン共和国の首都マハチカラにあるろうあ学校の寄宿舎で火災が発生、れんが造り一部木造の2階建て寄宿舎がほぼ全焼し、就寝中だった8歳から14歳の児童生徒166人のうち28人が死亡、29人が負傷した。屋内電気設備の漏電が原因とみられる。同国では教育施設の老朽化が深刻で、3日前の4月7日には東部シベリア地域のサハ共和国にある学校施設で漏電を原因とする火災が発生、児童生徒22人が死亡している。

5月- **熱波**（南アジア）　5月中旬から6月初めにかけて、インド南部のアンドラプラデシュ州が2週間にわたる熱波に襲われ、約1000人が死亡した。同州では平年を5度から7度上回る50度以上の暑さが続き、日中も屋外で働く労働者などに犠牲者が出ている。また、隣国バングラデシュでも、この1週間で42人が熱波のために死亡したという。パキスタンも記録的な猛暑に見舞われ、9日までに約200人が死亡した。同国中部の砂漠地帯に位置し、地球上で最も暑い町の一つといわれるシビでは、6日に最高気温53度を記録。南アジアではモンスーン（雨期）を前にしたこの時期が最も暑い季節だという。

5.1 **地震**（トルコ　ビンゴル州）　5月1日午前3時27分ごろ、トルコ南東部のビンゴル州で強い地震が発生、3日までに147人の死亡が確認され、約1000人が負傷した。同州

チェルティクスユ村では寄宿学校が倒壊、117人が救助されたが、46人が遺体で回収されたほか、約40人が瓦礫の下で生き埋めになっており、死者の数はさらに増える可能性が高い。震源は首都アンカラの東約690キロに位置するビンゴル郊外、地震の規模はマグニチュード6.4を記録した。

5.1　バス転落（南アフリカ共和国　ベスレヘム）　5月1日未明、南アフリカ中部のベスレヘム近郊でバスがダムに転落し、少なくとも63人が死亡、10人が病院に搬送された。死者数はさらに増える可能性がある。同バスは労働団体のメンバー約90人を乗せ、メーデーの集会場へ向かう途中だった。

5.2　潜水艦爆発で窒息死（中国　山東省煙台）　5月2日の発表によると、中国山東省煙台沖の黄海で訓練中の通常型潜水艦「361番艦」で機械系統の事故が発生し、乗組員70人全員が死亡した。事故現場は中国領海の内長山列島の東側。事故を起こしたのは北海艦隊所属の明型潜水艦とみられ、同艦は事故後は付近の港に曳航された。同軍が事故を公表するのは極めて異例だが、事故の発生日時、訓練内容や事故当時の模様、事故原因など、詳しい情報は発表されなかった。排気バルブの誤作動、ガス漏れ、艦内の爆発など、なんらかの理由で艦内が酸素不足になり、乗組員が窒息死したとの見方が強い。

5.4-　竜巻（アメリカ　中西部）　5月4日から5日にかけて、アメリカ中西部で巨大な竜巻を含む嵐が発生、少なくとも38人が死亡した。発生した竜巻は80個を超え、ミズーリ州で18人、テネシー州で13人、カンザス州で7人が死亡したほか、ミズーリ州で8人が行方不明になったとの情報もある。

5.8　列車とバス衝突（ハンガリー　シオーフォク）　5月8日午前8時30分ごろ、ハンガリーの首都ブダペストの南西約100キロ、同国中部バラトン湖畔のリゾート地として知られるシオーフォクでバスと列車が衝突し、少なくともバスの乗客33人が死亡した。ドイツ人観光客らを乗せたバスが線路を渡ろうとした際、ブダペスト発ナジカニジャ行きの列車と衝突したという。

5.8　輸送機のドア開き乗客墜落（コンゴ民主共和国）　5月8日、コンゴ民主共和国上空を飛行中のロシア製イリューシン76型輸送機のドアが突然開き、乗客が機外に吸い出される事故が発生した。事故は離陸から45分後、高度約2200m地点で発生したが、気圧系統の故障でドアが開いたものとみられる。同機は民間会社所有で、同国の軍部がチャーターし、首都キンシャサから同国南東部の都市ルブンバシに向かう途中だった。軍人やその家族など約200人が搭乗していたが、うち7人が機外に吸い出されたという。生き残ったのは20人だけという情報もある。

5.9　バスとタンクローリー衝突（パキスタン　パンジャブ州）　5月9日、パキスタン中部のパンジャブ州で路線バスとタンクローリーが正面衝突し、バスの乗客のうち少なくとも24人が死亡、20人が負傷した。事故現場は2車線道路で、バスが中部の都市ムルタンへ向かう途中、他の車を追い越そうとして中央線からはみ出したものとみられる。

5.15　寝台特急が炎上（インド　パンジャブ州ルディアーナー）　5月15日朝、インド北部のパンジャブ州ルディアーナー近郊でムンバイ発アムリツァル行きの寝台特急列車から出火、3両が炎上し、乗客35人が死亡、10人以上が負傷した。

5.17　バス土手に衝突（フランス　リヨン）　5月17日午前5時ごろ、フランス中部のリヨン北郊でバスが幹線道路を外れて土手に衝突し、少なくとも28人が死亡、約40人が負傷した。バスはドイツ人観光客78人を乗せ、ドイツからスペインに向かう途中だった。路面は雨で滑りやすくなっていたという。

5.21　地震（アルジェリア　アルジェ）　5月21日午後7時45分、アルジェリアの首都アルジェ近郊で強い地震が発生、25日までに2162人が死亡、8965人が負傷した。アルジェの東約50キロに位置するブーメルデス地域で特に被害が大きいという。震源はアルジェの東約60キロ付近で、震源の深さは約10キロ、地震の規模はマグニチュード6.7を記録した。

5.25　フェリー沈没（フィリピン　コレヒドール島）　5月25日午前11時過ぎ、フィリピン・マニラ湾の入り口に位置するコレヒドール島近くの海上で、フェリー「サンニコラス号」が別の大型客船と衝突して沈没、乗客乗員約230人のうち約200人が救助されたが、25人が死亡した。

6月－　熱波（ヨーロッパ）　6月から8月20日ごろまで、欧州各地が記録的な熱波に襲われた。特に8月に入ってからは各地で気温40度前後を記録し、多数が死亡した。ボルドー地方で40.7度を記録したフランスでは、21日までに推定約1万人が死亡し、同国史上最大の熱波被害となった。このうち50％が老人ホームで、30％が病院で、20％が在宅で死亡した。同国の夏の平均最高気温が24度と過ごしやすく、冷房のない家が大半だったことから被害が拡大した。この他に、ポルトガルで約1300人、イタリアで約1000人、スペインで数百〜約1000人が死亡した。一方、英国では最高気温記録を更新したが、熱波を直接の原因とする死者は出ていないという。農業被害も深刻で、欧州連合（EU）全体の農産物の生産量はひまわりが前年比25％、トウモロコシが同10％、ほかに小麦、てんさい、ジャガイモなどが数％の減産になる見通し。ドイツ、フランス、ポルトガル、イタリアなどで特に被害が大きいとされる。

6月－　サル痘（アメリカ）　6月、アメリカで初となるサル痘の人間への感染例が報告され、7月2日までに感染の疑いのある人が81人に達した。感染者が出たのはウィスコンシン州など中西部の3州で、イリノイ州のペット販売会社がアフリカから輸入したげっ歯類が感染源とみられる。サル痘は天然痘に近い種類のウイルスが病原体で、中央・西アフリカの熱帯地方の霊長類などを起源とする。天然痘に比べ感染力は弱く、致死性はないとされる。

6.1　ボート沈没（パキスタン　キンジャール湖）　6月1日、パキスタン南部のカラチの東約130キロに位置するキンジャール湖でボートが沈没し、2日までに乗っていた28人のうち26人の遺体が回収された。定員オーバーで転覆したものとみられる。

6.3　旅客列車と貨物列車が衝突（スペイン　アルバセテ）　6月3日夜、スペイン中部のアルバセテ付近で旅客列車と貨物列車が正面衝突し、4日までに22人の死亡が確認された。

6.7　トンネルの壁にバス激突（トルコ　エルジンジャン）　6月7日未明、トルコ東部のエルジンジャン近くの高速道路で大型バスがトンネルの壁に激突し、27人が死亡、33人が負傷した。事故現場にはブレーキをかけた形跡がなく、運転手の居眠り運転の可能性が高いという。

6.19 石油パイプライン爆発(ナイジェリア) 6月19日、ナイジェリア南東部で石油パイプラインが爆発し、少なくとも105人が死亡した。多数の負傷者が病院に搬送されており、犠牲者数はさらに増える可能性がある。爆発したのは同国南部ポート・ハーコートからエヌーグーに石油を運ぶパイプラインで、付近の住民らが漏れ出した石油をくみ取っていた際に爆発したという。

6.22 列車脱線(インド マハラシュトラ州) 6月22日夜、インド西部のマハラシュトラ州でインド国鉄の列車が線路上の岩石に乗り上げて脱線し、乗客少なくとも24人が死亡、25人が負傷した。事故現場はムンバイの南約400キロ地点で、岩石は数日来の豪雨による地滑りで線路上へ落ちたらしい。列車はムンバイ行きの臨時列車で、行楽客多数を乗せていた。

7.8 フェリー沈没(バングラデシュ メグナ川) 7月8日深夜、バングラデシュの首都ダッカ南方のメグナ川でフェリーが沈没、乗客約750人のうち約150人の生存が確認されたが、約600人が行方不明となった。同フェリーはダッカから同国南部のベンガル湾沿岸に位置するボラ島に向かうもので、ダッカから約60キロ地点で沈没した。乗客の他に大量のコメや野菜が積まれていたといい、過積載の疑いがある。

7.8 旅客機墜落(スーダン ポートスーダン) 7月8日午前4時ごろ、スーダンの紅海沿岸に位置する都市ポートスーダン近郊でスーダン航空のボーイング737型旅客機が墜落、2歳の男児1人が救助されたが、それ以外の乗客乗員合わせて115人が死亡した。同機はポートスーダン発ハルツーム行きの国内便で、トラブルが発生したため空港に引き返すとの報告があり、その直後に墜落したという。

7.10 バス転落(香港 新界地区汀九) 7月10日午前6時半ごろ、香港新界地区汀九の幹線道路で2階建て路線バスとトレーラーが接触、バスが約50m下の斜面に転落し、22人が死亡、20人が負傷した。事故現場は幹線道路の分岐点で、ガードレールの一部が落下し、道路下の民家の屋根も破損した。

7.21 地震(中国 雲南省大姚県) 7月21日午後11時16分ごろ、中国雲南省の中心都市昆明市から北西約180キロに位置する同省大姚県で強い地震が発生、22日までに15人の死亡が確認されたほか、約400人が負傷し、100万人が被災した。震源は同県付近、地震の規模はマグニチュード6.2を記録し、揺れは数十秒間続いたという。

7.22 エッフェル塔で火災(フランス パリ) 7月22日夜、フランスの首都パリを代表する観光名所エッフェル塔(高さ324m)で火災が発生、観光客ら約4000人が避難する騒ぎとなったが、約1時間後に鎮火し、死傷者は出なかった。火災が起きたのは同塔最上部近くにある3階の通信・機械室。同室にはラジオ・テレビの発信機器が設置されており、電気のショートが原因で電気ケーブルから出火した。

8.3 ガス爆発(インド グジャラート州スラト) 8月3日未明、インド西部のグジャラート州スラトにある3階建ての建物でガス爆発が発生、この建物など数棟が倒壊し、20人が死亡、40人以上が負傷した。50人から70人が瓦礫の下で生き埋めになっているとの情報もあり、犠牲者の数はさらに増える可能性がある。

8.3 ダイナマイトが爆発(パキスタン ガヤル) 8月3日未明、パキスタン北部の村ガヤルの住宅密集地で道路工事用のダイナマイトが爆発し、少なくとも住民45人が死亡、13人が行方不明となり、70人以上が負傷した。建設業者が自宅に保管していたダイ

ナマイトが、漏電をきっかけに爆発したとみられる。

8.14 **地震**(ギリシャ イオニア諸島)　8月14日午前8時15分ごろ、夏のバカンス地として知られるギリシア西部のイオニア諸島で強い地震が発生、震源に近いレフカダ島で観光客や住民ら25人以上が負傷したほか、家屋の損壊や停電などの被害が出た。震源は同島の西約30キロのイオニア海の海底で、震源の深さは約14キロ、地震の規模はマグニチュード6.4と推定される。同島の南に連なるケファロニア島や北方約80キロのコルフ島でも揺れが観測された。

8.14 **大停電**(アメリカ/カナダ)　8月14日午後4時ごろ、アメリカ北東部からカナダ南東部にいたる広い地域で大規模な停電が発生、5000万人が影響を受けた。このうちニューヨーク州が1900万人、カナダが1000万人で、他にオハイオ、ニュージャージー、ミシガン、コネティカット、マサチューセッツの各州に被害が及んだ。経済的な損失額はニューヨーク市だけで約10億5000万ドル(約1250億円)に達する見込み。発端は、同日午後3時5分から41分にかけて、オハイオ州東部の電力会社の3ヶ所の高圧送電線が樹木に触れて機能停止したこととされる。異常をモニターする警戒システムがダウンしていて対応が遅れ、他の高圧送電線に負荷がかかり被害が拡大した。また、同州などアメリカ中西部の電力網監視機関が異常を即時にモニターする機能を備えていなかったため、トラブルに対処できなかった。

8.16 **山崩れ**(ネパール ラムチェ村)　8月16日早朝、ネパールの首都カトマンズの北約50キロにあるラムチェ村で、数日にわたる豪雨のため山崩れが発生、軍キャンプが巻き込まれ、軍人15人が死亡、5人以上が行方不明となった。事故当時、キャンプには約100人の軍人がいたという。

8.22 **ロケット爆発**(ブラジル マラニョン州)　8月22日午後1時半ごろ、ブラジル北東部のマラニョン州にあるアルカンタラロケット打ち上げ基地で、同国が開発した人工衛星打ち上げ用ロケットが爆発し、同国航空宇宙局の職員ら21人が死亡、約20人が負傷した。ロケットは同月25日以降に発射予定で、最終整備が行われていた。同国政府は事故原因を発表していないが、試験中にエンジン4基のうち1基が誤って点火されたとの見方が強い。

9月 **台風14号**(韓国)　9月、韓国南部と中部が強い台風14号の直撃を受け、各地が記録的な豪雨と暴風に襲われ、14日までに87人が死亡、28人が行方不明となった。また、電線の切断により計140万世帯が停電し、道路・鉄道・通信網にも大きな被害が出たほか、住宅や農地の浸水被害も相次いだ。コンテナ取扱量世界第3位を誇る釜山港では、コンテナふ頭にある高さ40mの大型クレーン8台が強風で倒れ、同港の全物流の約25%が当面ストップする事態となった。なお、同国南端の済州島では、12日に同国気象観測史上最大となる風速60mを記録した。

9.15 **刑務所で火災**(サウジアラビア リヤド)　9月15日昼ごろ、サウジアラビアの首都リヤドにある刑務所で火災が発生し、受刑者67人が死亡した。また、受刑者約20人と看守3人が煙を吸って手当てを受けたという。

9.18- **ハリケーン「イザベル」**(アメリカ)　9月18日午後1時ごろ、アメリカ・ノースカロライナ州に大型のハリケーン「イザベル」が上陸、同日から19日にかけて勢力を弱めて熱帯低気圧となりつつ同国東部を北上し、同日夕までに23人が死亡した。特に被害が大きいバージニア州で14人が死亡するなど、計6州とワシントンで死者が出た

という。また、ノースカロライナ、バージニアの両州とワシントンで約550万戸が停電し、空港が閉鎖されて2000便以上が欠航したほか、これらの地域にある連邦機関の多くが閉鎖され、2日間にわたり首都機能が麻痺した。

9.20 列車とバス衝突（パキスタン　パンジャブ州）　9月20日午前8時15分ごろ、パキスタン中部のパンジャブ州にある踏切で列車とバスが衝突し、バスの乗客少なくとも27人が死亡した。

10月- A型肝炎（アメリカ　ピッツバーグ）　10月から11月にかけて、アメリカ・ペンシルバニア州ピッツバーグ近郊でA型肝炎が流行、11月14日までに490人が感染し、このうち3人が死亡した。感染者はいずれもピッツバーグ北西約40キロのビーバー郡にあるレストランの利用客で、同店のグリーンオニオン（細身のネギ）が感染源とみられる。また、ジョージア州やテネシー州でも、汚染されたグリーンオニオンが原因とみられるA型肝炎の発症が報告されているという。

10.9 バスとトラック衝突（インドネシア　東ジャワ州バニュワンギ）　10月9日未明、インドネシア東ジャワ州バニュワンギ近くでバスとトラックが衝突、さらにミニバンが突っ込んでバスが炎上し、少なくとも54人が死亡した。バスにはバリ島で休日を過ごしてジョクジャカルタの学校に戻る女子学生らが乗っており、死者のうち51人が女子学生、3人が教師らだった。また、運転手と助手が重傷を負ったと伝えられるが、負傷者数は明らかでない。

10.21 山林火災（アメリカ　カリフォルニア州/メキシコ）　10月21日、アメリカ・カリフォルニア州南部のロサンゼルス郊外で山火事が発生、国境を越えてメキシコまで燃え広がり、29日までにメキシコ人2人やサンディエゴ郡で消火作業にあたっていた消防士を含む22人が死亡、96人が負傷した。また、付近の住民ら少なくとも2000人が避難したほか、被災した家屋は3452戸、焼失面積は30万1800ha、被害総額は20億ドル（約2160億円）に達した。出火地点はロサンゼルスの東約80キロのサンベルナディノ郡で、強風にあおられて延焼し、同州で過去最悪の山火事に発展した。11月2日に雪と雨でようやく鎮火した。出火時の初動の遅れ、立ち枯れた山の放置など政府の責任論が噴出した。

11.2 豪雨（インドネシア　北スマトラ州ボホロック郡）　11月2日、インドネシア・スマトラ島の北スマトラ州ボホロック郡で数日来の豪雨のため洪水が発生し、外国人5人を含む約70人が死亡、数十人が行方不明となった。現場はオランウータンの生息地として有名な山間部の国立公園内で、2日夜に雨が激しくなり、周辺の宿泊施設や民家200世帯以上が破壊された。

11.24 大学の学生寮で火災（ロシア　モスクワ）　11月24日未明、ロシアの首都モスクワにあるルムンバ民族友好大学の学生寮で火災が発生、5階建ての寮をほぼ全焼し、外国人留学生ら36人が死亡、約140人が負傷した。負傷者のうち10人が深刻な状態にあるという。この寮では100ヶ国以上の学生約280人が生活しており、このうち2人は日本人だが、いずれも無事確認された。電気系統のショートが火災の原因との情報がある。

11.24 フェリー同士衝突（コンゴ民主共和国　マイ・ヌドンベ湖）　11月24日、コンゴ民主共和国西部のマイ・ヌドンベ湖で2隻のフェリーが衝突し、少なくとも163人が死亡した。事故当時は激しい暴風雨だったという。

11.30　バス横転(イラク　ナシリヤ)　11月30日、イラク南部のナシリヤ近郊でバスが交通事故を起こして横転し、乗客ら17人が死亡、33人が負傷した。バスの乗客はイスラム教シーア派信者のクウェート人で、イラク中部のカルバラで行われた同派有力者の葬儀に参列して帰国する途中だった。事故原因は明らかでない。

12.20　土砂崩れ(フィリピン)　12月20日、フィリピン中部から南部にかけての各地で豪雨による土砂崩れが発生、22日夕までに131人の死亡が確認され、111人が行方不明となった。特に被害が大きいのはレイテ島南部で、サンフランシスコとリロアンで大規模な土砂崩れが発生し、一帯が災害特別対策地域に指定された。

12.20　不法移民の船が沈没(トルコ)　12月20日夜、トルコ沖の地中海で中東諸国からの不法移民を乗せた船が沈没し、少なくとも7人が死亡、50人以上が行方不明となった。同船は木製で、船体の長さは約14m。20日夜にトルコ南西部のリゾート地マルマリスを出港し、ギリシャのロードス島へ向かっていた。事故当時、付近の海域では強風が吹いていたという。

12.23　アメリカで初のBSE牛(アメリカ　ワシントン州)　12月23日夕、米国農務省が、同国内で初めてBSE(狂牛病・牛海綿状脳症)の感染が疑われる牛1頭が確認されたと発表した。問題の牛は5歳から6歳のホルスタイン種の乳牛で、ワシントン州で飼育されていた。同月9日に食肉処分のため州内の食肉処理場に移送されたが、歩けなくなるなどの症状があったため、同省の国立獣医療研究所が組織標本を検査し、23日に「陽性が推定される」結果が出た。24日、日本の農林水産省と厚生労働省が米国産牛肉・牛肉加工品・生体牛の日本への輸入を禁止し、輸入に必要な動物検疫所の輸入検疫証明書の発行を停止した。

12.23　天然ガス田で有毒ガスが噴出(中国　重慶市開県)　12月23日午後10時ごろ、中国重慶市開県の天然ガス田で有毒ガスが噴出する事故が発生し、2004年1月4日までに作業員や付近の住民ら243人が死亡した。緊急避難したのは約4万人。事故が起きたのは国有企業「中国天然ガス集団」が所有する大型天然ガス田で、ガス井の深さは約4000メートル、ガス産出量は1日100万立方メートル。硫化水素の混じった天然ガスが地上から約30mの高さまで噴出し、約10キロ離れた地点でもガス臭がしたという。

12.25　旅客機ビルに激突・墜落(ベナン　コトヌー)　12月25日、ベナンの主要都市コトヌー沖合の大西洋にボーイング727型旅客機が墜落、乗客156人乗員7人のうち18人が救助されたが、少なくとも90人が死亡した。乗客の多くはレバノン人とみられる。同機はギニアの首都コナクリ発ドバイ経由ベイルート行きで、コトヌーの空港を離陸後にトラブルで車輪を収容できず、滑走路端のビルに激突して爆発した後、滑走路近くの海に墜落したという。

12.26　地震(イラン　ケルマン州バム市)　12月26日午前5時半ごろ、イラン南東部ケルマン州の古都バム市を中心にマグニチュード6.3の強い地震が発生、最終的な死者数は4万人に達する見通しとなった。また、バム市街の家屋の約70%が倒壊し、約2000年の歴史を持ち観光名所として知られる要塞都市遺跡「アルゲ・バム」も壊滅状態となった。日干しレンガ造りの古い家屋が多く簡単に倒壊したこと、大勢の人々が就寝中だったことから、被害が拡大したものとみられる。

12.26　炭鉱で火災(中国　河北省邯鄲市武安)　12月26日、中国河北省邯鄲市武安の炭鉱で火災が発生し、坑内にいた作業員36人のうち26人が死亡した。何らかの原因で坑内

のケーブルから出火し、近くの木材に燃え広がったという。中国では炭鉱事故が相次いでおり、国家安全生産監督管理局が安全強化を呼び掛けていた。なお、同省では同月7日にも張家口市の炭鉱でガス爆発が発生し、作業員20人が死亡している。

この年　新型肺炎SARS（世界）　アジアを中心に、新型肺炎（重症急性呼吸器症候群＝SARS）により、世界中で774人の死者が出た。この肺炎は新種のコロナウイルスが病原体で、ジャコウネコ科のハクビシンが保持しており、それが人間に感染したとの見方がある。2002年11月に発生が認められた中国など、東アジアを中心に流行していたSARSは、やがて世界中に拡大。3月12日には世界保健機関（WHO）から異例の「地球規模的警告」が発令された。約30の国と地域で8000人が発症し、各国で政治経済が混乱に陥った。7月に一旦終息宣言が出されたが、その後も数例の感染が確認された。

⟨ 2004 ⟩

1月 -　SARS（中国　広東省広州）　1月から2月にかけて、中国の広東省広州市で計4人が重症急性呼吸器症候群（SARS）に感染していることが確認された。03年7月に世界保健機関（WHO）からの制圧宣言が出されて以降初めての感染者となる。また、4月から5月にかけても、北京と安徽省で計6人の感染が確認され、うち1人が死亡した。

1.3　旅客機墜落（エジプト　シャルムエルシェイク）　1月3日午前4時45分、エジプト・シナイ半島南部の保養地シャルムエルシェイク近くの紅海上で、エジプトの民間航空フラッシュ・エアラインのボーイング737旅客機が墜落した。乗客乗員計148人は全員死亡したとみられる。同機はカイロ経由でパリへ向かうため、シャルムエルシェイク空港から離陸した数分後、南へ十数キロの洋上でレーダーから姿を消した。

1.8　バス用水路に転落（パキスタン　バッカル）　1月8日、パキスタン中部の町バッカル近郊で、バスが用水路に転落。9日までに少なくとも28人が死亡した。大部分は地元の学校に通う生徒だった。バスは走行中に前の車軸が破損しハンドルがきかなくなったという。全乗客数はわかっていない。

1.11　市街火災（フィリピン　マニラ）　1月11日深夜から翌朝にかけて、マニラ市北西部のスラム地域、トンド地区で、大規模な火災が発生、約5000家族、2万人以上が焼け出された。トンドは東南アジア最大のスラムといわれ、電気がない世帯も多く、火事の原因はろうそくの火とみられる。スラム特有の小住宅が密集し、消防活動が困難なのも被害が大きくなる一因となった。

1.13　旅客機墜落（ウズベキスタン）　1月13日、ウズベキスタン国営航空のヤコブレフ40型旅客機が同国のタシケント空港近くで墜落し、乗員乗客計37人全員が死亡した。

1.19　ガス施設爆発（アルジェリア　スキクダ）　1月19日、アルジェリア北部の港湾都市スキクダで、液化天然ガス（LNG）施設が爆発し、20日までに少なくとも23人の死者と74人の負傷者が確認され、9人の作業員が行方不明になった。

1.23　結婚式場で火災（インド　スリランガム）　1月23日、インド南部の町スリランガムの

結婚式場で火災が発生し、約500人の出席者のうち少なくとも51人が死亡した。漏電による出火とみられ、ホールに飾られたシュロの葉に火が燃え移ったという。パニックとなった出席者たちがホールの狭い出入り口に殺到、犠牲者の多くは圧死したとみられる。

1.26 **火災で船沈没**（コンゴ民主共和国）　1月26日、コンゴ民主共和国北西部のコンゴ川で約500人が乗っていたとみられる船が火災で沈没、1月31日までに約200人が行方不明になった。船は多くの部分が木製で、火災は船員が故障したエンジンを修理中に発生。約300人の生存者は船から飛び込み、泳いで岸にたどり着いた。

2.1 **巡礼者将棋倒し**（サウジアラビア　メッカ）　2月1日、イスラム教最大の聖地メッカで、イスラム教徒にとって最も重要な行事であるハッジ（大巡礼）に参加していた大勢の巡礼者が折り重なって倒れ、244人が死亡、240人以上が負傷した。悪魔にみたてた石柱に小石を投げる儀式の最中、巡礼者の間で押し合いが発生し、倒れた人が押しつぶされて死亡したとされる。この年のハッジには約200万人が集まっていた。

2.2 **集合住宅が崩壊**（トルコ　コンヤ）　2月2日夜、トルコ南西部のコンヤ郊外で、10階建ての集合住宅が崩壊、住民らが瓦礫の下敷きになった。3日までに死者は少なくとも15人、負傷者は30人に達した。この集合住宅は築5年で36世帯が入居、約140人が暮らしていた。崩壊の原因は明らかになっていないが、集中暖房システムの爆発が崩壊を引き起こした可能性や、ビルの建築に問題があったなどの説がある。

2.5 **橋上で圧死**（中国　密雲県）　2月5日夜、北京市郊外の密雲県で、元宵節（旧暦1月15日）の祭りに集まっていた観客が橋の上で折り重なって倒れ、37人が死亡、15人が負傷した。事故現場は同県の中心部にある密虹公園内の約50mのアーチ型の橋の上。階段状になった橋の上で1人がつまずいて転んだのをきっかけに後続の客が次々と倒れた。橋の上や周辺は観客でごった返していた。

2.6 **地震**（インドネシア　パプア州ニューギニア島）　2月6日午前、インドネシア・パプア州（ニューギニア島）周辺で、マグニチュード6.9の地震があり、26人が死亡、負傷者数は600人以上となった。

2.11 **口蹄疫**（モンゴル　ドルノゴビ県）　2月11日、モンゴル東南部のドルノゴビ県で口蹄疫のため100頭余りの牛が死亡した。同国政府は拡大防止のため同県を通過してウランバートルと中国内モンゴル自治区を結ぶ列車の停車も禁止した。

2.14 **積雪でプールの屋根崩壊**（ロシア　モスクワ）　2月14日、モスクワ南西部の大型複合娯楽施設「トランスワール・パーク」で大型プールの屋根が崩壊、子供6人を含む28人が死亡、17人が行方不明となり、約110人が負傷した。この屋根はガラス張りの鉄骨製で、積もった雪の重さに耐えられず約5000m^{2}にわたって崩壊したとみられる。現場では、流水滑り台などの施設が壊れ、瓦礫の下から約100人が救助された。事故当時、プールには約400人がおり、氷点下15度の中、水着姿で屋外に避難した客もいた。

2.14 **地震**（パキスタン）　2月14日夕、パキスタン北部でマグニチュード5.7と5.5の地震が相次いで発生。山道で落石の直撃を受けた小型バスが川に転落13人が死亡するなど、少なくとも20人以上が死亡した。震源地は北西辺境州の州都ペシャワールの北東約200キロの山岳地帯で、揺れは首都イスラマバードやインド側カシミールのスリ

ナガルでも観測された。

2.15 ビル火災（中国　吉林省）　2月15日午前11時20分ごろ、中国吉林省吉林市の雑居ビルで火災が発生、53人が死亡、68人が負傷した。負傷者のうち、13人は重傷。4階建てビル後部のボイラー室に隣接した臨時倉庫から燃え広がったという。このビルは1、2階に商店、3階はサウナ、4階がビリヤード場、カラオケバーになっていた。出火から4時間後に鎮火されるまで燃え続けた。

2.15 寺院火災（中国　浙江省）　2月15日午後2時15分ごろ、中国浙江省海寧市五豊村の寺院で、火災が発生した。火は約30分後に消し止められたが、焼け跡から参拝客39人が遺体で発見され、4人が負傷した。

2.18 貨物列車爆発・脱線（イラン　ホラサン州）　2月18日午前、イラン北東部ホラサン州のネイシャブール近郊で、ガソリンや化学物質などを積んだ貨物列車が脱線して爆発し、19日までに計320人に上った。駅付近に停車中の51両の貨車が動き出し、坂道を下って脱線、出火した。爆発の瞬間、マグニチュード3.7の地震が観測された。消火作業中に大きな爆発が起き、消防士、見物人が多数巻き添えとなった。爆発により付近の集落も被災し、住民が犠牲になったという。事故原因は、駅職員の職務怠慢か列車のブレーキ故障とみられる。

2.24 地震（モロッコ　アル・ホシーマ）　2月24日午前2時半ごろ、モロッコ北部の港町アル・ホシーマ付近で、マグニチュード6.5程度の強い地震が発生した。死者は少なくとも564人、けが人も約300人に上った。現場周辺の村落には泥レンガ造りの家が多く、多数の住人が瓦礫の下敷きになっており、軍などが出動し救助活動にあたった。

2.26 マケドニア大統領墜落死（ボスニア・ヘルツェゴビナ）　2月26日午前8時ごろ、ボスニア・ヘルツェゴビナ南部ストラツ近くの山岳部で、マケドニアのトライコフスキ大統領の乗った小型飛行機が墜落、同大統領は死亡した。同機には大統領のほかに8人の政府関係者らが乗っていたが、全員死亡した。墜落当時、現場は濃霧と雨の悪天候だったという。大統領は経済会議のため、ボスニアのモスタルに向かっていた。

2.27 客船火災（フィリピン　マニラ湾沖）　2月27日午前1時ごろ、フィリピン・マニラ湾沖のコレヒドール島近海で、航行中の客船スーパーフェリー14（1万トン）で火災が発生し、乗客乗員約870人は救命艇などで脱出。同日朝の段階で約200人が不明、1人の死亡が確認された。

3.16 集合住宅でガス爆発（ロシア　アルハンゲリスク）　3月16日未明、ロシア北部のアルハンゲリスクの警察集合住宅で、ガス爆発があり、9階建ての建物がほぼ全壊した。17日までに、死者は50人に達し、爆発で負傷した人のうち5人が重体となった。

4.5 バス同士追突転落（中国　貴州省）　4月5日、中国貴州省遵義市で、バス同士の追突事故が発生、2台のバスはいずれも崖下に転落して乗客ら28人が死亡し、4人がけがをした。バスの乗客数は不明。バスは事故後、2台とも25mほどの斜面を転げ落ち、さらに深さ160mの崖下に落ちた。事故現場は山間部だった。

4.10 炭鉱で爆発（ロシア　ケメロボ州）　4月10日、ロシアの西シベリア・ケメロボ州のタイジナ炭鉱でガス爆発があり、作業員42人が死亡し、5人が行方不明になった。坑内に充満したメタンガスが何らかの原因で引火したとみられる。

2004

- **4.16 化学工場で爆発**（中国　重慶市）　4月16日早朝、中国・重慶市内の化学工場で爆発が起き、工場の社長や従業員計9人が死亡したか、行方不明となり、3人が負傷した。工場周辺に住む15万人が避難した。15日午後7時ごろに工場の配管に穴が見つかったため緊急処置をしていたところ、16日午前2時ごろ1回目の爆発が起きた。同日昼ごろから周辺住民の避難が始まったが、午後6時ごろに2度目の爆発が起きた。現場付近には黄色の気体が広がったという。避難していた約15万人のうち、工場付近の住民約3万人がテントで夜を明かした。

- **4.22 貨物列車同士衝突・爆発**（北朝鮮　竜川）　4月22日午後2時ごろ、中国国境に近い北朝鮮の新義州から約15キロの平安北道・竜川（リョンチョン）の鉄道駅で、LPガスと石油を積んだ貨物列車同士が衝突、大規模な爆発が発生し、多数の死傷者が出た。事故の9時間前、金正日総書記が訪中の帰途、特別列車で同駅を通過していた。北朝鮮当局は事故現場一帯に非常事態を宣言した。死傷者数が3000人に上る可能性があると伝えられた。事故で竜川駅周辺は爆撃を受けた後の廃虚のようになった。

- **4.30 船舶沈没**（ベトナム　カマウ省沖）　4月30日午後、ベトナム南部カマウ省沖で、子どもら200人以上が乗った船が転覆、沈没した。約100人が救助されたが、5月1日までに20人の遺体が見つかった。犠牲者の多くが子どもとみられる。船はカマウ岬から約十数キロ沖合の景勝地、コアイ島に向かっていたが、岬から10キロ付近で沈没した。

- **5.2 タンク車爆発**（アフガニスタン　ヘラート州）　5月2日、アフガニスタン西部ヘラート州でガソリンを積んだタンクローリー車が爆発し、少なくとも50人が死亡した。

- **5.17 刑務所で火災**（ホンジュラス　サンペドロスラ）　5月17日、ホンジュラス北部サンペドロスラの刑務所で、大きな爆発音とともに火災が発生し、囚人など約100人が死亡、30人が負傷した。

- **5.18 炭坑でガス爆発**（中国　山西省）　5月18日、中国山西省呂梁地区の炭鉱でガス爆発事故が起こり、救助隊は19日までに18人の遺体を確認した。1人は救出されたが、15人が行方不明となった。坑内は一酸化炭素の濃度が高く、救助活動は慎重に進められた。

- **5.23 豪雨**（ドミニカ共和国/ハイチ）　5月23日、カリブ海イスパニョーラ島で起きた豪雨による洪水と土砂崩れで、島を東西に分けるドミニカ共和国とハイチの死者が26日までに1950人に上った。多くは土砂で生き埋めになったという。ドミニカではハイチ国境に近い南西部ヒマニで河川が氾濫、住民が濁流に流されるなど行方不明者は数百人に達した。

- **5.28 地震**（イラン）　5月28日、イラン北部の山岳地帯でマグニチュード6.2の強い地震があり、29日までに死者35人、負傷者250人に上った。被害が最も激しいのは首都テヘランから西130キロの村で、3～5割の家屋が崩壊したという。

- **6.6 トラック転落**（パキスタン　ナテアガリ）　6月6日深夜、パキスタン北西辺境州ナテアガリ付近で、トラックが川に転落、荷台に乗っていた少なくとも40人が死亡、8人が負傷した。現場はイスラマバードの北約50キロの険しい山道。荷台の客は近くのイスラム寺院の祭りに出かけて帰る途中だった。

- **6.16 バス橋から転落**（パキスタン　イスラマバード）　6月16日早朝、パキスタンの首都イ

スラマバード市内で、私営のローカルバスが橋から約20m下の川に転落。少なくとも乗客35人と運転手、車掌の計37人が死亡した。

6.24 **バスとタンクローリー衝突（イラン　ザヘダン）**　6月24日午後10時半ごろ、イラン南東部のザヘダン近くの幹線道でガソリンを輸送中のタンクローリーが、検問のために停車中のバスの列に衝突、少なくとも70人以上が死亡、84人以上が負傷した。タンクローリーは1万8000lのガソリンを積んでおり、バスは6台すべてが炎に包まれたという。一部情報では負傷者数は100人以上に上るともいわれる。

6.29 **国連ヘリコプター墜落（シエラレオネ）**　6月29日、アフリカ西部のシエラレオネで国連のヘリが墜落し、乗っていた24人全員が死亡した。ヘリはロシアの会社が運航していた。

7.1 **臓器移植で狂犬病（アメリカ）**　7月1日、米疾病対策センターは、狂犬病に感染した臓器提供者（ドナー）から移植手術を受けた患者3人が狂犬病に感染して相次いで死亡したことを明らかにした。臓器移植による狂犬病の感染が確認された例はアメリカで初めて。ドナーはアーカンソー州の男性で、テキサス州の病院で脳死と判定された後、肺と腎臓、肝臓が摘出され、5月4日に4人の待機患者に移植された。1人は移植手術中に死亡したが、6月7日から21日にかけて他の3人も相次いで死亡した。手術中に死亡した患者は狂犬病が死因ではなかった。

7.16 **学校で火災（インド　タミルナド州）**　7月16日朝、インド南部タミルナド州クンバコナムの学校で火災があり、8歳から10歳の児童90人が死亡、20人が負傷した。給食の準備をしていた調理室から出火。草ぶきの屋根を通してあっという間に約500人が授業を受けていた校舎に燃え広がった。火事があった学校の周辺には児童の親たちが詰めかけ、行方不明の我が子を捜したが、遺体の多くは焼け焦げ身元が判別できない状態だった。

7.22 **新型特急列車転覆（トルコ　サカリヤ県パムコバ）**　7月22日夜、トルコ北西部サカリヤ県パムコバ付近でイスタンブール発アンカラ行きの特急列車が脱線、転覆し、少なくとも36人が死亡、約70人が負傷した。この特急列車は6月初めに就役したばかりで、時速約150キロを誇り、イスタンブール―アンカラ間を5時間弱で結んでいた。同日午後6時イスタンブールを発車し、同7時40分ごろ5両編成のうち4両が脱線した。しかし、19世紀末からの旧式軌道を使用していたため、新型車両のスピードに対応できず、脱線を招く恐れがあると指摘されていた。

7.30 **工業地帯でガス爆発（ベルギー）**　7月30日朝、ベルギー南部の工業地帯で、ガス爆発があり、15人が死亡、112人が負傷した。現場はブリュッセルの南西約40キロの工業団地。ベルギーと仏北部をつなぐ天然ガス輸送管からガス漏れが検知され、作業員がガス漏れを止める作業をしている間に爆発が起きた。爆発で付近の工場2カ所が大破。当時、現場では約200人が働いていた。ガス漏れ事故としてはベルギーで過去最大規模。

8.1 **スーパーで火災（パラグアイ　アスンシオン）**　8月1日、パラグアイの首都アスンシオン郊外のスーパーマーケットで、爆発を伴う火災があり、364人が死亡した。遺体の多くは損傷が激しく、犠牲者の身元確認は難航。併設されたレストランのガスボンベが爆発したとみられ、爆発による火が一気に店舗や階下の駐車場に広がり、多くの買い物客が逃げ遅れた。スーパーは日曜日の買い物客約700人で混雑していた。

火災発生時に、混乱に乗じた盗難を避けるため店側が出入り口を閉鎖し、避難が妨げられたとして、店主や警備員ら4人が殺人容疑で拘置された。

8.5 **ヘリコプター墜落**（ロシア　チュメニ州）　8月5日、ロシア中部チュメニ州で、大型輸送ヘリコプター・ミル8型機が墜落し炎上した。この事故で乗員乗客15人全員が死亡した。同機はカザフスタンとの国境近くの村ラドゥジノエを出発後、森林地域を巡回していた。

8.10 **地震**（中国）　8月10日午後6時26分ごろ、中国雲南省昭通市の魯甸県でマグニチュード（M）5.6の地震があった。10日時点で、3人が死亡、200人以上がけがをしたという。

8.12 **台風**（中国）　8月12日、中国・浙江省を直撃した台風のため計164人が死亡した。行方不明は24人、被災者は省の人口の3割近い約1300万人に達した。家屋の倒壊による死者は109人、がけ崩れなどによる死者が28人などで、緊急避難した住民は46万7900人。

9月 **ハリケーン「アイバン」**（ジャマイカ/グレナダ/アメリカ）　カリブ海地域で猛威を振るう大型ハリケーン「アイバン」は9月12日、若干勢力を弱め英領ケイマン諸島を通過。米国メキシコ湾沿岸に上陸したのち、17日までに勢力が衰えて熱帯低気圧となった。各地の死者数は、ジャマイカ、グレナダなどカリブ海諸国で70人が死亡した。米国では、フロリダ州の14人など、南東部各州で少なくとも38人が死亡した。

9月 **ハリケーン「ジーン」**（ハイチ）　熱帯低気圧から大型のハリケーンに変わった「ジーン」の影響で、ハイチ北西部では土砂崩れと洪水が発生し、9月26日までに1650人が死亡、行方不明は約800人に上っている。ドミニカ共和国でも11人の死者が出ているが、樹木の大半が伐採されたハイチは、集中豪雨に弱く惨事が発生しやすい。被害が大きいのは北西部にある第3都市、ゴナイブ（人口約25万人）周辺。同日米国のフロリダ州に上陸し、少なくとも6人が死亡、150万世帯以上が停電となった。

9.2- **豪雨**（中国）　9月2日から4日以降、中国の四川省と重慶市で豪雨が続き、7日までに143人が死亡、被災者は809万人に上った。長江の上中流域では、警戒水位を3m近く上回ったところもあったという。

9.23 **発電所爆発**（中国　河北省邯鄲市）　9月23日午後4時ごろ、中国河北省邯鄲市にある国有企業「新興鋳管」の専用発電所で爆発が起き、13人が死亡、数人が負傷した。専用発電所の正式な運転開始のため点火した際に爆発が起きたという。

10.10 **雪崩で遭難**（ネパール　アンナプルナ）　10月10日午前11時ごろ、ヒマラヤ山脈のアンナプルナ1峰（標高8091m）の登頂に挑んでいた愛知岳連などの登山隊4人のうち、2人が雪崩に巻き込まれ死亡した。雪崩が起きたのは、山の標高約6200mの地点。死亡した2人は登山歴20年以上のベテランだった。

10.16 **森林火災**（ロシア）　10月16日、ロシア極東の森林地帯で、大規模な火災が発生した。沿海地方で6カ所、アムール州とユダヤ自治州でそれぞれ3カ所の計12カ所で森林火災が起こり、現地時間の同日夕方までに約1万6800haが延焼した。最も燃え方がひどいのはアムール州のヒンガンスク森林保護区で、1500ha以上を焼いた。ヒンガンスク周辺では最大秒速20mの突風が吹き、消火活動は難航しているという。

10.20 **炭坑で爆発**（中国　河南省）　10月20日夜、中国河南省新密市の大平炭鉱で、大規模

なガス爆発事故が発生、148人が坑内に閉じ込められ、うち60人の死亡が確認された。88人が行方不明のままで、救助作業が行われている。

11.21 航空機公園に墜落（中国　モンゴル自治区）　11月21日午前8時20分ごろ、中国内モンゴル自治区包頭市で、包頭発上海行きの中国東方航空の小型旅客機が離陸直後に空港近くの南海公園の湖に墜落した。乗客47人、乗員6人の計53人全員が死亡したほか、同公園の職員1人も墜落の巻き添えで死亡した。

11.28 炭鉱でガス爆発（中国　陝西省銅川市）　11月28日午前7時10分ごろ、中国陝西省銅川市の陳家山炭鉱で、大規模なガス爆発が起きた。作業員293人が坑内におり、127人は救出されたが、166人が閉じ込められた。

11.30 航空機着陸失敗（インドネシア　ジャワ島）　11月30日午後6時15分ごろ、インドネシア・ジャワ島中ジャワ州ソロの空港で、同国ライオン航空のジャカルタ発MD82（乗客、乗員計148人）が着陸に失敗した。少なくとも31人が死亡、約60人が重軽傷を負った。

12.2 台風27号（フィリピン）　12月2日から3日にかけて、フィリピン・ケソン州などを台風27号が直撃。各地で土砂崩れや洪水が発生し、被害の激しいケソン州での死者は688人に上り、住民約17万人が避難した。フィリピン全土では、直前に襲った熱帯低気圧の被害を含め、死者が753人、行方不明者が345人に達した。

12.14 急行列車と普通列車衝突（インド　パンジャブ州）　12月14日、インド北部パンジャブ州で急行列車と普通列車が正面衝突する事故が発生、少なくとも50人が死亡し、150人以上が負傷した。現場は単線だった。

12.26 スマトラ沖地震（インドネシア/スリランカ/インド/タイ）　12月26日午前8時ごろ、インドネシアのスマトラ島沖で、マグニチュード9.0の巨大地震が発生し、大規模な津波がスリランカやインド、タイ、インドネシアなどインド洋沿岸やアフリカ東岸の13カ国を襲い、犠牲者が多数出た。死者・行方不明者は20万人以上、被災者は500万人を超えるとみられる。津波被害では過去最大級。タイでは日本人に人気のリゾート地、プーケットやピピ島などで日本人観光客約23人が死亡した。インド洋地域では、過去に津波被害が少なかったため警報システムや潮位観測装置の整備などが遅れており、被害が大きくなった。

12.30 ディスコで火災（アルゼンチン　ブエノスアイレス）　12月30日夜、アルゼンチンの首都ブエノスアイレスのディスコでロックコンサート中に火災があり、観客少なくとも175人が死亡、619人が負傷した。観客が会場で使用した花火が出火原因とみられる。火は天井に燃え広がり、焼け落ちる天井で観客がパニック状態になった。料金を支払わない客が出入りしないよう主催者がいくつかのドアにかぎを掛けていたため、逃げ遅れた客が多かったという。同ディスコは若者に人気があり、出火当時、3000～4000人いたとみられる。

この年 鳥インフルエンザ（ベトナム/タイ）　H5N1型の鳥インフルエンザがアジア各国で猛威をふるい、鳥から人への感染が確認された。ベトナムでは22人が感染し、うち15人が死亡。タイでも12人が感染、うち8人が死亡した。両国では、人から人への感染が疑われる例も確認された。また、中国でも発生が確認された。

〈 2005 〉

- 1月 **豪雨と大雪**（アメリカ　カリフォルニア州）　アメリカ・カリフォルニア州の記録的な豪雨や大雪による死者数は、1月11日夜までに21人に上った。ロサンゼルス郊外ベンチュラ郡で10日起きた地滑りの現場では、11日までに6人の死亡が確認された。

- 1.6 **貨物列車が衝突脱線・ガス発生**（アメリカ　グラニトビル）　1月6日未明、アメリカ東部サウスカロライナ州グラニトビルで塩素ガスなどを運搬し走行中だった貨物列車が、停車していた別の列車に衝突し一部車両が脱線、貨物列車の機関士1人が死亡したほか、事故で噴出した塩素ガスを吸い込むなどして7人が死亡した。周辺住民に避難指示が出たが、死亡者のほか200人以上が塩素ガスを吸い込み、病院で手当てを受けた。うち8人は重症だった。

- 1.17 **地下鉄同士衝突**（タイ　バンコク）　1月17日午前9時半ごろ、バンコク地下鉄のタイ文化センター駅で、停車していた車両に空の車両が衝突し、乗客ら約140人が負傷した。衝突された車両にはほぼ満員の約700人が乗車していた。回送車両が同駅近くの車庫に止まっていた別の車両と連結しようとしたが失敗し、弾みで逆走したという。地下鉄は前年7月に営業開始した。車体はドイツ製。運輸省は、安全性再確認のため最低1週間の運行中止を決めた。

- 1.21 **バス川に転落**（ネパール）　1月21日、ネパール南西部の山間部で、バスが路外に逸脱し、約100m下の川に転落し、少なくとも37人が死亡、15人が負傷した。バスは結婚式の出席客を乗せており、死者には結婚式の新郎とその父が含まれる。運転手がハンドル操作を誤って道路を飛び出したとみられる。

- 1.25 **寺院付近で火災**（インド）　1月25日、インド西部ムンバイの南東約250キロのワイ村でヒンズー教寺院付近の仮設店舗から出火し、寺院などに集まっていたヒンズー教徒が逃げ場を求めて殺到、約200人が下敷きになるなどして死亡し、200人が負傷した。同日は年に一度のヒンズー教の大祭で、寺院にはヒンズー教徒が集まっていた。

- 2月 **雪雨**（南アジア）　南アジアでは2月に入り悪天候が続き、被害が相次いだ。パキスタン西部バルチスタン州で10日夜、大雨でダムが崩壊し下流の住民50人が死亡、数百人が行方不明になった。他にも各地で雪雨による家屋崩壊が相次ぎ、33人が死亡した。9日には雨による落石が外国援助機関の車を直撃し運転手が死亡するなど、約60人が死亡。インド北部ジャム・カシミール州では雪崩の被害が相次ぎ10日には住民6人が死亡した。

- 2.3 **航空機墜落**（アフガニスタン）　2月3日午後に消息を絶ったアフガニスタンの「カム航空」のボーイング737機（乗員8人、乗客96人）の残がいが4日、カブール東方の山岳地帯で発見された。乗員乗客104人全員が死亡。同機はカブール空港が激しい雪のため着陸できず、パキスタンのペシャワールへ行き先変更を要請した後、レーダーから機影が消えた。

- 2.8 **カーニバルにトラック突入**（アンゴラ　ルバンゴ）　2月8日、アンゴラ南西部ルバン

ゴで、ブレーキの壊れた大型トラックがカーニバルの踊りの輪に突っ込み、90人以上が死傷した。うち死者は38人。

2.10　**大雨でダム崩壊**（パキスタン　バルチスタン州）　2月10日、パキスタン西部バルチスタン州で大雨のためダムが崩壊した。12日までに約135人の死亡が確認され、約500人が行方不明になったほか、約1万人が浸水などで避難した。崩壊したのはアラビア海に面した小都市パシニの北にあるシャディコル・ダム。濁流は下流を直撃し、パシニ郊外ではバスが押し流され乗客約20人が死亡した。パキスタンではこのほか、2月初めから続いた雪と雨のため、15日までに全国で500人以上が死亡、約1500人が行方不明になっている。

2.15　**炭鉱で爆発**（中国　雲南省）　2月15日午後2時半ごろ、中国雲南省富源県松林村の炭鉱でガス爆発が発生し、採掘していた村民ら24人が死亡した。この炭鉱は採掘が許可されておらず、炭鉱経営者が村民に違法採掘をさせている最中にガス爆発が起きたという。

2.19　**フェリー転覆**（バングラデシュ）　2月19日夜、バングラデシュの首都ダッカ近郊のブリガンガ川でダッカから東部のチャンドプルに向かっていたフェリーが転覆、沈没した。約200人が乗船していたが、21日までに、死者数が118人に上り、約80人は行方不明。事故当時は強風が吹き悪天候で、竜巻が起こったとの情報や、別の船舶と衝突したとの証言もある。

2.22　**地震**（イラン）　2月22日朝、イラン南部ケルマン州ザランド付近で、マグニチュード6.4の大規模な地震が発生。23日までに、死者は550人、負傷者は900人に達した。ザランドはテヘランの南約700キロの小さな町。

3月-　**豪雨**（アフガニスタン）　3月、アフガニスタン中部・西部の広い範囲で豪雨による洪水が発生。3月20日までに200人以上の死者が出た。中部ウルズガン州では数千の家屋が破壊され、115人の死亡が確認された。行方不明者も多数出ている。

3月　**マールブルグ出血熱**（アンゴラ　ウイゲ州）　3月に入り、南部アフリカのアンゴラ北部のウイゲ州でウイルス性感染症「マールブルグ出血熱」が流行し、19日までに死者が311人に上った。これまでに337人の発症が報告されており、致死率は約92%。同州では住民の移動が制限されているため、過去5週間、他の州での発症報告はないが、治療に当たったイタリア人医師ら2人が、首都ルアンダへ移動後に死亡した。同出血熱の感染でこれほど多くの犠牲者が出たのは初めて。このウイルスは血液や唾液などの体液を通じて感染、治療法は見つかっていない。

3.4　**民家で爆発**（中国　山西省）　3月2日夕、中国山西省蒲県克城の民家で爆発が起き、隣接する小学校の校舎が倒壊した。授業を受けていた小学生2人、教師1人を含む計11人が死亡、8人が負傷した。爆発したのは炭鉱経営者の自宅で、石炭採掘用の爆薬が爆発したとみられる。自宅にいた炭鉱経営者は死亡。死者は20人以上との情報もある。

3.11　**密造酒に工業用アルコール**（トルコ）　トルコで国民酒として親しまれている「ラク」の粗悪な偽ブランド品が大量に出回り、これを飲んだ人たちが次々と死亡する事件が発生した。死者数は3月11日までに少なくとも20人に上った。密造酒には安価な工業用アルコールが混入され、盗まれた本物のラベルが貼られており、外見上は見

分けがつかない。本家醸造元が数百万本の回収に乗り出すなど、消費者に不安が広がった。

3.16　**民間旅客機墜落**（ロシア　ネネツ自治管区）　3月16日、ロシア北部・ネネツ自治管区のワランデイで、民間旅客機（An24型機）が墜落し、炎上した。乗員乗客計53人のうち、29人が死亡した。同機はケメロボ州の航空会社所有の旅客機で、ロシア中部のウファをたち、コミ共和国のウシンスクなどを経由しワランデイに向かっていたが、ワランデイの空港から5キロ離れた地点で緊急着陸を試み、失敗したとみられる。

3.23　**製油所で爆発**（アメリカ　テキサス州）　3月23日午後1時20分ごろ、アメリカ・テキサス州南部テキサスシティーにある英石油大手BPの製油所で、大規模な爆発が起きた。14人が死亡、100人以上が負傷した。

3.28　**スマトラ沖地震**（インドネシア　スマトラ島沖）　3月28日午後11時10分ごろ、インドネシア・スマトラ島付近でマグニチュード8.7の強震が起きた。震源地は同島北西部の沖約100キロのインド洋で、震源の深さは約30キロ。2004年12月の地震とは震源が南東方向に約200キロ離れている。震源から近いニアス島などを中心に、4月1日までに1300人が死亡した。

3.29　**タンクローリー横転・ガス漏れ**（中国　江蘇省）　3月29日夜、中国江蘇省淮安市の高速道路で塩素35トンを積んだタンクローリーが横転、漏れ出した塩素ガスにより周辺の住民300人以上がガス中毒となり、27人が死亡、285人が病院で治療を受けた。30日午前の時点でタンクローリーには約10トンの塩素が残っており、周辺住民約1万人を避難させた。タンクローリーはタイヤが破裂してトラックと衝突、双方が横転し、トラックの運転手が死亡。タンクローリーの運転手が現場から逃げたため対応が遅れ、周辺住民に大きな被害が出たという。

4.12　**タラン山噴火**（インドネシア　スマトラ島）　4月12日、インドネシア・スマトラ島西岸にある火山のタラン山（2690m）が噴火した。13日には、付近の住民2万人以上が山腹から避難した。

4.15　**ホテル火災**（フランス　パリ）　4月15日未明、パリ中心部の「パリ・オペラ」ホテルで、火災が発生した。火災の死者は、子供10人を含む20人で、負傷者は約50人に上り、うち13人が重傷。6階建ての同ホテルは32室あり、75人が宿泊していた。炎から逃れようとした一部の宿泊客が窓から飛び降りた。

4.21　**急行列車と貨物列車衝突**（インド　グジャラート州）　4月21日未明、インド西部グジャラート州で急行列車が停車中の貨物列車と正面衝突。急行列車の運転士や乗客少なくとも17人が死亡し、150人が負傷した。急行列車は機関車と前部の4両が脱線し完全に破壊された。何らかの人為ミスが原因とみられる。

5.3　**工場兼アパートでガス爆発**（パキスタン　ラホール）　5月3日未明、パキスタン東部の都市ラホールで4階建ての工場兼アパートが崩壊、住民多数が生き埋めになり、同日27人が遺体で発見された。建物の1階はアイスクリーム工場で、工場内でガスボンベが爆発し建物全体が崩壊したとみられる。

5.11　**バス岩に激突**（フィリピン）　5月11日、フィリピン北部の主要都市バギオ市近郊の山間部を走る幹線道路のきつい下り坂で路線バスが道路脇の岩石に激突し、24人の乗客が死亡、9人が負傷した。衝突のショックでバスの屋根が吹き飛び、乗客の多く

が車外に振り落とされたため、犠牲者が増えた。

6.10　洪水（中国　黒竜江省）　6月10日午後2時半ごろ、中国黒竜江省寧安市で大雨による洪水と土石流が起き、小学校などが被害に遭った。死者は12日午後までに、児童88人を含む計92人に上ったほか、児童ら17人が行方不明となった。事故当時、小学校は授業中で、児童352人と教師31人が校舎内にいた。高い場所に避難したが水の勢いが強く、主に1～2年生が被害に遭ったという。

6.10　ホテル火災（中国　広東省）　6月10日正午ごろ、広東省スワトー市潮南区のホテル「華南賓館」で火災が起き、31人が死亡、15人が負傷して病院に運ばれた。ホテルは4階建て総面積約8000m^2。2階から4階を焼失した。11日には国家安全事故調査グループが現地入りし、火災の原因を調べている。

6.13　地震（チリ）　6月13日午後6時44分ごろ、チリ北部でマグニチュード7.9の地震が発生、少なくとも8人の死亡が確認された。震源はボリビアとペルー国境近くのアンデス山中で、深さ約111キロの地点。

6.14　地震（アメリカ　カリフォルニア州）　6月14日午後7時50分ごろ、アメリカ・カリフォルニア州北部の太平洋沿岸でマグニチュード7の地震があった。震源の深さは約10キロで、カリフォルニア州からメキシコ国境に至るまでの沿岸に一時、津波警報が出されたが、被害が出たかなどは不明。

6.16　肝炎ワクチンで死亡（中国　安徽省）　6月16、17日に中国安徽省泗県で、肝炎ワクチンを接種した児童・生徒約300人が、29日までにめまいや呼吸困難、手足のまひなど異常反応を示した。23日午後には6歳の少女1人が死亡した。同県の小中学校など19カ所で3～16歳までの計2444人がワクチンを接種していた。

7月－　日本脳炎（インド　ウッタルプラデシュ州）　7月下旬から、インド北部ウッタルプラデシュ州で日本脳炎が流行し、9月8日までに600人以上の死者が確認された。大部分は子供といわれ、子供に対する予防接種が完全に行われていないことが流行の大きな原因とされた。流行は同州東部から始まり州都ラクノーに広がりつつあり、死者数も1000人を超える見込み。

7月　ハリケーン「デニス」（ハイチ/キューバ）　カリブ海地域でこの年初のハリケーン「デニス」が発生、7月8日までにハイチとキューバで、暴風雨で増水した川に流されるなどして少なくとも32人が死亡した。

7.13　列車脱線・衝突（パキスタン　シンド州）　7月13日早朝、パキスタン南部シンド州で同国国鉄の急行旅客列車3本が相次いで衝突。死者約150人、負傷者約1000人に上った。ほかにも客車に多数の乗客が取り残された。現場は同州北部のゴトキ近郊。故障で駅に停車していた列車に別の列車が衝突して脱線。さらに別の列車が突っ込み、多くの車両が大破した。3本の列車はいずれもパキスタンの主要都市を結ぶ急行列車で、3本ともほぼ満員だった。事故で死亡したカラチ行き急行の運転士の信号誤認が原因とみられる。

7.16　旅客機墜落（赤道ギニア　マラボ）　7月16日、アフリカ中部・赤道ギニアの首都マラボ近くで、国内線旅客機が墜落し、乗客乗員55人が死亡したとみられる。旅客機は地元航空会社のロシア製アントノフ機で、ギニア湾のビオコ島内のマラボからアフリカ大陸の沿岸部にある主要都市バータへ向かって離陸直後、消息を絶ったという。

8月	豪雨（スイス/ドイツ）　スイスやオーストリア、ドイツ南部で大雨による洪水や土砂崩れが相次ぎ、8月24日までに少なくとも10人が死亡、住民や観光客ら数千人が避難した。スイスでは首都ベルンの一部や、観光地として知られるルツェルン、インターラーケンなどが河川の氾濫で冠水。崩れた建物や土砂の下敷きになり、消防隊員2人を含む4人が死亡、2人が川の急流に巻き込まれて行方不明になった。またオーストリア西部では岩盤が崩れて2人が死亡。ドイツ南部やルーマニア、ブルガリアでも大雨による洪水被害があった。
8.2	航空機炎上（カナダ　トロント）　8月2日午後4時すぎ、カナダ・トロントのピアソン国際空港で、エールフランスのパリ発トロント行きエアバスA340型機が着陸後に滑走路をオーバーランした。同機は滑走路端のくぼ地に激突、機体が真二つに割れ、一時、激しい炎と黒煙が上がった。乗客297人、乗員12人が乗っていたが、炎上直前に、乗客らは非常ドアを開け、真っ暗な中、シューターで全員が脱出、43人が軽いけがを負っただけだった。
8.6	航空機墜落（イタリア　シチリア島）　8月6日、イタリア南部バリ発チュニジア行きのチュニス航空旅客機がイタリア・シチリア島パレルモ沖の海に墜落した。乗客ら39人のうち、8日までに死者13人を確認。行方不明者3人の生存は絶望視された。墜落したのはプロペラ機。チュニジアのジャルバ島へ向かっていた途中、エンジントラブルを起こし緊急着陸しようとしたが失敗、海に不時着状態で墜落したとみられる。
8.12	漁船転覆（エクアドル）　8月12日、113人を乗せた漁船がコロンビア沖で沈没し、104人が行方不明となった。17日までに9人が救出されたが、残りの生存は絶望視された。漁船の定員は15人で、大幅な定員超過のため転覆したとみられる。乗っていた113人はアメリカへの不法入国を目指していたとみられるエクアドル人だった。
8.14	旅客機山に墜落（ギリシャ）　8月14日昼、ギリシャの首都アテネ北方の山中に、キプロスの民間ヘリオス航空ボーイング737型機が墜落し、乗客・乗員121人の全員が死亡した。同機から航空管制官にエアコンに問題が生じたとの連絡が入り、間もなく無線通信が途絶えた。航空機内の酸素供給が途絶えたか気圧が低下し、機長と副機長が意識を失ったとみられる。ギリシャ空軍機が飛行中の航空機に接近し、操縦室でうつむいたまま動かないパイロットを目撃した。同機は、キプロスのラルナカからアテネを経由し、プラハに向かう予定だった。
8.16	旅客機墜落（ベネズエラ　スリア州）　8月16日午前3時過ぎ、パナマ発マルティニク行きコロンビア・ウエスト・カリビアン航空のMD82型旅客機（乗客152人、乗員8人）がベネズエラ西部に墜落した。乗客は全員が死亡。エンジントラブルが原因とみられる。墜落現場はベネズエラ西方にあるスリア州マチケス近郊の農場。旅客機は観光用のチャーター機で、乗客らはパナマで休暇を過ごし、仏の海外県であるマルティニクに帰る途中だったという。
8.23	旅客機墜落（ペルー　プカルパ）　8月23日、リマの北東約780キロの都市プカルパの空港近郊のジャングルにペルー国営タンス航空の国内線旅客機が墜落、乗客ら少なくとも40人が死亡した。事故当時、現場付近は激しい嵐に見舞われており、事故機のパイロットは墜落直前、暴風雨のため着陸できないとプカルパ空港の管制塔に伝えたという。事故機は、ボーイング737-200型機で、リマ発ペルー北部のイキトス行き、乗客92人、乗員8人の計100人が乗っていた。

8.29　ハリケーン「カトリーナ」(アメリカ)　8月29日朝、大型ハリケーン「カトリーナ」が、メキシコ湾からアメリカ南部ルイジアナ州に上陸した。同州や周辺のミシシッピ、アラバマ両州では、強風で家屋が倒壊し、豪雨で洪水が発生。同3州とフロリダ州で非常事態宣言が出され、死者は1200人を超えた。州別の死者は、ルイジアナ州で1048人、ミシシッピ州で221人、アラバマ、ジョージア州で2人ずつ、フロリダ州で11人。ミシシッピ川の河口にあるルイジアナ州ニューオーリンズ市では28日、48万人の市民全員に避難命令を出したが、車を持たない貧困層の5~10万人が逃げ遅れ、市の8割が水没、被害が拡大した。復興費用は1000億ドル(約11兆7000億円)に上るとみられる。9月24日にはテキサス州にハリケーン「リタ」が、10月24日にはフロリダ州に「ウィルマ」が上陸したが、事前避難の成果もあり、人的な被害は大きくはなかった。

8.31　巡礼者橋から転落(イラク　バグダッド)　8月31日、バグダッド北部で自爆テロのうわさでパニック状態になったイスラム教シーア派巡礼者らがチグリス川に架かるアエンマ橋に殺到、多数の巡礼者が折り重なるようにして川に転落、965人が死亡した。死者の多くは女性や子供。この日に行われたシーア派の宗教行事のため、バグダッドや周辺都市から巡礼者が多数向かっていたが、事故の数時間前に、巡礼者らに向けて3発の迫撃砲弾が撃ち込まれ、7人が死亡。このため、「自爆テロが起きる」との流言に多くの巡礼者が過敏に反応し、パニック化したとみられる。死者の大半は水死か圧死だった。

9月　コレラ(中国　浙江省)　9月上旬から中国浙江省嘉興市でコレラが流行、感染者は100人以上に達した。中国では毎年、各地でコレラ感染が確認されているが、この年は特に大規模だった。死者が出ているかなどは不明。河川や井戸水を通じ感染が拡大したとみられ、衛生当局が食品や水などの監視を強めている。

9.5　劇場で火災(エジプト)　9月5日深夜、エジプトの首都カイロの南約100キロにあるベニスエフの劇場で火災があり、30人が死亡、37人が負傷した。演出のため舞台に置かれたろうそくが燃え広がったとみられる。約1000人が劇場から逃げ出そうとパニックになったという。

9.5　旅客機住宅街に墜落(インドネシア　メダン)　9月5日午前10時ごろ、インドネシアのマンダラ航空のメダン発ジャカルタ行き旅客機ボーイング737-200が、メダン空港を離陸直後に住宅地に墜落して大破、多数の周辺家屋などとともに炎上した。乗客・乗員102人と住民47人の計149人が死亡したが、乗客15人は生存した。死亡した乗客には北スマトラ州知事が含まれていた。

9.17　電車脱線(アメリカ　シカゴ)　9月17日午前8時半すぎ、アメリカ・イリノイ州シカゴ市内の高架鉄道を走っていた通勤電車が脱線、2人が死亡、17人の重傷者を含む80人以上が負傷した。時速16キロとされた制限速度を大幅に上回る111キロで運行したことが、直接的な原因。電車は2階建てで、乗務員4人を含む189人が乗っていた。

9.22　台風18号(フィリピン)　9月22日、フィリピンのルソン島付近を通過した台風18号による被害で、6人が死亡、2人が行方不明になった。

9.25　地震(ペルー)　9月25日午後8時55分ごろ、ペルー北部の熱帯雨林で、マグニチュード7.5の地震があった。震源地は首都リマの北715キロで、震源の深さは85キロ。1人が死亡、9人が負傷した。大きな被害を受けた町ラマスでは、丘陵地帯の8棟が倒壊

し1人が下敷きとなり死亡、30棟が損壊した。

10.1― ハリケーン「スタン」(グアテマラ)　10月1日から続いたハリケーン「スタン」による豪雨で、5日未明、グアテマラ西部の先住民のパナバフ村全域が傾斜地の地滑りで埋まり、場所によっては深さ12mの土砂に覆われ、住民多数が生き埋めになった。報道では犠牲者1400人、地元行政当局は最大でも1000人とみているが、正確な犠牲者数は不明。救出作業は難航し、行政当局は捜索を中止して村自体を「集団墓地」と宣言することも検討している。他の中米諸国での死者数は8日までに、エルサルバドルで67人、メキシコ20人、ニカラグア10人、ホンジュラス4人。

10.8　パキスタン地震(インド/パキスタン)　10月8日午前8時50分ごろ、インド、パキスタン、アフガニスタン各地でマグニチュード7.6と推定される強い地震があった。震源地はイスラマバード北北東約95キロで、震源の深さ約10キロ。カシミール地方では地滑りで複数の村が土砂に埋まった。パキスタン側のカシミール地方で約1000人が死亡。北西辺境州で550～600人が死亡、同州マンセラで、崩壊した学校校舎から250人の女子生徒の遺体を収容。インド側のカシミール地方で兵士や民間人少なくとも220人が死亡、800人が負傷した。11月2日までにパキスタン国内の死者は7万3276人、インドでの死者は1300人以上に達した。家を失った人は推計300万人に上る。

10.26　列車同士正面衝突(南アフリカ共和国　北ケープ州)　10月26日午後11時ごろ、南アフリカ中央部、北ケープ州のディールフォンテーン駅構内で、豪華列車ブルートレインと急行列車が正面衝突、256人が重軽傷を負った。

10.29　列車脱線・湿地帯に転落(インド　アンドラプラデシュ州)　10月29日未明、インド南部アンドラプラデシュ州で国鉄の列車が脱線し、洪水で水につかった湿地帯に転落。77人の死亡が確認された。洪水のため救助作業は難航した。

11.4　フェリー沈没(パキスタン)　11月4日正午ごろ、パキスタン南部のアラビア海に近いインダス川で、フェリーが沈没。少なくとも約60人が死亡した。事故は、同国最大の商業都市カラチの東方約70キロの街タタ近くで発生した。フェリーには乗客80人前後が乗っていたとみられる。

11.6　竜巻(アメリカ)　11月6日未明、アメリカ中部インディアナ、ケンタッキー両州の州境付近で、竜巻が発生。同日夜までに、子供や妊娠中の女性を含む少なくとも22人の死亡、約230人の負傷を確認した。インディアナ州の競馬場では競走馬数頭が死んだとみられる。

11.13　工場爆発・河川汚染(中国　吉林省)　11月13日、中国東北部の吉林省吉林市の石油化学工場で大爆発が連続発生し、従業員6人が行方不明になったほか、70人近くが負傷、うち2人が重傷を負った。工場周辺の住民数万人が避難した。この事故で流出した化学薬品が松花江に流れ込み、人体に有害なベンゼンなどの化学物質約100トンで川が急速に汚染された。この川を水源とする黒竜江省ハルビン市(人口970万人)が23日から水道水の供給を停止した。このため市民が飲料水の購入に殺到するなど混乱が起きた。化学物質は松花江下流に位置するアムール川にも流入するとみられ、ロシアでも100万人が影響を受けると予測された。

11.25― 寒波(ヨーロッパ)　11月25日から欧州では急激な寒波に見舞われており、フランスでは、26日北部カレーで、58歳のホームレス男性が車庫の中で遺体で見つかるなど、

寒波によるとみられる死者は27日までに、仏国内で4人に上った。ドイツでは電線凍結で25万世帯が停電した。フランス西部でも一時、1万7000世帯が停電した。ベルギーのブリュッセルでも、ホームレスの凍死者1人が報告された。

11.26　地震（中国　江西省）　11月26日午前8時49分、中国中部の江西省九江付近でマグニチュード5.7の地震が発生、同日夜までに計14人の死亡が確認され、8000人以上が負傷、約60万人が避難した。被災地はレンガ造りの家屋が多い農業地帯で、倒壊した建物は8900棟に上るという。死者は九江市九江県7人、瑞昌市5人、湖北省武穴市2人で、死傷者はさらに増える可能性もある。

11.27　地震（イラン　ケシム島）　11月27日午後1時半ごろ、イラン南部のケシム島付近でマグニチュード6.1の強い地震があり、10人が死亡、70人が負傷した。震源地はペルシャ湾の出口に位置する港湾都市バンダルアバスの南西約60キロで、震源の深さは約35キロ。同島内の7村が被災して電話は不通になり、壊滅的な被害を受けた村もあるとの情報もあったが、被災地の人口は少なく、それほど被害は拡大しなかった。

11.27　炭鉱で爆発（中国　黒竜江省）　11月27日夜、中国東北部の黒竜江省七台河市の炭鉱で爆発事故が発生、40人が死亡し、138人が坑内に取り残された。事故当時、坑内では220人が作業中で、42人は脱出した。

12.6　軍用機アパートに墜落（イラン　テヘラン）　12月6日午後2時ごろ、イランの首都テヘラン南西部の住宅街にイラン軍のC130輸送機が墜落し、10階建てアパートに衝突して炎上した。乗っていた94人全員が死亡したほか、アパートの住民ら34人が死亡し、90人が負傷した。同機はメヘラバード国際空港を離陸し、ペルシャ湾岸のバンダルアバスに向かう予定だったが、離陸直後「機体に異常が生じた」として、同空港に引き返す途中だった。

12.7　炭鉱で爆発（中国　河北省唐山）　12月7日午後3時半、中国河北省唐山市の炭鉱でガス爆発事故があり、同日夜までに54人が死亡、ほかに多数が行方不明になっている模様だ。中国ではエネルギー不足を背景に、無理な操業による炭鉱事故が相次いでいる。

12.10　旅客機墜落（ナイジェリア　ポートハーコート）　12月10日、ナイジェリア南部の沿岸都市ポートハーコートで、首都アブジャ発のソソリソ航空国内線旅客機が墜落し、11日までに乗員乗客計111人のうち104人が死亡した。当初、生存者は7人だったが、2人が搬送先の病院で死亡した。乗客のうち50人以上は首都アブジャの全寮制中学校の生徒だった。空港付近は悪天候だった。

12.11　石油貯蔵施設で爆発・火災（イギリス　ハートフォードシャー州）　12月11日午前6時、同6時半前にイギリス南東部ハートフォードシャー州ヘメルヘムステッドのバンスフィールド石油貯蔵基地で爆発が連続して起き、火災が発生。43人が負傷し、うち2人が重傷を負った。夜になっても火勢は衰えず、煙は南方のロンドン方面まで流れた。爆発の衝撃で付近の住宅の窓ガラスが破れ、住民がけがを負った。テロの可能性は低く、事故とみられる。

12.15　病院で火災（中国　吉林省遼源）　12月15日午後4時半ごろ、中国吉林省遼源市の総合病院「市中心病院」で、建物内の配電室付近から火災が発生し、約5000m^{2}を焼いて約6時間後に鎮火した。逃げ遅れた患者ら39人が死亡した。火災発生直後に患者約

150人が救出されたが、火煙のまわりが早く、逃げ場を失った人たちが窓から飛び降りたという。病院は4階建てで1～2階が外来、3～4階が入院施設だった。

12.18 **豪雨**（インド　チェンナイ）　12月18日朝、インド南部タミルナド州の州都チェンナイで、食糧援助を受けようとしていた洪水被災者らが突然の豪雨で避難所内に殺到し転倒、42人が死亡、37人が負傷した。当時、避難所前では5000人以上が行列を作っていたという。タミルナド州は過去数週間、豪雨に見舞われ、沿岸部の村落が浸水、数千人が住宅を失った。

12.22 **トンネル建設現場でガス爆発**（中国　四川省都江堰）　12月22日午後、中国四川省都江堰市の高速道路トンネル建設現場でガス爆発事故が発生し、作業員ら42人が死亡、11人がけがをした。

12.24 **宴会料理に殺鼠剤混入**（中国　重慶市）　12月24日夜、重慶市奉節県康楽鎮で村の男性の誕生日を祝う宴会で食事を取った出席者が中毒症状を起こし、25日までに5人が死亡、55人が入院した。うち10人は重体。食べ物に殺そ剤が混ぜられたとみられる。

12.28 **がけ崩れ**（イエメン）　12月28日夜、イエメン西部でがけ崩れが発生し、少なくとも40人が死亡した。100人近くが生き埋めになった。

この年 **エイズ**（世界）　国連の2006年6月9日の発表によると、2005年12月までのエイズウイルス（HIV）感染者は世界で推定3320万人に上った。2005年に新たにエイズに感染したのは推定250万人だったが、各国の対策が進み、10年前の320万人から減少した。エイズのまん延はサハラ砂漠以南のアフリカが最も深刻で、大人のHIV感染者の68％、子どもの90％をアフリカだけで占めている。2005年1年間の死者のうち、76％に上った。世界全体では感染者数が減少傾向を示す中で、中国やインドネシア、ロシア、ウクライナなどの感染者は増加した。2008年10月、WHOはエイズによる死者は2012年をピークに減少するとの見通しを示した。08年の死者数は220万人で、ピークの12年には240万人、30年には120万人に減少すると予測。

〈 2006 〉

1月- **難民船難破相次ぐ**（大西洋）　1月から、西アフリカのモーリタニアから大西洋上のスペイン領カナリア諸島に向け、約800キロの海上を小型船で航行中、難破して水死する避難民が相次いだ。1月から3カ月間の死者は約3000人。避難民の到着はこの1月から急増し、違法入国者を収容する施設の定員は1476人だが、3000人以上の避難民を収容している。大半はマリ、ギニアビサウ、コートジボワールなど西アフリカ諸国出身。昨秋、モロッコにあるスペイン領の飛び地に避難民が殺到。その後国境警備を厳重にしたため、避難民たちが入国ルートを変更したとみられる。

1.2 **積雪でスケート場の屋根崩落**（ドイツ　バートライヘンハル）　1月2日、ドイツ南部のバートライヘンハルでスケート場の屋根が崩落し、死者15人を出した。崩落時に約50人が施設内にいたとみられる。現場では1日夜から雪が降っており、積もった雪の重みで屋根が崩落した可能性が高い。

1.2 炭鉱で爆発（アメリカ　ウェストバージニア州）　1月2日早朝、アメリカ・ウェストバージニア州北部の炭鉱で爆発事故が発生し、作業員13人が坑内に閉じ込められた。3日深夜に、13人のうち1人が救出されたが、残る12人は全員死亡が確認された。救出された1人も病院に運ばれたが重体。メタンガスなどが何らかの火に引火し爆発した可能性が高い。落雷による引火の可能性もある。作業員は2日午前6時過ぎに坑道に入り、しばらくして爆発が起き坑道の一部が崩れたという。

1.4 土砂崩れと洪水（インドネシア　ジャワ島）　インドネシア・ジャワ島で1月1日からの豪雨による土砂崩れや洪水が相次ぎ、死者が300人を超えた。4日未明、中部ジャワ州バンジャルヌガラ県の山間部の村で土砂崩れが発生し、民家100軒以上が埋まった。16人の遺体が発見されたが、約200人が生き埋めになった。東ジャワ州ジュンブル県では1日から2日にかけ、山の麓で土砂崩れが断続的に発生、民家数百軒が巻き込まれた。4日までに77遺体が搬出され、数十人が行方不明。インドネシアでは土砂崩れが毎年発生しているが、違法伐採による森林消失が原因と言われる。

1.6 ホテル崩壊（サウジアラビア　メッカ）　1月5日、サウジアラビアのイスラム教の聖地メッカで5階建てのホテルが崩壊し、少なくとも23人が死亡、60人が負傷した。メッカには8日から始まる巡礼期間に約250万人が集まるとみられる。

1.12 メッカ巡礼で圧死（サウジアラビア　メッカ）　1月12日、イスラム教最大の聖地であるサウジアラビア西部メッカ郊外で、巡礼行事中に多数の巡礼者が折り重なって倒れ、死者数が345人、負傷者は1000人以上に上った。事故現場はメッカとアラファト山の中間にあるミナの谷で、巡礼者は橋の上から悪魔を象徴する石柱に石を投げる儀式を行っていた。同儀式は巡礼最終日の主要行事で、日没前に儀式を終えようと多数の巡礼者が殺到していた。

1.14 列車とミニバス衝突（ロシア　ウスチ・ラビンスキー）　1月13日午前8時半ごろ、ロシア南部クラスノダール地方ウスチ・ラビンスキー地区で、鉄道踏切を横断中のミニバスに列車が衝突し、バスは大破。バスの乗客約40人のうち、21人が死亡、数人が重傷を負った。現場は警報機・遮断機のない踏切で、バス運転手が濃霧の中、確認を怠ったのが事故原因とみられる。

1.15 小型船沈没（フィリピン　南レイテ州）　1月15日、フィリピン中部の南レイテ州で開かれた祭りの水上パレードに参加した小型船が沈没し、乗っていた子供ら16人が死亡、数人が行方不明になった。

1.19 寒波（ロシア　モスクワ）　1月19日夜から20日未明にかけてロシアの記録的な厳寒で、首都モスクワでは7人が凍死などで死亡した。5人は屋外で行き倒れ、2人は病院で死亡したという。モスクワの前年10月からの寒さによる死者は123人となった。また、ウクライナでもこの寒さで800人を超える死者が出たとみられる。

1.19 軍輸送機墜落（ハンガリー）　1月19日夜、ハンガリー北東部の山岳地帯で、スロバキアの軍用輸送機アントノフ24が墜落、炎上し、42人が死亡、1人の生存が確認された。乗っていたのはセルビア・モンテネグロのコソボ自治州国際治安部隊に参加していたスロバキア兵士ら40人以上で、同自治州から任務を終えスロバキアに向かっていた。

1.23 建設中のビル崩壊（ケニア）　1月23日午後、ケニアの首都ナイロビ中心部で建設中

の5階建てビルが崩壊し、少なくとも7人が死亡、70人以上が負傷した。約280人の建設労働者が内部にいたとみられる。

1.23　列車脱線・渓谷に転落（セルビア・モンテネグロ　ポドゴリツァ（現・モンテネグロ））　1月23日、セルビア・モンテネグロのポドゴリツァ近郊で列車が脱線、客車4両が約40m下の渓谷に転落した。乗客44人が死亡、約200人が負傷した。原因としてはブレーキの故障などの可能性が指摘されている。列車にはスキー帰りの乗客が多く、負傷者の半数以上は子供だった。また乗客の女性が搬送先の病院でストレスによる早期出産で男児（2450グラム）を出産した。

1.28　積雪で展示施設の屋根崩落（ポーランド　カトウィツェ）　1月28日午後5時半ごろ、ポーランド南部のカトウィツェの大規模な展示施設で屋根が崩落し、66人が死亡、約160人が負傷した。雪の重さで崩落したとみられる。展示施設ではレース用のハトの見本市が行われており、欧州各国から集まった約500人の来場者でにぎわっていた。建物がひび割れるような音がした後、突然、中央部の屋根が崩落したという。展示施設はサッカー場程度の大きさで面積約1万m²。1990年代末に建設された。

1.31　客船沈没（インドネシア）　1月31日夜、インドネシア西ティモールのクパンから同国南端のロテ島に向かった客船が高波のため沈没した。2月1日夜までに118人が救助されたが、1人が死亡、80～100人が行方不明となった。船は乗組員23人と乗客名簿に記載された72人以外に、100人以上が乗っていたとみられる。車やトラック計11台とバイクなども積んでいた。

2.2　フェリー沈没（サウジアラビア）　2月2日夜、乗員・乗客約1400人を乗せたエジプトのフェリー「アルサラーム・ボッカチオ98」（1万1800トン）がサウジアラビア沿岸の紅海で沈没した。乗員乗客1400人が乗っていたが、4日までに400人が救助され、195人の遺体が収容された。残りの安否は不明。同フェリーは出航後、1時間半から3時間後に火災が発生。その後も目的地のエジプト・サファーガ港に向かって航行を続けたが、火の手が広がって沈没した。船長らが真っ先にボートで逃げ出した、との証言がある。船長は行方不明になった。

2.4　スタジアムに観客殺到（フィリピン）　2月4日朝、フィリピン・パッシグ市のスポーツスタジアムでテレビ局の人気公開番組の収録観覧に集まった人々が出入り口に殺到して倒れ、少なくとも66人が死亡した。うち63人が女性。数百人がけがをしており、犠牲者がさらに増える可能性がある。収録は同日昼からの予定で、スタジアム前には約3万人が入場を待っていた。4日早朝、施設を取り巻く市民の列の中で、何者かが「爆弾だ」と叫び、パニックになった。現場から爆発物などは発見されていない。番組開始1周年を記念した収録で、1日から多数の市民が並んでいた。

2.10-　豪雨（フィリピン）　2月中旬、フィリピン東部と南部を襲った豪雨で、12日までに13人が死亡、少なくとも3万人が避難した。死者のうち7人は東部レイテ島で起きた地滑りに巻き込まれた道路建設工事の作業員。残りの6人はミンダナオ島での水死者や病死者だった。17日午前11時ごろ、同島の南レイテ州セントバーナード町ギンサウゴン村で、この豪雨による大規模な地滑りが発生、村全体が土砂に覆われた。152人の遺体が確認されたが、24日捜索は約1000人が行方不明のまま打ち切られた。土砂に埋まった小学校には、教師と児童約250人がいたという。地滑りの原因は、豪雨と、レイテ島を南北に貫く巨大な断層の活動が重なった天災と断定された。

2.18 地滑り(フィリピン　ミンダナオ島)　2月18日夜、フィリピン・ミンダナオ島西部の町で、小規模な地滑りが発生し、少なくとも5人が死亡した。家屋2棟が土砂に埋まったとみられる。現場は、約2000人が生き埋めになったとみられる同国中部レイテ島の大規模地滑り現場から南西約760キロ。

2.21 地滑り(インドネシア　スラウェシ島)　2月21日、インドネシア・スラウェシ島北部のメナド市周辺で洪水と地滑りが発生し、22日までに少なくとも31人が土砂に埋まるなどして死亡した。

2.23 市場で屋根崩落(ロシア　モスクワ)　2月23日未明、モスクワ北東部の地下鉄「バウマンスカヤ」駅近くの市場で、円形ドーム状の屋根(約2000m^2)が崩落、50人が死亡、29人が負傷した。市場は築約30年。鉄筋コンクリート製の屋根は、鉄骨支柱などに支えられておらず、壁の上にのせられていただけだったという。建物の構造上の欠陥に加え、雪の重みに耐えられなかった可能性がある。

2.27 ビル崩壊(バングラデシュ　ダッカ)　2月25日、バングラデシュの首都ダッカで5階建て雑居ビル崩壊事故が起こり、26日までに45人が救出され、18人が死亡、45人が負傷した。同ビルは上層階が無許可で約500床の病院に改造されていたとして、ビル所有者の事務所が家宅捜索された。ビルはコンクリート造りで1960年代に建設され、商店や事務所、縫製工場などが入居していた。

3.3 蚊媒介の感染症(フランス　インド洋レユニオン)　インド洋の仏領レユニオンで蚊による感染症が大発生し、3月3日までに93人が死亡し、人口78万人のほぼ4分の1に当たる18万6000人が感染した。前年春から発生し、前年末から死者が出始めた。この感染症は現地で「チクングンヤ熱」(スワヒリ語で「のけぞらせる」の意)と呼ばれ、発症すると関節炎のような症状で患者がのけぞったり腰をかがめたりするようになる。「アジア・タイガー蚊」とも呼ばれる蚊が介在している。仏領マヨットでも2000人が感染、マダガスカル、モーリシャス、セーシェルでも感染例が確認されている。

3.8 教会の屋根崩落(ウガンダ)　3月8日夜、東アフリカ・ウガンダの首都カンパラ郊外で、キリスト教会の屋根が突然崩落し、礼拝中の信者ら27人が死亡、86人が負傷したほか、多数の人が瓦礫の下敷きになった。

3.11 竜巻(アメリカ　中西部)　3月11日から12日にかけ、アメリカ中西部を中心に多数の竜巻が発生し、少なくとも10人が死亡、家屋数百戸が倒壊した。被害を受けたのはミズーリ、オクラホマ、アーカンソー、カンザス、イリノイ、インディアナ州など。ミズーリ州の被害が最も大きく、倒壊した家屋や吹き飛んだトレーラーの下敷きになり、少なくとも9人が死亡、インディアナ州でも1人が死亡した。ミズーリ州は非常事態を宣言した。

3.30 遊覧船転覆(バーレーン)　3月30日夜、バーレーンの首都マナマ沖のペルシャ湾上で、乗客130人以上を乗せた遊覧船が転覆し、少なくとも48人が死亡したほか、多数の乗客が行方不明となった。転覆の原因は不明。

3.31 地震(イラン)　3月31日未明、イラン西部ロレスタン州で、地震が続発し、最大でマグニチュード6.0を記録した。同日深夜までに、死者は少なくとも70人、負傷者は1264人に達した。

4.4 洪水(チェコ/ハンガリー) チェコ、ハンガリーなど中欧諸国が雪解けによる増水で洪水の危機に襲われた。中欧は今冬、厳しい寒波に襲われ、降雪が例年より多かった上、3月下旬から急激に気温が上昇したことで、大量の雪解け水が発生している。ハンガリーでは首都ブダペスト市内を流れるドナウ川の水位が、4月4日には観測史上最高の8.6mに達すると予測され、首相は周辺地区に非常事態を宣言。また、チェコでは洪水被害により7人が死亡、14州のうち7州で非常事態宣言が出された。ドイツのエルベ川でも雪解けと大雨の影響で水位が増した。

4.10 見本市で火災(インド ニューデリー) 4月10日、インドの首都ニューデリーの北80キロのところにある町メーラトで開催されていた見本市で火災が発生し、少なくとも100人が死亡した。見本市のために設置された3つの巨大なテントが焼けた。

4.17 バス崖から転落(メキシコ ベルクルス州) 4月17日、メキシコ東部ベルクルス州で、観光バスがカーブを曲がりきれずに、がけから約200m下に転落し大破、少なくとも57人が死亡した。乗っていたのは南部タバスコ州の観光客。ブレーキ系統の故障との見方もあるが、バスは47人乗りで定員を超えていたとみられる。

5.3 旅客機海に墜落(ロシア) 5月3日午前2時15分ごろ、アルメニアのアルマビア航空の旅客機エアバス320が、ロシア南部黒海に墜落した。乗員乗客113人全員が死亡したとみられる。

5.12 石油パイプライン爆発(ナイジェリア) 5月12日、ナイジェリア南西部にある最大の都市ラゴス郊外で、石油パイプラインが爆発した。死者数が200人に達する可能性がある。爆発はラゴス郊外アパパ地区の石油貯蔵施設に送油するパイプラインで起きた。住民がパイプラインから石油を盗んでいたところ、盗んだ油をためていた燃料缶500本に何かの火が引火したという。同国では原油の抜き取りと密売が横行し、年間10万バレルが盗まれているとの試算もある。

5.23- 洪水(タイ) 5月23日から24日にかけ、タイ北部ウタラディット県周辺で大雨による洪水や土砂崩れが起き、住民30人が死亡、77人が行方不明になった。約2万3500世帯で浸水被害が出た。道路が寸断され救助活動は難航した。

5.27 ジャワ島中部地震(インドネシア ジャワ島) 5月27日午前5時53分ごろ、インドネシア・ジャワ島中部でマグニチュード6.3の強い地震が発生し、29日までに5778人が死亡、3万8000人が負傷した。ジョクジャカルタ特別州で12万軒の家屋が全半壊し、約42万人が被災。ジョクジャカルタ空港も滑走路が損壊し、閉鎖された。同地はインドネシアの古都として世界的に知られる観光地だが、多くの住民がレンガ造りにトタン屋根の簡易な建物に居住しており、倒壊した建物の下敷きになったため被害が大きくなった。震源はジョクジャカルタの南南西約25キロで、震源の深さは約33キロ。

6.27 豪雨(アメリカ ワシントン) 6月25日から、アメリカの首都ワシントン周辺部は記録的な豪雨に見舞われ、各所で洪水が発生した。首都環状高速道路が土砂崩れで一時通行止めとなったほか、3万世帯以上が停電。国立公文書館や司法省など複数の連邦政府ビルが閉鎖された。28日にはペンシルバニア州当局が河川増水を受けて住民15万~20万人に避難命令を出した。同日午後までに洪水などで12人の死亡が確認された。洪水はニュージャージー、ニューヨーク、メリーランドの諸州などでも発生。ニューヨーク州南部では高速道路が寸断され、トラックが溝に転落して2人が死

亡した。

7月 熱波（アメリカ　南西部）　アメリカ南西部で記録的な猛暑が続き、7月28日までに、熱中症など高温が原因とみられる死者が141人に達した。28日早朝のまとめでは死者は20〜95歳で過半数が60歳以上。カリフォルニア州中部の内陸部で被害が目立っている。冷房の使用で電力需要が急増したため各地で停電が発生、北部の原野火災で送電に影響が出る可能性も指摘された。ロサンゼルス郡ウッドランドヒルズでは48度を記録、州中部のフレズノでは最高気温40度を超える日が6日間も続いた。

7.3 地下鉄脱線（スペイン）　7月3日午後、スペイン東部バレンシアで地下鉄5号線イエズス―エスパーニャ広場間を走行していた電車（2両編成）が脱線し、少なくとも34人が死亡、20人以上が重傷を負った。速度の出しすぎによる車輪のバランスの崩れが原因とみられるが、トンネル内で落盤が起きた可能性も指摘された。

7.9 航空機ビルに激突（ロシア　シベリア）　7月9日午前7時50分ごろ、ロシア・シベリアのイルクーツク空港で、シベリア航空のモスクワ発イルクーツク行きエアバスA310が着陸した際、滑走路を越えて近くの駐車場ビルに激突し、爆発炎上した。乗員乗客204人のうち、122人が死亡、59人が重軽傷を負い入院した。エアバスが着陸成功を管制塔に連絡した直後、無線通信が途絶えた。事故当時、滑走路は雨が降った後でぬれていたという。

7.14 大雨（北朝鮮）　7月14〜16日の豪雨のため、北朝鮮の平安南道陽徳郡だけで約700人の死者・行方不明者が出たもよう。一部未確認情報では同国全域での死者・行方不明者は3000人余りともいわれる。平安南道で住宅6200棟、公共建物490棟が損壊・浸水、農耕地数千haが冠水、道路や橋など200カ所が損壊。江原道で住宅6000棟、公共建物200棟が損壊・浸水、農耕地数千haが冠水した。

7.17 ジャワ島南西沖地震（インドネシア　ジャワ沖）　7月17日午後3時19分ごろ、インドネシア・ジャワ島南方のインド洋を震源とするマグニチュード7.7の強い地震があり、20日までに死者は547人、行方不明者323人、負傷者は465人に達した。最も大きな被害を受けたパガンダランでは、数メートルの津波で海岸近くのホテルや民家が破壊され、海岸地域一帯が浸水した。全域が数時間にわたって停電し、海岸付近の数千人が高台に避難した。震源はジャカルタの南約360キロ、深さ約10キロ。

7.22 地震（中国　雲南省）　7月22日午前9時10分ごろ、中国雲南省塩津県で地震が発生し、19人が死亡、106人が負傷した。地震の規模を示すマグニチュードは5.1。

7.31 地震（タジキスタン）　7月29日、タジキスタンで地震が2度発生し、首都ドゥシャンベ南東150キロにある村落の民家約400戸が全壊した。30日までに子供3人が死亡、19人が負傷した。

8月- 干ばつ（中国　重慶市）　この夏、中国は50年に1度の干ばつに見舞われた。被害の大きい重慶市では、綿花摘みの出稼ぎを兼ねて西部の新疆ウイグル自治区へ農民を緊急避難させる政策が打ち出された。重慶市は内陸部にあり、人口2800万人。同市では7月に最高気温35度以上を記録した日が25日間もあり、8月には40度前後の日が続いた。特に8月15日の最高気温は44.5度まで上り、1953年8月の記録を塗り替えた。

8.2 インド産コーラに殺虫剤成分（インド　ニューデリー）　8月2日、インドの非政府組織（NGO）「科学環境センター」は同国で製造・販売されている炭酸飲料「ペプシ」

「コカ・コーラ」に、発がん性が指摘される殺虫剤成分が基準値を超えて含まれているると発表した。同センターは両社が国内25工場で生産した11銘柄、57本の炭酸飲料を検査し、すべてのボトルから欧州基準の平均24倍の殺虫剤成分を検出した。3年前にも同様の調査結果が公表され、原料となる地下水の汚染が主な原因との見方が示されていた。

8.5 洪水（エチオピア　ディレダワ）　8月5日、エチオピアの首都アディスアベバから約500キロ東の都市ディレダワで、市内を流れる川が大雨による増水であふれ、6日夜までに191人の死亡が確認されたほか、約300人が行方不明になった。

8.10 台風（中国）　8月10日、中国南東部の浙江省や福建省などに大型の台風が上陸し、11日昼までに、洪水などで104人が死亡、190人が行方不明となった。倒壊した家屋は5万4000軒に上る。

8.21 信号見落とし列車追突（エジプト　カルユーブ）　8月21日朝、エジプトの首都カイロ北方にあるカルユーブで、通勤客を乗せた列車が別の列車に追突し、58人が死亡、143人以上が負傷した。走行中の列車が停止信号を見落とし、停止していた列車に追突、脱線した。

8.23 旅客機火災・墜落（ウクライナ　ドネツク）　8月22日午後、ロシア南部アナパ発サンクトペテルブルク行きの、プルコボ航空旅客機Tu154機が、ウクライナ東部ドネツク郊外で墜落した。乗っていた乗員10人、乗客159人の全員が死亡したとみられる。同機は離陸して約30分後に機長が救難信号を出し、その2分後に墜落した。高度約1万メートルを飛行中に火災が発生したとみられる。

8.27 旅客機農場に墜落・炎上（アメリカ　ケンタッキー州）　8月27日午前6時すぎ、アメリカ中部ケンタッキー州で、同州レキシントン発ジョージア州アトランタ行きの米地域航空会社コムエアーの旅客機が離陸直後、滑走路の端から約800m離れた農場に墜落し、炎上した。49人が死亡、副操縦士1人が救出されたが、重体。同機はカナダのボンバルディア社製で乗客47人、乗員3人が乗っていた。同空港は約2100mと約1050mの2本の滑走路があるが、墜落機は誤って小型機用の短い滑走路を使用したため、十分な速度を得られないまま飛行し、失速して墜落した可能性が高い。

8.27 水道タンク崩壊（インド　ラジャスタン州）　8月27日、インド西部ラジャスタン州の都市カマで巨大な水道タンクの屋根に約200人が上がってレスリングの試合を観戦していたところ、突然屋根が崩壊。タンク内に転落した48人が死亡した。タンクには水はほとんど入っておらず、人々はコンクリート製の床に激しくたたきつけられた。

9.1 旅客機着陸失敗（イラン）　9月1日午後、イラン北東部のマシャド空港で、イランエアツアーの国内線旅客機（ロシア製ツポレフ154）が着陸に失敗し炎上、乗客乗員約150人のうち28人の死亡が確認された。同機はペルシャ湾岸のバンダルアッバスを出発。着陸時にタイヤの一つが破裂し、滑走路を外れた後に炎上した。イランエアツアーはイラン航空の関連会社。イランは長年の米国の経済制裁により、航空機とその部品調達に大きな制約を受け、航空機の老朽化と整備の問題が指摘されていた。

9.11 陸軍ヘリコプター墜落（ロシア　北オセチア共和国）　9月11日、ロシア南部・北オセチア共和国の山岳地帯でロシア陸軍のMi8型輸送ヘリが墜落、炎上した。搭乗者15人のうち、北カフカス軍管区の将官ら軍幹部を含む11人が死亡した。エンジン不調

や霧で視界が悪かったなどの可能性がある。

9.21 **地滑り**（フィリピン　ルソン島）　9月21日夜、フィリピン・ルソン島北部マウンテンプロビンスの山間部の道路で、小型乗り合いバス・ジプニーが地滑りに巻き込まれて土砂に埋まり、乗客ら8人が死亡、14人が負傷した。ルソン島北部では最近、豪雨が続き、各地で地滑りが起きている。

9.22 **リニア衝突**（ドイツ）　9月22日午前10時、ドイツ北西部のオランダ国境に近いラーテン近郊のリニアモーターカー実験線で、リニア「トランスラピッド」が走行中、停止していた工事用車両と衝突。リニアに同乗していた見学者など31人と、工事用車両に乗っていた作業員2人の計33人が巻き込まれ、うち23人が死亡、また10人が重傷を負った。リニアは南北約31.5キロに敷かれた実験線を南端のラーテンから北に出発。約1キロを走行した時点で、リニアの運転士が工事車両を約3キロ手前から目視できたのに急ブレーキを踏むのが遅れ、衝突した可能性がある。

9.29 **台風15号**（フィリピン　ルソン島）　9月29日、台風15号の直撃を受けたルソン島中部や南部で洪水や土砂崩れ、樹木や広告塔の倒壊が続出し、多数の死傷者が出た。10月5日までに死者110人、行方不明79人、負傷88人に上り、約9万6000人の住民が、避難所生活を強いられた。発電・送電施設の損壊でルソン島のほぼ全域が停電し、最大で4300万人が影響を受けた。ソルソゴン州では、80％の学校で校舎の屋根が壊れ授業に支障が出た。

9.29 **旅客機墜落**（ブラジル）　9月29日夕、アマゾン上空でブラジルGOL航空のボーイング737旅客機（乗員6人、乗客149人）が、行方不明になった。小型ジェット機と空中で接触し、ブラジル中部の町ペイショトジアゼベドの農場に墜落したとみられる。同機は北部アマゾナス州マナウスを29日午後に離陸、首都ブラジリアに向かっていた。北部パラ州上空で小型機と衝突したらしい。小型機は近くの空港に着陸したという。

10.15 **地震**（アメリカ　ハワイ州）　10月15日午前7時過ぎ、アメリカ・ハワイ島付近でマグニチュード6.6の強い地震が発生した。死者の報告はないが、負傷者は出たとみられる。同島やハワイ州の州都ホノルルがあるオアフ島など各地で停電が起きているほか、一部の高速道路が落石で封鎖された。震源はハワイ島北西部沖で、深さは約38.9キロ。最大M5.8の揺れを含む余震数十回が観測された。ハワイ州は全州を対象に非常事態を宣言した。

10.17 **地下鉄追突**（イタリア　ローマ）　10月17日午前9時35分ごろ、ローマ中心部の地下鉄A線のビットリオ・エマヌエレ駅で、停車中の列車に後続の列車が追突し、乗客1人が死亡、235人が負傷した。負傷者のうち運転士を含む5人が重体。また追突した車両は赤信号にもかかわらず中央制御室の許可を得て進行していたことが判明し、制御室担当者の過失による事故の可能性がある。衝突した車両はいずれも大破した。直後にホームは停電し、乗客の一部が車内に閉じ込められるなど、一時パニック状態となった。

10.26 **山林火災**（アメリカ　カリフォルニア州）　10月26日未明、アメリカ・カリフォルニア州南部で大規模な山火事が発生し、27日夜までに約100km^{2}を焼き尽くした。1700人以上の消防士が消火活動に当たり、そのうち5人が死亡した。建造物10棟が焼け、一時は約700人が避難した。11月2日、現場近くに住む36歳の男を殺人と放火などの容疑で逮捕した。現場はロサンゼルスから東に145キロ、保養地パームスプリングス

に近い山間部。

10.28 バス川に転落(ネパール)　10月28日、ネパール中西部の山間部でバスが道路脇の川に転落。42人が死亡、45人が負傷。ヒンズー教最大の祭り「ディワリ」で里帰りし、都市部へ戻る100人以上が乗車し、定員オーバーだった。

10.31 台風19号(フィリピン)　10月31日、フィリピン北部を通過した台風19号による洪水などで、15人が死亡、ルソン島を中心に住宅倒壊が相次いだと報じた。台風通過後も洪水などによる被害拡大が懸念されている。

11.15 竜巻(アメリカ)　11月15日から16日にかけ、アメリカ東部ノースカロライナ州や南部ルイジアナ州などで相次いで竜巻が発生し、11人が死亡した。16日朝、ノースカロライナ州で約40戸のトレーラーハウスが竜巻で破壊され、7人以上が死亡。このほか突風が原因の交通事故で2人が死亡した。また15日、サウスカロライナ、ルイジアナ両州でも竜巻による被害で計2人が死亡した。

11.30 大雪(アメリカ　中西部)　11月30日から12月1日朝にかけて、イリノイ州シカゴなどアメリカ中西部の広範な地域がこの時期としては記録的な大雪と暴風雨に襲われた。多数の航空便が欠航、学校が相次いで休校したほか各地で停電し、大雪による交通事故で5人が死亡した。シカゴ郊外では11月30日早朝までに約18cmの積雪となった。20cmを上回った地域もあり、12月1日の記録としては120年余の観測史上で最高となる可能性がある。ウィスコンシン州の一部では40cmに達し、ミズーリ州では非常事態が宣言された。

12.1 台風21号(フィリピン　ルソン島)　12月1日、フィリピン・ルソン島南部に上陸した台風21号による土砂崩れなどが起きた。4日までに死者は450人に上り、約600人が行方不明となった。被害が出たのは8月に活動が活発化したマヨン火山(標高2462m)周辺の火山灰地域。大規模な土砂崩れが発生し、道路が寸断された。

12.9 病院で火災(ロシア　モスクワ)　12月9日未明、モスクワ南西部の麻薬・アルコール中毒患者専門の病院で火災が発生。約35分後に鎮火したが、入院患者、従業員ら計45人が死亡し、約10人が負傷した。院内にいた他の入院患者ら214人は消防隊などが救出した。モスクワで起きた火災で過去最悪となった。死者の全員が女性だった。麻薬中毒の女性患者が医師に薬物の提供を拒否された後、1階の食堂で油に火をつけた可能性がある。

12.11 台風22号(フィリピン)　12月11日、フィリピン中部を通過した台風22号で、5人が死亡、20人が行方不明となり、約9万人が避難した。11月の台風被害の後、一時、家に戻った人々も再度、自宅から安全な地域に避難した。

12.16 暴風雨(アメリカ)　12月16日から19日までに米ワシントン州を中心に発生した暴風雨に伴う停電などで、死者数は少なくとも12人に達した。倒木の下敷きになるなどしたほか、停電のため自宅で発電機を使用した際に一酸化炭素中毒をおこし死亡する人が多数出た。ワシントン州、オレゴン州などの60万戸以上、一時100万戸以上で停電となった。ワシントン州では全域に非常事態宣言が発令された。

12.18 結婚式で火事(パキスタン　パンジャブ州)　12月16日夜、パキスタン・パンジャブ州デラ・ガジ・カーン郊外で結婚式のパーティーが開かれていたテントから出火。逃げる参列者が将棋倒しとなり新婦を含む女性27人が死亡、約70人が負傷した。テ

ントは女性専用で、約300人の女性が結婚式の歌を歌っていたところ、電気回線の
ショートから出火した。新郎や男性参列者は別のテントにいて無事だった。

12.26　**地震**（台湾）　12月26日午後8時26分ごろ、台湾南部の屏東県恒春の南西沖の海底を
震源とするマグニチュード6.7の強い地震が発生した。死者2人が確認され、42人が
負傷した。震源に近かった恒春で、家具店を兼ねた民家が倒壊し、一家8人が下敷き
となり、2人が死亡した。恒春では震度5を記録した。

12.26　**石油パイプライン爆発**（ナイジェリア　ラゴス）　12月26日、ナイジェリア南西部の
主要都市ラゴスで、石油パイプラインが爆発、少なくとも200人が死亡した。一部情
報では死者500人以上ともいわれる。爆発の原因は不明だが、25日夜から26日にか
けて何者かがパイプラインに穴を開け、多くの住民がパイプラインから漏れた石油
を盗んでいたという。犠牲者の多くは焼死とみられる。

12.29　**フェリー遭難**（インドネシア　ジャワ海）　12月29日夜、ジャワ海でフェリーが遭難
し乗客、乗員合わせて500人以上が行方不明になった。乗員乗客計600人が乗ってい
たというが、800人近く乗っていたとの情報もある。30日までに数十人が救助され
たが、救助は難航している。同船はカリマンタン（ボルネオ）島中部のクマイから約
400キロ先のジャワ島中部スマランに向かっていた。

12.31-　**ノロウイルスで集団下痢**（中国）　中国南部の広東省金利村で、2006年末から集団下
痢が発生し、地元衛生当局が「ノロウイルスによる症状」と診断した。2006年12月
31日～2007年1月7日までに症状が出たのは計25人。村全体と公共施設などを消毒し、
感染の拡大は防いでおり、患者の症状も比較的軽いという。

この年　**鳥インフルエンザ**（世界）　鳥インフルエンザの発生が世界中で次々明らかになった。
1月にはトルコで3人が死亡、中国と東南アジア以外で初めての死者となったのを皮
切りに、2月～4月にはナイジェリアとイタリア、ギリシャ、スウェーデン、イギリ
スで鶏や白鳥、カモなどからH5N1型のウイルスが検出された。3月21日には、アゼ
ルバイジャンで7人が感染し5人が死亡、2003年以来の鳥インフルエンザによる死者
数が100人を突破した。

〈 2007 〉

1月-　**洪水**（モザンビーク）　南部アフリカのモザンビークで年明け後に洪水が相次ぎ、2
月までに約12万人が自宅の浸水などで避難、40人の死亡が確認された。洪水はザン
ベジ川と支流を中心に発生。上流のジンバブエ、ザンビアでは降雨が続き、水量は
増え続けている。モザンビークには救援に使用できるヘリコプターが1機しかなく、
政府は国際社会に支援を訴えている。浸水で農作物が全滅した地域があり、食糧不
足が心配された。

1月　**寒波**（アメリカ　中西部）　米中西部から北東部にかけ先週末から猛威を振るった寒
波の影響で、1月19日までに9州で少なくとも74人が死亡した。氷の重みで送電線が
切断されるなどして広範囲で停電し、一時、ミズーリ州など5州で60万戸を超えた。

週末にさらに降雪が予想され、被害が拡大する可能性もある。ホワイトハウスは同日、オクラホマ州に緊急事態発生を宣言し連邦政府による支援を開始した。

1月 洪水（マレーシア）　マレーシア南部で激しい降雨のため洪水が発生し、1月15日までに10万人以上が避難した。ジョホール州コタティンギでは水位は約4mに達し、家屋や道路をのみ込んだ。同州では先月にも17人の死者を出す洪水に見舞われたばかりで、物資が不足しているほか、伝染病の懸念も高まった。

1.1 旅客機行方不明（インドネシア）　1月1日午後、ジャワ島東部スラバヤからスラウェシ島北部マナドに向かっていた同国の民間航空会社アダム・エアの国内線旅客機ボーイング737（乗客96人、乗員6人）がスラウェシ島上空で消息を絶った。11日、同島パレパレ沖で機体の一部が発見された。生存者はいないとみられる。

1.18 強風（ヨーロッパ北部）　1月18日、イギリスやドイツ、オランダなど欧州北部で猛烈な強風が吹き荒れた。44人が死亡したほか、飛行機やフェリーの欠航、鉄道の運行停止が相次ぎ、各地で停電が発生するなど、市民生活に大きな影響が出た。イギリスではイングランド地方を中心に、90年以降最大となる時速約160キロの突風を記録し、倒れた木の下敷きになるなどで13人が死亡した。ヒースロー空港では190便がキャンセル、高速道路も各地で閉鎖された。ドイツ、フランス、オランダでも死者が出た。

2月- 地滑り（インドネシア）　インドネシア東部フロレス島マンガライ県で、豪雨による地滑りが複数個所で発生し、3月3日午後までに少なくとも40人が死亡、数十人が行方不明になっている。現地では、2月後半から大雨が続き、多くの地域で家屋が土砂に埋まる被害が発生している。被災地への道路も寸断されており、救援活動は難航した。

2.1 豪雨で洪水（インドネシア　ジャカルタ）　2月1日、インドネシアのジャカルタで、豪雨により川の水があふれ洪水が発生、50人以上が死亡した。首都の45～70％が水浸しとなり、水に流されたりする以外に感電による死者も出たとみられる。

2.18 春節の爆竹で死傷（中国　北京市）　春節（旧正月）の2月18日、中国各地で新年祝賀行事があり、北京市では大みそかにあたる17日夜から18日未明にかけて街中で爆竹や花火が鳴り響き、125人が負傷、うち男性1人が死亡した。爆竹や花火による火災は114件発生した。爆竹は破裂音が魔よけになると信じられ、春節や慶事に欠かせないが、事故が多いことから同市では94年から禁止されていた。だが、市民の要望により、前年の春節から解禁された。けがの原因にもなる爆竹、花火の粗悪品は後を絶たず、この年は5億6000万本と前年の4倍に達したという。

3月- 中国製品安全性に問題（アメリカ／オーストラリア／ニュージーランド）　3月以降、中国製の食品や製品の安全性に疑問が高まり、世界的に注目を集めた。発端は中国産原料で作られたペットフードが原因で数千匹のペットが死んだと伝えたアメリカの報道で、以来、中国産の野菜やダイエット食品、化粧品、玩具などに有害物質が含まれていることが判明、輸出先のアメリカやオーストラリア、ニュージーランドや日本などで製品の自主回収が相次いだ。パナマで2006年、中国産原料が含まれるせき止め薬の服用で多数の市民が死亡した事件では、同年7月までに387人の遺族から訴えが、153人から後遺症被害の報告があったが、中国政府はこれに対し、有害物質ジエチレングリコールが混入したのはパナマ企業側にあると反論した。中国の製造

業は利潤を追及するあまり国際的な安全基準を無視しているとして非難され、同国政府は検査態勢強化や信頼回復に乗り出しつつある。

3.1 **竜巻**（アメリカ　南東部）　3月1日午後、アメリカ南東部を中心に、多数の竜巻が発生した。アラバマ州、ミズーリ州、ジョージア州の死者数の合計は20人に上った。ジョージア州では竜巻が病院を直撃、院内にいた2人が死亡。同州全体では少なくとも計9人が死亡した。アラバマ州では竜巻が高校を直撃し、8人が死亡した。生徒らは竜巻が発生する直前に講堂に避難していたが、その講堂が竜巻の直撃を受け倒壊。多数が瓦礫の下敷きとなった。ミズーリ州でも竜巻で7歳の少女が死亡した。

3.6 **地震**（インドネシア）　3月6日、インドネシア・スマトラ島西部で2回にわたって強い地震があり、多数の建物が倒壊した。この地震で82人が死亡、負傷者が数百人に上った。最初の地震はマグニチュード6.3で午前10時49分に発生、2回目はM6.1で午後0時50分に起きた。震源はともに西スマトラ州パダンの北方約50キロ。同州バトゥサンカル県や近郊では、数百棟の建物が被害を受けた。

3.7 **旅客機炎上**（インドネシア）　3月7日午前7時50分ごろ、インドネシア・ジャワ島中部のジョクジャカルタ空港で、ジャカルタ発の国営ガルーダ航空旅客機（ボーイング737-400型）が着陸の際に炎上した。約140人の乗客乗員が搭乗していたが、23人が死亡、100人近くが負傷した。同機は着陸の際、大きくバウンドした後、前輪付近から出火、まもなく爆発した。

3.19 **炭鉱で爆発**（ロシア　シベリア）　3月19日、ロシア・シベリア地域のケメロボ州クズバスの炭鉱で、大きなガス爆発事故があった。20日までに死者数は106人、行方不明者は4人。爆発時、坑内には作業員約200人がいたという。ガス爆発があったウリヤノフスカヤ炭鉱は02年に操業を開始。最新設備を備えていたが、ロシア国内の炭鉱事故では過去10年で最悪の惨事となった。

3.20 **高齢者施設で火災**（ロシア）　3月20日未明、ロシア南部クラスノダール地方のエイスクの高齢者収容施設で出火し、収容者ら62人が死亡、32人が病院で手当てを受けた。

3.21 **原潜「タイアレス」爆発**（北極海）　3月21日早朝、北極海で演習中の英海軍トラファルガー級原子力潜水艦「タイアレス」で爆発事故が発生し、乗組員2人が死亡、1人が負傷した。英国防省は原子炉に影響はないとしている。同艦の船首部分の空気清浄設備が不調で、爆発が起きたとみられる。

3.22 **弾薬庫爆発**（モザンビーク　マプト）　3月22日夕、南部アフリカのモザンビークの首都マプトで、軍の弾薬庫が爆発し、少なくとも83人が死亡した。

4.2 **地震**（ソロモン諸島）　4月2日朝、南太平洋のソロモン諸島近海でマグニチュード8の大地震が発生した。震源は首都ホニアラの西北西約345キロで、震源の深さは約10キロ。死者数は4日までに30人に達し、家屋倒壊は900戸以上、被災者は少なくとも5000人に達した。西部ギゾ島では、住民数千人が津波を恐れて丘に避難し、屋外で一夜を明かした。同日夜、被害が大きい西部地区に非常事態宣言を発令した。同日夜までにM6級の余震を2回、M5級を5回観測した。

4.29 **タンクローリー衝突・炎上**（アメリカ　オークランド）　4月29日、カリフォルニア州オークランドで、ガソリンを積んだタンクローリーが高速道路インターチェンジの支柱に衝突して炎上、その火力で上を走る高速道路の一部が溶けて崩落した。現場は

サンフランシスコとオークランドを結ぶ主要ルートであるベイブリッジの近く。タンクローリーの運転手はやけどを負っただけで助かり、他に死傷者は無かった。事故原因はスピードの出し過ぎとみられる。タンクローリーには約3万2500lのガソリンが積載されており、爆発時には高さ約60mの火柱が上がった。

- **5.5** **旅客機湿地帯に墜落**（カメルーン） 5月5日、西アフリカ・カメルーン最大の都市ドゥアラを飛び立ったケニア航空ナイロビ行き507便（ボーイング737-800型機）が、空港から約20キロ南東の湿地帯に墜落した。乗客105人、乗員9人の計114人が搭乗していたが、全員絶望とみられる。

- **5.12** **貨物船とコンテナ船衝突**（中国 山東省） 5月12日未明、中国山東省煙台沖の渤海湾で韓国貨物船ゴールデンローズ号（3800トン）と中国コンテナ船・金盛号（4000トン）が衝突、韓国船が沈没し乗組員16人が行方不明になった。

- **6月-** **洪水**（中国） 中国各地で6月から続く豪雨による洪水の被害は、7月13日までに、24省・自治区・市で約400人が死亡、約100人が行方不明、被災者は8205万人に及んだ。農地550万haが被害を受け、経済損失は319億元（約5100億円）に上った。中国政府は10日、救援金2億3200万元（約37億円）の支出を決定した。

- **6.3** **地震**（中国 雲南省） 6月3日早朝、中国南部の雲南省プーアール市寧洱ハニ族イ族自治県でマグニチュード6.4の地震が発生し、家屋倒壊などで3人が死亡、約300人が重軽傷を負った。余震が続き、約12万人が避難した。

- **6.23** **雷雨**（パキスタン） 6月23日以降、パキスタン南部のカラチ周辺が激しい雷雨に見舞われ、26日までに228人の死者が確認された。

- **6.25** **旅客機墜落**（カンボジア） 6月25日午前10時40分ごろ、カンボジア北部シエムレアプ発同国南部シアヌークビル行きのアントノフ24型機が行方不明になり、同日、プノンペン南方約140キロで墜落しているのが見つかった。乗客は16人、乗員は6人。

- **7月-** **異常気象**（ヨーロッパ） ヨーロッパがこの夏、異常気象に襲われた。ルーマニアでは熱波で12人が死亡し、ハンガリーでは猛暑による死者が推定500人に達した。英国では豪雨のため60年ぶりの大洪水が発生、ルーマニアでは気温が過去最高の44度に達し、暑さで1万9000人が病院に搬送された。イタリア南部のペスチアでは山火事が発生し、2人が死亡。マケドニア、アルバニア、ギリシャなどでは冷房多用によるとみられる電力需要の急増で停電が広がった。

- **7.4** **カラオケ店で爆発**（中国 遼寧省） 7月4日夜、中国遼寧省本渓満族自治県のカラオケ店で爆発があり、25人が死亡、33人がけがをした。カラオケ店は温泉施設もある2階建て。爆風で建物全体が破壊され、駐車中の車も破損した。この事故で現場一帯は長時間停電した。

- **7.17** **旅客機着陸失敗**（ブラジル サンパウロ） 7月17日午後6時50分ごろ、ブラジルの最大都市サンパウロの国内線専用コンゴニャス空港で、同国TAM航空の旅客機（エアバス320型）が着陸に失敗して空港外へ飛び出し、ガソリンスタンドや倉庫などの建物に激突、炎上した。乗客・乗員186人は全員死亡した。建物内にいた人も含め死者数は200人に達するとの見方も出ている。同機は、南西へ約800キロ離れたブラジル南部ポルトアレグレ発。着陸時は大雨だった。機体は滑走路をオーバーランし、一般道を突っ切って空港外の建物に激突した。建物内には20人以上がいたとみられる。

7.26	地震（インドネシア）	7月26日午後2時40分ごろ、インドネシア東部マルク諸島北沖でマグニチュード6.9の強い地震があった。震源地はジャワ島ジャカルタの東北東約2500キロ、震源の深さは44.6キロ。
8月	豪雨（北朝鮮）	北朝鮮各地で、豪雨により、数百人が死亡・行方不明、住宅3万棟が破壊・浸水する被害が出た。8月12日までに、数万haの農耕地が浸水・流失し、公共建物800棟、橋540カ所、鉄道70カ所、輸送機材や揚水機など1100台以上が破壊された。東海岸の江原道では多くの人命被害が出たほか、2万世帯の住宅が全半壊して浸水した。北東部の咸鏡南道や南西部の黄海北道でも、住宅破壊や農耕地浸水などの被害が出た。北朝鮮メディアが今回の豪雨による人的被害を伝えたのは初めて。
8.1	改修工事で橋崩落（アメリカ　ミネアポリス）	8月1日午後6時ごろ、アメリカ中西部ミネソタ州ミネアポリスで、市内を流れるミシシッピ川にかかる高速道路の橋が突然崩落した。走行中の車約50台が水中に転落し、橋に取り残された車両数台から出火した。7人が死亡し、重体6人を含む60人以上が負傷したという。橋は長さ約150m、水面からの高さは約19m。1967年の建設で、老朽化も指摘されていた。現場付近で橋の改修工事が行われており、複数の目撃者が「崩落直前に作業員が削岩機を使用していた」と証言した。
8.1	列車脱線（コンゴ民主共和国）	8月1日夜、アフリカ中部・コンゴ民主共和国南部の都市カナンガの北西約220キロで列車が脱線し、少なくとも約100人が死亡、220人以上が負傷した。多数の乗客が客車の下敷きになっており、犠牲者は増える見込み。
8.3	口蹄疫（イギリス）	8月3日、イギリス南部ギルフォード近郊で家畜60頭に、伝染病の口蹄疫感染が確認された。また、同7日、新たにこの地域で畜産農家の牛の感染症例を確認、環境・食糧・農村省は約100頭の牛を処分した。欧州連合（EU）は6日、英国産の畜肉、乳製品や生きた動物の加盟国への輸出禁止を発表した。
8.13	建設中の橋が崩落（中国　湖南省）	8月13日午後、中国湖南省で建設中の橋が崩落し、現場にいた作業員29人が死亡、22人が負傷、44人が行方不明となった。事故が起きたのは同省の湘西土家族ミャオ族自治州鳳凰県に建設中の沱江大橋。同橋は全長320m、幅12m。橋げたは5本あったが事故で完全に崩壊し、瓦礫と化した。橋は8月末に完成予定で、橋の建設に使っていたやぐらを解体作業中だった。
8.15	ペルー地震（ペルー）	8月15日午後6時41分ごろ、南米ペルーの太平洋岸で、マグニチュード8.0の強い地震があった。29日までに、死者は519人、行方不明者は約40人。イカ州のピスコなどは教会が倒壊するなど多くの建物が倒壊し、約370人が犠牲になった。震源地はリマの南南東145キロ、震源の深さは40.7キロ。マグニチュード5～5.9の余震が6度観測された。
8.20	ハリケーン「ディーン」（ドミニカ共和国）	8月20日夜、今シーズン初の大型ハリケーン「ディーン」は、5段階の勢力分類で最高の「カテゴリー5」となり、勢力を拡大しながらメキシコ湾を時速約32キロで西に進んだ。20日までに、カリブ海のドミニカなどで少なくとも12人が犠牲になった。20日午後11時までに記録された最大風速は約72mで、21日未明にもメキシコ・ユカタン半島に上陸。これに備え、メキシコの国営石油会社は20日、メキシコ湾岸の油田407カ所の閉鎖を決定した。
8.20	バス川に転落（パキスタン　アザド・カシミール州）	8月20日、パキスタン北東部ア

ザド・カシミール州で、約40人が乗ったバスが道路から約300m下のニーラム川に転落、25人が死亡した。ほかに、バスの中に10人前後が閉じ込められた。現場はインドとの事実上の国境である実効支配線に近い山岳部。

8.24- 山林火災相次ぐ(ギリシャ)　ギリシャ南部を中心に山林火災が相次ぎ、8月28日までに64人が死亡した。同国政府は全土に非常事態を宣言した。ペロポネソス半島を中心に全国で170件以上の火事が頻発。火は乾燥した強風にあおられて広がり、住民らの避難や消火活動を困難にした。一部は放火が原因だとみられている。半島西端の町ザハロ近くでは母子5人を含む21人が死亡した。犠牲者の多くは車で避難しようとして炎に囲まれ、焼死した。

9.7　トラック転落(インド　ラジャスタン州)　9月7日夜、インド北西部ラジャスタン州の山岳地帯で約200人を乗せたトラックが約25m下の谷底に転落し、85人が死亡した。ブレーキの故障が原因とみられる。トラックにはハンセン病患者らが乗っており、治療の「聖者」が住むとされるランデブラ村に向かう途中だった。

9.11　エボラ出血熱(コンゴ民主共和国)　9月11日、致死率の極めて高いエボラ出血熱の感染者がコンゴ民主共和国で確認され、5人が死亡した。同国で感染が確認されたのは、95年に250人が死亡して以来。同国南部のカサイで5人が陽性と判明した。死因は特定されていないが、最近4カ月間でも120人が死亡したとの報告がある。エボラ出血熱は感染力が高く、致死率は50〜90％に達すると言われている。

9.12　地震(インドネシア)　9月12日午後6時10分ごろ、インドネシア・スマトラ島南西沖で、マグニチュード8.4の強い地震が発生、14人が死亡した。震源はスマトラ島西岸のブンクルの南西130キロ、震源の深さは30キロ。沿岸部では建物が崩壊した。インドネシア、インド、スリランカなどの各国は一時、津波警報を発令した。

9.16　旅客機炎上(タイ)　9月16日午後3時半ごろ、タイ南部のプーケット国際空港で、バンコク発のワン・トゥー・ゴー航空269便(MD82型旅客機)が着陸に失敗、滑走路をオーバーランして炎上した。乗客123人、乗員7人のうち88人が死亡、残る42人が負傷し、うち5人は重傷という。17日までに死者は89人になった。

9.18　洪水(アフリカ)　9月18日、アフリカ西部から東部にかけての大雨による洪水で、ガーナやウガンダなど17カ国で200人が死亡、65万人が家を失い、100万人以上が被災した。ガーナでは20人が死亡、26万人が被災した。

9.26　橋崩落(ベトナム　カントー)　9月26日午前8時ごろ、ベトナム南部カントー市で、日本の政府開発援助(ODA)で建設中の「カントー橋」が崩落した。ベトナム人作業員ら約60人が下敷きになるなどして死亡、約150人が負傷した。崩落原因は不明だが、雨で地盤が緩んだ可能性もある。カントー橋はメコンデルタのハウ川に架かる全長2.75キロの斜張橋。ベトナムを縦断する国道1号のバイパス道路の一部として、陸路による物流促進と経済発展の寄与が期待されていた。

10.4　貨物機住宅街に墜落(コンゴ民主共和国　キンシャサ)　10月4日、コンゴ民主共和国の首都キンシャサで、地元の航空会社「アフリカ1」が所有するアントノフ型貨物機が、離陸直後に空港近くの住宅地に墜落、少なくとも25人が死亡した。買い物客でにぎわう屋外市場に墜落したとの情報もある。貨物機は地方都市チカパへ向けてキンシャサ空港を離陸した直後、空港近くの住宅密集地に墜落した。

10.21- 山林火災（アメリカ　カリフォルニア州）　10月21日、カリフォルニア州ロサンゼルス北部からサンディエゴにかけて、山火事が発生。23日になっても拡大し続け、約91万人がスポーツ施設や学校などに避難した。火災で2人が死亡、避難中に4人が死亡した。山火事は16カ所に拡大、約15万ha以上が焼失し、被災家屋は1800戸に達した。マリブの高級住宅地の火災も鎮火せず、ハリウッド俳優らも避難した。捜査当局は放火が原因の一端と断定、11月2日までに5人を放火容疑で逮捕した。また、火災の一部は、10代の少年のマッチの火遊びが原因で発生したと断定。

11.14　地震（チリ）　11月14日午前、南米チリでマグニチュード7.7の地震が発生した。震源地はチリ北部アントファガスタの北で震源の深さは約60キロ。アントファガスタ州トコピージャでは、家屋約1200棟が倒壊、同州一帯では少なくとも135人が負傷した。ハワイの太平洋津波警報センターが、周辺地域に津波警報を出した。

11.16　サイクロン「シドル」（バングラデシュ）　11月16日、バングラデシュ南部のベンガル湾一帯が大型サイクロン（熱帯低気圧）「シドル」に襲われた、12月6日までに政府発表では死者3292人、行方不明者は871人に上る。実際の死者は1万人を超えるとの見方もある。最大の被災地はバゲルハット、バルグナ、ポトアカリなど、ベンガル湾に近い南部各県。貧困層が多いこの3県だけで、死者数の8割近くを占める。5mの高潮で沿岸の3つの町が壊滅し、70万人が被災した。サイクロンは風速70mの猛烈な風を伴っていた。

11.18　炭鉱で爆発（ウクライナ）　11月18日早朝、ウクライナ東部ドネツクのザシャチコ炭鉱の坑内でガス爆発があり、65人が死亡、28人が負傷し、35人が依然坑内に取り残され行方不明になっている。爆発は、深さ約1000mの坑内で発生。坑内にたまったメタンガスが原因とみられる。作業中の鉱員360人以上は救助されたが、爆発で坑内火災が発生し、救出活動は難航した。

11.29　エボラ出血熱（ウガンダ）　11月29日、ウガンダ保健当局がアフリカ東部ウガンダと、コンゴ民主共和国との国境に近い西部のブンディブギョ地方で致死率の極めて高いエボラ出血熱の感染者が51人確認され、うち16人が死亡したと発表。同国での感染者は、2000年に425人の感染者が確認されて以来。

11.30　旅客機山に墜落（トルコ）　11月30日、トルコ中部で民間航空アトラスジェットのMD83型旅客機が消息を絶ち、イスパルタ近郊の山岳地帯で墜落した。乗客50人、乗員7人の全員が死亡。墜落の原因は不明。旅客機はイスタンブールを出発、地中海沿岸アンタリヤの約150キロ北にあるイスパルタに着陸予定だったが、着陸前にレーダーから姿を消した。

12.12　ビル火災（中国　浙江省）　12月12日、中国浙江省温州市の中心部にある28階建て雑居ビルで、火災が発生し、21人が死亡した。1階の生花店から出火した。2階でダンスを楽しんでいた中高年19人が犠牲になった。

12.26　土砂崩れ（インドネシア　ジャワ州）　12月26日未明、インドネシア中部ジャワ州カランアニャル県で、大規模な土砂崩れが発生し、36人の死亡が確認され、ほかに約45人が土砂の下敷きになったとみられる。土砂崩れは山のふもとの集落をのみ込み、1000人以上が避難した。

この年　鳥インフルエンザ（ナイジェリア/インドネシア）　世界各地で感染者が発生してい

る鳥インフルエンザH5N1型による死者は、この年もインドネシアなどで更に増えた。1月31日、ナイジェリアの最大の都市ラゴスで死亡した22歳の女性から高病原性鳥インフルエンザウイルス（H5N1型）を検出した。サハラ砂漠以南アフリカで、鳥インフルエンザによる死者が確認されたのは初めて。12月18日の集計では、この年の感染者は77人、死者51人。累積の感染者は340人、死者は209人。死亡率は6割と高い。

〈 2008 〉

1月－ **大雪**（中国）　1月中旬以降、中国南部から西部の広い地域にかけて50年ぶりの大雪に見舞われ、各地で停電や空港、高速道路の封鎖が相次いだ。1月中旬から2月12日までに大雪の被害で107人が死亡、8人が行方不明となった。被害は17省・自治区に及び、被災者約7800万人、家屋倒壊は3万軒に上る。2月7日の春節（旧正月）に向けた帰省ラッシュ時にも、ダイヤが大幅に乱れ、1月28日広東省広州駅では足止めされた乗客が17万人を超えた。

1.7　**冷凍倉庫で火災**（韓国　京畿道利川）　1月7日午前11時ごろ、韓国の京畿道利川（イチョン）市の冷凍物流センター「コリア2000」の大型冷凍倉庫で、爆発とともに火災が発生し、8日までに作業員ら40人が死亡。他に17人が負傷し、一部は重体。この物流センターは12日に新規開業予定だった。爆発は連鎖的に3回程度起き、瞬く間に火の手が広がったという。死者の多くは大量に発生した有毒ガスに巻かれて逃げ遅れたものとみられる。出火原因は、作業中に発生した火花が断熱材関連の薬剤などに引火したのではないかとみられる。

2.5　**竜巻**（アメリカ）　2月5日夜、アメリカ南部の4州で複数の竜巻が発生し、6日夕時点で55人に達した。100人以上が負傷した。アーカンソー、テネシー、ケンタッキー、ミシシッピ州で6個の竜巻が発生。人的被害が最も大きかったテネシー州では31人が死亡、アーカンソー中部では、自宅が直撃を受けた11歳の少女と両親を含む13人が死亡した。ナッシュビル近くの天然ガス施設で火災が発生し、死傷者が出た。西部ジャクソンでは高齢者向け居住施設や大学の寮が損壊して約60人が建物の中に閉じ込められた。

2.10　**南大門が全焼**（韓国　ソウル）　2月10日午後9時ごろ、ソウルの観光名所・南大門（正式名称は崇礼門＝韓国国宝1号）で、木造瓦ぶきの楼閣2階部分から出火し、11日未明までに焼失・崩壊した。火災による負傷者はなかった。南大門警察署は11日夜、ソウル近郊に住む男（69）を放火容疑で緊急逮捕。男は容疑を認めている。南大門は朝鮮王朝時代の14世紀末の建設。改築や修復を経ているが戦火や火災は免れ、約610年の風雪に耐えてきた。

2.20　**地震**（インドネシア　スマトラ島）　2月20日午後3時8分ごろ、インドネシアのスマトラ島アチェ州の西方、シムル島付近で、マグニチュード7.5の地震が発生した。震源の深さは34.3キロ。シムル島で3人が死亡し、少なくとも27人がけがを負った。

2.24　**トラック横転・メタミドホス流出**（中国　湖北省）　2月24日、中国湖北省の高速道路

で有機リン系殺虫剤メタミドホス約5トンを積んだトラックが横転し、半分のメタミドホスが路上に流出した。中国では1月、メタミドホスの生産、販売、所持を厳しく取り締まる規制強化の通達が出されている。河南省ナンバーのこのトラックは、瓶詰のメタミドホスの入った約300箱を運んでいた。メタミドホスによる人や環境への被害は今のところ出ていないという。

2.27　軽飛行機住宅街に墜落（チリ　サンティアゴ）　2月27日、南米チリの首都サンティアゴ東部の運動場に、警察の軽飛行機が墜落。軽飛行機には航空機整備を学ぶ学生4人らが搭乗し、計6人が全員死亡。地上で運動をしていた5人を合わせて、11人が死亡した。現場は住宅密集地で、事故当時、運動場では子供やお年寄りなどが体操などをしていた。

3月－　手足口病（中国）　3月、中国中部・安徽省阜陽市の農村部を中心に、手足口病が急増、のち北京や上海市など各地に広がった。5月9日までに、34人が死亡、患者は計2万7499人に上った。手足口病は口の中や手足に発疹ができる感染症。

3月　インフルエンザ（香港）　香港で学校を中心にインフルエンザが猛威を振るい、3月に入ってから80校でインフルエンザの流行が確認され、患者数は707人に上った。12日夜、香港特別行政区政府は香港内のすべての小学校と幼稚園を13日から少なくとも28日まで休校させることを決めた。11日には小学生男児がインフルエンザで死亡。同じ学校に通う5人も風邪のような症状で入院。1日にも3歳の女児が死亡している。

3.1　難民キャンプで火災（ネパール　ジャパ郡）　3月1日夜、ネパール南東部ジャパ郡にあるブータン難民キャンプで火災が発生し、小屋1200棟が焼失、約1万2000人が住む家を失った。ほかに、4人が重傷。出火原因はわかっていない。

3.15　基地で爆発（アルバニア）　3月15日、アルバニアの首都ティラナ近郊の国軍基地の火薬庫で大きな爆発が発生し、同日までに死者は少なくとも5人、負傷者は約240人に上った。NATO（北大西洋条約機構）加盟に向け老朽化した弾薬の廃棄を進めており、事故はその作業中に起きたという。

4月－　熱波（インド）　4月、インド東部から北部にかけて本格的な夏を迎え、早くも40度を突破した。4月23日、東部オリッサ州で熱波のため25人が死亡した。猛暑のインドでは日中、富裕層の多くが冷房を利かせた室内に閉じこもるが、貧しい肉体労働者は屋外での仕事を休めない。こうした貧しい労働者が、熱波による死者の多くを占めた。

4.4　ワインに硫酸（イタリア）　4月4日、イタリア警察当局が高級ワイン「ブルネッロ・ディ・モンタルチーノ」の03年もの約60万本を、原料偽装の疑いで押収したことが報じられた。押収品にはトスカーナ州産のサンジョベーゼと呼ばれる高級ブドウの代わりに安いブドウが使われた疑いがある。年間約650万本が製造され、主な輸出先の日本や米国、欧州で1本数千～数万円相当で販売されている。別の一部格安ワインからは人体に有害な硫酸、塩酸系物質が見つかったとも伝えられた。偽装ワインは1本100円から300円相当で売られ、すでに7000万円分が国内に出荷されたという。

4.12　地震（オーストラリア）　4月12日午前11時半ごろ、オーストラリアの南東沖にある無人島、マクオーリー島付近で、マグニチュード（M）7.3の地震があった。震源地は同島の南南西約110キロで、震源の深さは約10キロ。震源地の周辺で津波発生の可能

性があるという。

4.15 **旅客機住宅街に墜落**（コンゴ民主共和国　ゴマ）　4月15日、アフリカ中部コンゴ民主共和国の東部ゴマで、首都キンシャサに向かった旅客機（DC9型）が離陸に失敗し、住宅街に墜落した。少なくとも33人が死亡、80人が負傷したとみられる。

4.28 **竜巻**（アメリカ　バージニア州）　4月28日午後、アメリカ南部バージニア州を3つの竜巻が襲い、200人以上が負傷した。5500世帯が停電したほか洪水の情報もあり、同州は非常事態を宣言した。最大の被害が出た同州南東部のサフォーク周辺では、竜巻が約30分にわたりジグザグに進行。約40キロにわたって住宅を倒壊させ、乗用車を転倒させるなどした。

4.28 **列車同士衝突**（中国　山東省）　4月28日午前4時43分、中国山東省で北京発同省青島行きの列車と、同省煙台発江蘇省徐州行きの列車が正面衝突した。客車10両前後が脱線し、死者70人、負傷者は416人に上った。現場は山東省の省都・済南から約70キロ。事故が起きた路線では最近、工事が始まり、28日から新しいダイヤで運行を始めたばかりだった。人為的なミスが原因とみられる。脱線した列車は制限速度が時速80キロの区間を、131キロで走行していたという。

4.28 **ヘリコプター墜落**（黒海）　4月28日、ウクライナの国営天然ガス会社ナフトガスのMi8型ヘリが、黒海海上のガス掘削施設に墜落、乗っていた20人が全員死亡した。機体の後部が施設の構造物に接触したとみられる。ヘリは乗員3人と施設の作業員17人を乗せていた。

5月- **洪水**（中国）　中国南部の広東省など10省では5月末から続く降雨で、河川が氾濫して大洪水が発生、57人が死亡、被災者は127万人に上った。広東省では米、野菜などの農地86万haが水没した。

5.2 **サイクロン「ナルギス」**（ミャンマー）　5月2日夜から3日にかけて、ミャンマー中・南部を直撃した大型サイクロン「ナルギス」による被害は、6月24日までに死者8万4537人、行方不明者5万3836人となった。被害は南西部のイラワジ川下流地域やアンダマン海の島に集中。同国最大の都市ヤンゴンでも街路樹が倒れるなど被害があった。自然災害としてはミャンマー史上最悪の規模に拡大した。5月16日には被災地で伝染病のコレラが発生した。

5.10 **竜巻**（アメリカ）　5月10〜11日にかけて、アメリカ中西部と南東部で複数の竜巻が発生した。オクラホマ州で7人、ミズーリ州で14人、ジョージア州で1人の計22人が死亡、約150人が負傷した。

5.12 **四川大地震**（中国　四川省）　5月12日午後2時28分、中国四川省アバ・チベット族チャン族自治州汶川（ぶんせん）県付近を震源とする大規模な地震が起きた。地震の規模はマグニチュード（M）7.8。震源の深さは10キロ。9月25日までに、全国の死者は6万9227人、負傷者は37万4643人、行方不明者は1万7923人となった。また、全国で約536万戸の建物が倒壊し、約2142万戸が一部損壊。1234万人以上が避難した。被害額は推計8451億元。被災者は1000万人を超えた。被害が大きかったのは内陸の山間部で、建物の倒壊が相次ぎ、一時は2万人以上の住民が生き埋めとなった。また、各地で学校の校舎が倒壊し、四川省だけでも6898棟に上った。校舎倒壊で死亡した教師や児童は犠牲者全体の1割以上を占めた。建設時に鉄筋を減らし、粗悪なコンク

リートを使っていたことや、手抜き工事が原因とされる。

5.29　**店舗にヘリコプター墜落**（パナマ）　5月29日、パナマ市中心部で、ヘリコプターが地上の商店に墜落し爆発、搭乗していたチリの警察長官ら少なくとも11人が死亡した。長官はテロ対策会議出席のためパナマを訪問中だった。

5.30　**旅客機道路に突入・車両巻き添え**（ホンジュラス　テグシガルパ）　5月30日、中米ホンジュラスの首都テグシガルパの国際空港で、隣国エルサルバドルのタカ航空の旅客機（乗客124人、乗員6人）が着陸に失敗。滑走路を逸れ、一般道路に突っ込んだ。少なくとも4人が死亡、約80人が負傷した。複数の車両を巻き込んでおり、犠牲者が増える可能性もある。事故当時、天候は悪かった。同機はサンサルバドルからテグシガルパに向かっていたエアバス320型。犠牲者には中米統合銀行総裁やブラジル大使夫人が含まれているという。

6月　**洪水**（アメリカ）　6月初めからアメリカ中西部アイオワ、イリノイ両州を中心に大雨による洪水被害が発生し、18日までに被害はミズーリなど計6州に拡大、死者は24人、負傷者は148人となった。ミシシッピ川の堤防27カ所で決壊の恐れがあり、住民らが数百万の土のうを積み上げ警戒にあたった。中西部はトウモロコシなどの大穀倉地帯で、アイオワ州では、畑の約10％が水没した。

6.10　**旅客機炎上**（スーダン　ハルツーム）　6月10日午後9時ごろ、スーダンのハルツーム国際空港で、スーダン国営航空のエアバスA310型機が着陸直後に炎上。少なくとも28人が死亡、66人が行方不明となった。同機はダマスカスから乗客203人、乗員14人を乗せて離陸。途中ヨルダン・アンマンで乗客が追加搭乗したとの情報もある。

6.22　**台風6号で客船沈没**（フィリピン　シブヤン島沖）　6月22日、フィリピン中部シブヤン島沖で、強い台風6号による高波で客船「MVプリンセス・オブ・スターズ」号が沈没した。乗客・乗員少なくとも845人が乗っていたが、多くが行方不明になった。荒天で救助は難航した。船は20日夜、中部セブ島に向けマニラを出港。21日、マニラの南約260キロのシブヤン島沖でエンジン故障のため座礁し、救助を求めていた。沿岸警備隊などが向かったが、高波の影響で近づけない中、交信を絶った。台風6号はほかにも洪水や地滑りの被害をもたらし、155人の死亡が確認された。

8.20　**旅客機離陸失敗**（スペイン　マドリード）　8月20日午後2時半ごろ、スペインの首都マドリードにあるバラハス国際空港で、同国のスパンエア航空5022便（MD82型）が離陸に失敗し、空港近くで炎上した。153人が死亡、生存者は19人だったが、うち1人が23日に死亡した。離陸直後に何らかのトラブルがあり緊急着陸を試みたとみられる。テロの可能性はなく、離陸滑走中に、2基のエンジンのうち左側のエンジンから出火したとの報道もある。

8.24　**旅客機墜落**（キルギス　ビシケク）　8月24日、中央アジアのキルギスで首都ビシケクのマナス国際空港を離陸した旅客機（ボーイング737）が墜落した。乗員乗客90人のうち、死者は計68人、生存者は22人だった。同機はビシケク郊外のマナス国際空港を離陸直後、高度1000m付近で機内の減圧を示す警報が作動、空港に引き返そうとしたが、空港から5キロの地点で墜落、炎上したという。

8.30　**地震**（中国　四川省）　8月30日、中国南西部の四川省涼山イ族自治州の会理県付近で、マグニチュード6.1の地震が発生、同県や隣接する雲南省などで被害が出た。死

者は計21人、負傷者は113人に上った。

9.1 ハリケーン「グスタフ」(アメリカ ニューオーリンズ) 9月1日、アメリカ南部ルイジアナ州ニューオーリンズ市の南西に上陸した大型ハリケーン「グスタフ」は同日午後10時までに勢力を弱め、熱帯低気圧に変わった。上陸時の勢力は、風速約49m。直接被害で計7人の死亡が確認された。同州で100万世帯以上が停電。経済損失は約80億ドル(8600億円)に達する見込み。

9.5 ハリケーン「ハンナ」(ハイチ) 9月5日、カリブ海の島国ハイチを襲った熱帯暴風雨「ハンナ」による災害で、約500人の遺体が収容された。

9.6 がけ崩れ(エジプト カイロ) 9月6日午前7時ごろ、カイロ東部で大規模ながけ崩れが発生し、7日までに死者数は少なくとも31人に上った。岩山から落下した巨岩は貧民層の住居密集地を直撃。数百人が生き埋めになっているとの情報もある。現場はカイロ市街を一望する「ムカッタムの丘」のふもとで、貧困層の密集居住地帯。少なくとも8つの巨大な岩(70トン規模)が、がけ下に広がる数十の住宅を直撃した。周辺は道路が狭く、重機を使った本格的な救助作業が遅れた。

9.8 違法採掘で鉱山崩落(中国 山西省) 9月8日、中国山西省襄汾県で、違法採掘の鉱山のボタ山が崩れて土石流が発生。下流の市場や民家を巻き込み14日までに254人の死亡が確認された。土石流は約20万立方メートルで、わずか数十秒の間に下流の町をのみ込んだ。約30haが埋没。建物は1階部分が完全に埋まり、住民は2階部分を歩きながら行方不明の家族を探し回った。国際的な資源高騰を受けて、中国の鉱山では安全基準を無視した違法操業が続けられている。

9.12 通勤列車と貨物列車衝突(アメリカ チャッツワース) 9月12日午後4時半ごろ、ロサンゼルス近郊チャッツワースで、メトロリンク社の通勤列車とユニオン・パシフィック社の貨物列車が衝突。死者は25人に達し、負傷者135人のうち9人が重体。通勤列車の運転士が停止信号で停止しなかったことが原因。通勤列車は一部の車両が衝突の衝撃で横転し大破、炎上した。通勤列車はロサンゼルス市中心のユニオン駅から午後3時半過ぎ、北西のベンチュラ郡に向けて出発。退勤時間帯で乗客約220人が乗車していた。

9.13 ハリケーン「アイク」(アメリカ ガルベストン) 9月13日未明、大型ハリケーン「アイク」は、アメリカ・テキサス州南部のガルベストン付近に上陸。約10万棟が浸水した可能性があるほか、約180万世帯が停電。上陸前に約100万人が避難したが、避難命令を無視してとどまった住民が10万人以上いたとされ、16日までに47人が死亡したとみられる。カリブ海地域ではアイクの通過で約80人が死亡した。

9.20 クラブで火災(中国 広東省深圳市) 9月20日午後11時ごろ、中国広東省深圳市竜崗区のナイトクラブ「舞王倶楽部」で、大規模な火災が発生し、客や従業員43人が死亡、88人が負傷した。地元警察は同クラブが無許可営業だったとして関係者12人を拘束した。ナイトクラブの建物3階で約900人が花火ショー「室内花火の夜」を見ていた際、花火の火が建物に燃え移った。

9.30 寺院で転倒(インド ラジャスタン州) 9月30日、インド西部ラジャスタン州ジョドプールにあるヒンズー教のチャムンダ・デビ寺院で参拝客が折り重なるように倒れ、子供や老人を中心に少なくとも175人が死亡した。小さなボールが破裂した後、誰か

が「テロだ」と叫び、パニックになったという。この日はヒンズー教の断食祭の初日で、院内には約4000人の参拝客がいた。死傷者数はさらに増える可能性がある。インドでは9月に入り各地で爆弾テロが相次いでいた。

10.5 **地震（キルギス）** 10月5日午後9時50分ごろ、キルギスでマグニチュード6.6の大きな地震があり、72人が死亡した。震源は同国南部の主要都市オシの南東約145キロでキルギス、タジキスタン、中国の国境付近。震源の深さは約27キロ。6日にもM4.6の余震があった。震源地付近は震度8（12震度階）で、約120軒の民家が破壊された。

10.6 **地震（中国　チベット自治区）** 10月6日午後4時半ごろ、中国のチベット自治区ラサ市当雄県で、マグニチュード（M）6.6の地震があった。震源の深さは8キロ。この地震で9人が死亡、19人が負傷し、147軒の家屋が倒壊した。死者数がさらに増える可能性もある。ラサ市中心部から西北約80キロの当雄県格達は特に被害がひどかった。

10.11 **地震（ロシア　チェチェン共和国）** 10月11日午後1時6分ごろ、ロシア南部チェチェン共和国で、相次いで大きな地震があり、13人が死亡、105人が負傷した。地震の規模はマグニチュード（M）5.8。震源地は同共和国首都グロズヌイの東方45キロで、ダゲスタン共和国との境界地域。

10.23 **洪水（イエメン）** 10月23～24日にかけて、イエメンを豪雨が襲い、東部ハドラマウト州シバームでは国連教育科学文化機関（ユネスコ）の世界遺産に指定されている建築物に被害が出た。「砂漠の摩天楼」として知られるシバームには、16世紀ごろに泥れんがで建設された高さ数十メートルの建物群が密集しているが、洪水の影響で基礎が弱まり、一部が倒壊した。ハドラマウトなど2州で建物約1700軒が洪水で破壊され、26日までに61人が死亡した。

10.28 **地震（パキスタン　バルチスタン州）** 10月28日午前5時9分ごろ、パキスタン南西部バルチスタン州でマグニチュード（M）6.4の大きな地震があり、30日までに同州での死者は少なくとも230人に上った。震源は州都クエッタの北北東約60キロ、震源の深さは約15キロ。被害が大きいジアラットとピシンの両地区は、人口計約55万人の大半が家を失ったとみられる。

10.30 **牛に落雷（ウルグアイ）** ウルグアイの牧場で、落雷により牛52頭が死んだ。雷の電流が、牧草地を囲う柵の針金を流れ、柵のそばにいた牛が一度に犠牲になったとみられる。牛は、柵のそばで並んで倒れていた。被害額は約3万ドル（約300万円）とみられる。

10.30 **新型ウイルス「アレナ」（ザンビア）** 10月30日、9月にザンビアから南アに帰国した女性ら4人が原因不明のウイルス性出血熱で死亡し、病原体が新型のアレナウイルスであると特定。女性は9月12日に、ザンビアから航空機でヨハネスブルグの病院に緊急搬送され、2日後に死亡した。その後、医師や看護婦、接触のあった清掃員が相次いで発症し、10月6日までに死亡した。ほかにも約100人に感染の可能性があったが、全員、危険な状態は脱した。アレナウイルスはネズミなどのげっ歯類が宿主となり、アフリカや南米で人間に対してウイルス性出血熱を引き起こしている。

11.4 **小型機墜落・車両巻き添え（メキシコ　メキシコシティ）** 11月4日夕、メキシコシティ中心部の道路に、同国内務省の小型ジェット機が墜落した。搭乗者9人全員と地上で巻き込まれた5人の計14人が死亡した。負傷者は約40人。夕刻のラッシュ時で、

2008

同機と現場の車約30台が激しく炎上。同国の内相が搭乗しており、死亡が確認された。パイロットのミスで前方を飛行中のジャンボ機に接近し過ぎ、ジャンボ機が起こす乱気流に巻き込まれたことが原因とみられる。

11.7 **学校倒壊**（ハイチ ペチョンビル）　11月7日午前、カリブ海の島国ハイチの首都ポルトープランス近郊のペチョンビルで幼稚園児から高校生までが通う学校の4階建て校舎が突然崩壊し、9日までに、児童・生徒の死者が93人、負傷者は約150人に達した。校舎内には当時、500〜700人の児童・生徒や教職員らがいたとの情報がある。丘の斜面に位置するコンクリート製の校舎は完全に崩落し、多くの子供らが生き埋めになった。原因は不明だが、8年前にも校舎の一部が崩れたといい、手抜き工事の疑いが指摘されている。最上階は増築中だった。ハイチでは同月12日にも別の学校の校舎が崩落、少なくとも9人が重軽傷を負った。

11.8 **原潜「ネルパ」艦内でフロン中毒**（アジア　日本海）　11月8日午後6時半ごろ、日本海を試験航行中のアクラ級原子力潜水艦「ネルパ」で、消火装置の誤作動によって乗組員ら20人が死亡、21人が負傷した。消火剤となるフロンを吸い込み中毒死したとみられる。原子炉に損傷はなく、放射能漏れも確認されていないという。事故の詳しい発生場所は明らかにされていない。艦内には208人が乗り組んでいたという。同艦はソ連崩壊直前の91年に起工されたが、資金不足のため中断し、最近完工した。先月末から最終点検が始まり、太平洋艦隊への引き渡し直前の試験航行中に事故が起きた。同艦は自力でウラジオストク近郊ボルショイの基地に帰ったという。

11.11 **労働教育所で爆発**（中国　安徽省）　11月11日夜、中国安徽省淮南市の労働教育所で大規模な爆発が発生し、100人以上が死傷した。市当局は爆発について、同市内の建築材料の会社で爆発があり、1人が行方不明となり、2人が負傷したとしている。爆発があった労働教育所には約1000人が収容され、炭鉱や石の採掘に従事していた。施設内には大量のダイナマイトが保管されていたという。

11.17 **地震**（インドネシア　スラウェシ島）　11月17日午前1時すぎ、インドネシア東部スラウェシ島付近で、マグニチュード（M）7.5の強い地震があった。同島北部ゴロンタロ州で1人が死亡した。震源はゴロンタロの北西約135キロ、震源の深さは26.1キロ。ゴロンタロでは大きな揺れに住民が建物から飛び出て一時パニック状態となり、学校の校舎などが損壊した。死者4人、負傷者59人、約800の建物が倒壊あるいは損壊した。同じ震源域でM5規模の余震が続いている。

この年 **超多剤耐性結核**（ボツワナ/モザンビーク）　世界保健機関（WHO）は2月26日、既存の治療薬がほとんど効かない「超多剤耐性結核」の感染例が45カ国に拡大したとする、結核の薬剤耐性に関する報告書を発表した。07年の年次報告では日本を含む35カ国としていたが、その後の調査でボツワナ、モザンビークなどが新たに加わった。多剤耐性の世界の感染者数は04年の42万人から06年には49万人に増加している。

この年 **鳥インフルエンザ**（韓国/インドネシア/香港）　1月28日、インドネシアで鳥インフルエンザウイルスの感染による死者が、累計100人に達し、世界最多を更新した。また、韓国南西部で4月初めに確認された強毒性の鳥インフルエンザ（H5N1型）による被害が、1カ月で全国各地に広がった。5月1日までの被害確認件数は22件。過去2回あった流行より拡散がはるかに速く、処分された鶏やアヒルも、過去最大の635万9000羽に達した。鶏などの大量死は4月2日、全羅北道金堤市で初めて表面化し、同

道と全羅南道の養鶏場などで次々に感染が確認された後、京畿道、中部の忠清南道、東部の蔚山市・慶尚北道にまで、確認例が広がった。6月には香港でウイルスが検出され、同政府は市場など470箇所で売られている鶏や家禽類すべてを処分することを決定した。

この年　**コレラ**（ジンバブエ）　8月以来、ジンバブエでコレラの被害が深刻化した。同年12月9日時点の統計では、8月以降の死者数が775人、感染が疑われるのは1万6141人と発表されたが、その被害は急速に拡大し、翌年2月19日までに死者3759人、感染者8万250人を数え、最悪のシナリオと警戒されていた「感染者6万人」を突破した。感染者の3分の1を子どもが占めるとの報告もある。同国は2008年3月の大統領選後も政治的混乱が続き、年率2億％を超えるインフレで、社会システムが崩壊。一部ではムガベ大統領の失政が原因と非難されている。11月から4月まではコレラ感染が広がりやすい雨期にあたり、世界保健機関（WHO）では最悪6万人が感染するとみている。周辺国への感染拡大も懸念される。

この年　**粉ミルク汚染**（中国）　9月13日、中国の大手乳製品メーカー「三鹿集団」が製造した粉ミルクに有機化合物メラミンが混入し、同製品を摂取した乳幼児に腎臓結石などの健康被害が生じているとして、同国衛生省は同社に生産停止を命じた。のちに三鹿集団のほか全国21社の粉ミルクからもメラミンが検出され、中国全土で6200人以上の健康被害が報告され、死者6人となった。9月5日までに、乳牛などの飼料にも違法にメラミンが混入されていたとして、飼料メーカー3社が告発された。牛乳のたんぱく質含有量を多くみせかけるため、メラミン入りの飼料を乳牛に与えていたとみられる。12月1日、メラミンに汚染された粉ミルクで健康被害を受けた乳幼児は全国で29万4000人、入院治療を受けたのは5万1900人に上ると発表された。

〈 2009 〉

1月－　**手足口病**（中国）　この年の初めから、中国で手足口病の感染が急増し、4月7日までに、重症の児童ら50人が死亡した。3月末には死者数は31人だったが、1週間で1.6倍と急増。全国で11万人を超す感染が確認され、患者の9割以上が5歳以下の児童だった。

1月　**アスベスト**（韓国）　1月、韓国中西部、忠清南道の旧鉱山周辺住民に肺疾患が集団発生していることが、同国政府の調査で初めて確認された。忠清南道広川には日本の植民地時代に開発され、東洋最大規模とされた石綿鉱山があり、80年代まで採掘が続いた。このような石綿鉱山は同国に36カ所あり、このうち5地点で無作為抽出された40代以上の住民の約50％に石綿疾患の疑いがあった。全国で石綿患者と労災認定されたのは2000年以降で約80人。

1.1　**クラブで火災**（タイ　バンコク）　1月1日未明、タイのバンコクにある高級ナイトクラブ「サンティカ」で火災が発生、64人が死亡した。店が十分な防火や避難の措置を取らず、この惨事に至ったとみられる。

1.4　**地震**（インドネシア　ニューギニア島）　1月4日朝、インドネシア東部ニューギニア島で、マグニチュード（M）7を超える地震が2回発生した。同島の西パプア州マノク

ワリでは、ホテルや家屋など多数の建物が倒壊し、少なくとも5人が死亡、数十人が負傷した。1回目は午前4時44分ごろでM7.6、2回目は同7時34分ごろでM7.3の地震が観測された。震源はそれぞれマノクワリ西北西約150キロと90キロ。この地震で発生した津波は日本の小笠原諸島、高知県などにも届いた。

1.11 フェリー沈没（インドネシア　スラウェシ島沖）　1月11日、インドネシア東部スラウェシ島マジェネから約50キロ沖の海上で、260人以上が乗ったフェリーが沈没した。乗客18人と乗員数人が漁船に救助されたが、多数が行方不明となった。事故当時は悪天候で、約2mの高波がフェリーを直撃した。同フェリーは同島南部のパレパレから、カリマンタン島のサマリンダに向かっていた。

1.31 事故車の油引火で火災（ケニア　モロ）　1月31日、東アフリカ・ケニア中部モロの幹線道路でトレーラーが横転し、積み荷のガソリンが漏れ出て引火。ガソリンを手に入れようと周囲に集まった地元住民少なくとも113人が死亡、多数が負傷した。

1.31 飲食店で火災（中国　福建省長楽市）　1月31日深夜、中国福建省長楽市の飲食店「ラテン・バー」で火災が発生し、店内の客ら17人が死亡した。客がテーブルで打ち上げた花火が天井に燃え移ったとみられる。

2月 原野火災（オーストラリア　ビクトリア州）　2月初旬、オーストラリア南東部ビクトリア州で、原野火災が住宅地に拡大。9日夜までに170人以上が死亡した。同日までの被害面積は3000km^{2}に達し、州都メルボルン北東60キロのキングレイク地区では550棟が焼失した。一部は放火が原因とみられるが、同州は記録的な熱波に見舞われ、最高気温47度を記録。同国南部は40度以上の猛暑が続き、各地で山林や原野火災が相次いだ。

2.12 旅客機民家に墜落（アメリカ　ニューヨーク州）　2月12日午後10時20分ごろ、アメリカ・ニューヨーク州西部バッファロー郊外の町クラレンスセンターで、ニューアーク（ニュージャージー州）発バッファロー行きコンチネンタル航空3407便が、住宅地の民家に墜落、炎上した。乗客44人乗員5人の全員と、民家の住人1人の計50人が死亡した。事故当時、現場付近では雪が降っていた。主翼の着氷が事故原因とみられる。同機の操縦士は着氷について会話した後、着陸の準備に入り、墜落したという。

2.22 炭鉱で爆発（中国）　2月22日午前2時23分、中国山西省太原市古交の屯蘭炭鉱でガス爆発があり、作業員74人が死亡した。爆発当時、坑内では436人が作業中だった。ほかに多数が閉じ込められているとみられる。

3.22 小型機墜落炎上（アメリカ　ビュート）　3月22日午後、アメリカ西部モンタナ州ビュートで小型航空機が空港に着陸する直前に墜落、炎上し、子ども7人と大人7人の計14人が死亡した。同機は当初、カリフォルニア州オービルからモンタナ州ボーズマンに向かっていたが、途中で経路をビュートに変更。ビュート空港の滑走路から約150m手前で墜落した。事故機はスイスの航空機メーカー「ピラタス」のPC12で、2001年に製造された。

3.27 貯水池決壊（インドネシア）　3月27日未明、インドネシア・ジャカルタ近郊のバンテン州チプタットで貯水池が決壊し、少なくとも98人が死亡、約130人が行方不明になった。26日午後に激しい雨が降り、池は増水していた。推定流出量は少なくとも100万トンとされ、水没などの被害を受けた家屋は500棟に上るとみられる。

3.29-	不法移民の密航船沈没（リビア沖）	3月29日から30日にかけ、アフリカから欧州に向かう不法移民を乗せた複数の密航船がリビア沖で沈没、300人以上が行方不明になった。沈没したのは最大で3隻。過去36時間にトリポリ近郊から出港した多数の密航船の一部とみられ、定員を大幅に超える人数が乗り込んでいたという。現場付近は風が強く吹いていた。最大で500人が行方不明になっている可能性もあるという。リビアはイタリアに向かうアフリカ系移民の主要出発点の一つで、地中海では密航船の遭難や移民の死亡事故が頻発している。同海域では前年以来、不法渡航が激増しているが、国際金融危機の影響も考えられるという。
4.6	ラクイラ地震（イタリア）	4月6日午前3時32分ごろ、イタリア中部でマグニチュード（M）6.3の地震があった。震源地はローマの北東約95キロで、震源の深さは約10キロ。7日までに確認された死者は207人、負傷者は1500人で、家屋を失った人は7万人以上とみられる。震源地に近い中部アブルッツォ州ラクイラの旧市街地では、教会など複数の建物が倒壊した。付近では5日から6日にかけ、数回の地震が断続的に起きていた。震央（深さ8.8キロの震源の地表点）から3キロほど離れた人口350人の村、オンナは住宅の7割が全壊した。同村は1944年、ナチス・ドイツ軍に焼き尽くされ、資材が不足していた戦中戦後にかけての40年代に村を再建したため、建物の強度が弱かった可能性がある。
4.6	空軍機墜落（インドネシア　西ジャワ州バンドン）	4月6日午後、インドネシア西ジャワ州バンドンの空港で同国空軍のフォッカー27が訓練中に墜落、乗員24人全員が死亡した。
4.24	鳥インフルエンザ（エジプト）	4月24日、エジプトで鳥インフルエンザウイルス（H5N1型）に感染していた女性（33）が死亡した。同国では2006年に感染を初確認して以来26人目の死者となり、年初からの感染報告数は同日までに17例で前年の倍に達した。
4.24-	新型インフルエンザ（世界）	4月24日、世界保健機関（WHO）はアメリカとメキシコで、豚インフルエンザの人間への感染と変異が疑われる事例が発生し、メキシコで60人が死亡したことを明らかにした。ウイルスはA型（N1H1）。メキシコでは、3月終わりから4月半ばまでにこのインフルエンザ感染が疑われる患者800人が報告され、メキシコシティ周辺で57人、中部の他地域で3人が死亡した。このインフルエンザは8月までにまたたく間に170か国・地域へと広がり、WHOでは世界的流行病「パンデミック」であるとして警戒水準を最高のフェーズ6に上げた。WHOの集計によれば、8月23日までに全世界で確認された死者は少なくとも2185人、発症は約21万例とされているが、実際にはこれよりさらに多いとみられる。死者のうち9割近くが南北アメリカに集中している。
5.20	軍輸送機民家に墜落（インドネシア　東ジャワ州マゲタン）	5月20日朝、インドネシア空軍のC130輸送機が東ジャワ州マゲタンの農地に墜落、民家を巻き込んで炎上し、住民3人を含む少なくとも98人が死亡、15人が負傷した。同輸送機には兵士とその家族ら約110人が搭乗していた。
5.25	サイクロン（バングラデシュ/インド）	5月25日、バングラデシュとインド東部をサイクロンが直撃した。28日までにバングラデシュで130人、インドの西ベンガル州で64人の計約200人が、高潮や洪水などで死亡した。バングラデシュの沿岸地域では時

速100キロの強風の影響による高潮から約50万人が逃れ、避難所に避難した。

5.28 **地震（ホンジュラス）** 5月28日未明、ホンジュラス沖のカリブ海でマグニチュード（M）7.1の地震があった。ホンジュラスで少なくとも6人が死亡、約40人が負傷した。震源地はホンジュラス北約125キロのカリブ海で、震源の深さは約10キロ。

6.1 **旅客機海に墜落（大西洋）** 6月1日、エールフランス航空のブラジル・リオデジャネイロ発パリ行き447便のエアバス330-200型機（乗客216人、乗員12人）が大西洋上で行方不明となり、2日、同国北東部から約1100キロ沖の海上で、残骸が発見された。墜落したとみられる。同機はリオを5月31日午後7時過ぎに離陸し、約4時間後、暴風圏に入ったという連絡と電気系統の異常を示す自動通報があり、その後、消息を絶った。事故を起こしたエアバス社のA330や他の機種には、以前から飛行時の着氷が原因とみられる速度計の異常が発生していた。事故機はこれら機器の改善・交換をしていなかった。速度計の異常下での手動操縦で適当な速度が保てなかったため、悪天候による機体への衝撃が極端に大きくなり墜落したとの見方がある。

6.5 **保育園で火災（メキシコ）** 6月5日午後3時ごろ、メキシコ北西部エルモシジョの保育園で火災が発生、少なくとも園児31人が死亡した。同園は、生後6カ月から5歳の子供約200人が利用しており、出火当時、100～180人の園児がいたとみられる。保育園に隣接する工場のタイヤ倉庫から出火、園内に大量の煙が入り、ほとんどは酸欠で死亡したとみられる。

6.22 **地下鉄追突（アメリカ　ワシントン）** 6月22日午後5時ごろ、アメリカの首都ワシントンでワシントン首都圏交通局の地下鉄列車に後続の列車が衝突し、後続列車の女性運転士1人を含む9人が死亡、約70人が重軽傷を負った。現場はワシントン中心部から約9キロ北東で地上走行区間。事故当時は帰宅ラッシュの時間帯で、双方の列車には大勢の乗客が乗っていた。6両編成の先行列車がタコマ駅を出発して走行中、次のフォート・トッテン駅に別の列車が止まっていたため停止したところへ後続列車が突っ込んだ。一方の車両が別の車両に乗り上げており、かなりのスピードで追突したとみられる。

災害別一覧

災害別一覧 目次

- 気象災害 ……………………… 375
  - 台風 ……………………… 378
  - 豪雨（台風を除く）……… 380
  - 豪雪 ……………………… 383
- 地変災害 ……………………… 384
  - 地震 ……………………… 384
  - 噴火・爆発 ……………… 388
  - 地滑り・土砂崩れ ……… 388
  - 雪崩 ……………………… 389
- 動植物災害 …………………… 390
- 一般火災 ……………………… 390
  - 住宅火災 ………………… 391
  - 店舗・事務所火災 ……… 392
  - 劇場・映画館火災 ……… 392
  - ホテル火災 ……………… 393
  - 学校・病院火災 ………… 393
  - 寺院火災 ………………… 393
  - 山林火災 ………………… 394
- ガス中毒事故 ………………… 394
  - 都市ガス等の爆発事故 … 394
- 産業災害 ……………………… 395
  - 工場災害 ………………… 396
  - 鉱山災害 ………………… 397
  - 土木・建築現場の災害 … 398
- 輸送機関の事故 ……………… 399
  - 列車・電車事故 ………… 399
  - 踏切事故 ………………… 404
  - 自動車事故 ……………… 404
  - 船舶事故・遭難 ………… 406
  - 航空機事故 ……………… 410
  - エレベーター・エスカレーターの事故 ……………… 421
- 公害 …………………………… 421
- 医療・衛生災害 ……………… 422
  - 伝染病流行 ……………… 422
  - 食品衛生・食品事故 …… 423
  - 集団食中毒 ……………… 424
  - 薬害・医療事故 ………… 424
- 山岳遭難 ……………………… 424
- 戦争災害 ……………………… 425
  - 軍隊・軍事基地の事故 … 425
  - 機雷・不発弾の爆発 …… 427
- 製品事故・管理不備 ………… 427
- その他の災害 ………………… 427

気象災害

洪水（アメリカ　ミシシッピ川）	1945.3.
寒波（中国　上海）	1946.10.29
洪水（アメリカ　オレゴン州）	1948.6.1
寒波（アメリカ　東北部）	1951.1.29
寒波（アメリカ　東部）	1951.12.16
暴風で海難事故多発（ヨーロッパ）	1951.12.29
猛暑（アメリカ）	1952.6.28
竜巻・高潮（インド）	1952.11.30
暴風で定期船沈没（韓国　釜山沖）	1953.1.9
洪水（インド　ビハール州）	1953.10.31
寒波（ヨーロッパ）	1954.2.-
洪水（中国）	1954.7.16
洪水（イラン）	1954.7.30
洪水（インド　ビハール州）	1954.7.30
洪水（イラン）	1954.8.17
洪水（マラヤ（現・マレーシア））	1954.12.10
セーヌ川氾濫（フランス　パリ）	1955.1.22
暴風（アメリカ）	1955.5.26
雹（西パキスタン（現・パキスタン））	1957.4.30
竜巻（アメリカ　カンザスシティー）	1957.5.22
洪水（中国　山東省）	1957.7.18-
濃霧で飛行機墜落（デンマーク　コペンハーゲン）	1957.8.15
洪水（トルコ）	1957.9.11
暴風で旅客機墜落・炎上（アルゼンチン）	1957.12.8
飢饉（中国）	1957.この年
日射病（インド）	1958.5.
竜巻（アメリカ　ウィスコンシン州）	1958.6.4
竜巻（アメリカ　セントルイス）	1959.2.10
暴風で小舟転覆（バーレーン）	1959.2.28-
洪水（中国　広東省）	1959.6.-
落雷で旅客機墜落（イタリア　ミラノ）	1959.6.26
洪水（インド　ボンベイ（現・ムンバイ））	1959.9.17
濃霧で列車脱線（イタリア　モンザ）	1960.1.5
竜巻（アメリカ　オクラホマ州、アーカンソー州）	1960.5.5
猛暑・異常乾燥（インド）	1960.6.10-
寒波（インド）	1961.2.-
竜巻（東パキスタン（現・バングラデシュ））	1961.3.21
洪水（インド　ビハール州）	1961.10.8
寒波（インド　ウッタル・プラデシュ州、ビハール州）	1961.12.26
暴風（ヨーロッパ）	1962.2.16-
スモッグ（イギリス）	1962.12.3-
寒波（ヨーロッパ）	1963.1.-
嵐で帆船沈没（ビルマ（現・ミャンマー））	1963.7.2
暴風で船が転覆（東パキスタン（現・バングラデシュ）　チッタゴン地方）	1964.5.10
寒波（ブラジル）	1964.7.28-
強風で漁船遭難（インド　コロマンデル海岸）	1964.9.29
暴風・洪水（インド）	1964.10.1
洪水（南ベトナム（現・ベトナム）　ニンツァン州）	1964.12.14
強風で漁船遭難（韓国）	1965.1.10-
ダイナマイト倉庫に落雷（ブラジル　リオデジャネイロ）	1965.2.26
大雨で船転覆（インド　バクラ・ダム）	1965.3.19
竜巻（アメリカ）	1965.4.11
竜巻（アメリカ　ミネソタ州）	1965.5.6
猛暑（インド　ビハール州）	1965.6.1-
猛暑（ブラジル）	1965.12.-
記録の寒波（ヨーロッパ）	1966.1.19
竜巻（アメリカ　ミシシッピ州）	1966.3.3
熱波で火災続出（インド　ビジャワダ市）	1966.5.10-
猛暑（インド　ウッタルプラデシュ州、ビハール州）	1966.6.
洪水（モンゴル　ウランバートル）	1966.7.
熱波（アメリカ）	1966.7.
猛暑（メキシコ　モンタレイ市）	1966.7.22-
干ばつ（インドネシア　ロンボク島）	1966.8.
洪水（南ベトナム（現・ベトナム）　メコン・デルタ）	1966.9.
暴風（インド　トリプラ）	1967.4.17
竜巻（アメリカ）	1967.4.21
猛暑（インド　ビハール州、西ベンガル州）	1967.5.-
洪水（アルゼンチン　ブエノスアイレス）	1967.10.
寒波（イギリス）	1967.12.8-
寒波（アメリカ）	1968.1.9
雹（インド）	1968.3.20
旋風で大型フェリー沈没（ニュージーランド　ウェリントン）	1968.4.10
旋風（東パキスタン（現・バングラデシュ）ファリドプール地方）	1968.4.11

375

熱波（インド ビハール州）	1968.5.
旋風（アメリカ 中西部）	1968.5.15
猛暑（メキシコ）	1968.5.24-
熱波（ヨーロッパ）	1968.7.1
猛暑（ブラジル リオデジャネイロ）	1969.1.10
嵐（東パキスタン（現・バングラデシュ））	1969.4.14
猛暑（メキシコ メヒカリ）	1969.8.5
竜巻（アメリカ ミネソタ州）	1969.8.7
寒波（アメリカ 南部）	1970.1.9
竜巻（アメリカ ラボック）	1970.5.11
猛暑（インド）	1970.5.15
洪水（ルーマニア）	1970.5.21
寒波（インド ビハール州）	1970.12.-
寒波（韓国）	1971.1.3-
寒波（アメリカ 中部）	1971.1.4
旋風（アメリカ ミシシッピ州, ルイジアナ州）	1971.2.21
寒波と洪水（ブラジル バヒア地方, サンパウロ）	1971.4.26-
暴風（アメリカ バンクーバー）	1972.4.5
猛暑（インド）	1972.5.
竜巻（オランダ アメランド島）	1972.8.11
砂嵐で自動車衝突（アメリカ ベーカーズフィールド）	1972.8.27
干ばつで飢饉（インド）	1972.この年
旋風（アルゼンチン サンフスト市）	1973.1.10
竜巻（アメリカ テキサス州）	1973.3.9
暴風（バングラデシュ）	1973.4.17
猛暑（インド）	1973.5.
洪水（バングラデシュ/インド トリプラ州）	1973.5.
竜巻（アメリカ 中西部, 南部）	1973.5.26-
洪水（南アジア）	1973.8.12
寒波（インド）	1973.12.
干ばつで飢饉（アフリカ）	1973.この年
干ばつで飢饉（エチオピア ウォロ地方）	1973.この年
洪水（アルゼンチン）	1974.2.17
洪水（ブラジル）	1974.3.-
竜巻（北アメリカ）	1974.4.3-
竜巻（アメリカ オクラホマ州, カンザス州）	1974.6.8
洪水（バングラデシュ）	1974.7.-
洪水と干ばつで飢饉（インド 西ベンガル州）	1974.7.-
洪水（フィリピン ルソン島）	1974.8.
干ばつ（アメリカ 中西部）	1974.8.
洪水（インド ビハール州）	1974.8.13
洪水（スーダン）	1974.10.
寒波（インド ビハール州, ウッタルプラデシュ州）	1974.12.
干ばつと豪雨（アフリカ）	1974.この年
猛暑（ビルマ（現・ミャンマー））	1975.5.
洪水（アメリカ ネバダ州）	1975.7.3
洪水（パキスタン シンド州）	1975.9.1
干ばつ（エチオピア/ソマリア）	1975.この年
干ばつ（中国）	1975.この年
竜巻（バングラデシュ ファリドプル地域）	1976.4.10
洪水（バングラデシュ）	1976.6.12
落雷（インド カルカッタ）	1976.7.10
洪水（タイ ペチャブン県ムアン村）	1976.9.12
干ばつ（中国）	1976.11.-
嵐（フランス カルターニュ）	1976.12.2
濃霧（フランス）	1976.12.21-
干ばつ（ヨーロッパ）	1976.この年
寒波（アメリカ）	1977.1.
暴風（バングラデシュ）	1977.3.31-
熱波（アメリカ）	1977.7.15-
寒波（アメリカ）	1977.12.6
寒波（インド ビハール州）	1978.1.
嵐（イギリス）	1978.1.11-
嵐（ヨーロッパ）	1978.1.28-
干ばつ（インドネシア フローレス島）	1978.4.
猛暑（インド）	1978.5.
熱波（エジプト ケナ）	1978.7.
熱波（アメリカ）	1978.7.
洪水（インド/アフガニスタン）	1978.8.
洪水（タイ）	1978.9.
竜巻（アメリカ ボシャー）	1978.12.3
寒波（ヨーロッパ）	1978.12.30-
竜巻（アメリカ テキサス州, オクラホマ州）	1979.4.10
タンカーに落雷（アメリカ テキサス州）	1979.4.19
熱波（インド ビハール地方）	1979.6.
熱波と山林火災（ギリシャ 中南部, エビア島）	1979.6.19
干ばつ（ウガンダ カラモジャ）	1980.2.-
竜巻（アメリカ）	1980.6.3
熱波（アメリカ）	1980.6.23-
干ばつと洪水（中国）	1981.2.6
雹（パキスタン パンジャブ州）	1981.3.6
竜巻（バングラデシュ）	1981.4.12

災害別一覧　　　　　　　気象災害

竜巻（インド）	1981.4.17
寒波（インド）	1981.12.25
寒波（ヨーロッパ/北アメリカ）	1982.1.8-
竜巻（アメリカ）	1982.4.2
干ばつ（中国 北京）	1982.5.
竜巻（アメリカ イリノイ州）	1982.5.29
洪水（中国 四川省）	1982.8.
干ばつ（インドネシア イリアンジャヤ州）	1982.11.-
干ばつ（アフリカ）	1983.1.
強風で鉄橋崩壊・列車転落（バングラデシュ ダッカ）	1983.3.21
雹・竜巻・豪雨（中国）	1983.5.-
熱波（アメリカ）	1983.7.
熱波（ヨーロッパ）	1983.7.12
寒波（アメリカ/メキシコ）	1983.12.17-
嵐（アメリカ）	1984.3.28
竜巻（ソ連（現・ロシア））	1984.6.9
干ばつと洪水（カンボジア）	1984.10.-
干ばつ（モザンビーク/エチオピア）	1984.この年
寒波（インド）	1985.1.-
寒波（ヨーロッパ）	1985.1.4-
干ばつと洪水（エチオピア オガデン）	1985.5.2
寒波（メキシコ）	1986.1.13-
嵐で川フェリー転覆（バングラデシュ）	1986.5.25
干ばつ（アメリカ）	1986.7.-
寒波（ヨーロッパ）	1987.1.
落雷で航空機墜落（インドネシア 北スマトラ州）	1987.4.4
熱波と冷夏（ヨーロッパ）	1987.7.-
強風（イギリス）	1987.10.16
寒波（アメリカ）	1988.1.2
熱波（中国 江蘇省，江西省）	1988.6.-
熱波（ギリシャ）	1988.7.
寒波（アメリカ）	1988.12.15
寒波（アメリカ）	1989.2.5-
石油タンクに落雷（中国 青島市）	1989.8.12
竜巻（アメリカ アラバマ州，ニューヨーク州）	1989.11.15-
猛暑・山林火災（オーストラリア ニューサウスウェールズ州）	1990.1.3
強風（ヨーロッパ）	1990.1.25
猛暑（アメリカ）	1990.6.
洪水（アメリカ オハイオ州）	1990.6.14
竜巻（アメリカ シカゴ）	1990.8.28
寒波（フランス）	1991.2.
竜巻（アメリカ）	1991.4.26
熱波（パキスタン）	1991.6.9
豪雨・竜巻（中国 上海，蘇州）	1991.8.7
洪水（アフガニスタン）	1992.9.3
竜巻（アメリカ）	1992.11.21-
暴風雪（アメリカ 東海岸）	1993.3.13
竜巻（バングラデシュ）	1993.5.13
豪雨・雹（中国 江蘇省）	1993.5.25
洪水（アメリカ）	1993.6.
猛暑（アメリカ）	1993.7.-
寒波（ヨーロッパ）	1993.11.
寒波（バングラデシュ）	1994.1.
寒波（アメリカ）	1994.1.
熱波（インド/パキスタン）	1994.5.-
落雷・雹（中国 江西省）	1994.5.1-
洪水（ベトナム/タイ）	1994.9.-
寒波（バングラデシュ ラージシャヒ，ランプル）	1995.1.
竜巻・雹（中国 広西チワン族自治区博白県）	1995.2.14
強風（バングラデシュ）	1995.4.8
猛暑（インド/パキスタン）	1995.5.-
洪水（タイ）	1995.7.-
熱波（アメリカ）	1995.7.
洪水（バングラデシュ）	1995.7.
猛暑（スペイン アンダルシア地方）	1995.7.
竜巻（バングラデシュ タンガイル地方）	1996.5.13
熱波（パキスタン シンド州，バルチスタン州）	1996.6.1-
巡礼中に気候急変（インド）	1996.8.
暴風で漁船大量遭難（ベトナム トンキン湾）	1996.8.17-
竜巻（アメリカ）	1997.3.1-
竜巻（アメリカ ジャレル）	1997.5.27
干ばつ（インドネシア スラウェシ島，ニューギニア島イリアンジャヤ）	1997.9.-
洪水（ソマリア）	1997.10.18
寒波（メキシコ）	1997.12.
竜巻（アメリカ フロリダ州）	1998.2.22-
竜巻（インド 西ベンガル州，オリッサ州）	1998.3.24
悪天候でフェリー転覆（アフリカ ギニア湾）	1998.4.1
竜巻（アメリカ）	1998.4.8
鉱山で洪水（タンザニア アルシャ）	1998.4.12
熱波（インド）	1998.5.-

377

熱波（キプロス/エジプト/パレスチナ）
　　　　　　　　　　　　　　1998.7.-
熱波（アメリカ）　　　　　　 1998.7.
寒波（東欧）　　　　　　　 1998.11.20-
寒波（インド）　　　　　　　 1998.12.
熱波（インド）　　　　　　　 1999.4.
竜巻（アメリカ　オクラホマ州，カンザス
　州）　　　　　　　　　　　 1999.5.3
猛暑（アメリカ）　　　　　　 1999.7.
寒波（メキシコ）　　　　　 1999.12.-
嵐（ヨーロッパ）　　　　　 1999.12.25-
猛暑（オーストラリア　クイーンズラン
　ド州ブリスベーン）　　　　 2000.1.
竜巻（アメリカ　ジョージア州）2000.2.14
寒波（アルゼンチン/ブラジル/ウルグア
　イ）　　　　　　　　　　　 2000.7.
寒波（ロシア）　　　　　　　 2001.1.
寒波（ロシア）　　　　　　　 2001.2.
猛暑（インド　アンドラプラデシュ州，マ
　ディヤプラデシュ州）　　　 2002.5.
寒波（ペルー）　　　　　　　 2002.7.
洪水と竜巻（ロシア　ノボロシースク）2002.8.9
嵐（アメリカ　南東部）　　 2002.11.10-
寒波（インド/バングラデシュ/ネパール）
　　　　　　　　　　　　　 2002.12.-
干ばつ（アフリカ）　　　　 2002.この年
熱波（南アジア）　　　　　　 2003.5.-
竜巻（アメリカ　中西部）　　 2003.5.4-
熱波（ヨーロッパ）　　　　　 2003.6.-
竜巻（アメリカ）　　　　　　 2005.11.6
寒波（ヨーロッパ）　　　　 2005.11.25-
竜巻（アメリカ　中西部）　　 2006.3.11
洪水（チェコ/ハンガリー）　　 2006.4.4
熱波（アメリカ　南西部）　　 2006.7.
干ばつ（中国　重慶市）　　　 2006.8.-
竜巻（アメリカ）　　　　　 2006.11.15
寒波（アメリカ　中西部）　　 2007.1.
強風（ヨーロッパ北部）　　 2007.1.18
竜巻（アメリカ　南東部）　　 2007.3.1
異常気象（ヨーロッパ）　　　 2007.7.-
竜巻（アメリカ）　　　　　　 2008.2.5
熱波（インド）　　　　　　　 2008.4.-
竜巻（アメリカ　バージニア州）2008.4.28
竜巻（アメリカ）　　　　　　 2008.5.10
牛に落雷（ウルグアイ）　　 2008.10.30

【台風】

台風（アメリカ　グアム島，サイパン島）
　　　　　　　　　　　　　　1946.9.21
台風（ミクロネシア連邦　ヤップ）
　　　　　　　　　　　　　　1948.1.14-
グロリア台風（中国　上海）　 1949.7.26
台風「アミー」（フィリピン　セブ島）
　　　　　　　　　　　　　　1951.12.10
台風（ベトナム　ファンティエト）1952.10.22
台風（フィリピン　ルソン島）　1952.10.22
台風（ベトナム）　　　　　　 1953.9.25
台風「ナンシー」（フィリピン　イサベ
　ラ州）　　　　　　　　　　 1954.10.7
台風「ヒルダ」（メキシコ　タンピコ市）
　　　　　　　　　　　　　　1955.9.20
台風（フィリピン）　　　　 1955.12.29-
台風（ブラジル）　　　　　　 1959.8.14
台風「サラ」（台風14号）（韓国）1959.9.17
台風でモーター船遭難（フィリピン　サ
　マール島）　　　　　　　 1959.12.18
台風「カーレン」（台風1号）（フィリピ
　ン）　　　　　　　　　　　 1960.4.24
台風5号（フィリピン　マニラ）1960.6.24
サイクロン（東パキスタン（現・バング
　ラデシュ））　　　　　　 1960.10.10
ハリケーン（アメリカ　テキサス州）1961.9.11
台風20号（台湾）　　　　　　 1961.9.12
ハリケーン（英領ホンジュラス（現・ベ
　リーズ））　　　　　　　　 1961.10.31
ハリケーン（アメリカ　フロリダ州）1962.3.31
台風10号（韓国　仁川）　　　 1962.8.15
台風「ワンダ」（香港）　　　 1962.9.1
サイクロン（インド　西ベンガル地方）1963.4.19
サイクロン（東パキスタン（現・バング
　ラデシュ）　チッタゴン）　 1963.5.28
台風4号（韓国）　　　　　　 1963.6.20
ハリケーン「フローラ」（ハイチ/キ
　ューバ）　　　　　　　　　 1963.10.3
サイクロン（東パキスタン（現・バング
　ラデシュ））　　　　　　　 1964.4.12
ハリケーン「クレオ」（フランス　カリ
　ブ海グアドループ島）　　　 1964.8.23
ハリケーン（アメリカ　フロリダ州）
　　　　　　　　　　　　　　1964.8.28-
台風17号（香港）　　　　　　 1964.9.5

ハリケーン「ヒルダ」（アメリカ ルイジアナ州） 1964.10.3
台風24号（香港） 1964.10.12
台風で大洪水（南ベトナム（現・ベトナム）） 1964.11.11
台風（インド ラメシワラム島/セイロン（現・スリランカ）） 1964.12.23
台風（東パキスタン（現・バングラデシュ）ダッカ） 1965.5.11
台風9号（台湾） 1965.6.19
ハリケーン（アメリカ ニューオーリンズ） 1965.9.9
ハリケーン（ホンジュラス） 1966.6.
ハリケーン（カリブ海） 1966.9.
サイクロンと高波（東パキスタン（現・バングラデシュ）） 1966.10.1
サイクロン（インド オリッサ州） 1967.10.11
サイクロン（ビルマ（現・ミャンマー）） 1968.5.10
ハリケーン（アメリカ ミシシッピ州） 1969.8.18
台風「ジョージア」（フィリピン ケソン州） 1970.9.11
台風（フィリピン） 1970.10.13
台風（フィリピン） 1970.10.23
台風（東パキスタン（現・バングラデシュ）） 1970.11.12
台風（フィリピン マニラ） 1970.11.19
台風19号（韓国 三陟） 1971.8.
台風21号で客船転覆（香港） 1971.8.16-
台風（台湾） 1971.9.22-
台風（南ベトナム（現・ベトナム）北部） 1971.10.24
サイクロン（インド） 1971.10.29
ハリケーン「アグネス」（アメリカ 東海岸） 1972.6.21-
台風（フィリピン ミンダナオ島） 1972.12.3-
台風（バングラデシュ） 1973.12.10
熱帯低気圧（タイ） 1974.1.6-
熱帯低気圧で暴風雨（韓国） 1974.8.29-
ハリケーン「フィフィ」（ホンジュラス チョロマ村） 1974.9.19-
台風21号（台湾 基隆市） 1974.9.27-
台風23号（フィリピン） 1974.10.12
サイクロン（バングラデシュ） 1974.11.28
サイクロン「トレーシー」（オーストラリア ダーウィン市） 1974.12.24
サイクロン（ビルマ（現・ミャンマー）） 1975.5.7

熱帯低気圧（フィリピン ルソン島, パラワン島） 1975.12.-
台風6号（ミクロネシア トラック島） 1976.5.18
台風（フィリピン マニラ） 1976.5.19
ハリケーン（メキシコ バハカリフォルニア半島） 1976.9.30-
台風（フィリピン ルソン島, サマル島） 1976.12.4
台風4号（台湾 高雄） 1977.7.25
サイクロン（インド アンドラプラデシュ州） 1977.11.19
サイクロン（インド デリー） 1978.3.17
サイクロンで船沈没（バングラデシュ ベンガル湾） 1978.4.4
台風（フィリピン ルソン島） 1978.10.26
サイクロン（スリランカ） 1978.11.
サイクロン（インド アンドラプラデシュ州） 1979.5.11-
ハリケーン「デービッド」（カリブ海） 1979.8.30-
台風（ベトナム ビンチチェン省） 1979.9.24
台風（中国 広東省） 1980.7.22
ハリケーン「アレン」（ジャマイカ/アメリカ） 1980.8.10
サイクロンで列車が転落（インド ビハール州） 1981.6.6
台風で駆逐艦沈没（フィリピン） 1981.9.21
台風で高潮（フィリピン ルソン島） 1981.11.24
台風11号（フィリピン） 1984.9.2
ハリケーン（インド） 1984.11.
台風（ベトナム ハノイ） 1984.11.8-
サイクロン（バングラデシュ） 1985.5.24
台風（ベトナム） 1985.10.
台風7号（中国 広東省） 1986.7.11
台風（フィリピン） 1986.7.11
台風5号と集中豪雨（韓国） 1987.7.15
サイクロン（南アフリカ共和国 ナタール州） 1987.9.
台風9号（中国 杭州市） 1988.8.8
ハリケーン「ギルバート」（アメリカ/メキシコ/ジャマイカ） 1988.9.10-
サイクロン（バングラデシュ） 1988.10.19
サイクロン（バングラデシュ/インド） 1988.11.29
台風で天然ガス採掘船転覆（タイ シャム湾） 1989.11.3
サイクロン（インド アンドラプラデシュ州） 1990.5.9
台風（フィリピン） 1990.11.13

サイクロン（バングラデシュ）	1991.4.29-
台風（中国　広東省）	1991.7.19
台風12号（韓国）	1991.8.23
台風「テルマ」（台風25号）（フィリピン）	1991.11.4
ハリケーン「アンドリュー」（アメリカ　フロリダ州）	1992.8.24
台風16号（中国　浙江省,福建省）	1992.8.30
サイクロン（インド　タミルナド州, ケララ州）	1992.11.
台風（フィリピン　ルソン島）	1993.10.4
サイクロン（バングラデシュ　テクナフ）	1994.5.2
台風で洪水（中国）	1994.6.
台風17号（中国　浙江省）	1994.8.21
台風21号（フィリピン）	1995.10.-
台風（ベトナム）	1996.7.
ハリケーン（アメリカ）	1996.9.5-
サイクロン（インド　アンドラプラデシュ州）	1996.11.
台風13号（中国　浙江省）	1997.8.-
ハリケーン（メキシコ　太平洋岸）	1997.10.
台風「リンダ」（ベトナム）	1997.11.2
サイクロン（インド　グジャラート州）	1998.6.8
台風7号（韓国）	1998.8.3
ハリケーン「ジョージ」（ドミニカ共和国）	1998.9.22
ハリケーン「ミッチ」（ホンジュラス/ニカラグア）	1998.10.
台風11号（フィリピン　ルソン島）	1998.10.22-
台風（ベトナム）	1998.11.
サイクロン（パキスタン　シンド州）	1999.5.
ハリケーン「フロイド」（アメリカ　ニューヨーク州）	1999.9.16
サイクロン（インド　オリッサ州）	1999.10.28-
台風8号（台湾）	2001.7.30
台風16号（台湾）	2001.9.16
台風15号（北朝鮮　江原道/韓国　江原道）	2002.8.31-
台風14号（韓国）	2003.9.
ハリケーン「イザベル」（アメリカ）	2003.9.18-
台風（中国）	2004.8.12
ハリケーン「アイバン」（ジャマイカ/グレナダ/アメリカ）	2004.9.
ハリケーン「ジーン」（ハイチ）	2004.9.
台風27号（フィリピン）	2004.12.2
ハリケーン「デニス」（ハイチ/キューバ）	2005.7.
ハリケーン「カトリーナ」（アメリカ）	2005.8.29
台風18号（フィリピン）	2005.9.22
ハリケーン「スタン」（グアテマラ）	2005.10.1-
台風（中国）	2006.8.10
台風15号（フィリピン　ルソン島）	2006.9.29
台風19号（フィリピン）	2006.10.31
台風21号（フィリピン　ルソン島）	2006.12.1
台風22号（フィリピン）	2006.12.11
ハリケーン「ディーン」（ドミニカ共和国）	2007.8.20
サイクロン「シドル」（バングラデシュ）	2007.11.16
サイクロン「ナルギス」（ミャンマー）	2008.5.2
台風6号で客船沈没（フィリピン　シブヤン島沖）	2008.6.22
ハリケーン「グスタフ」（アメリカ　ニューオーリンズ）	2008.9.1
ハリケーン「ハンナ」（ハイチ）	2008.9.5
ハリケーン「アイク」（アメリカ　ガルベストン）	2008.9.13
サイクロン（バングラデシュ/インド）	2009.5.25

【豪雨（台風を除く）】

豪雨（ヨーロッパ）	1948.8.14
豪雨（グアテマラ　グアテマラ市）	1949.10.19
豪雨（アメリカ　カンザスシティー）	1951.7.14
暴風雨（イギリス/オランダ）	1953.1.31-
豪雨（韓国　ソウル）	1953.8.13
豪雨（インド　ウッタルプラデシュ州）	1955.8.2
豪雨（シリア）	1955.12.18
豪雨（アメリカ　ネバダ州, カリフォルニア州, オレゴン州）	1955.12.24
大雨（アメリカ　カリフォルニア州）	1956.5.
豪雨で列車が川に転落（インド）	1956.11.23
豪雨（フィリピン）	1957.7.
暴風雨で漁船遭難（イラン　カスピ海）	1957.7.14
豪雨（香港）	1959.5.12-
豪雨（台湾）	1959.8.
豪雨（韓国）	1959.8.30-
大雨でダムが決壊（フランス　フレジェス）	1959.12.2
豪雨（フィリピン　マニラ）	1960.5.28

豪雨（韓国）	1961.7.13
暴風雨（アメリカ　北カリフォルニア州、オレゴン州、ワシントン州）	1962.10.11−
暴風雨（タイ）	1962.10.25
豪雨と旋風で大洪水（アメリカ　東南部）	1963.3.11
洪水（ブラジル　バヒア州）	1964.1.24
洪水（アメリカ　中西部）	1964.3.12
豪雨（西パキスタン（現・パキスタン））	1964.6.11−
地震と洪水（トルコ）	1964.6.16
洪水（ネパール）	1964.6.20
豪雨（韓国/香港）	1964.8.8−
モンスーン（インド）	1964.9.2
豪雨（韓国　ソウル）	1964.9.13
豪雨（アメリカ　中西部）	1965.4.
集中豪雨（韓国）	1965.7.14−
暴風雨（チリ）	1965.8.16
暴風雨（イタリア　シチリア島）	1965.9.2
暴風雨（東パキスタン（現・バングラデシュ））	1965.12.15
豪雨（ブラジル　リオデジャネイロ）	1966.1.10−
豪雨（アルゼンチン　フォルモーサ州）	1966.2.18−
豪雨（インドネシア　ジャワ島）	1966.3.
豪雨（ブラジル　ペトロポリス市）	1966.3.
豪雨（ヨルダン　アンマン）	1966.3.11
豪雨（香港）	1966.6.12
豪雨（韓国　ソウル）	1966.7.15−
豪雨でボタ山崩壊（イギリス　ウェールズ地方アバーファン村）	1966.10.21
洪水（イタリア　フィレンツェ市）	1966.11.4
豪雨（インド　マドラス州）	1966.11.10
暴風雨（ブラジル　リオデジャネイロ州）	1967.1.23
豪雨（ポルトガル　リスボン）	1967.11.25
豪雨でダム決壊（インドネシア　ジャワ島ボンボン町）	1967.11.27
モンスーン（インド　西ベンガル地方）	1968.8.6
暴風雨（イタリア）	1968.11.2
豪雨（ブラジル）	1969.3.17
大雨（チリ）	1969.6.8
豪雨（アメリカ　バージニア州）	1969.8.25
豪雨（韓国）	1969.9.14−
豪雨（チュニジア）	1969.10.1
豪雨（シンガポール）	1969.12.9
洪水（フィリピン　マニラ）	1970.9.3
豪雨と洪水（南ベトナム（現・ベトナム））	1970.10.22
長雨（マレーシア）	1970.12.−
豪雨（ブラジル　リオデジャネイロ、サンパウロ）	1971.2.25−
豪雨（韓国　ソウル）	1971.7.17
豪雨（韓国　忠清、全羅）	1971.7.25−
豪雨で洪水（インド）	1971.8.−
豪雨でダム決壊（アメリカ　ウェストバージニア州）	1972.2.26
豪雨（アメリカ　サウスダコタ州）	1972.6.9−
豪雨（香港）	1972.6.16−
豪雨（フィリピン　ルソン島）	1972.7.−
豪雨（ネパール）	1972.7.
豪雨（韓国　ソウル）	1972.8.
豪雨と豪雪（中東）	1973.1.
豪雨で氾濫（アメリカ　ミシシッピ川）	1973.4.
豪雨でダム決壊（メキシコ）	1973.8.22
豪雨（スペイン　ムルシア県）	1973.10.
豪雨（オーストラリア）	1974.1.−
干ばつと豪雨（アフリカ）	1974.この年
洪水（エジプト）	1975.2.22
モンスーン（インド）	1975.6.25−
モンスーン（インド　アッサム州）	1976.7.
モンスーン（インド　北部）	1976.8.22
豪雨（ブラジル　テレソポリス）	1977.1.
豪雨（インドネシア　ジャカルタ）	1977.1.15−
雷雨（アルゼンチン）	1977.2.−
豪雨で鉄橋流失・列車転落（インド　アッサム州）	1977.5.30
モンスーン（パキスタン　カラチ）	1977.6.
集中豪雨（韓国　ソウル）	1977.7.8−
豪雨（アメリカ　ペンシルバニア州）	1977.7.20−
モンスーン（インド）	1977.8.4
豪雨でダム決壊（アメリカ　トコア）	1977.11.6
豪雨（アメリカ　カリフォルニア州）	1978.2.10−
豪雨（ベトナム）	1978.8.−
豪雨（ヨーロッパ）	1978.8.8
豪雨（インド　西ベンガル州）	1978.9.
モンスーン（インド）	1978.9.1−
モンスーンで難民船沈没（マレーシア　ケランタン州）	1978.12.2
長雨（ブラジル　ミナスジェライス州、エスピリトサント州）	1979.1.−

災害別一覧

洪水（中国 甘粛省敦煌）	1979.7.27
モンスーンでダムが決壊（インド グジャラート州）	1979.8.11
洪水と地滑り（韓国）	1979.8.26
暴風雨でフェリー転覆（中国 広東省）	1980.2.27
豪雨（ペルー サティポ）	1980.4.9
豪雨（中国 四川省）	1981.7.9-
豪雨（中国）	1981.8.-
モンスーン（インド）	1981.8.24
豪雨（ネパール）	1981.9.29
豪雨（ペルー）	1982.1.
豪雨（香港）	1982.5.29-
豪雨（ホンジュラス/ニカラグア）	1982.5.30
豪雨（インドネシア スマトラ島）	1982.6.3
洪水（インド グジャラート州）	1983.6.
大雨（アルゼンチン/パラグアイ/ブラジル）	1983.この年
豪雨（中国 遼寧省）	1984.7.
豪雨（韓国 ソウル）	1984.8.31
豪雨と大雪（オーストリア）	1985.8.
豪雨（フランス）	1987.7.14
台風5号と集中豪雨（韓国）	1987.7.15
大雨で洪水（バングラデシュ）	1987.7.20
集中豪雨（韓国）	1987.7.26
豪雨（ブラジル リオデジャネイロ）	1988.2.
洪水（中国 四川省）	1988.7.4
洪水（中国 浙江省）	1988.7.29
豪雨（バングラデシュ）	1988.8.-
豪雨（スーダン ハルツーム）	1988.8.4-
豪雨（タイ）	1988.11.21-
暴風雨（中国 四川省）	1989.4.20
洪水と土砂崩れ（中国 広西チワン族自治区，青海省）	1989.6.-
豪雨（韓国）	1989.7.25-
暴風雨（ヨーロッパ）	1990.2.26
豪雨（オーストラリア）	1990.4.
大雨（中国 湖南省）	1990.6.
豪雨（韓国 ソウル）	1990.9.10-
洪水（中国）	1991.6.-
大雨（中国 北京）	1991.6.7-
豪雨（韓国）	1991.7.20-
洪水（ルーマニア）	1991.7.29
河川氾濫（インド）	1991.7.29
豪雨（中国 四川省）	1991.8.5-
洪水（カンボジア）	1991.9.-
大雨で食糧不足（インドネシア イリアンジャヤ州）	1992.2.
豪雨（中国 福建省）	1992.7.3-
豪雨（パキスタン）	1992.9.
豪雨と雪崩（パキスタン）	1993.3.16
大雨（エクアドル）	1993.4.3
大洪水（ペルー アマゾン川）	1993.4.25
豪雨で洪水・船転覆（バングラデシュ）	1993.6.
豪雨（中国 湖南省）	1993.7.
洪水（インド/ネパール/バングラデシュ）	1993.7.25
大雨でダム決壊（中国 青海省）	1993.8.27
豪雨（中国 福建省）	1994.4.-
暴風雨（バングラデシュ）	1994.4.18-
豪雨（中国 湖南省）	1994.6.
集中豪雨で洪水（中国）	1994.7.
豪雨で泥流（フィリピン ルソン島）	1994.9.24
豪雨で列車脱線・火災（エジプト アシュート県）	1994.11.2
集中豪雨（イタリア/フランス）	1994.11.6
豪雨（ヨーロッパ）	1995.1.-
豪雨（中国 広東省）	1995.4.19
豪雨（中国）	1995.5.-
豪雨（中国 湖南省）	1995.6.-
豪雨（バングラデシュ）	1995.6.
集中豪雨（北朝鮮）	1995.7.-
鉄砲水（モロッコ ハウズ地区）	1995.8.17-
豪雨（韓国）	1995.8.23-
集中豪雨（中国）	1996.6.-
豪雨（イタリア トスカーナ地方）	1996.6.19
集中豪雨（ネパール）	1996.7.
集中豪雨（北朝鮮）	1996.7.26-
暴風雨で洪水（ベトナム）	1996.8.-
鉄砲水（スペイン ビエスカス町）	1996.8.7
暴風雨（マレーシア サバ州）	1996.12.25-
豪雨（ポーランド/チェコ）	1997.7.
モンスーン（バングラデシュ チッタゴン，コックスバザール）	1997.7.
モンスーン（インド ヒマチャルプラデシュ州シムラ地方）	1997.8.11-
豪雨でダムが決壊（パキスタン バルチスタン州トゥルバット）	1998.3.1-
洪水（アルゼンチン/パラグアイ）	1998.4.-
豪雨（中国 四川省）	1998.5.-
豪雨（中国 長江流域）	1998.6.-
集中豪雨（韓国）	1998.7.-
豪雨（バングラデシュ）	1998.7.-
豪雨でダム決壊（キルギス）	1998.7.8

災害別一覧　　　　　　　　　　　　　　　　気象災害

集中豪雨（韓国）	1998.8.5-
集中豪雨（メキシコ　チアパス州）	1998.9.
豪雨（中国　長江）	1999.6.-
豪雨（メキシコ）	1999.9.-
豪雨（ベネズエラ）	1999.12.16
集中豪雨（アフリカ　南部）	2000.2.
豪雨（インドネシア　西ティモール）	2000.5.
集中豪雨（中国　陝西省安康地区）	2000.7.11-
モンスーン（インド　アンドラプラデシュ州）	2000.8.
モンスーン（ベトナム）	2000.9.
豪雨（イタリア/スイス）	2000.10.
豪雨（インドネシア　スマトラ島）	2000.11.
豪雨（モザンビーク　ザンベジ川）	2001.2.
暴風雨（フランス　ストラスブール）	2001.7.6
集中豪雨（韓国　ソウル，京畿道）	2001.7.14-
集中豪雨（イラン）	2001.8.10
豪雨（インドネシア　ジャワ島，ジャカルタ）	2002.1.-
豪雨（アフガニスタン　ファルヤブ州）	2002.4.
集中豪雨（中国）	2002.6.-
豪雨（ロシア　スタブロポリ州，クラスノダル州）	2002.6.
モンスーン（インド　アッサム州）	2002.7.
豪雨（ヨーロッパ）	2002.8.
豪雨（韓国）	2002.8.4-
豪雨（インドネシア　北スマトラ州ボホロック郡）	2003.11.2
豪雨（ドミニカ共和国/ハイチ）	2004.5.23
豪雨（中国）	2004.9.2-
豪雨と大雪（アメリカ　カリフォルニア州）	2005.1.
雪雨（南アジア）	2005.2.
大雨でダム崩壊（パキスタン　バルチスタン州）	2005.2.10
豪雨（アフガニスタン）	2005.3.-
洪水（中国　黒竜江省）	2005.6.10
豪雨（スイス/ドイツ）	2005.8.
豪雨（インド　チェンナイ）	2005.12.18
土砂崩れと洪水（インドネシア　ジャワ島）	2006.1.4
豪雨（フィリピン）	2006.2.10-
洪水（タイ）	2006.5.23-
豪雨（アメリカ　ワシントン）	2006.6.27
大雨（北朝鮮）	2006.7.14
洪水（エチオピア　ディレダワ）	2006.8.5
暴風雨（アメリカ）	2006.12.16
洪水（モザンビーク）	2007.1.-
洪水（マレーシア）	2007.1.
豪雨で洪水（インドネシア　ジャカルタ）	2007.2.1
洪水（中国）	2007.6.-
雷雨（パキスタン）	2007.6.23
豪雨（北朝鮮）	2007.8.
洪水（アフリカ）	2007.9.18
洪水（中国）	2008.5.-
洪水（アメリカ）	2008.6.
洪水（イエメン）	2008.10.23
貯水池決壊（インドネシア）	2009.3.27

【豪雪】

暴風雪（アメリカ　東部）	1950.11.25
吹雪（ヨーロッパ）	1952.2.
大雪（韓国）	1952.12.10
吹雪で山岳遭難（イタリア　アルプス・マルモラダ峰）	1957.8.19
吹雪で漁船遭難（韓国）	1962.1.1
吹雪（アメリカ）	1962.12.8
豪雪（アメリカ）	1964.1.12
豪雪（メキシコ）	1967.1.10-
豪雪（アメリカ）	1967.12.
豪雪（アメリカ）	1968.2.10-
豪雨と豪雪（中東）	1973.1.
豪雪（アメリカ　東部）	1973.12.
吹雪（アメリカ　中西部）	1974.1.12
吹雪（アメリカ）	1978.1.
吹雪（アメリカ）	1978.2.6-
豪雪（北欧）	1978.12.28
猛吹雪（アメリカ　中西部）	1979.1.14-
吹雪（アメリカ　北東部）	1979.2.18-
雪嵐（アメリカ）	1982.4.5
猛吹雪（レバノン　ベイルート）	1983.2.20
豪雨と大雪（オーストリア）	1985.8.
吹雪で旅客機暴走（アメリカ　デンバー）	1987.11.15
吹雪（アメリカ）	1987.12.
大雪（アフリカ）	1988.6.
猛吹雪（ヨーロッパ）	1990.12.11
96豪雪（アメリカ）	1996.1.
豪雪（アメリカ）	2000.1.24-
吹雪（アフガニスタン　サラン峠）	2002.2.5-
豪雪（アメリカ　東海岸）	2002.12.4-
豪雪（アメリカ）	2003.2.

383

積雪でプールの屋根崩壊（ロシア　モスクワ）　2004.2.14
豪雨と大雪（アメリカ　カリフォルニア州）　2005.1.
雪雨（南アジア）　2005.2.
積雪でスケート場の屋根崩落（ドイツ　バートライヘンハル）　2006.1.2
寒波（ロシア　モスクワ）　2006.1.19
積雪で展示施設の屋根崩落（ポーランド　カトウィツェ）　2006.1.28
大雪（アメリカ　中西部）　2006.11.30
大雪（中国）　2008.1.－

地変災害

津波（アメリカ　ハワイ州ヒロ市）　1960.5.23
ドナウ川氾濫（ヨーロッパ）　1965.7.
濁流（インド　ニューデリー）　1970.7.22
寒波と洪水（ブラジル　バヒア地方，サンパウロ）　1971.4.26－
峡谷に鉄砲水（アメリカ　コロラド州）　1976.7.31－
津波（インドネシア）　1979.7.18
大波（フランス　コートダジュール）　1979.10.16

【地震】

アリューシャン地震（アメリカ　アラスカ州，ハワイ州，カリフォルニア州）　1946.4.1
地震（ドミニカ共和国/カリブ海沿岸）　1946.7.4
地震（中国　西康省）　1948.5.25
地震（アメリカ　太平洋岸北西部）　1949.4.13
地震（エクアドル　アンバト）　1949.8.5
地震（トルコ　エルズルム）　1949.8.18
アッサム地震（インド　ベンガル州）　1950.8.14
地震（インド　アッサム地方）　1950.8.27
地震（エルサルバドル）　1951.5.6
地震（アメリカ　カリフォルニア州）　1952.7.21
地震（アメリカ　カリフォルニア州）　1952.8.22
地震（イラン　トルード）　1953.2.12
地震（トルコ）　1953.3.18
地震（ギリシャ）　1953.8.10－
地震（キプロス）　1953.9.10
地震（メキシコ　チアパス州）　1954.2.5
地震（ギリシャ）　1954.4.30
地震（フィリピン）　1954.7.2

地震（アルジェリア）　1954.9.9
地震（フィリピン）　1955.4.1
地震（インド　ボンベイ(現・ムンバイ)）　1956.7.21
地震（イラン　バスタク）　1956.11.5
地震（イラン）　1956.11.6
地震（イラン）　1957.7.2
地震（メキシコ　メキシコシティ）　1957.7.28
地震（イラン）　1957.12.13
地震（モンゴル）　1957.12.13
地震（トルコ）　1959.4.25
地震（アメリカ）　1959.8.17
地震（モロッコ　アガジール）　1960.2.29
地震（イラン　ラル市）　1960.4.24
チリ地震（チリ　コンセプシオン）　1960.5.21
地震（チリ）　1960.8.13
地震（インドネシア）　1961.3.16
地震（コロンビア）　1961.12.20
地震（コロンビア）　1962.7.30
地震（イタリア　ナポリ）　1962.8.21
地震（イラン　タジキスタン地方）　1962.9.1
地震（トルコ）　1962.9.5
地震（イラン　アハメダバッド）　1962.10.5
地震（リビア）　1963.2.22
地震（ユーゴスラビア　マケドニア共和国スコピエ(現・マケドニア)）　1963.7.26
地震（イラン　ガグム村）　1963.7.29
地震（インド　カシミール地方）　1963.9.2
地震（台湾）　1964.1.18
地震（ポルトガル　大西洋アゾレス諸島サンジョルジェ島）　1964.2.19
アラスカ地震（アメリカ　アンカレッジ）　1964.3.27
地震（ユーゴスラビア　ベオグラード(現・セルビア)）　1964.4.13
地震と洪水（トルコ）　1964.6.16
地震（メキシコ）　1964.7.6
地震（トルコ）　1964.10.6
地震（アルジェリア　ムシラ）　1965.1.1－
地震（イラン　アゼルバイジャン地方）　1965.2.13
地震（インドネシア　サナナ島）　1965.2.18－
地震（チリ）　1965.3.28
地震（エルサルバドル）　1965.5.3
地震（ギリシャ）　1966.2.5
地震（中国　河北省邢台地区）　1966.3.8－
地震（ウガンダ）　1966.3.20－

災害別一覧　　　　　　　　　地変災害

地震（ソ連　ウズベク共和国(現・ウズベキスタン）タシュケント）	1966.4.26
地震（ネパール）	1966.6.27
地震でビル崩壊（インド　ニューデリー）	1966.8.15
地震（トルコ）	1966.8.19
地震（ペルー）	1966.10.17
地震（ギリシャ）	1966.10.29
地震（コロンビア）	1967.2.9
地震（インドネシア　ジャワ島マラン市）	1967.2.20
地震（トルコ）	1967.7.22
地震（トルコ）	1967.7.26
地震（ベネズエラ　カラカス）	1967.7.29
地震（ユーゴスラビア　マケドニア地方（現・マケドニア）/アルバニア　ディブラ，リブライド）	1967.11.30
地震（インド　コイナナガル）	1967.12.11
地震（イタリア　シチリア島）	1968.1.15
地震（イラン　マク）	1968.4.29
地震（ペルー　サン・マルティン州）	1968.6.19
地震（フィリピン　マニラ）	1968.8.2
地震（メキシコ　メキシコシティ）	1968.8.2
地震（インドネシア　セレベス島，トガン島）	1968.8.15
イラン大地震（イラン　北東部/トルコ　黒海沿岸地域）	1968.8.31
地震・津波（インドネシア　セレベス島）	1969.2.23
地震（ユーゴスラビア　バニャルカ市（現・ボスニア・ヘルツェゴビナ））	1969.10.27
地震（トルコ）	1970.3.28
地震（ソ連（現・ロシア））	1970.5.14
アンカシュ地震（ペルー）	1970.5.31
地震（ソ連　キルギス地方(現・キルギス共和国））	1970.6.5
地震（イラン）	1970.7.30
地震（ペルー/エクアドル）	1970.12.9
地震（イタリア　トスカーナ）	1971.2.6
地震（アメリカ　ロサンゼルス）	1971.2.9
地震（トルコ　ブルドル）	1971.5.12
地震（トルコ　ビンゴル）	1971.5.22
地震（チリ　サンチアゴ/アルゼンチン）	1971.7.8
地震（イラン　シラズ）	1972.4.10
ニカラグア・マナグア地震（ニカラグア　マナグア）	1972.12.23
地震（コスタリカ）	1973.4.14
地震（メキシコ）	1973.8.28
地震（ペルー　リマ県）	1974.1.5
地震（中国　四川省，雲南省）	1974.5.11
地震（ペルー　カニェテ市）	1974.10.3
地震（ソ連(現・ロシア）/イラン）	1974.10.16
地震（パキスタン　インダス渓谷）	1974.12.28
地震（インド）	1975.1.19
海城地震（中国　遼寧省）	1975.2.3
地震（チリ　北部）	1975.3.13
地震（トルコ）	1975.9.6
地震（アメリカ　ハワイ州）	1975.11.29
グアテマラ大地震（グアテマラ）	1976.2.4
地震（エクアドル　エスメラルダス）	1976.4.9
イタリア・フリウリ地震（イタリア　フリウリ地方）	1976.5.6
ウズベク地震（ソ連　ウズベク共和国（現・ウズベキスタン））	1976.5.17
地震（インドネシア　ニューギニア島，バリ島）	1976.6.26
バリ島地震（インドネシア　バリ島）	1976.7.14
唐山地震（中国　唐山，天津，北京）	1976.7.28
ミンダナオ地震（フィリピン　ミンダナオ島）	1976.8.17
地震（インドネシア　イリアンジャヤ地方）	1976.10.30
地震（トルコ　バン州）	1976.11.24
ルーマニア大地震（ルーマニア）	1977.3.4
地震（イラン　バンダル・アバス）	1977.3.22
地震（イラン　イスファハン）	1977.4.6
ジャワ東方地震（インドネシア　スンバワ島）	1977.8.19
地震（アルゼンチン　サンフアン州）	1977.11.23
地震（イラン　ザラント地区）	1977.12.20
地震（ソ連　グルジア（現・グルジア））	1978.1.2
地震（ギリシャ　テッサロニキ）	1978.6.20
地震（チリ　コピアポ市）	1978.8.3
地震（台湾　台北地方）	1978.9.2
地震（西ドイツ（現・ドイツ）　バーデン・ビュルテンベルク州）	1978.9.3
地震（イラン）	1978.9.16
地震（メキシコ　テワンテペク湾）	1978.11.29
地震（イラン　ホゼスタン州）	1978.12.15
地震（イラン　ホラサン州）	1979.1.16
地震（メキシコ）	1979.3.14
ユーゴスラビア地震（ユーゴスラビア　アドリア海沿岸）	1979.4.15
地震（インドネシア　ロンボク島）	1979.5.30
地震（中国　江蘇省）	1979.7.9
地震（インドネシア　イリアンジャヤ）	1979.9.12
地震（アメリカ　カリフォルニア州）	1979.10.15

385

地変災害　災害別一覧

イラン地震（イラン　コラサン州）	1979.11.14–
地震（コロンビア）	1979.11.23
コロンビア大地震（コロンビア）	1979.12.12
地震（インドネシア　バリ島）	1979.12.18
地震（ポルトガル　大西洋アゾレス諸島）	1980.1.1
地震（ユーゴスラビア）	1980.5.18
地震（ネパール）	1980.8.7
地震（アルジェリア　エルアスナム）	1980.10.10
地震（メキシコ　オアハカ州）	1980.10.24
地震（イタリア）	1980.11.23
地震（イラン）	1980.12.22
地震（インドネシア　イリアンジャヤ州）	1981.1.20
地震（中国　四川省）	1981.1.24
地震（イラン　ケルマン州）	1981.6.11
地震（イラン　ケルマン州）	1981.7.28
地震（北イエメン（現・イエメン））	1982.12.13
地震（ギリシャ）	1983.1.17
地震（イラン　テヘラン）	1983.3.25
地震（コロンビア　ポパヤン市）	1983.3.31
地震（トルコ）	1983.10.30
地震（中国　山東省）	1983.11.7
地震（ギニア）	1983.12.22
地震（アメリカ　カリフォルニア州）	1984.4.24
地震（インドネシア）	1984.11.17
地震（インド　アッサム州）	1984.12.31
地震（チリ）	1985.3.3
地震（中国　雲南省）	1985.4.18
地震（中国　新疆ウイグル地区）	1985.8.23
メキシコ地震（メキシコ）	1985.9.19
地震（ソ連　タジク共和国（現・タジキスタン））	1985.10.13
地震（ペルー　クスコ）	1986.4.5
地震（ギリシャ）	1986.9.13
地震（エルサルバドル）	1986.10.10
地震（台湾　台北）	1986.11.15
エクアドル地震（エクアドル）	1987.3.5
ロサンゼルス地震（アメリカ　カリフォルニア州）	1987.10.1
地震（インド　ネパール）	1988.8.21
地震（中国　雲南省）	1988.11.6
アルメニア地震（ソ連　アルメニア共和国（現・アルメニア））	1988.12.7
地震（ソ連　タジク共和国（現・タジキスタン））	1989.1.23
ロマプリータ地震（アメリカ　サンフランシスコ）	1989.10.17
地震（中国　山西省）	1989.10.18
地震（アルジェリア）	1989.10.29
地震（フィリピン　ミンダナオ島）	1989.12.16
ニューカッスル地震（オーストラリア　ニューサウスウェールズ州）	1989.12.28
地震（中国）	1990.4.26
地震（ペルー）	1990.5.29
地震（ヨーロッパ）	1990.5.30
地震（イラン　北西部）	1990.6.21
バギオ大地震（フィリピン　ルソン島）	1990.7.16
地震（イラン）	1990.11.6
地震（インドネシア　スマトラ島）	1990.11.15
地震（イタリア　シチリア島）	1990.12.13
地震（パキスタン/アフガニスタン）	1991.2.1
地震（中国）	1991.2.25
地震（ペルー）	1991.4.4
地震（ソ連　グルジア（現・グルジア），アルメニア（現・アルメニア））	1991.4.29
地震（ソ連　グルジア（現・グルジア））	1991.6.15
地震（アメリカ　カリフォルニア州）	1991.6.28
地震（イラク）	1991.7.27
地震（インド）	1991.10.20
地震（トルコ）	1992.3.13
地震（アメリカ　カリフォルニア州）	1992.6.28
ニカラグア大地震（ニカラグア）	1992.9.1
地震（エジプト　カイロ）	1992.10.12
地震（コロンビア）	1992.10.17
地震（インドネシア）	1992.12.12
地震（アメリカ　グアム島）	1993.8.8
地震（インド）	1993.9.30
地震（パプア・ニューギニア　マダン）	1993.10.16
ノースリッジ地震（アメリカ　カリフォルニア州）	1994.1.17
地震（インドネシア　スマトラ島）	1994.2.16
地震・津波（インドネシア　ジャワ島）	1994.6.3
地震（コロンビア）	1994.6.6
地震（アルジェリア）	1994.8.18
地震（フィリピン　ミンドロ島）	1994.11.15
地震（コロンビア）	1995.2.8
地震（ロシア　サハリン州オハ地区）	1995.5.28
地震（トルコ　ディナール市）	1995.10.1
地震（インドネシア　スマトラ島）	1995.10.7
地震（メキシコ）	1995.10.9
地震（インドネシア）	1996.1.17
地震（中国　雲南省）	1996.2.3
ニューギニア島沖地震（インドネシア　ニューギニア島）	1996.2.17
地震（エクアドル　コトパクシ州）	1996.3.28

地震（ペルー　イカ県ナスカ）	1996.11.12	地震（イタリア　モリーゼ州サンジュリアーノディプーリア）	2002.10.31
地震（イラン　ボジヌールド）	1997.2.4	地震（インドネシア　スマトラ島）	2002.11.2
地震（パキスタン　バルチスタン州）	1997.2.27	地震（メキシコ）	2003.1.21
地震（イラン　アルダビル）	1997.2.28	地震（中国　新疆ウイグル自治区）	2003.2.24
地震（イラン　ホラサン州ビルジャンド）	1997.5.10	地震（トルコ　ビンゴル州）	2003.5.1
地震（インド　マディヤプラデシュ州ジャバルプール）	1997.5.22	地震（アルジェリア　アルジェ）	2003.5.21
地震（イタリア）	1997.9.26	地震（中国　雲南省大姚県）	2003.7.21
地震（中国　河北省張家口）	1998.1.10	地震（ギリシャ　イオニア諸島）	2003.8.14
地震（アフガニスタン　タカール州）	1998.2.4-	地震（イラン　ケルマン州バム市）	2003.12.26
地震（イラン　ファルス州）	1998.5.7	地震（インドネシア　パプア州ニューギニア島）	2004.2.6
地震（ボリビア）	1998.5.22	地震（パキスタン）	2004.2.14
地震（アフガニスタン　タカール州，バダクシャン州）	1998.5.30	地震（モロッコ　アル・ホシーマ）	2004.2.24
地震（トルコ　アダナ）	1998.6.27	地震（イラン）	2004.5.28
地震・津波（パプア・ニューギニア　セピック州西シサノ地区）	1998.7.17	地震（中国）	2004.8.10
地震（中国　雲南省）	1998.11.19	スマトラ沖地震（インドネシア/スリランカ/インド/タイ）	2004.12.26
地震（コロンビア）	1999.1.25	地震（イラン）	2005.2.22
地震（インド　ウッタルプラデシュ州）	1999.3.29	スマトラ沖地震（インドネシア　スマトラ島沖）	2005.3.28
地震（メキシコ）	1999.6.15	地震（チリ）	2005.6.13
トルコ大地震（トルコ）	1999.8.17	地震（アメリカ　カリフォルニア州）	2005.6.14
地震（ギリシャ　アテネ）	1999.9.7	地震（ペルー）	2005.9.25
921大地震（台湾）	1999.9.21	パキスタン地震（インド/パキスタン）	2005.10.8
地震（メキシコ）	1999.10.30	地震（中国　江西省）	2005.11.26
地震（トルコ）	1999.11.12	地震（イラン　ケシム島）	2005.11.27
地震（アルジェリア）	1999.12.22	地震（イラン）	2006.3.31
地震・津波（インドネシア　中部スラウェシ州）	2000.5.4	ジャワ島中部地震（インドネシア　ジャワ島）	2006.5.27
地震（インドネシア　スマトラ島）	2000.6.4	ジャワ島南西沖地震（インドネシア　ジャワ沖）	2006.7.17
地震（アゼルバイジャン）	2000.11.25	地震（中国　雲南省）	2006.7.22
地震（エルサルバドル）	2001.1.13	地震（タジキスタン）	2006.7.31
インド西部地震（インド　グジャラート州）	2001.1.25	地震（アメリカ　ハワイ州）	2006.10.15
地震（エルサルバドル）	2001.2.13	地震（台湾）	2006.12.26
地震（アメリカ　ワシントン州）	2001.2.28	地震（インドネシア）	2007.3.6
地震（中国　雲南省施甸県）	2001.4.12	地震（ソロモン諸島）	2007.4.2
ペルー地震（ペルー）	2001.6.23	地震（中国　雲南省）	2007.6.3
地震（中国　中国雲南省永勝県）	2001.10.27	地震（インドネシア）	2007.7.26
地震（トルコ　アフヨン）	2002.2.3	ペルー地震（ペルー）	2007.8.15
地震（アフガニスタン　カブール，サマンガン州）	2002.3.3	地震（インドネシア）	2007.9.12
地震（アフガニスタン）	2002.3.25	地震（チリ）	2007.11.14
地震（台湾）	2002.3.31	地震（インドネシア　スマトラ島）	2008.2.20
地震（アメリカ　グアム島）	2002.4.27	地震（オーストラリア）	2008.4.12
地震（イラン　カズビーン州）	2002.6.22	四川大地震（中国　四川省）	2008.5.12
		地震（中国　四川省）	2008.8.30
		地震（キルギス）	2008.10.5

地変災害　　　　　　　　　災害別一覧

地震（中国　チベット自治区）	2008.10.6
地震（ロシア　チェチェン共和国）	2008.10.11
地震（パキスタン　バルチスタン州）	2008.10.28
地震（インドネシア　スラウェシ島）	2008.11.17
地震（インドネシア　ニューギニア島）	2009.1.4
ラクイラ地震（イタリア）	2009.4.6
地震（ホンジュラス）	2009.5.28

【噴火・爆発】

ラミントン火山噴火（パプア・ニューギニア）	1951.1.22
ヒボック・ヒボック火山噴火（フィリピン）	1951.12.4
クラカトア島火山噴火（インドネシア）	1953.10.25
メラビ火山噴火（インドネシア）	1954.1.18
キラウエア火山噴火（アメリカ　ハワイ州）	1954.5.31
キラウエア火山噴火（アメリカ　ハワイ州）	1961.9.23
アグン火山爆発（インドネシア　バリ島）	1963.3.17
バトル山爆発（インドネシア　バリ島）	1963.9.5
タール山爆発（フィリピン　タール火山）	1965.9.28
クルド山爆発（インドネシア　ジャワ島）	1966.4.25–
アウ山噴火（インドネシア　サンギロード島）	1966.8.12
アレナル火山噴火（コスタリカ）	1968.7.29
イヤ山噴火（インドネシア　フローレス島）	1969.2.4
ヘルガフェル火山爆発（アイスランド　ヘイマエイ島）	1973.1.23–
ラスフリエール火山噴火（フランス　カリブ海グアドループ島）	1976.8.17
ニラゴンゴ火山爆発（ザイール　キブ州）	1977.1.11
シニラ火山噴火（インドネシア　ジャワ島）	1979.2.19
ラスフリエール火山噴火（カリブ海　セントビンセント島）	1979.4.13
メラビ火山噴火（インドネシア　スマトラ島）	1979.4.30
エトナ火山噴火（イタリア　シチリア島）	1979.9.12
セントヘレンズ山爆発（アメリカ　ワシントン州）	1980.5.18
マハムル山爆発（インドネシア　マハムル山）	1981.5.14
チンチョナル火山爆発（メキシコ　チンチョナル）	1982.3.29
ガマラマ火山爆発（インドネシア　トルナト島）	1983.8.9
マウナロア山・キラウエア火山噴火（アメリカ　ハワイ州）	1984.3.25–
エレバス火山噴火（南極）	1984.9.13
ネバドデルルイス山噴火（コロンビア）	1985.11.13
火口湖から有毒ガス（カメルーン　バメンダ州）	1986.8.22
クルド山噴火（インドネシア　ジャワ島）	1990.2.10
キラウエア火山噴火（アメリカ　ハワイ州）	1990.4.28
ピナトゥボ山噴火（フィリピン　ルソン島）	1991.6.9
溶岩流（イタリア　エトナ山）	1992.4.14
土石流（フィリピン　ルソン島）	1992.7.–
マヨン山噴火（フィリピン　ルソン島）	1993.2.2
メラピ山噴火（インドネシア　ジャワ島）	1994.11.22
マヨン山噴火（フィリピン　ルソン島）	2001.7.26
タラン山噴火（インドネシア　スマトラ島）	2005.4.12

【地滑り・土砂崩れ】

地滑り（ネパール）	1963.8.13
山崩れでダム崩壊（イタリア　ベルノ地方）	1963.10.10
地滑り（インドネシア）	1964.3.30
地滑り（コロンビア）	1965.11.20–
高地で地滑り（ペルー）	1965.12.22
地滑り（ブラジル　カラグアタツーバ市）	1967.3.19
地滑り（コンゴ民主共和国）	1968.3.12
地滑り（ブータン）	1968.10.
地滑り（インド　ダージリン）	1968.10.6
地滑り（インド）	1970.4.21
地滑り（コロンビア）	1970.12.12
大地滑り（ペルー　チュンガル）	1971.3.18
地滑り（アフガニスタン　ケンジャン峠）	1971.7.29

388

地滑り（ペルー）	1974.4.25
鉱山で地滑り（コロンビア）	1979.6.16
洪水と地滑り（韓国）	1979.8.26
地滑り（フィリピン ルソン島）	1981.6.3
地滑り（中国 甘粛省）	1983.3.7
土砂崩れでバス事故（ペルー リマ）	1983.3.23
地滑り（エクアドル）	1983.4.27
土砂崩れ（コロンビア クンディナマルカ州）	1983.7.28
横穴式教室崩れる（中国 山西省）	1984.7.21
地滑り（ペルー アンデス）	1985.4.9
地滑りでダム決壊（イタリア ドロミテ）	1985.7.19
土砂崩れ（ペルー アンデス）	1986.3.8
地滑り（台湾 南投県）	1986.5.25
土砂崩れ（コロンビア ナリーニョ州）	1986.6.21
地滑り（イタリア）	1987.7.18
土砂崩れ（コロンビア フレスノ市）	1987.12.4
豪雨で山崩れ（トルコ）	1988.6.23
地滑り（ソ連 グルジア共和国（現・グルジア））	1989.4.20
洪水と土砂崩れ（中国 広西チワン族自治区，青海省）	1989.6.-
泥流（チリ アントファガスタ）	1991.6.18
山崩れ（中国 雲南省）	1991.9.23
地滑り（ブラジル ベロオリゾンテ市）	1992.3.18
地滑り（ボリビア）	1992.12.8
土砂崩れでマンション倒壊（マレーシア）	1993.12.11
岩山崩落（エジプト カイロ）	1993.12.14
地滑り（中国 雲南省元陽県）	1996.5.31-
土砂崩れ（韓国）	1996.7.26-
豪雨で地滑り（ペルー アプリマク県アバンカイ市）	1997.2.18
地滑り（中国 四川省美姑県）	1997.6.5
地滑り（インド シッキム州ガントク）	1997.6.9
土砂崩れ（オーストラリア ニューサウスウェールズ州）	1997.7.30
土石流（イタリア カンパーニャ州）	1998.5.5-
地滑り（インドネシア バリ島テガララン地区）	1999.1.7
巡礼地で丘崩落（インド ケララ州）	1999.1.14
金鉱で地滑り（インドネシア 東カリマンタン州クタイ県）	1999.7.27
地滑り（インドネシア ニアス島）	2001.7.31
金鉱山で土砂崩れ（コロンビア カルダス州フィラデルフィア）	2001.11.22

地滑り（ネパール ホータン地方）	2002.7.15
山崩れ（中国 雲南省玉溪市新平イ族タイ族自治県）	2002.8.14
地滑り（ネパール タプラ村）	2002.8.21
土砂崩れ（ボリビア ラパス県）	2003.3.31
山崩れ（ネパール ラムチェ村）	2003.8.16
土砂崩れ（フィリピン）	2003.12.20
がけ崩れ（イエメン）	2005.12.28
土砂崩れと洪水（インドネシア ジャワ島）	2006.1.4
地滑り（フィリピン ミンダナオ島）	2006.2.18
地滑り（インドネシア スラウェシ島）	2006.2.21
地滑り（フィリピン ルソン島）	2006.9.21
地滑り（インドネシア）	2007.2.-
土砂崩れ（インドネシア ジャワ州）	2007.12.26
がけ崩れ（エジプト カイロ）	2008.9.6

【雪崩】

雪崩（スイス/オーストリア/イタリア）	1951.1.21
雪崩（オーストリア）	1954.1.14
雪崩（韓国）	1956.3.2
雪崩（ペルー）	1962.1.10
雪崩（ペルー）	1962.2.28-
バスに雪崩（オーストリア）	1965.3.2
氷塊落下（スイス ザースフェー）	1965.8.30
雪崩（スイス）	1968.1.26-
雪崩（フランス バルディーゼル）	1970.2.10
雪崩（スイス レッキンゲン/フランス グルノーブル）	1970.2.13
雪崩（フランス）	1970.4.16
雪崩（イラン アルダカン）	1972.2.9
雪崩（ネパール）	1972.4.10
豪雪・雪崩（フランス/イタリア/オーストリア）	1975.4.
雪崩相次ぐ（フランス ピレネー地方，アルプス地方）	1976.2.15
雪崩（ルーマニア カルパチア山脈）	1977.4.17
雪崩（インド ヒマチャルプラデシュ州）	1979.3.
雪崩（パキスタン）	1983.3.11
雪崩（アフガニスタン ドシャーカ）	1983.3.23
雪崩（チリ）	1984.7.4
雪崩（ノルウェー）	1986.3.5
雪崩で遭難（中国 雲南省）	1991.1.3
雪崩（トルコ）	1993.1.18
豪雨と雪崩（パキスタン）	1993.3.16
雪崩（オーストリア/ヨーロッパ）	1998.2.23

氷河が崩落（ロシア　北オセチア共和国）
　　　　　　　　　　　　　　　　2002.9.20
雪崩で遭難（ネパール　アンナプルナ）
　　　　　　　　　　　　　　　　2004.10.10

動植物災害

ヘビに襲われバス転落（インド　ハイデ
　ラバード）　　　　　　　　　　1952.8.6
口蹄疫（イギリス）　　　　　　　1967.10.-
船が転覆・ワニに襲われる（インドネ
　シア　セレベス島）　　　　　　1975.12.12
パンダ餓死（中国　四川省）　1984.この年
はぐれ象大暴れ（インド　アッサム州）
　　　　　　　　　　　　　　　　1986.1.-
BSE発見（イギリス）　　　　1986.この年
アザラシ肺炎で大量死（北欧　北海）
　　　　　　　　　　　　　　　　1988.7.-
山林火災で動物被害（オーストラリア）
　　　　　　　　　　　　　　　　1991.3.26-
鳥インフルエンザ（香港）　　　1997.12.29
口蹄疫（ヨーロッパ）　　　　　　2001.2.-
アメリカで初のBSE牛（アメリカ　ワ
　シントン州）　　　　　　　　　2003.12.23
口蹄疫（モンゴル　ドルノゴビ県）2004.2.11
鳥インフルエンザ（世界）　　2006.この年
口蹄疫（イギリス）　　　　　　　2007.8.3
牛に落雷（ウルグアイ）　　　　　2008.10.30

一般火災

貨物船爆発・化学工場に引火（アメリ
　カ　テキサス州）　　　　　　　1947.4.7
公会堂火災（メキシコ　ティファーナ）
　　　　　　　　　　　　　　　　1951.12.23
市街火災（韓国　釜山）　　　　　1953.1.30
弾薬集積所で爆発（台湾　台北）　1953.4.6
市街火災（香港）　　　　　　　　1953.12.25
市街火災（韓国　釜山）　　　　　1954.1.29
市街火災（韓国　春川）　　　　　1954.5.22
市街火災（韓国　ソウル）　　　　1954.6.23
ガソリン貯蔵所で火災（韓国　釜山）1954.11.26
市街火災（韓国　釜山）　　　　　1954.12.26
市街火災（韓国　釜山）　　　　　1955.11.6
穀物倉庫火災（アメリカ　シカゴ）1957.1.22

市街火災（韓国　釜山）　　　　　1957.6.22
油送船が爆発炎上（地中海）　　　1957.8.20
市街火災（ビルマ(現・ミャンマー)　パ
　コック）　　　　　　　　　　　1958.4.6
花火爆発事故相次ぐ（ブラジル　サン
　ト・アマロ, フェイラ・デ・サンタナ）1958.6.23
市街火災（アメリカ　ハリウッド）1961.11.6
スラム街で大火（南ベトナム(現・ベト
　ナム)　カント市）　　　　　　1964.3.5
花火爆発（メキシコ）　　　　　　1964.8.24
タンカー火災（イラン）　　　　　1965.6.5
熱波で火災続出（インド　ビジャワダ市）
　　　　　　　　　　　　　　　　1966.5.10-
貧民街で火災（南ベトナム(現・ベトナ
　ム)　サイゴン(現・ホーチミン)）1967.3.7
刑務所で火災（アメリカ　ジェイ）1967.7.16
市街火災（香港）　　　　　　　　1969.12.2
市街火災（フィリピン　マニラ）　1971.4.1
原発で火災（スイス　ミューレベルク）1971.7.28
市民会館炎上（韓国　ソウル）　　1972.12.2
市街火災（ビルマ(現・ミャンマー)　メ
　ルグイ）　　　　　　　　　　　1972.12.16
宮殿で火災（ポルトガル　リスボン）1974.9.23
爆竹爆発（台湾　台中）　　　　　1975.1.28
テント村火災（サウジアラビア）　1975.12.12
留置所火災（カナダ　ニューブランズウ
　ィック州）　　　　　　　　　　1977.6.21
刑務所で火災（アメリカ　マウリー）1977.6.26
難民キャンプで火災（タイ　ノンカイ）
　　　　　　　　　　　　　　　　1980.2.15
市街火災（中国　青海省）　　　　1981.1.
市街火災（ビルマ(現・ミャンマー)　マ
　ンダレー）　　　　　　　　　　1981.5.10
古物市で火災（イタリア　トディ）1982.4.25
市街火災（中国　黒竜江省ハルビン）1983.4.17
花火爆発（メキシコ　トラパコヤン）1983.5.8
ガソリンのパイプライン爆発（ブラジ
　ル　クバタオ）　　　　　　　　1984.2.25
市街火災（ビルマ(現・ミャンマー)　マ
　ンダレー）　　　　　　　　　　1984.3.24
市場で火災（韓国　ソウル）　　　1985.3.23
サッカー試合中に猛火（イギリス　西
　ヨークシャー州）　　　　　　　1985.5.11
塗料工場で爆発（アメリカ　サンフラン
　シスコ）　　　　　　　　　　　1986.4.4
難民キャンプで火災（バングラデシュ
　ダッカ）　　　　　　　　　　　1986.4.20

金鉱で火災（南アフリカ共和国 ヨハネスブルグ） 1986.9.16
原潜「K-219」火災（北アメリカ バミューダ諸島） 1986.10.3
舟だまりで大火（香港） 1986.12.26
遊覧船出火（韓国 慶尚南道） 1987.6.16
地下鉄駅火災（イギリス ロンドン） 1987.11.18
市街火災（ビルマ(現・ミャンマー） ラショー市） 1988.3.20
武器庫で爆発（パキスタン イスラマバード） 1988.4.10
巡礼テントで火災（エジプト アル・カッシーヤ） 1988.6.21
花火で火事（メキシコ メキシコシティ） 1988.12.11
金鉱で火災と地滑り（フィリピン ミンダナオ島） 1989.5.30
化学製品工場火災（韓国 全羅南道） 1989.10.4
石油化学工場が爆発・炎上（アメリカ パサデナ） 1989.10.23
トンネルで火災（アメリカ ニューヨーク市） 1990.12.28
化学物質保管倉庫爆発（タイ バンコク） 1991.3.2
市街火災（ミャンマー メティラ市） 1991.4.20
温泉で火事・有毒ガス発生（フランス バルボタン・レテルム） 1991.6.27
工事用火薬庫爆発（リビア アルアジジア） 1992.6.20
ウィンザー城で火災（イギリス ロンドン） 1992.11.20
ホーフブルグ宮殿で火災（オーストリア ウィーン） 1992.11.27
爆弾爆発（インド カルカッタ） 1993.3.17
おもちゃ工場火災（タイ） 1993.5.11
化学倉庫爆発（中国 広東省） 1993.8.5
工場火災（中国 広東省） 1993.11.19
工場火災（中国 福建省） 1993.12.13
宗教集会で火災（インド オリッサ州マドゥバン村） 1997.2.23
巡礼者宿営地で火災（サウジアラビア メッカ） 1997.4.15
工場火災（インド アンドラプラデシュ州ビシャカパトナム） 1997.9.14
世界遺産の劇場焼ける（ペルー リマ） 1998.8.2
石油パイプライン炎上（ナイジェリア ジェッセ） 1998.10.18

石油パイプライン爆発（コロンビア アンティオキア州） 1998.10.18
警察本部で火災（ロシア サマラ州） 1999.2.10
トンネルで火災（フランス モンブラン/イタリア モンブラン） 1999.3.24
テレビ塔で火災（ロシア モスクワ） 2000.8.27
トンネルでケーブルカー火災（オーストリア ザルツブルク州キッツシュタインホルン山） 2000.11.11
工場火災（バングラデシュ ナルシンディ） 2000.11.25
石油パイプライン火災（ナイジェリア ラゴス） 2000.11.30
トンネルで火災（スイス） 2001.10.26
油田炎上（クウェート） 2002.2.1
刑務所で火災（モロッコ エルジャディダ） 2002.11.1
エッフェル塔で火災（フランス パリ） 2003.7.22
刑務所で火災（サウジアラビア リヤド） 2003.9.15
市街火災（フィリピン マニラ） 2004.1.11
刑務所で火災（ホンジュラス サンペドロスラ） 2004.5.17
石油貯蔵施設で爆発・火災（イギリス ハートフォードシャー州） 2005.12.11
見本市で火災（インド ニューデリー） 2006.4.10
タンクローリー衝突・炎上（アメリカ オークランド） 2007.4.29
冷凍倉庫で火災（韓国 京畿道利川） 2008.1.7
南大門が全焼（韓国 ソウル） 2008.2.10
難民キャンプで火災（ネパール ジャパ郡） 2008.3.1
事故車の油引火で火災（ケニア モロ） 2009.1.31
保育園で火災（メキシコ） 2009.6.5

【住宅火災】

アパート爆発（西ドイツ(現・ドイツ) ドルトムント） 1959.12.13
住宅火災（韓国 ソウル） 1966.1.18
住宅火災（インドネシア ジャカルタ） 1967.6.24
アイスランド首相夫妻焼死（アイスランド） 1970.7.9
住宅火災（タイ バンコク） 1974.2.16
アパート火災（スペイン バルセロナ） 1974.9.5
住宅火災（フィリピン マニラ市） 1978.4.3

391

アパート火災（韓国　忠清北道）　　1993.1.7

【店舗・事務所火災】

ビル火災（アメリカ　ニューヨーク市）1958.3.19
デパートで火災（コロンビア　ボゴタ）
　　　　　　　　　　　　　　　　　1958.12.16
高層ビル火災（ブラジル　リオデジャネイロ）
　　　　　　　　　　　　　　　　　1963.6.28
ビル火災（フィリピン　マニラ）　　1964.5.8
火薬店爆発（コロンビア　カルタヘナ）
　　　　　　　　　　　　　　　　　1965.10.30
デパートで火災（ベルギー　ブリュッセル）
　　　　　　　　　　　　　　　　　1967.5.22
ダンスホールで火災（フランス）　　1970.10.31
高層ビル火災（アメリカ　ニューヨーク市）
　　　　　　　　　　　　　　　　　1970.12.4
ビル火災（ブラジル　サンパウロ）　1972.2.24
レジャーセンターで火災（イギリス　マン島）
　　　　　　　　　　　　　　　　　1973.8.2
地下街火災（韓国　ソウル）　　　　1973.12.30
銀行ビル火災（ブラジル　サンパウロ）1974.2.1
ビル火災（韓国　ソウル）　　　　　1974.11.3
デパートで火災（ブラジル　ポルトアレグレ）
　　　　　　　　　　　　　　　　　1976.4.28
クラブで火災（アメリカ　サウスゲート）
　　　　　　　　　　　　　　　　　1977.5.28
ビル火災（ペルー　リマ）　　　　　1977.10.26
銀行大爆発（ポーランド　ワルシャワ）1979.2.15
クラブで火災（カナダ　ケベック州）1980.1.1
ビル火災（アメリカ　ニューヨーク市）1980.6.23
クラブで火災（イギリス　ロンドン）1980.8.16
ディスコで火災（アイルランド　ダブリン）
　　　　　　　　　　　　　　　　　1981.2.14
ディスコで火災（韓国　大邱市）　　1983.4.18
地下ディスコで火災（スペイン　マドリード）
　　　　　　　　　　　　　　　　　1983.12.17
ビアホールで火災（韓国　ソウル）　1984.2.3
大使館ビル火災（ベネズエラ　カラカス）1986.3.3
高層ビル火災（インド　ニューデリー）1987.6.29
ディスコで火災（スペイン　サラゴサ）1990.1.14
雑居ビル火災（台湾　台北）　　　　1990.1.27
ディスコで火災（アメリカ　ニューヨーク市）
　　　　　　　　　　　　　　　　　1990.3.25
レストランで火災（台湾　台北）　　1993.1.19
百貨店で火災（中国　唐山市）　　　1993.2.14
ダンスホールで火災（中国　遼寧省阜新市）
　　　　　　　　　　　　　　　　　1994.11.27

カラオケ店で火災（台湾　台中）　　1995.2.15
サウナで火災（中国　広東省広州市）1995.12.8
学芸会で火災（インド　ハリヤナ州ダブワリ）
　　　　　　　　　　　　　　　　　1995.12.23
ディスコで火災（フィリピン　マニラ首都圏ケソン市）
　　　　　　　　　　　　　　　　　1996.3.19
ナイトクラブで火災（韓国　ソウル市）
　　　　　　　　　　　　　　　　　1996.9.29
ビル火災（香港）　　　　　　　　　1996.11.20
ビル火災（韓国　仁川市中区インヒョン洞）
　　　　　　　　　　　　　　　　　1999.10.30
ビル火災（中国　河南省洛陽市）　　2000.12.25
カフェで火災（オランダ　フォレンダム）2001.1.1
商店街で火災（ペルー　リマ）　　　2001.12.29
ネット・カフェで火災（中国　北京市海淀区学院路）
　　　　　　　　　　　　　　　　　2002.6.16
カラオケ店で火災（インドネシア　スマトラ島パレンバン）
　　　　　　　　　　　　　　　　　2002.7.7
ビル火災（ベトナム　ホーチミン市）2002.10.29
ナイトクラブで火災（ベネズエラ　カラカス）
　　　　　　　　　　　　　　　　　2002.11.30
ナイトクラブで火災（アメリカ　ウェストワーウィック）
　　　　　　　　　　　　　　　　　2003.2.20
結婚式場で火災（インド　スリランガム）
　　　　　　　　　　　　　　　　　2004.1.23
ビル火災（中国　吉林省）　　　　　2004.2.15
スーパーで火災（パラグアイ　アスンシオン）
　　　　　　　　　　　　　　　　　2004.8.1
ディスコで火災（アルゼンチン　ブエノスアイレス）
　　　　　　　　　　　　　　　　　2004.12.30
結婚式で火事（パキスタン　パンジャブ州）
　　　　　　　　　　　　　　　　　2006.12.18
ビル火災（中国　浙江省）　　　　　2007.12.12
クラブで火災（中国　広東省深圳市）2008.9.20
クラブで火災（タイ　バンコク）　　2009.1.1
飲食店で火災（中国　福建省長楽市）2009.1.31

【劇場・映画館火災】

劇場で火災（フランス　ブザンソン）1958.4.29
サーカスで火事（ブラジル　リオデジャネイロ）
　　　　　　　　　　　　　　　　　1961.12.17
映画館で火災（イタリア　トリノ）　1983.2.13
映画館で火災（フィリピン　アルバイ州）
　　　　　　　　　　　　　　　　　1985.4.21
映画館で火災（中国　新疆ウイグル自治区カラマイ市）
　　　　　　　　　　　　　　　　　1994.12.8
映画館で火災（インド　ニューデリー）1997.6.9

世界遺産の劇場焼ける（ペルー　リマ）1998.8.2
映画館で火災（中国　河南省焦作市）2000.3.29
劇場で火災（エジプト）2005.9.5

【ホテル火災】

ホテル火災（アメリカ　アトランタ）1946.12.7
ホテル火災（アメリカ　ジャクソンビル）1963.12.29
ホテル火災（アメリカ　ツーソン）1970.12.20
ホテル火災（韓国　ソウル）1971.12.25
ホテル全焼（デンマーク　コペンハーゲン）1973.9.1
ホテル火災（アメリカ　ロサンゼルス）1973.11.15
ホテル火災（韓国　ソウル）1974.10.17
ホテルでガス爆発（アメリカ　フレモント）1976.1.10
ホテル火災（ソ連(現・ロシア)　モスクワ）1977.2.25
ホテル火災（フィリピン　マニラ）1977.11.14
ホテル火災（アメリカ　カンザスシティー）1978.1.28
保養地のホテル火災（スペイン　サラゴサ市）1979.7.12
ホテル火災（アメリカ　ブラッドリービーチ）1980.7.26
ホテル火災（アメリカ　ラスベガス）1980.11.21
ホテル火災（アメリカ　ラスベガス）1981.2.10
ホテル火災（アメリカ　ホボーケン）1982.4.30
ホテル火災（トルコ　イスタンブール）1983.5.7
ホテル火災（韓国　釜山）1984.1.14
ホテル火災（台湾　台北）1984.5.28
ホテル火災（フィリピン　バギオ）1984.10.23
ホテル火災（フィリピン　マニラ）1985.2.13
ホテル火災（プエルトリコ　サンフアン）1986.12.31
ホテル半焼（エジプト　カイロ）1990.3.1
ホテル火災（中国　湖南省長沙市）1997.1.29
ホテル火災（タイ　パタヤ）1997.7.11
ホテル火災（フィリピン　マニラ首都圏ケソン市）2001.8.18
ホテル火災（中国　黒竜江省ハルビン市）2003.2.2
ホテル火災（フランス　パリ）2005.4.15
ホテル火災（中国　広東省）2005.6.10

【学校・病院火災】

療養所で火災（アメリカ　フロリダ州）1953.3.29
小学校で火災（アメリカ　シカゴ）1958.12.1
少年訓練学校で火事（アメリカ　ライツビル）1959.3.5
病院で火災（グアテマラ）1960.7.13
老人ホームで火災（アメリカ　フィッチュビル）1963.11.23
老人ホームで火災（カナダ　ケベック市）1968.12.2
老人ホームで火災（アメリカ　ペンシルバニア州）1971.10.19
寄宿学校で火事（ベルギー　ヘースデン）1974.1.23
老人ホームで火災（アメリカ　ニュージャージー州）1981.1.9
老人ホームで火災（フランス　オワーズ県）1985.1.9
医療施設で火事（アルゼンチン　ブエノスアイレス）1985.4.26
障害者施設で火災（アメリカ　デトロイト）1992.6.2
病院で火災（韓国　忠清南道論山郡）1993.4.19
女子更生施設で火災（韓国　京畿道龍仁郡駒城面）1995.8.21
孤児院で火災（フィリピン　マニラ市）1998.12.3
青少年研修施設で火災（韓国　京畿道）1999.6.30
幼稚園で火災（中国　江西省南昌市）2001.6.5
学校で火災（ロシア　サハ共和国ビリュイスク）2003.4.7
ろうあ学校寄宿舎で火災（ロシア　ダゲスタン共和国マハチカラ）2003.4.10
大学の学生寮で火災（ロシア　モスクワ）2003.11.24
学校で火災（インド　タミルナド州）2004.7.16
病院で火災（中国　吉林省遼源）2005.12.15
病院で火災（ロシア　モスクワ）2006.12.9
高齢者施設で火災（ロシア）2007.3.20

【寺院火災】

寺院火災（中国　浙江省）2004.2.15
寺院付近で火災（インド）2005.1.25

【山林火災】

山林火災（ブラジル　パラナ州）	1963.9.5
山林火災（オーストラリア　タスマニア島）	1967.2.6
山林火災（アメリカ　ロサンゼルス）	1967.10.15
山林火災（アメリカ　カリフォルニア州）	1970.9.25
森林火災（オーストラリア）	1974.12.
森林火災（オーストラリア　ビクトリア州）	1977.2.12
山林火災（アメリカ　ロサンゼルス）	1978.10.23
山林火災（オーストラリア　ニューサウスウェールズ州）	1979.2.13
熱波と山林火災（ギリシャ　中南部, エビア島）	1979.6.19
山林火災（アメリカ　アイダホ州）	1979.7.6−
森林火災（スペイン　カタロニア地方）	1979.8.7
山林火災（オーストラリア）	1983.2.16
山林火災（アメリカ　フロリダ州）	1985.5.17
山林火災（フランス　コートダジュール）	1985.8.1
森林火災（フランス）	1986.8.
森林火災（中国　黒竜江省）	1987.5.6
猛暑・山林火災（オーストラリア　ニューサウスウェールズ州）	1990.1.3
山林火災で動物被害（オーストラリア）	1991.3.26−
森林火災（インドネシア）	1991.8.
森林火災（アメリカ　オークランド）	1991.10.20
草原火災（アルゼンチン　チュブト州）	1994.1.
草原火災（オーストラリア　ニューサウスウェールズ州）	1994.1.
遠足で山林火災（中国　山西省懐仁県）	1995.4.6
草原火災（モンゴル）	1996.2.23−
森林火災で煙霧被害（インドネシア　マレーシア）	1997.6.−
森林火災（アメリカ　フロリダ州）	1998.5.−
山林火災（アメリカ　ロスアラモス）	2000.5.
山林火災（オーストラリア　ニューサウスウェールズ州）	2001.12.
草原火災（アメリカ　アリゾナ州）	2002.6.18
山林火災（オーストラリア　キャンベラ）	2003.1.18
山林火災（アメリカ　カリフォルニア州／メキシコ）	2003.10.21
森林火災（ロシア）	2004.10.16
山林火災（アメリカ　カリフォルニア州）	2006.10.26
山林火災相次ぐ（ギリシャ）	2007.8.24−
山林火災（アメリカ　カリフォルニア州）	2007.10.21−
原野火災（オーストラリア　ビクトリア州）	2009.2.

ガス中毒事故

有毒ガス流出（ニュージーランド　オークランド市）	1973.2.28
ガス中毒（アメリカ　フィラデルフィア）	1976.7.21−
塩素ガス漏れ（アメリカ　ミッドランド）	1977.10.7
貨物列車炎上・毒ガス発生（アメリカ　ケンタッキー州）	1980.7.26
有毒ガス漏れ（インド　マディヤプラデシュ州）	1984.12.2
放射性ガス漏出（アメリカ　オクラホマ州）	1986.1.4
貨物列車炎上・毒ガス発生（アメリカ　オハイオ州）	1986.7.8
工場火災で有毒ガス発生（アメリカ　ナンチコーク）	1987.3.24
温泉で火事・有毒ガス発生（フランス　バルボタン・レテルム）	1991.6.27
工場で有毒ガス発生（中国　広東省珠海市）	2002.9.16
天然ガス田で有毒ガスが噴出（中国　重慶市開県）	2003.12.23
貨物列車が衝突脱線・ガス発生（アメリカ　グラニトビル）	2005.1.6
タンクローリー横転・ガス漏れ（中国　江蘇省）	2005.3.29

【都市ガス等の爆発事故】

ガス貯蔵所爆発（台湾　台中）	1954.3.9
貨車転落・ガス爆発（アメリカ　ジョージア州）	1959.6.28
アパート爆発（西ドイツ（現・ドイツ）ドルトムント）	1959.12.13

繁華街でガス爆発（イギリス　ヘイス
　ティングス）　　　　　　　1963.7.11
公演中に爆発（アメリカ　インディアナ
　ポリス）　　　　　　　　　1963.10.31
アパート爆発（カナダ　モントリオール）1965.3.1
天然ガス爆発（アメリカ　ルイジアナ州）1965.3.4
ガスタンク爆発（ブラジル　サントス）1967.1.9
アパート爆発（ソ連（現・ロシア）モス
　クワ）　　　　　　　　　　1967.12.25
ガソリンタンク爆発（フィリピン　イロ
　イロ市）　　　　　　　　　1968.11.10
貨車脱線・ガス爆発（アメリカ　ミシシッ
　ピ州）　　　　　　　　　　1969.9.11
ショッピングセンターでガス爆発（イ
　ギリス　グラスゴー）　　　1971.10.21
アパート爆発（フランス　アルジャントゥ
　イユ）　　　　　　　　　　1971.12.21
百貨店でガス爆発（香港　銅鑼湾）1972.10.14
ガスタンク爆発（アメリカ　ニューヨー
　ク市）　　　　　　　　　　1973.2.10
ガス運搬貨車爆発（アメリカ　キングマ
　ン）　　　　　　　　　　　1973.7.5
ホテルでガス爆発（アメリカ　フレモン
　ト）　　　　　　　　　　　1976.1.10
ガス連続爆発（フランス　パリ）1978.2.17
キャンプ場でガス爆発（スペイン　タラ
　ゴナ）　　　　　　　　　　1978.7.11
タンクローリーが爆発（メキシコ　メキ
　シコシティ）　　　　　　　1978.7.16
病院で爆発（イタリア　パルマ市）1979.11.13
小学校でボイラー爆発（スペイン　バス
　ク）　　　　　　　　　　　1980.10.23
トンネルでトラック爆発（イタリア）1983.5.21
ガスタンク群爆発（メキシコ）1984.11.19
ガス漏れ・爆発（ソ連（現・グルジア）
　トビリシ）　　　　　　　　1984.12.2
都市ガスのパイプライン爆発（イラン
　テヘラン）　　　　　　　　1990.3.18
市街下水道で爆発（メキシコ　グアダラ
　ハラ市）　　　　　　　　　1992.4.22
地下鉄工事現場でガス爆発（韓国　慶
　尚北道大邱市達西区）　　　1995.4.28
ガスタンクが爆発（韓国　京畿道富川
　市）　　　　　　　　　　　1998.9.11
ガス爆発（インド　グジャラート州スラ
　ト）　　　　　　　　　　　2003.8.3
ガス施設爆発（アルジェリア　スキクダ）
　　　　　　　　　　　　　　2004.1.19

集合住宅でガス爆発（ロシア　アルハン
　ゲリスク）　　　　　　　　2004.3.16
工業地帯でガス爆発（ベルギー）2004.7.30
工場兼アパートでガス爆発（パキスタ
　ン　ラホール）　　　　　　2005.5.3
トンネル建設現場でガス爆発（中国　四
　川省都江堰）　　　　　　　2005.12.22
カラオケ店で爆発（中国　遼寧省）2007.7.4
労働教育所で爆発（中国　安徽省）2008.11.11

産業災害

花火爆発事故相次ぐ（ブラジル　サン
　ト・アマロ，フェイラ・デ・サンタナ）1958.6.23
ダム決壊（ブルガリア　ブラツァ地方ズ
　ゴリグラード村）　　　　　1966.5.1
原発で火災（スイス　ミューレベルク）1971.7.28
原油大量流出（アメリカ　コッド岬沖）
　　　　　　　　　　　　　　1976.12.21
油田で原油流出（ノルウェー　北海）1977.4.22
スリーマイル島原発事故（アメリカ　ペ
　ンシルバニア州）　　　　　1979.3.28
火薬庫が爆発（パキスタン　ラワルピン
　ジ）　　　　　　　　　　　1979.4.11
原発で事故（カナダ　オンタリオ州）1979.5.28
チェルノブイリ原発事故（ソ連　チェル
　ノブイリ（現・ウクライナ））1986.4.26
原発で火災（スペイン　バルセロナ）1989.10.19
原発で放射能漏れ（ロシア）1992.3.24
ウラン貯蔵器が爆発（ロシア　シベリ
　ア）　　　　　　　　　　　1993.4.6
化学倉庫爆発（中国　広東省）1993.8.5
地熱発電でヒ素中毒（フィリピン　ミン
　ダナオ島）　　　　　　　　1993.11.29
原発で事故（韓国　慶尚北道）1998.10.4
花火倉庫が爆発（メキシコ　グアナファ
　ト州セラヤ市）　　　　　　1999.9.26
花火倉庫が爆発（オランダ　エンスヘデ）
　　　　　　　　　　　　　　2000.5.13
ダイナマイトが爆発（パキスタン　ガヤ
　ル）　　　　　　　　　　　2003.8.3
冷凍倉庫で火災（韓国　京畿道利川）2008.1.7
アスベスト（韓国）　　　　　2009.1.

【工場災害】

貨物船爆発・化学工場に引火（アメリカ テキサス州） 1947.4.17
原子爆弾組立基地爆発（アメリカ ニューメキシコ州） 1950.3.8
花火工場で爆発（アメリカ チェスタータウン） 1954.7.16
工場で爆発（インド オリッサ州） 1963.1.15
石油タンク爆発（フランス リヨン） 1966.1.4
石油精油所爆発（西ドイツ（現・ドイツ） ラウンハイム） 1966.1.18
原油パイプライン破裂（アメリカ ライマ） 1968.1.13
工場で爆発（スペイン アリカンテ） 1968.8.16
化学工場で爆発（メキシコ エルモリニト地区） 1969.5.2
軍需工場で爆発（アメリカ ブランズウィック） 1971.2.3
油送管壊れ原油流出（中東 ペルシャ湾） 1972.1.-
プラスチック工場で爆発（フィリピン マニラ） 1972.2.14
化学工場で爆発（イギリス リンカンシャー州フリックスボロー） 1974.6.1
工場ビル火災（フィリピン） 1975.1.22
タンクローリー爆発（アメリカ ナイアガラフォールズ） 1975.12.14
火薬工場で爆発（フィンランド ラプア） 1976.4.13
造船所で爆発（シンガポール） 1978.10.12
石油パイプライン爆発（メキシコ フイマナビロ） 1978.11.2
軍需工場で爆発（タイ バンコク） 1980.11.16
工場で爆発（インド グジャラート州） 1981.7.9
石油掘削基地が倒壊（カナダ ニューファウンドランド） 1982.2.15
工場崩落（タイ バンコク） 1983.11.19
石油採掘基地で炎上（ブラジル リオデジャネイロ） 1984.8.16
製油所で爆発（イタリア ナポリ） 1985.12.21
放射性ガス漏出（アメリカ オクラホマ州） 1986.1.4
塗料工場で爆発（アメリカ サンフランシスコ） 1986.4.4
ライン川汚染（スイス バーゼル） 1986.11.1
工場火災で有毒ガス発生（アメリカ ナンチコーク） 1987.3.24
化学薬品倉庫爆発（韓国 ソウル） 1987.8.14
石油基地のタンク爆発（メキシコ チワワ） 1988.5.24
液化石油ガス輸送管爆発（ソ連（現・ロシア） ウラル） 1989.6.3
石油タンクに落雷（中国 青島市） 1989.8.12
化学製品工場火災（韓国 全羅南道） 1989.10.4
石油化学工場が爆発・炎上（アメリカ パサデナ） 1989.10.23
化学工場で爆発（アメリカ シンシナティ） 1990.7.19
花火工場で爆発（マレーシア スンガイ・ブロ） 1991.5.7
石油精製工場で爆発（ロシア バシコルトスタン共和国ウファ） 1992.9.22
おもちゃ工場火災（タイ） 1993.5.11
工場火災（中国 広東省） 1993.11.19
爆薬工場で爆発（中国 湖南省） 1993.11.26
工場火災（中国 福建省） 1993.12.13
工場火災（インド アンドラプラデシュ州ビシャカパトナム） 1997.9.14
工場で爆発（中国 陝西省興平市） 1998.1.6
石油パイプライン炎上（ナイジェリア ジェッセ） 1998.10.18
石油パイプライン爆発（コロンビア アンティオキア州） 1998.10.18
花火工場で爆発（中国 広東省江門市） 2000.6.30
石油パイプライン爆発（ナイジェリア ワリ） 2000.7.10
工場火災（バングラデシュ ナルシンディ） 2000.11.25
石油パイプライン火災（ナイジェリア ラゴス） 2000.11.30
化学工場で爆発（フランス トゥールーズ） 2001.9.21
工場で有毒ガス発生（中国 広東省珠海市） 2002.9.16
石油パイプライン爆発（ナイジェリア） 2003.6.19
化学工場で爆発（中国 重慶市） 2004.4.16
工業地帯でガス爆発（ベルギー） 2004.7.30
発電所爆発（中国 河北省邯鄲市） 2004.9.23
製油所で爆発（アメリカ テキサス州） 2005.3.23
工場兼アパートでガス爆発（パキスタン ラホール） 2005.5.3
工場爆発・河川汚染（中国 吉林省） 2005.11.13

石油貯蔵施設で爆発・火災（イギリス
　ハートフォードシャー州）　　2005.12.11
石油パイプライン爆発（ナイジェリア）
　　　　　　　　　　　　　　　2006.5.12
石油パイプライン爆発（ナイジェリア
　ラゴス）　　　　　　　　　　2006.12.26

【鉱山災害】

鉱山で爆発（東ドイツ（現・ドイツ）ザ
　クセン州）　　　　　　　　　1949.11.24
炭鉱爆発相次ぐ（アメリカ　ウェスト・
　フランクフォート）　　　　　1951.12.22
炭鉱で火災（ベルギー）　　　　　1956.8.8
炭鉱で爆発（カナダ　スプリングヒル）1956.11.1
炭鉱で爆発（インド　カルカッタ）　1958.2.19
炭鉱で爆発（ユーゴスラビア　セルビア
　（現・セルビア））　　　　　　 1958.10.1
炭鉱で落盤（南アフリカ連邦（現・南ア
　フリカ共和国）トランスバール州）1960.1.21
炭鉱で爆発（イラン　テヘラン）　1960.12.25
炭鉱で火災（チェコスロバキア　オスト
　ラバ・カルビナ）　　　　　　　1961.7.7
炭坑で爆発（西ドイツ（現・ドイツ）ザー
　ル州）　　　　　　　　　　　　1962.2.7
鉱山でガス爆発（ユーゴスラビア　ボス
　ニア地方（現・ボスニア・ヘルツェゴビ
　ナ））　　　　　　　　　　　　1962.2.23
炭鉱で爆発（西ドイツ（現・ドイツ）ノ
　ルトライン・ヴェストファーレン州）1962.3.9
炭坑で爆発（ノルウェー　スピッツベル
　ゲン島）　　　　　　　　　　 1962.11.5
炭坑で爆発（西ドイツ（現・ドイツ）メ
　ルクシュタイン）　　　　　　 1962.12.14
硫黄鉱山で生き埋め（アメリカ　モア）
　　　　　　　　　　　　　　　1963.8.27
鉱山で浸水（西ドイツ（現・ドイツ）ハ
　ノーバー）　　　　　　　　　 1963.10.24
炭坑で爆発（ペルー）　　　　　 1964.12.20
炭坑でガス爆発（ルーマニア）　　 1965.2.23
炭鉱で爆発（トルコ　アマシア）　 1965.3.19
炭鉱で爆発（イギリス　南ウェールズ地
　方）　　　　　　　　　　　　　1965.5.17
炭鉱で爆発（インド　ダンバド）　 1965.5.27
炭鉱でガス爆発（ユーゴスラビア　カカ
　ニヤ（現・ボスニア・ヘルツェゴビナ））1965.6.7
豪雨でボタ山崩壊（イギリス　ウェール
　ズ地方アバーファン村）　　　 1966.10.21

ウラン鉱山で肺ガン多発（アメリカ）1967.5.9
銅山で爆発（チリ　チュキカマータ）1967.9.5
炭坑で爆発（メキシコ）　　　　　1969.3.31
炭坑で爆発（台湾　台北）　　　　 1969.7.7
炭鉱でガス爆発（チェコスロバキア）1970.4.4
ボタ山崩壊（ルーマニア　チェルテジ・
　サカリム）　　　　　　　　　 1971.10.30
銀山で火災（アメリカ　ケロッグ）　1972.5.2
炭鉱で爆発（ローデシア（現・ジンバブ
　エ））　　　　　　　　　　　　 1972.6.6
炭鉱で爆発（インド　ビハール州）1975.12.27
油田で原油流出（ノルウェー　北海）1977.4.22
金山で爆発（南アフリカ共和国　クレル
　クスドルフ）　　　　　　　　　1978.12.1
油田で原油流出（メキシコ　カンペチェ
　湾）　　　　　　　　　　　　　1979.6.3-
鉱山で地滑り（コロンビア）　　　1979.6.16
炭鉱で火災（韓国　慶尚北道慶北聞慶郡）
　　　　　　　　　　　　　　　1979.10.27
油田海上宿舎崩れる（ノルウェー　北
　海）　　　　　　　　　　　　　1980.3.27
炭鉱で山崩れ（中国　湖北省）　　 1980.6.3
炭鉱で爆発（トルコ）　　　　　　 1983.3.7
炭鉱で爆発（ユーゴスラビア（現・セル
　ビア））　　　　　　　　　　　 1983.6.7
炭鉱で爆発（ハンガリー　オロズラニー）
　　　　　　　　　　　　　　　1983.6.22
掘削船沈没（中国　広東省）　　 1983.10.28
ガソリンのパイプライン爆発（ブラジ
　ル　クバタオ）　　　　　　　　1984.2.25
炭鉱でガス爆発（台湾　台北）　　 1984.6.20
金鉱山で落盤（フィリピン　ダバオデル
　ノルテ）　　　　　　　　　　　1984.9.24
ガスタンク群爆発（メキシコ）　 1984.11.19
炭鉱で落盤（台湾　台北）　　　　 1984.12.5
炭坑で爆発（フランス　フォルバック）1985.2.25
金鉱で火災（南アフリカ共和国　ヨハネ
　スブルグ）　　　　　　　　　　1986.9.16
金鉱で壁崩落（ブラジル　セラペラダ）1986.10.2
炭鉱で爆発（ソ連　ウクライナ共和国
　（現・ウクライナ））　　　　　 1986.12.24
金鉱で爆発（南アフリカ共和国　オレン
　ジ自由州）　　　　　　　　　　1987.8.31
炭鉱で爆発（中国　貴州省六盤水市）1988.5.6
炭鉱で爆発（中国　山西省）　　　 1988.5.29
炭鉱で爆発（西ドイツ（現・ドイツ）ヘッ
　セン州）　　　　　　　　　　　 1988.6.1
油田爆発（イギリス　スコットランド沖）1988.7.6
金鉱で火災（ペルー　エカ州）　　 1989.1.23

397

金鉱で火災と地滑り（フィリピン　ミンダナオ島）	1989.5.30	炭鉱で爆発（ロシア　ケメロボ州）	2004.4.10
炭鉱で爆発（中国　湖北省）	1989.6.15	炭坑でガス爆発（中国　山西省）	2004.5.18
炭鉱で爆発（ユーゴスラビア）	1989.11.17	炭坑で爆発（中国　河南省）	2004.10.20
炭鉱で爆発（ユーゴスラビア　ドブルニャ（現・ボスニア・ヘルツェゴビナ））	1990.8.26	炭鉱でガス爆発（中国　陝西省銅川市）	2004.11.28
炭鉱で火災（ソ連　ウクライナ共和国（現・ウクライナ））	1991.6.29	炭鉱で爆発（中国　雲南省）	2005.2.15
		炭鉱で爆発（中国　黒竜江省）	2005.11.27
炭坑内で爆発（トルコ）	1992.3.3	炭鉱で爆発（中国　河北省唐山）	2005.12.7
炭鉱で爆発（カナダ　ニューグラスゴー）	1992.5.10	炭鉱で爆発（アメリカ　ウェストバージニア州）	2006.1.2
炭田で爆発（ウクライナ）	1992.6.9	炭鉱で爆発（ロシア　シベリア）	2007.3.19
炭鉱で爆発（中国　江西省）	1992.9.	炭鉱で爆発（ウクライナ）	2007.11.18
炭鉱で火災（インド　西ベンガル州アンソル）	1994.1.25	違法採掘で鉱山崩落（中国　山西省）	2008.9.8
炭鉱で爆発（中国　江西省）	1994.5.5	炭鉱で爆発（中国）	2009.2.22
炭鉱で爆発（フィリピン　ミンダナオ島）	1994.8.29	**【土木・建築現場の災害】**	
炭鉱で出水（インド　ビハール州ダンバード）	1995.9.26	建設中のビル崩壊（アメリカ　ニューヨーク市）	1955.5.9
炭鉱で爆発（中国　河南省平頂山市）	1996.5.21	アパート倒壊（イタリア　バルレッタ）	1959.9.16
炭鉱で爆発（中国　山西省大同市新栄区）	1996.11.27	クレーンが爆発（アメリカ　ロスウェル）	1961.2.16
炭鉱でガス爆発（中国　河南省）	1997.3.4	寺院倒壊（インド　ヨートマル）	1963.8.20
炭鉱で爆発（ウクライナ　ドネツク）	1998.4.4	校舎が崩壊（インド）	1964.4.5
鉱山で洪水（タンザニア　アルシャ）	1998.4.12	ビル崩壊（韓国　ソウル）	1964.5.2
金鉱で地滑り（インドネシア　東カリマンタン州クタイ県）	1999.7.27	建設中のビル倒壊（ブラジル　ピラシカバ）	1964.11.6
炭鉱でガス爆発（ウクライナ　ルガンスク州）	2000.3.11	ミサイル発射台で火災（アメリカ　アーカンソー州）	1965.8.9
炭坑で爆発（中国　貴州省水城市）	2000.9.27	吊橋崩落（ネパール　シンズー・パランチョク）	1967.4.24
炭鉱でガス爆発（中国　陝西省銅川市）	2001.4.6	吊橋崩落（アメリカ　オハイオ州，ウェストバージニア州）	1967.12.15
炭鉱でガス爆発（ウクライナ　ドネツク州）	2001.5.5	教会建築中に生き埋め（メキシコ　モレリア）	1968.10.19
炭鉱で爆発（中国　江蘇省徐州市）	2001.7.22	工事中の寺院崩壊（インド　グジャラート州）	1968.12.18
炭鉱で爆発（ウクライナ　ドネツク地方）	2001.8.19	レストランの屋根崩落（スペイン　セゴビア）	1969.6.15
金鉱山で土砂崩れ（コロンビア　カルダス州フィラデルフィア）	2001.11.22	孤児院倒壊（南ベトナム（現・ベトナム）サイゴン（現・ホーチミン））	1969.11.21
油田炎上（クウェート）	2002.2.1	建設中の橋が崩壊（オーストラリア　メルボルン）	1970.10.15
炭鉱でガス爆発（中国　黒竜江省鶏西市）	2002.6.20	高架道路が崩落（ブラジル　リオデジャネイロ）	1971.11.20
炭鉱で火災（ウクライナ　ドネツク州）	2002.7.7	木製の橋崩落（フィリピン　ナガ市）	1972.9.16
炭鉱でガス爆発（ウクライナ　ドネツク州）	2002.7.31	空港ビル天井崩落（イラン　テヘラン）	1974.12.5
天然ガス田で有毒ガスが噴出（中国　重慶市開県）	2003.12.23		
炭鉱で火災（中国　河北省邯鄲市武安）	2003.12.26		

ダム決壊（アメリカ　アイダホ州）　1976.6.5
雑居ビル倒壊（ブラジル　ジャボアタン）　1977.6.1
歩道橋崩落（ソ連（現・ロシア）ブシキノ市）　1977.7.17
発電所建設現場事故（アメリカ　セントメリー）　1978.4.27
建設中の劇場の天井落下（フィリピン　パサイ）　1981.11.17
釣り橋転落（ブラジル　パラナ州）　1982.1.17
アパート崩壊（イタリア　カステラネタ）　1985.2.7
ホテル倒壊（シンガポール）　1986.3.15
小児病院倒壊（インド　ジャム・カシミール州）　1988.5.2
校舎倒壊（ナイジェリア　ポートハーコート）　1990.6.15
祭り中に壁倒壊（インド　タミルナド州）　1992.2.18
住宅倒壊（インド　ジャム・カシミール州スリナガル）　1992.5.4
工事用火薬庫爆発（リビア　アルアジジア）　1992.6.20
ホテル倒壊（タイ　ナコーンラーチャシーマー）　1993.8.13
スーパーマーケットが崩壊（フランス　ニース）　1994.1.26
吊橋切断（中国　広東省従化市温泉鎮）　1994.10.2
聖水大橋崩落（韓国　ソウル市）　1994.10.21
地下鉄工事現場でガス爆発（韓国　慶尚北道大邱市達西区）　1995.4.28
浮き桟橋が転覆（タイ　バンコク）　1995.6.14
デパート崩壊（韓国　ソウル市瑞草区）　1995.6.29
アパート崩壊（エジプト　カイロ）　1996.10.27
工場の寮が崩壊（中国　福建省）　1997.3.25
集合住宅が倒壊（中国　浙江省常山県城南開発区）　1997.7.12
ダム決壊で洪水（ウズベキスタン　フェルガナ地方）　1998.7.10
橋崩落（中国　重慶市）　1999.1.4
アパート崩壊（イタリア　プーリア州フォッジャ）　1999.11.11
建物倒壊（中国　広東省東莞市）　2000.12.1
結婚式場が崩落（イスラエル　エルサレム）　2001.5.24
集合住宅が倒壊（トルコ　コンヤ）　2004.2.2
積雪でプールの屋根崩落（ロシア　モスクワ）　2004.2.14
トンネル建設現場でガス爆発（中国　四川省都江堰）　2005.12.22

積雪でスケート場の屋根崩落（ドイツ　バートライヘンハル）　2006.1.2
ホテル崩壊（サウジアラビア　メッカ）　2006.1.6
建設中のビル崩壊（ケニア）　2006.1.23
積雪で展示施設の屋根崩落（ポーランド　カトウィツェ）　2006.1.28
市場で屋根崩落（ロシア　モスクワ）　2006.2.23
ビル崩壊（バングラデシュ　ダッカ）　2006.2.27
教会の屋根崩落（ウガンダ）　2006.3.8
改修工事で橋崩落（アメリカ　ミネアポリス）　2007.8.1
建設中の橋が崩落（中国　湖南省）　2007.8.13
橋崩落（ベトナム　カントー）　2007.9.26
学校倒壊（ハイチ　ペチョンビル）　2008.11.7

輸送機関の事故

ロープウェー落下・宙づり（フランス　バレ・ブランシュ）　1961.8.29
南極で雪上車墜落（南極）　1965.10.20
アポロ宇宙船で火災（アメリカ　ケープ・ケネディ）　1967.1.27
ソユーズ1号事故（ソ連（現・ロシア））　1967.4.24
ソユーズ11号事故（ソ連（現・ロシア））　1971.6.30
ロープウェー墜落（イタリア　バルディフィエンミ）　1976.3.9
熱気球炎上（アメリカ　アルバカーキ）　1979.10.10
チャレンジャー爆発（アメリカ　フロリダ州）　1986.1.28
軍用機ロープウェー切断（イタリア　カバレーゼ）　1998.2.3
ロープウェーが転落（フランス　サンテチエンヌ・アン・デボリュ）　1999.7.1
トンネルでケーブルカー火災（オーストリア　ザルツブルク州キッツシュタインホルン山）　2000.11.11
スペースシャトル「コロンビア」空中分解（アメリカ）　2003.2.1

【列車・電車事故】

旅客列車同士衝突（アメリカ　ニューヨーク市）　1950.11.21

急行電車脱線（アメリカ ニュージャージー州） 1951.2.6
レール切断で列車脱線（韓国 ソウル） 1952.9.17
3列車衝突（イギリス ロンドン） 1952.10.8
急行列車脱線・火災（アメリカ ディロン） 1953.4.21
急行列車川に転落（ニュージーランド） 1953.12.25
旅客列車脱線・転覆（インド ブハチンダ） 1954.1.4
列車同士衝突（インド） 1954.1.21
列車川に転落（インド ハイデラバード） 1954.9.28
旅客列車脱線・転覆（メキシコ コリマ州） 1955.4.3
ディーゼル列車脱線（アメリカ ロサンゼルス） 1956.1.22
旅客列車川に転落（インド ハイデラバード） 1956.9.2
豪雨で列車が川に転落（インド） 1956.11.23
遊覧列車脱線（ジャマイカ ケンダル） 1957.9.2
急行列車脱線（フランス ニームズ） 1957.9.7
急行列車と旅客列車衝突（トルコ イスタンブール） 1957.10.20
満員の列車追突（イギリス ロンドン） 1957.12.4
旅客列車転覆（台湾 台北） 1957.12.9
列車同士衝突（アメリカ シカゴ） 1959.5.18
貨車転落・ガス爆発（アメリカ ジョージア州） 1959.6.28
濃霧で列車脱線（イタリア モンザ） 1960.1.5
列車同士衝突（東ドイツ（現・ドイツ） ライプチヒ） 1960.5.15
急行列車と貨物列車衝突（スペイン バルセロナ） 1961.1.9
急行列車脱線（フランス ビトリルフランソワ） 1961.6.18
急行列車脱線・転覆（タイ バンコク） 1961.7.8
修理車に衝突（西ドイツ（現・ドイツ） ハンブルク） 1961.10.5
客車が転覆（イタリア カタンザロ） 1961.12.23
列車同士衝突（オランダ ウルデン） 1962.1.8
客車と貨物列車衝突（コロンビア） 1962.2.22
急行列車脱線（イタリア カステルボローネーゼ） 1962.3.8
貨物列車が旅客列車に衝突（イタリア ボゲイラ） 1962.5.31
バスと列車衝突（アルゼンチン ブエノスアイレス） 1962.6.11

急行列車脱線・転覆（フランス ディジョン） 1962.7.23
急行列車転落（インドネシア ジャワ） 1963.4.11
列車脱線・転覆（ウルグアイ） 1963.8.2
旅客列車が貨物列車に衝突（ハンガリー ソルノク） 1963.12.24
通勤列車が旅客列車に追突（ユーゴスラビア ベオグラード（現・セルビア）） 1964.1.4
貨物列車と急行列車衝突（アルゼンチン ブエノスアイレス） 1964.2.1
夜行列車が脱線（インドネシア 西ジャワ州） 1964.4.30
旅客列車脱線・転覆（ポルトガル オポルト） 1964.7.26
旅客列車脱線（南アフリカ共和国 ランドフォンテン） 1964.7.29
貨物列車が急行列車に衝突（東ドイツ（現・ドイツ） ラングハーゲン） 1964.11.1
貨物列車が旅客列車に追突（メキシコ ビヤエルモーサー） 1964.12.20
旅客列車と貨物列車衝突（グアテマラ アマチトラン市） 1965.1.23
列車火災（スペイン サラゴサ） 1965.2.10
地下鉄追突（西ドイツ（現・ドイツ） 西ベルリン） 1965.6.30
列車脱線で信号手襲撃（南アフリカ共和国 ダーバン） 1965.10.4
列車同士衝突（ビルマ（現・ミャンマー） トンゴー） 1965.12.9
列車同士衝突（スペイン） 1965.12.18
列車同士衝突（インド ボンベイ（現・ムンバイ）） 1966.6.13
列車が旅客に突入（インド） 1966.10.24
通勤列車と回送列車衝突（ブラジル リオデジャネイロ） 1966.11.16
急行列車と貨物列車衝突（スペイン テルエル） 1966.12.18
急行列車脱線（インド クッパム） 1967.5.21
急行列車同士衝突（デンマーク オーデンセ） 1967.8.10
急行列車脱線・転覆（イギリス ロンドン） 1967.11.6
急行列車と普通列車衝突（インド マイソール州） 1968.3.19
旅客列車と貨物列車衝突（インド ビハール州） 1968.11.16
客車と貨物列車衝突（ハンガリー） 1968.12.22
列車同士衝突（韓国 忠清南道） 1969.1.31

災害別一覧　　輸送機関の事故

貨車脱線・ガス爆発（アメリカ　ミシシッ
　ピ州）　　　　　　　　　　　1969.9.11
急行列車が普通列車に追突（アルゼン
　チン　ブエノスアイレス）　　 1970.2.1
旅客列車同士衝突（スペイン）　1970.8.9
修学旅行の列車転覆（韓国　江原道）
　　　　　　　　　　　　　　1970.10.17
旅客列車衝突（イラン）　　　1970.12.31
トンネル内で列車炎上（ユーゴスラビ
　ア　ゼニツァ（現・ボスニア・ヘルツェ
　ゴビナ））　　　　　　　　　 1971.2.14
旅客列車と貨物列車正面衝突（西ドイ
　ツ（現・ドイツ）　ルール地方）1971.5.27
列車脱線（アメリカ　イリノイ州）1971.6.10
国際急行列車脱線・転覆（西ドイツ（現・
　ドイツ）　ラインワイラー）　 1971.7.21
ディーゼル列車同士衝突（フランス　ソ
　ワッソン）　　　　　　　　　 1972.6.19
列車脱線（南アフリカ共和国）　1972.9.29
旅客列車転落（メキシコ　サルティーヨ）
　　　　　　　　　　　　　　 1972.10.6
通勤列車衝突（アメリカ　シカゴ）1972.10.30
急行列車が貨物列車に衝突（ブルガリ
　ア　バルナ地区）　　　　　　1972.12.10
貨物列車が急行列車に衝突（台湾）1973.5.11
列車追突（インド　ボンベイ（現・ムンバ
　イ））　　　　　　　　　　　 1973.5.31
油送列車が爆発（韓国　忠清北道永同郡）
　　　　　　　　　　　　　　 1973.8.12
急行列車が貨物列車に衝突（インド　モ
　ラダバド）　　　　　　　　　 1974.2.21
貨物列車と旅客列車衝突（モザンビー
　ク）　　　　　　　　　　　　 1974.3.27
操車場で爆発（アメリカ　ディケーター）
　　　　　　　　　　　　　　 1974.7.19
操車場で爆発（アメリカ　ウィチナー）1974.8.6
急行列車脱線（ユーゴスラビア　ザグレ
　ブ（現・クロアチア））　　　　1974.8.30
貨車同士衝突（アメリカ　ヒューストン）
　　　　　　　　　　　　　　 1974.9.21
列車火災（インド　ウッタルプラデシュ
　州バルワリ）　　　　　　　　1974.10.31
列車同士衝突（ナイジェリア　コトヌ市）
　　　　　　　　　　　　　　 1974.11.8
列車追突（インド　ウルタバンガ）1975.1.30
特急列車と普通列車衝突（ノルウェー）
　　　　　　　　　　　　　　 1975.2.22
地下鉄衝突・脱線（イギリス　ロンドン）
　　　　　　　　　　　　　　 1975.2.28

旅客列車と貨物列車衝突（モザンビー
　ク　ロレンソマルケス）　　　 1975.3.28
鉄橋折れ列車転落（ユーゴスラビア）1975.5.15
旅客列車同士衝突（西ドイツ（現・ドイ
　ツ））　　　　　　　　　　　 1975.6.8
通勤列車脱線（ブラジル）　　　1975.7.17
地下鉄二重衝突（アメリカ　ボストン）1975.8.1
普通列車が急行列車に衝突（アルゼン
　チン）　　　　　　　　　　　 1975.9.29
地下鉄追突（メキシコ　メキシコシティ）
　　　　　　　　　　　　　　 1975.10.20
通勤列車衝突（オランダ　ロッテルダム）1976.5.4
バス崖下に転落（韓国　ソウル）1976.5.18
通勤列車追突（南アフリカ共和国）1976.9.6
満員列車に陸橋が落下（オーストラリ
　ア　シドニー）　　　　　　　 1977.1.18
高架電車追突・転落（アメリカ　シカゴ）1977.2.4
豪雨で鉄橋流失・列車転落（インド　ア
　ッサム州）　　　　　　　　　 1977.5.30
特急列車が普通列車に衝突（韓国　忠
　清北道沃川郡）　　　　　　　 1977.7.24
急行列車が貨物列車に追突（インド　ウ
　ッタルプラデシュ州）　　　　 1977.10.10
貨車爆発（韓国　裡里市）　　　1977.11.11
貨車脱線・ガス爆発（アメリカ　ウェー
　バリー）　　　　　　　　　 1978.2.22-
列車とトラック衝突（アルゼンチン）1978.2.25
貨車脱線（アメリカ　ヤングズタウン）1978.2.26
急行列車と特急列車衝突（イタリア　モ
　ンズーノ）　　　　　　　　　 1978.4.15
旅客列車同士追突（エジプト　エルワス
　タ）　　　　　　　　　　　　 1978.9.17
普通列車と急行列車衝突（中国　河南
　省鄭州）　　　　　　　　　 1978.12.18
急行列車脱線・転覆（バングラデシュ
　チャウダンガ）　　　　　　　 1979.1.26
貨物列車が急行列車に衝突（ユーゴス
　ラビア（現・セルビア））　　　1979.9.13
通勤列車追突（アメリカ　フィラデルフィ
　ア）　　　　　　　　　　　 1979.10.16
貨物列車炎上・毒ガス発生（アメリカ
　ケンタッキー州）　　　　　　 1980.7.26
列車同士正面衝突（ポーランド　トル
　ン）　　　　　　　　　　　　 1980.8.19
急行列車とタンク車衝突（アルゼンチ
　ン　ブエノスアイレス）　　　 1981.3.8
サイクロンで列車が転落（インド　ビ
　ハール州）　　　　　　　　　 1981.6.6

401

列車脱線（パキスタン） 1981.7.31
急行列車と貨物列車衝突（インド　アグラ） 1982.1.27
急行列車と貨物列車衝突（アルジェリア） 1982.1.27
急行列車脱線・転覆（中国　遼寧省） 1982.5.28
急行列車脱線・転落（メキシコ　テピック） 1982.7.11
夜行列車と貨物列車衝突（スイス　オトマルジンケン） 1982.7.18
旅客列車追突（アルゼンチン　ブエノスアイレス） 1982.10.17
急行列車が軍用列車に衝突（エジプト　カイロ） 1983.2.1
強風で鉄橋崩壊・列車転落（バングラデシュ　ダッカ） 1983.3.21
列車同士衝突（エジプト　カイロ） 1983.6.10
急行列車脱線（インド　パンジャブ州） 1983.10.21
タンク車爆発（インド　ビハール州） 1983.11.3
貨物列車が旅客列車に衝突（ユーゴスラビア　ディバチャ（現・スロベニア）） 1984.7.14
列車正面衝突（アメリカ　ニューヨーク市） 1984.7.23
急行列車火災（バングラデシュ） 1985.1.13
旅客列車脱線・転落（エチオピア　アワシュ） 1985.1.13
旅客列車正面衝突（フランス　フロージャック） 1985.8.3
脱線客車へ貨車衝突（フランス　アルジャントンシュルクルーズ） 1985.8.31
急行列車衝突（ポルトガル　ビゼウ） 1985.9.11
列車正面衝突・炎上（カナダ　アルバータ州） 1986.2.8
貨物列車炎上・毒ガス発生（アメリカ　オハイオ州） 1986.7.8
急行列車と普通列車が衝突（ソ連　ウクライナ共和国（現・ウクライナ）） 1986.11.5
急行列車と貨物機関車衝突（アメリカ　ボルチモア） 1987.1.4
旅客列車同士衝突（ブラジル　サンパウロ） 1987.2.17
貨物列車が旅客列車に追突（ソ連　グルジア（現・グルジア）） 1987.11.29
列車火災（中国　湖南省） 1988.1.7
特急列車脱線・転覆（中国　雲南省） 1988.1.24
修学旅行列車が衝突（中国　上海市） 1988.3.24

貨物列車爆発（ソ連（現・ロシア）　ゴーリキー市） 1988.6.4
電車衝突（フランス　パリ） 1988.6.27
急行列車湖に転落（インド　ケララ州） 1988.7.8
急行列車脱線（ソ連（現・ロシア）　カリーニン州） 1988.8.16
貨車爆発（ソ連（現・ロシア）　スベルドロフスク） 1988.10.4
信号異常で列車二重衝突（イギリス　ロンドン） 1988.12.12
列車正面衝突（バングラデシュ　ブベイル） 1989.1.15
列車同士衝突相次ぐ（イギリス　西サセックス州サリー） 1989.3.4
液化石油ガス輸送管爆発（ソ連（現・ロシア）　ウラル） 1989.6.3
列車同士衝突（キューバ　コロン市） 1989.8.4
急行列車が貨物列車に追突（パキスタン） 1990.1.4
地下鉄脱線（アメリカ　フィラデルフィア） 1990.3.7
旅客列車火災（インド　ビハール州） 1990.4.16
列車追突（オーストラリア　シドニー） 1990.5.6
急行列車脱線・衝突（アメリカ　ボストン） 1990.12.12
電車衝突（イギリス　ロンドン） 1991.1.8
貨客列車駅に突入・転覆（モザンビーク　ナカラ） 1991.3.3
地下鉄脱線（アメリカ　ニューヨーク市） 1991.8.28
急行列車脱線・転覆（インド　バンガロール） 1991.10.30
特急列車と急行列車衝突（台湾　苗栗県） 1991.11.15
貨物列車脱線・転覆（メキシコ　テファカン） 1991.11.19
旅客列車と貨物列車衝突（ロシア　ネジドボ） 1992.3.3
列車が川に転落（ケニア） 1993.1.30
地盤ゆるみ列車転覆（韓国　釜山） 1993.3.28
急行列車と貨物列車衝突・転覆（インド　タミルナド州） 1993.6.1
長距離列車脱線（アメリカ　アラバマ州） 1993.9.22
通勤列車同士衝突（インドネシア　ジャカルタ） 1993.11.2
通勤列車が脱線（南アフリカ共和国　パインタウン） 1994.3.8

急行列車が正面衝突（韓国　慶尚南道密
　陽郡三浪津）　　　　　　　　1994.8.11
夜行列車で火災（インド　ビハール州チ
　ャクラダルプール）　　　　　1994.10.26
豪雨で列車脱線・火災（エジプト　ア
　シュート県）　　　　　　　　1994.11.2
列車爆発（インド　アッサム州）1995.2.25
急行列車同士衝突（インド　ウッタルプ
　ラデシュ州）　　　　　　　　1995.8.20
列車同士衝突（エジプト　カイロ）1995.12.21
通勤列車同士衝突（アメリカ　シコーケ
　ス）　　　　　　　　　　　　1996.2.9
路面電車が脱線（ウクライナ　ドニエプ
　ロジェルジンスク）　　　　　　1996.7.2
急行列車脱線（パキスタン　パンジャブ
　州）　　　　　　　　　　　　1997.3.3
旅客列車同士衝突（中国　湖南省岳陽
　県）　　　　　　　　　　　　1997.4.29
難民帰還用列車で大量圧死（ウガンダ
　キサンガニ）　　　　　　　　1997.5.5
列車で爆発（インド　パンジャブ州）1997.7.8
旅客列車脱線（アメリカ　キングマン）1997.8.9
列車脱線（インド　マディヤプラデシュ
　州）　　　　　　　　　　　　1997.9.14
特急列車と貨物列車衝突（イギリス　ロ
　ンドン）　　　　　　　　　　1997.9.19
貨物列車脱線（カメルーン　ヤウンデ）1998.2.14
超特急列車が脱線（ドイツ　ニーダーザ
　クセン州エシェデ）　　　　　1998.6.3
旅客列車脱線（エジプト　アレクサンド
　リア）　　　　　　　　　　　1998.10.18
急行列車が特急列車に衝突（インド　パ
　ンジャブ州ルディアナ）　　　1998.11.26
列車転覆（ケニア）　　　　　　1999.3.24
急行列車同士衝突（インド　西ベンガル
　州）　　　　　　　　　　　　1999.8.2
列車同士衝突（イギリス　ロンドン）1999.10.5
列車同士衝突（南アフリカ共和国　ヨハ
　ネスブルグ）　　　　　　　　1999.12.17
高速列車が脱線（イギリス　ハットフ
　ィールド）　　　　　　　　　2000.10.17
急行列車と貨物列車が衝突（インド　パ
　ンジャブ州）　　　　　　　　2000.12.2
特急列車と貨物列車衝突（イギリス　セ
　ルビー）　　　　　　　　　　2001.2.28
急行列車が転落（インド　ケララ州）2001.6.22
列車の積み荷で電柱倒れる（中国　四
　川省）　　　　　　　　　　　2001.7.13

通勤電車同士が衝突（アメリカ　シカ
　ゴ）　　　　　　　　　　　　2001.8.3
旅客列車と機関車衝突（インドネシア
　チルボン）　　　　　　　　　2001.9.2
列車同士衝突（ドイツ　バイエルン州ア
　インツィスワイラー）　　　　2001.9.27
旅客列車同士衝突（インドネシア　ジャ
　ワ島ブルブス）　　　　　　　2001.12.25
旅客列車と貨物列車が衝突（南アフリ
　カ共和国　ダーバン）　　　　2002.2.5
旅客列車火災（エジプト　カイロ）2002.2.20
貨物列車と通勤列車が衝突（アメリカ
　オレンジ郡）　　　　　　　　2002.4.23
普通列車脱線し駅に激突（イギリス　ロ
　ンドン）　　　　　　　　　　2002.5.10
旅客列車と貨物列車が衝突（モザン
　ビーク　テンガ）　　　　　　2002.5.25
夜行列車が貨物列車に衝突（タンザニ
　ア　ドドマ）　　　　　　　　2002.6.24
地下鉄で火災（韓国　大邱市）　2003.2.18
観光列車が脱線（台湾　嘉義県阿里山）2003.3.1
列車とバス衝突（ハンガリー　シオーフ
　ォク）　　　　　　　　　　　2003.5.8
寝台特急が炎上（インド　パンジャブ州
　ルディアーナー）　　　　　　2003.5.15
旅客列車と貨物列車が衝突（スペイン
　アルバセテ）　　　　　　　　2003.6.3
列車脱線（インド　マハラシュトラ州）2003.6.22
貨物列車爆発・脱線（イラン　ホラサン
　州）　　　　　　　　　　　　2004.2.18
貨物列車同士衝突・爆発（北朝鮮　竜
　川）　　　　　　　　　　　　2004.4.22
新型特急列車転覆（トルコ　サカリヤ県
　パムコバ）　　　　　　　　　2004.7.22
急行列車と普通列車衝突（インド　パ
　ンジャブ州）　　　　　　　　2004.12.14
貨物列車が衝突脱線・ガス発生（アメ
　リカ　グラニトビル）　　　　2005.1.6
地下鉄同士衝突（タイ　バンコク）2005.1.17
急行列車と貨物列車衝突（インド　グ
　ジャラート州）　　　　　　　2005.4.21
列車脱線・衝突（パキスタン　シンド州）
　　　　　　　　　　　　　　　2005.7.13
電車脱線（アメリカ　シカゴ）　2005.9.17
列車同士正面衝突（南アフリカ共和国
　北ケープ州）　　　　　　　　2005.10.26
列車脱線・湿地帯に転落（インド　アン
　ドラプラデシュ州）　　　　　2005.10.29

列車脱線・渓谷に転落（セルビア・モンテネグロ ポドゴリツァ（現・モンテネグロ））　2006.1.23
地下鉄脱線（スペイン）　2006.7.3
信号見落とし列車追突（エジプト カルユーブ）　2006.8.21
リニア衝突（ドイツ）　2006.9.22
地下鉄追突（イタリア ローマ）　2006.10.17
列車脱線（コンゴ民主共和国）　2007.8.1
列車同士衝突（中国 山東省）　2008.4.28
通勤列車と貨物列車衝突（アメリカ チャッツワース）　2008.9.12
地下鉄追突（アメリカ ワシントン）　2009.6.22

【踏切事故】

列車と石油トラック衝突（アメリカ ベーカーズフィールド）　1960.3.1
急行列車とバス衝突（台湾 民雄）　1961.7.9
旅客列車とバス衝突（インド ジャイプール）　1962.6.11
貨物列車とバス衝突（アメリカ カリフォルニア州）　1963.9.17
ディーゼルカーとバス衝突（スペイン エルアラアル）　1965.6.30
列車とバス衝突（西パキスタン（現・パキスタン）パンジャブ）　1968.2.3
列車とバス衝突（コロンビア）　1970.1.11
列車と修学旅行バス衝突（韓国）　1970.10.14
列車と軍用トラック衝突（エジプト カイロ）　1974.6.17
列車とトラック衝突（インド）　1975.5.19
列車とバス衝突（韓国 全羅南道）　1975.6.14
旅客列車とバス衝突（メキシコ ソノラ州）　1976.2.19
急行列車とバス衝突（台湾 彰化県）　1976.4.21
列車とタンクローリー衝突（韓国 ソウル）　1976.5.23
急行列車とバス衝突（パキスタン シャヒナバド）　1976.7.9
貨物列車とバス衝突（インド ウッタルプラデシュ州）　1978.6.26
列車と修学旅行バス衝突（インドネシア ジャワ）　1981.5.7
列車とバス衝突・大破（スイス チューリヒ）　1982.9.12
列車とバス衝突（エジプト カイロ）　1987.12.11
列車にバスが衝突（中国 遼寧省）　1988.12.23

列車とバス衝突（中国 黒竜江省）　1989.1.1
急行列車とバス衝突（ソ連（現・ロシア））　1989.6.9
列車とバス衝突（ソ連（現・ロシア）ペトロザボーツク）　1990.7.8
列車とバス衝突（中国 遼寧省）　1993.1.31
貨物列車と観光バス衝突（中国 遼寧省）　1993.4.30
貨物列車とバス衝突（中国 北京）　1994.10.20
列車と路線バス衝突（エジプト ウェスナ）　1995.4.15
列車とバス衝突（パキスタン パンジャブ州）　2003.9.20
列車とミニバス衝突（ロシア ウスチ・ラビンスキー）　2006.1.14

【自動車事故】

バス谷に転落（コロンビア）　1958.8.28
バスとトラック衝突・炎上（メキシコ メキシコシティ）　1959.3.3
石油車とバス衝突（アメリカ ニュージャージー州）　1959.10.8
バス川に転落（ブラジル サンホセドレプレト）　1960.8.24
バス橋から転落（インド カバドワンジ）　1962.5.30
バスと列車衝突（アルゼンチン ブエノスアイレス）　1962.6.11
バス爆発（グアテマラ テクン・ウマン）　1963.3.1
バス川に転落（ケニア）　1963.4.7
バス火災（フィリピン 南ザンボアンガ州）　1963.12.25
バス湖に転落（エジプト ゲイザヤ湖）　1965.2.10
修学旅行バス転落（台湾 陽明山）　1965.3.20
バス川に転落（アンゴラ）　1965.7.26
バス崖から転落（ペルー）　1965.7.31
バスとトラック衝突・硝酸漏出（トルコ）　1965.8.11
村祭りにトラック突入（トーゴ）　1965.12.5
バス崖から転落（コロンビア ナリノ州パスト）　1966.4.22
バス転落（西ドイツ（現・ドイツ）リンブルク市）　1966.7.25
バス谷に転落（フィリピン マニラ市）　1967.1.6
バス同士衝突（イラン）　1967.8.13
バス崖下に転落（韓国 金泉）　1967.10.16
バス崖下に転落（韓国）　1968.1.7

自動車レースで事故（アメリカ　コビントン）	1968.3.2	バス炎上（フランス　ボーヌ）	1982.7.31
バス川に転落（韓国）	1968.10.30	グレース王妃事故死（モナコ）	1982.9.13
バス川に転落（エジプト　カイロ）	1969.1.7	タンクローリー衝突・炎上（アフガニスタン）	1982.11.
ハイウェイでバス転落（韓国　慶尚北道）	1970.8.21	土砂崩れでバス事故（ペルー　リマ）	1983.3.23
ダムにバス転落（韓国）	1971.5.10	トンネルでトラック爆発（イタリア）	1983.5.21
群衆にトラック突入（インド　バレム村）	1971.5.25	バス乗客感電死（インド　ビハール州）	1983.6.6
自動車多重衝突（イギリス　セルウォール）	1971.9.4	観光バス転落（アメリカ　カリフォルニア州）	1986.5.30
トラック転落（イラク）	1972.3.8	バス谷底に転落（台湾　台中）	1986.10.8
砂嵐で自動車衝突（アメリカ　ベーカーズフィールド）	1972.8.27	アイスパーラーにタンクローリー突入（西ドイツ（現・ドイツ）　ヘッセン州）	1987.7.7
バス湖に転落（カンボジア　プノンペン）	1972.9.8	バス谷底に転落（中国　河南省霊宝県）	1988.3.7
バス川に転落（フランス　ビジーユ）	1973.7.18	バス火災（タイ　バンソム）	1988.4.20
バス暴走（ブラジル　リオデジャネイロ）	1974.5.12	バスとトラック衝突（アメリカ　ケンタッキー州）	1988.5.14
バスとトラック衝突（ブラジル）	1974.7.28	バス用水路に転落・炎上（中国　陝西省）	1988.10.12
バス谷に転落（メキシコ）	1975.5.18	バスとトラック衝突（トルコ　イスタンブール）	1988.11.3
バス転落（イギリス　ヨークシャー）	1975.5.27	バス崖下に転落（韓国　全羅北道）	1989.9.17
タンクローリー爆発（アメリカ　ナイアガラフォールズ）	1975.12.14	224台玉突き事故（西ドイツ（現・ドイツ）　フランクフルト）	1990.2.24
バス湖に転落（韓国　江原道）	1976.2.28	2階建てバス転覆（フランス　ヨーヌ県）	1990.6.3
バス事故相次ぐ（フィリピン　ルソン島）	1976.4.30	タンクローリー転落（タイ　バンコク）	1990.9.24
バス貯水池に転落（インド　マディヤプラデシュ州）	1976.8.22	75台玉突き（アメリカ　テネシー州）	1990.12.11
バス川に転落（ブラジル　ウルブ川）	1976.11.15	トラック横転・ダイナマイト爆発（タイ　パンガー県）	1991.2.15
バス谷に転落（エチオピア）	1977.1.3	30台玉突き（イギリス　ロンドン）	1991.3.13
バスとトラック衝突（ブラジル　ベロオリゾンテ）	1977.7.6	観光バス炎上（トルコ　イスタンブール）	1991.4.9
バス峡谷に転落（ボリビア　ヨカラ山岳地帯）	1977.8.3	バス横転（ジンバブエ　イニャンガ）	1991.8.4
列車とトラック衝突（アルゼンチン）	1978.2.25	園児のバス炎上（台湾　台北）	1992.5.15
ウォール街でアイス販売トラック爆発（アメリカ　ニューヨーク市）	1978.6.30	バス3台衝突（アルゼンチン　コリエンテス州）	1993.1.9
バス橋から転落（韓国　ソウル）	1978.7.23	バス炎上（ナイジェリア　ラゴス）	1993.2.8
バス湖に転落（カナダ　ダルジャン湖）	1978.8.4	バス渓谷に転落（フィリピン）	1993.2.21
バス川に転落（スペイン　ベナベンテ）	1979.4.10	トラックとマイクロバス衝突（カナダ　ケベック州）	1993.7.16
スクールバス転落（マレーシア　ボルネオ島）	1979.6.7	バスとトラック衝突（インド　ケララ州クティアトド）	1994.2.5
バス川に転落（タンザニア　ルゲジ）	1979.7.14	バス川に転落（中国　広西チワン族自治区）	1994.2.23
バス橋から転落（フィリピン　ルソン島）	1979.12.20	式典で消防車暴走（フィリピン　ルソン島バターン半島サマット山）	1994.4.9
橋上のバス海へ転落（アメリカ　フロリダ州）	1980.5.9	フェリーからバス転落（中国　湖北省宜昌）	1994.7.9
バス峡谷に転落（インド　ヒマチャルプラデシュ）	1982.7.30	バス谷に転落（フィリピン　イサベラ州）	1995.1.3

バス谷に転落（ネパール）　1995.2.3
バス川に転落（中国　広東省清遠市）　1995.2.11
バス転落（中国　浙江省長興県）　1995.2.19
タンクローリー爆発（インド　タミルナド州）　1995.3.12
バス川に転落（中国　浙江省）　1995.6.17
バス谷に転落（中国　四川省）　1995.8.7
車両横転（サウジアラビア）　1996.3.14
バス川に転落（パキスタン　北西辺境州サジン）　1996.4.29
バス谷に転落（ペルー　フニン県）　1996.10.8
バス橋から転落（エジプト　カイロ）　1997.1.14
バス炎上（中国　広東省広州市）　1997.2.13
トラックとバス衝突（スーダン）　1997.7.6
ダイアナ妃事故死（フランス　パリ）　1997.8.31
バス転落（インド　メガラヤ州シロン）　1997.9.8
バス谷に転落（カナダ　ケベック州）　1997.10.13
バスとタンクローリー衝突（インド　ビハール州ダンガイ）　1998.12.9
バスとトラック衝突（ブラジル　サンタカタリナ州）　1999.1.12
トンネルで火災（フランス　モンブラン／イタリア　モンブラン）　1999.3.24
タンクローリー炎上（パキスタン　ロドスルタン）　1999.5.16
バス転落（南アフリカ共和国　レーダンブルク）　1999.9.27
バス横転（韓国　江原道高城郡）　2000.2.17
バス同士衝突（ケニア　カプカトゥンガ村）　2000.3.29
バス川に転落（ボスニア・ヘルツェゴビナ　カカニ）　2000.5.13
バス崖から転落（中国　陝西省佳県）　2000.5.28
バスとトラック衝突（スペイン　ソリア）　2000.7.6
バス橋から転落（中国　広西チワン族自治区柳州市）　2000.7.7
高速道路で多重衝突（韓国　慶尚北道金泉市）　2000.7.14
バスとトラック衝突（ルワンダ　シャンガジ）　2000.9.5
トラック爆発（中国　新疆ウイグル自治区ウルムチ市）　2000.9.8
バス同士正面衝突（パキスタン　パンジャブ州ショルコット）　2000.10.22
バス横転（アメリカ　マンチェスター）　2001.10.3
トンネルで火災（スイス）　2001.10.26

バス高圧線に接触（インド　ウッタルプラデシュ州）　2002.5.25
はしけが衝突して橋崩落（アメリカ　アーカンソー川）　2002.5.26
バス川に転落（アフガニスタン　サロビ）　2002.6.6
タンクローリーとバス衝突（韓国　忠清北道沃川郡）　2002.6.15
バス転落（南アフリカ共和国　ベスレヘム）　2003.5.1
列車とバス衝突（ハンガリー　シオーフォク）　2003.5.8
バスとタンクローリー衝突（パキスタン　パンジャブ州）　2003.5.9
バス土手に衝突（フランス　リヨン）　2003.5.17
トンネルの壁にバス激突（トルコ　エルジンジャン）　2003.6.7
バス転落（香港　新界地区汀九）　2003.7.10
バスとトラック衝突（インドネシア　東ジャワ州バニュワンギ）　2003.10.9
バス横転（イラク　ナシリヤ）　2003.11.30
バス用水路に転落（パキスタン　バッカル）　2004.1.8
バス同士追突転落（中国　貴州省）　2004.4.5
トラック転落（パキスタン　ナテアガリ）　2004.6.6
バス橋から転落（パキスタン　イスラマバード）　2004.6.16
バスとタンクローリー衝突（イラン　ザヘダン）　2004.6.24
バス川に転落（ネパール）　2005.1.21
カーニバルにトラック突入（アンゴラ　ルバンゴ）　2005.2.8
タンクローリー横転・ガス漏れ（中国　江蘇省）　2005.3.29
バス岩に激突（フィリピン）　2005.5.11
バス崖から転落（メキシコ　ベルクルス州）　2006.4.17
バス川に転落（ネパール）　2006.10.28
タンクローリー衝突・炎上（アメリカ　オークランド）　2007.4.29
バス川に転落（パキスタン　アザド・カシミール州）　2007.8.20
トラック転落（インド　ラジャスタン州）　2007.9.7
トラック横転・メタミドホス流出（中国　湖北省）　2008.2.24

【船舶事故・遭難】

船舶火災（カナダ　トロント）　1949.9.17

災害別一覧　　　　　　　　　　　輸送機関の事故

暴風で定期船沈没（韓国　釜山沖）	1953.1.9
上陸用舟艇が転覆（韓国　仁川）	1954.1.21
空母「ベニントン」爆発（アメリカ）	1954.5.26
船舶火災（韓国　釜山）	1956.1.12
客船沈没（台湾）	1956.11.16
暴風雨で漁船遭難（イラン　カスピ海）	
	1957.7.14
油送船が爆発炎上（地中海）	1957.8.20
汽船と貨物船衝突（ウルグアイ）	1957.8.27
帆船転覆（インドネシア　ボルネオ）	1957.9.2
貨物船沈没（北欧　北海）	1957.12.22
連絡船遭難（トルコ）	1958.3.1
ボート転覆（韓国　ソウル）	1958.5.27
暴風で小舟転覆（バーレーン）	1959.2.28-
遊覧船沈没（エジプト　カイロ）	1959.5.8
湖上で遊覧船爆発（デンマーク　ハーデルスレフ湖）	1959.7.8
油送船で火災（アメリカ　ヒューストン）	
	1959.11.8
台風でモーター船遭難（フィリピン　サマール島）	1959.12.18
空母「サラトガ」火災（地中海）	1961.1.22
貨客船火災（中東　ペルシャ湾）	1961.4.8
船が座礁し爆発（モザンビーク　ベイラ）	1961.7.9
吹雪で漁船遭難（韓国）	1962.1.1
観光船沈没（インドネシア　スマトラ島）	
	1963.1.14
連絡船沈没（韓国）	1963.1.18
嵐で帆船沈没（ビルマ（現・ミャンマー））	1963.7.2
定期船沈没（アルゼンチン）	1963.7.11
渡し船転覆（韓国　ソウル）	1963.10.23
客船炎上（大西洋）	1963.12.22
駆逐艦と空母衝突（オーストラリア　ニューサウスウェールズ州沖）	1964.2.11
ランチ船で火事（イラン）	1964.4.10
汽船沈没（東パキスタン（現・バングラデシュ））	1964.4.29
暴風で船が転覆（東パキスタン（現・バングラデシュ）チッタゴン地方）	1964.5.10
連絡船転覆（タイ　ナコンシータマラット州）	1964.6.20
貨物船爆発（アルジェリア　ボーヌ）	1964.7.23
川で船転覆（東パキスタン（現・バングラデシュ）ダッカ）	1964.7.29
強風で漁船遭難（インド　コロマンデル海岸）	1964.9.29
渡し船転覆（インド　カシミール地方）	
	1964.11.19
大雨で船転覆（インド　パクラ・ダム）	1965.3.19
船転覆（インド　ウッタルプラデシュ州）	
	1965.5.23
渡し船沈没（マラウイ）	1965.5.23
タンカー火災（イラン）	1965.6.5
渡し船転覆（フィリピン　サマール島）	1965.8.23
漁船遭難が続出（韓国　東海岸）	
	1965.12.30-
河川連絡船沈没（東パキスタン（現・バングラデシュ）チャンドプール）	1966.1.29
沿岸航路船転覆（インドネシア　ジャワ島）	1966.4.15
タンカー衝突（アメリカ　ニューヨーク市）	1966.6.16
客船沈没（フィリピン　マニラ湾）	1966.10.22
客船転覆（インドネシア　ジャチルフ湖）	
	1966.11.17
客船沈没（ギリシャ　エーゲ海）	1966.12.8
軍艦とフェリー衝突（韓国　釜山）	1967.1.14
連絡船沈没（中東　ペルシャ湾）	1967.2.14
タンカー座礁し原油流出（イギリス）	1967.3.18
遊覧船沈没（ルーマニア　ブカレスト）	1967.8.6
客船沈没（フィリピン）	1967.11.4
船が転覆（アラブ首長国連邦　ドバイ）	1968.4.4
遊覧船沈没（フィリピン）	1968.10.10
弾薬船が爆発（アメリカ　ミッドウェー島）	1968.12.25
渡し舟転覆（インド　ビハール州）	1969.4.3
タンカー沈没（台湾）	1969.11.25
ランチ船沈没（イラン　シラズ）	1970.3.14
フェリー沈没（カリブ海　英領西インド諸島）	1970.8.1
渡し舟転覆（韓国）	1970.11.5
連絡船沈没（韓国）	1970.12.15
タンカー衝突（アメリカ　サンフランシスコ、コネチカット州）	1971.1.18-
タンカー爆発（イタリア　サルディニア島）	1971.1.21
大型タンカー沈没（アメリカ　ノースカロライナ州）	1971.3.27
フェリー沈没（フィリピン）	1971.6.12
台風21号で客船転覆（香港）	1971.8.16-
フェリー火災（イタリア　アドリア海）	1971.8.28
連絡船沈没（フィリピン）	1971.11.21
元クイーンエリザベス号火災（香港）	1972.1.9
船舶火災（インドネシア　ジャカルタ）	1972.5.24
タンカー爆発（インド　ボンベイ(現・ムンバイ)）	1972.6.28

407

フェリー火災（フィリピン　バシラン市沖合）	1972.8.3	暴風雨でフェリー転覆（中国　広東省）	1980.2.27
輸送船沈没（ギリシャ　エーゲ海）	1972.11.15	客船沈没（フィリピン　ミンドロ島）	1980.4.22
連絡船沈没（韓国　全羅南道珍島郡）	1973.1.25	フェリー火災（インドネシア　ジャワ海）	1981.1.25
フェリー沈没（ビルマ（現・ミャンマー）ラングーン）	1973.2.21	連絡船が爆発炎上（フィリピン　マニラ）	1981.7.17
客船沈没（バングラデシュ）	1973.2.27	台風で駆逐艦沈没（フィリピン）	1981.9.21
ランチ船衝突（バングラデシュ　シタラカヤ川）	1973.5.5	難民船沈没（ベトナム　ホーチミン）	1983.5.7
船転覆（バングラデシュ　タラバサ川）	1973.5.11	貨客船火災（エジプト　アスワン）	1983.5.25
連絡船沈没（フィリピン　セブ州）	1973.6.28	客船橋に激突（ソ連（現・ロシア）　ボルガ川）	1983.6.5
フェリー沈没（台湾　高雄）	1973.9.3	タンカー爆発・原油流出（南アフリカ共和国）	1983.8.6
フェリー沈没（エクアドル）	1973.12.24	掘削船沈没（中国　広東省）	1983.10.28
フェリー沈没（フィリピン　セブ市）	1974.1.5	フェリー沈没（フィリピン　セブ）	1983.11.21
フェリー転覆（バングラデシュ）	1974.5.1	核物質積載の仏船沈没（ベルギー）	1984.8.25
漁船沈没（韓国　全羅南道莞島郡所安島）	1974.11.12	揚陸艦が沈没（トルコ）	1985.1.30
ランチ船転覆（バングラデシュ　クルナ市）	1974.11.21	タンカー爆発・沈没（スペイン）	1985.5.26
タンカー衝突（アメリカ　フィラデルフィア）	1975.1.31	嵐で川フェリー転覆（バングラデシュ）	1986.5.25
フェリー転覆（バングラデシュ）	1975.3.3	タンカー爆発（台湾　高雄）	1986.8.11
フェリー衝突・転覆（中国　西江）	1975.8.3	フェリー沈没（バングラデシュ　ダッカ）	1986.8.15
フェリー転覆（ビルマ（現・ミャンマー））	1975.10.24	客船沈没（ソ連（現・ロシア）　ノボロシースク）	1986.8.31
船が転覆・ワニに襲われる（インドネシア　セレベス島）	1975.12.12	貨物船沈没（ハイチ　ゴナブ島）	1986.11.11
座礁タンカーまっぷたつ（フランス　ブルターニュ沖）	1976.3.13	舟だまりで大火（香港）	1986.12.26
タンカー座礁（シンガポール　セントジョーンズ島）	1976.4.5	フェリー転覆（ベルギー　ゼーブルッヘ港）	1987.3.6
原油大量流出（アメリカ　コッド岬沖）	1976.12.21	フェリー転覆（中国　江蘇省南通）	1987.5.8
タンカー座礁（フランス　ブレスト）	1978.3.16	遊覧船出火（韓国　慶尚南道）	1987.6.16
サイクロンで船沈没（バングラデシュ　ベンガル湾）	1978.4.4	フェリー転覆（ザンビア）	1987.7.6
ボート転覆（インド　パトナ）	1978.6.17	木造船沈没（インドネシア　カリマンタン州）	1987.12.20
難民船転覆（マレーシア　クアラトレンガヌ川）	1978.11.22	フェリー沈没（フィリピン　マリンドケ島）	1987.12.20
難民船沈没（ベトナム）	1978.12.	小型船沈没（インドネシア）	1988.5.17
モンスーンで難民船沈没（マレーシア　ケランタン州）	1978.12.2	フェリー転覆（ブラジル）	1988.7.15
タンカー火災・原油流出（スペイン沖）	1978.12.31	船衝突相次ぐ（中国　四川省）	1988.7.21-
タンカー爆発（アイルランド　バントリー湾）	1979.1.8	客船転覆（インド　ビハール州）	1988.8.6
難民船沈没（マレーシア）	1979.3.31	フェリー沈没（中国　広西チワン族自治区）	1988.9.18
タンカーに落雷（アメリカ　テキサス州）	1979.4.19	フェリー沈没（フィリピン）	1988.10.24
		観光船転覆（ブラジル　リオデジャネイロ）	1988.12.31
		フェリー沈没（グアテマラ）	1989.1.1
		戦艦爆発（大西洋）	1989.4.19
		遊覧船衝突（イギリス　ロンドン）	1989.8.20

災害別一覧　　　　　　　　　　　　　　　輸送機関の事故

客船と引き船衝突・沈没（ルーマニア
　ガラティ）　　　　　　　　　1989.9.10
台風で天然ガス採掘船転覆（タイ　シャ
　ム湾）　　　　　　　　　　　1989.11.3
タンカー爆発・原油流出（モロッコ）1989.12.19
小型船沈没（ペルー　アマゾン川）　1990.3.7
フェリー転覆（ミャンマー　モン州）1990.4.6
フェリー火災（ノルウェー）　　　1990.4.7
客船転覆（インドネシア　東カリマンタ
　ン州）　　　　　　　　　　　1990.5.20
タンカー炎上・原油流出（アメリカ　メ
　キシコ湾）　　　　　　　　　1990.6.9
原油大量流出（アメリカ　ガルベストン）
　　　　　　　　　　　　　　　1990.7.28
遊覧船転覆（台湾　日月潭）　　　1990.8.25
フェリー沈没（イスラエル　ハイファ沖）
　　　　　　　　　　　　　　　1990.12.22
フェリーがタンカーに衝突（イタリア
　リボルノ港沖）　　　　　　　1991.4.10
タンカー爆発・原油流出（イタリア　ジェ
　ノバ沖）　　　　　　　　　　1991.4.11
タンカー衝突（ペルー　マラニョン川）1991.5.6
客船沈没（エジプト　紅海）　　　1991.12.15
難民船沈没（ミャンマー　ナフ川）1992.2.4
フェリー沈没（タイ）　　　　　　1992.3.8
フェリー転覆（ドイツ　リューゲン島沖）
　　　　　　　　　　　　　　　1993.1.14
フェリー転覆（ハイチ）　　　　　1993.2.17
客船転覆（中国　広東省湛江港沖）1993.4.13
豪雨で洪水・船転覆（バングラデシュ）1993.6.
祭りのいかだ転覆（フィリピン　ブラカ
　ン州）　　　　　　　　　　　1993.7.2
フェリー沈没（韓国　全羅北道扶安郡沖）
　　　　　　　　　　　　　　　1993.10.10
渡し船が衝突して転覆（インド　サーガ
　ル島）　　　　　　　　　　　1994.1.15
客船と貨物船が衝突して沈没（中国　四
　川省万県港）　　　　　　　　1994.2.1
フェリー沈没（タイ）　　　　　　1994.2.13
遊覧船沈没（中国　浙江省縉雲県）1994.4.5
フェリー転覆（ケニア　モンバサ港沖）1994.4.29
フェリー沈没（フィンランド　ウト諸島）
　　　　　　　　　　　　　　　1994.9.28
フェリー転覆（バングラデシュ　コック
　スバザール）　　　　　　　　1994.10.16
観光船火災（韓国　忠清北道丹陽郡）1994.10.24
フェリーと貨物船衝突・沈没（フィリ
　ピン　カビテ州マラゴンドン町）1994.12.2

貨物船沈没（ルーマニア　コンスタンツァ
　港）　　　　　　　　　　　　1995.1.4
小型船沈没（中国　浙江省寧波市）1995.2.18
フェリー沈没（アンゴラ）　　　　1995.3.2
ダムで船が転覆（中国　江西省玉山県）1995.3.19
客船火災（フィリピン　ルソン島）1995.5.16
客船沈没（イエメン）　　　　　　1995.8.28
フェリー火災（フィリピン　マニラ湾）
　　　　　　　　　　　　　　　1995.12.13
フェリー沈没（インドネシア　スマトラ
　島）　　　　　　　　　　　　1996.1.19
フェリー沈没（フィリピン　ビサヤ海）1996.2.18
フェリー沈没（カリブ海）　　　　1996.3.28
船舶火災（エリトリア）　　　　　1996.6.6
暴風で漁船大量遭難（ベトナム　トンキ
　ン湾）　　　　　　　　　　　1996.8.17-
客船と貨物船が衝突（中国　四川省資中
　県沱江）　　　　　　　　　　1997.1.3
難民船転覆（スリランカ）　　　　1997.2.19
客船沈没（インドネシア　スマトラ島ト
　バ湖）　　　　　　　　　　　1997.7.13
フェリー転覆（インド）　　　　　1997.7.21
フェリー転覆（フィリピン　レイテ島）1997.8.15
フェリー沈没（ハイチ　ポルトープラン
　ス）　　　　　　　　　　　　1997.9.8
タンカー同士が衝突（シンガポール）1997.10.15
フェリーと貨物船が衝突（バングラデ
　シュ　ピロジプール）　　　　1998.1.22
フェリー沈没（バングラデシュ）　1998.3.13
悪天候でフェリー転覆（アフリカ　ギニ
　ア湾）　　　　　　　　　　　1998.4.1
ボート沈没（ハイチ）　　　　　　1998.4.17
フェリー沈没（フィリピン　バタンガス）
　　　　　　　　　　　　　　　1998.9.19
貨物船同士が衝突（インド洋　スリラン
　カ沖）　　　　　　　　　　　1999.3.31
フェリー転覆（バングラデシュ　メグナ
　川）　　　　　　　　　　　　1999.5.8
客船沈没（インドネシア　イリアンジャ
　ヤ州メラウケ地方）　　　　　1999.10.18
フェリー沈没（中国　山東省煙台港）1999.11.24
フェリー沈没（インドネシア　マルク州
　アンボン島）　　　　　　　　2000.5.7
難民船沈没（インドネシア　マルク海峡）
　　　　　　　　　　　　　　　2000.6.29
フェリー沈没（ギリシャ　パロス島）2000.9.26
フェリーが沈没（バングラデシュ）2000.12.29
移民船遭難（カリブ海）　　　　　2001.3.15
貨物船沈没（太平洋）　　　　　　2001.4.11

409

難民船沈没（インドネシア　ジャワ島）
　　　　　　　　　　　　　　2001.10.19
フェリー沈没（バングラデシュ　チャンドプル）
　　　　　　　　　　　　　　2002.5.3
はしけが衝突して橋崩落（アメリカ　アーカンソー川）
　　　　　　　　　　　　　　2002.5.26
フェリー沈没（セネガル）　　2002.9.26
フェリー沈没（フィリピン　コレヒドール島）
　　　　　　　　　　　　　　2003.5.25
ボート沈没（パキスタン　キンジャール湖）
　　　　　　　　　　　　　　2003.6.1
フェリー沈没（バングラデシュ　メグナ川）
　　　　　　　　　　　　　　2003.7.8
フェリー同士衝突（コンゴ民主共和国　マイ・ヌドンベ湖）
　　　　　　　　　　　　　　2003.11.24
不法移民の船が沈没（トルコ）2003.12.20
火災で船沈没（コンゴ民主共和国）2004.1.26
客船火災（フィリピン　マニラ湾沖）2004.2.27
船舶沈没（ベトナム　カマウ省沖）2004.4.30
フェリー転覆（バングラデシュ）2005.2.19
漁船転覆（エクアドル）　　　2005.8.12
フェリー沈没（パキスタン）　2005.11.4
難民船難破相次ぐ（大西洋）　2006.1.-
小型船沈没（フィリピン　南レイテ州）2006.1.15
客船沈没（インドネシア）　　2006.1.31
フェリー沈没（サウジアラビア）2006.2.2
遊覧船転覆（バーレーン）　　2006.3.30
フェリー遭難（インドネシア　ジャワ海）
　　　　　　　　　　　　　　2006.12.29
貨物船とコンテナ船衝突（中国　山東省）
　　　　　　　　　　　　　　2007.5.12
台風6号で客船沈没（フィリピン　シブヤン島沖）
　　　　　　　　　　　　　　2008.6.22
フェリー沈没（インドネシア　スラウェシ島沖）
　　　　　　　　　　　　　　2009.1.11
不法移民の密航船沈没（リビア沖）
　　　　　　　　　　　　　　2009.3.29-

【航空機事故】

飛行艇墜落（中国　マカオ）　1948.7.16
旅客機墜落（インド　ボンベイ(現・ムンバイ)）
　　　　　　　　　　　　　　1949.7.12
飛行機墜落（イギリス　ウェールズ州）1950.3.12
旅客機山脈に衝突（アメリカ）1951.6.30
飛行機建物に激突（アメリカ）1951.12.16
飛行機墜落（イラン　テヘラン）1951.12.23
公開飛行で墜落（イギリス　ファーンバラ）
　　　　　　　　　　　　　　1952.9.6
軍輸送機墜落（アメリカ）　　1952.12.20
旅客機墜落・炎上（西パキスタン(現・パキスタン)　カラチ）
　　　　　　　　　　　　　　1953.3.3
旅客機墜落（インド　西ベンガル州）1953.5.2
旅客機ジャングルに墜落（ラオス）1953.6.16
旅客機山に激突（フランス　バルセロネット）
　　　　　　　　　　　　　　1953.9.1
飛行機着陸失敗（アメリカ　ケンタッキー州）
　　　　　　　　　　　　　　1953.9.29
旅客機山に激突（アメリカ　サンフランシスコ）
　　　　　　　　　　　　　　1953.10.29
旅客機遭難（イタリア　エルバ海）1954.1.10
旅客機墜落（イタリア　ローマ）1954.1.14
旅客機着陸失敗・炎上（シンガポール）
　　　　　　　　　　　　　　1954.3.13
航空機爆発・墜落（トルコ）　1954.4.3
旅客機と軍練習機空中衝突（カナダ　ムース・ジョー）
　　　　　　　　　　　　　　1954.4.8
旅客機墜落（ポルトガル　大西洋アゾレス諸島）
　　　　　　　　　　　　　　1954.8.8
旅客機海に墜落（オランダ）　1954.8.23
旅客機川に墜落（アイルランド）1954.9.5
旅客機着陸時に転覆（イギリス　スコットランド）
　　　　　　　　　　　　　　1954.12.25
旅客機墜落（インド）　　　　1955.2.2
旅客機航路外れ誤射される（ブルガリア）
　　　　　　　　　　　　　　1955.7.27
軍輸送機火災・墜落（西ドイツ(現・ドイツ)）
　　　　　　　　　　　　　　1955.8.11
飛行機山に衝突（アメリカ　メディシン・バウ山）
　　　　　　　　　　　　　　1955.10.5
飛行機民家に墜落・炎上（アメリカ）1955.11.18
飛行機とヘリコプター衝突（アメリカ　オークランド）
　　　　　　　　　　　　　　1956.2.17
空軍ジェット機空中爆発（アメリカ　トレーシー）
　　　　　　　　　　　　　　1956.2.17
軍チャーター機炎上（マルタ）1956.2.18
飛行機砂漠に墜落（エジプト）1956.2.20
飛行機海に墜落（アメリカ　ニュージャージー州）
　　　　　　　　　　　　　　1956.6.20
旅客機荒野に墜落（アメリカ　アリゾナ州）
　　　　　　　　　　　　　　1956.6.30
軍輸送機林に墜落（アメリカ）1956.7.13
飛行機事故相次ぐ（アルゼンチン　リオ・カルト）
　　　　　　　　　　　　　　1956.7.17
飛行機墜落（アメリカ　ウニマク島）1956.8.29

空軍B501機墜落（アメリカ　アラスカ州）　1956.8.31
空軍偵察機墜落・炎上（イギリス　スコットランド）　1956.10.10
航空機墜落（ニカラグア　プエルト・ソモサ）　1956.11.15
飛行機墜落・炎上（コロンビア）　1956.11.18
飛行機炎上・民家に墜落（フランス　パリ）　1956.11.24
飛行機爆発（スイス）　1956.11.24
飛行機山に衝突（ベネズエラ　カラカス）　1956.11.27
飛行機墜落（コロンビア　ボゴタ）　1956.12.8
旅客機行方不明（イタリア）　1956.12.22
旅客機海に墜落（アメリカ　ニューヨーク市）　1957.2.1
旅客機墜落・火災（イギリス　マンチェスター）　1957.3.14
軍機墜落（アメリカ　テネシー州）　1957.4.1
旅客機墜落（ウルグアイ　リヴェラ）　1957.4.7
飛行機墜落・炎上（イギリス）　1957.5.1
旅客機墜落（ソ連（現・ロシア）モスクワ）　1957.6.14
飛行機墜落（カナダ　ブリティッシュコロンビア州）　1957.6.23
飛行機炎上・墜落（インドネシア　ニューギニア島）　1957.7.15
飛行機墜落・炎上（カナダ　ケベック）　1957.8.11
濃霧で飛行機墜落（デンマーク　コペンハーゲン）　1957.8.15
旅客機墜落・炎上（イギリス　ブリストル）　1957.11.6
旅客機墜落（太平洋）　1957.11.9
旅客機丘に衝突・炎上（イギリス　ニューポート）　1957.11.12
暴風で旅客機墜落・炎上（アルゼンチン）　1957.12.8
旅客機海に墜落（ブラジル　サントス）　1958.2.1
輸送機としょう戒爆撃機衝突・墜落（アメリカ　カリフォルニア州）　1958.2.1
飛行機墜落（ドイツ　ミュンヘン）　1958.2.6
旅客機墜落（アメリカ　ミッドランド）　1958.4.6
旅客機と戦闘機衝突（アメリカ　ラスベガス）　1958.4.21
飛行機墜落・炎上（インド　ニューデリー）　1958.5.15
旅客機不時着に失敗・炎上（モロッコ　カサブランカ）　1958.5.18

仏軍ダコタ型旅客機墜落（アルジェリア）　1958.5.31
旅客機墜落（リビア　ベンガジ）　1958.8.9
旅客機墜落（アメリカ　ナンタケット）　1958.8.15
旅客機墜落（ベネズエラ）　1958.10.14
旅客機と戦闘機衝突（イタリア　アンツィオ）　1958.10.22
旅客機山に衝突・炎上（イタリア）　1958.11.3
旅客機墜落・炎上（ブラジル　リオデジャネイロ）　1959.1.11
旅客機海に墜落（アルゼンチン）　1959.1.16
旅客機墜落（インド　アッサム州）　1959.3.29
旅客機墜落（スペイン）　1959.4.29
航空事故相次ぐ（アメリカ）　1959.5.12
落雷で旅客機墜落（イタリア　ミラノ）　1959.6.26
旅客機山に衝突（スペイン　バルセロナ）　1959.8.19
旅客機墜落（フランス　ボルドー）　1959.9.24
旅客機炎上・墜落（アメリカ　バッファロー）　1959.9.29
軍輸送機墜落（台湾　台南）　1959.11.7
旅客機墜落（パナマ　サンブラス）　1959.12.9
旅客機と空軍練習機空中衝突（ブラジル　リオデジャネイロ）　1959.12.22
旅客機空中分解（アメリカ）　1960.1.6
旅客機墜落（トルコ　アンカラ）　1960.1.19
旅客機火災（ジャマイカ）　1960.1.21
旅客機沼に墜落（ボリビア）　1960.2.5
海軍機と旅客機衝突（ブラジル　リオデジャネイロ）　1960.2.25
旅客機墜落（アイルランド　シャノン）　1960.2.26
旅客機墜落（アメリカ　インディアナ州）　1960.3.17
旅客機爆破（ベネズエラ　カラボゾ）　1960.4.28
旅客機墜落（ブラジル　リオデジャネイロ）　1960.6.24
海軍小型飛行船墜落（アメリカ　ニュージャージー州）　1960.7.6
気象観測機墜落（アメリカ　アラスカ州）　1960.7.25
飛行機海に墜落（大西洋）　1960.8.29
軍輸送機爆発・墜落（アメリカ　グアム島）　1960.9.19
旅客機炎上・墜落（アメリカ　ボストン）　1960.10.4
旅客機墜落・炎上（フィリピン　セブ）　1960.12.22
旅客機森に墜落（フィンランド）　1961.1.3

旅客機墜落（ベルギー ブリュッセル） 1961.2.15
旅客機森に墜落（西ドイツ（現・ドイツ）ホルシュハイム） 1961.3.28
旅客機墜落（チリ サンチアゴ） 1961.4.4
旅客機砂漠に墜落（アルジェリア サハラ） 1961.5.10
軍用機森に墜落・炎上（アメリカ ワシントン州） 1961.5.24
旅客機海に墜落（大西洋） 1961.5.30
旅客機墜落（エジプト カイロ） 1961.6.12
旅客機横転（アメリカ デンバー） 1961.7.11
旅客機墜落（モロッコ カサブランカ） 1961.7.12
航空機墜落（アルゼンチン ブエノスアイレス州） 1961.7.19
旅客機墜落・炎上（アメリカ シカゴ） 1961.9.1
チャーター機川に墜落（アイルランド シャノン） 1961.9.10
航空機墜落（アメリカ シカゴ） 1961.9.17
軍輸送機墜落・炎上（アメリカ ウィルミントン） 1961.9.24
旅客機山に墜落（フランス ピレネー） 1961.10.6
コメット機墜落（ブラジル サンパウロ） 1961.11.23
小型機着陸失敗（スペイン セビリア） 1961.12.19
旅客機爆発（トルコ アンカラ） 1961.12.22
旅客機山に墜落（ベネズエラ マルガリータ島） 1962.2.25
旅客機沼地に墜落（アメリカ ニューヨーク市） 1962.3.1
旅客機墜落（カメルーン ドゥアラ） 1962.3.5
旅客機墜落（キューバ サンチアゴ） 1962.3.27
旅客機炎上・墜落（ブラジル エスピリト・サント州） 1962.5.9
軍用機墜落（ビルマ（現・ミャンマー）モンパリアオ） 1962.5.9
水陸両用機墜落（デンマーク グリーンランド） 1962.5.12
旅客機墜落（アメリカ ミズーリ州） 1962.5.22
軍用機墜落（西ドイツ（現・ドイツ）マルクト・シュワーベ） 1962.5.22
旅客機民家に墜落（フランス パリ） 1962.6.3
ボーイング707型機墜落（フランス カリブ海グアドループ島） 1962.6.22
旅客機墜落（インド ジュナール） 1962.7.7
旅客機墜落（タイ） 1962.7.20
旅客機墜落・炎上（アメリカ ホノルル） 1962.7.22

旅客機墜落（ブラジル リオデジャネイロ） 1962.8.20
飛行機墜落（フランス パリ） 1962.11.23
旅客機農場に墜落（アメリカ メリーランド州） 1962.11.23
軍用機墜落（アメリカ 大西洋セントトーマス島） 1962.11.23
飛行機衝突（ブラジル） 1962.11.26
旅客機墜落（ペルー） 1962.11.27
旅客機着陸失敗（アメリカ ニューヨーク市） 1962.11.30
旅客機墜落（コロンビア） 1962.12.6
旅客機墜落（ポーランド ワルシャワ） 1962.12.19
旅客機山に墜落（フランス コルシカ島） 1962.12.29
航空機と空軍機空中衝突・墜落（トルコ アンカラ） 1963.2.1
旅客機墜落（アメリカ フロリダ州） 1963.2.12
航空機墜落（フィリピン ミンダナオ島） 1963.3.2
旅客機墜落（ボリビア） 1963.3.15
旅客機墜落（ノルウェー オスロ） 1963.4.14
旅客機墜落（カメルーン） 1963.5.5
旅客機墜落（エジプト カイロ） 1963.5.12
旅客機墜落（インド パタンコット） 1963.6.3
チャーター機墜落（アメリカ アラスカ州） 1963.6.3
旅客機墜落（ハンガリー トロムロス） 1963.6.16
旅客機墜落（アメリカ ニューヨーク州） 1963.7.3
航空機墜落（インド） 1963.7.28
旅客機農家に墜落（フランス リヨン） 1963.8.12
旅客機山村に墜落（スイス アールガウ州） 1963.9.4
旅客機墜落（インド マニア） 1963.9.11
旅客機山に墜落（フランス） 1963.9.13
ヘリコプター墜落（アメリカ ニューヨーク市） 1963.10.14
旅客機墜落（フィンランド） 1963.11.8
旅客機墜落（カナダ サント・テレーズ） 1963.11.19
旅客機山に墜落（フィリピン ミンダナオ島） 1964.2.21
旅客機湖に墜落（アメリカ ルイジアナ州） 1964.2.25
旅客機墜落（オーストリア インスブルック） 1964.2.29
旅客機墜落（アメリカ カリフォルニア州） 1964.3.1

航空機山に墜落（イタリア）	1964.3.28	イラク大統領墜落死（イラク　バスラ）	
旅客機墜落（レバノン）	1964.4.18		1966.4.13
航空機墜落（アメリカ　カリフォルニア州）	1964.5.7	旅客機墜落（アメリカ　オクラホマ州）	1966.4.22
旅客機爆発・墜落（台湾　台中）	1964.6.20	旅客機墜落（ペルー　ウアムパラ）	1966.4.27
旅客機墜落（アメリカ　テネシー州）	1964.7.9	旅客機爆発・墜落（アメリカ　フォールズシティー）	1966.8.7
旅客機墜落（ブラジル　ニュー・カレドニア山脈）	1964.9.4	旅客機着陸失敗（ユーゴスラビア　リュブリャーナ（現・スロベニア））	1966.9.1
旅客機海に墜落（スペイン　マサロン）	1964.10.2	旅客機山に墜落・爆発（チェコスロバキア　ブラチスラバ（現・スロバキア））	
旅客機墜落（スウェーデン　ベイビスラット）	1964.11.20		1966.11.24
旅客機爆発（イタリア　ローマ）	1964.11.23	旅客機空港で炎上（インドネシア　スラウェシ島メナド）	1967.2.16
輸送機墜落（南ベトナム（現・ベトナム））	1964.12.10	旅客機墜落相次ぐ（アメリカ　オハイオ州）	1967.3.5-
旅客機墜落・炎上（チリ）	1965.2.6	旅客機山に墜落（アルジェリア　タマンラセット）	1967.4.11
旅客機山に墜落（コロンビア　サンタンデルデルスル州）	1965.3.24	旅客機着陸失敗（キプロス　ニコシア）	1967.4.20
旅客機海に墜落（モロッコ）	1965.3.31	旅客機山に激突（フランス　ピレネー山脈カニグー山）	1967.6.3
旅客機墜落（シリア）	1965.4.11	旅客機墜落（イギリス　ストックポート）	1967.6.4
旅客機立木に衝突（イギリス　ジャージー島）	1965.4.14	旅客機墜落（アメリカ　ブロスバーグ）	1967.6.23
旅客機炎上（スペイン　大西洋カナリア諸島）	1965.5.5	旅客機着陸失敗（香港）	1967.6.30
旅客機砂丘に墜落（エジプト）	1965.5.20	旅客機墜落（マダガスカル　タナナリブ）	1967.7.19
旅客機墜落（カナダ　ブリティッシュコロンビア州）	1965.7.8	旅客機と小型自家用機衝突（アメリカ　ヘンダーソンビル）	1967.7.19
旅客機山に墜落（カリブ海　英領リーワード諸島）	1965.9.17	旅客機森に接触し爆発（カナダ　ニューファウンドランド島ガンダー）	1967.9.5
旅客機滑走路に墜落（イギリス　ロンドン）	1965.10.27	旅客機海に墜落（トルコ）	1967.10.12
飛行機着陸失敗（ジブチ）	1965.11.2	旅客機墜落（ソ連（現・ロシア）　ウラル地方スベルドロフスク地区）	1967.11.
旅客機墜落（アメリカ　ケンタッキー州）	1965.11.8	旅客機墜落（イギリス　ファーンハースト）	1967.11.4
ジェット旅客機炎上（アメリカ　ユタ州）	1965.11.11	旅客機滑走路から海に転落（香港）	1967.11.5
旅客機墜落（スペイン　大西洋カナリア諸島）	1965.12.7	旅客機山に墜落（アメリカ　コンスタンス）	1967.11.20
旅客機同士衝突（インドネシア）	1966.1.1	旅客機墜落（ペルー　ワヌーコ）	1967.12.8
旅客機海に墜落（コロンビア）	1966.1.14	ジェット機墜落（台湾　台北）	1968.2.16
軍爆撃機墜落・原爆行方不明（スペイン　パロマレス村）	1966.1.17	旅客機山に激突・墜落（ラオス）	1968.2.24
旅客機墜落（ハイチ　ズチーチ）	1966.1.21	旅客機墜落（フランス　カリブ海グアドループ島）	1968.3.5
旅客機墜落（フランス　モンブラン）	1966.1.24	旅客機海に墜落（イギリス）	1968.3.24
旅客機墜落（西ドイツ（現・ドイツ）　ブレーメン）	1966.1.28	旅客機山に炎上（チリ）	1968.4.8
旅客機墜落（ソ連（現・ロシア）　モスクワ）	1966.2.17	旅客機爆発・墜落（南西アフリカ（現・ナミビア））	1968.4.20
旅客機墜落（エジプト　カイロ）	1966.3.18	旅客機空中爆発（アメリカ　テキサス州）	1968.5.3
		旅客機墜落（インド　ボンベイ（現・ムンバイ））	1968.5.28

旅客機墜落（西ドイツ（現・ドイツ））　1968.8.9
観光ヘリコプター墜落（アメリカ　ロサンゼルス）　1968.8.14
旅客機着陸失敗・炎上（ソ連（現・ロシア）　モスクワ）　1968.8.26
旅客機墜落（ブルガリア　ブルガス）　1968.9.3
航空機海に墜落（地中海）　1968.9.11
旅客機山に墜落（アメリカ　ニューハンプシャー州）　1968.10.25
旅客機墜落（ラオス　サバナケット）　1968.11.25
旅客機海に墜落（ベネズエラ　カラカス）　1968.12.12
航空機着陸失敗（アメリカ　ブラッドフォード）　1968.12.24
旅客機着陸失敗・爆発（アメリカ　シカゴ）　1968.12.27
旅客機墜落（オーストラリア　ポートヘッドランド）　1968.12.31
航空機墜落（台湾　台東）　1969.1.2
旅客機民家に墜落（イギリス）　1969.1.5
航空機海に墜落（アメリカ）　1969.1.18
旅客機住宅街に墜落（ベネズエラ　マラカイボ市）　1969.3.16
旅客機着陸失敗・炎上（エジプト）　1969.3.20
旅客機墜落（ポーランド　クラクフ市）　1969.4.2
旅客機墜落（東パキスタン（現・バングラデシュ）　クルナ）　1969.4.21
ボリビア大統領墜落死（ボリビア）　1969.4.27
航空機山に墜落・炎上（メキシコ）　1969.6.4
旅客機火災（アルジェリア）　1969.7.26
旅客機と小型民間機衝突（アメリカ　インディアナ州）　1969.9.9
旅客機山に激突・墜落（ボリビア　ラパス）　1969.9.28
海軍機墜落（北ベトナム（現・ベトナム）　トンキン湾）　1969.10.2
旅客機墜落（ナイジェリア　ラゴス）　1969.11.20
旅客機墜落（ギリシャ　アテネ）　1969.12.8
旅客機沼に墜落（アメリカ　サモア諸島）　1970.1.13
旅客機海に墜落（カリブ海）　1970.2.15
旅客機墜落（モロッコ）　1970.4.1
旅客機山に墜落（スペイン）　1970.7.3
旅客機畑に墜落（カナダ　オンタリオ州）　1970.7.5
旅客機墜落（ペルー）　1970.8.9
旅客機墜落（インド　アッサム州）　1970.8.29
航空機墜落（南ベトナム（現・ベトナム）ダナン）　1970.9.30
航空機墜落（アメリカ）　1970.10.2

旅客機墜落・炎上（アメリカ　キノバ）　1970.11.14
旅客機砂漠に墜落（リビア）　1971.1.2
旅客機墜落（スイス　チューリヒ）　1971.1.18
軍輸送機火災（ブラジル　マナウス）　1971.4.28
旅客機墜落・炎上（ユーゴスラビア　リエカ（現・クロアチア））　1971.5.23
旅客機と海軍機空中衝突（アメリカ　ロサンゼルス）　1971.6.6
旅客機墜落（ソ連（現・ロシア）　イルクーツク）　1971.8.11
旅客機山に墜落（アメリカ　アラスカ州）　1971.9.4
ジェット旅客機不時着失敗（西ドイツ（現・ドイツ）　ハンブルク）　1971.9.6
航空機墜落（ソ連　ウクライナ共和国（現・ウクライナ）キエフ）　1971.9.16
旅客機墜落（ベルギー）　1971.10.2
旅客機墜落（ソ連（現・ロシア）　モスクワ）　1971.10.13
旅客機墜落（ブルガリア　ソフィア）　1971.12.22
旅客機山に墜落（スペイン）　1972.1.7
旅客機山に墜落（ブラジル　サンパウロ）　1972.4.12
旅客機（イタリア　シチリア島）　1972.5.5
日航機墜落（インド　ジャイトゥール）　1972.6.14
ジェット機空中分解（南ベトナム（現・ベトナム）プレーク）　1972.6.15
機長心臓発作で旅客機墜落（イギリス　ロンドン）　1972.6.18
旅客機墜落（東ドイツ（現・ドイツ）ケニヒスウェステルホイゼン）　1972.8.14
航空機墜落（ベネズエラ　シウダ・ボリバール）　1972.8.27
ウルグアイ空軍機571便遭難（チリ）　1972.10.13
旅客機墜落（ソ連（現・ロシア））　1972.10.14
旅客機海に墜落（ギリシャ）　1972.10.21
旅客機墜落（フランス　ノワレターブル）　1972.10.27
日航機墜落・炎上（ソ連（現・ロシア）モスクワ）　1972.11.29
旅客機墜落（スペイン　大西洋カナリア諸島テネリフェ島）　1972.12.3
旅客機住宅街に墜落（アメリカ　シカゴ）　1972.12.8
旅客機墜落・炎上（ノルウェー　オスロ）　1972.12.23
エアバス湿地帯に墜落（アメリカ　エバーグレーズ国立公園）　1972.12.29

災害別一覧　　　　　　　　輸送機関の事故

旅客機着陸失敗・墜落（ナイジェリア
　カーノ）　　　　　　　　　1973.1.22
旅客機着陸失敗（キプロス　キレニア山
　系）　　　　　　　　　　　1973.1.29
旅客機着陸失敗・墜落（チェコスロバ
　キア（現・チェコ）プラハ）　1973.2.19
旅客機墜落（ソ連（現・ロシア）モスク
　ワ）　　　　　　　　　　　　1973.3.3
旅客機同士衝突（フランス　ナント市）1973.3.5
旅客機墜落（南ベトナム（現・ベトナム）
　バンメトート）　　　　　　　1973.3.19
旅客機墜落（スイス　ソロツルン州ホッ
　ホワルト村）　　　　　　　　1973.4.10
航空機墜落（南イエメン（現・イエメン））
　　　　　　　　　　　　　　　1973.4.30
戦闘機病院に墜落（カンボジア　プノン
　ペン）　　　　　　　　　　　1973.5.4
旅客機墜落（インド　ニューデリー）1973.5.31
旅客機着陸失敗・墜落（ブラジル　サン
　ルイス）　　　　　　　　　　1973.6.1
航空ショーで超音速旅客機墜落（フラ
　ンス　パリ）　　　　　　　　1973.6.3
旅客機墜落（フランス　ソウルレシャル
　トルー村）　　　　　　　　　1973.7.11
旅客機海に墜落（フランス　ポリネシア・
　タヒチ島）　　　　　　　　　1973.7.22
旅客機墜落（アメリカ　セントルイス）1973.7.23
旅客機墜落・炎上（アメリカ　ボストン）
　　　　　　　　　　　　　　　1973.7.31
旅客機墜落（スペイン　パソデルリオ村）
　　　　　　　　　　　　　　　1973.8.13
旅客機墜落（コロンビア　ボゴタ）1973.8.27
旅客機墜落（ユーゴスラビア　モンテネ
　グロ州（現・モンテネグロ））　1973.9.11
旅客機墜落（南ベトナム（南ベトナム）
　　　　　　　　　　　　　　　1973.11.17
旅客機農場に墜落（イタリア　トリノ）1974.1.1
旅客機墜落（トルコ　イズミル）1974.1.26
旅客機墜落（アメリカ　サモア諸島ツツ
　イラ島）　　　　　　　　　　1974.1.31
旅客機森に墜落（フランス　パリ）1974.3.3
映画撮影隊の旅客機墜落（アメリカ　ビ
　ショップ）　　　　　　　　　1974.3.13
旅客機滑走中に炎上（イラン　テヘラ
　ン）　　　　　　　　　　　　1974.3.15
旅客機墜落（ボツワナ）　　　　1974.4.4
旅客機林に墜落（インドネシア　バリ島）
　　　　　　　　　　　　　　　1974.4.22

旅客機炎上・墜落（ソ連（現・ロシア）
　レニングラード（現・サンクトペテルブ
　ルク））　　　　　　　　　　　1974.4.27
旅客機山に墜落（コロンビア　ククタ市）1974.6.8
旅客機着陸失敗・墜落（オートボルタ
　（現・ブルキナファソ）ワガドーグー）
　　　　　　　　　　　　　　　1974.8.11
旅客機墜落（ベネズエラ　マルガリータ
　島）　　　　　　　　　　　　1974.8.14
旅客機畑に墜落（アメリカ　シャーロッ
　ト）　　　　　　　　　　　　1974.9.11
旅客機墜落（カナダ　ビアン海峡）1974.10.29
旅客機墜落（ケニア　ナイロビ）1974.11.20
旅客機山に墜落（アメリカ　アパーヒル）
　　　　　　　　　　　　　　　1974.12.1
旅客機墜落（スリランカ）　　　1974.12.4
旅客機墜落（ベネズエラ　マチューリン
　市）　　　　　　　　　　　　1974.12.22
航空機海に墜落（トルコ）　　　1975.1.30
旅客機墜落（フィリピン　リサール県）1975.2.3
航空機墜落（アルゼンチン）　　1975.3.16
航空機墜落（南ベトナム（現・ベトナム））1975.4.4
旅客機道路に墜落（アメリカ　ニュー
　ヨーク市）　　　　　　　　　1975.6.24
航空機墜落（台湾）　　　　　　1975.7.31
旅客機山に墜落（モロッコ）　　1975.8.3
旅客機墜落（シリア　ダマスカス）1975.8.20
航空機墜落（東ドイツ（現・ドイツ））1975.9.1
旅客機墜落（インドネシア）　　1975.9.24
旅客機墜落（レバノン）　　　　1975.9.30
ジェット機墜落・車両巻き添え（イギ
　リス　ロンドン）　　　　　　1975.11.20
旅客機砂漠に墜落（サウジアラビア）1976.1.1
旅客機民家に墜落（ソ連（現・ロシア）
　モスクワ）　　　　　　　　　1976.1.3
航空機墜落（中国　湖南省）　　1976.1.21
着陸失敗・給油所に衝突（アメリカ
　バージン諸島シャーロットアマリー）1976.4.27
航空機墜落（赤道ギニア）　　　1976.6.1
旅客機墜落（アメリカ　グアム島）1976.6.4
旅客機同士空中衝突（ユーゴスラビア）
　　　　　　　　　　　　　　　1976.9.10
航空機山に墜落（トルコ）　　　1976.9.19
航空機墜落（インド　ボンベイ（現・ムン
　バイ））　　　　　　　　　　　1976.10.12
貨物機墜落（ボリビア　サンタクルス市）
　　　　　　　　　　　　　　　1976.10.13
YS11山に墜落（ギリシャ）　　　1976.11.23

415

旅客機空中爆発（ソ連（現・ロシア）モスクワ）	1976.11.28	航空機墜落（スペイン　大西洋カナリア諸島）	1980.4.25
旅客機墜落・工場爆発（タイ　バンコク）	1976.12.25	旅客機海に墜落（モーリタニア）	1980.8.7
旅客機空中爆発（ソ連　カザフ共和国（現・カザフスタン））	1977.1.13	トライスター機炎上（サウジアラビア　リヤド）	1980.8.19
ユーゴスラビア首相墜落死（ユーゴスラビア　サラエボ（現・ボスニア・ヘルツェゴビナ））	1977.1.18	旅客機墜落（インドネシア　ジャワ島）	1980.8.26
空軍機山に衝突・炎上（イタリア　ピサ）	1977.3.3	ジャンボ機炎上（韓国　ソウル）	1980.11.19
ボーイング747機同士衝突（スペイン　大西洋カナリア諸島テネリフェ島）	1977.3.27	旅客機川に墜落（アルゼンチン　ブエノスアイレス）	1981.5.7
旅客機民家に墜落（アメリカ　マリエッタ）	1977.4.4	エクアドル大統領墜落死（エクアドル　グアチャナマ）	1981.5.25
航空機墜落・炎上（キューバ　ハバナ）	1977.5.27	遠東航空103便墜落事故（台湾）	1981.8.22
航空機着陸失敗（ポルトガル　大西洋マデイラ島フンシャル）	1977.11.19	戦闘機墜落（トルコ　バンカルコイ）	1981.9.22
旅客機墜落（アルゼンチン）	1977.11.21	旅客機山頂に激突（フランス　コルシカ島）	1981.12.1
巡礼機墜落（リビア）	1977.12.2	旅客機橋に衝突・車両巻き添え（アメリカ　ワシントン）	1982.1.13
着陸失敗・海に墜落（ポルトガル　大西洋マデイラ島）	1977.12.18	軍用機墜落（ジブチ）	1982.2.3
旅客機墜落（インド　ボンベイ（現・ムンバイ））	1978.1.1	航空機墜落（中国　桂林）	1982.4.26
旅客機海に墜落（ベネズエラ）	1978.3.3	航空機墜落（イラン）	1982.5.3
旅客機墜落（ブルガリア　ブルツァ郡）	1978.3.16	旅客機山に衝突（ブラジル　フォルタレザ市）	1982.6.8
旅客機爆発・墜落（ビルマ（現・ミャンマー）ラングーン）	1978.3.25	航空機着陸失敗（インド　ボンベイ（現・ムンバイ））	1982.6.22
旅客機とセスナ機衝突・民家に墜落（アメリカ　サンディエゴ）	1978.9.25	旅客機墜落（ソ連（現・ロシア）モスクワ）	1982.7.6
チャーター機墜落（スリランカ　コロンボ）	1978.11.15	旅客機墜落（アメリカ　ニューオーリンズ）	1982.7.9
旅客機墜落（イタリア　パレルモ）	1978.12.22	軍用ヘリコプター墜落（西ドイツ（現・ドイツ）マンハイム）	1982.9.11
航空機着陸失敗（カタール　ドーハ）	1979.3.14	旅客機墜落炎上・車両巻き添え（スペイン　マラガ）	1982.9.13
DC10墜落（アメリカ　シカゴ）	1979.5.25	旅客機暴走・炎上（ルクセンブルク）	1982.9.29
モーリタニア首相墜落死（セネガル）	1979.5.27	航空機着陸失敗（トルコ　アンカラ）	1983.1.16
航空機山に墜落（インドネシア　北スマトラ）	1979.7.11	航空機着陸失敗（ベネズエラ　バルキシメト）	1983.3.11
旅客機空中衝突（ソ連　ウクライナ共和国（現・ウクライナ））	1979.8.11	旅客機墜落（エクアドル　クエンカ）	1983.7.11
航空機着陸失敗・炎上（ギリシャ　アテネ）	1979.10.7	ジャンボ機墜落（スペイン　マドリード）	1983.11.27
旅客機着陸失敗・トラック巻き添え（メキシコ　メキシコシティ）	1979.10.31	旅客機同士衝突（スペイン　マドリード）	1983.12.7
南極ツアー機遭難（南極）	1979.11.28	貨物機墜落（コロンビア　メデリン）	1983.12.14
旅客機山に墜落（イラン　テヘラン）	1980.1.21	旅客機墜落（ナイジェリア　エヌグ）	1983.12.28
旅客機墜落（ポーランド　ワルシャワ）	1980.3.14	海兵隊ヘリコプター墜落（韓国）	1984.3.24
		着陸失敗・墜落（バングラデシュ　ダッカ）	1984.8.5
		輸送機住宅街に墜落（エクアドル）	1984.9.18
		旅客機墜落（ボリビア）	1985.1.1
		航空機着陸失敗（中国　山東省）	1985.1.18

旅客機墜落（キューバ ハバナ）	1985.1.19
航空機墜落（アメリカ ネバダ州）	1985.1.21
旅客機2機墜落（コロンビア）	1985.1.23
旅客機墜落（スペイン バスク）	1985.2.19
旅客機墜落・車両巻き添え（アメリカ テキサス州）	1985.8.2
航空機炎上（イギリス マンチェスター）	1985.8.22
小型機同士空中衝突（アメリカ ニュージャージー州）	1985.11.10
チャーター機墜落（カナダ ニューファウンドランド）	1985.12.12
小型機デパートに墜落（アメリカ カリフォルニア州）	1985.12.23
軍輸送機墜落（ネパール）	1985.12.30
民間機墜落（グアテマラ）	1986.1.18
航空機海に墜落（台湾 台北）	1986.2.16
旅客機墜落（メキシコ）	1986.3.31
輸送機墜落（モザンビーク カボデルガド州）	1986.3.31
小型飛行機とヘリコプター衝突（アメリカ アリゾナ州グランドキャニオン）	1986.6.18
DC9と小型機衝突・民家に墜落（アメリカ カリフォルニア州）	1986.8.31
モザンビーク大統領墜落死（南アフリカ共和国 トランスバール州）	1986.10.19
プロペラ機墜落（パキスタン ペシャワール）	1986.10.23
軍輸送機墜落（イラン シスタン州）	1986.11.2
旅客機墜落（東ドイツ(現・ドイツ) ベルリン）	1986.12.12
旅客機森に墜落（コートジボワール）	1987.1.3
旅客機爆発炎上（アメリカ デトロイト）	1987.3.4
落雷で航空機墜落（インドネシア 北スマトラ州）	1987.4.4
旅客機森に墜落（ポーランド ワルシャワ）	1987.5.9
旅客機山に墜落・大破（フィリピン マニラ）	1987.6.28
貨物機墜落・住宅炎上（メキシコ メキシコシティ）	1987.7.30
旅客機高速道路に激突・墜落（アメリカ デトロイト）	1987.8.16
旅客機海に墜落（タイ）	1987.8.31
旅客機爆発・墜落（ビルマ(現・ミャンマー））	1987.10.11
航空機山に墜落（イタリア）	1987.10.15
戦闘機ホテルに墜落（アメリカ インディアナ州）	1987.10.20
吹雪で旅客機暴走（アメリカ デンバー）	1987.11.15
ジャンボ機火災・墜落（モーリシャス）	1987.11.28
航空機エンジン故障・墜落（中国 重慶市）	1988.1.18
小型機墜落（西ドイツ(現・ドイツ) デュッセルドルフ）	1988.2.8
旅客機飛行中に天井吹き飛ぶ（アメリカ マウイ島）	1988.4.28
ジェット機農園に墜落（アルゼンチン ミシオネス州）	1988.6.12
エアバス森に墜落（フランス ミュルーズ）	1988.6.26
旅客機、誤射され墜落（中東 ペルシャ湾）	1988.7.3
航空ショーで接触・墜落（西ドイツ・ドイツ ラインラント・プファルツ州）	1988.8.28
旅客機墜落・炎上（アメリカ テキサス州）	1988.8.31
旅客機着陸失敗・炎上（タイ バンコク）	1988.9.9
旅客機墜落（エチオピア バハルダール）	1988.9.15
遊覧機ホテルに墜落（中国 山西省）	1988.10.7
旅客機墜落（イタリア）	1988.10.17
旅客機墜落相次ぐ（インド アーメダバード）	1988.10.19
旅客機墜落（イギリス ロンドン）	1988.12.21
旅客機高速道路に墜落（イギリス ケグワース）	1989.1.8
旅客機山に墜落（ポルトガル 大西洋アゾレス諸島サンタマリア島）	1989.2.8
構造欠陥でジャンボ機爆発（アメリカ ホノルル）	1989.2.24
航空機墜落（カナダ オンタリオ州）	1989.3.10
軍事演習ヘリコプター墜落（韓国 慶尚北道）	1989.3.20
貨物機住宅街に墜落（ブラジル サンパウロ）	1989.3.21
旅客機墜落（スリナム パラマリボ）	1989.6.7
旅客機畑に墜落・炎上（東ドイツ(現・ドイツ) ベルリン）	1989.6.17
乗員諍いで旅客機墜落（イラン シスタンバルチスタン州）	1989.6.18

輸送機関の事故　　　　　　　　　　災害別一覧

旅客機墜落・炎上（アメリカ　アイオワ
　州）　　　　　　　　　　　　1989.7.19
航空機着陸失敗・住民巻き添え（リビ
　ア　トリポリ）　　　　　　　1989.7.27
プロペラ機山に墜落（ギリシャ　サモス
　島）　　　　　　　　　　　　1989.8.3
熱気球衝突・墜落（オーストラリア　ア
　リス・スプリングズ）　　　　1989.8.13
航空機墜落（中国　上海市）　　1989.8.15
旅客機住宅街に墜落（キューバ）1989.9.3
旅客機墜落（デンマーク　ユトランド半
　島沖）　　　　　　　　　　　1989.9.8
軍輸送機墜落（ソ連　アゼルバイジャン
　共和国（現・アゼルバイジャン））1989.10.18
旅客機山に墜落（ホンジュラス）1989.10.21
航空機墜落（台湾　花蓮）　　　1989.10.26
軍輸送機山に墜落（ソ連（現・ロシア）
　カムチャツカ半島）　　　　　1989.10.27
双発機墜落（アメリカ　モロカイ島）1989.10.28
航空機墜落（コロンビア　ボゴタ）1989.11.27
旅客機墜落（ソ連（現・ロシア）スベル
　ドロフスク市）　　　　　　　1990.1.13
旅客機墜落（アメリカ　ニューヨーク市）
　　　　　　　　　　　　　　　1990.1.25
旅客機墜落（インド　バンガロール）1990.2.14
双発機民家に墜落（フィリピン　マニラ）
　　　　　　　　　　　　　　　1990.5.18
旅客機墜落（スイス　チューリヒ）1990.11.14
小型機墜落（タイ）　　　　　　1990.11.21
軍用機学校に墜落（イタリア　ボロー
　ニャ）　　　　　　　　　　　1990.12.6
旅客機衝突・炎上（アメリカ　カリフォ
　ルニア州）　　　　　　　　　1991.2.1
旅客機着陸失敗（チリ　ナバリノ島）1991.2.20
旅客機墜落（アメリカ　コロラドスプリ
　ングス）　　　　　　　　　　1991.3.3
航空機墜落（ベネズエラ）　　　1991.3.5
海軍機同士衝突（アメリカ　サンディエ
　ゴ沖）　　　　　　　　　　　1991.3.21
空軍機墜落（サウジアラビア　カフジ）1991.3.21
旅客機墜落（アメリカ　ジョージア州）1991.4.5
航空機墜落（タイ　スパンブリ県）1991.5.26
旅客機墜落（サウジアラビア　ジッダ）1991.7.11
航空機墜落（インド　インパール）1991.8.16
空軍機墜落（インドネシア　ジャカルタ）
　　　　　　　　　　　　　　　1991.10.5
旅客機墜落（ソ連（現・ロシア）マハチ
　カラ）　　　　　　　　　　　1991.11.7

旅客機墜落（ソ連（現・ロシア）タタ
　ール自治共和国）　　　　　　1991.11.26
エアバス墜落（フランス　ストラスブー
　ル）　　　　　　　　　　　　1992.1.20
観光機墜落（セネガル）　　　　1992.2.9
航空機離陸失敗（アメリカ　ニューヨー
　ク市）　　　　　　　　　　　1992.3.22
軍用機住宅街に墜落（ケニア　ナイロ
　ビ）　　　　　　　　　　　　1992.4.16
小型機墜落（アメリカ　ロサンゼルス）1992.4.22
旅客機墜落（パナマ）　　　　　1992.6.6
軍用機墜落（イエメン　アデン）1992.7.14
旅客機山に墜落（ネパール）　　1992.7.31
旅客機炎上（中国　江蘇省）　　1992.7.31
遊覧ヘリコプター墜落（中国　北京市）
　　　　　　　　　　　　　　　1992.8.11
エアバス墜落（ネパール　ティカバイラ
　ブ）　　　　　　　　　　　　1992.9.28
貨物機墜落・高層アパート直撃（オラ
　ンダ　アムステルダム）　　　1992.10.4
軍輸送機墜落（ロシア）　　　　1992.11.11
旅客機山に墜落（中国　広西チワン族自
　治区）　　　　　　　　　　　1992.11.24
旅客機着陸失敗・爆発（ポルトガル）1992.12.21
旅客機墜落（リビア）　　　　　1992.12.22
旅客機と戦闘機空中衝突（イラン）1993.2.8
旅客機墜落（マケドニア　スコピエ）1993.3.5
旅客機墜落（インド）　　　　　1993.4.19
軍輸送機墜落（ガボン）　　　　1993.4.28
軽飛行機広場に墜落・市民巻き添え（ロ
　シア　ウラル地方）　　　　　1993.5.9
旅客機山に墜落（コロンビア）　1993.5.19
旅客機墜落（インドネシア　イリアンジャ
　ヤ州）　　　　　　　　　　　1993.7.1
航空機墜落（中国）　　　　　　1993.7.23
旅客機山に墜落（韓国　全羅南道）1993.7.26
国内機墜落（ネパール）　　　　1993.7.31
航空機着陸失敗（中国　新疆ウイグル自
　治区）　　　　　　　　　　　1993.11.13
貨物機墜落（イラン　ケルマン）1993.11.15
旅客機墜落（マケドニア　オフリド）1993.11.20
小型機墜落（アメリカ　ヒビング）1993.12.1
旅客機墜落（ロシア　イルクーツク）1994.1.3
輸送機墜落（アゼルバイジャン　ナゴル
　ノ・カラバフ地方ステパナケルト）1994.3.17
旅客機墜落（ロシア　シベリア）1994.3.22
空軍ヘリコプター墜落（イギリス　ス
　コットランド）　　　　　　　1994.6.2

418

旅客機墜落（中国　長安県）	1994.6.6	旅客機同士衝突（インド　ハリアナ州チャルキダドリ村）	1996.11.12
旅客機墜落（アメリカ　ノースカロライナ州）	1994.7.2	旅客機ハイジャックされ墜落（コモロ）	1996.11.23
空軍機墜落（ロシア　シベリア連邦管区チタ州）	1994.8.5	軍用機墜落（ロシア　トベリ州）	1996.12.17
旅客機墜落（アメリカ　ピッツバーグ）	1994.9.8	小型旅客機墜落（アメリカ　デトロイト）	1997.1.9
旅客機墜落（ロシア　シベリア）	1994.9.26	軍輸送機墜落（スリランカ）	1997.2.21
旅客機墜落（イラン　ナタンズ）	1994.10.12	旅客機森に墜落（ロシア　カラチャエボ・チェルケス共和国チェルケスク市）	1997.3.18
旅客機墜落（アメリカ　インディアナ州）	1994.10.31	旅客機着陸失敗・炎上（中国　広東省深圳市）	1997.5.8
旅客機墜落（トルコ　バン）	1994.12.29	旅客機墜落（アメリカ　グアム島アガナ）	1997.8.6
旅客機湿地帯に墜落（コロンビア　カルタヘナ）	1995.1.11	旅客機墜落（カンボジア　プノンペン）	1997.9.3
旅客機墜落（ルーマニア　ブカレスト）	1995.3.31	軍用機空中衝突（ナミビア）	1997.9.13
輸送機墜落（アンゴラ　ベンゲラ州）	1995.6.17	旅客機墜落・炎上（インドネシア　スマトラ島メダン）	1997.9.26
軍輸送機墜落（スリランカ　ネゴンボ沖）	1995.9.13	航空機墜落（ウルグアイ）	1997.10.10
旅客機民家に墜落（マレーシア　サバ州タワワ）	1995.9.15	空軍機墜落・アパート直撃（ロシア　イルクーツク）	1997.12.6
旅客機墜落（モンゴル　ムルン）	1995.9.21	旅客機湿地帯に墜落（インドネシア　スマトラ島）	1997.12.19
軍用機墜落（アルゼンチン　ブエノスアイレス）	1995.11.8	旅客機民家に墜落（台湾　台北）	1998.2.16
国内便着陸失敗（ナイジェリア　カドゥナ）	1995.11.13	旅客機山に墜落（アフガニスタン　カブール）	1998.3.19
旅客機墜落（ロシア　グロセビチ）	1995.12.6	軍用旅客機墜落（ペルー　ビウラ市）	1998.3.29
機長飲酒で旅客機墜落（コロンビア　ブガ）	1995.12.20	旅客機山に墜落（コロンビア　サンタフェデボゴタ市（現・ボゴタ市））	1998.4.20
貨物機市場に墜落・市民巻き添え（ザイール　キンシャサ）	1996.1.8	空軍輸送機墜落（ペルー）	1998.5.5
旅客機墜落（大西洋）	1996.2.6	旅客機山に墜落（モンゴル）	1998.5.26
軍輸送機墜落（スーダン　ハルツーム）	1996.2.26	ケネディJr.墜落死（アメリカ　マサチューセッツ州）	1998.7.16
旅客機墜落（ペルー　アレキパ）	1996.2.29	航空機炎上（香港）	1998.8.22
空軍機墜落（クロアチア　ドゥブロヴニク）	1996.4.3	旅客機山に墜落（ミャンマー　シャン州）	1998.8.24
旅客機着陸失敗（スーダン　ハルツーム）	1996.5.3	旅客機墜落・市民巻き添え（エクアドル　キト）	1998.8.29
旅客機湿地帯に墜落（アメリカ　マイアミ）	1996.5.11	旅客機墜落（カナダ　ノバスコシア州ブランドフォード）	1998.9.2
ジャンボ機空中爆発（アメリカ　ロングアイランド島沖）	1996.7.17	旅客機墜落（タイ　スラタニ県）	1998.12.11
旅客機山に墜落（ノルウェー　スピッツベルゲン島）	1996.8.29	旅客機墜落（中国　浙江省瑞安市南安地区）	1999.2.24
クラシック飛行機墜落（オランダ）	1996.9.25	旅客機墜落（中国　湖北省）	1999.6.22
旅客機墜落（ペルー）	1996.10.2	小型機墜落（フィジー　ビチレブ島）	1999.7.24
貨物機住宅街に墜落（エクアドル　マンタ市）	1996.10.22	旅客機墜落（アルゼンチン　ブエノスアイレス）	1999.8.31
旅客機とヘリコプター衝突（ロシア　西シベリア）	1996.10.26	旅客機墜落（アメリカ　ナンタケット島）	1999.10.31
旅客機住宅街に墜落（ブラジル　サンパウロ）	1996.10.31	旅客機墜落（ポルトガル　大西洋アゾレス諸島サンジョルジェ島）	1999.12.11

旅客機住宅街に墜落（グアテマラ　グアテマラ市）	1999.12.21
旅客機墜落（アメリカ　ロサンゼルス沖）	2000.1.31
旅客機墜落（フィリピン　サマール島）	2000.4.19
小型機墜落（アメリカ　ペンシルバニア州）	2000.5.21
旅客機住宅街に墜落（インド　パトナ）	2000.7.17
コンコルド墜落（フランス　ゴネス）	2000.7.25
旅客機墜落（バーレーン）	2000.8.23
軍用旅客機墜落（グルジア　アジャール自治共和国バトゥーミ）	2000.10.26
旅客機墜落（台湾　台北）	2000.10.31
旅客機墜落（アンゴラ　ルアンダ）	2000.11.15
小型機墜落（アメリカ　アスペン）	2001.3.29
旅客機墜落（イラン　サリ）	2001.5.17
旅客機墜落（ロシア　イルクーツク）	2001.7.4
旅客機誤射され墜落（ロシア　黒海）	2001.10.4
旅客機と小型機衝突（イタリア　ミラノ）	2001.10.8
旅客機住宅街に墜落（アメリカ　ニューヨーク市）	2001.11.12
旅客機墜落（ロシア　モスクワ）	2001.11.19
旅客機山に墜落（コロンビア）	2002.1.28
旅客機山に墜落（イラン　ホラマバード）	2002.2.12
軍輸送機墜落（ロシア　アルハンゲリスク）	2002.2.21
旅客機山に墜落（韓国　釜山）	2002.4.15
旅客機住宅街に墜落（ナイジェリア　カノ）	2002.5.4
旅客機墜落（チュニジア　チュニス）	2002.5.7
旅客機墜落（台湾　澎湖諸島）	2002.5.25
旅客機と貨物機空中衝突（ドイツ　バーデン・ビュルテンベルク州）	2002.7.1
貨物機墜落（中央アフリカ　バンギ）	2002.7.4
航空ショーで戦闘機墜落（ウクライナ　リボフ）	2002.7.27
旅客機墜落（フィリピン　マニラ湾）	2002.11.11
旅客機墜落（イラン　イスファハン）	2002.12.23
旅客機墜落（トルコ　ディヤルバクル）	2003.1.8
軍用機墜落（イラン）	2003.2.19
旅客機墜落（アルジェリア　タマンラセット）	2003.3.6
輸送機のドア開き乗客墜落（コンゴ民主共和国）	2003.5.8
旅客機墜落（スーダン　ポートスーダン）	2003.7.8
旅客機ビルに激突・墜落（ベナン　コトヌー）	2003.12.25
旅客機墜落（エジプト　シャルムエルシェイク）	2004.1.3
旅客機墜落（ウズベキスタン）	2004.1.13
マケドニア大統領墜落死（ボスニア・ヘルツェゴビナ）	2004.2.26
国連ヘリコプター墜落（シエラレオネ）	2004.6.29
ヘリコプター墜落（ロシア　チュメニ州）	2004.8.5
航空機公園に墜落（中国　モンゴル自治区）	2004.11.21
航空機着陸失敗（インドネシア　ジャワ島）	2004.11.30
航空機墜落（アフガニスタン）	2005.2.3
民間旅客機墜落（ロシア　ネネツ自治管区）	2005.3.16
旅客機墜落（赤道ギニア　マラボ）	2005.7.16
航空機炎上（カナダ　トロント）	2005.8.2
旅客機墜落（イタリア　シチリア島）	2005.8.6
旅客機山に墜落（ギリシャ）	2005.8.14
旅客機墜落（ベネズエラ　スリア州）	2005.8.16
旅客機墜落（ペルー　プカルパ）	2005.8.23
旅客機住宅街に墜落（インドネシア　メダン）	2005.9.5
軍用機アパートに墜落（イラン　テヘラン）	2005.12.6
旅客機墜落（ナイジェリア　ポートハーコート）	2005.12.10
軍輸送機墜落（ハンガリー）	2006.1.19
旅客機海に墜落（ロシア）	2006.5.3
航空機ビルに激突（ロシア　シベリア）	2006.7.9
旅客機火災・墜落（ウクライナ　ドネツク）	2006.8.23
旅客機農場に墜落・炎上（アメリカ　ケンタッキー州）	2006.8.27
旅客機着陸失敗（イラン）	2006.9.1
旅客機墜落（ブラジル）	2006.9.29
旅客機行方不明（インドネシア）	2007.1.1
旅客機炎上（インドネシア）	2007.3.7
旅客機湿地帯に墜落（カメルーン）	2007.5.5
旅客機墜落（カンボジア）	2007.6.25
旅客機着陸失敗（ブラジル　サンパウロ）	2007.7.17
旅客機炎上（タイ）	2007.9.16
貨物機住宅街に墜落（コンゴ民主共和国　キンシャサ）	2007.10.4
旅客機山に墜落（トルコ）	2007.11.30

軽飛行機住宅街に墜落（チリ　サンティ
　アゴ）　　　　　　　　　　2008.2.27
旅客機住宅街に墜落（コンゴ民主共和
　国　ゴマ）　　　　　　　　2008.4.15
ヘリコプター墜落（黒海）　　2008.4.28
店舗にヘリコプター墜落（パナマ）2008.5.29
旅客機道路に突入・車両巻き添え（ホ
　ンジュラス　テグシガルパ）　2008.5.30
旅客機炎上（スーダン　ハルツーム）2008.6.10
旅客機離陸失敗（スペイン　マドリード）
　　　　　　　　　　　　　　2008.8.20
旅客機墜落（キルギス　ビシケク）2008.8.24
小型機墜落・車両巻き添え（メキシコ
　メキシコシティ）　　　　　2008.11.4
旅客機民家に墜落（アメリカ　ニュー
　ヨーク州）　　　　　　　　2009.2.12
小型機墜落炎上（アメリカ　ビュート）2009.3.22
空軍機墜落（インドネシア　西ジャワ州
　バンドン）　　　　　　　　2009.4.6
軍輸送機民家に墜落（インドネシア　東
　ジャワ州マゲタン）　　　　2009.5.20
旅客機海に墜落（大西洋）　　2009.6.1

【エレベーター・エスカレーターの事故】

エスカレーター損壊（ソ連(現・ロシア）
　モスクワ）　　　　　　　　1982.2.17

公害

第5福竜丸被曝（マーシャル諸島　ビキ
　ニ環礁）　　　　　　　　　1954.3.1
放射能汚染（マーシャル諸島）1955.12.13
放射能汚染（インド）　　　　1958.4.7
軍爆撃機墜落・原爆行方不明（スペイ
　ン　パロマレス村）　　　　1966.1.17
ウラン鉱山で肺ガン多発（アメリカ）1967.5.9
川に毒物（オランダ）　　　1968.6.20-
大気汚染（アメリカ　ニューヨーク市）
　　　　　　　　　　　　　　1970.7.27-
鉛中毒（アメリカ）　　　　　1970.9.18
マグロ缶水銀汚染（アメリカ）1971.1.7
卵などにPCB検出（アメリカ）1971.8.13
水銀中毒（イラク）　　　　　1972.3.
化学工場で爆発（イギリス　リンカンシ
　ャー州フリックスボロー）　　1974.6.1

化学工場で毒ガス流出（イタリア　セベ
　ソ）　　　　　　　　　　　1976.7.10
タンカー火災・原油流出（スペイン沖）
　　　　　　　　　　　　　　1978.12.31
カネミ油症（台湾　台中県，彰化県）
　　　　　　　　　　　　　　1979.3.-
スリーマイル島原発事故（アメリカ　ペ
　ンシルバニア州）　　　　　1979.3.28
細菌兵器漏出（ソ連(現・ロシア）スベ
　ルドロフスク市）　　　　　1979.4.-
細菌研究所で爆発（ソ連(現・ロシア）
　ウラル）　　　　　　　　　1979.4.3
油田で原油流出（メキシコ　カンペチェ
　湾）　　　　　　　　　　　1979.6.3-
鶏肉がPCB汚染（アメリカ）　1979.9.-
タンカー爆発・原油流出（南アフリカ
　共和国）　　　　　　　　　1983.8.6
汚染家具で被曝（メキシコ/アメリカ）1984.5.1
核物質積載の仏船沈没（ベルギー）1984.8.25
チェルノブイリ原発事故（ソ連　チェル
　ノブイリ(現・ウクライナ））1986.4.26
ライン川汚染（スイス　バーゼル）1986.11.1
ラドン汚染（アメリカ）　　　1987.5.22
アザラシ肺炎で大量死（北欧　北海）
　　　　　　　　　　　　　　1988.7.-
タンカーから原油流出（アメリカ　アラ
　スカ州）　　　　　　　　　1989.3.24
原発で火災（スペイン　バルセロナ）1989.10.19
タンカー爆発・原油流出（モロッコ）1989.12.19
タンカー炎上・原油流出（アメリカ　メ
　キシコ湾）　　　　　　　　1990.6.9
原油大量流出（アメリカ　ガルベストン）
　　　　　　　　　　　　　　1990.7.28
原油流出（中東　ペルシャ湾）1991.1.-
原油炎上（クウェート）　　　1991.1.-
タンカー爆発・原油流出（イタリア　ジェ
　ノバ沖）　　　　　　　　　1991.4.11
原発で放射能漏れ（ロシア）　1992.3.24
ウラン貯蔵器が爆発（ロシア　シベリ
　ア）　　　　　　　　　　　1993.4.6
水銀中毒（ベネズエラ　カウラ川）1993.11.26
地熱発電でヒ素中毒（フィリピン　ミン
　ダナオ島）　　　　　　　　1993.11.29
森林火災で煙霧被害（インドネシア　マ
　レーシア）　　　　　　　　1997.6.-
原発で事故（韓国　慶尚北道）1998.10.4
ネズミ遺棄で川汚染（ミャンマー　パン
　ロン）　　　　　　　　　　1998.この年

421

トラック横転・メタミドホス流出（中
　国　湖北省）　　　　　　　　2008.2.24
アスベスト（韓国）　　　　　　　2009.1.

医療・衛生災害

炭疽菌（アメリカ）　　　　　　　2001.10.-

【伝染病流行】

インフルエンザ（アジアかぜ）（世界）
　　　　　　　　　　　　　　　　1957.5.-
インフルエンザ（インド　ニューデリー）1957.6.9
コレラ（インド　ビハール州）　　1957.9.9
天然痘（東パキスタン（現・バングラデ
　シュ）カラチ）　　　　　　　　1958.4.-
脳炎（韓国）　　　　　　　　　　1958.8.21
インフルエンザ（イギリス）　　　1961.1.28
擬似コレラ（フィリピン　サマール州）
　　　　　　　　　　　　　　　　1961.11.29
コレラ（台湾）　　　　　　　　　1962.7.14-
天然痘（インドネシア　ジャワ島）1962.10.16
インフルエンザ（アメリカ）　　　1963.2.3-
コレラ（ビルマ（現・ミャンマー）アム
　ヘルスト地区/インド　カルカッタ/マ
　ラヤ（現・マレーシア）マラッカ州）
　　　　　　　　　　　　　　　　1963.4.24-
コレラ（韓国）　　　　　　　　　1963.9.-
コレラ（フィリピン）　　　　　　1964.8.22-
コレラ（東パキスタン（現・バングラデ
　シュ））　　　　　　　　　　　1964.12.2
はしか（トルコ　アナトリア地方）1965.2.
胃腸の流行病（インド　アッサム州）
　　　　　　　　　　　　　　　　1965.4.-
コレラ（インド　ケララ州/フィリピン
　マスバテ州）　　　　　　　　　1965.6.1
日本脳炎（韓国）　　　　　　　　1965.8.
インフルエンザ（イギリス　ロンドン）
　　　　　　　　　　　　　　　　1966.1.-
日本脳炎（韓国/台湾）　　　　　1966.8.
コレラ（西パキスタン（現・パキスタン）
　ナワブシャー）　　　　　　　　1966.12.
天然痘（インド）　　　　　　　　1967.1.-
コレラ（フィリピン　レイテ島）　1967.2.
口蹄疫（イギリス）　　　　　　　1967.10.-

コレラ（西パキスタン（現・パキスタン）
　ムルタン）　　　　　　　　　　1968.4.21
コレラ（フィリピン　ルソン島）　1968.6.-
インフルエンザ（香港かぜ）（香港）1968.7.8
インフルエンザ（香港かぜ）・肺炎（ア
　メリカ）　　　　　　　　　　　1968.12.
コレラ（韓国）　　　　　　　　　1969.8.-
コレラ・ジフテリア・胃腸炎（フィリ
　ピン　マニラ）　　　　　　　　1969.9.26
ウイルス伝染病（北ベトナム（現・ベト
　ナム）ハノイ）　　　　　　　　1969.9.28
コレラ（インドネシア　南スマトラ）1969.10.18
インフルエンザ（ヨーロッパ）　　1969.12.
インフルエンザ（イギリス）　　　1970.1.8
天然痘（西ドイツ（現・ドイツ）ザウエ
　ルラント）　　　　　　　　　　1970.2.1
コレラ（東パキスタン（現・バングラデ
　シュ））　　　　　　　　　　　1970.4.
コレラ（韓国　慶尚南道）　　　　1970.8.-
難民キャンプでコレラ（インド　カリン
　プール）　　　　　　　　　　　1971.5.27-
コレラ（チャド/フィリピン/ケニア）1971.6.
天然痘（ユーゴスラビア）　　　　1972.3.-
コレラ（フィリピン　ルソン島）　1972.7.-
コレラ（インドネシア　南スラウェシ州）
　　　　　　　　　　　　　　　　1972.この年
天然痘（インド　西ベンガル州/バングラ
　デシュ）　　　　　　　　　　　1973.1.-
コレラ（インドネシア　ジャワ島）
　　　　　　　　　　　　　　　　1973.1.-
コレラ（イタリア）　　　　　　　1973.8.-
コレラ（カンボジア　カンポト州）1973.8.
天然痘（インド/ネパール）　　　1974.1.-
コレラ（インド）　　　　　　　　1975.4.-
インフルエンザ（アメリカ　東海岸）
　　　　　　　　　　　　　　　　1976.2.15-
奇病（ザイール　ブームバ地方/スーダ
　ン）　　　　　　　　　　　　　1976.10.
はしか（フィリピン　ミンダナオ島）
　　　　　　　　　　　　　　　　1976.11.-
コレラ（東ティモール　オエクシ）
　　　　　　　　　　　　　　　　1976.12.25-
エボラ出血熱（ザイール）　　　　1976.この年
狂犬病（タンザニア　ダルエスサラーム）1977.3.7
コレラ（インド　アタプラデシュ州）
　　　　　　　　　　　　　　　　1977.5.-
コレラ（シリア）　　　　　　　　1977.7.-
黒熱病（インド　ビハール州）　　1977.8.

コレラ（タンザニア）	1977.10.-
インフルエンザ（アメリカ）	1978.1.-
コレラ（タンザニア　キゴマ州）	1978.5.
コレラ（インド　ビハール州）	1979.7.-
真性コレラ（韓国　全羅南道）	1980.9.19
コレラ（インドネシア　ジャワ州）	1981.4.18
エイズ発見（フランス）	1983.5.
赤痢（インド）	1984.8.-
コレラ（ソマリア）	1985.3.31
難民キャンプでコレラ（ソマリア）	1986.4.26
エイズ（アメリカ）	1987.2.6
狂犬病（中国　湖南省）	1988.この年
インフルエンザ（イギリス）	1989.12.
エイズ（中国　雲南省）	1990.2.7
コレラ（ペルー）	1991.2.-
コレラ（ペルー）	1991.3.21
ジフテリア（ロシア）	1993.8.-
インフルエンザ（パプア・ニューギニア　マダン）	1993.11.-
ハンタウイルス（アメリカ）	1993.この年
コレラ（ザイール　ゴマ）	1994.7.
ペスト（インド）	1994.9.-
エボラ出血熱（ザイール）	1994.12.-
人食いバクテリア（イギリス）	1994.この年
デング熱（カンボジア　バタンバン州）	1995.3.-
エボラ出血熱（ガボン）	1996.2.-
デング熱（インド　デリー）	1996.8.-
鳥インフルエンザ（香港）	1997.12.29
デング熱（インドネシア）	1998.4.
豚が媒介する感染症（マレーシア）	1999.2.-
原因不明の奇病（アフガニスタン　バダクシャン州）	1999.2.
難民キャンプで伝染病（インドネシア　西ティモール）	1999.11.
西ナイルウイルス（アメリカ）	1999.この年
エボラ出血熱（ウガンダ　グル）	2000.10.-
口蹄疫（ヨーロッパ）	2001.2.-
エイズ感染が拡大（中国）	2001.この年
出血熱（アフガニスタン　ゴール州）	2002.3.8
西ナイルウイルス（アメリカ）	2002.7.-
出血熱（ユーゴスラビア・コソボ自治州（現・コソボ））	2002.7.
サル痘（アメリカ）	2003.6.-
A型肝炎（アメリカ　ピッツバーグ）	2003.10.-
新型肺炎SARS（世界）	2003.この年
SARS（中国　広東省広州）	2004.1.-
口蹄疫（モンゴル　ドルノゴビ県）	2004.2.11
鳥インフルエンザ（ベトナム/タイ）	2004.この年
マールブルグ出血熱（アンゴラ　ウイゲ州）	2005.3.
日本脳炎（インド　ウッタルプラデシュ州）	2005.7.-
コレラ（中国　浙江省）	2005.9.
エイズ（世界）	2005.この年
蚊媒介の感染症（フランス　インド洋レユニオン）	2006.3.3
鳥インフルエンザ（世界）	2006.この年
口蹄疫（イギリス）	2007.8.3
エボラ出血熱（コンゴ民主共和国）	2007.9.11
エボラ出血熱（ウガンダ）	2007.11.29
鳥インフルエンザ（ナイジェリア/インドネシア）	2007.この年
手足口病（中国）	2008.3.-
インフルエンザ（香港）	2008.3.
新型ウイルス「アレナ」（ザンビア）	2008.10.30
超多剤耐性結核（ボツワナ/モザンビーク）	2008.この年
鳥インフルエンザ（韓国/インドネシア/香港）	2008.この年
コレラ（ジンバブエ）	2008.この年
手足口病（中国）	2009.1.-
鳥インフルエンザ（エジプト）	2009.4.24
新型インフルエンザ（世界）	2009.4.24-

【食品衛生・食品事故】

パンに殺虫剤混入（メキシコ　ティファナ）	1967.9.
パンに殺虫剤混入（コロンビア　チキンキラ市）	1967.11.25
マグロ缶水銀汚染（アメリカ）	1971.1.7
卵などにPCB検出（アメリカ）	1971.8.13
密造酒にメチルアルコール（インド　ニューデリー）	1972.1.22
密造酒にメチルアルコール（インド　ニューデリー）	1972.3.-
水銀中毒（イラク）	1972.3.
小麦種モミで水銀中毒（イラク）	1972.8.

密造酒にメチルアルコール（インド　スリアペット）　1973.2.24
密造酒で大量死（パキスタン　カラチ）　1974.11.
密造酒にメチルアルコール（インド　タミルナド州マドラス）　1976.7.2
密造酒にメチルアルコール（インド　マディヤプラデシュ州）　1976.10.
密造酒で中毒（インド　グジャラート州）　1977.2.28
減量用食品で死者（アメリカ）　1977.11.9
カネミ油症（台湾　台中県，彰化県）　1979.3.-
鶏肉がPCB汚染（アメリカ）　1979.9.-
密造酒で死亡（インド　カルナタカ州）　1981.7.7
有毒食用油で中毒（スペイン）　1981.9.9
密造酒にメチルアルコール（エジプト　カイロ）　1985.8.1
メチルなどで中毒死（ソ連（現・ロシア））　1986.12.5
BSE発見（イギリス）　1986.この年
祝い酒にメチルアルコール（インド　ボンベイ（現・ムンバイ））　1992.1.1-
密造酒にメチルアルコール（インド　オリッサ州）　1992.5.6
学食にヒ素混入（中国　河南省）　1992.6.
BSE人間にも感染（イギリス）　1996.3.20
卵がダイオキシン汚染（ベルギー）　1999.5.28
給食に殺虫剤混入（ペルー　ウアサキ村）　1999.10.22
酒にメチルアルコール（エルサルバドル）　2000.10.
幼稚園の給食に殺鼠剤（中国　広東省呉川市黄坡鎮）　2002.11.25
アメリカで初のBSE牛（アメリカ　ワシントン州）　2003.12.23
密造酒に工業用アルコール（トルコ）　2005.3.11
宴会料理に殺鼠剤混入（中国　重慶市）　2005.12.24
インド産コーラに殺虫剤成分（インド　ニューデリー）　2006.8.2
中国製品安全性に問題（アメリカ/オーストラリア/ニュージーランド）　2007.3.-
ワインに硫酸（イタリア）　2008.4.4
粉ミルク汚染（中国）　2008.この年

【集団食中毒】

ミルクがサルモネラ菌汚染（オーストラリア）　1977.2.-
集団食中毒（フィリピン　ケソン市）　1978.12.17
集団食中毒（インド　アンドラプラデシュ州）　1979.1.15
チーズに有毒バクテリア（アメリカ　ロサンゼルス）　1985.6.14
チーズがリステリア菌汚染（スイス）　1987.11.20
ハンバーガーで食中毒（アメリカ　西海岸）　1993.1.-
飢饉で毒草を食べ中毒（ネパール　フムラ地域）　1998.4.-
加工食品リステリア菌汚染（フランス）　2000.1.-
ノロウイルスで集団下痢（中国）　2006.12.31-

【薬害・医療事故】

投薬ミス（ベルギー　シャルルロワ）　1967.1.7
ブドウ糖注射で大量死（インド　ウッタルプラデシュ州）　1974.4.14
インフルエンザ予防接種で急死（アメリカ）　1976.10.11
工事ミスで麻酔ガス吸入（アメリカ　ノリスタウン）　1977.7.2
人工心臓弁故障（アメリカ）　1988.6.21
臓器移植で狂犬病（アメリカ）　2004.7.1
肝炎ワクチンで死亡（中国　安徽省）　2005.6.16

山岳遭難

山岳で遭難（スイス　アイガー峰）　1957.8.11
吹雪で山岳遭難（イタリア　アルプス・マルモラダ峰）　1957.8.19
雪崩で遭難（中国　雲南省）　1991.1.3
雪崩で遭難（ネパール　アンナプルナ）　2004.10.10

戦争災害

兵器工場で爆発（フランス ボン・サンテスプリ） 1962.4.9
肺ペスト（イギリス ボートン） 1962.7.30
核実験による白血病死（アメリカ ユタ州） 1979.1.8
難民船沈没（ベトナム ホーチミン） 1983.5.7
難民餓死（フィリピン） 1984.7.-
原油流出（中東 ペルシャ湾） 1991.1.-
原油炎上（クウェート） 1991.1.-
難民キャンプで飢饉（ザイール キサンガニ） 1997.4.
難民帰還用列車で大量圧死（ウガンダ キサンガニ） 1997.5.5
難民船沈没（インドネシア マルク海峡） 2000.6.29

【軍隊・軍事基地の事故】

公開飛行で墜落（イギリス ファーンバラ） 1952.9.6
軍輸送機墜落（アメリカ） 1952.12.20
旅客機と軍練習機空中衝突（カナダ ムース・ジョー） 1954.4.8
空母「ベニントン」爆発（アメリカ） 1954.5.26
潜水艦「シドン」爆発（イギリス ドーセット州） 1955.6.16
軍輸送機火災・墜落（西ドイツ（現・ドイツ）） 1955.8.11
空軍ジェット機空中爆発（アメリカ トレーシー） 1956.2.17
軍チャーター機炎上（マルタ） 1956.2.18
軍輸送機林に墜落（アメリカ） 1956.7.13
空軍偵察機墜落・炎上（イギリス スコットランド） 1956.10.10
軍機墜落（アメリカ テネシー州） 1957.4.1
輸送機としょう戒爆撃機衝突・墜落（アメリカ カリフォルニア州） 1958.2.1
旅客機と戦闘機衝突（アメリカ ラスベガス） 1958.4.21
旅客機と戦闘機衝突（イタリア アンツィオ） 1958.10.22
軍輸送機墜落（台湾 台南） 1959.11.7
旅客機と空軍練習機空中衝突（ブラジル リオデジャネイロ） 1959.12.22
海軍機と旅客機衝突（ブラジル リオデジャネイロ） 1960.2.25
海軍小型飛行船墜落（アメリカ ニュージャージー州） 1960.7.6
軍輸送機爆発・墜落（アメリカ グアム島） 1960.9.19
ロケット爆発（ソ連 カザフ共和国バイコヌール（現・カザフスタン）） 1960.10.-
空母「サラトガ」火災（地中海） 1961.1.22
軍用機森に墜落・炎上（アメリカ ワシントン州） 1961.5.3
軍輸送機墜落・炎上（アメリカ ウィルミントン） 1961.9.24
軍用機墜落（ビルマ（現・ミャンマー） モンバリアオ） 1962.5.9
軍用機墜落（西ドイツ（現・ドイツ） マルクト・シュワーベ） 1962.5.22
軍用機墜落（アメリカ 大西洋セントトーマス島） 1962.11.23
原潜「スレッシャー」沈没（アメリカ） 1963.4.10
チャーター機墜落（アメリカ アラスカ州） 1963.6.3
軍用機墜落（西ドイツ（現・ドイツ） デトモルド） 1963.6.26
戦闘機墜落（アメリカ ウィローグロヌブ） 1963.7.7
輸送機墜落（エジプト） 1963.10.19
航空機墜落（タイ） 1963.12.27
駆逐艦と空母衝突（オーストラリア ニューサウスウェールズ州沖） 1964.2.11
空軍輸送機墜落（ペルー） 1964.5.8
軍輸送機墜落（フィリピン マニラ） 1964.5.11
輸送機墜落（南ベトナム（現・ベトナム）） 1964.12.10
軍用機墜落（韓国 ソウル） 1967.4.8
原潜「スコーピオン」が遭難（アメリカ） 1968.5.27
原子力空母「エンタープライズ」火災（アメリカ オアフ島） 1969.1.14
駆逐艦と空母衝突（アジア 南シナ海） 1969.6.2
軍輸送機墜落（コロンビア） 1969.9.9
海軍機墜落（北ベトナム（現・ベトナム） トンキン湾） 1969.10.2
軍用トラック爆発（イスラエル エイラート） 1970.1.24

戦争災害　　　　　災害別一覧

地雷搭載トラック爆発（西パキスタン（現・パキスタン）デール）　1970.5.21
軍用機墜落（アメリカ　アラスカ州）　1970.11.27
軍輸送機墜落（フィリピン　マニラ）　1971.4.5
軍輸送機火災（ブラジル　マナウス）　1971.4.28
旅客機と海軍機空中衝突（アメリカ　ロサンゼルス）　1971.6.6
軍輸送機墜落（フランス　ポー）　1971.7.30
軍用ヘリコプター墜落（西ドイツ（現・ドイツ）ペグニッツ）　1971.8.18
空軍機墜落（地中海　ティレニア海）　1971.11.9
攻撃機墜落（アメリカ　アラメダ）　1973.2.7
旅客機撃墜（イスラエル　シナイ半島）　1973.2.21
戦闘機病院に墜落（カンボジア　プノンペン）　1973.5.4
軍艦沈没（韓国　忠武港）　1974.2.22
空軍機墜落（西ドイツ（現・ドイツ））　1975.2.9
軍用機墜落（ボリビア）　1975.10.27
軍輸送機墜落（ポルトガル　大西洋アゾレス諸島テルセイラ島）　1976.9.4
空軍機山に衝突・炎上（イタリア　ピサ）　1977.3.3
軍用ヘリコプター墜落（イスラエル　エリコ）　1977.5.10
原子炉衛星墜落（カナダ　ブリティッシュコロンビア州）　1978.1.24
ICBM基地で燃料漏れ（アメリカ　ウィチタ）　1978.8.24
空軍機墜落（インド　ラダク地区）　1978.11.19
軍用機墜落（中国　北京）　1979.3.14
細菌兵器漏出（ソ連（現・ロシア）スベルドロフスク市）　1979.4.-
戦闘機墜落（トルコ　バンカルコイ）　1981.9.22
軍用機墜落（ジブチ）　1982.2.3
軍用ヘリコプター墜落（西ドイツ（現・ドイツ）マンハイム）　1982.9.11
海兵隊ヘリコプター墜落（韓国）　1984.3.24
チャーター機墜落（カナダ　ニューファウンドランド）　1985.12.12
軍輸送機墜落（ネパール）　1985.12.30
輸送機墜落（モザンビーク　カボデルガド州）　1986.3.31
在韓米基地燃料タンク爆発（韓国　京畿道）　1986.4.5
原潜「K-219」火災（北アメリカ　バミューダ諸島）　1986.10.3
軍輸送機墜落（イラン　シスタン州）　1986.11.2

戦闘機ホテルに墜落（アメリカ　インディアナ州）　1987.10.20
航空ショーで接触・墜落（西ドイツ（現・ドイツ）ラインラント・プファルツ州）　1988.8.28
原潜火災（ノルウェー）　1989.4.7
軍輸送機墜落（ソ連　アゼルバイジャン共和国（現・アゼルバイジャン））　1989.10.18
軍輸送機山に墜落（ソ連（現・ロシア）カムチャツカ半島）　1989.10.27
軍用機学校に墜落（イタリア　ボローニャ）　1990.12.6
海軍機同士衝突（アメリカ　サンディエゴ沖）　1991.3.21
空軍機墜落（サウジアラビア　カフジ）　1991.3.21
空軍機墜落（インドネシア　ジャカルタ）　1991.10.5
軍用機住宅街に墜落（ケニア　ナイロビ）　1992.4.16
軍用機墜落（イエメン　アデン）　1992.7.14
旅客機と戦闘機空中衝突（イラン）　1993.2.8
軍輸送機墜落（ガボン）　1993.4.28
軍訓練で砲弾爆発（韓国　京畿道）　1993.6.10
原潜「エムロード」で爆発（フランス　ツーロン港）　1994.3.30
空軍ヘリコプター墜落（イギリス　スコットランド）　1994.6.2
空軍機墜落（ロシア　シベリア連邦管区チタ州）　1994.8.5
軍輸送機墜落（スリランカ　ネゴンボ沖）　1995.9.13
軍用機墜落（アルゼンチン　ブエノスアイレス）　1995.11.8
軍輸送機墜落（スーダン　ハルツーム）　1996.2.26
空軍機墜落（クロアチア　ドゥブロヴニク）　1996.4.3
軍用機墜落（ロシア　トベリ州）　1996.12.17
軍輸送機墜落（スリランカ）　1997.2.21
軍用機空中衝突（ナミビア）　1997.9.13
空軍機墜落・アパート直撃（ロシア　イルクーツク）　1997.12.6
軍用旅客機墜落（ペルー　ピウラ市）　1998.3.29
空軍輸送機墜落（ペルー）　1998.5.5
軍用旅客機墜落（グルジア　アジャール自治共和国バトゥーミ）　2000.10.26
旅客機誤射され墜落（ロシア　黒海）　2001.10.4
軍輸送機墜落（ロシア　アルハンゲリスク）　2002.2.21

航空ショーで戦闘機墜落（ウクライナ リボフ）	2002.7.27		

航空ショーで戦闘機墜落（ウクライナ　リボフ）　2002.7.27
軍用機墜落（イラン）　2003.2.19
潜水艦爆発で窒息死（中国　山東省煙台）　2003.5.2
軍用機アパートに墜落（イラン　テヘラン）　2005.12.6
軍輸送機墜落（ハンガリー）　2006.1.19
陸軍ヘリコプター墜落（ロシア　北オセチア共和国）　2006.9.11
原潜「タイアレス」爆発（北極海）　2007.3.21
弾薬庫爆発（モザンビーク　マプト）　2007.3.22
基地で爆発（アルバニア）　2008.3.15
原潜「ネルパ」艦内でフロン中毒（アジア　日本海）　2008.11.8
空軍機墜落（インドネシア　西ジャワ州バンドン）　2009.4.6
軍輸送機民家に墜落（インドネシア　東ジャワ州マゲタン）　2009.5.20

【機雷・不発弾の爆発】

地雷爆発（ギリシャ　フミア）　1964.11.29
スクールバス触雷（イスラエル）　1968.3.18
弾薬集積所で爆発（バングラデシュ）　1972.1.6
地雷が爆発（レバノン）　1975.7.5
戦艦爆発（大西洋）　1989.4.19
不発弾が爆発（ベトナム　ゲアン省）　1997.4.7
原潜「クルスク」沈没（ロシア）　1999.8.14

製品事故・管理不備

ベビーパウダーに毒（フランス　アルデンヌ地方, パリ地区）　1972.5.-
自動車に欠陥（アメリカ）　1978.8.29
フォード車欠陥（アメリカ）　1979.6.2
汚染家具で被曝（メキシコ/アメリカ）　1984.5.1
タンク車爆発（アフガニスタン　ヘラート州）　2004.5.2
中国製品安全性に問題（アメリカ/オーストラリア/ニュージーランド）　2007.3.-

その他の災害

巡礼者殺到で圧死（インド　アラハバトゥ）　1954.2.3
舞台崩壊（メキシコ　ゴーフイラ）　1959.2.25
祈祷会で圧死（インド　ボンベイ(現・ムンバイ)）　1959.9.20
駅で圧死（韓国　ソウル）　1960.1.26
ミサ中に天井崩壊（エクアドル）　1963.2.1
警察火薬庫で爆発（インド　アッサム州）　1963.8.14
サッカーの試合で観客死傷（ペルー　リマ）　1964.5.24
競技場で圧死（メキシコ　ハラパ）　1964.11.29
教会の屋根崩落（メキシコ）　1965.1.3
闘牛場で圧死（メキシコ　グアダラハラ）　1965.1.31
水難事故で豪首相死亡（オーストラリア　ポートシー）　1967.12.17
サッカー試合後に騒動（アルゼンチン　ブエノスアイレス）　1968.6.22
サッカー優勝祝賀の惨事（ブラジル）　1970.6.21
サッカー場で圧死（イギリス　グラスゴー）　1971.1.2
祭りの花火暴発（スペイン　バレンシア）　1971.3.20
サッカー場の客席が倒壊（エジプト　カイロ）　1974.2.17
競技場で将棋倒し（ソ連(現・ロシア)　モスクワ）　1975.3.10
校舎の屋根崩落（インド　ラジャスタン州）　1977.9.7
花火爆発（コロンビア）　1977.9.8
ボクシング観客席倒壊（タイ　コラート）　1978.6.2
闘牛場崩れる（コロンビア　スクレ州）　1980.1.20
カーニバルで死者（ブラジル　リオデジャネイロ）　1980.2.15-
サッカー場で将棋倒し（ギリシャ　アテネ）　1981.2.8
ダンス会場に渡り廊下落下（アメリカ　カンザスシティー）　1981.7.17
闘牛場崩れる（メキシコ　メリダ）　1981.11.15
カーニバルで死者（ブラジル　リオデジャネイロ）　1982.2.20-

その他の災害　　災害別一覧

サッカー場で死傷（ソ連（現・ロシア）モスクワ）	1982.10.20
サッカー場で死傷（コロンビア　カリ）	1982.11.17
大祭で信者殺到（インド　ハリドワール）	1986.4.14
サッカー観客圧死（ネパール）	1988.3.12
サッカー場で圧死（イギリス　ロンドン）	1989.4.15
メッカ巡礼で圧死（サウジアラビア　ミナ）	1990.7.2
巡礼者将棋倒し（メキシコ）	1991.2.13
サッカースタンドが崩壊（フランス　コルシカ島）	1992.5.5
列車内でパニック（インド　ボンベイ（現・ムンバイ））	1993.10.13
メッカ巡礼で将棋倒し（サウジアラビア　メッカ）	1994.5.23
衛星打ち上げ失敗・民家に墜落（中国　四川省）	1996.2.15
宗教行事で将棋倒し（インド　マディヤプラデシュ州ウジャイン，ウッタルプラデシュ州ハルドワル）	1996.7.15
サッカー場で将棋倒し（グアテマラ　グアテマラ市）	1996.10.16
メッカ巡礼で将棋倒し（サウジアラビア　メッカ）	1998.4.9
イベント会場でパニック（ベラルーシ　ミンスク）	1999.5.30
新年祝賀で死傷（コロンビア/エルサルバドル）	1999.12.31－
ごみの山が崩落（フィリピン　マニラ首都圏ケソン市パヤタス地区）	2000.7.10
小学校で爆発（中国　江西省宜春市）	2001.3.6
サッカー場で将棋倒し（南アフリカ共和国　ヨハネスブルグ）	2001.4.11
サッカー場の屋根が崩落（イラン　サリ）	2001.5.6
サッカー場で暴動（ガーナ　アクラ）	2001.5.9
無許可所持の爆薬が爆発（中国　陝西省横山県馬坊村）	2001.7.16
新年祝賀で死傷（フィリピン）	2001.12.22－
大停電（アメリカ/カナダ）	2003.8.14
ロケット爆発（ブラジル　マラニョン州）	2003.8.22
巡礼者将棋倒し（サウジアラビア　メッカ）	2004.2.1
橋上で圧死（中国　密雲県）	2004.2.5
民家で爆発（中国　山西省）	2005.3.4
巡礼者橋から転落（イラク　バグダッド）	2005.8.31
メッカ巡礼で圧死（サウジアラビア　メッカ）	2006.1.12
スタジアムに観客殺到（フィリピン）	2006.2.4
水道タンク崩壊（インド　ラジャスタン州）	2006.8.27
春節の爆竹で死傷（中国　北京市）	2007.2.18
寺院で転倒（インド　ラジャスタン州）	2008.9.30

国・地域別一覧

国・地域別一覧 目次

《世界》.................. 432
《アジア》.................. 432
  韓国 432
  北朝鮮 433
  中国 433
  香港 436
  台湾 437
  モンゴル 437
  南ベトナム 437
  北ベトナム 438
  ベトナム 438
  カンボジア 438
  ラオス 438
  タイ 438
  ビルマ 439
  ミャンマー 439
  マラヤ 439
  マレーシア 439
  シンガポール 439
  インドネシア 439
  東ティモール 441
  フィリピン 442
  〈南アジア〉 443
  インド 443
  パキスタン 447
  西パキスタン 448
  バングラデシュ 448
  東パキスタン 449
  ネパール 449
  ブータン 449
  スリランカ 449
  セイロン 450
  〈中東〉 450
  アフガニスタン 450
  イラン 450
  イラク 451
  トルコ 451

キプロス 452
シリア 452
レバノン 452
ヨルダン 452
サウジアラビア 452
クウェート 452
カタール 452
アラブ首長国連邦 452
イエメン 452
南イエメン 452
北イエメン 452
バーレーン 453
イスラエル 453
パレスチナ 453
キルギス 453
タジキスタン 453
ウズベキスタン 453
グルジア 453
アゼルバイジャン 453
《ヨーロッパ》 453
イギリス 453
アイルランド 455
ドイツ 455
東ドイツ 455
西ドイツ 455
スイス 456
オーストリア 456
ハンガリー 456
チェコスロバキア 456
チェコ 456
ポーランド 456
フランス 456
モナコ 458
ベルギー 458
ルクセンブルク 458
オランダ 458
スペイン 458

ポルトガル 459
イタリア 459
マルタ 460
ロシア 460
ソ連 461
ベラルーシ 462
ウクライナ 462
〈北欧〉 462
フィンランド 462
スウェーデン 462
ノルウェー 462
デンマーク 462
アイスランド 462
〈東欧〉 463
ルーマニア 463
ブルガリア 463
ユーゴスラビア 463
セルビア・モンテネグロ 463
マケドニア 463
ボスニア・ヘルツェゴビナ 463
クロアチア 464
アルバニア 464
ギリシャ 464
《アフリカ》 464
エジプト 464
スーダン 465
リビア 465
チュニジア 465
アルジェリア 465
モロッコ 465
オートボルタ 465
モーリタニア 465
セネガル 465
ギニア 466

シエラレオネ ……466	カリブ海 …………476	《その他》…………484
コートジボワール..466	メキシコ …………477	
ガーナ ……………466	グアテマラ ………478	
トーゴ ……………466	エルサルバドル …478	
ベナン ……………466	ホンジュラス ……478	
ナイジェリア ……466	英領ホンジュラス..478	
カメルーン ………466	ニカラグア ………478	
赤道ギニア ………466	コスタリカ ………478	
チャド ……………466	パナマ ……………478	
中央アフリカ ……466	キューバ …………478	
ガボン ……………466	ジャマイカ ………478	
コンゴ民主共和国..466	ハイチ ……………479	
ザイール …………467	ドミニカ共和国 …479	
アンゴラ …………467	プエルトリコ ……479	
エチオピア ………467	グレナダ …………479	
エリトリア ………467	スリナム …………479	
ジブチ ……………467	ベネズエラ ………479	
ソマリア …………467	コロンビア ………479	
ケニア ……………467	エクアドル ………480	
ウガンダ …………467	ブラジル …………480	
ルワンダ …………467	パラグアイ ………481	
タンザニア ………467	ウルグアイ ………481	
モザンビーク ……468	アルゼンチン ……481	
マラウイ …………468	チリ ………………482	
ザンビア …………468	ボリビア …………482	
ローデシア ………468	ペルー ……………482	
ジンバブエ ………468	《オセアニア》………483	
ボツワナ …………468	オーストラリア …483	
南西アフリカ ……468	ニュージーランド..484	
ナミビア …………468	ソロモン諸島 ……484	
南アフリカ共和国..468	フィジー …………484	
南アフリカ連邦 …469	パプア・ニューギ	
マダガスカル ……469	ニア ……………484	
モーリシャス ……469	ミクロネシア ……484	
コモロ ……………469	ミクロネシア連邦..484	
《北アメリカ》………469	マーシャル諸島 …484	
カナダ ……………469	《両極》………………484	
アメリカ …………469	北極 ………………484	
《中南米》……………476	南極 ………………484	

《世界》　国・地域別一覧

《世界》

インフルエンザ（アジアかぜ）（世界）
　　　　　　　　　　　　　　　　1957.5.−
新型肺炎SARS（世界）　　　　　2003.この年
エイズ（世界）　　　　　　　　　2005.この年
鳥インフルエンザ（世界）　　　　2006.この年
新型インフルエンザ（世界）　　　2009.4.24−

《アジア》

駆逐艦と空母衝突（アジア　南シナ海）1969.6.2
原潜「ネルパ」艦内でフロン中毒（アジア　日本海）　　　　　　　　　2008.11.8

【韓国】

レール切断で列車脱線（韓国　ソウル）
　　　　　　　　　　　　　　　　1952.9.17
大雪（韓国）　　　　　　　　　　1952.12.10
暴風で定期船沈没（韓国　釜山沖）1953.1.9
市街火災（韓国　釜山）　　　　　1953.1.30
豪雨（韓国　ソウル）　　　　　　1953.8.13
上陸用舟艇が転覆（韓国　仁川）　1954.1.21
市街火災（韓国　釜山）　　　　　1954.1.29
市街火災（韓国　春川）　　　　　1954.5.22
市街火災（韓国　ソウル）　　　　1954.6.23
ガソリン貯蔵所で火災（韓国　釜山）1954.11.26
市街火災（韓国　釜山）　　　　　1954.12.26
市街火災（韓国　釜山）　　　　　1955.11.6
船舶火災（韓国　釜山）　　　　　1956.1.12
雪崩（韓国）　　　　　　　　　　1956.3.2
市街火災（韓国　釜山）　　　　　1957.6.22
ボート転覆（韓国　ソウル）　　　1958.5.27
脳炎（韓国）　　　　　　　　　　1958.8.21
豪雨（韓国）　　　　　　　　　　1959.8.30−
台風「サラ」（台風14号）（韓国）1959.9.17
駅で圧死（韓国　ソウル）　　　　1960.1.26
豪雨（韓国）　　　　　　　　　　1961.7.13
吹雪で漁船遭難（韓国）　　　　　1962.1.1
台風10号（韓国　仁川）　　　　　1962.8.15
連絡船沈没（韓国）　　　　　　　1963.1.18
台風4号（韓国）　　　　　　　　1963.6.20
コレラ（韓国）　　　　　　　　　1963.9.−
渡し船転覆（韓国　ソウル）　　　1963.10.23
ビル崩壊（韓国　ソウル）　　　　1964.5.2
豪雨（韓国）　　　　　　　　　　1964.8.8−
豪雨（韓国　ソウル）　　　　　　1964.9.13
強風で漁船遭難（韓国）　　　　　1965.1.10−
集中豪雨（韓国）　　　　　　　　1965.7.14−
日本脳炎（韓国）　　　　　　　　1965.8.
漁船遭難が続出（韓国　東海岸）
　　　　　　　　　　　　　　　　1965.12.30−
住宅火災（韓国　ソウル）　　　　1966.1.18
豪雨（韓国　ソウル）　　　　　　1966.7.15−
日本脳炎（韓国）　　　　　　　　1966.8.
軍艦とフェリー衝突（韓国　釜山）1967.1.14
軍用機墜落（韓国　ソウル）　　　1967.4.8
バス崖下に転落（韓国　金泉）　　1967.10.16
バス崖下に転落（韓国）　　　　　1968.1.7
バス川に転落（韓国）　　　　　　1968.10.30
列車同士衝突（韓国　忠清南道）　1969.1.31
コレラ（韓国）　　　　　　　　　1969.8.−
豪雨（韓国）　　　　　　　　　　1969.9.14−
コレラ（韓国　慶尚南道）　　　　1970.8.−
ハイウェイでバス転落（韓国　慶尚北道）　　　　　　　　　　　　　1970.8.21
列車と修学旅行バス衝突（韓国）　1970.10.14
修学旅行の列車転覆（韓国　江原道）1970.10.17
渡し舟転覆（韓国）　　　　　　　1970.11.5
連絡船沈没（韓国）　　　　　　　1970.12.15
寒波（韓国）　　　　　　　　　　1971.1.3−
ダムにバス転落（韓国）　　　　　1971.5.10
豪雨（韓国　ソウル）　　　　　　1971.7.17
豪雨（韓国　忠清, 全羅）　　　　1971.7.25−
台風19号（韓国　三陟）　　　　　1971.8.
ホテル火災（韓国　ソウル）　　　1971.12.25
豪雨（韓国　ソウル）　　　　　　1972.8.
市民会館炎上（韓国　ソウル）　　1972.12.2
連絡船沈没（韓国　全羅南道珍島郡）1973.1.25
油送列車が爆発（韓国　忠清北道永同郡）
　　　　　　　　　　　　　　　　1973.8.12
地下街火災（韓国　ソウル）　　　1973.12.30
軍艦沈没（韓国　忠武港）　　　　1974.2.22
熱帯低気圧で暴風雨（韓国）　　　1974.8.29−
ホテル火災（韓国　ソウル）　　　1974.10.17
ビル火災（韓国　ソウル）　　　　1974.11.3
漁船沈没（韓国　全羅南道莞島郡所安島）
　　　　　　　　　　　　　　　　1974.11.12
列車とバス衝突（韓国　全羅南道）1975.6.14
バス湖に転落（韓国　江原道）　　1976.2.28
バス崖下に転落（韓国　ソウル）　1976.5.18

国・地域別一覧　《アジア》

列車とタンクローリー衝突（韓国　ソウル）	1976.5.23
集中豪雨（韓国　ソウル）	1977.7.8−
特急列車が普通列車に衝突（韓国　忠清北道沃川郡）	1977.7.24
貨車爆発（韓国　裡里市）	1977.11.11
バス橋から転落（韓国　ソウル）	1978.7.23
洪水と地滑り（韓国）	1979.8.26
炭鉱で火災（韓国　慶尚北道慶北聞慶郡）	1979.10.27
真性コレラ（韓国　全羅南道）	1980.9.19
ジャンボ機炎上（韓国　ソウル）	1980.11.19
ディスコで火災（韓国　大邱市）	1983.4.18
ホテル火災（韓国　釜山）	1984.1.14
ビアホールで火災（韓国　ソウル）	1984.2.3
海兵隊ヘリコプター墜落（韓国）	1984.3.24
豪雨（韓国　ソウル）	1984.8.31
市場で火災（韓国　ソウル）	1985.3.23
在韓米基地燃料タンク爆発（韓国　京畿道）	1986.4.5
遊覧船出火（韓国　慶尚南道）	1987.6.16
台風5号と集中豪雨（韓国）	1987.7.15
集中豪雨（韓国）	1987.7.26
化学薬品倉庫爆発（韓国　ソウル）	1987.8.14
軍事演習ヘリコプター墜落（韓国　慶尚北道）	1989.3.20
豪雨（韓国）	1989.7.25−
バス崖下に転落（韓国　全羅北道）	1989.9.17
化学製品工場火災（韓国　全羅南道）	1989.10.4
豪雨（韓国　ソウル）	1990.9.10−
豪雨（韓国）	1991.7.20−
台風12号（韓国）	1991.8.23
アパート火災（韓国　忠清北道）	1993.1.7
地盤ゆるみ列車転覆（韓国　釜山）	1993.3.28
病院で火災（韓国　忠清南道論山郡）	1993.4.19
軍訓練で砲弾爆発（韓国　京畿道）	1993.6.10
旅客機山に墜落（韓国　全羅南道）	1993.7.26
フェリー沈没（韓国　全羅北道扶安郡沖）	1993.10.10
急行列車が正面衝突（韓国　慶尚南道密陽郡三浪津）	1994.8.11
聖水大橋崩壊（韓国　ソウル市）	1994.10.21
観光船火災（韓国　忠清北道丹陽郡）	1994.10.24
地下鉄工事現場でガス爆発（韓国　慶尚北道大邱市達西区）	1995.4.28
デパート崩壊（韓国　ソウル市瑞草区）	1995.6.29
女子更生施設で火災（韓国　京畿道龍仁郡駒城面）	1995.8.21
豪雨（韓国）	1995.8.23−
土砂崩れ（韓国）	1996.7.26−
ナイトクラブで火災（韓国　ソウル市）	1996.9.29
集中豪雨（韓国）	1998.7.−
台風7号（韓国）	1998.8.3
集中豪雨（韓国）	1998.8.5−
ガスタンクが爆発（韓国　京畿道富川市）	1998.9.11
原発で事故（韓国　慶尚北道）	1998.10.4
青少年研修施設で火災（韓国　京畿道）	1999.6.30
ビル火災（韓国　仁川市中区インヒョン洞）	1999.10.30
バス横転（韓国　江原道高城郡）	2000.2.17
高速道路で多重衝突（韓国　慶尚北道金泉市）	2000.7.14
集中豪雨（韓国　ソウル，京畿道）	2001.7.14−
旅客機山に墜落（韓国　釜山）	2002.4.15
タンクローリーとバス衝突（韓国　忠清北道沃川郡）	2002.6.15
豪雨（韓国）	2002.8.4−
台風15号（韓国　江原道）	2002.8.31−
地下鉄で火災（韓国　大邱市）	2003.2.18
台風14号（韓国）	2003.9.
冷凍倉庫で火災（韓国　京畿道利川）	2008.1.7
南大門が全焼（韓国　ソウル）	2008.2.10
鳥インフルエンザ（韓国）	2008.この年
アスベスト（韓国）	2009.1.

【北朝鮮】

集中豪雨（北朝鮮）	1995.7.−
集中豪雨（北朝鮮）	1996.7.26−
台風15号（北朝鮮　江原道）	2002.8.31−
貨物列車同士衝突・爆発（北朝鮮　竜川）	2004.4.22
大雨（北朝鮮）	2006.7.14
豪雨（北朝鮮）	2007.8.

【中国】

寒波（中国　上海）	1946.10.29
地震（中国　西康省）	1948.5.25
飛行艇墜落（中国　マカオ）	1948.7.16
グロリア台風（中国　上海）	1949.7.26
洪水（中国）	1954.7.16
洪水（中国　山東省）	1957.7.18−
飢饉（中国）	1957.この年

《アジア》　　　　　国・地域別一覧

洪水（中国　広東省）	1959.6.-
地震（中国　河北省邢台地区）	1966.3.8-
地震（中国　四川省,雲南省）	1974.5.11
海城地震（中国　遼寧省）	1975.2.3
フェリー衝突・転覆（中国　西江）	1975.8.3
干ばつ（中国）	1975.この年
航空機墜落（中国　湖南省）	1976.1.21
唐山地震（中国　唐山,天津,北京）	1976.7.28
干ばつ（中国）	1976.11.-
普通列車と急行列車衝突（中国　河南省鄭州）	1978.12.18
軍用機墜落（中国　北京）	1979.3.14
地震（中国　江蘇省）	1979.7.9
洪水（中国　甘粛省敦煌）	1979.7.27
暴風雨でフェリー転覆（中国　広東省）	1980.2.27
炭鉱で山崩れ（中国　湖北省）	1980.6.3
台風（中国　広東省）	1980.7.22
市街火災（中国　青海省）	1981.1.
地震（中国　四川省）	1981.1.24
干ばつと洪水（中国）	1981.2.6
豪雨（中国　四川省）	1981.7.9-
豪雨（中国）	1981.8.-
航空機墜落（中国　桂林）	1982.4.26
干ばつ（中国　北京）	1982.5.
急行列車脱線・転覆（中国　遼寧省）	1982.5.28
洪水（中国　四川省）	1982.8.
地滑り（中国　甘粛省）	1983.3.7
市街火災（中国　黒竜江省ハルビン）	1983.4.17
雹・竜巻・豪雨（中国）	1983.5.-
掘削船沈没（中国　広東省）	1983.10.28
地震（中国　山東省）	1983.11.7
豪雨（中国　遼寧省）	1984.7.
横穴式教室崩れる（中国　山西省）	1984.7.21
パンダ餓死（中国　四川省）	1984.この年
航空機着陸失敗（中国　山東省）	1985.1.18
地震（中国　雲南省）	1985.4.18
地震（中国　新疆ウイグル地区）	1985.8.23
台風7号（中国　広東省）	1986.7.11
森林火災（中国　黒竜江省）	1987.5.6
フェリー転覆（中国　江蘇省南通）	1987.5.8
列車火災（中国　湖南省）	1988.1.7
航空機エンジン故障・墜落（中国　重慶市）	1988.1.18
特急列車脱線・転覆（中国　雲南省）	1988.1.24
バス谷底に転落（中国　河南省霊宝県）	1988.3.7
修学旅行車が衝突（中国　上海市）	1988.3.24
炭鉱で爆発（中国　貴州省六盤水市）	1988.5.6
炭鉱で爆発（中国　山西省）	1988.5.29
熱波（中国　江蘇省,江西省）	1988.6.-
洪水（中国　四川省）	1988.7.4
船衝突相次ぐ（中国　四川省）	1988.7.21-
豪雨（中国　浙江省）	1988.7.29
台風9号（中国　杭州市）	1988.8.8
フェリー沈没（中国　広西チワン族自治区）	1988.9.18
遊覧機ホテルに墜落（中国　山西省）	1988.10.7
バス用水路に転落・炎上（中国　陝西省）	1988.10.12
地震（中国　雲南省）	1988.11.6
列車にバスが衝突（中国　遼寧省）	1988.12.23
狂犬病（中国　湖南省）	1988.この年
列車とバス衝突（中国　黒竜江省）	1989.1.1
暴風雨（中国　四川省）	1989.4.20
洪水と土砂崩れ（中国　広西チワン族自治区,青海省）	1989.6.-
炭鉱で爆発（中国　湖北省）	1989.6.15
石油タンクに落雷（中国　青島市）	1989.8.12
航空機墜落（中国　上海市）	1989.8.15
地震（中国　山西省）	1989.10.18
エイズ（中国　雲南省）	1990.2.7
地震（中国）	1990.4.26
大雨（中国　湖南省）	1990.6.
雪崩で遭難（中国　雲南省）	1991.1.3
地震（中国）	1991.2.25
洪水（中国）	1991.6.-
大雨（中国　北京）	1991.6.7-
台風（中国　広東省）	1991.7.19
豪雨（中国　四川省）	1991.8.5-
豪雨・竜巻（中国　上海,蘇州）	1991.8.7
山崩れ（中国　雲南省）	1991.9.23
学食にヒ素混入（中国　河南省）	1992.6.
豪雨（中国　福建省）	1992.7.3-
旅客機炎上（中国　江蘇省）	1992.7.31
遊覧ヘリコプター墜落（中国　北京市）	1992.8.11
台風16号（中国　浙江省,福建省）	1992.8.30
炭鉱で爆発（中国　江西省）	1992.9.
旅客機山に墜落（中国　広西チワン族自治区）	1992.11.24
列車とバス衝突（中国　遼寧省）	1993.1.31
百貨店で火災（中国　唐山市）	1993.2.14
客船転覆（中国　広東省湛江港沖）	1993.4.13
貨物列車と観光バス衝突（中国　遼寧省）	1993.4.30
豪雨・雹（中国　江蘇省）	1993.5.25
豪雨（中国　湖南省）	1993.7.
航空機墜落（中国）	1993.7.23

国・地域別一覧　《アジア》

化学倉庫爆発（中国　広東省）　　　1993.8.5
大雨でダム決壊（中国　青海省）　　1993.8.27
航空機着陸失敗（中国　新疆ウイグル自
　治区）　　　　　　　　　　　　　1993.11.13
工場火災（中国　広東省）　　　　　1993.11.19
爆薬工場で爆発（中国　湖南省）　　1993.11.26
工場火災（中国　福建省）　　　　　1993.12.13
客船と貨物船が衝突して沈没（中国　四
　川省万県港）　　　　　　　　　　1994.2.1
バス川に転落（中国　広西チワン族自治
　区）　　　　　　　　　　　　　　1994.2.23
豪雨（中国　福建省）　　　　　　　1994.4.-
遊覧船沈没（中国　浙江省縉雲県）　1994.4.5
落雷・雹（中国　江西省）　　　　　1994.5.1-
炭鉱で爆発（中国　江西省）　　　　1994.5.5
台風で洪水（中国）　　　　　　　　1994.6.
豪雨（中国　湖南省）　　　　　　　1994.6.
旅客機墜落（中国　長安県）　　　　1994.6.6
集中豪雨で洪水（中国）　　　　　　1994.7.
フェリーからバス転落（中国　湖北省宜
　昌）　　　　　　　　　　　　　　1994.7.9
台風17号（中国　浙江省）　　　　 1994.8.21
吊橋切断（中国　広東省従化市温泉鎮）1994.10.2
貨物列車とバス衝突（中国　北京）　1994.10.20
ダンスホールで火災（中国　遼寧省阜新
　市）　　　　　　　　　　　　　　1994.11.27
映画館で火災（中国　新疆ウイグル自治
　区カラマイ市）　　　　　　　　　1994.12.8
バス川に転落（中国　広東省清遠市）1995.2.11
竜巻・雹（中国　広西チワン族自治区博
　白県）　　　　　　　　　　　　　1995.2.14
小型船沈没（中国　浙江省寧波市）　1995.2.18
バス転落（中国　浙江省長興県）　　1995.2.19
ダムで船が転覆（中国　江西省玉山県）1995.3.19
遠足で山林火災（中国　山西省懐仁県）1995.4.6
豪雨（中国　広東省）　　　　　　　1995.4.19
豪雨（中国）　　　　　　　　　　　1995.5.-
豪雨（中国　湖南省）　　　　　　　1995.6.-
バス川に転落（中国　浙江省）　　　1995.6.17
バス谷に転落（中国　四川省）　　　1995.8.7
サウナで火災（中国　広東省広州市）1995.12.8
地震（中国　雲南省）　　　　　　　1996.2.3
衛星打ち上げ失敗・民家に墜落（中国
　四川省）　　　　　　　　　　　　1996.2.15
炭鉱で爆発（中国　河南省平頂山市）1996.5.21
地滑り（中国　雲南省元陽県）　　　1996.5.31-
集中豪雨（中国）　　　　　　　　　1996.6.-
炭鉱で爆発（中国　山西省大同市新栄区）
　　　　　　　　　　　　　　　　　1996.11.27

客船と貨物船が衝突（中国　四川省資中
　県沱江）　　　　　　　　　　　　1997.1.3
ホテル火災（中国　湖南省長沙市）　1997.1.29
バス炎上（中国　広東省広州市）　　1997.2.13
炭鉱でガス爆発（中国　河南省）　　1997.3.4
工場の寮が崩壊（中国　福建省）　　1997.3.25
旅客列車同士衝突（中国　湖南省岳陽
　県）　　　　　　　　　　　　　　1997.4.29
旅客機着陸失敗・炎上（中国　広東省深
　圳市）　　　　　　　　　　　　　1997.5.8
地滑り（中国　四川省美姑県）　　　1997.6.5
集合住宅が倒壊（中国　浙江省常山県城
　南開発区）　　　　　　　　　　　1997.7.12
台風13号（中国　浙江省）　　　　 1997.8.-
工場で爆発（中国　陝西省興平市）　1998.1.6
地震（中国　河北省張家口）　　　　1998.1.10
豪雨（中国　四川省）　　　　　　　1998.5.-
豪雨（中国　長江流域）　　　　　　1998.6.-
地震（中国　雲南省）　　　　　　　1998.11.19
橋崩落（中国　重慶市）　　　　　　1999.1.4
旅客機墜落（中国　浙江省瑞安市南安地
　区）　　　　　　　　　　　　　　1999.2.24
豪雨（中国　長江）　　　　　　　　1999.6.-
旅客機墜落（中国　湖北省）　　　　1999.6.22
フェリー沈没（中国　山東省煙台港）1999.11.24
映画館で火災（中国　河南省焦作市）2000.3.29
バス崖から転落（中国　陝西省佳県）2000.5.28
花火工場で爆発（中国　広東省江門市）2000.6.30
バス橋から転落（中国　広西チワン族自
　治区柳州市）　　　　　　　　　　2000.7.7
集中豪雨（中国　陝西省安康地区）
　　　　　　　　　　　　　　　　　2000.7.11-
トラック爆発（中国　新疆ウイグル自治
　区ウルムチ市）　　　　　　　　　2000.9.8
炭坑で爆発（中国　貴州省水城県）　2000.9.27
建物倒壊（中国　広東省東莞市）　　2000.12.1
ビル火災（中国　河南省洛陽市）　　2000.12.25
小学校で爆発（中国　江西省宜春市）2001.3.6
炭鉱でガス爆発（中国　陝西省銅川市）2001.4.6
地震（中国　雲南省施甸県）　　　　2001.4.12
幼稚園で火災（中国　江西省南昌市）2001.6.5
列車の積み荷で電柱倒れる（中国　四
　川省）　　　　　　　　　　　　　2001.7.13
無許可所持の爆薬が爆発（中国　陝西
　省横山県馬坊村）　　　　　　　　2001.7.16
炭鉱で爆発（中国　江蘇省徐州市）　2001.7.22
地震（中国　中国雲南省永勝県）　　2001.10.27
エイズ感染が拡大（中国）　　　　　2001.この年
集中豪雨（中国）　　　　　　　　　2002.6.-

435

《アジア》　　　　　　　　　国・地域別一覧

ネット・カフェで火災（中国　北京市海
　淀区学院路）　　　　　　　　2002.6.16
炭鉱でガス爆発（中国　黒竜江省鶏西市）
　　　　　　　　　　　　　　　2002.6.20
山崩れ（中国　雲南省玉渓市新平イ族タ
　イ族自治県）　　　　　　　　2002.8.14
工場で有毒ガス発生（中国　広東省珠海
　市）　　　　　　　　　　　　2002.9.16
幼稚園の給食に殺鼠剤（中国　広東省呉
　川市黄坂鎮）　　　　　　　　2002.11.25
ホテル火災（中国　黒竜江省ハルビン市）2003.2.2
地震（中国　新疆ウイグル自治区）　2003.2.24
潜水艦爆発で窒息死（中国　山東省煙
　台）　　　　　　　　　　　　2003.5.2
地震（中国　雲南省大姚県）　　2003.7.21
天然ガス田で有毒ガスが噴出（中国　重
　慶市開県）　　　　　　　　　2003.12.23
炭鉱で火災（中国　河北省邯鄲市武安）
　　　　　　　　　　　　　　　2003.12.26
SARS（中国　広東省広州）　　2004.1.-
橋上で圧死（中国　密雲県）　　2004.2.5
ビル火災（中国　吉林省）　　　2004.2.15
寺院火災（中国　浙江省）　　　2004.2.15
バス同士追突転落（中国　貴州省）2004.4.5
化学工場で爆発（中国　重慶市）2004.4.16
炭坑でガス爆発（中国　山西省）2004.5.18
地震（中国）　　　　　　　　　2004.8.10
台風（中国）　　　　　　　　　2004.8.12
豪雨（中国）　　　　　　　　　2004.9.2-
発電所爆発（中国　河北省邯鄲市）2004.9.23
炭坑で爆発（中国　河南省）　　2004.10.20
航空機公園に墜落（中国　モンゴル自治
　区）　　　　　　　　　　　　2004.11.21
炭鉱でガス爆発（中国　陝西省銅川市）
　　　　　　　　　　　　　　　2004.11.28
炭鉱で爆発（中国　雲南省）　　2005.2.15
民家で爆発（中国　山西省）　　2005.3.4
タンクローリー横転・ガス漏れ（中国
　江蘇省）　　　　　　　　　　2005.3.29
洪水（中国　黒竜江省）　　　　2005.6.10
ホテル火災（中国　広東省）　　2005.6.10
肝炎ワクチンで死亡（中国　安徽省）2005.6.16
コレラ（中国　浙江省）　　　　2005.9.
工場爆発・河川汚染（中国　吉林省）2005.11.13
地震（中国　江西省）　　　　　2005.11.26
炭鉱で爆発（中国　黒竜江省）　2005.11.27
炭鉱で爆発（中国　河北省唐山）2005.12.7
病院で火災（中国　吉林省遼源）2005.12.15

トンネル建設現場でガス爆発（中国　四
　川省都江堰）　　　　　　　　2005.12.22
宴会料理に殺鼠剤混入（中国　重慶市）
　　　　　　　　　　　　　　　2005.12.24
地震（中国　雲南省）　　　　　2006.7.22
干ばつ（中国　重慶市）　　　　2006.8.-
台風（中国）　　　　　　　　　2006.8.10
ノロウイルスで集団下痢（中国）
　　　　　　　　　　　　　　　2006.12.31-
春節の爆竹で死傷（中国　北京市）2007.2.18
貨物船とコンテナ船衝突（中国　山東
　省）　　　　　　　　　　　　2007.5.12
洪水（中国）　　　　　　　　　2007.6.-
地震（中国　雲南省）　　　　　2007.6.3
カラオケ店で爆発（中国　遼寧省）2007.7.4
建設中の橋が崩落（中国　湖南省）2007.8.13
ビル火災（中国　浙江省）　　　2007.12.12
大雪（中国）　　　　　　　　　2008.1.-
トラック横転・メタミドホス流出（中
　国　湖北省）　　　　　　　　2008.2.24
手足口病（中国）　　　　　　　2008.3.-
列車同士衝突（中国　山東省）　2008.4.28
洪水（中国）　　　　　　　　　2008.5.-
四川大地震（中国　四川省）　　2008.5.12
地震（中国　四川省）　　　　　2008.8.30
違法採掘で鉱山崩落（中国　山西省）2008.9.8
クラブで火災（中国　広東省深圳市）2008.9.20
地震（中国　チベット自治区）　2008.10.6
労働教育所で爆発（中国　安徽省）2008.11.11
粉ミルク汚染（中国）　　　　　2008.この年
手足口病（中国）　　　　　　　2009.1.-
飲食店で火災（中国　福建省長楽市）2009.1.31
炭鉱で爆発（中国）　　　　　　2009.2.22

【香港】

市街火災（香港）　　　　　　　1953.12.25
豪雨（香港）　　　　　　　　　1959.5.12-
台風「ワンダ」（香港）　　　　1962.9.1
豪雨（香港）　　　　　　　　　1964.8.8-
台風17号（香港）　　　　　　　1964.9.5
台風24号（香港）　　　　　　　1964.10.12
豪雨（香港）　　　　　　　　　1966.6.12
旅客機着陸失敗（香港）　　　　1967.6.30
旅客機滑走路から海に転落（香港）1967.11.5
インフルエンザ（香港かぜ）（香港）1968.7.8
市街火災（香港）　　　　　　　1969.12.2
台風21号で客船転覆（香港）　　1971.8.16-
元クイーンエリザベス号火災（香港）1972.1.9

436

《アジア》

豪雨（香港）	1972.6.16–
百貨店でガス爆発（香港　銅鑼湾）	1972.10.14
豪雨（香港）	1982.5.29–
舟だまりで大火（香港）	1986.12.26
ビル火災（香港）	1996.11.20
鳥インフルエンザ（香港）	1997.12.29
航空機炎上（香港）	1998.8.22
バス転落（香港　新界地区汀九）	2003.7.10
インフルエンザ（香港）	2008.3.
鳥インフルエンザ（香港）	2008.この年

【台湾】

弾薬集積所で爆発（台湾　台北）	1953.4.6
ガス貯蔵所爆発（台湾　台中）	1954.3.9
客船沈没（台湾）	1956.11.16
旅客列車転覆（台湾　台北）	1957.12.9
豪雨（台湾）	1959.8.
軍輸送機墜落（台湾　台南）	1959.11.7
急行列車とバス衝突（台湾　民雄）	1961.7.9
台風20号（台湾）	1961.9.12
コレラ（台湾）	1962.7.14–
地震（台湾）	1964.1.18
旅客機爆発・墜落（台湾　台中）	1964.6.20
修学旅行バス転落（台湾　陽明山）	1965.3.20
台風9号（台湾）	1965.6.19
日本脳炎（台湾）	1966.8.
ジェット機墜落（台湾　台北）	1968.2.16
航空機墜落（台湾　台東）	1969.1.2
炭坑で爆発（台湾　台北）	1969.7.7
タンカー沈没（台湾）	1969.11.25
台風（台湾）	1971.9.22–
貨物列車が急行列車に衝突（台湾）	1973.5.11
フェリー沈没（台湾　高雄）	1973.9.3
台風21号（台湾　基隆市）	1974.9.27–
爆竹爆発（台湾　台中）	1975.1.28
航空機墜落（台湾）	1975.7.31
急行列車とバス衝突（台湾　彰化県）	1976.4.21
台風4号（台湾　高雄）	1977.7.25
地震（台湾　台北地方）	1978.9.2
カネミ油症（台湾　台中県, 彰化県）	1979.3.–
遠東航空103便墜落事故（台湾）	1981.8.22
ホテル火災（台湾　台北）	1984.5.28
炭鉱でガス爆発（台湾　台北）	1984.6.20
炭鉱で落盤（台湾　台北）	1984.12.5
航空機海に墜落（台湾　台北）	1986.2.16
地滑り（台湾　南投県）	1986.5.25
タンカー爆発（台湾　高雄）	1986.8.11

バス谷底に転落（台湾　台中）	1986.10.8
地震（台湾　台北）	1986.11.15
航空機墜落（台湾　花蓮）	1989.10.26
雑居ビル火災（台湾　台北）	1990.1.27
遊覧船転覆（台湾　日月潭）	1990.8.25
特急列車と急行列車衝突（台湾　苗栗県）	1991.11.15
園児のバス炎上（台湾　台北）	1992.5.15
レストランで火災（台湾　台北）	1993.1.19
カラオケ店で火災（台湾　台北）	1995.2.15
旅客機民家に墜落（台湾　台北）	1998.2.16
921大地震（台湾）	1999.9.21
旅客機墜落（台湾　台北）	2000.10.31
台風8号（台湾）	2001.7.30
台風16号（台湾）	2001.9.16
地震（台湾）	2002.3.31
旅客機墜落（台湾　澎湖諸島）	2002.5.25
観光列車が脱線（台湾　嘉義県阿里山）	2003.3.1
地震（台湾）	2006.12.26

【モンゴル】

地震（モンゴル）	1957.12.13
洪水（モンゴル　ウランバートル）	1966.7.
旅客機墜落（モンゴル　ムルン）	1995.9.21
草原火災（モンゴル）	1996.2.23–
旅客機山に墜落（モンゴル）	1998.5.26
口蹄疫（モンゴル　ドルノゴビ県）	2004.2.11

【南ベトナム】

スラム街で大火（南ベトナム　カント市）	1964.3.5
台風で大洪水（南ベトナム）	1964.11.11
輸送機墜落（南ベトナム）	1964.12.10
洪水（南ベトナム　ニンツァン州）	1964.12.14
洪水（南ベトナム　メコン・デルタ）	1966.9.
貧民街で火災（南ベトナム）	1967.3.7
孤児院倒壊（南ベトナム）	1969.11.21
航空機墜落（南ベトナム　ダナン）	1970.9.30
豪雨と洪水（南ベトナム）	1970.10.22
台風（南ベトナム　北部）	1971.10.24
ジェット機空中分解（南ベトナム　プレーク）	1972.6.15
旅客機墜落（南ベトナム　バンメトート）	1973.3.19
旅客機墜落（南ベトナム（南ベトナム））	1973.11.17
航空機墜落（南ベトナム）	1975.4.8

《アジア》　　　　　　　　　　国・地域別一覧

　　　　　　　　　　　　　　　　　　旅客機墜落（ラオス　サバナケット）　1968.11.25

　　　　　【北ベトナム】
　　　　　　　　　　　　　　　　　　　　　　　　【タイ】
ウイルス伝染病（北ベトナム　ハノイ）1969.9.28
海軍機墜落（北ベトナム　トンキン湾）1969.10.2　急行列車脱線・転覆（タイ　バンコク）1961.7.8
　　　　　　　　　　　　　　　　　　旅客機墜落（タイ）　　　　　　　1962.7.20
　　　　　　【ベトナム】　　　　　　暴風雨（タイ）　　　　　　　　　1962.10.25
　　　　　　　　　　　　　　　　　　航空機墜落（タイ）　　　　　　　1963.12.27
　　　　　　　　　　　　　　　　　　連絡船転覆（タイ　ナコンシータマラッ
台風（ベトナム　ファンティエト）　1952.10.22　　ト州）　　　　　　　　　　　1964.6.20
台風（ベトナム）　　　　　　　　1953.9.25　熱帯低気圧（タイ）　　　　　　　1974.1.6－
豪雨（ベトナム）　　　　　　　　1978.8.－　住宅火災（タイ　バンコク）　　　1974.2.16
難民船沈没（ベトナム）　　　　　1978.12.　洪水（タイ　ペチャブン県ムアン村）1976.9.12
台風（ベトナム　ビンチェン省）　1979.9.24　旅客機墜落・工場爆発（タイ　バンコ
難民船沈没（ベトナム　ホーチミン）1983.5.7　　ク）　　　　　　　　　　　　1976.12.25
台風（ベトナム　ハノイ）　　　　1984.11.8－　ボクシング観客席倒壊（タイ　コラー
台風（ベトナム）　　　　　　　　1985.10.　　ト）　　　　　　　　　　　　1978.6.2
洪水（ベトナム）　　　　　　　　1994.9.－　洪水（タイ）　　　　　　　　　　1978.9.
台風（ベトナム）　　　　　　　　1996.7.　難民キャンプで火災（タイ　ノンカイ）
暴風雨で洪水（ベトナム）　　　　1996.8.－　　　　　　　　　　　　　　　　1980.2.15
暴風で漁船大量遭難（ベトナム　トンキ　　　軍需工場で爆発（タイ　バンコク）1980.11.16
　ン湾）　　　　　　　　　　　　1996.8.17－　工場崩落（タイ　バンコク）　　　1983.11.19
不発弾が爆発（ベトナム　ゲアン省）1997.4.7　旅客機海に墜落（タイ）　　　　　1987.8.31
台風「リンダ」（ベトナム）　　　1997.11.2　バス火災（タイ　バンソム）　　　1988.4.20
台風（ベトナム）　　　　　　　　1998.11.　旅客機着陸失敗・炎上（タイ　バンコ
モンスーン（ベトナム）　　　　　2000.9.　　ク）　　　　　　　　　　　　1988.9.9
ビル火災（ベトナム　ホーチミン市）2002.10.29　豪雨（タイ）　　　　　　　　　　1988.11.21－
船舶沈没（ベトナム　カマウ省沖）2004.4.30　台風で天然ガス採掘船転覆（タイ　シャ
鳥インフルエンザ（ベトナム）　　　　　　　　ム湾）　　　　　　　　　　　1989.11.3
　　　　　　　　　　　　　　2004.この年　タンクローリー転落（タイ　バンコク）
橋崩落（ベトナム　カントー）　　2007.9.26　　　　　　　　　　　　　　　　1990.9.24
　　　　　　　　　　　　　　　　　　小型機墜落（タイ）　　　　　　　1990.11.21
　　　　　【カンボジア】　　　　　　トラック横転・ダイナマイト爆発（タ
　　　　　　　　　　　　　　　　　　　イ　バンガー県）　　　　　　　1991.2.15
バス湖に転落（カンボジア　プノンペン）1972.9.8　化学物質保管倉庫爆発（タイ　バンコ
戦闘機病院に墜落（カンボジア　プノン　　　　ク）　　　　　　　　　　　　1991.3.2
　ペン）　　　　　　　　　　　　1973.5.4　航空機墜落（タイ　スパンブリ県）1991.5.26
コレラ（カンボジア　カンポト州）1973.8.　フェリー沈没（タイ）　　　　　　1992.3.8
干ばつと洪水（カンボジア）　　　1984.10.－　おもちゃ工場火災（タイ）　　　　1993.5.11
洪水（カンボジア）　　　　　　　1991.9.－　ホテル倒壊（タイ　ナコーンラーチャシ
デング熱（カンボジア　バタンバン州）　　　　ーマー）　　　　　　　　　　1993.8.13
　　　　　　　　　　　　　　　　1995.3.－　フェリー沈没（タイ）　　　　　　1994.2.11
旅客機墜落（カンボジア　プノンペン）1997.9.3　洪水（タイ）　　　　　　　　　　1994.9.－
旅客機墜落（カンボジア）　　　　2007.6.25　浮き桟橋が転覆（タイ　バンコク）1995.6.14
　　　　　　　　　　　　　　　　　　洪水（タイ）　　　　　　　　　　1995.7.－
　　　　　　【ラオス】　　　　　　　ホテル火災（タイ　パタヤ）　　　1997.7.11
　　　　　　　　　　　　　　　　　　旅客機墜落（タイ　スラタニ県）　1998.12.11
旅客機ジャングルに墜落（ラオス）1953.6.16　スマトラ沖地震（タイ）　　　　　2004.12.26
旅客機山に激突・墜落（ラオス）　1968.2.24　鳥インフルエンザ（タイ）　　　　2004.この年

地下鉄同士衝突（タイ　バンコク）　2005.1.17
洪水（タイ）　2006.5.23-
旅客機炎上（タイ）　2007.9.16
クラブで火災（タイ　バンコク）　2009.1.1

【ビルマ】

市街火災（ビルマ　パコック）　1958.4.6
軍用機墜落（ビルマ　モンパリアオ）　1962.5.9
コレラ（ビルマ　アムヘルスト地区／インド　カルカッタ）　1963.4.24-
嵐で帆船沈没（ビルマ）　1963.7.2
列車同士衝突（ビルマ　トンゴー）　1965.12.9
サイクロン（ビルマ）　1968.5.10
市街火災（ビルマ　メルグイ）　1972.12.16
フェリー沈没（ビルマ　ラングーン）　1973.2.21
猛暑（ビルマ）　1975.5.
サイクロン（ビルマ）　1975.5.7
フェリー転覆（ビルマ）　1975.10.24
旅客機爆発・墜落（ビルマ　ラングーン）　1978.3.25
市街火災（ビルマ　マンダレー）　1981.5.10
市街火災（ビルマ　マンダレー）　1984.3.24
旅客機爆発・墜落（ビルマ）　1987.10.11
市街火災（ビルマ　ラショー市）　1988.3.20

【ミャンマー】

フェリー転覆（ミャンマー　モン州）　1990.4.6
市街火災（ミャンマー　メティラ市）　1991.4.20
難民船沈没（ミャンマー　ナフ川）　1992.2.4
旅客機山に墜落（ミャンマー　シャン州）　1998.8.24
ネズミ遺棄で川汚染（ミャンマー　パンロン）　1998.この年
サイクロン「ナルギス」（ミャンマー）　2008.5.2

【マラヤ】

洪水（マラヤ）　1954.12.10
コレラ（マラヤ　マラッカ州）　1963.4.24-

【マレーシア】

長雨（マレーシア）　1970.12.-
難民船転覆（マレーシア　クアラトレンガヌ川）　1978.11.22
モンスーンで難民船沈没（マレーシア　ケランタン州）　1978.12.2
難民船沈没（マレーシア）　1979.3.31
スクールバス転落（マレーシア　ボルネオ島）　1979.6.7
花火工場で爆発（マレーシア　スンガイ・プロ）　1991.5.7
土砂崩れでマンション倒壊（マレーシア）　1993.12.11
旅客機民家に墜落（マレーシア　サバ州タワウ）　1995.9.15
暴風雨（マレーシア　サバ州）　1996.12.25-
豚が媒介する感染症（マレーシア）　1999.2.-
洪水（マレーシア）　2007.1.

【シンガポール】

旅客機着陸失敗・炎上（シンガポール）　1954.3.13
豪雨（シンガポール）　1969.12.9
タンカー座礁（シンガポール　セントジョーンズ島）　1976.4.5
造船所で爆発（シンガポール）　1978.10.12
ホテル倒壊（シンガポール）　1986.3.15
タンカー同士が衝突（シンガポール）　1997.10.15

【インドネシア】

クラカトア島火山噴火（インドネシア）　1953.10.25
メラビ火山噴火（インドネシア）　1954.1.18
飛行機炎上・墜落（インドネシア　ニューギニア島）　1957.7.15
帆船転覆（インドネシア　ボルネオ）　1957.9.2
地震（インドネシア）　1961.3.16
天然痘（インドネシア　ジャワ島）　1962.10.16
観光船沈没（インドネシア　スマトラ島）　1963.1.14
アグン火山爆発（インドネシア　バリ島）　1963.3.17
急行列車転落（インドネシア　ジャワ）　1963.4.11
バトル山爆発（インドネシア　バリ島）　1963.9.5
地滑り（インドネシア）　1964.3.30
夜行列車が脱線（インドネシア　西ジャワ州）　1964.4.30
地震（インドネシア　サナナ島）　1965.2.18-
旅客機同士衝突（インドネシア）　1966.1.1

《アジア》　　　　　　　　　　国・地域別一覧

豪雨（インドネシア　ジャワ島）　1966.3.
沿岸航路船転覆（インドネシア　ジャワ
　島）　1966.4.15
クルド火山爆発（インドネシア　ジャワ
　島）　1966.4.25−
干ばつ（インドネシア　ロンボク島）　1966.8.
アウ山噴火（インドネシア　サンギタ
　ロード島）　1966.8.12
客船転覆（インドネシア　ジャチルフ湖）
　1966.11.17
旅客機空港で炎上（インドネシア　スラ
　ウェシ島メナド）　1967.2.16
地震（インドネシア　ジャワ島マラン市）
　1967.2.20
住宅火災（インドネシア　ジャカルタ）　1967.6.24
豪雨でダム決壊（インドネシア　ジャワ
　島ボムボン町）　1967.11.27
地震（インドネシア　セレベス島, トガン
　島）　1968.8.15
イヤ山噴火（インドネシア　フローレス
　島）　1969.2.4
地震・津波（インドネシア　セレベス島）
　1969.2.23
コレラ（インドネシア　南スマトラ）　1969.10.18
船舶火災（インドネシア　ジャカルタ）　1972.5.24
コレラ（インドネシア　南スラウェシ州）
　1972.この年
コレラ（インドネシア　ジャワ島）
　1973.1.−
旅客機林に墜落（インドネシア　バリ島）
　1974.4.22
旅客機墜落（インドネシア）　1975.9.24
船が転覆・ワニに襲われる（インドネ
　シア　セレベス島）　1975.12.12
地震（インドネシア　ニューギニア島, バ
　リ島）　1976.6.26
バリ島地震（インドネシア　バリ島）　1976.7.14
地震（インドネシア　イリアンジャヤ地
　方）　1976.10.30
豪雨（インドネシア　ジャカルタ）
　1977.1.15−
ジャワ東方地震（インドネシア　スンバ
　ワ島）　1977.8.19
干ばつ（インドネシア　フローレス島）　1978.4.
シニラ火山噴火（インドネシア　ジャワ
　島）　1979.2.19
メラビ火山噴火（インドネシア　スマト
　ラ島）　1979.4.30
地震（インドネシア　ロンボク島）　1979.5.30

航空機山に墜落（インドネシア　北スマ
　トラ）　1979.7.11
津波（インドネシア）　1979.7.18
地震（インドネシア　イリアンジャヤ）　1979.9.12
地震（インドネシア　バリ島）　1979.12.18
旅客機墜落（インドネシア　ジャワ島）　1980.8.26
地震（インドネシア　イリアンジャヤ州）
　1981.1.20
フェリー火災（インドネシア　ジャワ海）
　1981.1.25
コレラ（インドネシア　ジャワ州）　1981.4.18
列車と修学旅行バス衝突（インドネシ
　ア　ジャワ）　1981.5.7
マハムル山爆発（インドネシア　マハム
　ル山）　1981.5.14
豪雨（インドネシア　スマトラ島）　1982.6.3
干ばつ（インドネシア　イリアンジャヤ
　州）　1982.11.−
ガマラマ火山爆発（インドネシア　トル
　ナト島）　1983.8.9
地震（インドネシア）　1984.11.17
落雷で航空機墜落（インドネシア　北ス
　マトラ州）　1987.4.4
木造船沈没（インドネシア　カリマンタ
　ン州）　1987.12.20
小型船沈没（インドネシア）　1988.5.17
クルド山噴火（インドネシア　ジャワ島）
　1990.2.10
客船転覆（インドネシア　東カリマンタ
　ン州）　1990.5.20
地震（インドネシア　スマトラ島）　1990.11.15
森林火災（インドネシア）　1991.8.
空軍機墜落（インドネシア　ジャカルタ）
　1991.10.5
大雨で食糧不足（インドネシア　イリア
　ンジャヤ州）　1992.2.
地震（インドネシア）　1992.12.12
旅客機墜落（インドネシア　イリアンジャ
　ヤ州）　1993.7.1
通勤列車同士衝突（インドネシア　ジャ
　カルタ）　1993.11.2
地震（インドネシア　スマトラ島）　1994.2.16
地震・津波（インドネシア　ジャワ島）　1994.6.3
メラピ山噴火（インドネシア　ジャワ島）
　1994.11.22
地震（インドネシア　スマトラ島）　1995.10.7
地震（インドネシア）　1996.1.17
フェリー沈没（インドネシア　スマトラ
　島）　1996.1.19

国・地域別一覧　《アジア》

ニューギニア島沖地震（インドネシア
　ニューギニア島）　　　　　1996.2.17
森林火災で煙霧被害（インドネシア　マ
　レーシア）　　　　　　　　　1997.6.-
客船沈没（インドネシア　スマトラ島ト
　バ湖）　　　　　　　　　　1997.7.13
干ばつ（インドネシア　スラウェシ島,ニ
　ューギニア島イリアンジャヤ）　1997.9.-
旅客機墜落・炎上（インドネシア　スマ
　トラ島メダン）　　　　　　1997.9.26
旅客機湿地帯に墜落（インドネシア　ス
　マトラ島）　　　　　　　　1997.12.19
デング熱（インドネシア）　　　1998.4.
地滑り（インドネシア　バリ島テガララ
　ン地区）　　　　　　　　　　1999.1.7
金鉱で地滑り（インドネシア　東カリマ
　ンタン州クタイ県）　　　　　1999.7.27
客船沈没（インドネシア　イリアンジャ
　ヤ州メラウケ地方）　　　　1999.10.18
難民キャンプで伝染病（インドネシア
　西ティモール）　　　　　　1999.11.
豪雨（インドネシア　西ティモール）　2000.5.
地震・津波（インドネシア　中部スラウェ
　シ州）　　　　　　　　　　　2000.5.4
フェリー沈没（インドネシア　マルク州
　アンボン島）　　　　　　　　2000.5.7
地震（インドネシア　スマトラ島）　2000.6.4
難民船沈没（インドネシア　マルク海峡）
　　　　　　　　　　　　　　2000.6.29
豪雨（インドネシア　スマトラ島）　2000.11.
地滑り（インドネシア　ニアス島）　2001.7.31
旅客列車と機関車衝突（インドネシア
　チルボン）　　　　　　　　　2001.9.2
難民船沈没（インドネシア　ジャワ島）
　　　　　　　　　　　　　　2001.10.19
旅客列車同士衝突（インドネシア　ジャ
　ワ島ブルブス）　　　　　　2001.12.25
豪雨（インドネシア　ジャワ島,ジャカル
　タ）　　　　　　　　　　　　2002.1.-
カラオケ店で火災（インドネシア　スマ
　トラ島パレンバン）　　　　　2002.7.7
地震（インドネシア　スマトラ島）　2002.11.2
バスとトラック衝突（インドネシア　東
　ジャワ州バニュワンギ）　　　2003.10.9
豪雨（インドネシア　北スマトラ州ボホ
　ロック郡）　　　　　　　　2003.11.2
地震（インドネシア　パプア州ニューギ
　ニア島）　　　　　　　　　　2004.2.6

航空機着陸失敗（インドネシア　ジャワ
　島）　　　　　　　　　　　2004.11.30
スマトラ沖地震（インドネシア）　2004.12.26
スマトラ沖地震（インドネシア　スマト
　ラ島沖）　　　　　　　　　　2005.3.28
タラン山噴火（インドネシア　スマトラ
　島）　　　　　　　　　　　　2005.4.12
旅客機住宅街に墜落（インドネシア　メ
　ダン）　　　　　　　　　　　2005.9.5
土砂崩れと洪水（インドネシア　ジャワ
　島）　　　　　　　　　　　　2006.1.4
客船沈没（インドネシア）　　　2006.1.31
地滑り（インドネシア　スラウェシ島）　2006.2.21
ジャワ島中部地震（インドネシア　ジャ
　ワ島）　　　　　　　　　　　2006.5.27
ジャワ島南西沖地震（インドネシア　ジ
　ャワ沖）　　　　　　　　　　2006.7.17
フェリー遭難（インドネシア　ジャワ海）
　　　　　　　　　　　　　　2006.12.29
旅客機行方不明（インドネシア）　2007.1.1
地滑り（インドネシア）　　　　2007.2.-
豪雨で洪水（インドネシア　ジャカルタ）　2007.2.1
地震（インドネシア）　　　　　2007.3.6
旅客機炎上（インドネシア）　　2007.3.7
地震（インドネシア）　　　　　2007.7.26
地震（インドネシア）　　　　　2007.9.12
土砂崩れ（インドネシア　ジャワ州）　2007.12.26
鳥インフルエンザ（インドネシア）
　　　　　　　　　　　　　　2007.この年
地震（インドネシア　スマトラ島）　2008.2.20
地震（インドネシア　スラウェシ島）　2008.11.17
鳥インフルエンザ（インドネシア）
　　　　　　　　　　　　　　2008.この年
地震（インドネシア　ニューギニア島）　2009.1.4
フェリー沈没（インドネシア　スラウェ
　シ島沖）　　　　　　　　　　2009.1.11
貯水池決壊（インドネシア）　　2009.3.27
空軍機墜落（インドネシア　西ジャワ州
　バンドン）　　　　　　　　　2009.4.6
軍輸送機民家に墜落（インドネシア　東
　ジャワ州マゲタン）　　　　　2009.5.20

【東ティモール】

コレラ（東ティモール　オエクシ）
　　　　　　　　　　　　　　1976.12.25-

441

《アジア》　　　　　　　国・地域別一覧

【フィリピン】

ヒボック・ヒボック火山噴火（フィリピン）　1951.12.4
台風「アミー」（フィリピン セブ島）　1951.12.10
台風（フィリピン ルソン島）　1952.10.22
地震（フィリピン）　1954.7.2
台風「ナンシー」（フィリピン イサベラ州）　1954.10.7
地震（フィリピン）　1955.4.1
台風（フィリピン）　1955.12.29-
豪雨（フィリピン）　1957.7.
台風でモーター船遭難（フィリピン サマール島）　1959.12.18
台風「カーレン」（台風1号）（フィリピン）　1960.4.24
豪雨（フィリピン マニラ）　1960.5.28
台風5号（フィリピン マニラ）　1960.6.24
旅客機墜落・炎上（フィリピン セブ）　1960.12.22
擬似コレラ（フィリピン サマール州）　1961.11.29
航空機墜落（フィリピン ミンダナオ島）　1963.3.2
バス火災（フィリピン 南ザンボアンガ州）　1963.12.25
旅客機山に墜落（フィリピン ミンダナオ島）　1964.2.21
ビル火災（フィリピン マニラ）　1964.5.8
軍輸送機墜落（フィリピン マニラ）　1964.5.11
コレラ（フィリピン）　1964.8.22-
コレラ（フィリピン マスバテ州）　1965.6.1
渡し船転覆（フィリピン サマール島）　1965.8.23
タール火山爆発（フィリピン タール火山）　1965.9.28
客船沈没（フィリピン マニラ湾）　1966.10.22
バス谷に転落（フィリピン マニラ市）　1967.1.6
コレラ（フィリピン レイテ島）　1967.2.
客船沈没（フィリピン）　1967.11.4
コレラ（フィリピン ルソン島）　1968.6.-
地震（フィリピン マニラ）　1968.8.2
遊覧船沈没（フィリピン）　1968.10.10
ガソリンタンク爆発（フィリピン イロイロ市）　1968.11.10
コレラ・ジフテリア・胃腸炎（フィリピン マニラ）　1969.9.4
洪水（フィリピン マニラ）　1970.9.3

台風「ジョージア」（フィリピン ケソン州）　1970.9.11
台風（フィリピン）　1970.10.13
台風（フィリピン）　1970.10.23
台風（フィリピン マニラ）　1970.11.19
市街火災（フィリピン マニラ）　1971.4.1
軍輸送機墜落（フィリピン マニラ）　1971.4.5
コレラ（フィリピン）　1971.6.
フェリー沈没（フィリピン）　1971.6.12
連絡船沈没（フィリピン）　1971.11.21
プラスチック工場で爆発（フィリピン マニラ）　1972.2.14
豪雨（フィリピン ルソン島）　1972.7.-
コレラ（フィリピン ルソン島）　1972.7.-
フェリー火災（フィリピン バシラン市沖合）　1972.8.3
木製の橋崩落（フィリピン ナガ市）　1972.9.16
台風（フィリピン ミンダナオ島）　1972.12.3-
連絡船沈没（フィリピン セブ州）　1973.6.28
フェリー沈没（フィリピン セブ市）　1974.1.5
洪水（フィリピン ルソン島）　1974.8.
台風23号（フィリピン）　1974.10.12
工場ビル火災（フィリピン）　1975.1.22
旅客機墜落（フィリピン リサール県）　1975.2.3
熱帯低気圧（フィリピン ルソン島, パラワン島）　1975.12.-
バス事故相次ぐ（フィリピン ルソン島）　1976.4.30
台風（フィリピン マニラ）　1976.5.19
ミンダナオ地震（フィリピン ミンダナオ島）　1976.8.17
はしか（フィリピン ミンダナオ島）　1976.11.-
台風（フィリピン ルソン島, サマル島）　1976.12.4
ホテル火災（フィリピン マニラ）　1977.11.14
住宅火災（フィリピン マニラ市）　1978.4.3
台風（フィリピン ルソン島）　1978.10.26
集団食中毒（フィリピン ケソン市）　1978.12.17
バス橋から転落（フィリピン ルソン島）　1979.12.20
客船沈没（フィリピン ミンドロ島）　1980.4.22
地滑り（フィリピン ルソン島）　1981.6.3
連絡船が爆発炎上（フィリピン マニラ）　1981.7.17
台風で駆逐艦沈没（フィリピン）　1981.9.21
建設中の劇場の天井落下（フィリピン パサイ）　1981.11.17
台風で高潮（フィリピン ルソン島）　1981.11.24

442

国・地域別一覧　　　　　　　　　《アジア》

フェリー沈没（フィリピン　セブ）	1983.11.21	ディスコで火災（フィリピン　マニラ首都圏ケソン市）	1996.3.19
難民餓死（フィリピン）	1984.7.-	フェリー転覆（フィリピン　レイテ島）	1997.8.15
台風11号（フィリピン）	1984.9.2	フェリー沈没（フィリピン　バタンガス）	1998.9.19
金鉱山で落盤（フィリピン　ダバオデルノルテ）	1984.9.24	台風11号（フィリピン　ルソン島）	1998.10.22-
ホテル火災（フィリピン　バギオ）	1984.10.23	孤児院で火災（フィリピン　マニラ市）	1998.12.3
ホテル火災（フィリピン　マニラ）	1985.2.13	旅客機墜落（フィリピン　サマール島）	2000.4.19
映画館で火災（フィリピン　アルバイ州）	1985.4.21	ごみの山が崩落（フィリピン　マニラ首都圏ケソン市パヤタス地区）	2000.7.10
台風（フィリピン）	1986.7.11	マヨン火山噴火（フィリピン　ルソン島）	2001.7.26
旅客機山に墜落・大破（フィリピン　マニラ）	1987.6.26	ホテル火災（フィリピン　マニラ首都圏ケソン市）	2001.8.18
フェリー沈没（フィリピン　マリンドケ島）	1987.12.20	新年祝賀で死傷（フィリピン）	2001.12.22-
フェリー沈没（フィリピン）	1988.10.24	旅客機墜落（フィリピン　マニラ湾）	2002.11.11
金鉱で火災と地滑り（フィリピン　ミンダナオ島）	1989.5.30	フェリー沈没（フィリピン　コレヒドール島）	2003.5.25
地震（フィリピン　ミンダナオ島）	1989.12.16	土砂崩れ（フィリピン）	2003.12.20
双発機民家に墜落（フィリピン　マニラ）	1990.5.18	市街火災（フィリピン　マニラ）	2004.1.11
バギオ大地震（フィリピン　ルソン島）	1990.7.16	客船火災（フィリピン　マニラ湾沖）	2004.2.27
台風（フィリピン）	1990.11.13	台風27号（フィリピン）	2004.12.2
ピナトゥボ山噴火（フィリピン　ルソン島）	1991.6.9	バス岩に激突（フィリピン）	2005.5.11
台風「テルマ」（台風25号）（フィリピン）	1991.11.4	台風18号（フィリピン）	2005.9.22
土石流（フィリピン　ルソン島）	1992.7.-	小型船沈没（フィリピン　南レイテ州）	2006.1.15
マヨン山噴火（フィリピン　ルソン島）	1993.2.2	スタジアムに観客殺到（フィリピン）	2006.2.4
バス渓谷に転落（フィリピン）	1993.2.21	豪雨（フィリピン）	2006.2.10-
祭りのいかだ転覆（フィリピン　ブラカン州）	1993.7.2	地滑り（フィリピン　ミンダナオ島）	2006.2.18
台風（フィリピン　ルソン島）	1993.10.4	地滑り（フィリピン　ルソン島）	2006.9.21
地熱発電でヒ素中毒（フィリピン　ミンダナオ島）	1993.11.29	台風15号（フィリピン　ルソン島）	2006.9.29
式典で消防車暴走（フィリピン　ルソン島バターン半島サマット山）	1994.4.9	台風19号（フィリピン）	2006.10.31
炭鉱で爆発（フィリピン　ミンダナオ島）	1994.8.29	台風21号（フィリピン　ルソン島）	2006.12.1
豪雨で泥流（フィリピン　ルソン島）	1994.9.24	台風22号（フィリピン）	2006.12.11
地震（フィリピン　ミンドロ島）	1994.11.15	台風6号で客船沈没（フィリピン　シブヤン島沖）	2008.6.22
フェリーと貨物船衝突・沈没（フィリピン　カビテ州マラゴンドン町）	1994.12.2		
バス谷に転落（フィリピン　イサベラ州）	1995.1.3	〈南アジア〉	
客船火災（フィリピン　ルソン島）	1995.5.16	洪水（南アジア）	1973.8.12
台風21号（フィリピン）	1995.10.-	熱波（南アジア）	2003.5.-
フェリー火災（フィリピン　マニラ湾）	1995.12.13	雪雨（南アジア）	2005.2.
フェリー沈没（フィリピン　ビサヤ海）	1996.2.18	【インド】	
		旅客機墜落（インド　ボンベイ）	1949.7.12
		アッサム地震（インド　ベンガル州）	1950.8.14
		地震（インド　アッサム地方）	1950.8.27

443

《アジア》　　　　　　　　　国・地域別一覧

ヘビに襲われバス転落（インド　ハイデラバード）	1952.8.6
竜巻・高潮（インド）	1952.11.30
旅客機墜落（インド　西ベンガル州）	1953.5.2
洪水（インド　ビハール州）	1953.10.31
旅客列車脱線・転覆（インド　ブハチンダ）	1954.1.4
列車同士衝突（インド）	1954.1.21
巡礼者殺到で圧死（インド　アラハバトゥ）	1954.2.3
洪水（インド　ビハール州）	1954.7.30
列車川に転落（インド　ハイデラバード）	1954.9.28
旅客機墜落（インド）	1955.2.2
豪雨（インド　ウッタルプラデシュ州）	1955.8.2
地震（インド　ボンベイ）	1956.7.21
旅客列車川に転落（インド　ハイデラバード）	1956.9.2
豪雨で列車が川に転落（インド）	1956.11.23
インフルエンザ（インド　ニューデリー）	1957.6.9
コレラ（インド　ビハール州）	1957.9.9
炭鉱で爆発（インド　カルカッタ）	1958.2.19
放射能汚染（インド）	1958.4.7
日射病（インド）	1958.5.
飛行機墜落・炎上（インド　ニューデリー）	1958.5.15
旅客機墜落（インド　アッサム州）	1959.3.29
洪水（インド　ボンベイ）	1959.9.17
祈祷会で圧死（インド　ボンベイ）	1959.9.20
猛暑・異常乾燥（インド）	1960.6.10～
寒波（インド）	1961.2.～
洪水（インド　ビハール州）	1961.10.8
寒波（インド　ウッタル・プラデシュ州，ビハール州）	1961.12.26
バス橋から転落（インド　カバドワンジ）	1962.5.30
旅客列車とバス衝突（インド　ジャイプール）	1962.6.11
旅客機墜落（インド　ジュナール）	1962.7.7
工場で爆発（インド　オリッサ州）	1963.1.15
サイクロン（インド　西ベンガル地方）	1963.4.19
コレラ（インド　カルカッタ）	1963.4.24～
旅客機墜落（インド　パタンコット）	1963.6.3
航空機墜落（インド）	1963.7.28
警察火薬庫で爆発（インド　アッサム州）	1963.8.14
寺院倒壊（インド　ヨートマル）	1963.8.20
地震（インド　カシミール地方）	1963.9.2
旅客機墜落（インド　マニア）	1963.9.11
校舎が崩壊（インド）	1964.4.5
モンスーン（インド）	1964.9.2
強風で漁船遭難（インド　コロマンデル海岸）	1964.9.29
暴風・洪水（インド）	1964.10.1
渡し船転覆（インド　カシミール地方）	1964.11.19
台風（インド　ラメシワラム島）	1964.12.23
大雨で船転覆（インド　バクラ・ダム）	1965.3.19
胃腸の流行病（インド　アッサム州）	1965.4.～
船転覆（インド　ウッタルプラデシュ州）	1965.5.23
炭鉱で爆発（インド　ダンバド）	1965.5.27
コレラ（インド　ケララ州）	1965.6.1
猛暑（インド　ビハール州）	1965.6.1～
熱波で火災続出（インド　ビジャワダ市）	1966.5.10～
猛暑（インド　ウッタルプラデシュ州，ビハール州）	1966.6.
列車同士衝突（インド　ボンベイ）	1966.6.13
地震でビル崩壊（インド　ニューデリー）	1966.8.15
列車が旅客に突入（インド）	1966.10.24
豪雨（インド　マドラス州）	1966.11.10
天然痘（インド）	1967.1.～
暴風（インド　トリプラ）	1967.4.17
猛暑（インド　ビハール州，西ベンガル州）	1967.5.～
急行列車脱線（インド　クッパム）	1967.5.21
サイクロン（インド　オリッサ州）	1967.10.11
地震（インド　コイナナガル）	1967.12.11
急行列車と普通列車衝突（インド　マイソール州）	1968.3.19
雹（インド）	1968.3.20
熱波（インド　ビハール州）	1968.5.
旅客機墜落（インド　ボンベイ）	1968.5.28
モンスーン（インド　西ベンガル地方）	1968.8.6
地滑り（インド　ダージリン）	1968.10.6
旅客列車と貨物列車衝突（インド　ビハール州）	1968.11.16
工事中の寺院崩壊（インド　グジャラート州）	1968.12.18
渡し舟転覆（インド　ビハール州）	1969.4.3
地滑り（インド）	1970.4.21
猛暑（インド）	1970.5.15
濁流（インド　ニューデリー）	1970.7.22
旅客機墜落（インド　アッサム州）	1970.8.29
寒波（インド　ビハール州）	1970.12.～

444

国・地域別一覧　　　　　　《アジア》

群衆にトラック突入（インド　バレム村）	1971.5.25
難民キャンプでコレラ（インド　カリンプール）	1971.5.27-
豪雨で洪水（インド）	1971.8.-
サイクロン（インド）	1971.10.29
密造酒にメチルアルコール（インド　ニューデリー）	1972.1.22
密造酒にメチルアルコール（インド　ニューデリー）	1972.3.-
猛暑（インド）	1972.5.
日航機墜落（インド　ジャイトゥール）	1972.6.14
タンカー爆発（インド　ボンベイ）	1972.6.28
干ばつで飢饉（インド）	1972.この年
天然痘（インド　西ベンガル州）	1973.1.-
密造酒にメチルアルコール（インド　スリアペット）	1973.2.24
猛暑（インド）	1973.5.
洪水（インド　トリプラ州）	1973.5.
列車追突（インド　ボンベイ）	1973.5.31
旅客機墜落（インド　ニューデリー）	1973.5.31
寒波（インド）	1973.12.
天然痘（インド）	1974.1.-
急行列車が貨物列車に衝突（インド　モラダバド）	1974.2.21
ブドウ糖注射で大量死（インド　ウッタルプラデシュ州）	1974.4.14
洪水と干ばつで飢饉（インド　西ベンガル州）	1974.7.-
洪水（インド　ビハール州）	1974.8.13
列車火災（インド　ウッタルプラデシュ州バルワリ）	1974.10.31
寒波（インド　ビハール州, ウッタルプラデシュ）	1974.12.
地震（インド）	1975.1.19
列車追突（インド　ウルタバンガ）	1975.1.30
コレラ（インド）	1975.4.-
列車とトラック衝突（インド）	1975.5.19
モンスーン（インド）	1975.6.25-
炭鉱で爆発（インド　ビハール州）	1975.12.27
モンスーン（インド　アッサム州）	1976.7.
密造酒にメチルアルコール（インド　タミルナド州マドラス）	1976.7.2
落雷（インド　カルカッタ）	1976.7.10
モンスーン（インド　北部）	1976.8.22
バス貯水池に転落（インド　マディヤプラデシュ州）	1976.8.22
密造酒にメチルアルコール（インド　マディヤプラデシュ州）	1976.10.
航空機墜落（インド　ボンベイ）	1976.10.12
密造酒で中毒（インド　グジャラート州）	1977.2.28
コレラ（インド　アタプラデシュ州）	1977.5.-
豪雨で鉄橋流失・列車転落（インド　アッサム州）	1977.5.30
黒熱病（インド　ビハール州）	1977.8.
モンスーン（インド）	1977.8.4
校舎の屋根崩落（インド　ラジャスタン州）	1977.9.7
急行列車が貨物列車に追突（インド　ウッタルプラデシュ州）	1977.10.10
サイクロン（インド　アンドラプラデシュ州）	1977.11.19
寒波（インド　ビハール州）	1978.1.
旅客機墜落（インド　ボンベイ）	1978.1.1
サイクロン（インド　デリー）	1978.3.17
猛暑（インド）	1978.5.
ボート転覆（インド　パトナ）	1978.6.17
貨物列車とバス衝突（インド　ウッタルプラデシュ州）	1978.6.26
洪水（インド）	1978.8.
豪雨（インド　西ベンガル州）	1978.9.
モンスーン（インド）	1978.9.1-
空軍機墜落（インド　ラダク地区）	1978.11.19
集団食中毒（インド　アンドラプラデシュ州）	1979.1.15
雪崩（インド　ヒマチャルプラデシュ州）	1979.3.
サイクロン（インド　アンドラプラデシュ州）	1979.5.11-
熱波（インド　ビハール地方）	1979.6.
コレラ（インド　ビハール州）	1979.7.-
モンスーンでダムが決壊（インド　グジャラート州）	1979.8.11
竜巻（インド）	1981.4.17
サイクロンで列車が転落（インド　ビハール州）	1981.6.6
密造酒で死亡（インド　カルナタカ州）	1981.7.7
工場で爆発（インド　グジャラート州）	1981.7.9
モンスーン（インド）	1981.8.24
寒波（インド）	1981.12.25
急行列車と貨物列車衝突（インド　アグラ）	1982.1.27
航空機着陸失敗（インド　ボンベイ）	1982.6.22
バス峡谷に転落（インド　ヒマチャルプラデシュ）	1982.7.30
洪水（インド　グジャラート州）	1983.6.
バス乗客感電死（インド　ビハール州）	1983.6.6

445

《アジア》　　　　　　　　　　国・地域別一覧

急行列車脱線（インド　パンジャブ州）
　　　　　　　　　　　　　　　1983.10.21
タンク車爆発（インド　ビハール州）1983.11.3
赤痢（インド）　　　　　　　　　1984.8.-
ハリケーン（インド）　　　　　　1984.11.
有毒ガス漏れ（インド　マディヤプラデ
　シュ州）　　　　　　　　　　　1984.12.2
地震（インド　アッサム州）　　　1984.12.31
寒波（インド）　　　　　　　　　1985.1.-
はぐれ象大暴れ（インド　アッサム州）
　　　　　　　　　　　　　　　1986.1.-
大祭で信者殺到（インド　ハリドワール）
　　　　　　　　　　　　　　　1986.4.14
高層ビル火災（インド　ニューデリー）1987.6.29
小児病院倒壊（インド　ジャム・カシミー
　ル州）　　　　　　　　　　　　1988.5.2
急行列車湖に転落（インド　ケララ州）1988.7.8
客船転覆（インド　ビハール州）　1988.8.6
地震（インド　ネパール）　　　　1988.8.21
旅客機墜落相次ぐ（インド　アーメダ
　バード）　　　　　　　　　　　1988.10.19
サイクロン（インド）　　　　　　1988.11.29
旅客機墜落（インド　バンガロール）1990.2.14
旅客列車火災（インド　ビハール州）1990.4.16
サイクロン（インド　アンドラプラデシュ
　州）　　　　　　　　　　　　　1990.5.9
河川氾濫（インド）　　　　　　　1991.7.29
航空機墜落（インド　インパール）1991.8.16
地震（インド）　　　　　　　　　1991.10.20
急行列車脱線・転覆（インド　バンガ
　ロール）　　　　　　　　　　　1991.10.30
祝い酒にメチルアルコール（インド　ボ
　ンベイ）　　　　　　　　　　　1992.1.1-
祭り中に壁倒壊（インド　タミルナド州）
　　　　　　　　　　　　　　　1992.2.18
住宅倒壊（インド　ジャム・カシミール
　州スリナガル）　　　　　　　　1992.5.4
密造酒にメチルアルコール（インド　オ
　リッサ州）　　　　　　　　　　1992.5.6
サイクロン（インド　タミルナド州，ケ
　ララ州）　　　　　　　　　　　1992.11.
爆弾爆発（インド　カルカッタ）　1993.3.17
旅客機墜落（インド）　　　　　　1993.4.19
急行列車と貨物列車衝突・転覆（イン
　ド　タミルナド州）　　　　　　1993.6.1
洪水（インド）　　　　　　　　　1993.7.25
地震（インド）　　　　　　　　　1993.9.30
列車内でパニック（インド　ボンベイ）
　　　　　　　　　　　　　　　1993.10.13

渡し船が衝突して転覆（インド　サーガ
　ル島）　　　　　　　　　　　　1994.1.15
炭鉱で火災（インド　西ベンガル州アサ
　ンソル）　　　　　　　　　　　1994.1.25
バスとトラック衝突（インド　ケララ州
　クティアトド）　　　　　　　　1994.2.5
熱波（インド）　　　　　　　　　1994.5.-
ペスト（インド）　　　　　　　　1994.9.-
夜行列車で火災（インド　ビハール州チ
　ャクラダルプール）　　　　　　1994.10.26
列車爆発（インド　アッサム州）　1995.2.25
タンクローリー爆発（インド　タミルナ
　ド州）　　　　　　　　　　　　1995.3.12
猛暑（インド）　　　　　　　　　1995.5.-
急行列車同士衝突（インド　ウッタルプ
　ラデシュ州）　　　　　　　　　1995.8.20
炭鉱で出水（インド　ビハール州ダン
　バード）　　　　　　　　　　　1995.9.26
学芸会で火災（インド　ハリヤナ州ダブ
　ワリ）　　　　　　　　　　　　1995.12.23
宗教行事で将棋倒し（インド　マディヤ
　プラデシュ州ウジャイン，ウッタルプラ
　デシュ州ハルドワル）　　　　　1996.7.15
デング熱（インド　デリー）　　　1996.8.-
巡礼中に気候急変（インド）　　　1996.8.
サイクロン（インド　アンドラプラデシュ
　州）　　　　　　　　　　　　　1996.11.
旅客機同士衝突（インド　ハリアナ州チ
　ャルキダドリ村）　　　　　　　1996.11.12
宗教集会で火災（インド　オリッサ州マ
　ドゥバン村）　　　　　　　　　1997.2.23
地震（インド　マディヤプラデシュ州ジャ
　バルプール）　　　　　　　　　1997.5.22
地滑り（インド　シッキム州ガントク）1997.6.9
映画館で火災（インド　ニューデリー）1997.6.13
列車で爆発（インド　パンジャブ州）1997.7.8
フェリー転覆（インド）　　　　　1997.7.21
モンスーン（インド　ヒマチャルプラデ
　シュ州シムラ地方）　　　　　　1997.8.11-
バス転落（インド　メガラヤ州シロン）1997.9.8
工場火災（インド　アンドラプラデシュ
　州ビシャカパトナム）　　　　　1997.9.14
列車脱線（インド　マディヤプラデシュ
　州）　　　　　　　　　　　　　1997.9.14
竜巻（インド　西ベンガル州，オリッサ州）
　　　　　　　　　　　　　　　1998.3.24
熱波（インド）　　　　　　　　　1998.5.-
サイクロン（インド　グジャラート州）1998.6.8

国・地域別一覧　　　　　　　　《アジア》

急行列車が特急列車に衝突（インド　パンジャブ州ルディアナ）　1998.11.26
寒波（インド）　1998.12.
バスとタンクローリー衝突（インド　ビハール州ダンガイ）　1998.12.9
巡礼地で丘崩落（インド　ケララ州）　1999.1.14
地震（インド　ウッタルプラデシュ州）　1999.3.29
熱波（インド）　1999.4.
急行列車同士衝突（インド　西ベンガル州）　1999.8.2
サイクロン（インド　オリッサ州）　1999.10.28-
旅客機住宅街に墜落（インド　パトナ）　2000.7.17
モンスーン（インド　アンドラプラデシュ州）　2000.8.
急行列車と貨物列車が衝突（インド　パンジャブ州）　2000.12.2
インド西部地震（インド　グジャラート州）　2001.1.25
急行列車が転落（インド　ケララ州）　2001.6.22
猛暑（インド　アンドラプラデシュ州,マディヤプラデシュ州）　2002.5.
バス高圧線に接触（インド　ウッタルプラデシュ州）　2002.5.25
モンスーン（インド　アッサム州）　2002.7.
寒波（インド）　2002.12.-
寝台特急が炎上（インド　パンジャブ州ルディアーナー）　2003.5.15
列車脱線（インド　マハラシュトラ州）　2003.6.22
ガス爆発（インド　グジャラート州スラト）　2003.8.3
結婚式場で火災（インド　スリランガム）　2004.1.23
学校で火災（インド　タミルナド州）　2004.7.16
急行列車と普通列車衝突（インド　パンジャブ州）　2004.12.14
スマトラ沖地震（インド）　2004.12.26
寺院付近で火災（インド）　2005.1.25
急行列車と貨物列車衝突（インド　グジャラート州）　2005.4.21
日本脳炎（インド　ウッタルプラデシュ州）　2005.7.-
パキスタン地震（インド）　2005.10.8
列車脱線・湿地帯に転落（インド　アンドラプラデシュ州）　2005.10.29
豪雨（インド　チェンナイ）　2005.12.18
見本市で火災（インド　ニューデリー）　2006.4.10

インド産コーラに殺虫剤成分（インド　ニューデリー）　2006.8.2
水道タンク崩壊（インド　ラジャスタン州）　2006.8.27
トラック転落（インド　ラジャスタン州）　2007.9.7
熱波（インド）　2008.4.-
寺院で転倒（インド　ラジャスタン州）　2008.9.30
サイクロン（インド）　2009.5.25

【パキスタン】

密造酒で大量死（パキスタン　カラチ）　1974.11.
地震（パキスタン　インダス渓谷）　1974.12.28
洪水（パキスタン　シンド州）　1975.9.1
急行列車とバス衝突（パキスタン　シャヒナパド）　1976.7.9
モンスーン（パキスタン　カラチ）　1977.6.
火薬庫が爆発（パキスタン　ラワルピンジ）　1979.4.11
雹（パキスタン　パンジャブ州）　1981.3.6
列車脱線（パキスタン）　1981.7.31
雪崩（パキスタン）　1983.3.11
プロペラ機墜落（パキスタン　ペシャワール）　1986.10.23
武器庫で爆発（パキスタン　イスラマバード）　1988.4.10
急行列車が貨物列車に追突（パキスタン）　1990.1.4
地震（パキスタン）　1991.2.1
熱波（パキスタン）　1991.6.9
豪雨（パキスタン）　1992.9.
豪雨と雪崩（パキスタン）　1993.3.16
熱波（パキスタン）　1994.5.-
猛暑（パキスタン）　1995.5.-
バス川に転落（パキスタン　北西辺境州サジン）　1996.4.29
熱波（パキスタン　シンド州,バルチスタン州）　1996.6.1-
地震（パキスタン　バルチスタン州）　1997.2.27
急行列車脱線（パキスタン　パンジャブ州）　1997.3.3
豪雨でダムが決壊（パキスタン　バルチスタン州トゥルバット）　1998.3.1-
サイクロン（パキスタン　シンド州）　1999.5.
タンクローリー炎上（パキスタン　ロドスルタン）　1999.5.16
バス同士正面衝突（パキスタン　パンジャブ州ショルコット）　2000.10.22

447

《アジア》　　　　　　　　　　国・地域別一覧

バスとタンクローリー衝突（パキスタン　パンジャブ州）	2003.5.9
ボート沈没（パキスタン　キンジャール湖）	2003.6.1
ダイナマイトが爆発（パキスタン　ガヤル）	2003.8.3
列車とバス衝突（パキスタン　パンジャブ州）	2003.9.20
バス用水路に転落（パキスタン　バッカル）	2004.1.8
地震（パキスタン）	2004.2.14
トラック転落（パキスタン　ナテアガリ）	2004.6.6
バス橋から転落（パキスタン　イスラマバード）	2004.6.16
大雨でダム崩壊（パキスタン　バルチスタン州）	2005.2.10
工場兼アパートでガス爆発（パキスタン　ラホール）	2005.5.3
列車脱線・衝突（パキスタン　シンド州）	2005.7.13
パキスタン地震（パキスタン）	2005.10.8
フェリー沈没（パキスタン）	2005.11.4
結婚式で火事（パキスタン　パンジャブ州）	2006.12.18
雷雨（パキスタン）	2007.6.23
バス川に転落（パキスタン　アザド・カシミール州）	2007.8.20
地震（パキスタン　バルチスタン州）	2008.10.28

【西パキスタン】

旅客機墜落・炎上（西パキスタン　カラチ）	1953.3.3
雹（西パキスタン）	1957.4.30
豪雨（西パキスタン）	1964.6.11-
コレラ（西パキスタン　ナワブシャー）	1966.12.
列車とバス衝突（西パキスタン　パンジャブ）	1968.2.3
コレラ（西パキスタン　ムルタン）	1968.4.21
地雷搭載トラック爆発（西パキスタン　デール）	1970.5.21

【バングラデシュ】

弾薬集積所で爆発（バングラデシュ）	1972.1.6
天然痘（バングラデシュ）	1973.1.-
客船沈没（バングラデシュ）	1973.2.27
暴風（バングラデシュ）	1973.4.17
洪水（バングラデシュ）	1973.5.
ランチ船衝突（バングラデシュ　シタラカヤ川）	1973.5.5
船転覆（バングラデシュ　タラバサ川）	1973.5.11
台風（バングラデシュ）	1973.12.10
フェリー転覆（バングラデシュ）	1974.5.1
洪水（バングラデシュ）	1974.7.-
ランチ船転覆（バングラデシュ　クルナ市）	1974.11.21
サイクロン（バングラデシュ）	1974.11.28
フェリー転覆（バングラデシュ）	1975.3.3
竜巻（バングラデシュ　ファリドブル地域）	1976.4.10
洪水（バングラデシュ）	1976.6.12
暴風（バングラデシュ）	1977.3.31-
サイクロンで船沈没（バングラデシュ　ベンガル湾）	1978.4.4
急行列車脱線・転覆（バングラデシュ　チャウダンガ）	1979.1.26
竜巻（バングラデシュ）	1981.4.12
強風で鉄橋崩壊・列車転落（バングラデシュ　ダッカ）	1983.3.21
着陸失敗・墜落（バングラデシュ　ダッカ）	1984.8.5
急行列車火災（バングラデシュ）	1985.1.13
サイクロン（バングラデシュ）	1985.5.24
難民キャンプで火災（バングラデシュ　ダッカ）	1986.4.20
嵐で川フェリー転覆（バングラデシュ）	1986.5.25
フェリー沈没（バングラデシュ　ダッカ）	1986.8.15
大雨で洪水（バングラデシュ）	1987.7.20
豪雨（バングラデシュ）	1988.8.-
サイクロン（バングラデシュ）	1988.10.19
サイクロン（バングラデシュ）	1988.11.29
列車正面衝突（バングラデシュ　ブベイル）	1989.1.15
サイクロン（バングラデシュ）	1991.4.29-
竜巻（バングラデシュ）	1993.5.13
豪雨で洪水・船転覆（バングラデシュ）	1993.6.
洪水（バングラデシュ）	1993.7.25
寒波（バングラデシュ）	1994.1.
暴風雨（バングラデシュ）	1994.4.18-
サイクロン（バングラデシュ　テクナフ）	1994.5.2
フェリー転覆（バングラデシュ　コックスバザール）	1994.10.16
寒波（バングラデシュ　ラージシャヒ,ランプル）	1995.1.
強風（バングラデシュ）	1995.4.8

国・地域別一覧　　　　　　　　　《アジア》

豪雨（バングラデシュ）	1995.6.
洪水（バングラデシュ）	1995.7.
竜巻（バングラデシュ　タンガイル地方）	1996.5.13
モンスーン（バングラデシュ　チッタゴン，コックスバザール）	1997.7.
フェリーと貨物船が衝突（バングラデシュ　ピロジプール）	1998.1.22
フェリー転覆（バングラデシュ）	1998.3.13
豪雨（バングラデシュ）	1998.7.—
フェリー転覆（バングラデシュ　メグナ川）	1999.5.8
工場火災（バングラデシュ　ナルシンディ）	2000.11.25
フェリーが沈没（バングラデシュ）	2000.12.29
フェリー沈没（バングラデシュ　チャンドプル）	2002.5.3
寒波（バングラデシュ）	2002.12.—
フェリー沈没（バングラデシュ　メグナ川）	2003.7.8
フェリー転覆（バングラデシュ）	2005.2.19
ビル崩壊（バングラデシュ　ダッカ）	2006.2.27
サイクロン「シドル」（バングラデシュ）	2007.11.16
サイクロン（バングラデシュ）	2009.5.25

【東パキスタン】

天然痘（東パキスタン　カラチ）	1958.4.—
サイクロン（東パキスタン）	1960.10.10
竜巻（東パキスタン）	1961.3.21
サイクロン（東パキスタン　チッタゴン）	1963.5.28
サイクロン（東パキスタン）	1964.4.12
汽船沈没（東パキスタン）	1964.4.29
暴風で船が転覆（東パキスタン　チッタゴン地方）	1964.5.10
川で船転覆（東パキスタン　ダッカ）	1964.7.29
コレラ（東パキスタン）	1964.12.2
台風（東パキスタン　ダッカ）	1965.5.11
暴風雨（東パキスタン）	1965.12.15
河川連絡船沈没（東パキスタン　チャンドプール）	1966.1.29
サイクロンと高波（東パキスタン）	1966.10.1
旋風（東パキスタン　ファリドプール地方）	1968.4.11
嵐（東パキスタン）	1969.4.14
旅客機墜落（東パキスタン　クルナ）	1969.4.21
コレラ（東パキスタン）	1970.4.
台風（東パキスタン）	1970.11.12

【ネパール】

地滑り（ネパール）	1963.8.13
洪水（ネパール）	1964.6.20
地震（ネパール）	1966.6.27
吊橋崩落（ネパール　シンズー・パランチョク）	1967.4.24
雪崩（ネパール）	1972.4.10
豪雨（ネパール）	1972.7.
天然痘（ネパール）	1974.1.—
地震（ネパール）	1980.8.7
豪雨（ネパール）	1981.9.29
軍輸送機墜落（ネパール）	1985.12.30
サッカー観客圧死（ネパール）	1988.3.12
旅客機山に墜落（ネパール）	1992.7.31
エアバス墜落（ネパール　ティカバイラブ）	1992.9.28
洪水（ネパール）	1993.7.25
国内機墜落（ネパール）	1993.7.31
バス谷に転落（ネパール）	1995.2.3
集中豪雨（ネパール）	1996.7.
飢饉で毒草を食べ中毒（ネパール　フムラ地域）	1998.4.—
地滑り（ネパール　ホータン地方）	2002.7.15
地滑り（ネパール　タブラ村）	2002.8.21
寒波（ネパール）	2002.12.—
山崩れ（ネパール　ラムチェ村）	2003.8.16
雪崩で遭難（ネパール　アンナプルナ）	2004.10.10
バス川に転落（ネパール）	2005.1.21
バス川に転落（ネパール）	2006.10.28
難民キャンプで火災（ネパール　ジャパ郡）	2008.3.1

【ブータン】

地滑り（ブータン）	1968.10.

【スリランカ】

旅客機墜落（スリランカ）	1974.12.4
サイクロン（スリランカ）	1978.11.
チャーター機墜落（スリランカ　コロンボ）	1978.11.15
軍輸送機墜落（スリランカ　ネゴンボ沖）	1995.9.13
難民船転覆（スリランカ）	1997.2.19

449

《アジア》　　　　　　　国・地域別一覧

軍輸送機墜落（スリランカ）　1997.2.21

【セイロン】

台風（セイロン）　1964.12.23

〈中東〉

貨客船火災（中東　ペルシャ湾）　1961.4.8
連絡船沈没（中東　ペルシャ湾）　1967.2.14
油送管壊れ原油流出（中東　ペルシャ湾）　1972.1.-
豪雨と豪雪（中東）　1973.1.
旅客機、誤射され墜落（中東　ペルシャ湾）　1988.7.3
原油流出（中東　ペルシャ湾）　1991.1.-

【アフガニスタン】

地滑り（アフガニスタン　ケンジャン峠）　1971.7.29
洪水（アフガニスタン）　1978.8.
タンクローリー衝突・炎上（アフガニスタン）　1982.11.
雪崩（アフガニスタン　ドシャーカ）　1983.3.23
地震（アフガニスタン）　1991.2.1
洪水（アフガニスタン）　1992.9.3
地震（アフガニスタン　タカール州）　1998.2.4-
旅客機山に墜落（アフガニスタン　カブール）　1998.3.19
地震（アフガニスタン　タカール州, バダクシャン州）　1998.5.30
原因不明の奇病（アフガニスタン　バダクシャン州）　1999.2.
吹雪（アフガニスタン　サラン峠）　2002.2.5-
地震（アフガニスタン　カブール, サマンガン州）　2002.3.3
出血熱（アフガニスタン　ゴール州）　2002.3.8
地震（アフガニスタン）　2002.3.25
豪雨（アフガニスタン　ファルヤブ州）　2002.4.
バス川に転落（アフガニスタン　サロビ）　2002.6.6
タンク車爆発（アフガニスタン　ヘラート州）　2004.5.2
航空機墜落（アフガニスタン）　2005.2.3
豪雨（アフガニスタン）　2005.3.-

【イラン】

飛行機墜落（イラン　テヘラン）　1951.12.23
地震（イラン　トルード）　1953.2.12
洪水（イラン）　1954.7.30
洪水（イラン）　1954.8.17
地震（イラン　バスタク）　1956.11.5
地震（イラン）　1956.11.6
地震（イラン）　1957.7.2
暴風雨で漁船遭難（イラン　カスビ海）　1957.7.14
地震（イラン）　1957.12.13
地震（イラン　ラル市）　1960.4.24
炭鉱で爆発（イラン　テヘラン）　1960.12.25
地震（イラン　タジキスタン地方）　1962.9.1
地震（イラン　アハメダバッド）　1962.10.5
地震（イラン　ガグム村）　1963.7.29
ランチ船で火事（イラン）　1964.4.10
地震（イラン　アゼルバイジャン地方）　1965.2.13
タンカー火災（イラン）　1965.6.5
バス同士衝突（イラン）　1967.8.13
地震（イラン　マク）　1968.4.29
イラン大地震（イラン　北東部）　1968.8.31
ランチ船沈没（イラン　シラズ）　1970.3.14
地震（イラン）　1970.7.30
旅客列車衝突（イラン）　1970.12.31
雪崩（イラン　アルダカン）　1972.2.9
地震（イラン　シラズ）　1972.4.10
旅客機滑走中に炎上（イラン　テヘラン）　1974.3.15
地震（イラン）　1974.10.16
空港ビル天井崩落（イラン　テヘラン）　1974.12.5
地震（イラン　バンダル・アバス）　1977.3.22
地震（イラン　イスファハン）　1977.4.6
地震（イラン　ザラント地区）　1977.12.20
地震（イラン）　1978.9.16
地震（イラン　ホゼスタン州）　1978.12.15
地震（イラン　ホラサン州）　1979.1.16
イラン地震（イラン　コラサン州）　1979.11.14-
旅客機山に墜落（イラン　テヘラン）　1980.1.21
地震（イラン）　1980.12.22
地震（イラン　ケルマン州）　1981.6.11
地震（イラン　ケルマン州）　1981.7.28
航空機墜落（イラン）　1982.5.3
地震（イラン　テヘラン）　1983.3.25
軍輸送機墜落（イラン　システン州）　1986.11.2

乗員諍いで旅客機墜落（イラン　シスタンバルチスタン州）	1989.6.18		【トルコ】	
都市ガスのパイプライン爆発（イラン　テヘラン）	1990.3.18	地震（トルコ　エルズルム）	1949.8.18
地震（イラン　北西部）	1990.6.21	地震（トルコ）	1953.3.18
地震（イラン）	1990.11.6	航空機爆発・墜落（トルコ）	1954.4.3
旅客機と戦闘機空中衝突（イラン）	1993.2.8	洪水（トルコ）	1957.9.11
貨物機墜落（イラン　ケルマン）	1993.11.15	急行列車と旅客列車衝突（トルコ　イスタンブール）	1957.10.20
旅客機墜落（イラン　ナタンズ）	1994.10.12	連絡船遭難（トルコ）	1958.3.1
地震（イラン　ボジヌールド）	1997.2.4	地震（トルコ）	1959.4.25
地震（イラン　アルダビル）	1997.2.28	旅客機墜落（トルコ　アンカラ）	1960.1.19
地震（イラン　ホラサン州ビルジャンド）	1997.5.10	旅客機爆発（トルコ　アンカラ）	1961.12.22
地震（イラン　ファルス州）	1998.5.7	地震（トルコ）	1962.9.5
サッカー場の屋根が崩落（イラン　サリ）	2001.5.6	航空機と空軍機空中衝突・墜落（トルコ　アンカラ）	1963.2.1
旅客機墜落（イラン　サリ）	2001.5.17	地震と洪水（トルコ）	1964.6.16
集中豪雨（イラン）	2001.8.10	地震（トルコ）	1964.10.6
旅客機山に墜落（イラン　ホラマバード）	2002.2.12	はしか（トルコ　アナトリア地方）	1965.2.
地震（イラン　カズビーン州）	2002.6.22	炭鉱で爆発（トルコ　アマシア）	1965.3.19
旅客機墜落（イラン　イスファハン）	2002.12.23	バスとトラック衝突・硝酸漏出（トルコ）	1965.8.11
軍用機墜落（イラン）	2003.2.19	地震（トルコ）	1966.8.19
地震（イラン　ケルマン州バム市）	2003.12.26	地震（トルコ）	1967.7.22
貨物列車爆発・脱線（イラン　ホラサン州）	2004.2.18	地震（トルコ）	1967.7.26
地震（イラン）	2004.5.28	旅客機海に墜落（トルコ）	1967.10.12
バスとタンクローリー衝突（イラン　ザヘダン）	2004.6.24	イラン大地震（トルコ　黒海沿岸地域）	1968.8.31
地震（イラン）	2005.2.22	地震（トルコ）	1970.3.28
地震（イラン　ケシム島）	2005.11.27	地震（トルコ　ブルドル）	1971.5.12
軍用機アパートに墜落（イラン　テヘラン）	2005.12.6	地震（トルコ　ビンゴル）	1971.5.22
地震（イラン）	2006.3.31	旅客機墜落（トルコ　イズミル）	1974.1.26
旅客機着陸失敗（イラン）	2006.9.1	航空機海に墜落（トルコ）	1975.1.30
		地震（トルコ）	1975.9.6
【イラク】		航空機山に墜落（トルコ）	1976.9.19
		地震（トルコ　バン州）	1976.11.24
イラク大統領墜落死（イラク　バスラ）	1966.4.13	戦闘機墜落（トルコ　パンカルコイ）	1981.9.22
水銀中毒（イラク）	1972.3.	旅客機着陸失敗（トルコ　アンカラ）	1983.1.16
トラック転落（イラク）	1972.3.8	炭鉱で爆発（トルコ）	1983.3.7
小麦種モミで水銀中毒（イラク）	1972.8.	ホテル火災（トルコ　イスタンブール）	1983.5.7
地震（イラク）	1991.7.27	地震（トルコ）	1983.10.30
バス横転（イラク　ナシリヤ）	2003.11.30	揚陸艦が沈没（トルコ）	1985.1.30
巡礼者橋から転落（イラク　バグダッド）	2005.8.31	豪雨で山崩れ（トルコ）	1988.6.23
		バスとトラック衝突（トルコ　イスタンブール）	1988.11.3
		観光バス炎上（トルコ　イスタンブール）	1991.4.9
		炭坑内で爆発（トルコ）	1992.3.3
		地震（トルコ）	1992.3.13
		雪崩（トルコ）	1993.1.18
		旅客機墜落（トルコ　バン）	1994.12.29

《アジア》　　　　　国・地域別一覧

地震（トルコ　ディナール市）	1995.10.1
地震（トルコ　アダナ）	1998.6.27
トルコ大地震（トルコ）	1999.8.17
地震（トルコ）	1999.11.12
地震（トルコ　アフヨン）	2002.2.3
旅客機墜落（トルコ　ディヤルバクル）	2003.1.8
地震（トルコ　ビンゴル州）	2003.5.1
トンネルの壁にバス激突（トルコ　エルジンジャン）	2003.6.7
不法移民の船が沈没（トルコ）	2003.12.20
集合住宅が崩壊（トルコ　コンヤ）	2004.2.2
新型特急列車転覆（トルコ　サカリヤ県　パムコバ）	2004.7.22
密造酒に工業用アルコール（トルコ）	2005.3.11
旅客機山に墜落（トルコ）	2007.11.30

【キプロス】

地震（キプロス）	1953.9.10
旅客機着陸失敗（キプロス　ニコシア）	1967.4.20
旅客機着陸失敗（キプロス　キレニア山系）	1973.1.29
熱波（キプロス）	1998.7.-

【シリア】

豪雨（シリア）	1955.12.18
旅客機墜落（シリア）	1965.4.11
旅客機墜落（シリア　ダマスカス）	1975.8.20
コレラ（シリア）	1977.7.-

【レバノン】

旅客機墜落（レバノン）	1964.4.18
地雷が爆発（レバノン）	1975.7.5
旅客機墜落（レバノン）	1975.9.30
猛吹雪（レバノン　ベイルート）	1983.2.20

【ヨルダン】

豪雨（ヨルダン　アンマン）	1966.3.11

【サウジアラビア】

テント村火災（サウジアラビア）	1975.12.12
旅客機砂漠に墜落（サウジアラビア）	1976.1.1
トライスター機炎上（サウジアラビア　リヤド）	1980.8.19
メッカ巡礼で圧死（サウジアラビア　ミナ）	1990.7.2
空軍機墜落（サウジアラビア　カフジ）	1991.3.21
旅客機墜落（サウジアラビア　ジッダ）	1991.7.11
メッカ巡礼で将棋倒し（サウジアラビア　メッカ）	1994.5.23
車両横転（サウジアラビア）	1996.3.14
巡礼者宿営地で火災（サウジアラビア　メッカ）	1997.4.15
メッカ巡礼で将棋倒し（サウジアラビア　メッカ）	1998.4.9
刑務所で火災（サウジアラビア　リヤド）	2003.9.15
巡礼者将棋倒し（サウジアラビア　メッカ）	2004.2.1
ホテル崩壊（サウジアラビア　メッカ）	2006.1.6
メッカ巡礼で圧死（サウジアラビア　メッカ）	2006.1.12
フェリー沈没（サウジアラビア）	2006.2.2

【クウェート】

原油炎上（クウェート）	1991.1.-
油田炎上（クウェート）	2002.2.1

【カタール】

航空機着陸失敗（カタール　ドーハ）	1979.3.14

【アラブ首長国連邦】

船が転覆（アラブ首長国連邦　ドバイ）	1968.4.4

【イエメン】

軍用機墜落（イエメン　アデン）	1992.7.14
客船沈没（イエメン）	1995.8.28
がけ崩れ（イエメン）	2005.12.28
洪水（イエメン）	2008.10.23

【南イエメン】

航空機墜落（南イエメン）	1973.4.30

【北イエメン】

地震（北イエメン）	1982.12.13

《ヨーロッパ》

【バーレーン】

暴風で小舟転覆（バーレーン）	1959.2.28-
旅客機墜落（バーレーン）	2000.8.23
遊覧船転覆（バーレーン）	2006.3.30

【イスラエル】

スクールバス触雷（イスラエル）	1968.3.18
軍用トラック爆発（イスラエル　エイラート）	1970.1.24
旅客機撃墜（イスラエル　シナイ半島）	1973.2.21
軍用ヘリコプター墜落（イスラエル　エリコ）	1977.5.10
フェリー沈没（イスラエル　ハイファ沖）	1990.12.22
結婚式場が崩落（イスラエル　エルサレム）	2001.5.24

【パレスチナ】

熱波（パレスチナ）	1998.7.-

【キルギス】

豪雨でダム決壊（キルギス）	1998.7.8
旅客機墜落（キルギス　ビシケク）	2008.8.24
地震（キルギス）	2008.10.5

【タジキスタン】

地震（タジキスタン）	2006.7.31

【ウズベキスタン】

ダム決壊で洪水（ウズベキスタン　フェルガナ地方）	1998.7.10
旅客機墜落（ウズベキスタン）	2004.1.13

【グルジア】

軍用旅客機墜落（グルジア　アジャール自治共和国バトゥーミ）	2000.10.26

【アゼルバイジャン】

輸送機墜落（アゼルバイジャン　ナゴルノ・カラバフ地方ステパナケルト）	1994.3.17
地震（アゼルバイジャン）	2000.11.25

《ヨーロッパ》

豪雨（ヨーロッパ）	1948.8.14
暴風で海難事故多発（ヨーロッパ）	1951.12.29
吹雪（ヨーロッパ）	1952.2.
寒波（ヨーロッパ）	1954.2.-
暴風（ヨーロッパ）	1962.2.16-
寒波（ヨーロッパ）	1963.1.-
ドナウ川氾濫（ヨーロッパ）	1965.7.
記録的寒波（ヨーロッパ）	1966.1.19
熱波（ヨーロッパ）	1968.7.1
インフルエンザ（ヨーロッパ）	1969.12.
干ばつ（ヨーロッパ）	1976.この年
嵐（ヨーロッパ）	1978.1.28-
豪雨（ヨーロッパ）	1978.8.8
寒波（ヨーロッパ）	1978.12.30-
寒波（ヨーロッパ）	1982.1.8-
熱波（ヨーロッパ）	1983.7.12
寒波（ヨーロッパ）	1985.1.4-
寒波（ヨーロッパ）	1987.1.
熱波と冷夏（ヨーロッパ）	1987.7.-
強風（ヨーロッパ）	1990.1.25
暴風雨（ヨーロッパ）	1990.2.26
地震（ヨーロッパ）	1990.5.30
猛吹雪（ヨーロッパ）	1990.12.11
寒波（ヨーロッパ）	1993.11.
豪雨（ヨーロッパ）	1995.1.-
雪崩（ヨーロッパ）	1998.2.23
嵐（ヨーロッパ）	1999.12.25-
口蹄疫（ヨーロッパ）	2001.2.-
豪雨（ヨーロッパ）	2002.8.
熱波（ヨーロッパ）	2003.6.-
寒波（ヨーロッパ）	2005.11.25-
強風（ヨーロッパ北部）	2007.1.18
異常気象（ヨーロッパ）	2007.7.-

【イギリス】

飛行機墜落（イギリス　ウェールズ州）	1950.3.12

453

《ヨーロッパ》　　　　　国・地域別一覧

公開飛行で墜落（イギリス　ファーンバラ）　　　　　　　　　　1952.9.6
3列車衝突（イギリス　ロンドン）　1952.10.8
暴風雨（イギリス）　　　　　1953.1.31-
旅客機着陸時に転覆（イギリス　スコットランド）　　　　　　　1954.12.25
潜水艦「シドン」爆発（イギリス　ドーセット州）　　　　　　　1955.6.16
空軍偵察機墜落・炎上（イギリス　スコットランド）　　　　　　1956.10.10
旅客機墜落・火災（イギリス　マンチェスター）　　　　　　　　1957.3.14
飛行機墜落・炎上（イギリス）　1957.5.1
旅客機墜落・炎上（イギリス　ブリストル）　　　　　　　　　　1957.11.6
旅客機丘に衝突・炎上（イギリス　ニューポート）　　　　　　　1957.11.12
満員の列車追突（イギリス　ロンドン）1957.12.4
インフルエンザ（イギリス）　　1961.1.28
肺ペスト（イギリス　ボートン）　1962.7.30
スモッグ（イギリス）　　　　　1962.12.3-
繁華街でガス爆発（イギリス　ヘイスティングス）　　　　　　　1963.7.11
旅客機立木に衝突（イギリス　ジャージー島）　　　　　　　　　1965.4.14
炭鉱で爆発（イギリス　南ウェールズ地方）　　　　　　　　　　1965.5.17
旅客機滑走路に墜落（イギリス　ロンドン）　　　　　　　　　　1965.10.27
インフルエンザ（イギリス　ロンドン）
　　　　　　　　　　　　　　　1966.1.-
豪雨でボタ山崩壊（イギリス　ウェールズ地方アバーファン村）　1966.10.21
タンカー座礁し原油流出（イギリス）1967.3.18
旅客機墜落（イギリス　ストックポート）1967.6.4
口蹄疫（イギリス）　　　　　　1967.10.-
旅客機墜落（イギリス　ファーンハースト）　　　　　　　　　　1967.11.4
急行列車脱線・転覆（イギリス　ロンドン）　　　　　　　　　　1967.11.6
寒波（イギリス）　　　　　　　1967.12.8-
旅客機海に墜落（イギリス）　　1968.3.24
旅客機民家に墜落（イギリス）　1969.1.5
インフルエンザ（イギリス）　　1970.1.8
サッカー場で圧死（イギリス　グラスゴー）　　　　　　　　　　1971.1.2
自動車多重衝突（イギリス　セルウォール）　　　　　　　　　　1971.9.13

ショッピングセンターでガス爆発（イギリス　グラスゴー）　　　1971.10.21
機長心臓発作で旅客機墜落（イギリス　ロンドン）　　　　　　　1972.6.18
レジャーセンターで火災（イギリス　マン島）　　　　　　　　　1973.8.2
化学工場で爆発（イギリス　リンカンシャー州フリックスボロー）1974.6.1
地下鉄衝突・脱線（イギリス　ロンドン）　　　　　　　　　　　1975.2.28
バス転落（イギリス　ヨークシャー）1975.5.27
ジェット機墜落・車両巻き添え（イギリス　ロンドン）　　　　　1975.11.20
嵐（イギリス）　　　　　　　　1978.1.11-
クラブで火災（イギリス　ロンドン）1980.8.16
サッカー試合中に猛火（イギリス　西ヨークシャー州）　　　　　1985.5.11
航空機炎上（イギリス　マンチェスター）
　　　　　　　　　　　　　　　1985.8.22
BSE発見（イギリス）　　　　　1986.この年
強風（イギリス）　　　　　　　1987.10.16
地下鉄駅火災（イギリス　ロンドン）1987.11.18
油田爆発（イギリス　スコットランド沖）1988.7.6
信号異常で列車二重衝突（イギリス　ロンドン）　　　　　　　　1988.12.12
旅客機墜落（イギリス　ロンドン）1988.12.21
旅客機高速道路に墜落（イギリス　ケグワース）　　　　　　　　1989.1.8
列車同士衝突相次ぐ（イギリス　西サセックス州サリー）　　　　1989.3.4
サッカー場で圧死（イギリス　ロンドン）
　　　　　　　　　　　　　　　1989.4.15
遊覧船衝突（イギリス　ロンドン）1989.8.20
インフルエンザ（イギリス）　　1989.12.
電車衝突（イギリス　ロンドン）　1991.1.8
30台玉突き（イギリス　ロンドン）1991.3.13
ウィンザー城で火災（イギリス　ロンドン）　　　　　　　　　　1992.11.20
空軍ヘリコプター墜落（イギリス　スコットランド）　　　　　　1994.6.2
人食いバクテリア（イギリス）
　　　　　　　　　　　　　　　1994.この年
BSE人間にも感染（イギリス）　1996.3.20
特急列車と貨物列車衝突（イギリス　ロンドン）　　　　　　　　1997.9.19
列車同士衝突（イギリス　ロンドン）1999.10.5
高速列車が脱線（イギリス　ハットフィールド）　　　　　　　　2000.10.17

454

国・地域別一覧　　《ヨーロッパ》

特急列車と貨物列車衝突（イギリス　セルビー）　2001.2.28
普通列車脱線し駅に激突（イギリス　ロンドン）　2002.5.10
石油貯蔵施設で爆発・火災（イギリス　ハートフォードシャー州）　2005.12.11
口蹄疫（イギリス）　2007.8.3

【アイルランド】

旅客機川に墜落（アイルランド）　1954.9.5
旅客機墜落（アイルランド　シャノン）　1960.2.26
チャーター機川に墜落（アイルランド　シャノン）　1961.9.10
タンカー爆発（アイルランド　バントリー湾）　1979.1.8
ディスコで火災（アイルランド　ダブリン）　1981.2.14

【ドイツ】

フェリー転覆（ドイツ　リューゲン島沖）　1993.1.14
超特急列車が脱線（ドイツ　ニーダーザクセン州エシェデ）　1998.6.3
列車同士衝突（ドイツ　バイエルン州アインツィスワイラー）　2001.9.27
旅客機と貨物機空中衝突（ドイツ　バーデン・ビュルテンベルク州）　2002.7.1
豪雨（ドイツ）　2005.8.
積雪でスケート場の屋根崩落（ドイツ　バートライヒェンハル）　2006.1.2
リニア衝突（ドイツ）　2006.9.22

【東ドイツ】

鉱山で爆発（東ドイツ　ザクセン州）　1949.11.24
列車同士衝突（東ドイツ　ライプチヒ）　1960.5.15
貨物列車が急行列車に衝突（東ドイツ　ラングハーゲン）　1964.11.1
旅客機墜落（東ドイツ　ケニヒスウェステルホイゼン）　1972.8.14
航空機墜落（東ドイツ）　1975.9.1
旅客機墜落（東ドイツ　ベルリン）　1986.12.12
旅客機畑に墜落・炎上（東ドイツ　ベルリン）　1989.6.17

【西ドイツ】

軍輸送機火災・墜落（西ドイツ）　1955.8.11
飛行機墜落（西ドイツ　ミュンヘン）　1958.2.6
アパート爆発（西ドイツ　ドルトムント）　1959.12.13
旅客機森に墜落（西ドイツ　ホルシュハイム）　1961.3.28
修理車に衝突（西ドイツ　ハンブルク）　1961.10.5
炭坑で爆発（西ドイツ　ザール州）　1962.2.7
炭鉱で爆発（西ドイツ　ノルトライン・ヴェストファーレン州）　1962.3.9
軍用機墜落（西ドイツ　マルクト・シュワーベ）　1962.5.22
炭坑で爆発（西ドイツ　メルクシュタイン）　1962.12.14
軍用機墜落（西ドイツ　デトモルド）　1963.6.26
鉱山で浸水（西ドイツ　ハノーバー）　1963.10.24
地下鉄追突（西ドイツ　西ベルリン）　1965.6.30
石油精油所爆発（西ドイツ　ラウンハイム）　1966.1.18
旅客機墜落（西ドイツ　ブレーメン）　1966.1.28
バス転落（西ドイツ　リンブルク市）　1966.7.25
旅客機墜落（西ドイツ）　1968.8.9
天然痘（西ドイツ　ザウエルラント）　1970.2.1
旅客列車と貨物列車正面衝突（西ドイツ　ルール地方）　1971.5.27
国際急行列車脱線・転覆（西ドイツ　ラインワイラー）　1971.7.21
軍用ヘリコプター墜落（西ドイツ　ペグニッツ）　1971.8.18
ジェット旅客機不時着失敗（西ドイツ　ハンブルク）　1971.9.6
空軍機墜落（西ドイツ）　1975.2.9
旅客列車同士衝突（西ドイツ）　1975.6.8
地震（西ドイツ　バーデン・ビュルテンベルク州）　1978.9.3
軍用ヘリコプター墜落（西ドイツ　マンハイム）　1982.9.11
アイスパーラーにタンクローリー突入（西ドイツ　ヘッセン州）　1987.7.7
小型機墜落（西ドイツ　デュッセルドルフ）　1988.2.8
炭鉱で爆発（西ドイツ　ヘッセン州）　1988.6.1
航空ショーで接触・墜落（西ドイツ　ラインラント・プファルツ州）　1988.8.28
224台玉突き事故（西ドイツ　フランクフルト）　1990.2.24

455

《ヨーロッパ》　　　　　　　　　国・地域別一覧

【スイス】

雪崩（スイス）	1951.1.21
飛行機爆発（スイス）	1956.11.24
山岳で遭難（スイス　アイガー峰）	1957.8.11
旅客機山村に墜落（スイス　アールガウ州）	1963.9.4
氷塊落下（スイス　ザースフェー）	1965.8.30
雪崩（スイス）	1968.1.26―
雪崩（スイス　レッキンゲン）	1970.2.13
旅客機墜落（スイス　チューリヒ）	1971.1.18
原発で火災（スイス　ミューレベルク）	1971.7.28
旅客機墜落（スイス　ソロツルン州ホッホワルト村）	1973.4.10
夜行列車と貨物列車衝突（スイス　オトマルジンケン）	1982.7.18
列車とバス衝突・大破（スイス　チューリヒ）	1982.9.12
ライン川汚染（スイス　バーゼル）	1986.11.1
チーズがリステリア菌汚染（スイス）	1987.11.20
旅客機墜落（スイス　チューリヒ）	1990.11.14
豪雨（スイス）	2000.10.
トンネルで火災（スイス）	2001.10.26
豪雨（スイス）	2005.8.

【オーストリア】

雪崩（オーストリア）	1951.1.21
雪崩（オーストリア）	1954.1.14
旅客機墜落（オーストリア　インスブルック）	1964.2.29
バスに雪崩（オーストリア）	1965.3.2
豪雪・雪崩（オーストリア）	1975.4.
豪雨と大雪（オーストリア）	1985.8.
ホーフブルグ宮殿で火災（オーストリア　ウィーン）	1992.11.27
雪崩（オーストリア）	1998.2.23
トンネルでケーブルカー火災（オーストリア　ザルツブルク州キッツシュタインホルン山）	2000.11.11

【ハンガリー】

旅客機墜落（ハンガリー　トロムロス）	1963.6.16
旅客列車が貨物列車に衝突（ハンガリー　ソルノク）	1963.12.24
客車と貨物列車衝突（ハンガリー）	1968.12.22
炭鉱で爆発（ハンガリー　オロズラニー）	1983.6.22
列車とバス衝突（ハンガリー　シオーフォク）	2003.5.8
軍輸送機墜落（ハンガリー）	2006.1.19
洪水（ハンガリー）	2006.4.4

【チェコスロバキア】

炭鉱で火災（チェコスロバキア　オストラバ・カルビナ）	1961.7.7
旅客機山に墜落・爆発（チェコスロバキア　ブラチスラバ）	1966.11.24
炭鉱でガス爆発（チェコスロバキア）	1970.4.4
旅客機着陸失敗・墜落（チェコスロバキア　プラハ）	1973.2.19

【チェコ】

豪雨（チェコ）	1997.7.
洪水（チェコ）	2006.4.4

【ポーランド】

旅客機墜落（ポーランド　ワルシャワ）	1962.12.19
旅客機墜落（ポーランド　クラクフ市）	1969.4.2
銀行大爆発（ポーランド　ワルシャワ）	1979.2.15
旅客機墜落（ポーランド　ワルシャワ）	1980.3.14
列車同士正面衝突（ポーランド　トルン）	1980.8.19
旅客機森に墜落（ポーランド　ワルシャワ）	1987.5.9
豪雨（ポーランド）	1997.7.
積雪で展示施設の屋根崩落（ポーランド　カトウィツェ）	2006.1.28

【フランス】

旅客機山に激突（フランス　バルセロネット）	1953.9.1
セーヌ川氾濫（フランス　パリ）	1955.1.22
飛行機炎上・民家に墜落（フランス　パリ）	1956.11.24
急行列車脱線（フランス　ニームズ）	1957.9.7
劇場で火災（フランス　ブザンソン）	1958.4.29
旅客機墜落（フランス　ボルドー）	1959.9.24

《ヨーロッパ》

大雨でダムが決壊（フランス フレジェス） 1959.12.2
急行列車脱線（フランス ビトリルフランソワ） 1961.6.18
ロープウェー落下・宙づり（フランス バレ・ブランシュ） 1961.8.29
旅客機山に墜落（フランス ピレネー） 1961.10.6
兵器工場で爆発（フランス ボン・サンテスプリ） 1962.4.9
旅客機民家に墜落（フランス パリ） 1962.6.3
ボーイング707型機墜落（フランス カリブ海グアドループ島） 1962.6.22
急行列車脱線・転覆（フランス ディジョン） 1962.7.23
飛行機墜落（フランス パリ） 1962.11.23
旅客機山に墜落（フランス コルシカ島） 1962.12.29
旅客機農家に墜落（フランス リヨン） 1963.8.12
旅客機山に墜落（フランス） 1963.9.13
ハリケーン「クレオ」（フランス カリブ海グアドループ島） 1964.8.23
石油タンク爆発（フランス リヨン） 1966.1.4
旅客機墜落（フランス モンブラン） 1966.1.24
旅客機山に激突（フランス ピレネー山脈カニグー山） 1967.6.3
旅客機墜落（フランス カリブ海グアドループ島） 1968.3.5
雪崩（フランス バルディーゼル） 1970.2.10
雪崩（フランス グルノーブル） 1970.2.13
雪崩（フランス） 1970.4.16
ダンスホールで火災（フランス） 1970.10.31
軍輸送機墜落（フランス ポー） 1971.7.30
アパート爆発（フランス アルジャントゥイユ） 1971.12.21
ベビーパウダーに毒（フランス アルデヌ地方、パリ地区） 1972.5.−
ディーゼル列車同士衝突（フランス ソワッソン） 1972.6.16
旅客機墜落（フランス ノワレターブル） 1972.10.27
旅客機同士衝突（フランス ナント市） 1973.3.5
航空ショーで超音速旅客機墜落（フランス パリ） 1973.6.3
旅客機墜落（フランス ソウルレシャルトルー村） 1973.7.11
バス川に転落（フランス ビジーユ） 1973.7.18
旅客機海に墜落（フランス ポリネシア・タヒチ島） 1973.7.22
旅客機森に墜落（フランス パリ） 1974.3.3
豪雪・雪崩（フランス） 1975.4.
雪崩相次ぐ（フランス ピレネー地方、アルプス地方） 1976.2.15
座礁タンカーまっぷたつ（フランス ブルターニュ沖） 1976.3.13
ラスフリエール火山噴火（フランス カリブ海グアドループ島） 1976.8.17
嵐（フランス カルターニュ） 1976.12.2
濃霧（フランス） 1976.12.21−
ガス連続爆発（フランス パリ） 1978.2.17
タンカー座礁（フランス ブレスト） 1978.3.16
大波（フランス コートダジュール） 1979.10.16
旅客機山頂に激突（フランス コルシカ島） 1981.12.1
バス炎上（フランス ボーヌ） 1982.7.31
エイズ発見（フランス） 1983.5.
老人ホームで火災（フランス オワーズ県） 1985.1.9
炭坑で爆発（フランス フォルバック） 1985.2.25
山林火災（フランス コートダジュール） 1985.8.1
旅客列車正面衝突（フランス フロージャック） 1985.8.3
脱線客車へ貨車衝突（フランス アルジャントンシュルクルーズ） 1985.8.31
森林火災（フランス） 1986.8.
豪雨（フランス） 1987.7.14
エアバス森に墜落（フランス ミュルーズ） 1988.6.26
電車衝突（フランス パリ） 1988.6.27
2階建てバス転覆（フランス ヨーヌ県） 1990.6.3
寒波（フランス） 1991.2.
温泉で火事・有毒ガス発生（フランス バルボタン・レテルム） 1991.6.27
エアバス墜落（フランス ストラスブール） 1992.1.20
サッカースタンドが崩壊（フランス コルシカ島） 1992.5.5
スーパーマーケットが崩壊（フランス ニース） 1994.1.26
原潜「エムロード」で爆発（フランス ツーロン港） 1994.3.30
集中豪雨（フランス） 1994.11.6
ダイアナ妃事故死（フランス パリ） 1997.8.31
トンネルで火災（フランス モンブラン） 1999.3.24
ロープウェーが転落（フランス サンテチエンヌ・アン・デボリュ） 1999.7.1

457

《ヨーロッパ》　　　　　　　国・地域別一覧

加工食品リステリア菌汚染（フランス）
　　　　　　　　　　　　　　　2000.1.－
コンコルド墜落（フランス　ゴネス）2000.7.25
暴風雨（フランス　ストラスブール）2001.7.6
化学工場で爆発（フランス　トゥールーズ）
　　　　　　　　　　　　　　　2001.9.21
バス土手に衝突（フランス　リヨン）2003.5.17
エッフェル塔で火災（フランス　パリ）
　　　　　　　　　　　　　　　2003.7.22
ホテル火災（フランス　パリ）　2005.4.15
蚊媒介の感染症（フランス　インド洋レユニオン）
　　　　　　　　　　　　　　　2006.3.3

【モナコ】

グレース王妃事故死（モナコ）　1982.9.13

【ベルギー】

炭鉱で火災（ベルギー）　　　　1956.8.8
旅客機墜落（ベルギー　ブリュッセル）1961.2.15
投薬ミス（ベルギー　シャルルロワ）1967.1.7
デパートで火災（ベルギー　ブリュッセル）
　　　　　　　　　　　　　　　1967.5.22
旅客機墜落（ベルギー）　　　　1971.10.2
寄宿学校で火事（ベルギー　ヘースデン）
　　　　　　　　　　　　　　　1974.1.23
核物質積載の仏船沈没（ベルギー）1984.8.25
フェリー転覆（ベルギー　ゼーブルッヘ港）
　　　　　　　　　　　　　　　1987.3.6
卵がダイオキシン汚染（ベルギー）1999.5.28
工業地帯でガス爆発（ベルギー）2004.7.30

【ルクセンブルク】

旅客機暴走・炎上（ルクセンブルク）1982.9.29

【オランダ】

暴風雨（オランダ）　　　　　　1953.1.31－
旅客機海に墜落（オランダ）　　1954.8.23
列車同士衝突（オランダ　ウルデン）1962.1.8
川に毒物（オランダ）　　　　　1968.6.20－
竜巻（オランダ　アメランド島）1972.8.11
通勤列車衝突（オランダ　ロッテルダム）1976.5.4
貨物機墜落・高層アパート直撃（オランダ　アムステルダム）
　　　　　　　　　　　　　　　1992.10.4
クラシック飛行機墜落（オランダ）1996.9.25

花火倉庫が爆発（オランダ　エンスヘデ）
　　　　　　　　　　　　　　　2000.5.13
カフェで火災（オランダ　フォレンダム）2001.1.1

【スペイン】

旅客機墜落（スペイン）　　　　1959.4.29
旅客機山に衝突（スペイン　バルセロナ）
　　　　　　　　　　　　　　　1959.8.19
急行列車と貨物列車衝突（スペイン　バルセロナ）
　　　　　　　　　　　　　　　1961.1.9
小型機着陸失敗（スペイン　セビリア）
　　　　　　　　　　　　　　　1961.12.19
旅客機海に墜落（スペイン　マサロン）1964.10.2
列車火災（スペイン　サラゴサ）1965.2.10
旅客機炎上（スペイン　大西洋カナリア諸島）
　　　　　　　　　　　　　　　1965.5.5
ディーゼルカーとバス衝突（スペイン　エルアラアル）
　　　　　　　　　　　　　　　1965.6.30
旅客機墜落（スペイン　大西洋カナリア諸島）
　　　　　　　　　　　　　　　1965.12.7
列車同士衝突（スペイン）　　　1965.12.18
軍爆撃機墜落・原爆行方不明（スペイン　パロマレス村）
　　　　　　　　　　　　　　　1966.1.17
急行列車と貨物列車衝突（スペイン　テルエル）
　　　　　　　　　　　　　　　1966.12.18
工場で爆発（スペイン　アリカンテ）1968.8.16
レストランの屋根崩落（スペイン　セゴビア）
　　　　　　　　　　　　　　　1969.6.15
旅客機山に墜落（スペイン）　　1970.7.3
旅客列車同士衝突（スペイン）　1970.8.9
祭りの花火爆発（スペイン　バレンシア）
　　　　　　　　　　　　　　　1971.3.20
旅客機山に墜落（スペイン）　　1972.1.7
旅客機墜落（スペイン　大西洋カナリア諸島テネリフェ島）
　　　　　　　　　　　　　　　1972.12.3
旅客機墜落（スペイン　パソデルリオ村）
　　　　　　　　　　　　　　　1973.8.13
豪雨（スペイン　ムルシア県）　1973.10.
アパート火災（スペイン　バルセロナ）1974.9.5
ボーイング747機同士衝突（スペイン　大西洋カナリア諸島テネリフェ島）
　　　　　　　　　　　　　　　1977.3.27
キャンプ場でガス爆発（スペイン　タラゴナ）
　　　　　　　　　　　　　　　1978.7.11
タンカー火災・原油流出（スペイン沖）
　　　　　　　　　　　　　　　1978.12.31
バス川に転落（スペイン　ベナベンテ）1979.4.10
保養地のホテル火災（スペイン　サラゴサ市）
　　　　　　　　　　　　　　　1979.7.12

国・地域別一覧　《ヨーロッパ》

森林火災（スペイン　カタロニア地方）　1979.8.7
航空機墜落（スペイン　大西洋カナリア諸島）　1980.4.25
小学校でボイラー爆発（スペイン　バスク）　1980.10.23
有毒食用油で中毒（スペイン）　1981.9.9
旅客機墜落炎上・車両巻き添え（スペイン　マラガ）　1982.9.13
ジャンボ機墜落（スペイン　マドリード）　1983.11.27
旅客機同士衝突（スペイン　マドリード）　1983.12.7
地下ディスコで火災（スペイン　マドリード）　1983.12.17
旅客機墜落（スペイン　バスク）　1985.2.19
タンカー爆発・沈没（スペイン）　1985.5.26
原発で火災（スペイン　バルセロナ）　1989.10.19
ディスコで火災（スペイン　サラゴサ）　1990.1.14
猛暑（スペイン　アンダルシア地方）　1995.7.
鉄砲水（スペイン　ビエスカス町）　1996.8.7
バスとトラック衝突（スペイン　ソリア）　2000.7.6
旅客列車と貨物列車が衝突（スペイン　アルバセテ）　2003.6.3
地下鉄脱線（スペイン）　2006.7.3
旅客機離陸失敗（スペイン　マドリード）　2008.8.20

【ポルトガル】

旅客機墜落（ポルトガル　大西洋アゾレス諸島）　1954.8.8
地震（ポルトガル　大西洋アゾレス諸島サンジョルジェ島）　1964.2.19
旅客列車脱線・転覆（ポルトガル　オポルト）　1964.7.26
豪雨（ポルトガル　リスボン）　1967.11.25
宮殿で火災（ポルトガル　リスボン）　1974.9.23
軍輸送機墜落（ポルトガル　大西洋アゾレス諸島テルセイラ島）　1976.9.4
航空機着陸失敗（ポルトガル　大西洋マデイラ島フンシャル）　1977.11.19
着陸失敗・海に墜落（ポルトガル　大西洋マデイラ島）　1977.12.18
地震（ポルトガル　大西洋アゾレス諸島）　1980.1.1
急行列車衝突（ポルトガル　ビゼウ）　1985.9.11
旅客機山に墜落（ポルトガル　大西洋アゾレス諸島サンタマリア島）　1989.2.8
旅客機着陸失敗・爆発（ポルトガル）　1992.12.21
旅客機墜落（ポルトガル　大西洋アゾレス諸島サンジョルジェ島）　1999.12.11

【イタリア】

雪崩（イタリア）　1951.1.21
旅客機遭難（イタリア　エルバ海）　1954.1.10
旅客機墜落（イタリア　ローマ）　1954.1.14
旅客機行方不明（イタリア）　1956.12.22
吹雪で山岳遭難（イタリア　アルプス・マルモラダ峰）　1957.8.19
旅客機と戦闘機衝突（イタリア　アンツィオ）　1958.10.22
旅客機山に衝突・炎上（イタリア）　1958.11.3
落雷で旅客機墜落（イタリア　ミラノ）　1959.6.26
アパート倒壊（イタリア　バルレッタ）　1959.9.16
濃霧で列車脱線（イタリア　モンザ）　1960.1.5
客車が転覆（イタリア　カタンザロ）　1961.12.23
急行列車脱線（イタリア　カステルボローネーゼ）　1962.3.8
貨物列車が旅客列車に衝突（イタリア　ボゲイラ）　1962.5.31
地震（イタリア　ナポリ）　1962.8.21
山崩れでダム崩壊（イタリア　ベルノ地方）　1963.10.10
航空機山に墜落（イタリア）　1964.3.28
旅客機爆発（イタリア　ローマ）　1964.11.23
暴風雨（イタリア　シチリア島）　1965.9.2
洪水（イタリア　フィレンツェ市）　1966.11.4
地震（イタリア　シチリア島）　1968.1.15
暴風雨（イタリア）　1968.11.2
タンカー爆発（イタリア　サルディニア島）　1971.1.21
地震（イタリア　トスカーナ）　1971.2.6
フェリー火災（イタリア　アドリア海）　1971.8.28
旅客機墜落（イタリア　シチリア島）　1972.5.5
コレラ（イタリア）　1973.8.—
旅客機農場に墜落（イタリア　トリノ）　1974.1.1
豪雪・雪崩（イタリア）　1975.4.
ロープウェー墜落（イタリア　バルディフィエンミ）　1976.3.9
イタリア・フリウリ地震（イタリア　フリウリ地方）　1976.5.6
化学工場で毒ガス流出（イタリア　セベソ）　1976.7.10
空軍機山に衝突・炎上（イタリア　ピサ）　1977.3.3

459

《ヨーロッパ》　　　　　国・地域別一覧

急行列車と特急列車衝突（イタリア　モンズーノ）　　　　　　　　　　1978.4.15
旅客機墜落（イタリア　パレルモ）　1978.12.22
エトナ火山噴火（イタリア　シチリア島）
　　　　　　　　　　　　　　1979.9.12
病院で爆発（イタリア　パルマ市）　1979.11.13
地震（イタリア）　　　　　　　1980.11.23
古物市で火災（イタリア　トディ）　1982.4.25
映画館で火災（イタリア　トリノ）　1983.2.13
トンネルでトラック爆発（イタリア）1983.5.21
アパート崩壊（イタリア　カステラネタ）1985.2.7
地滑りでダム決壊（イタリア　ドロミテ）　　　　　　　　　　　　1985.7.19
製油所で爆発（イタリア　ナポリ）　1985.12.21
地滑り（イタリア）　　　　　　1987.7.18
航空機山に墜落（イタリア）　　1987.10.15
旅客機墜落（イタリア）　　　　1988.10.17
軍用機学校に墜落（イタリア　ボローニャ）　　　　　　　　　　　　1990.12.6
地震（イタリア　シチリア島）　1990.12.13
フェリーがタンカーに衝突（イタリア　リボルノ港沖）　　　　　　　　1991.4.10
タンカー爆発・原油流出（イタリア　ジェノバ沖）　　　　　　　　　　1991.4.11
溶岩流（イタリア　エトナ山）　　1992.4.14
集中豪雨（イタリア）　　　　　　1994.11.6
豪雨（イタリア　トスカーナ地方）　1996.6.19
地震（イタリア）　　　　　　　　1997.9.26
軍用機ロープウェー切断（イタリア　カバレーゼ）　　　　　　　　　　1998.2.3
土石流（イタリア　カンパーニャ州）
　　　　　　　　　　　　　　1998.5.5−
トンネルで火災（イタリア　モンブラン）
　　　　　　　　　　　　　　1999.3.24
アパート崩壊（イタリア　プーリア州フォッジャ）　　　　　　　　　1999.11.11
豪雨（イタリア）　　　　　　　　2000.10.
旅客機と小型機衝突（イタリア　ミラノ）　　　　　　　　　　　　2001.10.8
地震（イタリア　モリーゼ州サンジュリアーノディプーリア）　　　　2002.10.31
航空機墜落（イタリア　シチリア島）2005.8.6
地下鉄追突（イタリア　ローマ）　2006.10.17
ワインに硫酸（イタリア）　　　　2008.4.4
ラクイラ地震（イタリア）　　　　2009.4.6

【マルタ】

軍チャーター機炎上（マルタ）　　1956.2.18

【ロシア】

旅客列車と貨物列車衝突（ロシア　ネジドボ）　　　　　　　　　　　1992.3.3
原発で放射能漏れ（ロシア）　　　1992.3.24
石油精製工場で爆発（ロシア　バシコルトスタン共和国ウファ）　　　1992.9.22
軍輸送機墜落（ロシア）　　　　　1992.11.11
ウラン貯蔵器が爆発（ロシア　シベリア）　　　　　　　　　　　　1993.4.6
軽飛行機広場に墜落・市民巻き添え（ロシア　ウラル地方）　　　　　1993.5.9
ジフテリア（ロシア）　　　　　　1993.8.−
旅客機墜落（ロシア　イルクーツク）1994.1.3
旅客機墜落（ロシア　シベリア）　1994.3.22
空軍機墜落（ロシア　シベリア連邦管区チタ州）　　　　　　　　　　1994.8.5
旅客機墜落（ロシア　シベリア）　1994.9.26
地震（ロシア　サハリン州オハ地区）1995.5.28
旅客機墜落（ロシア　グロセビチ）　1995.12.6
旅客機とヘリコプター衝突（ロシア　西シベリア）　　　　　　　　　1996.10.26
軍用機墜落（ロシア　トベリ州）　1996.12.17
旅客機森に墜落（ロシア　カラチャエボ・チェルケス共和国チェルケスク市）1997.3.18
空軍機墜落・アパート直撃（ロシア　イルクーツク）　　　　　　　　1997.12.6
警察本部で火災（ロシア　サマラ州）1999.2.10
原潜「クルスク」沈没（ロシア）　1999.8.14
テレビ塔で火災（ロシア　モスクワ）2000.8.27
寒波（ロシア）　　　　　　　　　2001.1.
寒波（ロシア）　　　　　　　　　2001.2.
旅客機墜落（ロシア　イルクーツク）2001.7.4
旅客機誤射され墜落（ロシア　黒海）2001.10.4
旅客機墜落（ロシア　モスクワ）　2001.11.19
軍輸送機墜落（ロシア　アルハンゲリスク）　　　　　　　　　　　　2002.2.21
豪雨（ロシア　スタブロポリ州，クラスノダル州）　　　　　　　　　2002.6.
洪水と竜巻（ロシア　ノボロシースク）2002.8.9
氷河が崩落（ロシア　北オセチア共和国）
　　　　　　　　　　　　　　2002.9.20
学校で火災（ロシア　サハ共和国ビリュイスク）　　　　　　　　　2003.4.7
ろうあ学校寄宿舎で火災（ロシア　ダゲスタン共和国マハチカラ）　2003.4.10
大学の学生寮で火災（ロシア　モスクワ）　　　　　　　　　　　2003.11.24

460

《ヨーロッパ》

積雪でプールの屋根崩壊（ロシア モスクワ） 2004.2.14
集合住宅でガス爆発（ロシア アルハンゲリスク） 2004.3.16
炭鉱で爆発（ロシア ケメロボ州） 2004.4.10
ヘリコプター墜落（ロシア チュメニ州） 2004.8.5
森林火災（ロシア） 2004.10.16
民間旅客機墜落（ロシア ネネツ自治管区） 2005.3.16
列車とミニバス衝突（ロシア ウスチ・ラビンスキー） 2006.1.14
寒波（ロシア モスクワ） 2006.1.19
市場で屋根崩落（ロシア モスクワ） 2006.2.23
旅客機海に墜落（ロシア） 2006.5.3
航空機ビルに激突（ロシア シベリア） 2006.7.9
陸軍ヘリコプター墜落（ロシア 北オセチア共和国） 2006.9.11
病院で火災（ロシア モスクワ） 2006.12.9
炭鉱で爆発（ロシア シベリア） 2007.3.19
高齢者施設で火災（ロシア） 2007.3.20
地震（ロシア チェチェン共和国） 2008.10.11

【ソ連】

旅客機墜落（ソ連 モスクワ） 1957.6.14
ロケット爆発（ソ連 カザフ共和国バイコヌール） 1960.10.-
旅客機墜落（ソ連 モスクワ） 1966.2.17
地震（ソ連 ウズベク共和国タシュケント） 1966.4.26
ソユーズ1号事故（ソ連） 1967.4.24
旅客機墜落（ソ連 ウラル地方スベルドロフスク地区） 1967.11.
アパート爆発（ソ連 モスクワ） 1967.12.25
旅客機着陸失敗・炎上（ソ連 モスクワ） 1968.8.26
地震（ソ連） 1970.5.14
地震（ソ連 キルギス地方） 1970.6.5
ソユーズ11号事故（ソ連） 1971.6.30
旅客機墜落（ソ連 イルクーツク） 1971.8.11
航空機墜落（ソ連 ウクライナ共和国キエフ） 1971.9.16
旅客機墜落（ソ連 モスクワ） 1971.10.13
旅客機墜落（ソ連） 1972.10.14
日航機墜落・炎上（ソ連 モスクワ） 1972.11.29
旅客機墜落（ソ連 モスクワ） 1973.3.3
旅客機炎上・墜落（ソ連） 1974.4.27
地震（ソ連） 1974.10.16
競技場で将棋倒し（ソ連 モスクワ） 1975.3.10

旅客機民家に墜落（ソ連 モスクワ） 1976.1.3
ウズベク地震（ソ連 ウズベク共和国） 1976.5.17
旅客機空中爆発（ソ連 モスクワ） 1976.11.28
旅客機空中爆発（ソ連 カザフ共和国） 1977.1.13
ホテル火災（ソ連 モスクワ） 1977.2.25
歩道橋崩落（ソ連 プシキノ市） 1977.7.17
地震（ソ連 グルジア） 1978.1.2
細菌兵器漏出（ソ連 スベルドロフスク市） 1979.4.-
細菌研究所で爆発（ソ連 ウラル） 1979.4.3
旅客機空中衝突（ソ連 ウクライナ共和国） 1979.8.11
エスカレーター損壊（ソ連 モスクワ） 1982.2.17
旅客機墜落（ソ連 モスクワ） 1982.7.6
サッカー場で死傷（ソ連 モスクワ） 1982.10.20
客船橋に激突（ソ連 ボルガ川） 1983.6.5
竜巻（ソ連） 1984.6.9
ガス漏れ・爆発（ソ連 トビリシ） 1984.12.2
地震（ソ連 タジク共和国） 1985.10.13
チェルノブイリ原発事故（ソ連 チェルノブイリ） 1986.4.26
客船沈没（ソ連 ノボロシースク） 1986.8.31
急行列車と普通列車が衝突（ソ連 ウクライナ共和国） 1986.11.6
メチルなどで中毒死（ソ連） 1986.12.5
炭鉱で爆発（ソ連 ウクライナ共和国） 1986.12.24
貨物列車が旅客列車に追突（ソ連 グルジア） 1987.11.29
貨物列車爆発（ソ連 ゴーリキー市） 1988.6.4
急行列車脱線（ソ連 カリーニン州） 1988.8.16
貨車爆発（ソ連 スベルドロフスク） 1988.10.4
アルメニア地震（ソ連 アルメニア共和国） 1988.12.7
地震（ソ連 タジク共和国） 1989.1.23
地滑り（ソ連 グルジア共和国） 1989.4.20
液化石油ガス輸送管爆発（ソ連 ウラル） 1989.6.3
急行列車とバス衝突（ソ連） 1989.6.9
軍輸送機墜落（ソ連 アゼルバイジャン共和国） 1989.10.18
軍輸送機山に墜落（ソ連 カムチャツカ半島） 1989.10.27
旅客機墜落（ソ連 スベルドロフスク市） 1990.1.13
列車とバス衝突（ソ連 ペトロザボーツク） 1990.7.8
地震（ソ連 グルジア） 1991.4.29

461

《ヨーロッパ》　　　　　　　　国・地域別一覧

地震（ソ連 グルジア）　　　　 1991.6.15
炭鉱で火災（ソ連 ウクライナ共和国）1991.6.29
旅客機墜落（ソ連 マハチカラ）　 1991.11.7
旅客機墜落（ソ連 タタール自治共和国）
　　　　　　　　　　　　　　 1991.11.26

【ベラルーシ】

イベント会場でパニック（ベラルーシ
　ミンスク）　　　　　　　　　1999.5.30

【ウクライナ】

炭田で爆発（ウクライナ）　　　　1992.6.9
路面電車が脱線（ウクライナ ドニエプ
　ロジェルジンスク）　　　　　　1996.7.2
炭鉱で爆発（ウクライナ ドネツク）1998.4.4
炭鉱でガス爆発（ウクライナ ルガンス
　ク州）　　　　　　　　　　　 2000.3.11
炭鉱でガス爆発（ウクライナ ドネツク
　州）　　　　　　　　　　　　 2001.5.5
炭鉱で爆発（ウクライナ ドネツク地方）
　　　　　　　　　　　　　　　2001.8.19
炭鉱で火災（ウクライナ ドネツク州）2002.7.7
航空ショーで戦闘機墜落（ウクライナ
　リボフ）　　　　　　　　　　 2002.7.27
炭鉱でガス爆発（ウクライナ ドネツク
　州）　　　　　　　　　　　　 2002.7.31
旅客機火災・墜落（ウクライナ ドネツ
　ク）　　　　　　　　　　　　 2006.8.23
炭鉱で爆発（ウクライナ）　　　2007.11.18

〈北欧〉

貨物船沈没（北欧 北海）　　　 1957.12.22
豪雪（北欧）　　　　　　　　 1978.12.28
アザラシ肺炎で大量死（北欧 北海）
　　　　　　　　　　　　　　　1988.7.-

【フィンランド】

旅客機森に墜落（フィンランド）　1961.1.3
旅客機墜落（フィンランド）　　 1963.11.8
火薬工場で爆発（フィンランド ラブア）
　　　　　　　　　　　　　　　1976.4.13
フェリー沈没（フィンランド ウト諸島）
　　　　　　　　　　　　　　　1994.9.28

【スウェーデン】

旅客機墜落（スウェーデン ベイビスラッ
　ト）　　　　　　　　　　　 1964.11.20

【ノルウェー】

炭坑で爆発（ノルウェー スピッツベル
　ゲン島）　　　　　　　　　　1962.11.5
旅客機墜落（ノルウェー オスロ）1963.4.14
旅客機墜落・炎上（ノルウェー オスロ）
　　　　　　　　　　　　　　 1972.12.23
特急列車と普通列車衝突（ノルウェー）
　　　　　　　　　　　　　　　1975.2.22
油田で原油流出（ノルウェー 北海）1977.4.22
油田海上宿舎崩れる（ノルウェー 北
　海）　　　　　　　　　　　　 1980.3.27
雪崩（ノルウェー）　　　　　　 1986.3.5
原潜火災（ノルウェー）　　　　 1989.4.7
フェリー火災（ノルウェー）　　 1990.4.7
旅客機山に墜落（ノルウェー スピッツ
　ベルゲン島）　　　　　　　　 1996.8.29

【デンマーク】

濃霧で飛行機墜落（デンマーク コペン
　ハーゲン）　　　　　　　　　 1957.8.15
湖上で遊覧船爆発（デンマーク ハーデ
　ルスレフ湖）　　　　　　　　　1959.7.8
水陸両用機墜落（デンマーク グリーン
　ランド）　　　　　　　　　　 1962.5.12
急行列車同士衝突（デンマーク オーデ
　ンセ）　　　　　　　　　　　 1967.8.10
ホテル全焼（デンマーク コペンハーゲ
　ン）　　　　　　　　　　　　　1973.9.1
旅客機墜落（デンマーク ユトランド半
　島沖）　　　　　　　　　　　　1989.9.8

【アイスランド】

アイスランド首相夫妻焼死（アイスラ
　ンド）　　　　　　　　　　　　1970.7.9
ヘルガフェル火山爆発（アイスランド
　ヘイマエイ島）　　　　　　 1973.1.23-

《ヨーロッパ》

〈東欧〉

寒波（東欧） 1998.11.20-

【ルーマニア】

炭坑でガス爆発（ルーマニア） 1965.2.23
遊覧船沈没（ルーマニア ブカレスト） 1967.8.6
洪水（ルーマニア） 1970.5.21
ボタ山崩壊（ルーマニア チェルテジ・サカリム） 1971.10.30
ルーマニア大地震（ルーマニア） 1977.3.4
雪崩（ルーマニア カルパチア山脈） 1977.4.17
客船と引き船衝突・沈没（ルーマニア ガラティ） 1989.9.10
洪水（ルーマニア） 1991.7.29
貨物船沈没（ルーマニア コンスタンツァ港） 1995.1.4
旅客機墜落（ルーマニア ブカレスト） 1995.3.31

【ブルガリア】

旅客機航路外れ誤射される（ブルガリア） 1955.7.27
ダム決壊（ブルガリア ブラツァ地方ズゴリグラード村） 1966.5.1
旅客機墜落（ブルガリア ブルガス） 1968.9.3
旅客機墜落（ブルガリア ソフィア） 1971.12.22
急行列車が貨物列車に衝突（ブルガリア バルナ地区） 1972.12.10
旅客機墜落（ブルガリア ブルツァ郡） 1978.3.16

【ユーゴスラビア】

炭鉱で爆発（ユーゴスラビア セルビア） 1958.10.1
鉱山でガス爆発（ユーゴスラビア ボスニア地方） 1962.2.27
地震（ユーゴスラビア マケドニア共和国スコピエ） 1963.7.26
通勤列車が旅客列車に追突（ユーゴスラビア ベオグラード） 1964.1.4
地震（ユーゴスラビア ベオグラード） 1964.4.13
炭鉱でガス爆発（ユーゴスラビア カカンヤ） 1965.6.2
旅客機着陸失敗（ユーゴスラビア リュブリャーナ） 1966.9.1

地震（ユーゴスラビア マケドニア地方） 1967.11.30
地震（ユーゴスラビア バニャルカ市） 1969.10.27
トンネル内で列車炎上（ユーゴスラビア ゼニツァ） 1971.2.14
旅客機墜落・炎上（ユーゴスラビア リエカ） 1971.5.23
天然痘（ユーゴスラビア） 1972.3.-
旅客機墜落（ユーゴスラビア モンテネグロ州） 1973.9.11
急行列車脱線（ユーゴスラビア ザグレブ） 1974.8.30
鉄橋折れ列車転落（ユーゴスラビア） 1975.5.15
旅客機同士空中衝突（ユーゴスラビア） 1976.9.10
ユーゴスラビア首相墜落死（ユーゴスラビア サラエボ） 1977.1.18
ユーゴスラビア地震（ユーゴスラビア アドリア海沿岸） 1979.4.15
貨物列車が急行列車に衝突（ユーゴスラビア） 1979.9.13
地震（ユーゴスラビア） 1980.5.18
炭鉱で爆発（ユーゴスラビア） 1983.6.7
貨物列車が旅客列車に衝突（ユーゴスラビア ディバチャ） 1984.7.14
炭鉱で爆発（ユーゴスラビア） 1989.11.17
炭鉱で爆発（ユーゴスラビア ドブルニャ） 1990.8.26
出血熱（ユーゴスラビア コソボ自治州） 2002.7.

【セルビア・モンテネグロ】

列車脱線・渓谷に転落（セルビア・モンテネグロ ポドゴリツァ） 2006.1.23

【マケドニア】

旅客機墜落（マケドニア スコピエ） 1993.3.5
旅客機墜落（マケドニア オフリド） 1993.11.20

【ボスニア・ヘルツェゴビナ】

バス川に転落（ボスニア・ヘルツェゴビナ カカニ） 2000.5.13
マケドニア大統領墜落死（ボスニア・ヘルツェゴビナ） 2004.2.26

《アフリカ》　　　　　国・地域別一覧

【クロアチア】

空軍機墜落（クロアチア　ドゥブロヴニク）　　　　　　　　　　　1996.4.3

【アルバニア】

地震（アルバニア　ディブラ,リブライド）　　　　　　　　　　1967.11.30
基地で爆発（アルバニア）　　2008.3.15

【ギリシャ】

地震（ギリシャ）　　　　　1953.8.10-
地震（ギリシャ）　　　　　　1954.4.30
地雷爆発（ギリシャ　フミア）　1964.11.29
地震（ギリシャ）　　　　　　1966.2.5
地震（ギリシャ）　　　　　　1966.10.29
客船沈没（ギリシャ　エーゲ海）　1966.12.8
旅客機墜落（ギリシャ　アテネ）　1969.12.8
旅客機海に墜落（ギリシャ）　1972.10.21
輸送船沈没（ギリシャ　エーゲ海）　1972.11.15
YS11山に墜落（ギリシャ）　1976.11.23
地震（ギリシャ　テッサロニキ）　1978.6.20
熱波と山林火災（ギリシャ　中南部,エビア島）　　　　　　　　　1979.6.19
航空機着陸失敗・炎上（ギリシャ　アテネ）　　　　　　　　　　　1979.10.7
サッカー場で将棋倒し（ギリシャ　アテネ）　　　　　　　　　　　1981.2.8
地震（ギリシャ）　　　　　1983.1.17
地震（ギリシャ）　　　　　　1986.9.13
熱波（ギリシャ）　　　　　　1988.7.
プロペラ機山に墜落（ギリシャ　サモス島）　　　　　　　　　　　1989.8.3
地震（ギリシャ　アテネ）　　1999.9.7
フェリー沈没（ギリシャ　パロス島）　2000.9.26
地震（ギリシャ　イオニア諸島）　2003.8.14
旅客機山に墜落（ギリシャ）　2005.8.14
山林火災相次ぐ（ギリシャ）　2007.8.24-

《アフリカ》

干ばつで飢饉（アフリカ）　　1973.この年
干ばつと豪雨（アフリカ）　　1974.この年

干ばつ（アフリカ）　　　　　1983.1.
大雪（アフリカ）　　　　　　1988.6.
悪天候でフェリー転覆（アフリカ　ギニア湾）　　　　　　　　　　1998.4.1
集中豪雨（アフリカ　南部）　　2000.2.
干ばつ（アフリカ）　　　　　2002.この年
洪水（アフリカ）　　　　　　2007.9.18

【エジプト】

飛行機砂漠に墜落（エジプト）　1956.2.20
遊覧船沈没（エジプト　カイロ）　1959.5.8
旅客機墜落（エジプト　カイロ）　1961.6.12
旅客機墜落（エジプト　カイロ）　1963.5.12
輸送機墜落（エジプト）　　　1963.10.19
バス湖に転落（エジプト　ゲイザヤ湖）　1965.2.10
旅客機砂丘に墜落（エジプト）　1965.5.20
旅客機墜落（エジプト　カイロ）　1966.3.18
バス川に転落（エジプト　カイロ）　1969.1.7
旅客機着陸失敗・炎上（エジプト）　1969.3.20
サッカー場の客席が倒壊（エジプト　カイロ）　　　　　　　　　　1974.2.17
列車と軍用トラック衝突（エジプト　カイロ）　　　　　　　　　　1974.6.17
洪水（エジプト）　　　　　　1975.2.22
熱波（エジプト　ケナ）　　　　1978.7.
旅客列車同士追突（エジプト　エルワスタ）　　　　　　　　　　　1978.9.17
急行列車が軍用列車に衝突（エジプト　カイロ）　　　　　　　　　　1983.2.1
貨客船火災（エジプト　アスワン）　1983.5.25
列車同士衝突（エジプト　カイロ）　1983.6.10
密造酒にメチルアルコール（エジプト　カイロ）　　　　　　　　　　1985.8.1
列車とバス衝突（エジプト　カイロ）　1987.12.11
巡礼テントで火災（エジプト　アル・カッシーヤ）　　　　　　　　　　1988.6.21
ホテル半焼（エジプト　カイロ）　1990.3.1
客船沈没（エジプト　紅海）　　1991.12.15
地震（エジプト　カイロ）　　1992.10.12
岩山崩落（エジプト　カイロ）　1993.12.14
豪雨で列車脱線・火災（エジプト　アシュート県）　　　　　　　　　1994.11.2
列車と路線バス衝突（エジプト　ウェスナ）　　　　　　　　　　　1995.4.15
列車同士衝突（エジプト　カイロ）　1995.12.21
アパート崩壊（エジプト　カイロ）　1996.10.27
バス橋から転落（エジプト　カイロ）　1997.1.14
熱波（エジプト）　　　　　　1998.7.-

464

旅客列車脱線（エジプト　アレクサンドリア）　1998.10.18
旅客列車火災（エジプト　カイロ）　2002.2.20
旅客機墜落（エジプト　シャルムエルシェイク）　2004.1.3
劇場で火災（エジプト）　2005.9.5
信号見落とし列車追突（エジプト　カルユーブ）　2006.8.21
がけ崩れ（エジプト　カイロ）　2008.9.6
鳥インフルエンザ（エジプト）　2009.4.24

【スーダン】

洪水（スーダン）　1974.10.
奇病（スーダン）　1976.10.
豪雨（スーダン　ハルツーム）　1988.8.4−
軍輸送機墜落（スーダン　ハルツーム）　1996.2.26
旅客機着陸失敗（スーダン　ハルツーム）　1996.5.3
トラックとバス衝突（スーダン）　1997.7.4
旅客機墜落（スーダン　ポートスーダン）　2003.7.8
旅客機炎上（スーダン　ハルツーム）　2008.6.10

【リビア】

旅客機墜落（リビア　ベンガジ）　1958.8.9
地震（リビア）　1963.2.22
旅客機砂漠に墜落（リビア）　1971.1.2
巡礼機墜落（リビア）　1977.12.2
航空機着陸失敗・住民巻き添え（リビア　トリポリ）　1989.7.27
工事用火薬庫爆発（リビア　アルアジジア）　1992.6.20
旅客機墜落（リビア）　1992.12.22
不法移民の密航船沈没（リビア沖）　2009.3.29−

【チュニジア】

豪雨（チュニジア）　1969.10.1
旅客機墜落（チュニジア　チュニス）　2002.5.7

【アルジェリア】

地震（アルジェリア）　1954.9.9
仏軍ダコタ型旅客機墜落（アルジェリア）　1958.5.31
旅客機砂漠に墜落（アルジェリア　サハラ）　1961.5.10
貨物船爆発（アルジェリア　ボーヌ）　1964.7.23
地震（アルジェリア　ムシラ）　1965.1.1−
旅客機山に墜落（アルジェリア　タマンラセット）　1967.4.11
旅客機火災（アルジェリア）　1969.7.26
地震（アルジェリア　エルアスナム）　1980.10.10
急行列車と貨物列車衝突（アルジェリア）　1982.1.27
地震（アルジェリア）　1989.10.29
地震（アルジェリア）　1994.8.18
地震（アルジェリア）　1999.12.22
旅客機墜落（アルジェリア　タマンラセット）　2003.3.6
地震（アルジェリア　アルジェ）　2003.5.21
ガス施設爆発（アルジェリア　スキクダ）　2004.1.19

【モロッコ】

旅客機不時着に失敗・炎上（モロッコ　カサブランカ）　1958.5.18
地震（モロッコ　アガジール）　1960.2.29
旅客機墜落（モロッコ　カサブランカ）　1961.7.12
旅客機海に墜落（モロッコ）　1965.3.31
旅客機墜落（モロッコ）　1970.4.1
旅客機山に墜落（モロッコ）　1975.8.3
タンカー爆発・原油流出（モロッコ）　1989.12.19
鉄砲水（モロッコ　ハウズ地区）　1995.8.17−
刑務所で火災（モロッコ　エルジャディダ）　2002.11.1
地震（モロッコ　アル・ホシーマ）　2004.2.24

【オートボルタ】

旅客機着陸失敗・墜落（オートボルタ　ワガドーグー）　1974.8.11

【モーリタニア】

旅客機海に墜落（モーリタニア）　1980.8.7

【セネガル】

モーリタニア首相墜落死（セネガル）　1979.5.27
観光機墜落（セネガル）　1992.2.9
フェリー沈没（セネガル）　2002.9.26

《アフリカ》　　　　国・地域別一覧

【ギニア】

地震（ギニア）　　　　　　　　1983.12.22

【シエラレオネ】

国連ヘリコプター墜落（シエラレオネ）
　　　　　　　　　　　　　　　2004.6.29

【コートジボワール】

旅客機森に墜落（コートジボワール）　1987.1.3

【ガーナ】

サッカー場で暴動（ガーナ　アクラ）　2001.5.9

【トーゴ】

村祭りにトラック突入（トーゴ）　1965.12.5

【ベナン】

旅客機ビルに激突・墜落（ベナン　コトヌー）
　　　　　　　　　　　　　　　2003.12.25

【ナイジェリア】

旅客機墜落（ナイジェリア　ラゴス）　1969.11.20
旅客機着陸失敗・墜落（ナイジェリア　カーノ）
　　　　　　　　　　　　　　　1973.1.22
列車同士衝突（ナイジェリア　コトヌ市）
　　　　　　　　　　　　　　　1974.11.8
旅客機墜落（ナイジェリア　エヌグ）　1983.12.28
校舎倒壊（ナイジェリア　ポートハーコート）
　　　　　　　　　　　　　　　1990.6.15
バス炎上（ナイジェリア　ラゴス）　1993.2.8
国内便着陸失敗（ナイジェリア　カドゥナ）
　　　　　　　　　　　　　　　1995.11.13
石油パイプライン炎上（ナイジェリア　ジェッセ）
　　　　　　　　　　　　　　　1998.10.18
石油パイプライン爆発（ナイジェリア　ワリ）
　　　　　　　　　　　　　　　2000.7.10
石油パイプライン火災（ナイジェリア　ラゴス）
　　　　　　　　　　　　　　　2000.11.30
旅客機住宅街に墜落（ナイジェリア　カノ）
　　　　　　　　　　　　　　　2002.5.4
石油パイプライン爆発（ナイジェリア）
　　　　　　　　　　　　　　　2003.6.19
旅客機墜落（ナイジェリア　ポートハーコート）
　　　　　　　　　　　　　　　2005.12.10
石油パイプライン爆発（ナイジェリア）
　　　　　　　　　　　　　　　2006.5.12
石油パイプライン爆発（ナイジェリア　ラゴス）
　　　　　　　　　　　　　　　2006.12.26
鳥インフルエンザ（ナイジェリア）
　　　　　　　　　　　　　　　2007.この年

【カメルーン】

旅客機墜落（カメルーン　ドゥアラ）　1962.3.5
旅客機墜落（カメルーン）　　　　　1963.5.5
火口湖から有毒ガス（カメルーン　バメンダ州）
　　　　　　　　　　　　　　　1986.8.22
貨物列車脱線（カメルーン　ヤウンデ）1998.2.14
旅客機湿地帯に墜落（カメルーン）　2007.5.5

【赤道ギニア】

航空機墜落（赤道ギニア）　　　　　1976.6.1
旅客機墜落（赤道ギニア　マラボ）　2005.7.16

【チャド】

コレラ（チャド）　　　　　　　　1971.6.

【中央アフリカ】

貨物機墜落（中央アフリカ　バンギ）　2002.7.4

【ガボン】

軍輸送機墜落（ガボン）　　　　　　1993.4.28
エボラ出血熱（ガボン）　　　　　　1996.2.-

【コンゴ民主共和国】

地滑り（コンゴ民主共和国）　　　　1968.3.12
輸送機のドア開き乗客墜落（コンゴ民主共和国）
　　　　　　　　　　　　　　　2003.5.8
フェリー同士衝突（コンゴ民主共和国　マイ・ヌドンベ湖）
　　　　　　　　　　　　　　　2003.11.24
火災で船沈没（コンゴ民主共和国）　2004.1.26

国・地域別一覧　　　《アフリカ》

列車脱線（コンゴ民主共和国）　2007.8.1
エボラ出血熱（コンゴ民主共和国）　2007.9.11
貨物機住宅街に墜落（コンゴ民主共和国　キンシャサ）　2007.10.4
旅客機住宅街に墜落（コンゴ民主共和国　ゴマ）　2008.4.15

【ザイール】

奇病（ザイール　ブームバ地方）　1976.10.
エボラ出血熱（ザイール）　1976.この年
ニラゴンゴ火山爆発（ザイール　キブ州）　1977.1.11
コレラ（ザイール　ゴマ）　1994.7.
エボラ出血熱（ザイール）　1994.12.-
貨物機市場に墜落・市民巻き添え（ザイール　キンシャサ）　1996.1.8
難民キャンプで飢饉（ザイール　キサンガニ）　1997.4.

【アンゴラ】

バス川に転落（アンゴラ）　1965.7.26
フェリー沈没（アンゴラ）　1995.3.2
輸送機墜落（アンゴラ　ベンゲラ州）　1995.6.17
旅客機墜落（アンゴラ　ルアンダ）　2000.11.15
カーニバルにトラック突入（アンゴラ　ルバンゴ）　2005.2.8
マールブルグ出血熱（アンゴラ　ウイゲ州）　2005.3.

【エチオピア】

干ばつで飢饉（エチオピア　ウォロ地方）　1973.この年
干ばつ（エチオピア）　1975.この年
バス谷に転落（エチオピア）　1977.1.3
干ばつ（エチオピア）　1984.この年
旅客列車脱線・転落（エチオピア　アワシュ）　1985.1.13
干ばつと洪水（エチオピア　オガデン）　1985.5.2
旅客機墜落（エチオピア　バハルダール）　1988.9.15
洪水（エチオピア　ディレダワ）　2006.8.5

【エリトリア】

船舶火災（エリトリア）　1996.6.6

【ジブチ】

飛行機着陸失敗（ジブチ）　1965.11.2
軍用機墜落（ジブチ）　1982.2.3

【ソマリア】

干ばつ（ソマリア）　1975.この年
コレラ（ソマリア）　1985.3.31
難民キャンプでコレラ（ソマリア）　1986.4.26
洪水（ソマリア）　1997.10.18

【ケニア】

バス川に転落（ケニア）　1963.4.7
コレラ（ケニア）　1971.6.
旅客機墜落（ケニア　ナイロビ）　1974.11.20
軍用機住宅街に墜落（ケニア　ナイロビ）　1992.4.16
列車が川に転落（ケニア）　1993.1.30
フェリー転覆（ケニア　モンバサ港沖）　1994.4.29
列車転覆（ケニア）　1999.3.24
バス同士衝突（ケニア　カプカトゥンガ村）　2000.3.29
建設中のビル崩壊（ケニア）　2006.1.23
事故車の油引火で火災（ケニア　モロ）　2009.1.31

【ウガンダ】

地震（ウガンダ）　1966.3.20-
干ばつ（ウガンダ　カラモジャ）　1980.2.-
難民帰還用列車で大量圧死（ウガンダ　キサンガニ）　1997.5.5
エボラ出血熱（ウガンダ　グル）　2000.10.-
教会の屋根崩落（ウガンダ）　2006.3.8
エボラ出血熱（ウガンダ）　2007.11.29

【ルワンダ】

バスとトラック衝突（ルワンダ　シャンガジ）　2000.9.5

【タンザニア】

狂犬病（タンザニア　ダルエスサラーム）　1977.3.7

《アフリカ》　　　　　　　　国・地域別一覧

コレラ（タンザニア）　　　　　　1977.10.-
コレラ（タンザニア　キゴマ州）　　1978.5.
バス湖に転落（タンザニア　ルゲジ）1979.7.14
鉱山で洪水（タンザニア　アルシャ）1998.4.12
夜行列車が貨物列車に衝突（タンザニ
　ア　ドドマ）　　　　　　　　2002.6.24

【モザンビーク】

船が座礁し爆発（モザンビーク　ベイラ）1961.7.9
貨物列車と旅客列車衝突（モザンビー
　ク）　　　　　　　　　　　　1974.3.27
旅客列車と貨物列車衝突（モザンビー
　ク　ロレンソマルケス）　　　　1975.3.28
干ばつ（モザンビーク）　　　　　1984.この年
輸送機墜落（モザンビーク　カボデルガ
　ド州）　　　　　　　　　　　1986.3.31
貨物列車駅に突入・転覆（モザンビー
　ク　ナカラ）　　　　　　　　1991.3.3
豪雨（モザンビーク　ザンベジ川）　2001.2.
旅客列車と貨物列車が衝突（モザン
　ビーク　テンガ）　　　　　　2002.5.25
洪水（モザンビーク）　　　　　　2007.1.-
弾薬庫爆発（モザンビーク　マプト）2007.3.22
超多剤耐性結核（モザンビーク）
　　　　　　　　　　　　　　　2008.この年

【マラウイ】

渡し船沈没（マラウイ）　　　　　1965.5.23

【ザンビア】

フェリー転覆（ザンビア）　　　　1987.7.6
新型ウイルス「アレナ」（ザンビア）
　　　　　　　　　　　　　　　2008.10.30

【ローデシア】

炭鉱で爆発（ローデシア）　　　　1972.6.6

【ジンバブエ】

バス横転（ジンバブエ　イニャンガ）1991.8.4
コレラ（ジンバブエ）　　　　　　2008.この年

【ボツワナ】

旅客機墜落（ボツワナ）　　　　　1974.4.4
超多剤耐性結核（ボツワナ）　　　2008.この年

【南西アフリカ】

旅客機爆発・墜落（南西アフリカ）　1968.4.20

【ナミビア】

軍用機空中衝突（ナミビア）　　　1997.9.13

【南アフリカ共和国】

旅客列車脱線（南アフリカ共和国　ラン
　ドフォンテン）　　　　　　　1964.7.29
列車脱線で信号手襲撃（南アフリカ共
　和国　ダーバン）　　　　　　1965.10.4
列車脱線（南アフリカ共和国）　　1972.9.29
通勤列車追突（南アフリカ共和国）　1976.9.6
金山で爆発（南アフリカ共和国　クレル
　クスドルフ）　　　　　　　　1978.12.1
タンカー爆発・原油流出（南アフリカ
　共和国）　　　　　　　　　　1983.8.6
金鉱で火災（南アフリカ共和国　ヨハネ
　スブルグ）　　　　　　　　　1986.9.16
モザンビーク大統領墜落死（南アフリ
　カ共和国　トランスバール州）　1986.10.19
金鉱で爆発（南アフリカ共和国　オレン
　ジ自由州）　　　　　　　　　1987.8.31
サイクロン（南アフリカ共和国　ナター
　ル州）　　　　　　　　　　　1987.9.
通勤列車が脱線（南アフリカ共和国　バ
　インタウン）　　　　　　　　1994.3.8
バス転落（南アフリカ共和国　レーダン
　ブルク）　　　　　　　　　　1999.9.27
列車同士衝突（南アフリカ共和国　ヨハ
　ネスブルグ）　　　　　　　　1999.12.17
サッカー場で将棋倒し（南アフリカ共
　和国　ヨハネスブルグ）　　　2001.4.11
旅客列車と貨物列車が衝突（南アフリ
　カ共和国　ダーバン）　　　　2002.2.5
バス転落（南アフリカ共和国　ベスレヘ
　ム）　　　　　　　　　　　　2003.5.1
列車同士正面衝突（南アフリカ共和国
　北ケープ州）　　　　　　　　2005.10.26

【南アフリカ連邦】

炭鉱で落盤（南アフリカ連邦　トランスバール州）　1960.1.21

【マダガスカル】

旅客機墜落（マダガスカル　タナナリブ）　1967.7.19

【モーリシャス】

ジャンボ機火災・墜落（モーリシャス）　1987.11.28

【コモロ】

旅客機ハイジャックされ墜落（コモロ）　1996.11.23

《北アメリカ》

竜巻（北アメリカ）　1974.4.3-
寒波（北アメリカ）　1982.1.8-
原潜「K-219」火災（北アメリカ　バミューダ諸島）　1986.10.3

【カナダ】

船舶火災（カナダ　トロント）　1949.9.17
旅客機と軍練習機空中衝突（カナダ　ムース・ジョー）　1954.4.8
炭鉱で爆発（カナダ　スプリングヒル）　1956.11.1
飛行機墜落（カナダ　ブリティッシュコロンビア州）　1957.6.23
飛行機墜落・炎上（カナダ　ケベック）　1957.8.11
旅客機墜落（カナダ　サント・テレーズ）　1963.11.19
アパート爆発（カナダ　モントリオール）　1965.3.1
旅客機墜落（カナダ　ブリティッシュコロンビア州）　1965.7.8
旅客機森に接触し爆発（カナダ　ニューファウンドランド島ガンダー）　1967.9.5
老人ホームで火災（カナダ　ケベック市）　1968.12.2
旅客機畑に墜落（カナダ　オンタリオ州）　1970.7.5
旅客機墜落（カナダ　ビアン海峡）　1974.10.29
留置所火災（カナダ　ニューブランズウィック州）　1977.6.21
原子炉衛星墜落（カナダ　ブリティッシュコロンビア州）　1978.1.24
バス湖に転落（カナダ　ダルジャン湖）　1978.8.4
原発で事故（カナダ　オンタリオ州）　1979.5.28
クラブで火災（カナダ　ケベック州）　1980.1.1
石油掘削基地が倒壊（カナダ　ニューファウンドランド）　1982.2.15
チャーター機墜落（カナダ　ニューファウンドランド）　1985.12.12
列車正面衝突・炎上（カナダ　アルバータ州）　1986.2.8
航空機墜落（カナダ　オンタリオ州）　1989.3.10
炭鉱で爆発（カナダ　ニューグラスゴー）　1992.5.10
トラックとマイクロバス衝突（カナダ　ケベック州）　1993.7.16
バス谷に転落（カナダ　ケベック州）　1997.10.13
旅客機墜落（カナダ　ノバスコシア州ブランドフォード）　1998.9.2
大停電（カナダ）　2003.8.14
航空機炎上（カナダ　トロント）　2005.8.2

【アメリカ】

洪水（アメリカ　ミシシッピ川）　1945.3.
アリューシャン地震（アメリカ　アラスカ州, ハワイ州, カリフォルニア州）　1946.4.1
台風（アメリカ　グアム島, サイパン島）　1946.9.21
ホテル火災（アメリカ　アトランタ）　1946.12.7
貨物船爆発・化学工場に引火（アメリカ　テキサス州）　1947.4.17
洪水（アメリカ　オレゴン州）　1948.6.1
地震（アメリカ　太平洋岸北西部）　1949.4.13
原子爆弾組立基地爆発（アメリカ　ニューメキシコ州）　1950.3.8
旅客列車同士衝突（アメリカ　ニューヨーク市）　1950.11.21
暴風雪（アメリカ　東部）　1950.11.25
寒波（アメリカ　東北部）　1951.1.29
急行電車脱線（アメリカ　ニュージャージー州）　1951.2.6
旅客機山脈に衝突（アメリカ）　1951.6.30
豪雨（アメリカ　カンザスシティー）　1951.7.14
寒波（アメリカ　東部）　1951.12.16

《北アメリカ》　　　　国・地域別一覧

飛行機建物に激突（アメリカ）	1951.12.16
炭鉱爆発相次ぐ（アメリカ　ウェスト・フランクフォート）	1951.12.22
猛暑（アメリカ）	1952.6.28
地震（アメリカ　カリフォルニア州）	1952.7.21
地震（アメリカ　カリフォルニア州）	1952.8.22
軍輸送機墜落（アメリカ）	1952.12.20
療養所で火災（アメリカ　フロリダ州）	1953.3.29
急行列車脱線・火災（アメリカ　ディロン）	1953.4.21
飛行機着陸失敗（アメリカ　ケンタッキー州）	1953.9.29
旅客機山に激突（アメリカ　サンフランシスコ）	1953.10.29
空母「ベニントン」爆発（アメリカ）	1954.5.26
キラウエア火山噴火（アメリカ　ハワイ州）	1954.5.31
花火工場で爆発（アメリカ　チェスタータウン）	1954.7.16
建設中のビル崩壊（アメリカ　ニューヨーク市）	1955.5.9
暴風（アメリカ）	1955.5.26
飛行機山に衝突（アメリカ　メディシン・バウ山）	1955.10.5
飛行機民家に墜落・炎上（アメリカ）	1955.11.18
豪雨（アメリカ　ネバダ州，カリフォルニア州，オレゴン州）	1955.12.24
ディーゼル列車脱線（アメリカ　ロサンゼルス）	1956.1.22
飛行機とヘリコプター衝突（アメリカ　オークランド）	1956.2.17
空軍ジェット機空中爆発（アメリカ　トレーシー）	1956.2.17
大雨（アメリカ　カリフォルニア州）	1956.5.
飛行機海に墜落（アメリカ　ニュージャージー州）	1956.6.20
旅客機荒野に墜落（アメリカ　アリゾナ州）	1956.6.30
軍輸送機林に墜落（アメリカ）	1956.7.13
飛行機墜落（アメリカ　ウニマク島）	1956.8.29
空軍B501機墜落（アメリカ　アラスカ州）	1956.8.31
穀物倉庫火災（アメリカ　シカゴ）	1957.1.22
旅客機海に墜落（アメリカ　ニューヨーク市）	1957.2.1
軍機墜落（アメリカ　テネシー州）	1957.4.1
竜巻（アメリカ　カンザスシティー）	1957.5.22
輸送機としょう戒爆撃機衝突・墜落（アメリカ　カリフォルニア州）	1958.2.1
ビル火災（アメリカ　ニューヨーク市）	1958.3.19
旅客機墜落（アメリカ　ミッドランド）	1958.4.6
旅客機と戦闘機衝突（アメリカ　ラスベガス）	1958.4.21
竜巻（アメリカ　ウィスコンシン州）	1958.6.4
旅客機墜落（アメリカ　ナンタケット）	1958.8.15
小学校で火災（アメリカ　シカゴ）	1958.12.1
竜巻（アメリカ　セントルイス）	1959.2.10
少年訓練学校で火事（アメリカ　ライツビル）	1959.3.5
航空事故相次ぐ（アメリカ）	1959.5.12
列車同士衝突（アメリカ　シカゴ）	1959.5.18
貨車転落・ガス爆発（アメリカ　ジョージア州）	1959.6.28
地震（アメリカ）	1959.8.17
旅客機炎上・墜落（アメリカ　バッファロー）	1959.9.29
石油車とバス衝突（アメリカ　ニュージャージー州）	1959.10.8
油送船で火災（アメリカ　ヒューストン）	1959.11.8
旅客機空中分解（アメリカ）	1960.1.6
列車と石油トラック衝突（アメリカ　ベーカーズフィールド）	1960.3.1
旅客機墜落（アメリカ　インディアナ州）	1960.3.17
竜巻（アメリカ　オクラホマ州，アーカンソー州）	1960.5.5
津波（アメリカ　ハワイ州ヒロ市）	1960.5.23
海軍小型飛行船墜落（アメリカ　ニュージャージー州）	1960.7.6
気象観測機墜落（アメリカ　アラスカ州）	1960.7.25
軍輸送機爆発・墜落（アメリカ　グアム島）	1960.9.19
旅客機炎上・墜落（アメリカ　ボストン）	1960.10.4
クレーンが爆発（アメリカ　ロスウェル）	1961.2.16
軍用機森に墜落・炎上（アメリカ　ワシントン州）	1961.5.24
旅客機横転（アメリカ　デンバー）	1961.7.11
旅客機墜落・炎上（アメリカ　シカゴ）	1961.9.1
ハリケーン（アメリカ　テキサス州）	1961.9.11
航空機墜落（アメリカ　シカゴ）	1961.9.17
キラウエア火山噴火（アメリカ　ハワイ州）	1961.9.23
軍輸送機墜落・炎上（アメリカ　ウィルミントン）	1961.9.24

市街火災（アメリカ　ハリウッド）　1961.11.6
旅客機沼地に墜落（アメリカ　ニューヨーク市）　1962.3.1
ハリケーン（アメリカ　フロリダ州）　1962.3.31
旅客機墜落（アメリカ　ミズーリ州）　1962.5.22
旅客機墜落・炎上（アメリカ　ホノルル）　1962.7.22
暴風雨（アメリカ　北カリフォルニア州，オレゴン州，ワシントン州）　1962.10.11-
旅客機農場に墜落（アメリカ　メリーランド州）　1962.11.23
軍用機墜落（アメリカ　大西洋セントトーマス島）　1962.11.23
旅客機着陸失敗（アメリカ　ニューヨーク市）　1962.11.30
吹雪（アメリカ）　1962.12.8
インフルエンザ（アメリカ）　1963.2.3-
旅客機墜落（アメリカ　フロリダ州）　1963.2.12
豪雨と旋風で大洪水（アメリカ　東南部）　1963.3.11
原潜「スレッシャー」沈没（アメリカ）　1963.4.10
チャーター機墜落（アメリカ　アラスカ州）　1963.6.3
旅客機墜落（アメリカ　ニューヨーク州）　1963.7.3
戦闘機墜落（アメリカ　ウィローグロヌブ）　1963.7.7
硫黄鉱山で生き埋め（アメリカ　モア）　1963.8.27
貨物列車とバス衝突（アメリカ　カリフォルニア州）　1963.9.17
ヘリコプター墜落（アメリカ　ニューヨーク市）　1963.10.14
公演中に爆発（アメリカ　インディアナポリス）　1963.10.31
老人ホームで火災（アメリカ　フィッチュビル）　1963.11.23
ホテル火災（アメリカ　ジャクソンビル）　1963.12.29
豪雪（アメリカ）　1964.1.12
旅客機湖に墜落（アメリカ　ルイジアナ州）　1964.2.25
旅客機墜落（アメリカ　カリフォルニア州）　1964.3.1
洪水（アメリカ　中西部）　1964.3.12
アラスカ地震（アメリカ　アンカレッジ）　1964.3.27
航空機墜落（アメリカ　カリフォルニア州）　1964.5.7

旅客機墜落（アメリカ　テネシー州）　1964.7.9
ハリケーン（アメリカ　フロリダ州）　1964.8.28-
ハリケーン「ヒルダ」（アメリカ　ルイジアナ州）　1964.10.3
天然ガス爆発（アメリカ　ルイジアナ州）　1965.3.4
豪雨（アメリカ　中西部）　1965.4.
竜巻（アメリカ）　1965.4.11
竜巻（アメリカ　ミネソタ州）　1965.5.6
ミサイル発射台で火災（アメリカ　アーカンソー州）　1965.8.9
ハリケーン（アメリカ　ニューオーリンズ）　1965.9.9
旅客機墜落（アメリカ　ケンタッキー州）　1965.11.8
ジェット旅客機炎上（アメリカ　ユタ州）　1965.11.11
竜巻（アメリカ　ミシシッピ州）　1966.3.3
旅客機墜落（アメリカ　オクラホマ州）　1966.4.22
タンカー衝突（アメリカ　ニューヨーク市）　1966.6.16
熱波（アメリカ）　1966.7.
旅客機爆発・墜落（アメリカ　フォールズシティー）　1966.8.7
アポロ宇宙船で火災（アメリカ　ケープ・ケネディ）　1967.1.27
旅客機墜落相次ぐ（アメリカ　オハイオ州）　1967.3.5-
竜巻（アメリカ）　1967.4.21
ウラン鉱山で肺ガン多発（アメリカ）　1967.5.9
旅客機墜落（アメリカ　ブロスバーグ）　1967.6.23
刑務所で火災（アメリカ　ジェイ）　1967.7.16
旅客機と小型自家用機衝突（アメリカ　ヘンダーソンビル）　1967.7.19
山林火災（アメリカ　ロサンゼルス）　1967.10.15
旅客機山に墜落（アメリカ　コンスタンス）　1967.11.20
豪雪（アメリカ）　1967.12.
吊橋崩落（アメリカ　オハイオ州，ウェストバージニア州）　1967.12.15
寒波（アメリカ）　1968.1.9
原油パイプライン破裂（アメリカ　ライマ）　1968.1.13
豪雪（アメリカ）　1968.2.10-
自動車レースで事故（アメリカ　コビントン）　1968.3.2
旅客機空中爆発（アメリカ　テキサス州）　1968.5.3
旋風（アメリカ　中西部）　1968.5.15

《北アメリカ》　　　　　　　　国・地域別一覧

原潜「スコーピオン」が遭難（アメリカ）　1968.5.27
観光ヘリコプター墜落（アメリカ　ロサンゼルス）　1968.8.14
旅客機山に墜落（アメリカ　ニューハンプシャー州）　1968.10.25
インフルエンザ（香港かぜ）・肺炎（アメリカ）　1968.12.
航空機着陸失敗（アメリカ　ブラッドフォード）　1968.12.24
弾薬船が爆発（アメリカ　ミッドウェー島）　1968.12.25
旅客機着陸失敗・爆発（アメリカ　シカゴ）　1968.12.27
原子力空母「エンタープライズ」火災（アメリカ　オアフ島）　1969.1.14
航空機海に墜落（アメリカ）　1969.1.18
竜巻（アメリカ　ミネソタ州）　1969.8.7
ハリケーン（アメリカ　ミシシッピ州）　1969.8.18
豪雨（アメリカ　バージニア州）　1969.8.25
旅客機と小型民間機衝突（アメリカ　インディアナ州）　1969.9.9
貨車脱線・ガス爆発（アメリカ　ミシシッピ州）　1969.9.11
寒波（アメリカ　南部）　1970.1.9
旅客機沼に墜落（アメリカ　サモア諸島）　1970.1.13
竜巻（アメリカ　ラボック）　1970.5.11
大気汚染（アメリカ　ニューヨーク市）　1970.7.27-
鉛中毒（アメリカ）　1970.9.18
山林火災（アメリカ　カリフォルニア州）　1970.9.25
航空機墜落（アメリカ）　1970.10.2
旅客機墜落・炎上（アメリカ　キノバ）　1970.11.14
軍用機墜落（アメリカ　アラスカ州）　1970.11.27
高層ビル火災（アメリカ　ニューヨーク市）　1970.12.4
ホテル火災（アメリカ　ツーソン）　1970.12.20
寒波（アメリカ　中部）　1971.1.4
マグロ缶水銀汚染（アメリカ）　1971.1.7
タンカー衝突（アメリカ　サンフランシスコ，コネチカット州）　1971.1.18-
軍需工場で爆発（アメリカ　ブランズウィック）　1971.2.3
地震（アメリカ　ロサンゼルス）　1971.2.9
旋風（アメリカ　ミシシッピ州，ルイジアナ州）　1971.2.21

大型タンカー沈没（アメリカ　ノースカロライナ州）　1971.3.27
旅客機と海軍機空中衝突（アメリカ　ロサンゼルス）　1971.6.6
列車脱線（アメリカ　イリノイ州）　1971.6.10
卵などにPCB検出（アメリカ）　1971.8.13
旅客機山に墜落（アメリカ　アラスカ州）　1971.9.4
老人ホームで火災（アメリカ　ペンシルバニア州）　1971.10.19
豪雨でダム決壊（アメリカ　ウェストバージニア州）　1972.2.26
暴風（アメリカ　バンクーバー）　1972.4.5
銀山で火災（アメリカ　ケロッグ）　1972.5.2
豪雨（アメリカ　サウスダコタ州）　1972.6.9-
ハリケーン「アグネス」（アメリカ　東海岸）　1972.6.21-
砂嵐で自動車衝突（アメリカ　ベーカーズフィールド）　1972.8.27
通勤列車衝突（アメリカ　シカゴ）　1972.10.30
旅客機住宅街に墜落（アメリカ　シカゴ）　1972.12.8
エアバス湿地帯に墜落（アメリカ　エバーグレーズ国立公園）　1972.12.29
攻撃機墜落（アメリカ　アラメダ）　1973.2.7
ガスタンク爆発（アメリカ　ニューヨーク市）　1973.2.10
竜巻（アメリカ　テキサス州）　1973.3.9
豪雨で氾濫（アメリカ　ミシシッピ川）　1973.4.
竜巻（アメリカ　中西部，南部）　1973.5.26-
ガス運搬貨車爆発（アメリカ　キングマン）　1973.7.5
旅客機墜落（アメリカ　セントルイス）　1973.7.23
旅客機墜落・炎上（アメリカ　ボストン）　1973.7.31
ホテル火災（アメリカ　ロサンゼルス）　1973.11.15
豪雪（アメリカ　東部）　1973.12.
吹雪（アメリカ　中西部）　1974.1.12
旅客機墜落（アメリカ　サモア諸島ツツイラ島）　1974.1.31
映画撮影隊の旅客機墜落（アメリカ　ビショップ）　1974.3.13
竜巻（アメリカ　オクラホマ州，カンザス州）　1974.6.8
操車場で爆発（アメリカ　ディケーター）　1974.7.19
干ばつ（アメリカ　中西部）　1974.8.
操車場で爆発（アメリカ　ウィチナー）　1974.8.6

《北アメリカ》

旅客機畑に墜落（アメリカ　シャーロット）　1974.9.11
貨車同士衝突（アメリカ　ヒューストン）　1974.9.21
旅客機山に墜落（アメリカ　アパーヒル）　1974.12.1
タンカー衝突（アメリカ　フィラデルフィア）　1975.1.31
旅客機道路に墜落（アメリカ　ニューヨーク市）　1975.6.24
洪水（アメリカ　ネバダ州）　1975.7.3
地下鉄二重衝突（アメリカ　ボストン）　1975.8.1
地震（アメリカ　ハワイ州）　1975.11.29
タンクローリー爆発（アメリカ　ナイアガラフォールズ）　1975.12.14
ホテルでガス爆発（アメリカ　フレモント）　1976.1.10
インフルエンザ（アメリカ　東海岸）　1976.2.15-
着陸失敗・給油所に衝突（アメリカ　バージン諸島シャーロットアマリー）　1976.4.27
旅客機墜落（アメリカ　グアム島）　1976.6.4
ダム決壊（アメリカ　アイダホ州）　1976.6.5
ガス中毒（アメリカ　フィラデルフィア）　1976.7.21-
峡谷に鉄砲水（アメリカ　コロラド州）　1976.7.31-
インフルエンザ予防接種で急死（アメリカ）　1976.10.11
原油大量流出（アメリカ　コッド岬沖）　1976.12.21
寒波（アメリカ）　1977.1.
高架電車追突・転落（アメリカ　シカゴ）　1977.2.4
旅客機民家に墜落（アメリカ　マリエッタ）　1977.4.4
クラブで火災（アメリカ　サウスゲート）　1977.5.28
刑務所で火災（アメリカ　マウリー）　1977.6.26
工事ミスで麻酔ガス吸入（アメリカ　ノリスタウン）　1977.7.2
熱波（アメリカ）　1977.7.15-
豪雨（アメリカ　ペンシルバニア州）　1977.7.20-
塩素ガス漏れ（アメリカ　ミッドランド）　1977.10.7
豪雨でダム決壊（アメリカ　トコア）　1977.11.6
減量用食品で死者（アメリカ）　1977.11.9
寒波（アメリカ）　1977.12.6
インフルエンザ（アメリカ）　1978.1.-
吹雪（アメリカ）　1978.1.

ホテル火災（アメリカ　カンザスシティー）　1978.1.28
豪雪（アメリカ）　1978.2.6-
豪雨（アメリカ　カリフォルニア州）　1978.2.10-
貨車脱線・ガス爆発（アメリカ　ウェーバリー）　1978.2.22-
貨車脱線（アメリカ　ヤングズタウン）　1978.2.26
発電所建設現場事故（アメリカ　セントメリー）　1978.4.27
ウォール街でアイス販売トラック爆発（アメリカ　ニューヨーク市）　1978.6.30
熱波（アメリカ）　1978.7.
ICBM基地で燃料漏れ（アメリカ　ウィチタ）　1978.8.24
自動車に欠陥（アメリカ）　1978.8.29
旅客機とセスナ機衝突・民家に墜落（アメリカ　サンディエゴ）　1978.9.25
山林火災（アメリカ　ロサンゼルス）　1978.10.23
竜巻（アメリカ　ボシャー）　1978.12.3
核実験による白血病死（アメリカ　ユタ州）　1979.1.8
猛吹雪（アメリカ　中西部）　1979.1.14-
吹雪（アメリカ　北東部）　1979.2.18-
スリーマイル島原発事故（アメリカ　ペンシルバニア州）　1979.3.28
竜巻（アメリカ　テキサス州,オクラホマ州）　1979.4.10
タンカーに落雷（アメリカ　テキサス州）　1979.4.19
DC10墜落（アメリカ　シカゴ）　1979.5.25
フォード車欠陥（アメリカ）　1979.6.2
山林火災（アメリカ　アイダホ州）　1979.7.6-
鶏肉がPCB汚染（アメリカ）　1979.9.-
熱気球炎上（アメリカ　アルバカーキ）　1979.10.10
地震（アメリカ　カリフォルニア州）　1979.10.15
通勤列車追突（アメリカ　フィラデルフィア）　1979.10.16
橋上のバス海へ転落（アメリカ　フロリダ州）　1980.5.9
セントヘレンズ山爆発（アメリカ　ワシントン州）　1980.5.18
竜巻（アメリカ）　1980.6.3
ビル火災（アメリカ　ニューヨーク市）　1980.6.23
熱波（アメリカ）　1980.6.23-
ホテル火災（アメリカ　ブラッドリービーチ）　1980.7.26

473

《北アメリカ》　　　　　　　　国・地域別一覧

貨物列車炎上・毒ガス発生（アメリカ ケンタッキー州）	1980.7.26
ハリケーン「アレン」（アメリカ）	1980.8.10
ホテル火災（アメリカ ラスベガス）	1980.11.21
老人ホームで火災（アメリカ ニュージャージー州）	1981.1.9
ホテル火災（アメリカ ラスベガス）	1981.2.10
ダンス会場に渡り廊下落下（アメリカ カンザスシティー）	1981.7.17
旅客機橋に衝突・車両巻き添え（アメリカ ワシントン）	1982.1.13
竜巻（アメリカ）	1982.4.2
雪嵐（アメリカ）	1982.4.5
ホテル火災（アメリカ ホボーケン）	1982.4.30
竜巻（アメリカ イリノイ州）	1982.5.29
旅客機墜落（アメリカ ニューオーリンズ）	1982.7.9
熱波（アメリカ）	1983.7.
寒波（アメリカ）	1983.12.17-
マウナロア山・キラウェア火山噴火（アメリカ ハワイ州）	1984.3.25-
嵐（アメリカ）	1984.3.28
地震（アメリカ カリフォルニア州）	1984.4.24
汚染家具で被曝（アメリカ）	1984.5.1
列車正面衝突（アメリカ ニューヨーク市）	1984.7.23
航空機墜落（アメリカ ネバダ州）	1985.1.21
山林火災（アメリカ フロリダ州）	1985.5.17
チーズに有毒バクテリア（アメリカ ロサンゼルス）	1985.6.14
旅客機墜落・車両巻き添え（アメリカ テキサス州）	1985.8.2
小型機同士空中衝突（アメリカ ニュージャージー州）	1985.11.10
小型機デパートに墜落（アメリカ カリフォルニア州）	1985.12.23
放射性ガス漏出（アメリカ オクラホマ州）	1986.1.4
チャレンジャー爆発（アメリカ フロリダ州）	1986.1.28
塗料工場で爆発（アメリカ サンフランシスコ）	1986.4.4
観光バス転落（アメリカ カリフォルニア州）	1986.5.30
小型飛行機とヘリコプター衝突（アメリカ アリゾナ州グランドキャニオン）	1986.6.18
干ばつ（アメリカ）	1986.7.-
貨物列車炎上・毒ガス発生（アメリカ オハイオ州）	1986.7.8
DC9と小型機衝突・民家に墜落（アメリカ カリフォルニア州）	1986.8.31
急行列車と貨物機関車衝突（アメリカ ボルチモア）	1987.1.4
エイズ（アメリカ）	1987.2.6
旅客機爆発炎上（アメリカ デトロイト）	1987.3.4
工場火災で有毒ガス発生（アメリカ ナンチコーク）	1987.3.24
ラドン汚染（アメリカ）	1987.5.22
旅客機高速道路に激突・墜落（アメリカ デトロイト）	1987.8.16
ロサンゼルス地震（アメリカ カリフォルニア州）	1987.10.1
戦闘機ホテルに墜落（アメリカ インディアナ州）	1987.10.20
吹雪で旅客機暴走（アメリカ デンバー）	1987.11.15
吹雪（アメリカ）	1987.12.
寒波（アメリカ）	1988.1.2
旅客機飛行中に天井吹き飛ぶ（アメリカ マウイ島）	1988.4.28
バスとトラック衝突（アメリカ ケンタッキー州）	1988.5.14
人工心臓弁故障（アメリカ）	1988.6.21
旅客機墜落・炎上（アメリカ テキサス州）	1988.8.31
ハリケーン「ギルバート」（アメリカ）	1988.9.10-
寒波（アメリカ）	1988.12.15
寒波（アメリカ）	1989.2.5-
構造欠陥でジャンボ機爆発（アメリカ ホノルル）	1989.2.24
タンカーから原油流出（アメリカ アラスカ州）	1989.3.24
旅客機墜落・炎上（アメリカ アイオワ州）	1989.7.19
ロマプリータ地震（アメリカ サンフランシスコ）	1989.10.17
石油化学工場が爆発・炎上（アメリカ パサデナ）	1989.10.23
双発機墜落（アメリカ モロカイ島）	1989.10.28
竜巻（アメリカ アラバマ州，ニューヨーク州）	1989.11.15-
旅客機墜落（アメリカ ニューヨーク市）	1990.1.25
地下鉄脱線（アメリカ フィラデルフィア）	1990.3.7

国・地域別一覧　《北アメリカ》

ディスコで火災（アメリカ　ニューヨーク市）　1990.3.25
キラウエア火山噴火（アメリカ　ハワイ州）　1990.4.28
猛暑（アメリカ）　1990.6.
タンカー炎上・原油流出（アメリカ　メキシコ湾）　1990.6.9
洪水（アメリカ　オハイオ州）　1990.6.14
化学工場で爆発（アメリカ　シンシナティ）　1990.7.19
原油大量流出（アメリカ　ガルベストン）　1990.7.28
竜巻（アメリカ　シカゴ）　1990.8.28
75台玉突き（アメリカ　テネシー州）　1990.12.11
急行列車脱線・衝突（アメリカ　ボストン）　1990.12.12
トンネルで火災（アメリカ　ニューヨーク市）　1990.12.28
旅客機衝突・炎上（アメリカ　カリフォルニア州）　1991.2.1
旅客機墜落（アメリカ　コロラドスプリングス）　1991.3.3
海軍機同士衝突（アメリカ　サンディエゴ沖）　1991.3.21
旅客機墜落（アメリカ　ジョージア州）　1991.4.5
竜巻（アメリカ）　1991.4.26
地震（アメリカ　カリフォルニア州）　1991.6.28
地下鉄脱線（アメリカ　ニューヨーク市）　1991.8.28
森林火災（アメリカ　オークランド）　1991.10.20
航空機離陸失敗（アメリカ　ニューヨーク市）　1992.3.22
小型機墜落（アメリカ　ロサンゼルス）　1992.4.22
障害者施設で火災（アメリカ　デトロイト）　1992.6.2
地震（アメリカ　カリフォルニア州）　1992.6.28
ハリケーン「アンドリュー」（アメリカ　フロリダ州）　1992.8.24
竜巻（アメリカ）　1992.11.21-
ハンバーガーで食中毒（アメリカ　西海岸）　1993.1.-
暴風雪（アメリカ　東海岸）　1993.3.13
洪水（アメリカ）　1993.6.
猛暑（アメリカ）　1993.7.-
地震（アメリカ　グアム島）　1993.8.8
長距離列車脱線（アメリカ　アラバマ州）　1993.9.22
小型機墜落（アメリカ　ヒビング）　1993.12.1
ハンタウイルス（アメリカ）　1993.この年

寒波（アメリカ）　1994.1.
ノースリッジ地震（アメリカ　カリフォルニア州）　1994.1.17
旅客機墜落（アメリカ　ノースカロライナ州）　1994.7.2
旅客機墜落（アメリカ　ピッツバーグ）　1994.9.8
旅客機墜落（アメリカ　インディアナ州）　1994.10.31
熱波（アメリカ）　1995.7.
96豪雪（アメリカ）　1996.1.
通勤列車同士衝突（アメリカ　シコーケス）　1996.2.9
旅客機湿地帯に墜落（アメリカ　マイアミ）　1996.5.11
ジャンボ機空中爆発（アメリカ　ロングアイランド島沖）　1996.7.17
ハリケーン（アメリカ）　1996.9.5-
小型旅客機墜落（アメリカ　デトロイト）　1997.1.9
竜巻（アメリカ）　1997.3.1-
竜巻（アメリカ　ジャレル）　1997.5.27
旅客機墜落（アメリカ　グアム島アガナ）　1997.8.6
旅客列車脱線（アメリカ　キングマン）　1997.8.9
竜巻（アメリカ　フロリダ州）　1998.2.22-
竜巻（アメリカ）　1998.4.8
森林火災（アメリカ　フロリダ州）　1998.5.-
熱波（アメリカ）　1998.7.
ケネディJr.墜落死（アメリカ　マサチューセッツ州）　1998.7.16
竜巻（アメリカ　オクラホマ州, カンザス州）　1999.5.3
猛暑（アメリカ）　1999.7.
ハリケーン「フロイド」（アメリカ　ニューヨーク州）　1999.9.16
旅客機墜落（アメリカ　ナンタケット島）　1999.10.31
西ナイルウイルス（アメリカ）　1999.この年
豪雪（アメリカ）　2000.1.24-
旅客機墜落（アメリカ　ロサンゼルス沖）　2000.1.31
竜巻（アメリカ　ジョージア州）　2000.2.14
山林火災（アメリカ　ロスアラモス）　2000.5.
小型機墜落（アメリカ　ペンシルバニア州）　2000.5.21
地震（アメリカ　ワシントン州）　2001.2.28
小型機墜落（アメリカ　アスペン）　2001.3.29
通勤電車同士が衝突（アメリカ　シカゴ）　2001.8.3

475

《中南米》　　　　　　　　　国・地域別一覧

炭疽菌（アメリカ）　2001.10.-
バス横転（アメリカ　マンチェスター）2001.10.3
旅客機住宅街に墜落（アメリカ　ニューヨーク市）　2001.11.12
貨物列車と通勤列車が衝突（アメリカ　オレンジ郡）　2002.4.23
地震（アメリカ　グアム島）　2002.4.27
はしけが衝突して橋崩落（アメリカ　アーカンソー川）　2002.5.26
草原火災（アメリカ　アリゾナ州）　2002.6.18
西ナイルウイルス（アメリカ）　2002.7.-
嵐（アメリカ　南東部）　2002.11.10-
豪雪（アメリカ　東海岸）　2002.12.4-
豪雪（アメリカ）　2003.2.
スペースシャトル「コロンビア」空中分解（アメリカ）　2003.2.1
ナイトクラブで火災（アメリカ　ウェストワーウィック）　2003.2.20
竜巻（アメリカ　中西部）　2003.5.4-
サル痘（アメリカ）　2003.6.-
大停電（アメリカ）　2003.8.14
ハリケーン「イザベル」（アメリカ）　2003.9.18-
A型肝炎（アメリカ　ピッツバーグ）　2003.10.-
山林火災（アメリカ　カリフォルニア州）　2003.10.21
アメリカで初のBSE牛（アメリカ　ワシントン州）　2003.12.23
臓器移植で狂犬病（アメリカ）　2004.7.1
ハリケーン「アイバン」（アメリカ）　2004.9.
豪雨と大雪（アメリカ　カリフォルニア州）　2005.1.
貨物列車が衝突脱線・ガス発生（アメリカ　グラニトビル）　2005.1.6
製油所で爆発（アメリカ　テキサス州）2005.3.23
地震（アメリカ　カリフォルニア州）　2005.6.14
ハリケーン「カトリーナ」（アメリカ）　2005.8.29
電車脱線（アメリカ　シカゴ）　2005.9.17
竜巻（アメリカ）　2005.11.6
炭鉱で爆発（アメリカ　ウェストバージニア州）　2006.1.2
竜巻（アメリカ　中西部）　2006.3.11
豪雨（アメリカ　ワシントン）　2006.6.27
熱波（アメリカ　南西部）　2006.7.
旅客機農場に墜落・炎上（アメリカ　ケンタッキー州）　2006.8.27
地震（アメリカ　ハワイ州）　2006.10.15
山林火災（アメリカ　カリフォルニア州）　2006.10.26
竜巻（アメリカ）　2006.11.15
大雪（アメリカ　中西部）　2006.11.30
暴風雨（アメリカ）　2006.12.16
寒波（アメリカ　中西部）　2007.1.
中国製品安全性に問題（アメリカ）　2007.3.-
竜巻（アメリカ　南東部）　2007.3.1
タンクローリー衝突・炎上（アメリカ　オークランド）　2007.4.29
改修工事で橋崩落（アメリカ　ミネアポリス）　2007.8.1
山林火災（アメリカ　カリフォルニア州）　2007.10.21-
竜巻（アメリカ）　2008.2.5
竜巻（アメリカ　バージニア州）　2008.4.28
竜巻（アメリカ）　2008.5.10
洪水（アメリカ）　2008.6.
ハリケーン「グスタフ」（アメリカ　ニューオーリンズ）　2008.9.1
通勤列車と貨物列車衝突（アメリカ　チャッツワース）　2008.9.12
ハリケーン「アイク」（アメリカ　ガルベストン）　2008.9.13
旅客機民家に墜落（アメリカ　ニューヨーク州）　2009.2.12
小型機墜落炎上（アメリカ　ビュート）2009.3.22
地下鉄追突（アメリカ　ワシントン）　2009.6.22

《中南米》

【カリブ海】

地震（カリブ海沿岸）　1946.7.4
旅客機山に墜落（カリブ海　英領リーワード諸島）　1965.9.17
ハリケーン（カリブ海）　1966.9.
旅客機海に墜落（カリブ海）　1970.2.15
フェリー沈没（カリブ海　英領西インド諸島）　1970.8.1
ラスフリエール火山噴火（カリブ海　セントビンセント島）　1979.4.13
ハリケーン「デービッド」（カリブ海）　1979.8.30-
フェリー沈没（カリブ海）　1996.3.28
移民船遭難（カリブ海）　2001.3.15

【メキシコ】

公会堂火災（メキシコ ティファーナ）
　　　　　　　　　　　　　　　1951.12.23
地震（メキシコ チアパス州）　　1954.2.5
旅客列車脱線・転落（メキシコ コリマ
　州）　　　　　　　　　　　　　1955.4.3
台風「ヒルダ」（メキシコ タンピコ市）
　　　　　　　　　　　　　　　1955.9.20
地震（メキシコ メキシコシティ）1957.7.28
舞台崩壊（メキシコ ゴーフイラ）1959.2.25
バスとトラック衝突・炎上（メキシコ
　メキシコシティ）　　　　　　　1959.3.3
地震（メキシコ）　　　　　　　　1964.7.6
花火爆発（メキシコ）　　　　　　1964.8.24
競技場で圧死（メキシコ ハラパ）1964.11.29
貨物列車が旅客列車に追突（メキシコ
　ビヤエルモーサー）　　　　　　1964.12.20
教会の屋根崩落（メキシコ）　　　1965.1.3
闘牛場で圧死（メキシコ グアダラハラ）
　　　　　　　　　　　　　　　1965.1.31
猛暑（メキシコ モンタレイ市）
　　　　　　　　　　　　　　　1966.7.22-
豪雪（メキシコ）　　　　　　　　1967.1.10-
パンに殺虫剤混入（メキシコ ティファ
　ナ）　　　　　　　　　　　　　1967.9.
猛暑（メキシコ）　　　　　　　　1968.5.24-
地震（メキシコ メキシコシティ）1968.8.2
教会建築中に生き埋め（メキシコ モレ
　リア）　　　　　　　　　　　　1968.10.19
炭坑で爆発（メキシコ）　　　　　1969.3.31
化学工場で爆発（メキシコ エルモリニ
　ト地区）　　　　　　　　　　　1969.5.2
航空機山に墜落・炎上（メキシコ）1969.6.4
猛暑（メキシコ メヒカリ）　　　1969.8.5
旅客列車転落（メキシコ サルティーヨ）
　　　　　　　　　　　　　　　1972.10.6
豪雨でダム決壊（メキシコ）　　　1973.8.2
地震（メキシコ）　　　　　　　　1973.8.28
バス谷に転落（メキシコ）　　　　1975.5.18
地下鉄追突（メキシコ メキシコシティ）
　　　　　　　　　　　　　　　1975.10.20
旅客列車とバス衝突（メキシコ ソノラ
　州）　　　　　　　　　　　　　1976.2.19
ハリケーン（メキシコ バハカリフォル
　ニア半島）　　　　　　　　　　1976.9.30-
タンクローリーが爆発（メキシコ メキ
　シコシティ）　　　　　　　　　1978.7.16

石油パイプライン爆発（メキシコ フイ
　マナビロ）　　　　　　　　　　1978.11.2
地震（メキシコ テワンテペク湾）1978.11.29
地震（メキシコ）　　　　　　　　1979.3.14
油田で原油流出（メキシコ カンペチェ
　湾）　　　　　　　　　　　　　1979.6.3-
旅客機着陸失敗・トラック巻き添え（メ
　キシコ メキシコシティ）　　　1979.10.31
地震（メキシコ オアハカ州）　　1980.10.24
闘牛場崩れる（メキシコ メリダ）1981.11.15
チンチョナル火山爆発（メキシコ チン
　チョナル）　　　　　　　　　　1982.3.29
急行列車脱線・転落（メキシコ テピッ
　ク）　　　　　　　　　　　　　1982.7.11
花火爆発（メキシコ トラパコヤン）1983.5.8
寒波（メキシコ）　　　　　　　　1983.12.17-
汚染家具で被曝（メキシコ）　　　1984.5.1
ガスタンク群爆発（メキシコ）　　1984.11.19
メキシコ地震（メキシコ）　　　　1985.9.19
寒波（メキシコ）　　　　　　　　1986.1.13-
旅客機墜落（メキシコ）　　　　　1986.3.31
貨物機墜落・住宅炎上（メキシコ メキ
　シコシティ）　　　　　　　　　1987.7.30
石油基地のタンク爆発（メキシコ チワ
　ワ）　　　　　　　　　　　　　1988.5.24
ハリケーン「ギルバート」（メキシコ）
　　　　　　　　　　　　　　　1988.9.10-
花火で火事（メキシコ メキシコシティ）
　　　　　　　　　　　　　　　1988.12.11
巡礼者将棋倒し（メキシコ）　　　1991.2.13
貨物列車脱線・転覆（メキシコ テフア
　カン）　　　　　　　　　　　　1991.11.19
市街下水道で爆発（メキシコ グアダラ
　ハラ市）　　　　　　　　　　　1992.4.22
地震（メキシコ）　　　　　　　　1995.10.9
ハリケーン（メキシコ 太平洋岸）1997.10.
寒波（メキシコ）　　　　　　　　1997.12.
集中豪雨（メキシコ チアパス州）1998.9.
地震（メキシコ）　　　　　　　　1999.6.15
豪雨（メキシコ）　　　　　　　　1999.9.-
花火倉庫が爆発（メキシコ グアナファ
　ト州セラヤ市）　　　　　　　　1999.9.26
地震（メキシコ）　　　　　　　　1999.10.30
寒波（メキシコ）　　　　　　　　1999.12.-
地震（メキシコ）　　　　　　　　2003.1.21
山林火災（メキシコ）　　　　　　2003.10.21
バス崖から転落（メキシコ ベルクルス
　州）　　　　　　　　　　　　　2006.4.17

477

《中南米》　　　　　　　国・地域別一覧

小型機墜落・車両巻き添え（メキシコ
　　メキシコシティ）　　　　　2008.11.4
保育園で火災（メキシコ）　　　2009.6.5

【グアテマラ】

豪雨（グアテマラ　グアテマラ市）　1949.10.19
病院で火災（グアテマラ）　　　　1960.7.13
バス爆発（グアテマラ　テクン・ウマン）1963.3.1
旅客列車と貨物列車衝突（グアテマラ
　　アマチトラン市）　　　　　　1965.1.23
グアテマラ大地震（グアテマラ）　1976.2.4
民間機墜落（グアテマラ）　　　　1986.1.18
フェリー沈没（グアテマラ）　　　1989.1.1
サッカー場で将棋倒し（グアテマラ　グ
　　アテマラ市）　　　　　　　　1996.10.16
旅客機住宅街に墜落（グアテマラ　グア
　　テマラ市）　　　　　　　　　1999.12.21
ハリケーン「スタン」（グアテマラ）
　　　　　　　　　　　　　　　　2005.10.1–

【エルサルバドル】

地震（エルサルバドル）　　　　　1951.5.6
地震（エルサルバドル）　　　　　1965.5.3
地震（エルサルバドル）　　　　　1986.10.10
新年祝賀で死傷（エルサルバドル）
　　　　　　　　　　　　　　　　1999.12.31–
酒にメチルアルコール（エルサルバド
　　ル）　　　　　　　　　　　　2000.10.
地震（エルサルバドル）　　　　　2001.1.13
地震（エルサルバドル）　　　　　2001.2.13

【ホンジュラス】

ハリケーン（ホンジュラス）　　　1966.6.
ハリケーン「フィフィ」（ホンジュラ
　　ス　チョロマ村）　　　　　　1974.9.19–
豪雨（ホンジュラス）　　　　　　1982.5.30
旅客機山に墜落（ホンジュラス）　1989.10.21
ハリケーン「ミッチ」（ホンジュラス）1998.10.
刑務所で火災（ホンジュラス　サンペド
　　ロスラ）　　　　　　　　　　2004.5.17
旅客機道路に突入・車両巻き添え（ホ
　　ンジュラス　テグシガルパ）　2008.5.30
地震（ホンジュラス）　　　　　　2009.5.28

【英領ホンジュラス】

ハリケーン（英領ホンジュラス）　1961.10.31

【ニカラグア】

航空機墜落（ニカラグア　プエルト・ソ
　　モサ）　　　　　　　　　　　1956.11.15
ニカラグア・マナグア地震（ニカラグ
　　ア　マナグア）　　　　　　　1972.12.23
豪雨（ニカラグア）　　　　　　　1982.5.30
ニカラグア大地震（ニカラグア）　1992.9.1
ハリケーン「ミッチ」（ニカラグア）1998.10.

【コスタリカ】

アレナル火山噴火（コスタリカ）　1968.7.29
地震（コスタリカ）　　　　　　　1973.4.14

【パナマ】

旅客機墜落（パナマ　サンブラス）1959.12.9
旅客機墜落（パナマ）　　　　　　1992.6.6
店舗にヘリコプター墜落（パナマ）2008.5.29

【キューバ】

旅客機墜落（キューバ　サンチアゴ）1962.3.27
ハリケーン「フローラ」（キューバ）1963.10.3
航空機墜落・炎上（キューバ　ハバナ）1977.5.27
旅客機墜落（キューバ　ハバナ）　1985.1.19
列車同士衝突（キューバ　コロン市）1989.8.4
旅客機住宅街に墜落（キューバ）　1989.9.3
ハリケーン「デニス」（キューバ）2005.7.

【ジャマイカ】

遊覧列車脱線（ジャマイカ　ケンダル）1957.9.2
旅客機火災（ジャマイカ）　　　　1960.1.21
ハリケーン「アレン」（ジャマイカ）1980.8.10
ハリケーン「ギルバート」（ジャマイ
　　カ）　　　　　　　　　　　　1988.9.10–
ハリケーン「アイバン」（ジャマイカ）2004.9.

《中南米》

【ハイチ】

ハリケーン「フローラ」（ハイチ）	1963.10.3
旅客機墜落（ハイチ ズチーチ）	1966.1.21
貨物船沈没（ハイチ ゴナブ島）	1986.11.11
フェリー転覆（ハイチ）	1993.2.17
フェリー沈没（ハイチ ポルトープランス）	1997.9.8
ボート沈没（ハイチ）	1998.4.17
豪雨（ハイチ）	2004.5.23
ハリケーン「ジーン」（ハイチ）	2004.9.
ハリケーン「デニス」（ハイチ）	2005.7.
ハリケーン「ハンナ」（ハイチ）	2008.9.5
学校倒壊（ハイチ ペチョンビル）	2008.11.7

【ドミニカ共和国】

地震（ドミニカ共和国）	1946.7.4
ハリケーン「ジョージ」（ドミニカ共和国）	1998.9.22
豪雨（ドミニカ共和国）	2004.5.23
ハリケーン「ディーン」（ドミニカ共和国）	2007.8.20

【プエルトリコ】

ホテル火災（プエルトリコ サンフアン）	1986.12.31

【グレナダ】

ハリケーン「アイバン」（グレナダ）	2004.9.

【スリナム】

旅客機墜落（スリナム パラマリボ）	1989.6.7

【ベネズエラ】

飛行機山に衝突（ベネズエラ カラカス）	1956.11.27
旅客機墜落（ベネズエラ）	1958.10.14
旅客機爆破（ベネズエラ カラボゾ）	1960.4.28
旅客機山に墜落（ベネズエラ マルガリータ島）	1962.2.25
地震（ベネズエラ カラカス）	1967.7.29
旅客機海に墜落（ベネズエラ カラカス）	1968.12.12
旅客機住宅街に墜落（ベネズエラ マラカイボ市）	1969.3.16
航空機墜落（ベネズエラ シウダ・ボリバール）	1972.8.27
旅客機墜落（ベネズエラ マルガリータ島）	1974.8.14
旅客機墜落（ベネズエラ マチューリン市）	1974.12.22
旅客機海に墜落（ベネズエラ）	1978.3.3
航空機着陸失敗（ベネズエラ バルキシメト）	1983.3.11
大使館ビル火災（ベネズエラ カラカス）	1986.3.3
航空機墜落（ベネズエラ）	1991.3.5
水銀中毒（ベネズエラ カウラ川）	1993.11.26
豪雨（ベネズエラ）	1999.12.16
ナイトクラブで火災（ベネズエラ カラカス）	2002.11.30
旅客機墜落（ベネズエラ スリア州）	2005.8.16

【コロンビア】

飛行機墜落・炎上（コロンビア）	1956.11.18
飛行機墜落（コロンビア ボゴタ）	1956.12.8
バス谷に転落（コロンビア）	1958.8.28
デパートで火災（コロンビア ボゴタ）	1958.12.16
地震（コロンビア）	1961.12.20
客車と貨物列車衝突（コロンビア）	1962.2.22
地震（コロンビア）	1962.7.30
旅客機墜落（コロンビア）	1962.12.6
旅客機山に墜落（コロンビア サンタンデルデルスル州）	1965.3.24
火薬店爆発（コロンビア カルタヘナ）	1965.10.30
地滑り（コロンビア）	1965.11.20-
旅客機海に墜落（コロンビア）	1966.1.14
バス崖から転落（コロンビア ナリノ州パスト）	1966.4.22
地震（コロンビア）	1967.2.9
パンに殺虫剤混入（コロンビア チキンキラ市）	1967.11.25
軍輸送機墜落（コロンビア）	1969.9.9
列車とバス衝突（コロンビア）	1970.1.11
地滑り（コロンビア）	1970.12.12
旅客機墜落（コロンビア ボゴタ）	1973.8.27
旅客機山に墜落（コロンビア ククタ市）	1974.6.8
花火爆発（コロンビア）	1977.9.8

479

《中南米》　　　　　　　　　　国・地域別一覧

鉱山で地滑り（コロンビア）　　　　1979.6.16
地震（コロンビア）　　　　　　　　1979.11.23
コロンビア大地震（コロンビア）　　1979.12.12
闘牛場崩れる（コロンビア　スクレ州）1980.1.20
サッカー場で死傷（コロンビア　カリ）
　　　　　　　　　　　　　　　　　1982.11.17
地震（コロンビア　ポパヤン市）　　1983.3.31
土砂崩れ（コロンビア　クンディナマル
　カ州）　　　　　　　　　　　　　1983.7.28
貨物機墜落（コロンビア　メデリン）1983.12.14
旅客機2機墜落（コロンビア）　　　1985.1.23
ネバドデルルイス山噴火（コロンビア）
　　　　　　　　　　　　　　　　　1985.11.13
土砂崩れ（コロンビア　ナリーニョ州）1986.6.21
土砂崩れ（コロンビア　フレスノ市）1987.12.4
航空機墜落（コロンビア　ボゴタ）　1989.11.27
地震（コロンビア）　　　　　　　　1992.10.17
旅客機山に墜落（コロンビア）　　　1993.5.19
地震（コロンビア）　　　　　　　　1994.6.6
旅客機湿地帯に墜落（コロンビア　カル
　タヘナ）　　　　　　　　　　　　1995.1.11
地震（コロンビア）　　　　　　　　1995.2.8
機長飲酒で旅客機墜落（コロンビア　ブ
　ガ）　　　　　　　　　　　　　　1995.12.20
旅客機山に墜落（コロンビア　サンタフ
　ェデボゴタ市）　　　　　　　　　1998.4.20
石油パイプライン爆発（コロンビア　ア
　ンティオキア州）　　　　　　　　1998.10.18
地震（コロンビア）　　　　　　　　1999.1.25
新年祝賀で死傷（コロンビア）
　　　　　　　　　　　　　　　　　1999.12.31-
金鉱山で土砂崩れ（コロンビア　カルダ
　ス州フィラデルフィア）　　　　　2001.11.22
旅客機山に墜落（コロンビア）　　　2002.1.28

【エクアドル】

地震（エクアドル　アンバト）　　　1949.8.5
ミサ中に天井崩壊（エクアドル）　　1963.2.1
地震（エクアドル）　　　　　　　　1970.12.9
フェリー沈没（エクアドル）　　　　1973.12.24
地震（エクアドル　エスメラルダス）1976.4.9
エクアドル大統領墜落死（エクアドル
　グアチャナマ）　　　　　　　　　1981.5.25
地滑り（エクアドル）　　　　　　　1983.4.27
旅客機墜落（エクアドル　クエンカ）1983.7.11
輸送機住宅街に墜落（エクアドル）　1984.9.18
エクアドル地震（エクアドル）　　　1987.3.5
大雨（エクアドル）　　　　　　　　1993.4.3

地震（エクアドル　コトパクシ州）　1996.3.28
貨物機住宅街に墜落（エクアドル　マン
　タ市）　　　　　　　　　　　　　1996.10.22
旅客機墜落・市民巻き添え（エクアド
　ル　キト）　　　　　　　　　　　1998.8.29
漁船転覆（エクアドル）　　　　　　2005.8.12

【ブラジル】

旅客機海に墜落（ブラジル　サントス）1958.2.1
花火爆発事故相次ぐ（ブラジル　サン
　ト・アマロ、フェイラ・デ・サンタナ）1958.6.23
旅客機墜落・炎上（ブラジル　リオデジャ
　ネイロ）　　　　　　　　　　　　1959.1.11
台風（ブラジル）　　　　　　　　　1959.8.14
旅客機と空軍練習機空中衝突（ブラジ
　ル　リオデジャネイロ）　　　　　1959.12.22
海軍機と旅客機衝突（ブラジル　リオデ
　ジャネイロ）　　　　　　　　　　1960.2.25
旅客機墜落（ブラジル　リオデジャネイ
　ロ）　　　　　　　　　　　　　　1960.6.24
バス川に転落（ブラジル　サンホセドレ
　プレト）　　　　　　　　　　　　1960.8.24
コメット機墜落（ブラジル　サンパウロ）
　　　　　　　　　　　　　　　　　1961.11.23
サーカスで火事（ブラジル　リオデジャ
　ネイロ）　　　　　　　　　　　　1961.12.17
旅客機炎上・墜落（ブラジル　エスピリ
　ト・サント州）　　　　　　　　　1962.5.9
旅客機墜落（ブラジル　リオデジャネイ
　ロ）　　　　　　　　　　　　　　1962.8.20
飛行機衝突（ブラジル）　　　　　　1962.11.26
高層ビル火災（ブラジル　リオデジャネ
　イロ）　　　　　　　　　　　　　1963.6.28
山林火災（ブラジル　パラナ州）　　1963.9.5
洪水（ブラジル　バヒア州）　　　　1964.1.24
寒波（ブラジル）　　　　　　　　　1964.7.28-
旅客機墜落（ブラジル　ニュー・カレド
　ニア山脈）　　　　　　　　　　　1964.9.4
建設中のビル倒壊（ブラジル　ピラシカ
　バ市）　　　　　　　　　　　　　1964.11.6
ダイナマイト倉庫に落雷（ブラジル　リ
　オデジャネイロ）　　　　　　　　1965.2.26
猛暑（ブラジル）　　　　　　　　　1965.12.-
豪雨（ブラジル　リオデジャネイロ）
　　　　　　　　　　　　　　　　　1966.1.10-
豪雨（ブラジル　ペトロポリス市）　1966.3.
通勤列車と回送列車衝突（ブラジル　リ
　オデジャネイロ）　　　　　　　　1966.11.16

国・地域別一覧　　　　　　《中南米》

ガスタンク爆発（ブラジル　サントス）　1967.1.9
暴風雨（ブラジル　リオデジャネイロ州）
　　　　　　　　　　　　　　　　1967.1.23
地滑り（ブラジル　カラグアタツーバ市）
　　　　　　　　　　　　　　　　1967.3.19
猛暑（ブラジル　リオデジャネイロ）　1969.1.10
豪雨（ブラジル）　　　　　　　　　1969.3.17
サッカー優勝祝賀の惨事（ブラジル）　1970.6.21
豪雨（ブラジル　リオデジャネイロ，サン
　パウロ）　　　　　　　　　　　　1971.2.25-
寒波と洪水（ブラジル　バヒア地方，サ
　ンパウロ）　　　　　　　　　　　1971.4.26-
軍輸送機火災（ブラジル　マナウス）　1971.4.28
高架道路が崩落（ブラジル　リオデジャ
　ネイロ）　　　　　　　　　　　　1971.11.20
ビル火災（ブラジル　サンパウロ）　　1972.2.24
旅客機山に墜落（ブラジル　サンパウロ）
　　　　　　　　　　　　　　　　1972.4.12
旅客機着陸失敗・墜落（ブラジル　サン
　ルイス）　　　　　　　　　　　　1973.6.1
銀行ビル火災（ブラジル　サンパウロ）　1974.2.1
洪水（ブラジル）　　　　　　　　　1974.3.-
バス暴走（ブラジル　リオデジャネイロ）
　　　　　　　　　　　　　　　　1974.5.12
バスとトラック衝突（ブラジル）　　　1974.7.28
通勤列車脱線（ブラジル）　　　　　1975.7.17
デパートで火災（ブラジル　ポルトアレ
　グレ）　　　　　　　　　　　　　1976.4.28
バス川に転落（ブラジル　ウルブ川）　1976.11.15
豪雨（ブラジル　テレソポリス）　　　1977.1.
雑居ビル倒壊（ブラジル　ジャボアタン）1977.6.1
バスとトラック衝突（ブラジル　ベロオ
　リゾンテ）　　　　　　　　　　　1977.7.6
長雨（ブラジル　ミナスジェライス州，エ
　スピリトサント州）　　　　　　　　1979.1.-
カーニバルで死者（ブラジル　リオデ
　ジャネイロ）　　　　　　　　　　1980.2.15-
釣り橋転落（ブラジル　パラナ州）　　1982.1.17
カーニバルで死者（ブラジル　リオデ
　ジャネイロ）　　　　　　　　　　1982.2.20-
旅客機山に衝突（ブラジル　フォルタレ
　ザ市）　　　　　　　　　　　　　1982.6.8
大雨（ブラジル）　　　　　　　　　1983.この年
ガソリンのパイプライン爆発（ブラジ
　ル　クバタオ）　　　　　　　　　1984.2.25
石油採掘基地で炎上（ブラジル　リオデ
　ジャネイロ）　　　　　　　　　　1984.8.16
金鉱で壁崩落（ブラジル　セラペラダ）　1986.10.2

旅客列車同士衝突（ブラジル　サンパウ
　ロ）　　　　　　　　　　　　　　1987.2.17
豪雨（ブラジル　リオデジャネイロ）　1988.2.
フェリー転覆（ブラジル）　　　　　1988.7.15
観光船転覆（ブラジル　リオデジャネイ
　ロ）　　　　　　　　　　　　　　1988.12.31
貨物機住宅街に墜落（ブラジル　サンパ
　ウロ）　　　　　　　　　　　　　1989.3.21
地滑り（ブラジル　ベロオリゾンテ市）　1992.3.18
旅客機住宅街に墜落（ブラジル　サンパ
　ウロ）　　　　　　　　　　　　　1996.10.31
バスとトラック衝突（ブラジル　サンタ
　カタリナ州）　　　　　　　　　　1999.1.12
寒波（ブラジル）　　　　　　　　　2000.7.
ロケット爆発（ブラジル　マラニョン州）
　　　　　　　　　　　　　　　　2003.8.22
旅客機墜落（ブラジル）　　　　　　2006.9.29
旅客機着陸失敗（ブラジル　サンパウロ）
　　　　　　　　　　　　　　　　2007.7.17

【パラグアイ】

大雨（パラグアイ）　　　　　　　　1983.この年
洪水（パラグアイ）　　　　　　　　1998.4.-
スーパーで火災（パラグアイ　アスンシ
　オン）　　　　　　　　　　　　　2004.8.1

【ウルグアイ】

旅客機墜落（ウルグアイ　リヴェラ）　1957.4.7
汽船と貨物船衝突（ウルグアイ）　　　1957.8.27
列車脱線・転覆（ウルグアイ）　　　　1963.8.2
航空機墜落（ウルグアイ）　　　　　1997.10.10
寒波（ウルグアイ）　　　　　　　　2000.7.
牛に落雷（ウルグアイ）　　　　　　2008.10.30

【アルゼンチン】

飛行機事故相次ぐ（アルゼンチン　リオ・
　カルト）　　　　　　　　　　　　1956.7.17
暴風で旅客機墜落・炎上（アルゼンチ
　ン）　　　　　　　　　　　　　　1957.12.8
旅客機海に墜落（アルゼンチン）　　　1959.1.16
航空機墜落（アルゼンチン　ブエノスア
　イレス州）　　　　　　　　　　　1961.7.19
バスと列車衝突（アルゼンチン　ブエノ
　スアイレス）　　　　　　　　　　1962.6.11
定期船沈没（アルゼンチン）　　　　　1963.7.11

481

《中南米》　　　　国・地域別一覧

貨物列車と急行列車衝突（アルゼンチン ブエノスアイレス）　1964.2.1
豪雨（アルゼンチン フォルモーサ州）　1966.2.18–
洪水（アルゼンチン ブエノスアイレス）　1967.10.
サッカー試合後に騒動（アルゼンチン ブエノスアイレス）　1968.6.22
急行列車が普通列車に追突（アルゼンチン ブエノスアイレス）　1970.2.1
地震（アルゼンチン）　1971.7.8
旋風（アルゼンチン サンフスト市）　1973.1.10
洪水（アルゼンチン）　1974.2.17
航空機墜落（アルゼンチン）　1975.3.16
普通列車が急行列車に衝突（アルゼンチン）　1975.9.29
雷雨（アルゼンチン）　1977.2.–
旅客機墜落（アルゼンチン）　1977.11.21
地震（アルゼンチン サンフアン州）　1977.11.23
列車とトラック衝突（アルゼンチン）　1978.2.25
急行列車とタンク車衝突（アルゼンチン ブエノスアイレス）　1981.3.8
旅客機川に墜落（アルゼンチン ブエノスアイレス）　1981.5.7
旅客列車追突（アルゼンチン ブエノスアイレス）　1982.10.17
大雨（アルゼンチン）　1983.この年
医療施設で火事（アルゼンチン ブエノスアイレス）　1985.4.26
ジェット機農園に墜落（アルゼンチン ミシオネス州）　1988.6.12
バス3台衝突（アルゼンチン コリエンテス州）　1993.1.9
草原火災（アルゼンチン チュブト州）　1994.1.
軍用機墜落（アルゼンチン ブエノスアイレス）　1995.11.8
洪水（アルゼンチン）　1998.4.–
旅客機墜落（アルゼンチン ブエノスアイレス）　1999.8.31
寒波（アルゼンチン）　2000.7.
ディスコで火災（アルゼンチン ブエノスアイレス）　2004.12.30

【チリ】

チリ地震（チリ コンセプシオン）　1960.5.21
地震（チリ）　1960.8.13
旅客機墜落（チリ サンチアゴ）　1961.4.4
旅客機墜落・炎上（チリ）　1965.2.6
地震（チリ）　1965.3.28

暴風雨（チリ）　1965.8.16
銅山で爆発（チリ チュキカマータ）　1967.9.5
旅客機山に炎上（チリ）　1968.4.8
大雨（チリ）　1969.6.8
地震（チリ サンチアゴ）　1971.7.8
ウルグアイ空軍機571便遭難（チリ）　1972.10.13
地震（チリ 北部）　1975.3.13
地震（チリ コピアポ市）　1978.8.3
雪崩（チリ）　1984.7.4
地震（チリ）　1985.3.3
旅客機着陸失敗（チリ ナバリノ島）　1991.2.20
泥流（チリ アントファガスタ）　1991.6.18
地震（チリ）　2005.6.13
地震（チリ）　2007.11.14
軽飛行機住宅街に墜落（チリ サンティアゴ）　2008.2.27

【ボリビア】

旅客機沼に墜落（ボリビア）　1960.2.5
旅客機墜落（ボリビア）　1963.3.15
ボリビア大統領墜落死（ボリビア）　1969.4.27
旅客機山に激突・墜落（ボリビア ラパス）　1969.9.28
軍用機墜落（ボリビア）　1975.10.27
貨物機墜落（ボリビア サンタクルス市）　1976.10.13
バス峡谷に転落（ボリビア ヨカラ山岳地帯）　1977.8.3
旅客機墜落（ボリビア）　1985.1.1
地滑り（ボリビア）　1992.12.8
地震（ボリビア）　1998.5.22
土砂崩れ（ボリビア ラパス県）　2003.3.31

【ペルー】

雪崩（ペルー）　1962.1.10
雪崩（ペルー）　1962.2.28–
旅客機墜落（ペルー）　1962.11.27
空軍輸送機墜落（ペルー）　1964.5.8
サッカーの試合で観客死傷（ペルー リマ）　1964.5.24
炭坑で爆発（ペルー）　1964.12.20
バス崖から転落（ペルー）　1965.7.31
高地で地滑り（ペルー）　1965.12.22
旅客機墜落（ペルー ウアムパラ）　1966.4.27
地震（ペルー）　1966.10.17
旅客機墜落（ペルー ワヌーコ）　1967.12.8

482

地震（ペルー　サン・マルティン州）	1968.6.19
アンカシュ地震（ペルー）	1970.5.31
旅客機墜落（ペルー）	1970.8.9
地震（ペルー）	1970.12.9
大地滑り（ペルー　チュンガル）	1971.3.18
地震（ペルー　リマ県）	1974.1.5
地滑り（ペルー）	1974.4.25
地震（ペルー　カニェテ市）	1974.10.3
ビル火災（ペルー　リマ）	1977.10.26
豪雨（ペルー　サティポ）	1980.4.9
豪雨（ペルー）	1982.1.
土砂崩れでバス事故（ペルー　リマ）	1983.3.23
地滑り（ペルー　アンデス）	1985.4.9
土砂崩れ（ペルー　アンデス）	1986.3.8
地震（ペルー　クスコ）	1986.4.5
金鉱で火災（ペルー　エカ州）	1989.1.23
小型船沈没（ペルー　アマゾン川）	1990.3.7
地震（ペルー）	1990.5.29
コレラ（ペルー）	1991.2.-
コレラ（ペルー）	1991.3.21
地震（ペルー）	1991.4.4
タンカー衝突（ペルー　マラニョン川）	1991.5.6
大洪水（ペルー　アマゾン川）	1993.4.25
旅客機墜落（ペルー　アレキパ）	1996.2.29
旅客機墜落（ペルー）	1996.10.2
バス谷に転落（ペルー　フニン県）	1996.10.8
地震（ペルー　イカ県ナスカ）	1996.11.12
豪雨で地滑り（ペルー　アプリマク県アバンカイ市）	1997.2.18
軍用旅客機墜落（ペルー　ピウラ市）	1998.3.29
空軍輸送機墜落（ペルー）	1998.5.5
世界遺産の劇場焼ける（ペルー　リマ）	1998.8.2
給食に殺虫剤混入（ペルー　ウアサキ村）	1999.10.22
ペルー地震（ペルー）	2001.6.23
商店街で火災（ペルー　リマ）	2001.12.29
寒波（ペルー）	2002.7.
旅客機墜落（ペルー　プカルパ）	2005.8.23
地震（ペルー）	2005.9.25
ペルー地震（ペルー）	2007.8.15

《オセアニア》

【オーストラリア】

駆逐艦と空母衝突（オーストラリア　ニューサウスウェールズ州沖）	1964.2.11
山林火災（オーストラリア　タスマニア島）	1967.2.6
水難事故で豪首相死亡（オーストラリア　ポートシー）	1967.12.17
旅客機墜落（オーストラリア　ポートヘッドランド）	1968.12.31
建設中の橋が崩壊（オーストラリア　メルボルン）	1970.10.15
豪雨（オーストラリア）	1974.1.-
森林火災（オーストラリア）	1974.12.
サイクロン「トレーシー」（オーストラリア　ダーウィン市）	1974.12.24
満員列車に陸橋が落下（オーストラリア　シドニー）	1977.1.18
ミルクがサルモネラ菌汚染（オーストラリア）	1977.2.-
森林火災（オーストラリア　ビクトリア州）	1977.2.12
山林火災（オーストラリア　ニューサウスウェールズ州）	1979.2.13
山林火災（オーストラリア）	1983.2.16
熱気球衝突・墜落（オーストラリア　アリス・スプリングズ）	1989.8.13
ニューカッスル地震（オーストラリア　ニューサウスウェールズ州）	1989.12.28
猛暑・山林火災（オーストラリア　ニューサウスウェールズ州）	1990.1.3
豪雨（オーストラリア）	1990.4.
列車追突（オーストラリア　シドニー）	1990.5.6
山林火災で動物被害（オーストラリア）	1991.3.26-
草原火災（オーストラリア　ニューサウスウェールズ州）	1994.1.
土砂崩れ（オーストラリア　ニューサウスウェールズ州）	1997.7.30
猛暑（オーストラリア　クイーンズランド州ブリスベーン）	2000.1.
山林火災（オーストラリア　ニューサウスウェールズ州）	2001.12.
山林火災（オーストラリア　キャンベラ）	2003.1.18
中国製品安全性に問題（オーストラリア）	2007.3.-
地震（オーストラリア）	2008.4.12
原野火災（オーストラリア　ビクトリア州）	2009.2.

483

《両極》　　　　　　　　　国・地域別一覧

【ニュージーランド】

急行列車川に転落（ニュージーランド）
　　　　　　　　　　　　　1953.12.25
旋風で大型フェリー沈没（ニュージーランド　ウェリントン）
　　　　　　　　　　　　　1968.4.10
有毒ガス流出（ニュージーランド　オークランド市）
　　　　　　　　　　　　　1973.2.28
中国製品安全性に問題（ニュージーランド）
　　　　　　　　　　　　　2007.3.-

【ソロモン諸島】

地震（ソロモン諸島）　　　2007.4.2

【フィジー】

小型機墜落（フィジー　ビチレブ島）　1999.7.24

【パプア・ニューギニア】

ラミントン火山噴火（パプア・ニューギニア）
　　　　　　　　　　　　　1951.1.22
地震（パプア・ニューギニア　マダン）　1993.10.16
インフルエンザ（パプア・ニューギニア　マダン）
　　　　　　　　　　　　　1993.11.-
地震・津波（パプア・ニューギニア　セピック州西シサノ地区）
　　　　　　　　　　　　　1998.7.17

【ミクロネシア】

台風6号（ミクロネシア　トラック島）　1976.5.18

【ミクロネシア連邦】

台風（ミクロネシア連邦　ヤップ）
　　　　　　　　　　　　　1948.1.14-

【マーシャル諸島】

第5福竜丸被曝（マーシャル諸島　ビキニ環礁）
　　　　　　　　　　　　　1954.3.1
放射能汚染（マーシャル諸島）　1955.12.13

《両極》

【北極】

原潜「タイアレス」爆発（北極海）　2007.3.21

【南極】

南極で雪上車墜落（南極）　1965.10.20
南極ツアー機遭難（南極）　1979.11.28
エレバス火山噴火（南極）　1984.9.13

《その他》

油送船が爆発炎上（地中海）　1957.8.20
旅客機墜落（太平洋）　　　1957.11.9
飛行機海に墜落（大西洋）　1960.8.29
空母「サラトガ」火災（地中海）　1961.1.22
旅客機海に墜落（大西洋）　1961.5.30
客船炎上（大西洋）　　　　1963.12.22
航空機海に墜落（地中海）　1968.9.11
空軍機墜落（地中海　ティレニア海）　1971.11.9
戦艦爆発（大西洋）　　　　1989.4.19
旅客機墜落（大西洋）　　　1996.2.6
貨物船同士が衝突（インド洋　スリランカ沖）
　　　　　　　　　　　　　1999.3.31
貨物船沈没（太平洋）　　　2001.4.11
難民船難破相次ぐ（大西洋）　2006.1.-
ヘリコプター墜落（黒海）　2008.4.28
旅客機海に墜落（大西洋）　2009.6.1

484

世界災害史事典 1945-2009

2009年10月26日 第1刷発行
2011年 9月15日 第2刷発行

編　集／日外アソシエーツ編集部
発行者／大高利夫
発　行／日外アソシエーツ株式会社
　　　　〒143-8550 東京都大田区大森北1-23-8 第3下川ビル
　　　　電話(03)3763-5241(代表)　FAX(03)3764-0845
　　　　URL http://www.nichigai.co.jp/
発売元／株式会社紀伊國屋書店
　　　　〒163-8636 東京都新宿区新宿3-17-7
　　　　電話(03)3354-0131(代表)
　　　　ホールセール部(営業)　電話(03)6910-0519

電算漢字処理／日外アソシエーツ株式会社
印刷・製本／株式会社平河工業社

不許複製・禁無断転載　　　　　　　《中性紙三菱クリームエレガ使用》
〈落丁・乱丁本はお取り替えいたします〉
ISBN978-4-8169-2211-4　　　　　　　Printed in Japan, 2011

本書はディジタルデータでご利用いただくことが
できます。詳細はお問い合わせください。

平成災害史事典

平成16年～平成20年
A5・460頁　定価13,650円（本体13,000円）　2009.3刊

平成11年～平成15年
A5・410頁　定価13,125円（本体12,500円）　2004.5刊

平成元年～平成10年
A5・650頁　定価15,750円（本体15,000円）　1999.5刊

台風・地震などの自然災害から公害・医療・列車事故などの社会的災害まで、各種災害・事故を年表形式に排列した記録事典。災害の概略や具体的な被害データも記載、どの時期にどんな災害が発生したかを通覧することができる。

昭和災害史事典シリーズ　全6冊
揃定価71,360円（本体67,962円）　分売可　1992.6～1995.11刊

鉄道・航空機事故全史（シリーズ 災害・事故史1）
災害情報センター，日外アソシエーツ共編　A5・510頁　定価8,400円（本体8,000円）　2007.5刊
1872年から2006年の135年間に発生した鉄道・航空機事故を多角的に調べられる事典。第Ⅰ部は大事故53件の経緯と被害状況・関連情報を詳細に解説。第Ⅱ部では2,298件を簡略な解説付きの年表形式で記載。

地震・噴火災害全史（シリーズ 災害・事故史2）
災害情報センター，日外アソシエーツ共編　A5・390頁　定価9,800円（本体9,333円）　2008.2刊
古代から2007年に発生した地震・噴火災害を多角的に調べられる事典。第Ⅰ部は大災害55件の背景、概要、特徴等を詳細に解説。第Ⅱ部では西暦416年以降の1,847件を簡略な解説付きの年表形式で記載。

台風・気象災害全史（シリーズ 災害・事故史3）
宮澤清治，日外アソシエーツ共編　A5・480頁　定価9,800円（本体9,333円）　2008.7刊
古代から2007年までに発生した台風、豪雨、豪雪、竜巻など日本の気象災害を多角的に調べられる事典。第Ⅰ部は明治以降の大災害55件の被害状況などを詳細に解説。第Ⅱ部では2,500件余を簡略な解説付きの年表形式で記載。

データベースカンパニー
日外アソシエーツ
〒143-8550　東京都大田区大森北1-23-8
TEL.(03)3763-5241　FAX.(03)3764-0845　http://www.nichigai.co.jp/